U0686772

革命文献与民国时期文献
保护计划

成 果

國家圖書館出版社　編

社會部公報兩種

第二冊

國家圖書館出版社

第二册目録

社會部總務司　編

社會部公報

第一期

重慶：中華民國社會部總務司，民國三十年（1941）鉛印本

社會部公報

中華民國三十年一月至三月

第一期

社會部總務司編印

國父遺像

國父遺囑

余致力國民革命，凡四十年，其目的在求中國之自由平等，積四十年之經驗，深知欲達到此目的，必須喚起民衆，及聯合世界上以平等待我之民族，共同奮鬥！

現在革命尙未成功，凡我同志，務須依照余所著，建國方略，建國大綱，三民主義，及第一次全國代表大會宣言，繼續努力，以求貫澈！最近主張開國民會議，及廢除不平等條約，尤須於最短期間，促其實現！是所至囑。

社會部公報 第一期目錄

法規 附方案

命令

府令

部令

公牘

總務類

社會部公函一件

社會部咨三件

社會部代電四件

社會部訓令十七件

社會部指令一件

組織訓練類

社會部呈四件

社會部公函十八件

社會部咨四件

社會部電九件

社會部訓令四件

社福字第一七九二號　咨交通部　據西南公路工會籌備委員高瀾波等呈請轉咨貴部通飭所屬交通機關遇有工人案件須會同黨部工會妥愼處理等情咨請查核辦理見復由

社會部電一件

社福字第三四二六號　電行政院　爲會商撥款救濟榮譽軍人眷屬情形電請鑒核示遵由

社會部訓令九件

社福字第〇三九七號　令前中央社會部湯峽口模範墾殖新村　該村應改稱社會部湯峽口模範墾殖新村令遵由

社福字第〇五九〇號　令本部社會服務處　檢發該處組織規程令仰遵照由

社福字第一〇七四號　令本部社會服務處　該處兩路口服務站站址經商准重慶市政府借用公共汽車站地皮檢發草圖令仰知照由

社福字第一五一三號　令重慶市空襲服務臨時保健院　關於該院托兒所改進事項令仰遵辦具報由

社福字第一六七一號　令本部重慶殘廢教養所　指示該所應行改進事項仰遵辦具報由

社福字第一六七二號　令本部重慶游民訓練所　指示該所應當改進事項令仰遵照辦理具報由

社福字第一七一〇號　令本部重慶嬰兒保育院院長陳繼貞　令切實奉行急應改進事項并分別具報由

社福字第二五九〇號　令重慶市工運督導專員室　爲本部創設工人福利社經奉行政院核准設立兩所本年度開辦經常兩費合計八萬七千二百元仰迅卽遵照規定擬具計劃暨槪算呈核由

社福字第三三三六號　令本部所屬各機關　令發日報表式仰逐日塡報到部以憑查考由

社會部指令一件

社福字第三〇五八號　令本部重慶游民訓練所　據呈擬德性訓練實施綱領一案令仰遵照由

社會部批二件

社福字第一九二〇號　批東北難民救濟委員會　據代電請撥該會附設東北同鄉服務部經費每月三百元及附設托兒所每月經費二千八百元賫同東北同鄉服務部規則同鄉登記辦法及托兒所預算報請鑒核一案批仰知照由

社福字第二〇三〇號　批西南公路工會籌備委員高瀾波等　據呈爲請求指撥專款交由公路工會舉辦司機工人食堂宿舍及俱樂部等福利設施以便管訓而利抗戰等情應擬具計劃預算呈部再行核奪批仰遵照由

合作事業類

社會部咨一件

社合字第一七三二號　咨浙江省政府　准咨以轉據第五區行政督察專員曾忠修呈爲奉遵明定免徵營業稅範圍關于生產與運銷合作社進貨部份疑難祈釋示等情囑查照解釋見復一案復請查照由

社會部指令二件

社合字第一一〇五號　令四川省政府建設廳　接管經濟部移交卷內二十九年十一月十六日建合字第一〇號呈一件爲呈請核示合作社申請登記其名稱上應否添列業務用詞及政府機關公立學校等可否加入合作社爲團體社員指令知照由

社合字第一二七三號　令貴州省合作委員會　據呈爲生產合作社對非社員交易是否免徵營業稅請核示一案指令知照由

社會部合作事業管理局函四件

合字第四二九號　函湖南省合作事業委員會　准電爲鄉保合作社名稱一項實施困難囑設法救濟一案復請查照由

合字第四七四號　函湖南省建設廳　准函囑解釋人力車工組織合作社應採何項業務名稱一案復請查照轉知由

合字第五二二號　函湖南省合作事業委員會　准電請解釋合作社社員破產清償債務先後疑義一案函復查照由

合字第六四八號　函三民主義青年團重慶青年勞動服務營　准函送訓練合作人員辦法草案函復同意訂定請查照由

社會部合作事業管理局代電二件

合字第〇六八號　電麗水浙江省合作金庫徐總經理淵若　准代電請解釋合作金庫可否認同級合作社之股本一案電復查照由

合字第六五八號　電福建省合作事業管理局　電復縣各級合作社組織大綱實施限期確係三年由

社會部合作事業管理局訓令三件

合字第〇七五號　令雲南省呈貢合作實驗區　轉發呈貢縣王家莊村民管世英銅色民生章一枚證書部令各一紙令仰轉給具領由

合字第一一〇號　令四川綿陽、西康漢源、貴州貴定、雲南呈貢、湖南安化、湖北咸豐合作實驗區　頒發合作實驗區工作人員考績規則令仰知照由

合字第四九一號　令本局全國合作人員訓練所　爲修訂該所組織規程訓練計劃抽調辦法及設置函授研究業務各班辦法等件呈奉部令核准轉飭遵照辦理由

社會部合作事業管理局指令二件

合字第一一八號　令湖南辦事處　據呈爲請解釋實施縣各級合作社組織大綱疑義等情指令知照由

合字第六一九號　令全國合作社物品供銷處　據呈送業務暫行規則草案准予修正備案由

附錄

法規

社會部組織法

二十九年十月十一日　國民政府公布

第一條　社會部管理全國社會行政事務

第二條　社會部對於各地方最高級行政長官執行本部主管事務有指示監督之責

第三條　社會部就主管事務對於各地方最高級行政長官之命令或處分認爲有違背法令或逾越權限者得提經行政院會議議決後停止或撤銷之

第四條　社會部置左列各司局

一、總務司

二、組織訓練司

三、社會福利司

四、合作事業管理局

第五條　社會部經行政院會議及立法院之議決得增置裁併各司局及其他機關

第六條　總務司掌左列事項

一、關於收發分配撰擬保存文件事項

二、關於部令之公布事項

三、關於典守印信事項

四、關於本部及附屬各機關職員之任免及成績考核事項

五、關於本部官產官物之保管事項

六、關於本部經費之出納事項

七、關於本部出版物之編輯刊行事項

八、關於本部庶務及其他不屬於各司事項

第七條　組織訓練司掌左列事項

一、關於人民團體之組織訓練事項

二、關於各種人民團體相互關係之調整聯繫事項

三、關於勞資爭議之處理事項

四、關於社會運動及人民團體目的事業外一般活動之指導監督事項

五、其他有關社會組織訓練事項

第八條　社會福利司掌左列事項

一、關於社會保險之指導實施事項

二、關於勞動者生活之改良事項

三、關於社會服務事業之倡導管理事項

四、關於日常生活費用指數之調查統計事項

五、關於職業介紹之指導協助事項

六、關於貧苦老弱殘廢等之收容救養事項

七、其他有關社會福利事項

第九條　合作事業管理局之組織另以法律定之

第十條　社會部部長綜理本部事務監督所屬職員及機關

第十一條　社會部政務次長常務次長輔助部長處理部務

第十二條　社會部設參事二人至四人撰擬審核關於本部法案命令及計劃方案

第十三條　社會部設秘書三人至五人分掌部務會議及長官交辦事務

第十四條　社會部設司長三人合作事業管理局局長一人分掌各司局事務

第十五條　社會部設視導六人至十人視察及指導全國社會行政事宜

第十六條　社會部設科長十二人至十八人科員七十八人至一百人承長官之命令辦理各科事務

第十七條　社會部部長特任次長參事司長局長及秘書二人視導四人簡任其餘秘書視導及科長薦任科員委任

第十八條　社會部設會計主任統計主任各一人辦理歲計會計統計事項依國民政府主計處組織法之規定受社會部部長之指揮監督並直接對主計處負責會計室及統計室需用佐理人員名額由社會部及主計處就本法所定委任人員及雇員名額中會同決定之

第十九條　社會部因事務上之必要得聘用顧問及專門人員

第二十條　社會部得酌用雇員

第二十一條　社會部處務規程以部令決定之

第二十二條　本法自公佈日施行

社會部處務規程

二十九年十二月二十八日部令公布

第一章　通則

第一條　本規程依社會部組織法第二十一條之規定制定之

第二條　本部各職員執行職務均應遵照本規程之規定

第三條　本部各職員由部長按照事務繁簡分配之必要時得由主管長官簽請指派或添派

第四條　各廳司局室會事務如有互相關聯者應由各該廳司局室會主管人員協商辦理彼此意見不同時陳請部長次長裁奪各廳司局室會所管事務涉及二科或承辦職員二人以上者由各該科長或職員等協商辦理彼此意見

不同時由該長官解決之

第五條 各廳司局室會辦理事務必要時應互相移付或通知

第六條 本部職員承辦文件除緊急事務隨到隨辦外自接受之日起最要者不得逾一日次要及尋常者不得逾三日但須考查檔卷討論辦法或審核及擬辦表册者不在此限

第七條 本部職員對於機密事務及未經宣布之文件無論是否主管承辦均不得洩漏退職後亦同

第二章 職責

第八條 法案命令及計劃方案由參事撰擬或審核之

第九條 法案命令及計劃方案由參事撰擬者應呈請部長次長核定之

第十條 法案命令及計劃方案由各廳司局室會起草者應先送參事廳審核再呈部長次長核定之

第十一條 參事撰擬或審核法案命令及計劃方案必要時得會同主管廳司局室會協商之

第十二條 關於解釋法令事項由參事協議簽請部長次長核定之

第十三條 本部部令公布之法令章則由總務司印刷分送各廳司局室會查考

第十四條 機要文電由祕書擬定後逕呈部長次長核定但遇有必要情形時得會同主管廳司局室會長官擬定之

第十五條 各廳司局室會科主管長官對於本廳司局室會科職員有指揮監督之權

第三章 文書處理

第十六條 到部文件由收發室拆封摘由編號登簿註明文到日時送由總務司第一科加蓋最要次要及尋常戳記最要者即時送經祕書廳轉呈次長部長核示次要及尋常者按文書性質分送各廳司局室會分別擬辦

第十七條 凡收到文件遇有緊急或重要者隨到隨送不得延擱文件如有附件應隨文附送不得遺漏散失

第十八條 凡收到文件封面上有密件或親啓字樣者收發室不得開拆應即送祕書廳轉呈部長次長核閱批示辦理

第十九條 電報到部由譯電員譯就交還收發室依第十六條之規定辦理如係密電逕送祕書廳

第二十條 附有錢幣證券及貴重物品之文件應於收文簿內註明數目送由總務司出納人員點收加蓋私章幷製具收據

粘附原件

第二十一條　各廳司局室會收到各項文件後卽擬具辦法同時敘稿呈候批閱如遇疑難重大事件應由各該主管長官簽註意見送由祕書廳轉呈部長次長核示再行辦稿擬存文件應附具擬存事由登簿送由祕書廳轉呈部長次長核閱

第二十二條　擬稿人員須於稿面簽名蓋章註明日時幷摘由登記送稿簿送主管長官審核

第二十三條　凡互相關聯之稿件應由關係較重之廳司局室會或科主稿移送他廳司局室會會簽

第二十四條　核稿人員核稿時須於添註塗改處加蓋私章以明責任

第二十五條　各主管長官核稿時應於稿面簽名蓋章送由祕書廳復核轉呈次長核閱部長判行

第二十六條　稿件判行後由祕書廳發還主辦廳司局室會送交繕校室繕校由繕校室送監印室用印校對員監印員均須加蓋名章

第二十七條　文件用印後由繕校室連同原稿送收發室分別將正本掛號封發稿件送檔案室分別編號歸檔

檔案室保管卷宗辦法另定之

第二十八條　應登政府公報之文件由承辦人員於送稿時在稿面粘具「應送登某公報」簽條經祕書廳轉呈部長次長核定後由總務司分別抄送

第二十九條　收發室應按日製成收發文表送祕書廳轉呈部長次長核閱幷分送各廳司局室會備查每星期應舉行公文總檢查一次列表呈報

第三十條　合作事業管理局之對外行文以左列三項爲限

一、遵照部令應行轉知事項

二、遵照部令所定辦法督導進行事項

三、會經呈部核准事項

第三十一條　合作事業管理局經辦事項之應以部名義行文者應先擬具辦法簽請部長核定後擬辦部稿呈核（例行文件得簽稿併送）仍發還該局繕校送蓋部印由該局自行封發存檔

第三十二條　合作事業管理局所辦部稿之編號規定為社合字並另立簿登記編號

第三十三條　合作事業管理局以局名義所行之公文由該局自行處理

第四章　考勤

第三十四條　各職員應照規定辦公時間到部離部不得遲到早退在辦公時間內除因公接洽經主管長官許可者外不得擅離職守

第三十五條　各職員到部辦公時須在簽到表上親自簽名各辦公室於辦公時間開始後十五分鐘內將簽到表送由主管長官查閱未簽到人員應分別註明於辦公時間開始後一小時內送交總務司第二科月終由總務司列表彙呈部長次長核閱

簽到表考核辦法另定之

第三十六條　辦公時間除因公接洽外不得接見賓客

第三十七條　辦公時間外各廳司局室會科應派員輪流值日其規則另定之

第三十八條　各種例假循例休息但有緊要事件得臨時召集辦公

第三十九條　本部職員請假規則另定之

第五章　會議

第四十條　本部因事務上之必要由部長召集部務會議會議規則另定之

第四十一條　各廳司局室會因事務上之必要得舉行會議其辦法另定之

第六章　附則

第四十二條　本部各司分科規則另定之

第四十三條　本部各廳司局室會得另定辦事細則呈請部長次長核定施行

第四十四條　本規程如有未盡事宜得以部令修改之

第四十五條　本規程自公布日施行

社會部部務會議規則

三十年二月七日部令公布

第一條　本規則依社會部處務規程第四十條之規定制定之

第二條　部務會議以部長次長參事祕書司長局長簡任視導各科科長專員室統計室會計室主任及其他由部長指定之人員組織之

第三條　部務會議以部長爲主席部長因事不能出席時由次長代理之

第四條　部務會議定每星期開會一次於必要時由部長召集臨時會議

第五條　部務會議報告事項如左

一　前次會議紀錄已辦未辦事項之報告

二　各廳司局室每週工作之報告

三　其他有關部務之報告

第六條　部務會議討論事項如左

一　部長交議事項

二　各廳司局室提議事項

三　臨時發生重要事項

第七條　議案應於開會前一日由祕書廳印就分送出席各員但遇有緊急事項臨時提出者不在此限

第八條　部務會議議決事項經部長核定後分交主管人員依照辦理

第九條　部務會議由祕書廳派員紀錄於呈奉部長核定後印送各廳司局室並於下次開會時宣讀之

第十條　本規則如有未盡事宜得由部務會議修正之

第十一條　本規則自公布日施行

社會行政例規編纂室簡章

三十年一月二十九日部令公布

第一條　本部為編輯社會行政例規起見特設編纂室

第二條　編纂室設主任編纂一人由部長就參事中指定兼任之綜理編輯事務

第三條　編纂室設編纂若干人由部長於本部職員中指派之承主任編纂之命辦理編輯事務

第四條　編纂室因校理蒐集材料及繕寫事務得酌調辦事員及雇員

第五條　編纂體例分為通則組織訓練社會福利合作事業其他五類其詳細項目由主任編纂隨時擬定呈核

第六條　各司廳局室對於所發文件法規認為應編入例規者應於歸檔前將該文件摘明事由及收發月日號數送編纂室核辦

第七條　為便利材料蒐集起見總務司收發室應將收發文事由錄按日封送編纂室一份以憑調卷編輯

第八條　例規發行定一年出版一次但於必要時得呈請提前發行

第九條　編纂例規人員除雇員外概以兼任為原則不另支薪

第十條　本簡章自部令公佈之日施行

社會部工作成績考核委員會組織規程

三十年二月十一日部令公布

第一條　本會依照「行政院及各部會考核所屬機關工作成績辦法」第三條之規定組織之

第二條　本會設主任委員一人由常務次長兼任委員四人由部長就本部高級職員中派充之

第三條　本會之職掌如左

一、關於社會行政工作計劃實施情形之考核事項

二、關於工作進度表實施情形之考核事項

三、關於各廳司局室請求考核事項

四、部長飭交考核事項

第四條　本會每月舉行會議一次由主任委員召集之必要時并得召集臨時會議

第五條　本會會議以主任委員為主席主任委員因故不能出席時由主任委員指定委員一人代理之

第六條　本會設秘書一人由部長就本部職員中遴委承主任委員之命掌理會議材料之徵集整理及其他有關會議事項

第七條　爲實施考核職務起見本會得隨時向各主管廳司局室要求提出書面工作報告必要時並得令其主管長官列席說明工作進行概況

第八條　各廳司局室遇有工作進展不能與原定計劃及其進度表相符時應預向本會敍述其困難原因及其改進之積極意見

第九條　本會開會時遇有考核事項關係委員本身者應行迴避

第十條　本會決定事項應以會議方式行之但未提交會議前得由主任委員指定委員一人至三人先行審查

第十一條　本部各附屬機關之成績考核應由主管司局先行分別考查對其成績加以切實品評並擬定獎懲呈送部長提交本會覆核

第十二條　本會每月應將考核結果製成詳細報告加具考語并酌擬獎懲分別施行如有涉及其他機關主辦之事項并應報請行政院核辦

第十三條　本會因事務上之必要得酌量調用辦事人員

第十四條　本規程自部令公布之日施行幷呈報行政院備案

社會部社會行政計劃委員會組織規程

三十年二月四日行政院第五〇二次會議備案

第一條　本部爲計劃各項社會行政方案依據本部組織法第十九條之規定設置社會行政計劃委員會

第二條　社會行政計劃委員會（以下簡稱本委員會）除本部參事組織訓練司司長社會福利司司長合作事業管理局局長簡任秘書及有關業務主管人員爲當然委員外設計劃委員若干人聘任就中四人至六人專任

第三條　本委員會之任務如左

一、社會政策及社會制度之研究事項

二、社會建設方案之審議及編訂事項

三、各項社會現實問題之討論事項
四、社會政策及各項新方案在理論上之闡發與刊物之編纂事項
五、部長交議事項
六、其他有關社會行政計劃事項

第四條　本委員會開會時以本部部長爲主席部長缺席由次長主席

第五條　本委員會爲便於研究起見分設左列各組

第一組　關於社會組織訓練及一般社會運動等問題屬之
第二組　關於社會保險社會服務社會救濟勞工福利兒童福利等問題屬之
第三組　關於合作事業之推行等問題屬之
第四組　關於社會調查統計及其他社會問題屬之

第六條　本委員會委員每人至少須參加一組由各委員認定每組並互推一人爲召集人負主持各該組事務之責

第七條　本委員會全體委員會議每月舉行一次遇必要時由主席召集臨時會議

第八條　本委員會設祕書一人由部長指定委員兼任下設助理人員若干人就本部職員中調用之

第九條　本委員會爲徵集資料編譯叢書刊物及擬訂施政方案得設研究室其辦事細則另定之

第十條　本委員會委員除專任委員外均爲名譽職但開會時酌致交通費

第十一條　本規程呈　行政院備案施行

督導工商團體辦法

三十年三月二十七日　經濟社會部會同公布

第一條　凡依商會法及商業同業公會法組織之工商團體得由經濟部社會部會同派員赴各省市縣擔任督導工作

第二條　督導人員赴省市縣工作時應會同當地最高黨部及主管官署執行之其依法令應由黨部或主管官署執行之事項各從其規定

第三條　督導人員之任務如左

一、關於工商團體之督促依法組織事項
二、關於工商團體工作之推動事項
三、關於各工商團體間之協助聯繫事項
四、關於工商團體行爲應行糾正事項
五、關於工商法令之宣達事項
六、關於工商業情況及工商界人事之調查事項
七、其他有關工商團體事項

執行前項各款任務所需資料及應注意事項由經濟部彙發督導人員參考

第四條 督導人員不得受工商團體一切供應及設辦公處所

第五條 督導人員應將工作情形逐日詳細塡列工作日記表（表式另訂之）每週彙報經濟部社會部備核

第六條 本辦法督導事項必要時得授權中華民國商會聯合會辦理

第七條 本辦法自公布日施行

經濟部依同業公會法指定各重要業名稱及範圍表

（一）重要商業

業名	範圍
棉花業	買賣棉花之業屬之
紗業	買賣紗線之業屬之
市布業	買賣各種棉蔴織品之業屬之
絲綢呢絨業	買賣各種絲毛織品及生絲之業屬之
煤炭業	買賣煤球塊煤末煤焦煤烟煤無烟煤木炭等業屬之
糧食業	買賣米麵粉雜糧等業屬之
油業	買賣日常食用油類之業屬之

鹽業　買賣食鹽之業屬之
糖業　買賣日常食用粗糖精糖之業屬之
茶業　買賣各種茶葉之業屬之
國藥業　買賣國藥之業屬之
西藥業　買賣西藥之業屬之
肥料業　買賣肥料之業屬之
木業　買賣各種木材之業屬之
銅器業　買賣各種銅器之業屬之
鐵器業　買賣各種鐵器及刀剪之業屬之
錫器業　買賣各種錫器之業屬之
五金電料業　買賣五金材料及供給電氣器具之業屬之
煤油業　買賣煤油及汽油之業屬之並暫包括各種代汽油
紙業　買賣各種紙張之業屬之
圖書教育用品業　買賣各種圖書儀器文具及其他教育用品之業屬之
百貨業　經營機製品及手工藝品不屬於其他重要商業範圍者屬之（獨營本業之物品者視同百貨業得由商會依當地習慣議定其種類）
山貨業　經營農牧產品非輸出業性質及不屬於其他重要商業範圍者屬之（獨營本業之物品者視同山貨業得由商會依當地習慣議定其種類）
汽車業　應公衆需要供給汽車以運輸旅客或貨物之營業屬之
輪船業　應公衆需要供給輪船及附拖船舶以運輸旅客或貨物之營業屬之
民船業　應公衆需要以使用櫓櫂帆蓬等爲主要運輸方法之船舶運輸旅客或貨物之營業屬之
承攬運送業　代客轉運貨物之業屬之

倉庫業　經營倉庫之業屬之
典當業　各種典押當業屬之
保險業　各種保險公司屬之
銀行業　各種銀行業屬之
錢　業　錢莊銀號等業屬之

（二）重要工業

電氣工業　指供給電力電光電熱之工業
電工器材工業　指製造各種電氣機器用具材料配件之工業
機器工業　指以機器或手用工具製造或修理各種機器儀器及配件並金屬器皿之工業暫包括生鐵生銅之翻砂及船舶車輛之修理
金屬品冶製工業　指冶煉及熔鑄各種金屬之工業
交通器材工業　指製造水陸運輸整部工具之工業
水泥工業　指製造水泥之工業
棉紡織工業　指以棉花爲原料用機器或手工紡紗織布之工業並暫包括軋花漂染整理等
繅絲絲織工業　指繅絲撚絲及絲織工業並暫包括染練
酸鹼工業　指製造各種酸及鹼之工業並包括工業用鹽類及酸鹼鹽類附屬副品之製造
製鹽工業　指煎製食鹽之工業
麵粉工業　指以機器或水力畜力磨製麵粉之工業
礱米工業　指以機器或水力畜力礱米之工業
植物油製煉工業　指以機器或土法榨製及精煉植物油之工業
造紙工業　指以機器及手工造紙之工業
製革工業　指以機器及手工製革之工業包括牛皮羊皮及皮件之製造

製糖工業　指以機器及土法製糖之工業

橡膠工業　指製造橡膠製品之工業

酒精工業　指製造酒精之工業並暫包括代汽油之製造

猪鬃整理工業　指漂洗及整理猪鬃之工業並包括製刷

印刷工業　指以機器印刷之工業

火柴工業　指製造各種火柴之工業

教育用品工業　指製造各種教育用品及文具玩具體育用品之工業

針織工業　指以絲毛棉蔴用針織衫袜等之工業

（三）重要鑛業

煤鑛業　凡經呈准設定鑛業權以新法或土法開採之煤鑛均屬之

（四）重要輸出業

植物油業　在輸出區域內經營輸出桐油及其他各種植物油料等業務者屬之

茶業　在輸出區域內經營輸出茶葉之業務者屬之

猪鬃業　在輸出區域內經營輸出猪鬃之業務者屬之

生絲業　在輸出區域內經營輸出生絲之業務者屬之

絲織品業　在輸出區域內經營輸出絲織品之業務者屬之

牛羊皮業　在輸出區域內經營輸出牛羊皮之業務者屬之

腸衣業　在輸出區域內經營輸出腸衣業務者屬之

藥材業　在輸出區域內經營輸出藥材之業務者屬之

草帽業　在輸出區域內經營輸出草帽之業務者屬之

非常時期取締日用重要物品囤積居奇辦法

三十年二月三日 國民政府公布

第一條 取締日用重要物品囤積居奇除法令別有規定外依本辦法之規定

第二條 依本辦法取締囤積居奇之日用重要物品定為左列各類

甲、糧食類 米 穀 麥 麵粉 高粱 粟 玉米 豆類

乙、服用類 棉花 棉紗 棉布（各種本色棉布各種漂白染色或印花棉布）蔴布（各種本色蔴布各種漂白染色或印花蔴布）皮革

丙、燃料類 煤炭（煤塊 煤末 煤球 焦煤）木炭

丁、日用品類 食鹽 紙張 皂鹼 火柴 菜籽 菜油

戊、其他經經濟部呈准指定者

第三條 本辦法所稱囤積指左列各款

一、非經營商業之人或非經營本業之商人大量購存前條所指定之物品者

二、經營本業之商人購存前條所規定之物品而有居奇行為者

三、代理介紹買賣并無眞實買賣貨主而化名購存前條所指定之物品者

第四條 儲存物品不應市銷售或應市銷售而抬價超過合法利潤者為居奇行為

前項合法利潤由主管官署斟酌當地情形隨時規定之

第五條 本辦法施行時經濟部應指定執行取締之區域連同取締物品之種類名稱一併公告并行知執行取締之主管官署

第六條 依本辦法執行取締檢查及處分之地方主管官署除有專管機關者外在直隸行政院之市為社會局在縣市為縣市政府經濟部於必要時得派員或命令所屬管理物資或平價供銷機關協同主管官署辦理之

第七條 主管官署應於經濟部文到四日內將第五條公布事項在轄境內公布週知並分別通知當地商會及關係業同業公會

第八條　非經營商業之人或非經營本業之商人在主管官署公告前所囤積業經指定之物品應報明主管官署限期出售

第九條　經營本業之商人在主管官署公告前所囤積業經指定之物品應報明主管官署及所屬之同業公會應市銷售其銷售情形由同業公會隨時考核報告主管官署

第十條　主管官署對於應行依限出售或應市銷售之物品得規定其出售價格或令其運往指定地點出售

第十一條　應行依限出售之物品其所有人對於經營本業之商人或用戶依照市價或政府規定價格請求購買時不得拒絕出售

前項物品之所有人不得化名購買

第十二條　應行依限出售之物品到期未能售出時主管官署得代為出售或責令將物品交由所屬同業公會銷售必要時由管理物資或平價供銷機關以公平價格收買之

第十三條　本辦法施行後經營本業之商人購進業經指定之物品應每次向所屬同業公會登記其售出時應向所屬同業公會報告

同業公會應將前項登記及報告按月呈報主管官署查核

第十四條　同業公會對於會員或非會員之囤積居奇行為應負糾正檢舉之責

同業公會不執行本辦法規定事項或對會員故為包庇者應由主管官署依法處分

第十五條　生產或購運本辦法指定物品之工廠商號應按月將產運數量及其成本報告同業公會轉報主管官署備查

第十六條　主管官署對於轄境內各項指定物品之購銷儲運情形應隨時派員調查並得檢查有關各業之買賣簿籍單據

同業公會於主管官署依前項執行檢查時應派負責人員協助辦理

第十七條　有左列各款情事之一者其囤積之物品得由主管官署沒收並得科以一千元以下之罰鍰

一、不依本辦法第八條第九條呈報或呈報不實者

二、不遵行地方主管官署依照本辦法第十條所頒布之命令者

三、違反本辦法第十一條第二項之規定者

四、經營本業之商人於主管官署公布後對於指定物品仍有囤積居奇行爲者

第十八條　有左列各款情事之一者除由主管官署沒收其囤積物品外並向法院檢舉依非常時期農鑛工商管理條例第三十一條懲治之

一、非經營商業之人或非經營本業之商人於地方主管官署公告後對於指定物品仍有囤積行爲者

二、囤積居奇或藏匿大量指定物品分立戶名或分散轉移存放地點或妨害地方主管官署執行檢查而意圖規避取締者

三、對於應行依限出售之囤積物品有黑市買賣賭期預貨及空頭倉飛交易等行爲者

第十九條　地方主管官署爲前二條之處分時應報請省市政府核准並轉報經濟部備查其沒收之物品除另有法定用途者外悉供作平價配銷之用

第二十條　凡確知有人違反本辦法之規定者准向主管官署據實密告主管官署對於前項密告人於舉發案件處分確定後給予獎金並爲保守祕密但密告人如有挾嫌誣告情事應依法懲處之

第二十一條　依本法沒收物品所得貨欵或罰鍰除提五成撥充當地辦理平價之資金外其餘五成照左列各欵分配給獎

一、藉密告或眼線人查獲者密告或眼線人給予百分之三十查獲機關給予百分之二十

二、非藉密告或眼線人查獲者其獎金全部給予查獲機關

第二十二條　主管官署應將執行取締情形按月呈報省市政府轉報經濟部查核省市政府得按其辦理成績分別予以獎懲

第二十三條　依本辦法辦理取締檢查及處分之人員如有包庇縱容或其他營私舞弊情事查有實據者依懲治貪污條例治罪

第二十四條　公務員假借職務上之權利機會或方法囤積本辦法指定物品居奇營利者除依本辦法懲處外並比照違法瀆職罪從重論斷

第二十五條　地方主管官署及經濟部授權執行取締之管理物資或平價供銷機關得依本辦法之規定專就一種指定之物品另訂實施章則呈經省市政府及經濟部核准後施行之

第二十六條　本辦法自公佈日施行

社會部合作事業管理局全國合作人員訓練所組織規程

二十年二月八日部令核准

第一條　社會部合作事業管理局（以下簡稱管理局）為增進各省市合作工作人員之知識技能設立全國合作人員訓練所（以下簡稱本所）

第二條　本所設於管理局所在地必要時得經管理局呈准社會部於適當地點設置之

第三條　本所設所長一人由管理局局長兼任綜理全所事務必要時得設副所長一人襄助所務由社會部遴委之

第四條　本所設教務總務二組各設主任一人由所長聘任之承所長之命分掌各該組事務教員講師各若干人由所長聘任之

第五條　本所設教務員事務員助理員錄事各若干人承主任之命辦理各項事務均由所長派充之

第六條　本所得設訓導委員會辦理學術研究及生活指導等事宜其組織另定之

第七條　本所設隊長副隊長各一人秉承所長商承訓導委員會掌理軍訓事宜由所長聘任之

第八條　本所函授班及研究班得各設正副主任各一人承所長之命分別主持各該班進行事宜研究班各科得設主任導師一人以負該科規劃指導之責各班正副主任及各科主任導師均由所長分別聘派之

第九條　本所辦事細則另定之

第十條　本規程自奉社會部核准後施行

社會部合作事業管理局全國合作人員訓練所訓練計劃

二十年二月八日部令核准

一、本所為擴大訓練效能充實訓練內容除繼續舉辦各省現任合作工作人員之定期調訓外特附設研究班函授班並舉辦各種合作業務人員訓練班

二、各省現任合作工作人員之調訓每年分兩期舉行之第一期為二月至四月第二期為九月至十一月每期由各省抽調二百人訓練期間為兩個月訓練完畢仍還原省工作

三、研究班設置之主旨在使各省合作工作人員得有從事高深研究之機會用以提高合作指導人員之學術修養並增進其指導技能研究員以招收具有合作指導工作經驗者爲原則研究期間暫定爲半年至一年視成績之優劣以定修業之期間結業後由本所介紹工作

四、函授班目的在使調訓班畢業學員離所後仍能繼續從事研究與學習以補集合訓練之不足該班並得招收從事與合作事業有關工作之學員普及訓練之函授期間以半年爲一期暫設高級一班

五、本所得視事實之需要舉辦各種合作業務人員訓練班其學員分由機關保送或公開招致訓練期間定爲一個月至三個月訓練完畢後須經一月以上之實習其成績及格者分別回原保送機關服務或由本所介紹工作

六、除各省現任合作工作人員之調訓辦法已有規定外函授班研究班及業務人員訓練班之辦法另定之

社會部合作事業管理局全國合作人員訓練所設置函授班辦法

三十年年二月八日部令核准

一、本所爲便利曾在本所調訓班畢業學員之繼續研究學習並推廣合作教育範圍起見特設函授班

二、凡曾在本所調訓班畢業之學員均得申請函授但其他有志合作事業或熱心合作研究具有下列資格之一者亦得申請爲本班學員

1.各縣合作金庫經理

2.各地銀行從事農貸工作及農村調查工作之職員

3.各縣縣政府社會行政建教主管人員

4.高中畢業以上從事於其他社會事業之人員

三、除本所調訓班畢業學員得個人申請入班外其餘均須經由服務機關之介紹並須呈繳畢業證書及服務證件

四、函授期間暫定半年爲一期於必要時得酌量延長之

五、函授課程暫定如下

1.合作理論

2.合作行政與指導

3.合作金融
4.工業合作經營
5.農業合作經營
6.交易合作經營
7.新縣制與合作
8.中國合作問題研究

六、函授辦法

1.課程教學　每週由本所函授部寄發各種講義並附習題學員應依限將所授課程研習作答寄送本所函授班評閱或改正後分別復知如學員對每週研習課程延不作答有二週以上者即停止寄送講義教材

2.通訊解答　學員對所習課程或有關合作理論與實際問題如有不明瞭處得按照本所函授班規定表式以通訊方法請求解答

3.參考資料　凡有關合作問題重要書籍雜誌報章等本所得隨時摘要提示或介紹各學員購閱參攷

七、函授班設正副班主任各一人處理班務各科目及專題之講義及解答由本所分別聘請講師担任之

八、凡本所調訓班畢業學員免收學費每期共收講義費郵費二十元其他學員每期收學費十元講義費郵費二十元

九、每期於學業終了時由本所舉行學力測驗及格者由本所發給畢業證書

十、函授班學生以全國為範圍但為增進函授效率起見得酌量交通情形分期分區函授之

十一、函授班每期學生暫定為三百人於必要時得酌量增加之

社會部合作事業管理局全國合作人員訓練所設置研究班辦法

二十年二月八日部令核准

一、本所為貫澈合作指導政策適應抗建需要特設置研究班俾增進合作工作人員之學術修養並提高其工作技能

二、研究班研究生暫定為二十名研究期間定為半年至一年視成績之優劣以定其結業之期間

三、凡年在二十歲以上三十五歲以下身體健全品性端正合於下列資格之一者得申請為本所研究生

1.大學畢業現任合作工作并經服務機關介紹者

2.大學畢業有志合作事業並有著作論文等相當成績者

3.大學肄業兩年以上並從事合作工作三年以上者

4.在本所調訓班或業務人員訓練班畢業操行成績列入甲等學業總成績在七十分以上主要學科成績在八十分以上者

四、研究生之申請須繳下列各件

1.申請書

2.學歷及經驗之證明文件

3.其由服務機關介紹者須繳服務機關介紹書有論文著作者須附繳論文及著作

本所認為必要時得令申請人受一部分入學試驗其應試科目就履歷及成績審核決定之

五、研究班暫開下列各科俾各研究生分科研究

1.合作金融

2.生產合作及運銷合作

3.消費合作

4.合作會計

5.合作指導

6.合作史及合作理論

六、研究班設正副班主任各一人各科設主任導師一人規劃指導並請專任導師及特約導師個別指導

七、研究生由本所供給膳宿并月給津貼三十元其餘概由學生自備

八、研究生研究結業後成績及格者由本所介紹工作

社會部合作事業管理局全國合作人員訓練所舉辦合作業務人員訓練班辦法

三十年二月八日部令核准

一、本所為養成合作業務專門人才以加强合作社之經營技術特舉辦各種合作業務人員訓練班

二、本所斟酌實際需要暫定先後舉辦下列各班

1.消費合作業務人員訓練班

2.合作會計人員訓練班

3.生產合作業務人員訓練班

4.運銷合作業務人員訓練班

三、本班學員之招收方法如下

1.各省保送代訓者

2.各機關保送代訓者

3.本所委託各省代為招考者

4.本所直接招考者

四、本班之訓練期間定為一個月至六個月訓練完畢後須經一個月以上之實習方准畢業

五、本班學員由本所供給膳宿餘均自備各省各機關委託代訓學員之旅費由保送機關負担之

六、保送學員畢業後仍回原機關工作招考學員畢業後其成績優良者由本所代為介紹工作

社會部合作事業管理局舉辦現任合作工作人員抽調訓練辦法

三十年二月八日部令核准

一、社會部合作事業管理局為增進合作工作人員之知識技能提高合作工作人員之工作效率特舉辦現任合作工作人員之抽調訓練

二、上項合作工作人員由本局呈准　社會部向各省主管機關分期抽調之抽調人員暫以各縣主任指導員指導員及縣以

上聯合社主要職員而有中等以上學校畢業或相當程度者爲限其他名義之工作人員有願自請受訓者經本局認可後亦得加入受訓

三、每期抽調人數定爲二百人訓練期限定爲兩個月受訓人員在受訓期間薪俸仍由原機關發給期滿仍回原機關服務

四、每省每次抽調人數自十八至三十人其有特殊情形之省份得酌量增減之

五、受訓人員在受訓期內所有膳宿講義等費概由本局供給其往返旅費由各省市合作主管機關發給必要時得按照本局補助地方合作事業經費之規定補助

六、合作工作人員之訓練以在首都所在地訓練爲原則必要時得在其他指定地點舉辦之

七、合作工作人員之訓練以注重精神訓練經營技術及實際問題之討論爲原則其課程另定之

八、抽調訓練時得酌量招收有志合作事業而程度相當者同時受訓其膳宿講義等費依第五項之規定辦理

九、由本局設訓練所訓練之人員受訓期滿後由訓練所發給證明書

十、本局得向各省合作主管機關商調高級職員担任訓練所之教課訓育及小組討論等事宜其川旅費在訓練費經常費內酌量津貼之

十一、本辦法自奉　社會部核准後施行

命令

府令

國民政府令　二十九年十月十一日

茲制定社會部組織法公布之此令

國民政府令　三十年二月三日

茲制定非常時期取締日用重要物品囤積居奇辦法公布之此令

國民政府令　二十九年十月二十四日

特任谷正綱爲社會部部長此令

國民政府令　二十九年十一月八日

任命洪蘭友爲社會部政務次長此令

國民政府令　三十年三月二十四日

任命黃伯度爲社會部常務次長此令

國民政府令　三十年一月二十八日

任命李俊龍爲社會部參事黃夢飛爲社會部祕書　陳烈爲社會部總務司司長陸京士爲社會部組織訓練司司長壽勉成爲社會部合作事業管理局局長鈕長耀陳　言爲社會部視導此令

國民政府令　三十年三月二十四日

任命朱景暄署社會部祕書此令

國民政府令　三十年三月十日

行政院院長蔣中正呈據社會部部長谷正綱呈請任命易希文爲社會部科長萬　鈞鄭藥畬爲社會部視導應照准此令

國民政府令　三十年三月二十八日

行政院院長蔣中正呈據社會部部長谷正綱呈請任命楊　放爲社會部祕書謝澄宇王家樹黃　醒爲社會部科長項學儒徐幼川爲社會部視導應照准此令

部令

社會部令　社參字第六九八號　二十九年十二月二十八日

茲制定社會部處務規程公布之此令

社會部令　社總字第一六七六號　三十年一月二十九日

茲制定社會部行政例規編纂室簡章公布之此令

社會部令　社總字第一七七一號　三十年二月一日

茲制定社會部法規委員會章程公布之此令

社會部令　社參字第一九六六號　三十年二月七日

茲制定社會部部務會議規則公布之此令

社會部令　社參字第二一一三號　三十年二月十一日

茲制定社會部工作成績考核委員會組織規程公布之此令

經濟部社會部會令　(州)商字第三八七五號　社組字第三三四五號　三十年三月二十七日

茲制定督導工商團體辦法公布之此令

社會部令

派汪　磊　吳雲峯　金成鼎　謝澄宇　劉脩如
　譚　任　易希文　王家樹　曹沛滋　張永懋　代理本部科長除呈荐外此令

社總字第六號　二十九年十一月十八日

派陳　烈代理本部總務司司長陸京士代理本部組織訓練司司長包華國代理本部社會福利司司長除請簡外此令

社總字第七號　二十九年十一月十八日

派朱景暄
　黃夢飛　代理本部祕書除請簡外此令

派楊　放
　周學藩　戴　登代理本部祕書除呈荐外此令

社總字第八號　二十九年十一月十八日

派李俊龍
　謝徵孚　代理本部參事除請簡外此令

社總字第九號　二十九年十一月十八日

派鈕長耀　王　政
　卞宗孟　陳　言　代理本部視導除請簡外此令

派項學儒　鄭藥畬
　徐幼川　翟鯨身　萬　鈞代理本部視導除呈荐外此令

派簡任視導鈕長耀兼本部視導室主任此令

社總字第十號　二十九年十一月十八日

派袁守仁代理本部視導此令

社總字第十號　二十九年十一月十八日

派李宗孟
　牟乃紘爲本部編審此令

社總字第十一號　二十九年十一月十八日

派專員張劍白兼專員室主任此令

社總字第十二號　二十九年十一月十八日

派尹士健　章企民　李世澐　李　毅　戴啓人　馮國珍　陳聘三　彭克明　王公璧　周少彤　趙少華　蕭敬文
邵嘉樹　于次菁　金啓東　鄧鳳翔　梁柏梅　武福恭　祁理臣　吳焱瑜　王惜凡　汪亞男　王振歆　熊　英
王大任　鄒　勳　應錫華　朱大章　屠義方
陳超漢　江志恆　吳鼎培　汪嘯岑　陳耀儀　代理本部科員此令

社總字十三號　二十九年十一月十八日

派陳祖堯李士杰代理本部科員此令

社總字第十四號　二十九年十一月十八日

派劉守英　康　彤代理本部科員此令
梁翰賓

社總字第十五號　二十九年十一月十八日

派武正欽　凌渠如　朱炳源
佘燕雲　臧孫鏘　顧迪光　代理本部科員此令

社總字第十六號　二十九年十一月十八日

派張公甫代理本部科員此令

社總字第三十號　二十九年十一月二十二日

派李聲鑄代理本部科員此令

社總字第三十一號　二十九年十一月二十二日

派富靜岩代理本部科員此令

社總字第三十二號　二十九年十一月二十二日

派張紹周代理本部科員此令

社總字第三十八號　二十九年十一月二十四日

派劉緒貽代理本部科員此令

社總字第四十號　二十九年十一月二十五日

派壽勉成代理本部合作事業管理局局長除請簡外此令

社總字第五十一號　二十九年十一月二十八日

派高　邁代理本部科員此令

社總字第五六號　二十九年十一月二十八日

派陶鎔成代理本部科員此令

社總字第五七號　二十九年十一月二十八日

派梁敬錞代理本部參事除請簡外此令

派惲彥彬代理本部科員此令

社總字第五十八號　二十九年十一月二十九日

派鄭漢章　吳運中　許鳴秋　朱錫鴻
　王士珏　夏光惠　吉德梁　蔡君幹　代理本部科員此令

社總字第九十四號　二十九年十二月三日

派李爾純　孫藹如
　盛佩芝　汪冰如　代理本部科員此令

社總字第九十六號　二十九年十二月三日

派朱元龍代理本部科員此令

社總字第一一三號　二十九年十二月五日

派朱萃濬代理本部科長除呈荐外此令

社總字第一一四號　二十九年十二月五日

派鍾其熾代理本部科員此令

社總字第一六四號　二十九年十二月七日

派朱祕書景暄兼代本部社會福利司司長

社總字第一九一號　二十九年十二月七日

派俞志君代理本部科員此令

社總字第二〇七部　二十九年十二月七日

派洪次長蘭友兼任重慶市工運督導專員此令

社總字第二一一號　二十九年十二月十日

派袁宇仁　盧雪正　兼任重慶市工運督導員此令

社總字第二一二號　二十九年十二月十日

派沈　鼎　陸蔭初　余　琪　曾覺先　爲重慶市工運督導員此令

社總字第二一三號　二十九年十二月十日

派黃友郢代理本部參事除請簡外此令

社總字第二五九號　二十九年十二月十二日

派俞　銓代理本部合作事業管理局祕書除呈荐外此令

派侯厚宗　尹樹生　徐日琨　代理本部合作事業管理局科長除呈荐外此令

派胡士琪　吳克剛　馬開化　代理本部合作事業管理局視察除呈荐外此令

社總字第二八七號　二十九年十二月十三日

派科長邱致中兼任社會福利司幫辦此令

社總字第三六三號　二十九年十二月十四日

派專員張廷灝兼任組織訓練司幫辦此令

社總字第三八四號　二十九年十二月十六日

派沙槃存代理本部科員此令

社總字第三八五號　二十九年十二月十六日

派胡運雲代理本部科員此令

社總字第三八七號　二十九年十二月十六日

派專員王　克兼充本部社會服務處主任此令

社總字第三九三號　二十九年十二月十六日

派戴宏見爲本部湯峽口模範墾殖新村主任此令

社總字第三九六號　二十九年十二月十六日

派任志路爲本部朱家寨診療所主任此令

社總字第四二六號　二十年十二月十七日

派裴立民代理本部科員此令

社總字第五〇〇號　二十九年十二月十七日

代理本部視導袁宇仁着毋庸代理此令

社總字第五一六號　二十九年十二月十九日

派程本立代理本部科員此令

社總字第五三一號　二十九年十二月二十日

代理本部科員朱大章呈請辭職應照准此令

社總字第五三二號　二十九年十二月二十日

派戴健華代理本部科員此令

社總字第五三三號　二十九年十二月二十日

代理本部祕書戴　登呈請辭職應照准此令

社總字第五五四號　二十九年十二月二十日

派葉　毅代理本部祕書此令

社總字第五五三號　二十九年十二月二十日

派厲義方　汪嘯岑　陶鎔成爲本部編審此令

派楊繼祥代理本部科員此令

社總字第五六三號　二十九年十二月二十一日

派趙澤華吳汝松代理本部科員此令

社總字第六一一號　二十九年十二月二十四日

派郭　驥代理本部科長此令

社總字第六六〇號　二十九年十二月二十五日

派王善繼爲本部編審此令

社總字第七〇二號　二十九年十二月二十八日

派黃　醒代理本部科長此令

社總字第七〇三號　二十九年十二月二十八日

派白肖泉代理本部重慶游民訓練所所長此令

派曹文濬代理本部重慶殘廢教養所所長此令

派楊濬熙代理本部重慶嬰兒保育院院長此令

社總字第七一五號　二十九年十二月二十八日

代理本部科員陳耀儀另有任用應免本職此令

社總字第七六七號　二十九年十二月三十一日

派譚寶毅代理本部科員此令

社總字第八三八號　三十年一月二日

派汪崇瀛代理本部科員此令

社總字第九二五號　三十年一月七日

派林紹森代理本部科員此令

社總字第九六八號　三十年一月九日

派牟乃紘李宗孟代理本部科員此令

社總字第一〇六八號　三十年一月十三日

派蕭家珍代理本部科員此令

社總字第一〇七五號　三十年一月十三日

派薛觀濤代理本部科員此令

社總字第一四二九號　三十年一月二十日

派廖鳳昇代理本部科員此令

社總字第一四七一號　三十年一月二十一日

本部編審王善繼應予免職此令

社總字第一五六八號　三十年一月二十四日

派許壽華爲本部編審此令

社總字第一五六九號　三十年一月二十四日

派熊繼壎代理本部科員此令

社總字第一五七二號　三十年一月二十四日

代理本部重慶嬰兒保育院院長楊濬熙呈請辭職應照准此令
社總字第一六〇四號　三十年一月二十五日

派專員陳繼貞暫行兼代本部重慶嬰兒保育院院長此令
社總字第一六〇五號　三十年一月二十五日

派方曉涵 龐慎勤 王　才代理本部會計室科員此令
社總字第一六三九號　三十年一月二十八日

派周光琦代理本部科長除呈荐外此令
社總字第一六七四號　三十年一月二十九日

派梁參事敬錞兼任行政例規編纂室主任此令
社總字第一六七七號　三十年一月二十九日

派洪次長蘭友爲本部法規委員會主任委員此令
社總字第一七六九號　三十年二月一日

派謝徵孚 王家樹 鈕長耀 梁敬錞 李隆 徐準起 易希文 姜光昀爲法規委員會委員此令
社總字第一七七〇號　三十年二月一日

委任熊世培試署本部合作事業管理局視察此令
社總字第一七八〇號　三十年一月二十九日

派王西林代理本部科員此令
社總字第一七九一號　三十年二月三日

派盛　地代理本部科員此令
社總字第一八四九號　三十年二月五日

派袁壽徵 俞洒代理本部科員此令　社總字第一九一〇號　三十年二月七日

派方憲華爲本部重慶嬰兒保育院會計此令

社總字第二〇八七號　三十年二月十一日

派黃次長伯度爲本部工作成績攷核委員會主任委員此令

社總字第二一一一號　三十年二月十一日

派黃夢飛 鈕長耀 黃友郢 壽勉成爲本部工作成績攷核委員會委員此令

社總字第二一一二號　三十年二月十一日

派高允斌爲重慶市工運督導員此令

社總字第二一五五號　三十年二月十二日

代理本部科員劉守英 凌棻如 張紹周 沙榮存久未報到着卽免職此令

社總字第二二三五號　三十年二月十五日

派田建疇代理本部科員此令

社總字第二二三七號　三十年二月十五日

代理本部科員鄒勳呈請辭職應照准此令

社總字第二二五三號　三十年二月十五日

派王金標王題錦代理本部科員此令

社總字第二二五四號　三十年二月十八日

派張正楷代理本部科員此令

社總字第二三八四號　三十年二月十九日

派姜光昀兼任本部法規委員會祕書此令

社總字第二四三七號　三十年二月二十一日

代理本部科員王　才久未報到着即免職此令

社總字第二四八〇號　三十年二月二十一日

派謝　琨代理本部科員此令

社總字第二四八一號　三十年二月二十一日

委任王士珏　汪亞男　屠義方　章企民　蔡君幹　鄭漢章　李爾純　尹士健
李聲鑄　彭克明　邵嘉樹　梁柏梅　陳祖堯　程本立　馮國珍　高　邁　汪嘯岑為本部科員此令

社總字第二四九六號　三十年二月二十二日

委任劉緒貽　孫講如　陳定閎
康　彤　盛佩芝　鍾其熾　試署本部科員此令

社總字第二四九七號　三十年二月二十二日

派行政計劃委員會委員何清儒兼任社會福利司科長此令

社總字第二五六一號　三十年二月二十五日

派張步湘代理本部科員此令

社總字第二六二七號　三十年二月二十七日

代理本部科員蕭敬文　顧迪光　另有任用應予免職此令

社總字第二六八一號　三十年三月一日

代理本部科員江志恆呈請辭職應照准此令

社總字第二七一四號　三十年三月一日

代理本部重慶游民訓練所所長白肖泉呈請辭職應照准此令

社總字第二七二九號　三十年三月三日

派王培源暫行代理本部重慶游民訓練所所長此令

社總字第二七三一號　三十年三月三日

派陳北辛代理本部統計室科員此令

社總字第二七四四號　三十年三月三日

派程孝純 張延紓 蕭淑懿代理本部科員此令

社總字第二七七四號　三十年三月三日

代理本部科長金成鼎另有任用應予免職此令

社總字第二八一四號　三十年三月五日

派專員金成鼎兼任本部科長此令

社總字第二八一六號　三十年三月五日

委任周少彤試署本部科員此令

社總字第二八一八號　三十年三月五日

派唐懷祖爲本部編審此令

社總字第二八二九號　三十年三月六日

派王星智代理本部科員此令

社總字第二八五九號　三十年三月七日

派鄭厚博 羅紹楨代理本部合作事業管理局視察此令

社總字第二八七〇號　三十年三月七日

代理本部合作事業管理局視察羅開化呈請辭職應照准此令

代理本部合作事業管理局視察吳克剛應予免職此令

社總字第二八七一號　三十年三月七日

派余傳弼代理本部科員此令

社總字第二九二六號　三十年三月八日

代理本部合作事業管理局視察鄭厚博另有任用應予免職此令

社總字第二九七二號　三十年三月十日

派陳本立代理本部合作事業管理局視察此令

社總字第二九七三號　三十年三月十日

本部科員周少彤呈請辭職應照准此令

社總字第二九七四號　三十年三月十日

派吳基遠代理本部重慶市空襲服務臨時保健院會計員此令

社總字第三一四四號　三十年三月十五日

派楊　虎為中華海員工會特派員此令

社總字第三一五五號　三十年三月十七日

派卓軼華代理重慶市空襲服務臨時保健院第二托兒所會計此令

社總字第三一五六號　三十年三月十七日

代理本部祕書周學藩另有任用應予免職此令

社總字第三二〇三號　三十年三月十九日

派專員周學藩兼任本部祕書此令

社總字第三二〇五號　三十年三月十九日

代理本部科長汪　磊另有任用應予免職此令

社總字第三二〇六號　三十年三月十九日

派專員汪[illegible]磊兼代本部科長此令

社總字第三二〇八號　三十年三月十九日

代理本部科長曹沛滋另有任用應予免職此令

社總字第三二〇九號　三十年三月十七日

派專員曹沛滋兼代本部科長此令

社總字第三二一一號　三十年三月十九日

代理本部科長吳雲峯另有任用應予免職此令

社總字第三二一二號　三十年三月十九日

派專員吳雲峯兼代本部科長此令

社總字第三二一四號　三十年三月十九日

代理本部科長朱萃濬另有任用應予免職此令

社總字第三二一六號　三十年三月十九日

派專員朱萃濬兼代本部科長此令

社總字第三二一七號　三十年三月十九日

代理本部科員陳聘三另有任用應予免職此令

社總字第三二一八號　三十年三月十九日

代理本部科員臧孫鏘另有任用應予免職此令

社總字第三二一九號　三十年三月十九日

代理本部參事梁敬錞呈請辭職應照准此令

社總字第三三六七號　三十年三月十九日

代理本部社會福利司司長包華國呈請辭職應照准此令

社總字第三三七七號　三十年三月二十日

委任李世濚　于次菁　佘蒸雲
　　吉德梁　金啓東　應錫華為本部科員此令

社總字第三三八六號　三十年三月二十二日

委任朱錫鴻　陳超漢　張公甫　汪冰如
　　朱炳源　熊　英　王大任　許鳴秋試署本部科員此令

社總字第三三八七號　三十年三月二十二日

派專員周泰京兼任社會福利司第三科科長此令

社總字第三四〇四號　三十年三月二十四日

委任李宗孟
　　林紹森為本部科員此令

社總字第三四一二號　三十年三月二十四日

派彭曉暉暫代重慶市工人福利社第一社主任此令

社總字第三四一三號　三十年三月二四十日

派孫炳年代理本部科員此令

社總字第三四一八號　三十年三月二十四日

派林昌樾　戴　鑄
　陶　錚　王　猷　代理本部統計室科員此令

社總字第三四一九號　三十年三月二十四日

派李士賢代理重慶市第二工人福利社籌備主任此令

社總字第三四二八號　三十年三月二十四日

派武寶琛代理本部科員此令

社總字第三四二九號　三十年三月二十五日

兼代本部嬰兒保育院院長陳磁貞請辭兼職應照准此令

派本部嬰兒保育院醫師馬　品暫行兼代該院院長此令

社總字第三四三九號　三十年三月二十五日

社總字第三四四〇號　三十年三月二十五日

委任武正欽試署本部科員此令

社總字第三四七〇號　三十年三月二十六日

委任蕭家珍爲本部科員此令

社總字第三四七一號　三十年三月二十六日

委任馮斌甲爲本部合作事業管理局科員此令

社總字第三六〇三號　三十年三月三十一日

本部社會行政計劃委員會委員一覽表

張鴻鈞（專）
傅尙霖（專）
何清儒（專）
吳克剛（專）
李吉辰（專）
劉仰之（專）
陳達
言心哲
吳景超
章元善
張國燾
葉青
羅北辰
史太璞
劉廣沛
孫本文

陳文仙
劉振東
史維煥
范定九
龐京周
祝世康
陳文虎
陳可忠
潘懷素
楊銳靈
胡遹
李中襄
劉百閔
朱學範
薛光前
陳鍾聲

王星舟
洪瑞釗
張廷休
陳紹賢
李泰華
喬啓明
胡鈍俞
趙葆全
黃卓
柯象峯
淩純聲
史尙寬
羅鼎
林彬
樓桐孫
吳尙鷹

吳澤霖
潘光旦
龍冠海
李景漢
梁敬錞
王世穎
王崐崙
吳文藻
吳貞奮
胡鑑民
陳長蘅
張國維
彭師勤

註（一）凡有專字者爲專任行政計劃委員
（二）四月一日以後所聘任之行政計劃委員列入下期公報

公牘

總務類

社會部呈　社字第一號　二十九年十一月十日

為呈報視事及宣誓就職日期敬請鑒核由

案奉

鈞院二十九年十月三十日陽拾字第二二五五三號訓令，內開：「案准國民政府文官處二十九年十月二十四日渝文字第四〇九號公函開：『十月二十四日奉國民政府令開：「特任谷正綱為社會部部長，此令！」』等因；除由府公佈及塡發特任狀外，相應錄令函達查照並轉飭知照，為荷！」等由；除分令外合行令仰知照，此令！」等因；奉此，遵於本月十一日先行宣誓就職敬請鑒核謹呈

院長蔣

副院長孔

社會部呈　社字第五號　二十九年十一月十二日

為本部兩次長業遵於本月十一日到職呈請鑒核備案由

查本部政務次長洪蘭友，代理常務次長黃伯度，業遵於本月十一日到職，理合呈報

鈞院，仰祈
鑒核備案。謹呈
院長蔣
副院長孔

社會部呈　社總字第十九號　二十九年十一月二十日

呈報本部於十一月十六日成立本部部長及政務常務兩次長於十八日宣誓就職檢同誓詞請鑒核轉呈備案由

案查前奉
鈞院二十九年十月二十日陽拾字、二二五五三號訓令，節開：「案准國民政府文官處函，為奉　國民政府令，特任谷正綱為社會部部長，函達查照並知照」，等由，令仰知照等因；遵於本月十一日先行視事，業經呈報
鈞院鑒核在案。茲本部於本月十六日組織成立，正綱及本部政務次長洪蘭友，常務次長黃伯度，於十八日在　國民政府大禮堂，敬謹宣誓就職，理合檢同誓詞三紙，備文呈請鑒核，轉呈
國民政府備案，實為公便。謹呈
行政院
附呈誓詞三紙

社會部呈　社總字第一八號　二十九年十一月二十日

為呈報啓用印信日期檢同印模請鑒核轉呈備案由

案奉
鈞院廿九年十一月十八日陽字第二三八〇二訓令，內開：
「案准國民政府文官處頒發社會部銅質大印一顆，文曰社會部印。銅章三顆，文曰（一）社會部長，（一）社會部政務次長，（一）社會部常務次長。相應函送，即請查收見復，轉發領用，並將啓用日期呈報備查，等由；

准此，合行檢發原附件令仰遵照。此令！」

等因，并發銅質大印一顆，銅章三顆；奉此，遵於本月十八日敬謹啓用，理合檢同印模四紙，備文呈請
鑒核，轉呈
國民政府備案，實爲公便。謹呈
行政院院長

附呈印模四紙

社會部呈　社秘字第〇一五二號　二十九年十二月六日

爲確定社會行政臨時過渡辦法擬具意見三項呈請鑒核示遵由

竊查非常時期人民團體組織綱領，業經
國民政府頒佈，此在我國組訓民衆方式上，實爲劃時期之改變，關涉方面甚多，影響範圍至大。於此改制之始，苟不深思熟慮，確立社會行政基礎，則國家整個社會政策，將末由期其實現，甚非
中央建立社會行政機構之本意。今縣各級黨政關係調整辦法，暨非常時期黨政機關督導人民團體辦法，均經
鈞院先後分別以密令頒發；本部亦於十一月十六日實行改隸成立，關於各級社會行政機構之建立，及各項法規之修訂，自須經過立法程序，未能咄嗟立辦。惟在此過渡期間，爲適應事實上急切需要起見，關於省(市)縣(市)政府主管社會行政機構與其職掌，上述各項法規之施行，以及修訂原有法規各項問題，似不能不先確定臨時辦法，俾資遵守。茲就各項問題，詳加考慮，擬具意見三項：

(一)擬請確定省(市)縣(市)政府主管社會行政機關：

1.在省政府未設置專管社會行政機構以前，凡關於人民組訓，社會運動，社會救濟，社會福利等事宜，暫歸民政廳主管。

2.民政廳內暫行添設社會科，其科長人選，以中央訓練合格之人員充任爲原則，并須徵得省黨部之同意。

3.在直屬行政院之市，歸社會局主管。

4. 在縣（市）政府歸社會科主管；未設社會科者，所有人民組訓，社會運動，社會救濟，社會福利等事宜，暫由教育科主管。其僅設建教科之縣，由建教科主管。

5. 合作事業之行政機構，在省為合作事業管理處，隸屬建設廳，或直隸省政府，在縣（市）為合作指導室，直隸縣長。

6. 縣（市）主管社會行政人員，以訓練合格之人員充任為原則。

（二）擬請決定新法規施行日期：

1. 下列三種法規，擬定於民國三十年一月一日起施行：

甲、非常時期人民團體組織綱領；乙、非常時期黨政機關督導人民團體辦法；（密）丙、縣各級黨政關係調整辦法。（密）

2. 各級黨部應於本年十二月底以前，將經辦社會工作事項移交政府辦理，其移交項目為農漁工商青年婦女等團體及特種社會團體（包括宗教文化慈善救國公益自由職業等）之組織（包括許可成立組織報告章程表冊及調查統計等）訓練，及一般活動案卷，應一併移交同級政府辦理。

3. 各省（市）黨部經辦社會工作事項，在未移交同級政府辦理以前，所有應行請示及備案等事件，仍准由社會部照舊辦理，以免脫節。

（三）修訂原有人民團體組織及社會運動各項法規：

1. 全部人民團體組織及社會運動法規，因新法之頒行，似有整個重加釐訂之必要，在未經釐訂以前，擬暫由社會部訂定非常時期人民團體組織辦法，并修改下列數種法規，以資適用：

甲、修正人民團體組織指導員任用規則，

乙、修正人民團體組織指導員工作辦法，

丙、修正人民團體組織許可證書頒發通則，

丁、人民團體許可證書式樣。

2. 關於政府發給人民團體組織許可證書，及統一指導監督社會運動事宜，應於本年十二月底以前，由社會部規定辦法，先行以部令行之。

3. 關於整個釐訂法規問題，依照中央第一六〇次常會決議，由中央祕書處函立法院行政院派員會商辦理。

事關黨政職權移轉，除呈中央執行委員會外，謹陳明緣由，呈請

察核示遵。謹呈

行政院

社會部呈　社祕字第〇七九〇號　二十九年十二月三十一日

遵令呈送本年重要工作報告暨明年實施計劃綱要仰祈審核彙轉由

案奉

鈞院本年十二月二十二日陽字第二五七八一號訓令，略以准國防最高委員會祕書廳公函，以奉　委座手令，飭將本年重要工作與其所預定計畫而未行者，以及最努力工作人員，每單位密報三人，與明年實施計畫先作簡單條目，列表報告，以憑彙轉等因；自應遵辦，除關於密報努力工作人員，擬另案辦理外，謹編呈本年重要工作報告暨明年實施計劃綱要草案各一份，仰祈察核彙轉。再本部成立甫經月餘，一切行政設施，籌劃方始就緒，故本年內並無未行之預定計劃，合併呈明。謹呈

行政院

附呈重要工作報告一份

卅年度實施計劃綱要草案一份

社會部呈　社總字第〇九五三號　三十年一月八日

遵擬本部三十年度行政計劃賫請鑒核彙辦由

案查前奉

鈞院二十九年十二月十日陽字第二五三二四號訓令，以第二屆國民參政會即將召集，關於社會行政部份，應如何籌

辦，飭即妥爲規劃，擬具三十年度重要施政方針，幷附具經費概算，限文到十日內，呈送彙辦，等因；奉此，經以本部改隸未久，一切計劃，均尠成規，且接收事項，正在進行，擬請展限十日，以便詳密規劃等情，於上年十二月十七日，以社總字第四〇三號呈請

察核在案，茲經斟酌業務需要，期於切實可行，擬具本部三十年度行政計劃，並附經費概算，理合備文賫呈

鈞院鑒核彙辦，實爲公便。謹呈

行政院

附呈本部三十年度行政計劃五份

社會部呈　社總字第一〇七〇號　三十年一月十三日

爲擬修正本部合作事業管理局組織條例檢同草案呈請核轉修正由

查合作事業管理局業由經濟部劃歸本部主管，爲適應今後事業擴展之需要，樹立合作行政之體制起見，關於該局原有組織條例，自有另行擬訂之必要。茲依照本部組織法第九條之規定，參酌實際需要，擬具社會部合作事業管理局組織條例草案一份，理合備文呈請

鈞院核轉立法院審議，實爲公便。

謹呈

行政院

附呈社會部合作事業管理局組織條例草案一份

社會部呈　社總字第一六〇一號　三十年一月二十五日

擬具本部社會行政計劃委員會組織規程草案仰祈鑒核備案由

本部爲計劃各項社會行政方案起見，爰依據本部組織法第十九條之規定，聘用專門人員，設置社會行政計劃委員會，擬具該會組織規程草案，並函聘陳達等四十一人爲該會委員，訂於本月二十九日舉行第一次會議，理合將所

擬該會組織規程草案備文呈送，仰祈
鑒核備案。謹呈
行政院
附呈本部社會行政計劃委員會組織規程草案一份

社會部呈　社總字第一六〇二號　三十年一月二十五日

擬於社會部合作事業管理局組織條例草案第十一條之后增列「合作事業管理局因事務上之必要得聘用專門人員」一條作爲第十二條原第十二條改爲第十三條以下條次順序改正呈請核轉立法院審核由

查本部合作事業管理局組織條例草案，業於本年一月十三日以社總字第一〇七〇號呈請
鈞院核轉在案，茲以合作事業之推行，欲使能確立爲社會經濟建設之基礎，必須羅致農工及運銷方面之技術人才，共策進行；而此種專門技術人才之羅致，每不能以荐任委任等條件爲限制，故擬於原組織條例草案第十一條之後，增列「合作事業管理局，因事務上之必要，得聘用專門人員」一條，卽作爲第十二條，俾能適應實際需要，原第十二條改爲第十三條，以下條次，依次改正、是否有當？理合呈請
鈞院核轉立法院審議，實爲公便。謹呈
行政院

社會部呈　社總字第一六四〇號　三十年一月二十八日

爲呈報接收合作事業管理局情形祈鑒核備案由

查關於本部呈報成立日期一案，奉
鈞院二十九年十一月二十八日陽字第二四六二六號指令節開：
「關於該部職掌事項，應卽依照該部組織法，分別向經濟部及振濟委員會辦理接管手續。」
等因；奉此，遵經分別派員接洽，旋於二十九年十二月二十四日將合作事業管理局部份接收淸楚，除經濟部應移交

之合作勞工部份檔卷，暨振濟委員會應移交事項，俟接收後另文呈報外，所有接收合作事業管理局情形，理合先行呈報，仰祈

鑒核備案！謹呈

行政院。

社會部呈　社總字第一六六五號　三十年一月二十八日

爲呈送本部社會行政計劃委員會委員名冊仰祈鑒核備案由

查本部以計劃各項行政方案，擬設置社會行政計劃委員會，經擬具組織規程，於本年一月二十五日以社總字第一六零一號呈請

鈞院鑒核備案。茲依據上項組織規程第二條之規定，除指定本部參事黃友郢等十三員爲該會當然委員外，經聘定陳達等四十六人爲計劃委員，理合造具名冊備文呈報，仰祈

鑒核備案，實爲公便。謹呈

行政院

附呈本部社會行政計劃委員會委員名冊一份

社會部呈　社總字第一七三六號　三十年一月三十一日

爲擬召集全國合作會議擬具會議規程草案呈請鑒核示遵由

本部爲謀全國合作事業之健全發展，並加强合作組織之戰時機能起見，爰擬由部召集全國合作會議，討論關於合作事業方面之各項重要問題，集思廣益，藉作施政之準則；茲定於本年四月二日，舉行會議，謹擬具全國合作會議規程草案，理合淸繕一份，備文呈請

鑒核示遵，實爲公便。謹呈

行政院院長。

附呈全國合作會議規程草案一份

社會部呈 社祕字第一七七八號 三十年二月一日

爲呈請訂頒各省省政府社會處組織條例仰祈鑒核示遵由

案查確定各級社會行政機構一案，前經呈奉

鈞院第四九七次會議決定：在省政府下，儘三十年度六個月內設置社會處，主管關於人民組訓，社會運動，社會救濟，社會福利及合作行政等事項，並奉

鈞院三十年一月七日勇壹字第三六七號指令知照各在案。關於各省社會處之設置，在本部推行施政計劃上，極關重要。現本部成立，已逾兩月，此項機構之建立，似不容緩。擬請

鈞院儘速將各省省政府社會處組織條例訂定頒行，俾資依據。理合備文陳明，仰祈

鑒核示遵，實爲公便。

謹呈

行政院

社會部呈 社視字第一九〇九號 三十年二月六日

呈送重慶市區中央各機關公務員役暨各學校教職員役與其眷屬供給平價食糧抽查委員會組織規程草案請鑒核備案由

查關於重慶市區中央各機關公務員役暨各學校教職員役與其眷屬供給平價食糧抽查事宜，日見繁重，玆爲辦理抽查工作便利起見，經依照供給平價食糧辦法綱要第五條之規定，由本部會同中央調查統計局軍委會調查統計局及重慶市糧食管理委員會組織重慶市區中央各機關公務員役暨各學校教職員役與其眷屬供給平價食糧抽查委員會，所有該會組織規程，業經各負責抽查機關會同草擬完竣，理合備文呈送，仰祈

鑒核備案。謹呈

行政院

附呈送重慶市區中央各機關公務員役暨各學校教職員役與其眷屬供給平價食糧抽查委員會組織規程草案一份

社會部呈　社總字第二〇三二號　三十年二月八日

奉電以實施新縣制各縣政府之社會科長可向省府推薦不得逕行派委等因自應遵辦呈複察鑒由

案奉

鈞院本年二月三日勇壹字第二零三九號江代電，略以實施新縣制，各縣政府之社會科長，依法應由縣長呈請省府委任，中央主管部遇有適當人員，儘可向省政府推薦，但不得逕行派委，等因；奉此，自應遵辦。本部成立以來，對於各縣政府之社會科長并無逕派情事，奉電前因，理合備文呈復，敬懇

鈞察。謹呈

行政院

社會部呈　社總字第三〇四六號　三十年三月十三日

轉報本部合作事業管理局啓用大印官章并繳銷前經濟部合作事業管理局印章祈鑒核存轉由

案奉

鈞院本年二月廿七日勇拾字第三二五七號訓令，轉頒本部合作事業管理局印章，遵經轉發在案。茲據呈稱：

「案奉鈞部本年三月三日社總字第二七五八號訓令，轉發本局銅質印信官章各一顆，飭即遵照啓用，并將啓用日期連同印模具報，舊印章并應截角繳銷等因；奉此，遵即于本月七日正式啓用新頒局印官章，所有舊印章亦經鑿毀，理合檢同印模三紙及舊印章各一顆，備文呈請鑒核存轉」

等情；附印模三紙暨前經濟部合作事業管理局銅印一顆，官章一顆，據此；除印模抽存一份外，理合檢同原呈印模及印章備文呈請

鑒核，轉呈

國民政府備案，是爲公便。謹呈

行政院

附呈原印模二紙銅印章各一顆

社會部公函　社會字第三〇〇八號　三十年三月十一日

函送本部所屬各機關會計室組織規程及辦事通則等項請予核定幷見復由

查本部自改隸後，業已實施會計制度，現各附屬機關業務擴展，各項費用支出漸繁，關於各該會計規章亦須擬訂頒發，俾便有所遵循。茲本部爲推行計政及增進工作效率起見，特飭本部會計室擬就社會部所屬各機關會計室組織規程及辦事通則暨社會部所屬各機關暫行簡易會計制度各一份，隨函抄送，即希查照賜予核定，以便施行，并希見復爲荷。此致

國民政府主計處

附件如文

社會部咨　社總字第五二號　二十九年十一月二十八日

咨復派本部總務司司長陳烈及合作事業管理局局長壽勉成接收合作事業管理局由

案准

貴部本年十一月廿三日總字第七三六七九號咨開：

「查本部應將原管理合作及勞工事項移交貴部接管，繼續督率進行，業經咨達在案，本部所屬合作事業管理局，自應於即日起移轉接管，除令飭遵照並呈報備案外，相應開列移交清單，咨請查照接收」

等由，附移交機關清單一份，准此，茲派本部總務司司長陳烈及合作事業管理局局長壽勉成前往接收，相應咨復查照。此咨

經濟部

社會部咨　社總字第六八九號　二十九年十二月二十七日

派本部總務司司長陳烈前往商洽接收重慶游民訓練所重慶殘廢教養所重慶嬰兒保育院事宜咨請查照由

案准

貴會本年十二月二十日渝甲丙計字第二四三一六號咨，以奉　行政院陽字第二四六二六號訓令，依本部組織法第八條第六款之規定，將重慶游民訓練所，重慶殘廢教養所，重慶嬰兒保育院三機關劃歸本部接管，幷附送各該機關主管人員名單卷宗清冊，未辦文件清單，連同卷案及未辦文件等項，囑接收見復等由；准此，除附送各件，業經照單點收外，關于該院所等接收事宜，玆派本部祕書朱景暄，總務司長陳烈前往商洽，相應咨復

查照爲荷。此咨

振濟委員會

社會部咨　社總字第六九〇號　二十九年十二月二十七日

派本部祕書朱景暄及總務司司長陳烈前往商洽接收合作勞工案卷事宜咨請查照由

案准

貴部本年十一月二十三日祕字第73678號同日祕字第73679號，暨本年十二月二日祕字第74244號，先後咨移合作事業管理局及有關合作與勞工未辦文卷，暨

貴部工作計劃工作報告等項，囑接收繼續督率進行各等由；准此，除合作事業管理局業經派員接收，附送各件，均經照收，幷先後咨復各在案外，關于合作與勞工案卷接收事宜，玆派本部祕書朱景暄，總務司長陳烈前往商洽，相應咨復

查照爲荷。此咨

經濟部

社會部代電　社總字第〇六八二號　二十九年十二月廿六日

奉　院代電以據交通部電請通飭公私機關團體禁止錄用該部所屬電務報務人員一案轉電遵照由

（電本部所屬各機關）奉行政院本年十二月十五日陽字第二五二八一號代電，略以案據交通部代電稱，查近來本

部所屬局台之電務技術員報務員，藉故辭職或托病請假，私自央人介紹，前往軍政各機關或投考其他銀行公司各公私機關服務者，爲數不鮮。似此見異思遷，影響電信事業，至深且鉅。擬請鈞院通令嚴飭各軍政機關及公私機關，對於本部技術報務人員，一概禁止錄用。如有化名前往投效，希圖朦混，請求錄用者，一經查出，嚴予究辦，以維電政等情，應准照辦。除通飭并分行外，合行電仰遵照，並轉飭所屬一體遵照等因；除分電外合行電仰遵照并轉飭所屬一體遵照。社會部宥渝印。

社會部代電

社總字第一六一二號　三十年一月二十七日

奉　行政院電令限制拍發官軍電報轉飭遵照由

（本部所屬各機關）案奉行政院本年一月十七日勇肆字第八八零號代電開：案據交通部三十年一月四日電業字第二七二號呈稱：案查迭據各電局呈報，近來各黨政軍機關或人員，用官電紙或軍電紙，拍發慶賀吊唁，歡迎歡送以及復謝道歉等等應酬電報，多有要求作官軍電報辦理，甚感困難，請核示等情前來。查官軍電報，非因時間性短促之重要事項，不得發寄；又無時間性之事件，應儘量利用快郵代電或航空郵遞，已於國民政府二十九年六月頒布之官軍電報限制及收費劃一辦法第十八條，及軍事委員會同年三月頒布之拍發軍電須知，（甲）注意事項第二項第十三條明白規定施行。上述各種應酬電報，縱非純屬個人私務，但事非急要，儘可用代電寄發或航空郵遞。如發電機關或人員，以所問應酬事件具有時間性，必須用電報拍發，似應規定概照尋常電辦理，不能列作官軍電報，以免緩急倒置，貽誤重要軍訊。上述辦法如屬可行，擬請鈞院分別函令照辦。除呈請軍事委員會鑒核，通令全國各軍事機關遵照外，理合呈請　核施行示遵等情；應准照辦。除分行並指令外，合行電仰遵照並轉飭所屬一體遵照，等因；奉此，除分行外，合行電仰遵照。社會部感總印

社會部代電

社總字第一六七三號　三十年一月二十九日

轉發出錢勞軍運動實施辦法仰查照辦理于二月五日以前將捐册送部彙辦由

（本部所屬各機關）准全國慰勞抗戰將士委員會總會本年一月廿七日慰（卅）發字第八三號代電開：一、查本會爲

激勵抗戰士氣，並促進抗戰勝利之迅速實現起見，特發動全國各界暨海外僑胞舉行出錢勞軍運動，並定於二月十日舉行競賽大會，現時間已極迫促，諸待積極籌備，用特電請貴部根據出錢勞軍運動實施辦法之規定，設立出錢勞軍籌備組織，或指定專人負責籌備。素稔貴部熱心慰勞工作，愛護抗戰將士，諒荷俞允，毋任感謝；檢附該項辦法貳拾份並希查照辦理」等由；附出錢勞軍運動實施辦法廿份；准此，除分行外，合行檢發原辦法一份，電仰查照辦理，將捐冊于二月五日以前送部，以便彙辦為要。社會部子豔總印附出錢勞軍運動實施辦法一份。

社會部代電　社總字第二三八八號　三十年二月十九日

准重慶衛戍總司令部代電為奉令嚴禁賭博決定偵緝辦法抄附記錄電仰遵照由

（本部所屬各機關）准重慶衛戍總司令部本年二月坤字第八〇五號代電開：奉委座元月三十日手令，以邇來賭風甚熾，飭澈底密偵嚴拿等因，本部遵於二月四日召集有關機關部隊主官，商議查禁賭博之具體辦法，所有決定各項，經紀錄在卷，茲特隨電檢送該項紀錄一份，即請查照飭遵為荷，等由，附紀錄一份；准此，除分電外，合行抄發該項紀錄，電仰遵照，並轉飭所屬一體遵照。社會部丑皓總印附紀錄一份。

社會部訓令　社總字第〇五六四號　二十九年十二月二十一日

令所屬各機關

奉　院令取締公務員打牌聚賭令仰遵照由

案奉

行政院本年十二月十四日陽字第二五二七五號訓令開：

「奉國防最高委員會二十九年十二月七日第一四零零四號訓令，內開：『國家抗戰已逾三載，全國國民允宜臥薪嘗膽，併力一向，以求最後之勝利。公務人員在政府領導之下，以視一般國民，尤宜憂勤惕勵，啓處不違，為人民之倡導。故國民精神總動員綱領，首以公務人員為動員之領導。而動員實施事項內，關於改正生活，以警飭國民之日常生活，取締一切不當娛樂爲先務。關於養成朝氣與革除惡習，亦以愛惜光陰，愛惜人力物力，與檢舉一切游閒怠惰分子，列爲專條。凡屬公務人員，宜如何躬自儆惕，力求振作，共赴國家之急。乃近據查報，中央各機關遷建區內之公務人員及其眷屬，打牌聚賭之風甚盛，以致引起當地居民不良之印象。此等行爲，卽在國家無事之時，已足爲官常之玷，況當此抗戰期間，尙復不知振作，頹廢自安，擧凡國民精神總動員綱領所著爲大戒者，皆躬蹈之而不恤，前途瞻念，良可痛心。茲特重申明令，嚴加申儆，各機關長官對於所屬人員有督率考察之責，尤應隨時隨地，嚴切規誡，務期振刷精神，激發意志，滌除惡習，力挽頹風，愼勿言諄聽藐，以身試法，是所深望。除通令並飭憲警分區負責查拿懲辦外，合亟令仰該院遵照，並轉飭所屬一體遵照』等因；奉此，除分令外，合行令仰遵照。並轉飭所屬一體遵照。此令。」等因；奉此，除分行外，合行令仰遵照并轉飭所屬一體遵照。此令。

社會部訓令　社總字第○七六三號　二十九年十二月三十一日

令本部所屬各機關

奉院令限制中央公務員遭受空襲損害暫行救濟辦法第七條乙項所稱之家屬範圍合仰知照由

案奉

行政院本年十二月十四日陽玖字第二五二四五號訓令開：

「據交通部本年十二月二日人與渝字第二九一一八號呈稱：『查前奉鈞院頒發修正中央公務員雇員公役遭受空襲損害暫行救濟辦法，經卽遵照並轉飭本部所屬各機關知照在案。惟查該辦法第七條乙項，公務員雇員有家屬在任所一家財物遭受損失者，得按損失輕重分別核給救濟費一則，所開示之公務員雇員家屬，未悉是否祇限於直系家屬？按民法上所謂家屬，係指以永久共同生活爲目的而同居於一家之人，其範圍原不以配偶及直系血親爲限，如兄死，其嫂由其弟負瞻養責任，或兄嫂俱死，其姪由其叔負瞻養責任者，其嫂或其姪均得謂之同居家屬；此外，未成年弟妹，由兄瞻養者亦然。且此種情形在抗戰時期中爲例甚多，如遇空襲時，可否照該辦法第七條乙項之規定，予以救濟？茲以事關法制疑義，本部未敢擅專辦理，理合呈請鈞院核示祗遵。』等情；據此，查該辦法內所稱之家屬，應以直系親屬或配偶爲限。除指令并呈報 國民政府備案暨分行外，合行令仰知照，并轉飭所屬一體知照。」

等因；奉此，除分令外，合行令仰知照，並轉飭所屬一體知照。此令。

社會部訓令 社會字第一〇六九號 三十年一月十三日

令本部所屬各機關

奉行政院令發二十九年度國庫收支結束辦法仰遵照由

案奉

行政院二十九年十二月三十日陽會字第二六一七五號訓令開：

「案奉 國民政府二十九年十二月二十一日渝文字第一〇七八號訓令開：『爲令遵事，准 國防最高委員會二十九年十二月十七日國紀字第一四六三九號公函開：「案據財政專門委員會呈稱，『查二十九度行將終了，所有已列預算，而全部或一部未經使用之各機關經臨費，以及國庫已發生而尚未清償之債務，與契約責任，依預算法之規定，均應於年度終了時，分別停止使用，或轉帳加入下年度之歲出。惟當此非常時期，各地交通不便，上述法定期限執行時，困難滋多，經參酌法令事實，並援照往年成例，擬具二十九年國庫收支結束辦法草案十一條，繕具全文請核定施行』等由；當經本會第四十七次常務會議決議：「通過」，相應錄案並抄同二十九年度國庫收支結束辦法，函請查照通飭施行」等情；准此，自應照辦。除函復並分行外，合行抄發原附辦法，令仰遵照，並轉飭所屬一體遵照。此令』。等因；奉此，除分行外，合行抄發原附辦法，令仰遵照，並轉飭所屬一體遵照。此令。」

等因，並抄發二十九年度國庫收支結束辦法一份；奉此，除分行外，合行抄發原附辦法，令仰遵照並轉飭所屬一體遵照。此令。

計抄發二十九年度國庫收支結束辦法一份

社會部訓令　社總一〇八五號　三十年一月十四日

令本部合作事業管理局

准主計處函爲該局會計室應隨所在機關移轉一案令仰知照由

案准國民政府主計處廿九年十二月卅一日渝字第三一九八號公函開：

「案據經濟部會計處呈：以經濟部合作事業管理局於本年十二月份起，移歸貴部接管，所有該局會計室，自應隨其所在機關移轉管轄，請鑒核前來，自應照辦。現由本處改委原任經濟部合作事業管理局會計主任沈達代理社會部合作事業管理局會計主任，指定受由貴部會計主任監督指導；至前頒官章，并未刊有經濟部字樣，着照舊鈐用；其辦事處所，仍稱爲會計室，冠以所在機關名稱。除指令并令行貴部會計室轉飭遵照，暨函經濟部查照外，相應函達，即希查照轉知」

等因；准此，合行令仰知照。此令

社會部訓令　社總字第一四一六號　三十年一月二十日

令本部合作事業管理局

爲轉發各機關人事管理暫行辦法令仰遵照由

案奉

行政院本年一月二日勇拾字第四一號訓令開：

「案奉　國民政府二十九年十二月二十日渝文字第一〇七四號訓令開：『爲令遵事，查各機關人事管理暫行辦法，現經制定，明令公布，應即通飭施行，除公布並分行外，合行抄發該辦法令仰遵照，並轉飭所屬一體遵照』。等因；除分令外，合行抄發原辦法，令仰遵照」

等因；計抄發各機關人事管理暫行辦法一份，奉此，合行抄發原辦法，令仰遵照。此令

計抄發各機關人事管理暫行辦法一份

社會部訓令　社總字第一五四七號　三十年一月二十四日

令本部所屬各機關

奉　院令爲自行開鑿辦公防空洞俾不受空襲阻礙一案轉飭遵照由

案奉

行政院本年一月十四日勇庶字第七六二號訓令開：

「案准軍事委員會三十年元月五日函開：『案據兼重慶防空司令劉峙二十九年十二月二十五日呈稱：「竊自政府西遷，各機關學校工廠隨之內移，而敵機之轟炸亦轉移於我抗戰軍事政治之重心，渝市自去年「五三」「五四」以還，在此一年又七個月中，敵人之狠毒殘忍，施予我者不可謂不重，幸渝地有天然之石層，足以開鑿防空洞，供衆避難，然目前所開鑿者，僅只備消極避難，而各機關學校工廠於得有情報起，直至解除警報止，均須停輟，若官舍校舍工廠被炸，以機關言，最快亦須數日方可恢復辦公，學校工廠則有一兩月尙難復課復工，時間上之損失，學業公務生產上之妨礙，實有急起糾正補救之必要。痛定思痛，除極力充實普遍公共防空設備外，擬懇鈞會令飭各機關學校工廠自行開鑿辦公授課機器等防空洞，俾軍事政治教育工業諸大端，不受空襲之阻滯與影響，以維國本，而固持久抗建之宏基。至勘測設計施工等技術問題，如各機關能自聘專家辦理固佳，否則可函由本部轉飭工程處派員代辦，合併上聞」等情；據此，查所呈不無見地，除指令准予照辦，並通令本會所屬遵照辦理外，相應函達，即希查照轉飭所屬遵照辦理爲荷』等由；准此，自應照辦，除分令外，合亟令仰該部遵照辦理；並轉飭所屬一體遵照。此令。」

等因；奉此，除分行外，合行令仰遵照。此令

社會部訓令　社總字第一六零九號　三十年一月二十七日

令本部所屬各機關

奉令規定決算法施行日期轉飭知照由

案奉

行政院本年一月十四日勇會字第七五九號訓令開：

「案奉　國民政府二十九年十二月三十一日渝文字第一一一九號訓令開：『爲令知事，查決算法，業經明令規定，自民國三十年一月一日起施行，應即通行飭知。除公布並分行外，合行令仰知照，並轉飭所屬一體知照。此令。』等因，奉此，除分行外，合行令仰知照，并轉飭所屬一體知照。此令。」

等因；奉此，除分行外，合行令仰知照。此令。

社會部訓令　社總字第一六一一號　三十年一月二十七日

令本部所屬各機關

奉　院令爲公布決算法施行細則一案抄發原細則令仰知照由

案奉

行政院本年一月十四日勇會字第七六零號訓令開：

「案奉　國民政府三十年一月一日渝文字第一號訓令開：『爲令知事，查決算法施行細則，業經制定，明令公布，應即通飭施行。除分令外，合行抄發該細則，令仰知照，並轉飭所屬一體知照。』等因；奉此，除分行外，合行抄發該細則，令仰知照。此令。」

等因；計抄發決算法施行細則一份，奉此，除分令外，合行抄發原細則令仰知照。此令。

計抄發決算法施行細則一份

社會部訓令　社總字一六二〇號　三十年一月二十七日

令本部所屬各機關

轉發空襲時公務員信條仰即遵照懸掛由

案准

行政院祕書處本年一月廿一日勇文字第1023號函開：

「茲准中央宣傳部函送「空襲時公務員信條」一種，相應檢同廿五份隨函奉達，即希察收轉發所屬懸掛爲荷」

等由，附空襲時公務員信條廿五份，准此，除分令外，合行檢發原信條一份，仰即遵照懸掛爲要。此令。

附發空襲時公務員信條一份

社會部訓令　社總字第二二八一號　三十年二月十七日

令合作事業管理局

奉院令嗣後各機關考績時凡被考績人員已達荐委任最高級而擬予簡荐任待遇或存記者應於考績表到職年月欄詳塡調用年月等項令仰遵照由

案奉

行政院三十年二月十七日勇文字第二二七一號訓令，內開：

「銓敍部本年一月二十四日育字第二六八三號函，以此後各機關辦理考績時，凡依非常時期公務員考績暫行條例第二條規定，被考績人員已達荐委任最高級，而擬予簡荐任待遇或存記者，應於考績表內到職年月欄，詳細塡明，任同官等職務，最初到職及以後調用年月，俾資考核等由，自應照辦，除分令外，合行令仰遵照，並飭屬遵照。此令。」

等因；奉此，自應遵辦，合行令仰遵照，此令。

社會部訓令　社總字第二三五八號　三十年二月十八日

令合作事業管理局

奉令自二十九年度起凡依非常時期公務員考績暫行條例第七條第一項規定給予薦任存記或待遇考績總分在九十分以上中央各機關公務員在無分發以薦任職任用之考試及格人員時得送銓敍部核定依中央各機關設置薦任科員辦法辦理轉飭知照由

案奉

行政院三十年二月十二日勇拾字第二六二六號訓令開：

「案奉 國民政府三十年二月四日渝文字第一一二號訓令開、：『據考試院三十年一月十八日第一〇號呈稱：「現據銓敍部三十年一月十三日甄績字第六三六〇號呈稱：『查中央各機關設置薦任科員辦法第二項規定，凡中央各機關依公務員考績法考績結果應予升等人員，及分發之高等考試及格或與高等考試相當之特種考試及格人員，得以薦任科員先予敍補，如各機關無上列人員時，不得另補其他資格人員，此項辦法係與公務員考績法及其附屬法規，相輔而行。自非常時期公務員考績暫行條例公佈施行以後，公務員考績法及其附屬法規均暫停適用，非常時期公務員考績暫行條例并無升等規定，因之二十七八兩年考績，中央各機關有擬以成績優良之委任最高級人員提升薦任科員者，本部以現行考績條例所限，未能照辦。現二十九年年終攷績卽將舉行，中央各機關復有以委任最高級人員中幾經攷績，成績均屬優良者，非擇尤提升不足以資鼓勵，擬以該項人員酌予敍補薦任科員爲請。本部再三考慮，亦認爲中央各機關薦任員額有限，資深績最之委任最高級人員，以其他薦任員缺敍補，容有困難、擇尤升補薦任科員以資鼓勵，事實上似有必要。謹按現行考績條例，對於委任職公務員積資已達最高級三年以上，攷績總分在八十分以上者，有給予薦任存記或待遇之規定，取得薦任存記或待遇人員，已具有薦任職公務員法定任用資格，是現行攷績條例雖無升等之明文，而根據給予升等存記或待遇之精神，卽以薦任科員升等任用，實際相差并非甚遠，惟考績升等，在暫停適用之公務員考績獎懲條例中，限制綦嚴，總考成績在九十分以上者升等，年攷成績特優，經主管長官認爲有升等之必要時，得詳敍理由送經本部核定行之，又以遇有相當缺額而無考試及格人員時爲限，參照以往法規，對於給予薦任存記或待遇人員升補薦任科員，似亦宜加以限制，方稱允當。茲爲法律事實互相兼顧，擬自二十九年度起，凡依非常時期公務員考績暫行條例第七條第一項規定，給予薦任存記或待遇，考績總分數在九十分以上之中央各機關公務員，如主管長官認爲有升補薦任科員之必要，而本機關無分發以薦任職任用之考試及格人員時，得詳敍理由，送銓敍部核定，依中央各機關設置薦任科員辦法辦理。所擬是否有當，理合呈請鈞院鑒核轉呈令准施行，」等情，據此查核該部所擬變通辦法，係為法律事實互相兼顧起見，似應照辦，理合備文呈請鈞府鑒核令准施行」等情，據此，應准照辦。除指令并分行外，合行令仰知照，并轉飭所屬一體知照，此令等因；除分令外，合行令仰知照并轉飭所屬一體知照。此令」

等因；奉此，合行令仰知照。此令。

社會部訓令　社總字第二三六八號　三十年二月十八日

令本部所屬各機關

抄發非常時期取締日用重要物品囤積居奇辦法令仰知照並飭屬知照由

案奉

行政院本年二月十日勇三字第二六〇仁號訓令，內開：

「案奉　國民政府三十年二月三日渝文字第一〇八號訓令開：『為令知事，查非常時期取締日用重要物品囤積居奇辦法，業經制定，明令公布，應即通飭施行。除分行外，合行抄發該項辦法，令仰知照，并轉飭所屬一體知照。此令，』等因；奉此，除分令外，合行抄發原辦法，令仰知照，并轉飭所屬一體知照。此令」

等因；奉此，除分令外，合行抄附原辦法，令仰知照，并轉飭所屬一體知照：此令。

計抄發非常時期取締日用重要物品囤積居奇辦法一份（見法規欄）

社會部訓令　社總字第三〇二一號　三十年三月十三日

令本部所屬各機關

奉令轉知對於人民之呈請應轉行候覆者其復文到時仍應一律批貼并用文書送達由

案奉

行政院本年三月七日勇文字第三八六七號訓令開：

「查各機關對於人民之呈請，凡批示須轉行候覆者，其覆文到時，仍應一律再貼批示於各該機關門首，並彙用文書送達，以免人民探詢請示之煩，早經本院通令遵照在案。乃近查各機關仍有未照該項規定辦理者，殊屬不合，除分令外，合再令仰遵照，並飭屬遵照。此令」

等因；奉此，除分行外，合行令仰遵照。此令。

社會部訓令　社會字第三一一二號　三十年三月十五日

令本部所屬各機關

為令變更審計部稽察中央各機關營繕工程及購置變賣各機關財物實施辦法第二條之規定等因合行令仰遵照並轉飭遵照由

案奉

行政院本年三月六日勇伍字第三七八五號訓令開：

「案奉　國民政府三十年二月二十一日渝文字第二一五號訓令開：『為令遵事，案據監察院三十年二月十七日廋(30)貳字第八三七五號呈稱：「案據審計部三十年一月三十一日總字第十六號呈稱，查近年以來，物價飛騰，工資高漲，各機關之營繕工程暨購置變賣各種財物，動輒超出稽察實施辦法第二條規定之價額，不特職部工作紛繁，而主辦機關亦多感行政上之不便，茲擬暫時變更「審計部稽察中央各機關營繕工程及購置變賣各種財物實施辦法」第二條「中央各機關營繕工程費在五千元以上，購置變賣各種價格在三千元以上者，依審計法第四十九條及審計法施行細則第三十八條至第四十二條之規定辦理」，為「中央各機關營繕工程費在一萬元以上，購置變賣各種價格在六千元以上者，應依審計法第四十九條及審計法施行細則第三十八條至第四十二條之規定辦理」，一俟物價平復，再行恢復原條文之規定。理合呈請鑒核轉呈國民政府，通令中央各機關一體遵照辦理等情，據此，理合備文呈請鑒核通令飭遵」等情；據此，應准照辦。除指令并分行外，合行令仰遵照，并轉飭所屬一體遵照』。等因；奉此，除分行外，合行令仰遵照，并轉飭所屬一體遵照。此令」。

等因；奉此，除分行外，合行令仰遵照并轉飭所屬遵照。此令。

社會部訓令　社總字第三三一三號　三十年三月二十日

令本部所屬各機關

奉院令以後對於無離職證件之軍事機關人員一概不得錄用一案令仰遵照由

案奉

行政院勇拾字第三九九八號訓令開：

「據軍政部本年二月十七日呈稱：『查邇來因物價高昂，文武官職待遇不同，軍事機關職員常有不安於職，別事求謀，因而發生藉病請假及藉假不歸等情事。一經飭查，則往往已赴文官機關或國營企業機關服務。此種情形若不嚴加制止，不但軍事機關之紀律勢將無法維持，影響業務前途尤非淺鮮。除已由部通飭所屬各機關部隊對於職員之請假嚴加限制外，擬請鈞院通令各部會，以後對於新進人員，務須查明其曾在何處服務，如無離職證件，一概不予錄用，以資協助。是否可行，理合呈乞鈞核示遵』。等情；查核所請，應予照准。除指令並分行外，合行令仰遵照，並轉飭所屬一體遵照。此令」。

等因；奉此，除分令外，合行令仰遵照，此令。

社會部訓令　社總字第三五〇六號　三十年三月二十六日

令本部所屬各機關

奉院令抄發各級機關擬訂分層辦事細則之原則與方式一案令仰遵照由

奉

行政院本年三月六日勇壹字第三七三二號令開：

「案奉　國防最高委員會本年二月十五日國綱字第一四五七一號代電開：『查樹立設計執行考核之行政三聯制，為政治建設之基本工作，前經第五屆七中全會通過有案，亟應切實施行，以奠定政治之新基。惟此行政三聯制之實施辦法，一面應先在各機關樹立分層負責制度，一面應實行分級考核辦法，以與執行上分級負責制度相呼應，然後可以收增加政治效率之效。關於分層負責制度，應卽由各機關分別詳訂辦事細則，將所屬該機關內各級職員之責任，在辦事細則中明訂專章，詳細規定，自第一級官起以至次長祕書長處長科長科員等，均應有顯明的法定之權責，使事權有屬，功過有歸，不特可以避免推諉卸責之弊，亦以避免重重疊疊再三呈核蓋章之煩瑣手續，與延滯時日等項缺點，俾各高級長官得節減簿書鞅掌之勞，多致力於重要政策之籌劃。茲經製定「各級機關擬訂分層負責辦事細則之原則與方式」分發各機關遵照參訂，幷規定各機關應於本年三月以前：將其訂定之辦事通則分發下級機關，各下級機關無論舊訂或新擬訂辦事細則，應呈由主管上級機關核定施行。中央黨政部會以上各機關之辦事通則辦事細則，幷應於本年四月以前轉報本會備查。至分級考核辦法，其一切原理原則與要點，在「行政三聯制大綱」中闡述甚詳，併予隨電附發，應由各級機關切實參考研究辦理。除分電外，合行檢發各級機關擬訂分層負責辦事細則之原則與方式」及「行政三聯制大綱」，希卽查照，幷轉飭所屬遵照，暨通令各省市縣政府一體遵照爲要』等因；奉此，查行政三聯制大綱小册，前經分發研究實施，茲奉前因，除分行外，合行抄發各機關擬訂分層負責辦事細則之原則與方式，令仰遵照幷轉飭所屬一體遵照。此令。」等因，附各級機關擬訂分層負責辦事細則之原則與方式一份，奉此，除分令外，合行抄發原件令仰遵照。此令。

社會部訓令

社總字第三五二〇號　三十年三月二十七日

令本部所屬各機關

奉　院令抄發修正非常時期人民榮譽獎章獎狀頒給條例第三條條文令仰知照由

案奉

行政院三十年三月二十日勇壹字第四三六八號訓令開：

「奉　國民政府三十年三月十一日渝文字第二七四號訓令開：『爲令知事，查非常時期人民榮譽獎章獎狀頒給條例，前經制定，明令公佈，通飭施行在案，茲將該條例第三條條文酌加修正，應再通飭施行，除公布並分行外，合行抄發修正條文，令仰知照，並轉飭所屬一體知照。此令。」等因；奉此，除分令外，合行抄發修正條文令仰知照，並轉飭所屬一體知照此令」。

等因，附發修正非常時期人民榮譽獎章獎狀頒給條例第三條條文一份；奉此，除分行外，合行抄發原附修正條文，令仰知照。此令。

計抄發修正非常時期人民榮譽獎章獎狀頒給條例第三條條文一份

社會部指令　社總字第二六二四號　三十年二月二十七日

令本部重慶市空襲服務臨時保健院

三十年二月五日社保字第一二〇號呈一件為呈請准予核定本院名稱並換發鈐記以便呈報啓用由

呈悉。該院名稱，業經本部核定為「社會部重慶市空襲服務臨時保健院」，以社藏字第二〇七三號指令知照在案，至該院關防及所屬托兒所之鈐記，候另令刊發，仰即知照。此令。

組織訓練類

社會部呈　社組字第一〇四二號　三十年一月十三日

為奉令飭擬有關人民團體之補充法規謹將辦理情形呈請鑒核由

案奉

鈞院陽字第二四三七六號訓令，以非常時期人民團體組織綱領，業經明令頒行，飭即迅就有關人民團體之補充法規，分別擬訂呈核等因；奉此，自應遵辦。查有關人民團體之補充法規，本部現正擬訂中者，計有非常時期人民團體組織辦法，人民團體指導員任用辦法，人民團體立案證書頒發通則等項，一俟擬就，自應專案呈核。奉令前因，理合先行呈復，仰祈

鑒核。謹呈

行政院。

社會部呈　社組字第一九九九號　三十年二月八日

為籌設重慶市工人福利社及消費合作社所需開辦費及三個月經常費共計國幣拾柒萬壹千柒百二十八元擬請撥發理合檢呈籌設計劃大綱及概算仰祈鑒核准撥由

竊查前中央社會部奉令統制重慶市各業工人，經擬具重慶市勞動統制方案，並為適應工人實際需要，安定工人生活，增進工人福益，以配合達成統制之目的起見，又經決定創設重慶市工人福利社，及消費合作社。本部接管以後，仍照原定計劃，賡續籌設。以此項事業係屬新創，如由地方經辦，人力財力，均屬不能負擔，應由中央政府倡導舉辦，樹立規範，以示政府重視工人生活之德意。第本部事業經費，尚未核定，而此項籌備工作，業已進行，在在需款，勢不容緩。所有籌設重慶市工人福利社消費合作社開辦費及三個月經常費，共計國幣拾柒萬壹千柒百貳拾捌元，前經本部連同重慶市勞動統制方案一案，一併呈請撥發，經鈞院審查會議決定，所需經費，應由社會部另案請求核撥在案，自應遵辦。除勞動統制方案另案辦理外，理合檢呈籌設重慶市工人福利社消費合作社計劃大綱及概算書表等共八件，仰祈鑒核，准將該項經費迅賜撥給，俾早成立，實為公便。

謹呈

行政院。

附呈籌設重慶市工人福利社計劃大綱一件

籌設重慶市工人消費合作社計劃大綱一件

重慶市工人福利社開辦費概算一件

重慶市工人福利社每月經常費概算一件

重慶市工人消費合作社總分社開辦費概算一件
重慶市工人消費合作社總社月支經常費概算一件
重慶市工人消費合作社各分社經常費概算一件
重慶市工人消費合作社福利社開辦費及經常費概算表一件

社會部呈　社組字第二四九八號　三十年二月二十二日

呈復關於審查重慶市勞動統制方案一案本部經已分別遵辦并另訂工會管制辦法原方案似可不必改擬仰祈鑒核示遵由

本部前於二十九年十二月十七日以社組字第三八一號呈送重慶市勞動統制方案，請核示一案，頃奉
鈞院勇玖字第一二三五號指令，內開：「呈件均悉。案經召集各關係機關審查，應照審查意見辦理。惟關於職工類別所稱文化工人之印刷工人，及市政工人之水電與電器裝置工人，應否改列職業工人一類，應併由該部再加研究，除分行各審查機關外，仰即遵照」等因；計抄發審查紀錄一份，奉此，查重慶市勞動統制方案，係前中央社會部所擬定，自改隸後，因職司不同，各項業務，均已重新規劃。且原方案擬訂迄已數月，其所規定之實施事項，一部分已由前中央社會部督導地方黨政主管機關辦理，其餘或已商定緩辦，或由經濟部繼續辦理。此外關於原方案內，重要事項辦理及擬辦情形，謹分陳於下：

一、關於統制之內容者：

（1）保障工人生活與安全一項，本部已籌設重慶市工人消費合作社及工人福利社，并遵照審查會決定，專案呈請　鈞院核示在案。

（2）厘訂最高最低工資標準一項，本部已訂定平定工資辦法，經呈奉核准，令飭先從重慶市試辦，自應遵照商同有關機關辦理。

（3）發動工人生產競賽一項，本部現正會商有關機關籌設工作競賽委員會，擬即統籌辦理。

一、關於統制工會之類別與進程者：

重要產業工人強制組織工會一項，經審查會決定，改列入第三期辦理，至於原方案中所列第一期完成之重要職

業工人組織，業經前中央社會部派員督導辦理，均已完成工會組織。本部現正繼續督導編組重慶市工人服務隊，動員工人參加戰時工作，此後重慶市職業工人之組織，當可更臻嚴密。

三、關於統制機構之調整者：確定中央社會部之職權一項，本部既經改隸，職責所在，自毋須特加規定。加强市黨部，社會局機構一項，因涉及變更地方行政機構，一時尚難辦到。對於黨部之機構，本部似更不便有所主張。至於如何健全工會組織，加强工會力量，以達成統制工人之目的，本部現正草擬非常時期工會管制辦法，俟另案呈奉核定後，當即先從重慶市實施。審查記錄中酌改重慶勞動統制方案一節，似可毋庸擬辦。奉令前因，理合備文呈復，仰祈鑒核示遵。謹呈

行政院。

社會部呈社組字第三五四一號　三十年三月二十七日

准貴州省執行委員會函爲新縣制實施後鄉鎮區變更鄉農會應否調整囑核示一案經規定調整原則六項呈請鑒核備案由

案准中國國民黨貴州省執行委員會本年三月八日行社字第七〇〇五號函，略開：「據定番縣黨部呈，略以新縣制實施後，鄉鎮區或變更，鄉農會是否應行調整請示一案，轉請核示統一辦理等因；准此，查新縣制之實施，各省均經次第開始，鄉鎮區域既有變更，鄉農會之組織，自應予以調整，爲便於統一辦理起見，特規定調整原則六項如次：

一、凡因行政區域變更而須合組或分組之鄉農會，應即依照新劃行政區域歸併或分別改組。

二、實行變更區域之鄉，其原有農會，應即暫停活動，着手調整。

三、新劃行政區域之鄉，原有農會會員合計在五十人以上者，得視爲農會之存在，逕行依法選舉職員，不必經過發起申請等程序，藉省手續。

四、新劃行政區域之鄉，原有農會會員不足法定數額者，須重新依法發起組織。

五、上項調整工作，應由當地黨政機關會同派員指導監督。
六、調整工作完畢時，應將其經過情形，轉報本部備案。
除分別函沓各省市黨部政府幷函復外，理合備文呈請
鑒核備案。謹呈
行政院

社會部公函 社組字第〇〇八五號 二十九年十一月三日

查接管卷內准函關于西昌縣農會呈請核撥經費一案函復查照由

案查接管前中央社會部卷內，准
貴部伯農字第〇九一七號函：據西昌縣農會呈報縣鄉農會遵章改選組織情形，請核撥經費等情，咨請查酌辦理見復，等由；准此，查國民參政會建議加緊組織縣鄉農會一案，其辦法第五第六第七各項，業由經濟部分咨各省政府參照辦理在案。關于省縣兩級農會之補助費，似應請
貴部重申國民參政會建議，轉咨西康省政府切實執行，至中央之農會補助費，尚待國防最高委員會復議，俟核定後，再行統籌辦理；但在未核定前，各該縣鄉農會之事業費，似仍應依照農會法第廿八條第二項之規定，自行募集。相應復請
查照為荷。此致
農林部

社會部公函 社組字第〇三三九號 二十九年十二月十四日

查接管卷內據呈請令飭萬縣工業合作協會主辦之合作社分別參加同業公會與職產工會之組織一案函復查照飭知由

查接管前中央社會部卷內，據呈請令飭萬縣工業合作協會主辦之各合作社，分別參加同業公會與職產工會之組織等情。查依法組織成立之各種合作社，不屬公司行號範圍，不加入各業同業公會，前經經濟部解釋有案。關於工會

組織部份，經函准司法院院字第二〇八九號公函節開：案經本院統一解釋法令會議議決，工會係由工人組織之團體，工會法規定甚明，殊無令合作社加入工會之餘地；惟依工會法得入工會之工人，依非常時期職業團體會員強制入會與限制退會辦法第二條規定，自應加入當地業經依法設立之工會為會員等語。相應函復

查照飭知為荷。此致

中國國民黨四川省萬縣執行委員會

社會部公函　社組字第〇三四五號　二十九年十二月十四日

查接管卷內准貴會轉報長沙市鍋冶釘及呢絨皮革兩商業同業公會改組總報告囑察核備案等由經核各項函復查照轉飭查明另行報核由

案查接管前中央社會部卷內，准

貴會(29)未民字第四四二九號函，轉報長沙市鍋冶釘及呢絨皮革兩商業同業公會改組成立並附送各該會改組總報告各一份，囑察核備案等由；准此，經核應改正事項如左：

一、所稱鍋冶釘業，如係買賣鐵器，應改為「長沙市鐵器商業同業公會」；如係冶煉及鎔鑄各種金屬之工業，應改為「長沙市金屬器冶製工業同業公會」，依工業同業公會法之規定辦理。

二、按經濟部關於重要商業之解釋，呢絨業包括於綢布業之內，應飭加入綢布商業同業公會；生熟皮張，包括於山貨業之內，如該會會員行號，係買賣生熟皮張者，該地有山貨商業同業公會之組織，應加入該會，否則應改為山貨商業同業公會。倘係牛羊皮及皮件之製造，則屬重要工業，應依工業同業公會法組織製革工業同業公會。

准函前由，相應函復

查照轉飭查明，另行報核為荷。此致

中國國民黨湖南省執行委員會

社會部公函　社組字第〇四一〇號　二十九年十二月十七日

查接管卷內准函爲轉請解釋工會職員可否酌支生活費疑義復請查照飭知由

查接管前中央社會部卷內，准

貴會（29）未民字第二八九〇號公函，以據零陵縣黨部呈，工會職員可否酌支生活費，轉請核示一案，經轉請司法院解釋在案。茲准司法院院字第二〇七六號復函，節開：「經本院統一解釋法令會議議決，工會經費之收支預算，依工會法第十三條第二款之規定，須經會員大會或代表大會之議決，工會職員可否酌支生活費，應視此項預算定之」。准函前由，相應函復查照飭知爲荷。此致

中國國民黨湖南省執行委員會

社會部公函　社組字第〇六六六號　二十九年十二月二十五日

爲函復渝市水上工人之編組與指揮應歸工人服務總隊部辦理由

案查接管前中央社會部卷內，准

貴會先社字第八二八號呈稱，爲重慶市水上工人組訓及服務督導權屬劃分，呈請鑒核釋示等由；查本部爲遵令執行渝市勞動統制方案，設置工運督導專員，組織工人服務隊，經已分函各有關機關知照在案，惟爲求加强工作，統一領導，并集中經濟、以期達成勞動統制目的起見，關於渝市水上各船幫工人之編組與指揮，自應一律歸重慶市工人服務總隊部辦理。准函前由，相應函復查照轉知爲荷。此致

中國國民黨重慶市執行委員會

社會部公函　社組字第〇八一八號　三十年一月二日

查接管卷內准電請解釋財務委員等可否被選爲渝會理事一案除分函各省市黨部外復請查照飭屬知照由

案查接管前中央社會部卷內，准

貴會民字第一〇八號代電，請解釋財務委員等可否被選爲漁會理事等由，經函准司法院復開：「業經本院統一解釋法令會議議決：公務員是否得被選爲漁會理事，與其是否得兼任漁會理事，實爲兩個問題。漁會法既無如農會法第二十條之規定，公務員即非不得被選爲漁會理事，公務員兼任漁會理事，雖爲公務員服務法所禁止，亦不過公務員不願或不能辭職時，不得就漁會理事之職。如未呈准辭職，即兼任漁會理事，應負違反公務員服務法之責任，其被選爲漁會理事，仍非當然無效。此與被選爲農會職員之公務員，縱令呈准辭職，亦因其被選無效而不能爲農會職員者，顯有不同。至就原代電所舉各項人員言之，私立學校敎職員及各級黨部設立社會服務處辦法所稱之董事，均非公務員服務法第二十四條所稱受有俸給之公務員，不在同法禁止兼任漁會理事之列。公立學校敎職員，縣財務委員會委員及鄉鎭保甲長，如非受有俸給，亦應同論。相應函復貴部查照轉知」。等由；准此，除分函各省市黨部外，相應復請

查照，并飭所屬知照爲荷。

此致

中國國民黨浙江省執行委員會。

社會部公函　社組字第一三五〇號　三十年一月十八日

查接管卷內准函以未經設定礦權之礦廠可否組織工業同業公會囑核釋一案復請查照飭遵由

案查接管卷內，准

貴會二十九年十二月廿三日社禮字第四四七五號函開：

「案據興文縣執行委員會呈請核釋：未經設定礦權之礦廠，可否准其發起組織工業同業公會等情；前來，查未經設定礦權之礦廠，可否准其組織公會，本會無案可稽，未便臆斷。除指令外，相應抄附原呈送請核釋見復爲荷」

等由，附抄送原呈一件；准此，查經濟部規定，凡未經設定鑛權之礦廠，不得組織工業同業公會。該興文縣各礦廠，自應從速依法設定礦權，以符規定。准函前由，相應復請

查照飭遵爲荷。此致

中國國民黨四川省執行委員會

社會部公函　社組字第一五二二號　三十年一月二十二日

查接管卷內准函以據西京市黨部呈請指示工業同業公會法第十一十二兩條之規定該市區內究應如何辦理囑示遵一案復請查照轉知由

案查接管卷內，准

貴會二十九年十二月二十三日陝民字第三一四一號公函，以據西京市黨部呈請指示工業同業公會法第十一，十二兩條之規定，該市區域內究應如何辦理等情；囑示遵等由；准此，查工業同業公會法第十一條，雖規定凡有機械動力之設備，或平時僱用工人三十人以上之工廠，應加入工業同業公會；但自非常時期人民團體組織綱領頒佈後，職業團體之會員入會，以強制爲原則，故無機械動力之設備，或平時僱用工人不足三十人之印刷業工廠公司行號，除係依合作社法所成立之合作社經營者外，其餘無論專營兼營，均應加入印刷工業同業公會。至推派代表，計算權數，應依工業同業公會法第十二條第十六條第三十一條及工業同業公會會費單位及表決權選舉權計算表辦理之。各印刷業於經勸導後，仍不加入時，應由政府依工業同業公會法第四十一條予以處分。准函前由，相應復請

查照轉飭知照爲荷。此致

中國國民黨陝西省執行委員會

社會部公函　社組字第一七八二號　三十年二月三日

查接管卷內准函爲據棠縣執委會呈據總工會呈稱凡工會會員持有證章者可在異地行業一案轉囑核復等由復請查照轉知由

案查接管前中央社會部卷內，准

貴會社禮字第四四三六號公函，爲據棠縣執行委員會呈，據總工會呈稱，凡工會會員持有證章者，可在異地行業，轉請核示一案，囑核復等由，查甲地工會會員在有同一職業工會之乙地可自由工作一層，曾經司法院于民國廿三年

解釋有案。惟因現在情勢變更，今後為謀便于統制及加強工人組織起見，凡已加入甲地工會為會員者到乙地工作時，必須向乙地同一職業工會報到，以期嚴密，而便查考。准函前由，相應復請

查照轉知為荷，此致

中國國民黨四川省執行委員會

社會部公函　社組字第一七九三號　三十年二月三日

准函囑核辦江西省黨部電請確定人民團體補助費預算一案似應催請國防最高委員會查照七中全會通過之確定補助人民團體經費案迅予辦理復請核辦見復由

案准

貴處渝（29）會字第一九七六四號公函，以江西省執行委員會電請確定補助人民團體經費預算一案，囑查核辦理見復等由。查五屆七中全會張委員道藩等十五人提議「請確定補助人民團體經費案」，業由全會通過，嗣經　中央常務委員會第一五三次會議決議「送國防最高委員會查照辦理」各紀錄在卷。此案極關重要，歷時已久，尚未依照實施，似應由　中央執行委員會據江西省執行委員會電呈各情，函催　國防最高委員會查照前案，迅予施行，并令飭行政院分行各省市政府切實遵辦，以免久懸。准函前由，相應復請

查照核辦並希見復為荷。此致

中央祕書處。

社會部公函　社組字第一九七〇號　三十年二月七日

整理中國佛教會一案茲經擬訂該會整理委員會組織大綱草案函請查核約期會同審查由

查接管前中央社會部卷內，關於調整中國佛教會之組織一案，以該會會址前設上海，負責人星散，會務停頓已久，進行不無困難。頃據該會常務理事遠塵等呈請准予改組，以維會務等情前來，自應依法予以整理，俾臻健全。

而免停頓。惟該會範圍頗廣，分會亦遍佈各地，為期妥善起見，似須先行制定該會整理規章，俾有依據。茲經擬訂中國佛教會整理委員會組織大綱草案一種，擬俟會同
貴部審查核定後，會銜呈　院核准施行。相應檢同上項大綱草案一份，函請
查核，並於最近期內訂定會商時間地點見復為荷！

此致

內政部

附抄中國佛教會整理委員會組織大綱草案一份

社會部公函　社組字第二四一四號　三十年二月二十一日

為辦理社會工作人員訓練擬具意見連同經常費預算書函請查照核辦見復由

查第一期社會工作人員訓練，係與黨政訓練班第十二期合辦，未另依照編制設班。惟依據該期經驗，彼此訓練對象不同，訓練要求各異，合併辦理，難收實效。且本部今後社會工作之推進，所需調集受訓與考選受訓之人員為額至夥，須經常舉辦訓練，勢非單獨設班不可。茲擬：(一)在　貴會中央訓練團之下，仿照童子軍教導人員訓練班及兵役訓練班辦法，從三月份起，按照乙種編制，設立社會工作人員訓練班本部，經常負責辦理社會工作人員訓練一切事宜。所需經費，確定為中央訓練團額支經費之一部，造具預算，送請核撥。(二)房舍問題，第二期暫照「中央訓練團三十年度工作計劃應行改正之點」內第四項所增列社會工作人員訓練班之規定，在四月六日開學，但訓練期間，應改為兩個月，受訓人數，只編兩個中隊，暫假中央訓練團新建之第三大隊房舍應用。一面另案造具建築費及開辦費預算送請　貴會轉交中央訓練團呈准核撥，在復興關附近圈購地皮，建造新舍。自第三期起，每期編為一個大隊，轄三個中隊，在新舍訓練。以上辦法，應請
貴會審查核定，轉知中央訓練團辦理。對以時間迫促，恐往返延誤，準備不及，除新舍建築費開辦費預算另案送核外，茲先擬具中央訓練團社會工作人員訓練班預算書，送請
貴會迅交中央訓練團轉呈核撥。相應併案函達，即煩

察核賜覆爲荷。此致
中央訓練委員會
附送預算書二份

社會部公函　社組字第二四三四號　三十年二月二十一日

函復黨部主管人民團體事項在未經明令規定移交日期以前仍應照舊辦理由

准中央祕書處移送

貴會二十九年十月三十日發，陝民字第二七八號呈一件，以本省情形特殊，依照非常時期黨政機關督導人民團體辦法將主管人民團體事項即時移交，諸多不便，呈請鑒核一案，查建立社會行政機構與修訂人民團體法規事項，中央會於第一百六十五次常會提出討論，經決議分甲乙兩項，其乙項計分三點：

1.全部人民團體組織及社會運動法規，因新法之頒行，有整個重加釐訂之必要，在未經釐訂以前，暫由社會部訂定「非常時期人民團體組織辦法」，並修改下列數種法規以資適用。……

2.前條法規經修訂頒佈後，由中央定期令各級黨部將經辦社會工作事項移交政府辦理……

3.各省(市)黨部經辦社會工作事項，在未移交同級政府以前，仍照舊辦理。所有應行請示及備案等件，仍由社會部核辦，以免脫節。

本部現正遵照擬訂並修改有關法規，各省(市)黨部經辦人民團體事項，在未經明令規定移交日期以前，自應遵照中央決議，仍舊辦理。准呈前由，相應函請

查照。此致
中國國民黨陝西省執行委員會

社會部公函　社組字第二四六四號　三十年二月二十一日

准代電以未經指定之商業可否准予合併組織公會囑核示一案復請查照轉知由

案准

貴會三十年一月七日連呂社字第四號支代電，以未經經濟部指定之商業，可否准予合併組織公會，囑核示，等由；准此，查前中央社會部渝字第六七九一號及利字第一九四八號兩函，係依商業同業公會法第五十七條「未經指定之商業不適用同法第三條之規定」所為；而利組字第三八一四號函，係根據經濟部復函所為。以是前後微有出入，當以後者為準，以後自應繼續維持。惟經濟部復函，僅云未經指定之商業，合併組會，不必加以限制，亦幷無必須合組公會之意。關於酒館業與旅館業，究以分別組織為便，抑以合組一會為便，可由當地指導監督機關，視實際情形酌定辦理。准電前由，相應復請

查照轉知為荷。此致

中國國民黨福建省執行委員會。

社會部公函　社組字第二六九八號　三十年三月一日

准貴衙函報人民團體組織許可事宜交接情形囑查照備案一案應予備案函復查照由

查接管前中央社會部卷內，准

貴府暨綏遠省黨部
會暨綏遠省政府
會銜陝社字第二號公函，以依據非常時期黨政機關督導人民團體辦法之規定，業將所有人民團體許可組織案卷，接交完竣，繕具清冊，囑查照備案等由。查非常時期黨政機關督導人民團體辦法頒行後，黨政機關主管人民團體職權及有關案卷，原應候明令規定日期，再行交接，今綏省地處邊遠，又屬戰區，既已先期交接竣事，應予備案。除轉呈　行政院並函中央祕書處轉陳備案外，相應復請查照。此致

綏遠省政府

中國國民黨綏遠省執行委員會

社會部公函
咨
社組字第三〇六九號　三十年三月十三日

准經濟部函以變更指定布業絲綢呢絨業承攬運送業爲重要商業並厘定各重要業名稱及範圍表囑查照一案函咨請查照轉知由

案准經濟部三十年三月一日（卅）商字第零五零號函，以變更指定布業絲綢呢絨業承攬運送業爲重要商業，並厘定各重要業名稱及範圍表，囑查照，等由，附重要業名稱及範圍表一份；准此，除分函並分咨外，相應抄同原函及附表函咨請

查照轉知爲荷此致（咨）

中國國民黨各省市執行委員會
各省市政府

附抄原函暨附表各一份

社會部公函　社組字第三五三〇號　三十年三月二十七日

爲解釋關於魚行能否參加漁會各疑義一案函復查照飭知由

查接管前中央社會部卷內，准

貴會二十九年十二月連肆社字第83號多代電，以各縣魚商業或魚貨商業同業公會，應否一律合併於漁會，或予撤銷囑核示見復等由，准此，查關於魚行能否參加漁會，及漁業工會可否依照工商法令自由組織抑或合併組織漁會一案，自司法院院字第五〇〇號解釋：「……則販賣魚類之魚行，自可加入漁會」；及九〇〇號解釋：「漁戶或漁行自不得逕依工商同業公會法組織公會……」。施行以來，室礙滋多，各地魚行業或魚商業等同業公會，紛紛呈請免予合併，分別保留，地方黨政機關，亦不乏持此項見解者，延宕迄今，數年未決。本部以此案牽涉頗多，未便遽加論斷，經咨請司法院祕書處轉陳，依照解釋程序，重付會議討論，補充解釋在案。茲准函復：

「據本院祕書處轉陳貴部本年一月二十五日咨（社組字第一五八五號）請解釋關於魚行能否參加漁會及可否組織同業公會各疑義一案，業經本院統一解釋法令會議議決，漁會以增進漁業人之智識技能，改善其生活並發達漁業生產爲目的，漁會法第一條定有明文。故漁會會員除漁會法第五條第一項所稱營水產之製造運輸保管

各業者外，惟漁業法第一條所定意義之漁業人始得爲之。代客買賣魚類或自行販賣魚類之行店，既非漁業法第一條所定意義之漁業人，又非以水產之製造運輸保管爲營業，自不得爲漁會會員。漁會法第三條第四款雖將籌備漁業共同販賣事項，列爲漁會任務之一種，然其所稱漁業，共同販賣，顯與漁業以外之商人，自設行店所爲之販賣有別，不足爲販賣魚類之魚行，得爲漁會會員之論據。至漁會法施行規則第五條所稱之行店，係指依漁會法之規定得爲漁會會員之行店而言，如營水產之製造運輸保管各業者所設之行店是也。代客買賣漁類或自行販賣魚類之行店，並不包含在內，不能據以斷定此種行店亦得爲漁會會員，此種行店既不得爲漁會會員，自可依法組織商業同業公會。院字第五百號及第九百號關於此部份之解釋，應予變更。相應函請貴部查照。

等由，過部，除分別函咨各省市黨部政府及農林部外，相應函復

查照飭知爲荷，此致

中國國民黨福建省執行委員會

社會部公函　社組字第四〇三九號　三十年四月十六日

爲社會團體不必仿照職業團體之例普遍製發會員證如有特殊需要可自行製用將式樣呈報當地主管官署備案函達查照並希飭屬知照由

案查前准

貴會公函，以據長壽縣黨部呈請指示教育婦女等社會團體，應否規定會員證一案，囑核復等由，當以事關章制，應部規定辦法，在未經明文規定以前，暫不用會員證，經函復查照在案。茲查社會團體，與職業團體，性質頗有不同，不必仿照職業團體之例，普遍製發會員證。如爲便於識別起見，不妨依照證章方式之規定，製用證章，其有因特殊需要，必須製發會員證者，可由各該社團體，自行製發，將式樣呈報當地主管官署備案，相應函達，即希

查照，並飭屬一體知照爲荷。此致

中國國民黨四川省執行委員會

社會部咨　社組字第〇七六五號　二十九年十二月三十一日

准廣東省執行委員會社戊馬代電以　貴部所轉行之加強政府管制工商團體辦法應否遵辦請核奪一案茲對該辦法提供意見三項咨請參攷修正呈　院核奪後再行飭遵由

案准中國國民黨廣東省執行委員會社戊馬代電：以准廣東省政府建設廳本年十月二十五日函轉
貴部規定加强政府管制工商團體辦法，應否遵辦，請核奪等由；附抄廣東省政府建設廳原函一件到部。查嚴格管制工商團體，在事實上似屬必要，惟上項辦法之規定，係在本部改隸之前，與現在情形，稍有不同。茲對該辦法提出意見三項，藉供參攷：（一）地方主管官署刊發公會圖記及發給工商團體（輸出業及重要工業同業公會除外）登記憑證，不必一定在上級機關核准備案之後，以免束縛地方官署職權，而阻遏人民組織之發展。（二）地方主管官署，對工商業務之未有組織及正在進行組織者，除督促其依法辦理，並切實指揮監督外，並須一面迅速報請備核，以達到管制之目的。（三）人民團體核准備案，事關社會行政，屬於本部職權範圍，今後應依此爲準則。准電前由，除電復外，相應提供意見三項，咨請
查酌修正，呈　院核奪後，轉飭遵行爲荷。

此咨

經濟部。

社會部咨　社組字第二三二七號　三十年二月十八日

准中央秘書處函爲注意糾正戲劇表演一案咨請轉飭主管機關嚴格審查劇本並特別注意表演技術由

案准中央秘書處渝豐機字第六〇號公函，內開：

「查戲劇爲社會教育之利器，要在發揚民族精神，陶鑄社會意識，對於內容表演，自須特別慎重，近查各地戲劇表演，每多失當，如對於殘暴醜惡之事實，作正面之表現；或表演義烈人物，而其動作不能適應其身份，甚至適得其反，例如岳武穆文天祥等劇，即多此類缺點。奉　諭應由有關機關隨時注意，設法糾正」

等由，准此，除函復並分行外，相應咨請
貴府轉飭主管機關嚴格審查劇本內容，並特別注意糾正表演技術，以副中央關懷社會敎育之至意爲荷。此咨
各省省政府

社會部咨　社組字第二三三五號　三十年二月十八日

准咨以據浙江省建設廳呈請核示可否將勞資爭議處理法第七條之規定予以修正一案似未便照准囑查核見復等由咨復查照由

案准
貴部(卅)工字第一八三四號咨，略以據浙江省建設廳呈請核示可否將勞資爭議處理法第七條「爭議當事人對於仲裁委員會之裁決不得聲明不服」予以修正一案，似未便照准，囑查核見復等由；准此，查強制仲裁之執行，在平時已屬重要，在戰時尤爲必需，勞資爭議處理法第七條之規定，正係限制雙方爭議行爲，及實現仲裁目的之主要條文，原呈擬請修正一節，貴部不予裁可，自應同意，相應咨復
查照辦理爲荷。此咨
經濟部

社會部咨　社組字第三五二九號　三十年三月二十七日

咨請轉飭依法推定三十年至三十一年之仲裁委員填具名單核轉備案由

查接管經濟部處理勞資爭議卷內，關於推定勞資仲裁委員一節，曾於二十七年咨請依法推定有案，各省市無論曾否推定，現均期滿已久，値此抗戰期間，促進勞資協調關係，至爲重要，自應另行推定，以符規定，應請依照修正勞資爭議處理法第十六條及推定仲裁委員暫行辦法之規定，轉飭將三十年至三十一年兩年間之仲裁委員，迅速依法推定，并依照表式填具名單，核轉本部備案，相應抄附推定仲裁委員暫行辦法及各省縣市仲裁委員名單表式各一件，咨請
查照爲荷。此咨
各省省政府

重慶市政府

附推定仲裁委員實行辦法一份

各省縣市仲裁委員名單表式一份

社會部代電　社組字第○二七五號　二十九年十二月七日

爲接管卷內關于確定補助浙江省各級農會經費案電復查照由

浙江省執行委員會公鑒：案查接管前中央社會部卷內，准貴會永民銑代電，以據浙江省農會呈請函轉行政院迅飭浙江省政府撥補本省各級農會經費等情，請查照辦理見復等由；查確定浙江省農會經費一案，前中央社會部准農林部函徵意見過部，經以「查(1)補助農會經費，現係由農業改進費內指定一部份，似應以普遍補助爲原則，以免有所偏枯。(2)補助金額之標準，似應依農會之組織內容及工作成績而區分等級，以示獎掖之意。(3)補助費之用途及農業改進工作，似仍應依法受各級主管機關之指導監督，不必另有規定。貴部所擬辦法，似可略加修正如次：一、浙江省應自三十年度起，在管理農業特產收入項下所撥農業改進費內，指定一部份作爲普通補助該省各縣市農會之經費。二、受補助之農會，暫以縣市農會爲限。三、受補助之縣市農會得分甲乙丙三級，每一單位，以每年補助事業費：甲級叁千陸百元，乙級貳千肆百元，丙級壹千貳百元爲原則。四、縣市農會之等級，依其組織內容及工作成績并參酌省農業改進所所提供之意見，由浙江省政府會商省黨部決定之。」函復查照參攷去後，旋准函復，略開：「貴部修改意見，本部甚表贊同，除函請行政院秘書處查照轉陳外，相應函復查照」。復准行政院秘書處函開：「農林部函陳會商貴部核擬確定維持浙江省農會補助費案意見四項，經陳奉　院長諭：『應准如擬辦理』，除由院令飭浙江省政府遵照暨函復外，相應函達查照」等由各在案。准電前由，相應電復查照飭知爲荷。社會部虞組印

社會部電　社組字第○二二六號　二十九年十二月九日

擬訂卅年元旦慰勞榮譽軍人及抗戰軍人家屬辦法希即發起并轉飭所屬就地同時舉行由

急，各省市政府勛鑒：開密，奉　院長指示：三十年元旦應擴大舉行慰勞榮譽軍人及抗戰軍人家屬等因，除會同中

央各機關各團體發起陪都各界元旦慰勞榮譽軍人及抗戰軍人家屬籌備會外，茲擬訂辦法如下：(一)舉行遊藝會，免費招待榮譽軍人及抗戰軍人家屬；(二)組織慰問隊，前往各軍醫院及抗戰軍人家屬家庭，慰問并分送慰勞品慰勞金；(慰勞品慰勞金就地募集)(三)代榮譽軍人及抗戰軍人家屬書寫家信。即希查照辦理，并轉飭所屬就地同時舉行爲荷。社會部佳印

社會部電　社組字第〇七一八號　二十九年十二月十日

電復戰地對於紅槍會一類團體之領導應依照戰區及淪陷區黨務工作大綱之規定辦理由

山西省黨部公鑒：接管前中央社會部卷內，貴部本年八月社代字第三一五號梗代電敬悉。查戰地對於紅槍會一類團體之領導，應依照戰區及淪陷區黨務工作大綱之規定辦理，特覆。社會部灰印

社會部代電　社組字第一三三五號　三十年一月十八日

查接管卷內准電詢甲縣縣黨部書記可否兼充乙縣縣農會幹事長職務一案電復查照由

中國國民黨浙江省執行委員會鑒：查接管前中央社會部卷內，准貴會民字第362號灰代電，以准浙江省政府函，据鄞縣縣長呈請釋示甲縣縣黨部書記長可否兼充乙縣縣農會幹事長職務，及在乙縣具有農會法第十三條及同條所列資格之一者，其人現在有事於甲縣，在其外出期間，是否仍可保有乙縣農會會員資格，不無疑義，電請核復過部。查(一)甲縣縣黨部書記長是否可以兼充乙縣縣農會幹事長一節，依據二十八年八月司法院公字第五九八號函解釋：「農會法第二十條所稱之現任公務員應解爲狹義之公務員，卽指現在受有任命之官吏而言，辦理黨務人員既非官吏，自得被選爲農會「職員」。是則縣黨部書記長兼充縣農會幹事長原無問題。惟乙縣縣農會幹事長充任甲縣縣黨部書記長後，在離職期間依法應由該會副幹事長代理其職務。(二)乙縣具有農會法第十三條及同條所列資格之一者，其人現在有事於甲縣，在其外出期間是否仍可保有乙縣農會會員資格一節，查二十九年司法院院字第五九〇號解釋：「……在乙區域內而至甲區域內工作者，如非住居甲區域內，不得爲甲區域內農會會員，若住居乙區域（住居指現住所居住而言，與籍貫不同）而在甲區域內有農地或任其他工作者，其獲得會員資格，自應在住居之乙區域」。

是則其人如在乙縣有住所，而有事於甲縣，在其外出期間，仍可保有乙縣農會會員資格。准電前由，相應電復查照爲荷。社會部巧印

社會部代電　社組字第一八七二號　三十年二月五日

電復中國運輸公司工人應加入西南公路工會請查照轉知並飭協助進行由

重慶交通部張部長勛鑒：迴電敬悉，查西南公路工會，業已確定以西南公路管理處行政區域爲組織區域，其組織對象包括西南公路各線各種工人。中國運輸公司爲西南公路最主要運輸機關，其所屬工人，性質重要，數量衆多，自應加入該會，以符籌組工會之本旨。且查非常時期職業團體會員強制入會限制退會辦法，業已公佈施行，凡合於各種職業團體法令會員資格之從業人員，依法均應加入各該團體爲會員。中國運輸公司雖係商業性質，其所屬工人仍應加入工會，與工會法第十九條之規定並無抵觸。請查照轉知，並飭協助進行爲荷。社會部組織印。

社會部代電　社組字第二〇四九號　三十年二月十日

據電請解釋分會委職員應否緩服兵役一案予以指示由

中華海員工會特派員辦事處，一月銑日滬字第九十號代電悉，所請解釋分會委職員應否緩服兵役一節，查各種人民團體負責人，其性質並非主任官公事務，與法定緩役條件不符，自不能緩役，前經行政院於廿九年八月五日以陽貳字第一六三七號指令軍政部通行在案。嗣經前中央社會部與軍政部會商擬訂人民團體負責人緩役辦法三項，呈請中央執行委員會核轉行政院併案辦理去後，迄今未奉核復。在前項辦法未核定前，自應仍遵院令辦理，特復。社會部組灰印

社會部代電　社組字第二五五五號　三十年二月二十五日

准代電以據浙江全省商會聯合會呈爲與各業同業公會聯合會應如何發生聯繫囑核示一案復請查照轉知由

中國國民黨浙江省執行委員會公鑒：民字第四六一號養代電敬悉。查商業同業公會法施行細則第二十二條，準

用修正商會法施行細則第二十九條，商會全省商會聯合會中華民國商會聯合會及各種同業公會，彼此往來用函。又商業同業公會法第五十二條，聯合會除本章各規定外，準用本法其他各章之規定，則同法施行細則第二十二條準用行文之規定，自亦在準用之列。因此某種商業同業公會聯合會，對於全省商會聯合會之關係，與縣市商會對於全省商會聯合會同，無隸屬關係，彼此行文用函。准電前由，復請查照轉知為荷。社會部有印

社會部電　社組字第二七六六號　三十年三月一日

為國父逝世紀念擬訂推行造林運動辦法希查照并轉飭所屬一體遵辦由

各省市政府勛鑒：國父逝世紀念，各地應及時推行造林運動，辦法如下：(一)各省市政府應會同省市黨部並分別轉飭所屬暨人民團體，於三月十二日舉行造林運動及擴大宣傳。(二)植樹典禮應一律於三月十二日舉行，并擇地分區植樹，但以警察鄉鎮局所暨農會學校附近便於培植保護者為宜。(三)植樹地點應利用公私荒地，並宜普及於各鄉村。(四)樹苗由當地農場苗圃供給或由政府購備。希即查照并轉飭所屬一體遵辦為荷。社會部寅東組印。

社會部電　社組字第三三九八號　三十年三月十九日

為本年兒童節請照前中央社會部二十八年所頒紀念辦法會同辦理由

四川、貴州、雲南、廣東、廣西、陝西、甘肅、寧夏、西康、青海、湖南、湖北、浙江、福建、江西、安徽、河南、省黨部、省政府公鑒：本年「四、四」兒童節紀念，請照前中央社會部二十八年所頒紀念辦法會同省政府、省黨部辦理具報為荷。社會部寅效組印

社會部訓令　社組字第○四九○號　二十九年十二月十九日

令西南公路工會籌備委員會

查接管卷內擬送組織簡章應行修正各點令仰遵照由

查接管前中央社會部　內，據送該會組織簡章草案一份，請予核示等情，業經審核，茲將應行修正之點列後：（一）原組織簡章應改為「西南公路工會章程」。（二）國營事業之工人所組織之工會無締結團體協約權，工會法施行法及公路工會組織暫行辦法第十三條均有明文規定，草案第卅五條第一項全文應予刪除。（三）卅條第三項以後應增列「其他收入」一項。以上各點除分函交通部外，合行令仰遵照辦理，並於工會正式成立時提交代表大會通過，另案呈報備核。此令。

社會部訓令　社組字第二三一〇號　三十年二月十七日

令重慶市社會局

[illegible]登記炭號等呈控四川省江巴璧合嘉陵江區煤礦工業同業公會違法征費一案處辦經過令仰知照並轉飭重慶市煤炭商業同業公會遵辦具報由

案准軍事委員會辦公廳梗代電，以據本市復記炭號等呈控四川省江巴璧合嘉陵江區煤礦工業同業公會，假名設卡，勒捐病商，濫加煤本，影響統制，懇賜究辦，以儆貪污等情，奉諭「交社會部核辦逕批」等因，抄同原呈囑查照辦理。正核辦間，復准艷代電，以關於本案，復奉交下該煤礦工業同業公會代理主席胡汝航呈一件，奉諭「交社會部併案核辦逕批」等因，檢同原呈各件，囑查照併案辦理各等因，過部。查四川省江巴璧合嘉陵江區煤礦工業同業公會沿江設立登記處，舉辦調查統計煤炭產運銷狀況，征收會員自治經費，每噸二角，實施以來，逾越範圍，糾紛迭起，嗣雖據呈陳明改正，並退還誤收運商各費，但經派員調查該會所設各登記處，辦理迄未改善，仍有不分會員與非會員，一律征收自治經費或補助經費情事。其會員礦商，對政府統制之價格，亦未切實遵守。似此辦理不善，忽視功令，殊屬非是。業經本部令飭該會自即日起，撤銷沿江各登記處，停止征收任何名目之捐費，所有已收款，應會同重慶市煤炭商業同業公會清算，並擬具處置辦法，呈候核奪。嗣後有關調查統計事宜，應就礦地舉辦，需要費用，依照工業同業公會法之規定辦理，並應切實詰誡所屬礦商，嚴切遵守經濟部燃料管理處規定之價格發售煤炭，不得稍有增益，或留難運商。除函復並分行外，合行令仰知照，並轉飭重慶市煤炭商業同業公會遵照辦理具報為要，此令。

社會部訓令

社組字第二八四六號 三十年三月六日

令重慶市社會局

為據西南公路工會籌備委員會呈以重慶市汽車業職業工會吸收公路工人入會請予糾正一案令仰飭遵並將辦理情形具報由

案據西南公路工會籌備委員會呈，略稱：「查重慶市汽車業職業工會吸收本路工人二百餘人入會，妨礙本會會務進行，請予糾正」等情；查公路司機工人應加入公路工會，已加入重慶市汽車業職業工會者，應即限令退出，嗣後並不得繼續吸收公路司機入會。據呈前情，除令飭知照並函重慶市黨部外，合行令仰轉飭遵照，并將辦理情形具報為要，此令。

社會部訓令

社組字第二九六七號 三十年三月八日

令各省市訓育主任公民教員資格審查委員會

為准中央祕書處函關於訓育主任公民教員資格審定職權之接管案經中常會議決由教育部修改原條例等由嗣後關於此項事務仰逕呈教育部核辦由

案查訓育主任公民教員資格審查之核定，與審查會之組織等事項，原屬教育部與本部職掌範圍，現以本部改隸，職掌方面自應重行予以確定，經呈請中央執行委員會核示在案，茲准中央祕書處渝豐機字第二九四號函復開：「關於貴部呈請明令規定訓育主任與公民教員資格審定職權之接管一案，茲經陳奉 中央第一六九次常會決議『訓育主任公民教員資格審查委員會應由教育行政機關負責組織，但須聘當地黨部推定之人員參加為該會委員，原組織條例及審查條例，應送教育部依此原則加以修訂』在案，相應函覆，即希查照為荷。」等由：准此，除函教育部查照辦理並分令外，嗣後關於此項事件仰逕呈教育部核辦。此令。

社會部指令

社組字第〇六四〇號 二十九年十二月二十五日

令重慶市工人服務隊總隊長洪蘭友

二十九年十二月十一日呈一件爲呈報工人服務總隊部成立日期并檢呈組織大綱組織規程及印模請鑒核備案由

呈件均悉，准予備案，仰即知照，此令。件存。

社會部批　社組字第二三〇八號　三十年二月七日

具呈人重慶市復記炭號等

准軍事委員會辦公廳抄送呈一件爲江巴璧合嘉陵江區煤鑛工業同業公會假名設卡徵收捐費並加煤本影響統制附呈票據懇賜究辦以敵貪污由

呈件均悉，本部已令飭四川省江巴璧合嘉陵江區煤鑛工業同業公會，自即日將沿江各登記處一律撤銷，停止征收任何名目之捐費，所有已收之款，邀同重慶市煤炭商業同業公會清算，及商訂處理辦法呈核，並嚴行誥誡所屬會員礦商切實遵照法定價格發售煤炭，除函復並分行外，仰即知照，此批。

社會部批　社組字第三四三七號　三十年三月廿五日

具呈人湖南常德縣漁會

三十年一月九日呈一件爲呈請解釋魚販是否組織漁業工會祈鑒核示遵由

呈悉。查該縣魚販，係以販賣魚類爲業，並非「受雇於漁業人而爲捕魚之工人」自不得組織工會；又依司法院院字第二一六二號解釋：「……漁會會員除漁會法第五條第一項所稱營水產之製造運輸保管各業者外，惟漁業法第一條所定意義之漁業人，始得爲之。代客買賣魚類或自行販賣魚類之行店，既非漁業法第一條所定意義之漁業人，又非以水產之製造運輸保管爲營業，自不得爲漁會會員……此種行店，既不得爲漁會會員，自可依法組織商業同業公會……」亦不得參加漁會組織。惟該項魚販，如確有公司行號之設立，自應依法組織商業同業公會，仰即知照，此批。

社會福利類

社會部公函　社福字第〇四五三號　二十九年十二月十八日

為准函轉據榮縣縣黨部呈請轉函財政部令飭川康鹽務管理局改善統購辦法一案經函准財政部復函榮縣已先行試辦戰時食鹽購銷辦法函復查照由

查接管前中央社會部卷內，准

貴會社禮字第三五六二號公函，爲據榮縣縣黨部呈請轉函財政部令飭川康鹽務管理局改善統購辦法，准以現款交付，轉請查核等由；并抄附原呈一件，准此，經轉函財政部核辦，茲准渝鹽乙字第二四四四〇號復函開：

「案准貴部本年十月二十八日利運字第八六四一號公函，以准四川省黨部轉據榮縣縣黨部呈請變更以米易鹽辦法，抄同原呈，囑查照核辦見復等由；准此，查此案前據榮縣縣政府於本年九月二十三日以同情逕呈到部，業經本部於十月十三日文代電以：『查近據川康鹽務管理局電陳，擬於以米接濟自貢較少之榮縣，將戰時食鹽購銷辦法先行試辦，業經本部復准在案。茲據前情，除電飭該局查明妥速辦理報核外，仰即知照。』等語，復飭該縣縣政府在案，本部嗣續據川康鹽務管理局十月五日財字第六七四號電稱：

『所擬先就榮縣等試辦戰時食鹽購銷一節，原以榮縣雖屬產米，因本年天旱無米供給，但該縣產有大量煤炭供給自貢，且距場甚近，運輸便利，較之其他各縣情形，略有不同，尚有先行試辦之必要。茲奉核准自應照辦，除轉電請縣府照辦外，理合復請鈞部鑒核』。

等語又在案。准函前由，相應復請查照。」

等由；過部，相應函復

查照爲荷。此致

中國國民黨四川省執行委員會

社會部公函　社福字第一○六六號　三十年一月十三日

准全國抗戰將士慰勞委員會總會代電檢送優待抗戰軍人家屬公約請倡導推行等由函請查照轉飭各地社會服務處廣爲倡導推行由

案准全國慰勞抗戰將士委員會總會慰字第二七七五號代電開：

「本會鑒於抗戰軍人家屬問題，關係兵役推行及前方士氣，至爲重大。政府雖早經頒佈優待抗敵軍人家屬條例，並已切實施行；但社會方面尚未能盡力協助政府，使此項優待工作益加普遍深入。本會爰特擬定國民優待抗屬公約一種，意在使各界同胞人人認爲優待抗屬乃自身應盡之義務，隨時隨地切實履行，進而造成社會優待抗屬之風氣。不僅使抗屬本身得到幫助與慰安，同時足以鼓勵應徵壯丁，激勵前方士氣。茲謹檢附該項公約拾份，敬希通令所屬，隨時隨地以身作則，倡導推行，毋任感荷」。

等由，幷附件；准此，事關優待出征軍人家屬，相應檢附該公約一份，函請查照轉飭各地社會服務處廣爲倡導推行，幷宜將推行出征軍人家屬各種服務事宜，列爲本年度各處中心工作，會同當地有關機關團體，組織專門機構辦理之，幷煩轉知爲荷。此致

中國國民黨各省市黨部。

各省政府

附國民優待抗戰軍人家屬公約一份

社會部公函　社福字第一八○一號　三十年二月三日

准函以奉　行政院令抄發平定物價辦法及物價審查委員會原函囑將關于各種勞力代價與食糧之比價開具意見又准函送重慶市政府關于此案意見等由近奉　行政院頒發平定工價實施辦法原案似可毋庸再議復請查照由

案查接管前中央社會部卷內，准

貴部管字第七三三○六號函，以奉　行政院令，抄發平定物價辦法及物價審查委員會原函，飭分別遵照辦理一案，囑將關於各種勞力代價與食糧之比價一項，開具意見，俾便定期會商，等由；正核辦中，又准

貴部管字第七五二五五號及(卅)管字第〇〇四五七號函送重慶市政府關於此案之意見到部。查此案與近奉行政院頒發之平定工價實施辦法有密切關係，該項辦法第二條規定：「根據當地糧價物價情形，參照各業工人享受之待遇及其各別收入，以物價指數與工價指數之平均比例爲基數，分別擬定法定工資率」。卽係確定勞力代價，與糧價物價之比價基準，原案實已包括在內，似可毋庸再議。准函前由，相應復請

查照爲荷。此致

經濟部

社會部公函 社福字第二一八七號 三十年二月十四日

據本部湯峽口模範墾殖新村董事會呈爲第六次會議決議該村不應屬農林部主管請鑒核轉復等情函達查照由

案據本部湯峽口模範墾殖新村董事會本年二月八日呈稱：

「據湯峽口模範墾殖新村呈送振濟委員會三十年一月眞日致該村代電一件，內開：「案查修正本會組織法，業將移殖事項刪除，各地墾務機關，自應自民國三十年度起，劃交農林部接管，嗣後關於各地墾務，仰卽逕呈農林部察核辦理，除呈報暨分行外，特電飭遵照」等由；經提出本會第六次會議討論，當決議：「新村係社會部主辦，其目的在以墾殖事業謀新村之建立，不應屬農林部主管，卽本此意呈請社會部轉復振濟委員會」等語，紀錄在卷，理合備文呈請鑒核，准予轉振濟委員會，實爲公便」。

等情；據此，查本部設立該村目的，在以墾殖事業，建設模範新村，與其他墾務機關之性質不同，自應仍由本部主管。相應函達，卽希

查照爲荷。此致

振濟委員會

社會部公函 社福字第三四八八號 三十年三月二十六日

本部湯峽口模範墾殖新村仍應由本部主管請查照由

案查前據本部湯峽口模範墾殖新村董事會本年二月八日呈，以「據湯峽口模範墾殖新村呈，奉振濟委員會眞代電開：『案查修正本會組織法，業將移殖事項删除，各地墾務機關，自應自民國卅年度起劃交農林部接管，嗣後關於各地墾務，仰卽逕呈農林部察核辦理，除呈報並分行外，特電飭遵照』等由；經提出本會第六次會議討論，決議新村係社會部主辦，不應屬農林部主管，請鑒核轉復」等情前來，經函准振濟委員會復稱：「案准貴部社福字第一一八七號公函，以貴部設立湯峽口模範墾殖新村，其目的在以墾殖事業謀新村之發展，與其他墾殖機關之性質不同，自應仍由貴部主管等由，本會表示贊同」等由；准此，查本部設立新村目的，在以墾殖事業救助失業民衆，既謀新村之建立，并作示範之倡導，與其他墾務機關之性質，不盡相同，似應仍由本部主管，相應函達奉商，卽希查酌見復爲荷。此致

農林部

社會部咨　社福字第一五四九號　三十年一月二十四日

咨送重慶游民訓練所及重慶嬰兒保育院有關二十九年度經費報銷事項共七案請查照辦結由

案查前准

貴會二十九年十二月二十日渝甲丙計字第二四三一六號，咨送未辦文件過部，業經點收咨復在案。卷查關於重慶游民訓練所四案，重慶嬰兒保育院三案，經核均與二十九年度經費報銷事項有關，本部未便接辦，相應開列以上各案清單，並檢齊原卷，咨請查照辦結爲荷。此咨

振濟委員會。

計咨送各案文件清單一件原呈六件原簽一件

社會部咨　社福字第一七九二號　三十年二月三日

據西南公路工會籌備委員高瀾波等呈請轉咨貴部通飭所屬交通機關遇有工人案件須會同黨部工會妥愼處理等情咨請查核辦理

見復由

案據西南公路工會籌備委員高瀾波陸克明吳光遠，西北公路工會籌備委員董萌劉鏡蓉，滇緬公路工會籌備委員酒玉五等呈稱：

「查抗戰之後，交通機關林立，工人份子至爲複雜，値此抗戰期間，難免不有奸細異黨或盜竊之事發生。遇有此種事故，主管方面，會同黨部工會妥愼處理者固多，然往往有固執成見或假借軍事管理名義，動輒將無辜之工人拘捕拷打，置本黨對工人解放之政策於不顧者。工會過問，則主管方面每以干預行政爲遁辭，立起磨擦。工會若坐視其演變，則本黨之威信與工會之信仰卽全失。用特呈請鈞部，敬乞准予轉咨交通部，通飭所屬各交通機關，凡遇工人案件，主管方面應會同黨部工會妥愼處理，不得藐視法令，玩忽人道，實爲公便」。

等情；據此，相應咨請

查照核辦並請見復爲荷。此咨

交通部

社會部代電　社福字第三四二六號　三十年三月廿八日

爲會商撥款救濟榮譽軍人眷屬情形電請　鑒核示遵由

行政院鈞鑒：查本軍政部各臨時教養院及各教養院收容之殘廢員兵，大多攜帶眷屬，隨院遷移。値此生活程度高漲之際，月入薪餉有限，眷屬生活無法維持。迭據各榮譽軍人向本軍政部請求救濟，情勢迫切，爰經本部會等於本年二月馬日開會商討，議決江安瀘縣等三救濟院榮譽軍人，眷屬四千餘人由本振濟委員會撥發振款，每人五元，并由本社會部電請全國慰勞總會撥發慰勞金，作爲緊急救濟。此外，並擬請　鈞院撥給平價米或代金。除由本軍政部先行造具駐川陝各院急應救濟榮譽軍人眷屬名冊，專案呈請　鈞院核辦，其餘駐黔桂贛湘閩甘等省各院，另案辦理外，所有會商情形，理合會銜電請鑒核示遵，社會部軍政部軍事委員會政治部振濟委員會同叩儉印

社會部訓令　社福字第○三九七號　二十九年十二月十六日

令前中央社會部湯峽口模範墾殖新村

該村應改稱社會部湯峽口模範墾殖新村令遵由

查該村業由本部接管，該村名稱應即改爲社會部湯峽口模範墾殖新村，合行令仰遵照辦理具報。此令。

社會部訓令　社福字第○五九○號　二十九年十二月二日

令本部社會服務處

檢發該處組織規程令仰遵照由

查該處組織規程，經前中央社會部擬訂，函送中央祕書處轉陳備案，並准渝(29)機字第一六八四五號復函，業經報告中央第一六二次常會備案在案。現在本部推進社會服務工作計劃尚未核定，關於該處組織事宜，應暫適用上項規程，合亟令發，仰即遵照辦理具報備查爲要。此令。

附發中央社會部社會服務處組織規程一份

社會部訓令　社福字第一○七四號　三十年一月十四日

令本部社會服務處

該處兩路口服務站站址經商准重慶市政府借用公共汽車站地皮檢發草圖令仰知照由

案准重慶市政府市工字第一二二九號咨開：

「據工務局轉呈貴部本年十一月十三日利總字第九一八○號函，爲籌辦兩路口社會服務站，檢送草圖一張，囑轉飭公共汽車公司就兩路口停車場地址讓出一部充作站址等由；經與貴部李宗瑞君面商洽定，即在金城別墅前面地皮，讓給九十尺，右邊讓出十八尺，借予貴部充作站址，除令飭公共汽車公司知照外，相應檢還繪製草圖一紙，咨請查照爲荷」。

等由；幷附草圖一張，准此，合亟檢發原圖，令仰知照爲要。此令。

附發草圖一張

社會部訓令　社福字第一五一三號　三十年一月二十三日

令重慶市空襲服務臨時保健院

關於該院托兒所改進事項令仰遵辦具報由

查關於該院托兒所，前曾派員視察，據報應行改進事項尙多，玆分別指示於下：

一、該所防空洞應另行修建，此項修建說明書，應由該所造擬呈部，以憑核轉本市防空機關辦理。

二、該所廚房應卽合併排列爲三灶，仍安置五鍋以節燃料，另應增設一大浴室。再該所道路未加修治，兒童出入活動，於所內淸潔不無影響，應於門外鋪設棕墊。

三、關於醫藥運動器具設備，應積極予以充實，玩具亦宜酌量補充。其醫藥一項，並應由該院從速與重慶市空襲服務救濟聯合辦事處醫護委員會龐主任洽商。勻撥藥品器械，以應急需。

四、該所收容兒童巳達百餘，尙缺防蚊設備，應儘於本年夏季開始以前，或製蚊帳，或備紗門窗，擇其經濟者趕速添製，以防病患。

五、該所原無保嬰設備，如有父母被炸，遺留年齡太小之難嬰，除應設法暫先妥爲收養外，幷應與重慶嬰兒保育院妥商辦法，切取聯繫，以宏救濟。

六、該所看護生服務生服裝，應求整齊，並應發給制服。

上列各項，應由該院轉知該所酌量實際情形從速分別遵辦具報，所需經費，幷着專案呈核，仰卽遵照。此令。

社會部訓令　社福字第一六七一號　三十年一月二十九日

令本部重慶殘廢敎養所

指示該所應行改進事項仰遵辦具報由

案查該所接交事項，除本年度以前經費收支，應逕向振濟委員會報銷外，其餘各項清册，業經本部派員會同接收完竣，其有應行改進事項特指示如次：

(一)該所今後應儘先收容各重傷醫院治愈後窮苦無歸之空襲受傷難胞及一般殘民，其餘非殘廢者及兒童，亟應併入本部重慶游民訓練所，孤兒院或振濟委員會兒童教養院等機關，並應將殘廢者之清册造報，以便指示轉送。

(二)該所現收殘民不多，所內員役，宜酌予裁減，俟將來收足殘民定額時，再行添用。

(三)殘民伙食應設法改善。

(四)對于肢體殘廢者應增加補殘救缺器具，以助其活動。

(五)查殘民肢體，雖不完全，但可經管輕便與靜止之事業，故該所亟應兼營畜牧。

(六)訓導時宜利用其原有特長，尤應注重個別技藝訓練。

(七)寒衣棉被應從速購製，其經費可先在重慶空襲服務救濟聯合辦事處所撥補助費內開支，如已領用不敷，可再專案呈請候核。

(八)查該所所址，似嫌過窄，將來人數收足，或不敷分配，如聖泉寺修移經費不多，即應設法改租。

右列各項，仰即遵照分別辦理具報為要。此令。

社會部訓令　社福字第一六七二號　三十年一月二十九日

令本部重慶游民訓練所

指示該所應行改進事項令仰遵照辦理具報由

案據本部科員鐘其熾簽報視察該所辦理情形前來，經核定應行改進事項如次：

一、教程方面須按其知識程度之高下分班講授，高級組可提早生產技術訓練，低級組則以着重精神講話與識字為原則，着將原訂課程酌改呈核。

二、經戒除不良嗜好并矯正惡癖後，應即授以生產技術，其技能訓練稍具成績者，須設法介紹職業或送與廠家雇用，其所餘名額得輾轉多收市內乞丐游民及轉收本部殘教所之非殘廢者，此項出所人數應每月彙報一次。

三、技貴專一，游民習技，應認定一門專攻，不宜輪流傳習。

四、附設各工科生產量尚少，應即努力督率，加緊工作，大量生產。

五、農業科未見實行，須充分利用游民人力，從事園藝菜圃及農產品，同時實行養豬養鷄養蜂等輕而易舉之農事副業。

以上各項，合行令仰該所斟酌財力，分期遵辦具報為要。此令。

社會部訓令　社福字第一七一〇號　三十年一月三十一日

令重慶嬰兒保育院院長陳繼貞

令切實奉行急應改進事項并分別具報由

查該院改隸伊始，關於院務設施，經派員視察，據報所有應行改進事項，茲分別指示如左：

(一)該院現收嬰兒六十一名，而職員工役聘用至壹百零二名之多，除有專長者外，亟應將冗員冗役停薪留職，存記待命，俟新預算核准，嬰兒增收時，再行任用，或轉介其他衛生醫療機關。

(二)該院飼牛三十餘頭，僅有七頭出乳，其餘業已收乳，以及十二頭小牛，如有良種，酌予留養數頭，餘應擂數公開標售，其手續及詳細辦法，仰該院長擬議呈核。

(三)該院以杠炭充烘烤取暖之用，糜費過鉅，可改用炭圓，價較低廉；惟烘烤方法，應設法改良。

(四)該院組織內，應增設業務主任一人，專司醫療保健事宜，遴任學驗豐富之小兒科醫師担任。

(五)查醫藥為育嬰不可或缺之物，現該院所育嬰兒病弱者過多，仰該院長妥為設計購備，以濟急用。

右列各項，仰即遵照分別辦理具報為要。此令。

社會部訓令　社福字第二五九〇號　三十年二月二十六日

令重慶市工運督導專員室

爲本部創設工人福利社經奉　行政院核准設立兩所本年度開辦經常兩費合計八萬七千二百元仰迅即遵照規定擬具計劃暨概算呈核由

查本部本年度行政計劃內，關於創辦工人福利社部分，經奉行政院核准設立兩所，本年度經常費共六萬七千二百元，開辦費共兩萬元，合計八萬七千二百元在案，合行令仰該室迅即遵照規定，擬具計劃暨概算呈候核辦爲要。此令。

社會部訓令　社福字第三三三六號　三十年三月二十一日

令重慶市空襲服務臨時保健院
重慶嬰兒保育院
重慶游民訓練所
重慶殘廢教養所

令發日報表式仰逐日填報到部以憑查考由

查該所日報表式業經訂定，合行隨令附發該項表式一件，仰自文到之日起，逐日填報來部，并轉知托兒所一體遵照，以憑查考爲要，此令。附發日報表式一件。

社會部指令　社福字第三〇五八號　三十年三月十三日

令本部重慶游民訓練所

本年二月二十八日慶字第四六號呈一件爲擬訂德性訓練實施綱領草案呈請鑒核備案由

呈件均悉，查該所所擬之德性訓練實施綱領草案，用意尚善，惟「德性」兩字應改爲「精神」兩字，仰即遵照修正具報，并切實依序實施爲要。此令，附件存。

社會部批　社福字第一九二〇號　三十年二月七日

具呈人東北難民救濟委員會

三十年一月二十一日代電一件爲請撥該會附設東北同鄉服務部經費每月三百元及附設托兒所每月經費二千八百元賫同東北同鄉服務部規則同鄉登記辦法及托兒所預算報請鑒核由

箇代電及附件均悉，該會服務部專爲東北同鄉服務，又擬於服務部下設托兒所專收東北紡織廠女工之兒童，請求補助一節，用意甚善。惟本部與振濟委員會，關於救濟事項，曾劃分職掌，一則掌理全國經常社會救濟，一則掌理因災變戰禍而引起之臨時救濟，該會已辦之服務部及擬辦之托兒所，專爲東北同鄉而設，且屬於戰事所引起之臨時救濟。該會經費，嗣由振濟委員會補助，自應繼續逕向振濟委員會請求，仰即知照，此批。

社會部批　社福字第二〇三〇號　三十年二月八日

具呈人西南公路工會籌備委員高瀾波等

三十年一月呈一件爲請求指撥專款交由公路工會舉辦司機工人食堂宿舍及俱樂部等福利設施以便管訓而利抗戰由

呈悉，事屬可行。着先將各該路長度，大站(宿站)每日在途中經過之旅客及司機約數，各大站所在地生活程度情形，逐一查明表報，并根據調查所得實際情形，擬具詳密計劃預算一併呈部，以便會商有關機關辦理。所請指撥專款交各工會負責籌備一節，應俟計劃到後，再行核奪，仰即遵照。此批。

合作事業類

社會部咨　社字第一七三二號　三十年一月十七日

准咨以轉據第五區行政督察專員曾忠修呈爲奉遵明定免徵營業稅範圍關于生產與運銷合作社進貨部份疑難祈釋示等情囑查照解釋見復一案復請查照由

查接管經濟部移交卷內，准

貴府二十九年十二月二日府建字第二三四號咨開：

「據建設廳轉呈據第五區行政督察專員曾忠修呈稱：『案奉浙江省政府建財二字第〇三〇九號訓令內開：「案准財政部渝賦字第六七二九經濟部第五七二二二號會咨，節尾開：上述七種（合作社），因其性質互異，經營方法亦不相同，在一社中，可與非社員發生交易者，亦有絕對不得與非社員交易之事，其中尤以經營「生產」「運銷」之合作社，進貨限於社員，售貨不限於社員，與經營「消費」業務「供給」業務之合作社，進貨不限於社員，售貨限於社員，其性質完全相反」等因奉此，查經營生產業務之合作社，其進貨原料往往有爲社員所不能生產者，如機器生產合作社之煤炭鐵料等，及肥皂蠟燭生產合作社之牛油鹹以及蠟料等，頗足爲規定七種業務性質之合作社以外發生之疑難。凡此是否有涉營利行爲應照章納稅，事關生產合作社業務之發展，理合備文呈請鑒核解釋指令祇遵』等情；據此，查有各種合作社免徵營業稅範圍，前准貴部會同財政部二十九年四月九日渝賦字第六七二九號咨過府，卽經轉行各區專員公署各縣政府各稅務機關遵照在案，據呈前情，除指令外，相應咨請查照見復爲荷」

等由，准此，查經濟財政部原會咨載有「生產合作社出售之物品，應以社員自力與共同生產之物品或製成品爲限，而不得經售非社員之生產品或製成品」，又「經營生產運銷之合作社，進貨限于社員，售貨不限于社員」等語，規定至爲明晰。合作社因事實上之需要，向非社員購入原料燃料者，祇須其出售之成品確係社員自力與共同生產所得，且業已變更原購物品之形態品質及功用，卽不能認爲係購進非社員之生產品或製成品，再行轉售，故仍可享受法律上免稅之優待，准咨前由，相應咨復查照轉知爲荷。

此咨

浙江省政府。

社會部指令　社合字第十一〇五號　三十年一月十四日

社會部指令　令四川省政府建設廳　三十年一月十四日

接貴經濟部移交卷內二十九年十一月十六日建合字第一〇號呈一件為呈請核示合作社申請登記其名稱上應否添列業務用詞及政府機關公立學校等可否加入合作社為團體社員由

據呈悉，茲分別核示如次：

一、各種生產合作社之業務用詞，如已足表明其為生產業務者，普通使用上得略去生產二字，如染織生產合作社得稱為染織合作社，但正式登記及使用時，仍應遵照前實業部頒訂合作社名稱說明書之規定，採用完全字樣，不得簡略，以資劃一。

二、政府機關及公立學校民衆教育館等，雖非法人，惟如該機關參加合作社，係離開其機關之地位權限，而與普通社員相等，則其入社應視為該機關在私法上之行為，在不違反修正合作社法第十二條之範圍內，尚未可遽作為拒絕入社之根據。以上兩點，仰即知照，并分別轉飭知照為要，此令。

社會部指令　社合字第一二七三號　三十年一月十七日

令貴州省合作委員會

二十九年十二月合二登字第一五八九號呈一件為生產合作社對非社員交易是否免徵營業稅請核示祗遵由

呈悉，查生產合作社出售之物品，應以社員自力與共同生產之物品或製造品為限，而不得經售非社員之生產品或製造品，但售貨對象則不限于社員。如未超出此項範圍，應由該合作社檢同合法登記憑證，呈請主管徵收機關查明事實，核定徵免，業經二十九年四月九日財政部渝賦字第六七二九號、經濟部農字第五七二三二號會咨通行有案。該盤縣城區半邊街縫紉生產信用合作社之業務，如確未超越上項範圍，自可享受免稅之優待，不得遽令改為商店。仰即轉飭盤縣縣政府據實查報，依法辦理，以維合作事業之推進。此令。

社會部合作事業管理局公函　合字第四二九號　三十年二月十五日

准電爲鄉保合作社名稱一項實施困難囑設法救濟一案復請查照由

准

貴會本年元月廿二日會字第三九四五號代電，以本省第二屆擴大行政會議有調整各縣鄉保之決議。將來鄉保區域之必有變更，當已成爲必然事實。今鄉保合作社照規定概以鄉保之名爲名稱，其業務區域自必與該鄉保之區域相吻合。如鄉保經一次調整，合作社勢必隨之辦理一次變更或解散合併之登記，困難甚多。特擬訂救濟辦法請核定見復等由；准此，查縣各級合作社組織大綱，係配合新縣制而實施，其各級合作社亦卽應與縣各級編制相衡接。各省因行政上之關係，對鄉鎮保甲之編制雖時有變動，但實施新縣制後應可趨於固定，不致頻有更張。況新縣制之教育及其他設施，亦與各級編制相衡接，嗣後各級編制卽有更動，受影響者當不限於合作組織，故縣各級合作社之名稱仍應遵照縣各級合作社組織大綱第五條之規定辦理。准電前由，相應復請查照爲荷。此致

湖南省合作事業委員會

社會部合作事業管理局公函 合字第四七四號 三十年二月二十日

准函囑解釋人力車工組織合作社應採何項業務名稱一案復請查照轉知由

案准

貴廳本年元月卅一日耒藉合字第六八號公函，據湘西辦事處呈稱：人力車工組織合作社，其名稱及業務，在合作社法無明文規定，請核示等情，轉請解釋見復等由；准此，查人力車工組織合作社，從事運輸工作，可稱爲人力車工運輸生產合作社：并得簡稱人力車工運輸合作社。准函前由，相應復請

查照轉知爲荷。

此致

湖南省政府建設廳

社會部合作事業管理局公函 合字第五二二號 三十年三月一日

准電請解釋合作社社員破產清償債務先後疑義一案函復查照由

案准

貴會本年二月十二日會字第四〇九〇號代電，據永明縣主任合作指導員李實芳請核示合作社社員破產時，應否先行清償合作社債務一案，轉請解釋等由；准此，查根據破產法之規定，社員破產時，合作社之債權是否得優先於其他債權人而受清償，應視其有無別除權（指在破產宣告前，對債務人之財產有質權抵押權或留置權而言）以爲斷，如合作社幷無別除權，僅得列爲破產權債與普通債權人共同行使之。准電前由，相應函復查照轉知爲荷。

此致

湖南省合作事業委員會

社會部合作事業管理局公函　合字第六四八號　三十年三月二十三日

准函送訓練合作人員辦法草案函復同意訂定請查照由

案准

貴營本年二月十八日青渝營敎字第三三三號公函，附送訓練合作人員辦法草案等由；准此，查原辦法草案，本局同意訂定，除已派視察屠紹楨前往

貴營主辦技術訓練部份之事務外，相應函復，即希查照爲荷。此致

三民主義青年團重慶青年勞動服務營

社會部合作事業管理局代電　合字第〇六八號　二十九年十二月二十一日

准代電請解釋合作金庫可否認同級合作社之股本一案電復查照由

麗水浙江省合作金庫徐總經理淵若惠鑒：本年十一月咸代電誦悉。查合作社聯合社可認同級合作金庫之股本，在合作金庫規程第六條已有明文規定。至合作金庫可否認同級合作社之股本一節，因合作金庫之組織係準用合作社法中

關於合作社聯合社之規定，（金庫規程第一條）依據合作社系統說明書第三項，關於聯合社組織分子之說明，則合作金庫自得加入有關業務之同級合作社聯合社。社會部合作事業管理局馬渝印

社會部合作事業管理局代電

合字第六五八號　三十年三月二十四日

電復縣各級合作社組織大綱實施限期確係三年由

福建省合作事業管理局：本年二月辛丑江局合乙字第七〇七號代電誦悉。查本局前奉經濟部抄發二十九年八月九日院頒縣各級合作社組織大綱內第二十七條第二項規定，限期係二年。茲准貴局電詢，業經函准行政院祕書處三月十一日勇玖字第四二一二號函開，查縣各級合作社組織大綱第二十七條第二項規定，確係三年等由；准此，相應電復查照為荷。社會部合作事業管理局敬印

社會部合作事業管理局訓令

合字第〇七五號　二十九年十二月二十四日

令雲南省呈貢合作實驗區

轉發呈貢縣王家莊村民管世英銅色民生章一枚暨部令各一紙令仰轉給具領由

案奉

社會部交辦經濟部管字第七四五二七號咨開：

「案查前據合作事業管理局本年十月十六日川合字第三三二一號呈，為據情轉報雲南呈貢縣王家莊村民管世英捐資二萬元協助合作社，與辦水利，請轉咨內政部予以褒獎等情；經核該管世英捐資協助合作社，與辦水利，尚合於本部獎勵實業規程第一條之規定，已呈奉行政院本年十一月二十五日陽字第二四三六八號指令，准依同規程第三條給予銅色民生章，以資獎勵。除公佈外，相應檢同獎章及證書，並抄附合作事業管理局原呈，一併送請查照轉給具領」

等因，附給予管世英銅色民生章一枚，部令證書各一紙，奉此，合行令仰知照轉給具領，並飭出製收據交由該區送局，以便呈轉為要。此令。

社會部合作事業管理局訓令　合字第一一〇號　三十九年十二月二十五日

令　四川綿陽
　　西康漢源
　　貴州貴定
　　雲南呈貢　合作實驗區
　　湖南安化
　　湖北咸豐

檢發合作實驗區工作人員考績規則令仰知照由

查三十九年度即將終了，本局各合作實驗區工作人員之工作成績，自應依法考核，分別獎懲；茲依據經濟部頒行之「合作事業工作人員考成辦法」之規定，訂定「本局合作實驗區工作人員考績規則」一種，附表一種，所有本局各合作實驗區工作人員之考績獎懲，悉依此項規則辦理。除分令各區一體遵照外，合行檢發該項考績規則暨附表各一份，令仰知照，切實遵辦具報爲要。此令。

附發本局合作實驗區工作人員考績規則暨附表各一份

社會部合作事業管理局訓令　合字第四九一號　三十年二月二十六日

令本局全國合作人員訓練所

爲修訂該所組織規程訓練計劃抽調辦法及設置函授研究業務各班辦法等件呈奉部令核准轉飭遵照辦理由

案查本局前將該所組織規程酌加修訂，並擬具本局舉辦現任合作工作人員抽調訓練辦法，及該所訓練計劃，設置函授班辦法暨研究班辦法舉辦合作業務人員訓練班辦法等件，簽請

部長核准施行。茲奉

社會部三十年二月八日社參字第一九七九號指令，內開：

「呈及附件均悉。查社會工作人員訓練分爲中央及地方兩種，屬於中央訓練者，應由本部會商中央訓練委

員會辦理，除將原擬合作人員訓練所組織規程第三條副所長一職改爲由部遴委外，經將原呈計劃規程及辦法等六種，一併函請中央訓練委員會查核見復在案。茲准函復，略開：經查各件內容均尚適合，惟應請轉飭依照本會統一各地訓練機關辦法之規定，按期報送各件，以備查核等由；准此，合亟令仰遵照爲要」等因；奉此，自應遵照。合行抄發規程計劃及辦法等六種，令仰該所遵照辦理，併仰依照中央訓練委員會前頒統一各地訓練機關辦法之規定，按期報送各件，以備查核爲要。此令。

附發規程計劃辦法等件六種（見法規欄）

社會部合作事業管理局指令　合字第一一八號　二十九年十二月二十八日

令湖南辦事處

本年十二月十四日湘視字第一六七八號呈一件爲實施縣各級合作社組織大綱請予釋疑由

呈悉，茲分別核示如左：

一、縣各級合作社組織大綱（以下簡稱大綱）第三條第二項後段，規定數鎮得聯合設立合作社，係對於每鎮設社之原則作一彈性之補充；如無聯合設社之必要，自可無庸援用該項規定。

二、依大綱第十四條規定，鄉（鎮）公所所在地及附近各保居民直接參加鄉鎮合作社時，該各保即無庸另組保合作社。

三、數保聯合設立之社，其社名之地名部份，可准用前實業部所頒劃一合作社名稱說明書之規定，用其社址所在地之地名，或其較大較著一地之名稱，即定爲「口口縣口口鄉(鎮)口口(地名)保合作社。

四、專營業務合作社，不另組織聯合社時，如其業務區域在一鄉(鎮)以上，即可逕行加入縣合作社聯合社。其毗連二以上鄉鎮者亦同。如業務區域不及一鄉(鎮)，則參加當地鄉(鎮)合作社。

五、保合作社因業務之需要，欲分部經營，并將各部會計獨立，於法未有限制，自可照准。

六、大綱第十六條規定鄉(鎮)合作社以社員大會爲最高權力機關，乃係一種注意的規定，保合作社與縣合作社聯合社章程內，自可有此相類之規定。

七、合作金庫規程在研究修訂中。

以上各點，仰即分別知照。此令。

社會部合作事業管理局指令　合字第六一九號　三十年三月十五日

令全國合作社物品供銷處

三十年一月十六日供總字第四七號呈一件為呈送業務暫行規則草案一份祈鑒核備案由

呈件均悉。准予修正備案，件存。此令。

附發修正規則一份

附錄

一、社會部核准備案之農漁團體一覽表

1. 社會部核准組織成立之農會一覽表 二十九年十二月至三十年三月

農會名稱	核准備案日期	主要負責人	會員人數	備註
四川省江北縣崇興鄉農會	廿九年十二月二日	張作謙	245	
迴龍鄉農會	同右	陳樹惇	732	
開縣臨江市鄉農會	同右	潘作甫	331	
竹溪鋪鄉農會	同右	王叅乾	894	
南雅場鄉農會	同右	傅承悅	403	
梓潼縣黎雅鄉農會	廿九年十二月十九日	李鑄九	377	
雙龍鄉農會	同右	王尊孔	336	
浙江省江山縣和東溪鄉農會	廿九年十二月五日	王祥祿	74	
東石塔鄉農會	廿九年十二月十四日	吳茂朝	76	
寧海縣梅七鄉農會	廿九年十二月十七日	石士英	105	
萃鳳鄉農會	同右	周元祥	115	
竹柘鄉農會	同右	楊芬珍	105	
龍馬鄉農會	同右	俞文章	60	
西塾鄉農會	同右	王瑞卿	68	
玉環縣坎門鎮鄉農會	廿九年十二月十四日	顏安瑚	108	
寗溪鄉農會	廿九年十二月廿三日	江夢鎬	63	
花埈鄉農會	同右	盧雲舟	169	
干江鄉農會	同右	陳仁高	90	
遂安縣仙居鄉農會	廿九年十二月廿三日	張文寬	64	
東亭鄉農會	同右	余明成	64	
方宅鄉農會	同右	方春雷	72	
泰順縣仕陽鄉農會	廿九年十二月十一日	林志	79	
西鳳翔鄉農會	廿九年十二月廿七日	陳詩	108	
萬章鄉農會	同右	梅朝和	101	
瑞安縣汀香鄉農會	同右	傅岩壽	117	

廣化鄉農會	同右	蔡存昌	123
環山鄉農會	同右	黄可金	131
福建省永泰縣塘前鄉農會	廿九年十二月二日	林培堃	74
龍嶼鄉農會	同右	何宗彬	79
芋坑鄉農會	同右	陳朝梨	63
東山鄉農會	同右	何文楨	90
埔崙鄉農會	同右	何振農	50
赤鯉鄉農會	同右	石起文	50
明溪縣道南鄉農會	廿九年十二月五日	葉學深	58
將樂縣萬安鄉農會	同右	黄鉞	154
漳浦縣碧石鄉農會	同右	蔡孟株	116
寧德縣洋中鄉農會	同右	周其涓	121
南靖縣雁竹鄉農會	廿九年十二月六日	陳紅粟	161
羅源縣鳳坂鄉農會	廿九年十二月十七日	林思明	61
建甌縣晉口鄉農會	同右	羅聲鎰	60
曹岩鄉農會	同右	范保生	67
玉崙鄉農會	同右	林祖繩	86
上橋鄉農會	同右	江一峯	114
峯岐鄉農會	同右	魏冀徽	104
迪口鄉農會	同右	杜道貝	101

梅岐鄉農會	廿九年十二月十九日	謝寶樹	215
梅溪縣霞谷鄉農會	廿九年十二月十八日	郭喬木	362
連江縣琯頭鄉農會	廿九年十二月卅一日	唐廷璧	481
東岱鄉農會	同右	陳恒碩	119
鏡路鄉農會	同右	鄭經基	102
湖南省寧遠縣桐梓鄉農會	廿九年十二月二日	陳名昌	134
灣井鄉農會	廿九年十二月五日	歐陽庚	186
寧鄉縣獅顧農會	廿九年十二月六日	唐振常	128
安仁鄉農會	廿九年十二月廿三日	張鶴松	鄉農會六個
安平鄉農會	廿九年十二月七日	張嘉榮	84
軍山鄉農會	同右	蕭國華	83
鳳岡鄉農會	同右	虞韶	76
鄢縣和合鄉農會	廿九年十二月九日	曾榮鼎	531
定治鄉農會	仝右	鍾積文	132
常寧縣宜陽鄉農會	廿九年十二月十九日	胡德元	328
六合鄉農會	同右	李有爲	308
南陂鄉農會	同右	蕭振楚	367
藍宜鄉農會	同右	王化均	314
嘉禾縣晉屏鄉農會	同右	李奇生	462
攸縣三江鄉農會	廿九年十二月廿三日	謝培芳	473

南田鄉農會	同	右	夏國禕	612	
夏泉鄉農會	同	右	顏炳孀	876	
雲橋鄉農會	同	右	顏麟瑞	831	
大同鄉農會	同	右	王奎坦	578	
國泰鄉農會	同	右	蔡亦醒	785	
藻田鄉農會	同	右	易發祥	652	
新江鄉農會	同	右	易鐵漢	604	
滌田鄉農會	同	右	蔡華宇	870	
雲蒸鄉農會	同	右	蔡德輝	350	
楓仙鄉農會	同	右	王有為	897	
嵩山鄉農會	同	右	劉武全	403	
龍翔鄉農會	同	右	蕭蓀畲	498	
馬鞍鄉農會	同	右	董祥瑞	1074	
桑植縣長瑞鄉農會	同	右	張理臣	97	
四望鄉農會	同	右	劉采之	56	
達泉鄉農會	同	右	黃吉康	60	
游樂鄉農會	同	右	鍾逸才	138	
玉泉鄉農會	同	右	屈步雲	54	
貴州省八寨縣道南鄉農會	卅九年十二月五日		孔兆之	650	
貴州省下江縣東朗鄉農會	卅九年十二月六日		宋本櫃	406	

錦屏縣六寨鄉農會	同	右	吳用霖	342	
新民鄉農會	卅九年十二月十四日		向春隆	89	
岑鞏縣四維鄉農會	卅九年十二月七日		吳正南	271	
天馬鄉農會	同	右	楊顯臣	235	
大定縣慶雲鄉農會	卅九年十二月十一日		李華軒	145	
鳳岡縣綏江鄉農會	卅九年十二月十八日		熊吉孚	97	
揚文鄉農會	同	右	任達倫	147	
桐梓縣樂平鄉農會	同	右	王慕陶	220	
綏陽縣雅泉鄉農會	同	右	樊其書	146	
旺草鄉農會	同	右	熊著綮	115	
西桑鄉農會	同	右	盧繩華	143	
醒獅鄉農會	同	右	劉斌武	404	
金字鄉農會	同	右	王若乾	160	
安順縣永興鄉農會	卅九年十二月廿五日		汪邦屏	106	
千峯鄉農會	同	右	段華蕎	300	
五權鄉農會	同	右	胡超凡	400	
丹江縣治虎鄉農會	卅九年十二月三十日		唐學謙	114	
河南省伊川縣農會	卅九年十二月七日		胡發昌	[illegible]	鄉農會卅四個
陝縣位中鄉農會	卅九年十二月十八日		張好智	52	
硤石鎮鄉農會	同	右	王永德	50	

張茅鎮鄉農會	同右	陳道恆	53
過村鄉農會	同右	楊春昌	78
田家莊鄉農會	同右	趙昭銘	53
北陽村鄉農會	同右	秦廷珍	72
南陽鄉農會	同右	水浚繁	73
南縣鄉農會	同右	趙啓發	54
東欒鄉農會	同右	辛育民	74
趙原鄉農會	同右	俞守志	60
北渠村鄉農會	同右	張順水	69
菜園鎮鄉農會	同右	朱少川	54
新安鄉農會	同右	秦伯玉	52
臥龍鄉農會	同右	高士偉	59
五原鄉農會	同右	李光甫	61
大營鎮鄉農會	同右	蔡鴻章	54
溫泉鄉農會	同右	田發枝	59
堖頭村鄉農會	同右	陳師禮	62
大同鄉農會	同右	劉春旭	68
山莊頭鄉農會	同右	郭景榮	62
磁鐘鎮鄉農會	同右	郭志賢	51
會興鎮鄉農會	同右	張子和	57

洛寧縣王協鄉農會	二十九年十二月五日	李誠學	105
崍山鄉農會	廿九年十二月三十日	王茂堂	120
城村鄉農會	同右	顏作鏈	88
徐村鄉農會	同右	衛中倫	91
河底鄉農會	同右	李國光	91
西塢鄉農會	同右	張玉潔	60
洛陽縣金鼎鄉農會	廿九年十二月廿五日	李春茂	250
新秦鄉農會	同右	陳子舉	300
延安鄉農會	同右	劉松齡	280
集賢鄉農會	同右	崔宗仁	340
中樞鄉農會	同右	張隨光	320
雲龍鄉農會	同右	俞世鏈	250
鳳儀鄉農會	同右	張漢卿	300
中陽鄉農會	同右	周梧崗	380
英士鄉農會	同右	郭廷藩	270
人和鄉農會	同右	劉黎閣	300
三讓鄉農會	同右	李陶然	315
翠峯鄉農會	同右	黃學禮	250
新愉鄉農會	同右	楊萬傑	324
駝李鄉農會	廿九年十二月三十日	王雲山	363

澗東鄉農會	同	右	李得順	295
豐李鄉農會	同	右	尙傳義	396
古城鄉農會	同	右	劉子厚	260
龍門鄉農會	同	右	張居哲	319
洛南鄉農會	同	右	石紹宇	220
文化鄉農會	同	右	李子廉	235
共和鄉農會	同	右	徐禮恭	367
齊禮鄉農會	同	右	梁成禮	356
司馬鄉農會	同	右	劉公甫	430
守望鄉農會	同	右	石毓秀	230
西華鄉農會	同	右	王子厚	387
稚鎮鄉農會	同	右	白瑞五	520
自治鄉農會	同	右	傅應瑞	380
李村鄉農會	同	右	曹士傑	270
青年鄉農會	同	右	趙祥臨	380
尙仁鄉農會	同	右	趙世卿	275
安樂鄉農會	同	右	韓建中	270
午橋鄉農會	同	右	郭鳴岐	352
邙麓鄉農會	同	右	岳忠亮	156
柳營鄉農會	同	右	符成化	137
羅濱鄉農會	同	右	梁文慶	197
豐阜鄉農會	同	右	吳卿雲	191
關林鄉農會	同	右	薛長富	417
公民鄉農會	同	右	梁延昭	4[illegible]8
明理鄉農會	同	右	張良誠	349
潘寨鄉農會	同	右	張太華	532
黃花鄉農會	同	右	黃世宗	560
安石鄉農會	同	右	孫尙彬	542
永泉鄉農會	同	右	柴成都	268
九賢鄉農會	同	右	馬金台	465
軍資鄉農會	同	右	王家祉	380
桃園鄉農會	同	右	肖永志	573
大中鄉農會	同	右	李自超	532
陝西省商縣大荆鄉農會	廿九年十二月五日	右	喻秉謙	333
嶺南鄉農會	同	右	王[illegible]傑	303
城固縣邯留鄉農會	廿九年十二月十四日	右	樂慶伯	744
涇陽縣商家鄉農會	廿九年十二月二日	右	張俊明	335
盈村鄉農會	同	右	呂瑞安	313
盈脅鄉農會	同	右	馮璐	397
侯[illegible]鄉農會	同	右	劉邁壁	366

永豐鄉農會	同	右	劉甲吉	310	
滑李鄉農會	廿九年十二月十八日	右	趙玉田	317	
南馬鄉農會	同	右	陳正經	427	
盈管鄉農會	同	右	毛永譚	359	
張北鄉農會	同	右	鄭子吉	456	
北趙鄉農會	同	右	張德三	406	
大訓鄉農省	同	右	毛忠民	337	
二郎鄉農會	同	右	荆樹齋	481	
李方鄉農會	仝	右	孫毓五	452	
北峪鄉農會	仝	右	武三元	328	
夏村鄉農會	仝	右	李樹榮	336	
甘肅省金塔縣新山鄉農會	廿九年十二月七日	右	王裕國	75	
新塔鄉農會	仝	右	李玉明	123	
天倉鄉農會	仝	右	向鳳翔	110	
戶口鄉農會	仝	右	王桂中	125	
三多鄉農會	仝	右	楊玉璽	153	
大有鄉農會	仝	右	王習曾	88	
梧塘鄉農會	仝	右	王德全	193	
四維鄉農會	仝	右	李正林	166	
廣西省蒼梧縣長發鄉農會	廿九年十二月十七日	右	歐一新	608	

京南鄉農會	同	右	陀壽芝	504	
獅寨鄉農會	仝	右	陳蔚文	1098	
民賢鄉農會	仝	右	蘇壽松	654	
崇德鄉農會	同	右	廖棟朝	1136	
富賢鄉農會	同	右	何寶瑜	021	
治平鄉農會	同	右	[illegible]德輝	700	
龍華鄉農會	同	右	黎承球	289	
長洲鄉農會	同	右	鄧金墀	310	
長洲下鄉農會	仝	右	譚文松	165	
蒲典鄉農會	仝	右	黃偉豪	354	
四川省巴中縣農會	三十年一月十三日	右	唐在庠		鄉農會八個
富順縣飛龍鎮鄉農會	三十年一月十一日	右	傅宗宇	331	
浙江省玉環縣外塘鄉農會	三十年一月二日	右	陳艮	140	
嵊縣崇仁鎮鄉農會	仝	右	裘運棻	780	
遂安縣獅山鎮鄉農會	仝	右	姜名玉	131	
白馬鄉農會	同	右	俞培仁	76	
薛家源鄉農會	同	右	汪敦功	96	
上江鄉農會	仝	右	江齊金	78	
夏村鄉農會	仝	右	余增勳	109	
蔣家村鄉農會	仝	右	蔣和雲	56	

芹川鄉農會	同右	王法先	69	
石山底鄉農會	同右	吳祖璋	108	
霞林鄉農會	同右	佘正姚	66	
霞社鄉農會	同右	洪運詩	84	
沿店鄉農會	同右	汪孝元	80	
源塘鄉農會	同右	陳錫俊	64	
斗角鄉農會	同右	王儲灝	76	
平陽縣澄海鄉農會	同右	葉屏	105	
信智鄉農會	同右	鄭懷經	293	
泰順縣司前鄉農會	三十年一月十七日	藍永昌	137	
瑞安縣南山鄉農會	同右	蔡銀煥	108	
橫山鄉農會	同右	翁岩余	122	
同瀆鄉農會	同右	林琨	59	
曹許鄉農會	同右	楊仁星	156	
公垟鄉農會	同右	葉弈泛	95	
武義縣雙坑鄉農會	三十年一月二十日	賀春海	75	
陽南鄉農會	同右	湯宗文	83	
福建省 長汀縣農會	三十年一月十日	羅繼先		鄉農會廿三個
古田縣農會	三十年一月十一日	楊斯田		鄉農會廿八個
政和縣農會	三十年一月廿八日	秦玉虹		鄉農會十五個

德縣石厝鄉農會	三十年一月十日	游天慈	93
古田縣仕坂鄉農會	三十年一月十一日	鄭健球	55
大谷雙鄉農會	三十年一月廿八日	黃自應	52
建甌縣房村鄉農會	三十年一月十五日	陳茂喆	95
川石鄉農會	同右	林熙	107
高梅鄉農會	三十年一月廿七日	張軒庭	63
東城鄉農會	同右	余木成	118
房道鄉農會	同右	鄧生才	153
小康鄉農會	同右	朱志宏	152
霞桂鄉農會	同右	楊晉	148
霞陽鄉農會	同右	江從書	70
溪村鄉農會	同右	楊思謙	83
高陽鄉農會	同右	李德滋	236
水源鄉農會	同右	謝成祥	112
福清縣方永縣農會	三十年一月十八日	沈銘卿	900
東張鄉農會	同右	黃謙民	1730
宏路鄉農會	同右	唐駿纘	1208
南平縣大洋坋鄉農會	三十年一月三十日	陳其寶	103
德化縣潯中鄉農會	同右	蘇金鍛	285
英福鄉農會	同右	李明志	390

桂洣鄉農會	同右	林翰波	325
上湧鄉農會	同右	蔣貽拔	304
葛嶺鄉農會	同右	陳宣對	167
尋陽鄉農會	同右	林仰高	220
濟山鄉農會	同右	涂國材	293
雙春鄉農會	同右	陳梓國	258
屏山鄉農會	仝右	郭維佐	266
赤水鄉農會	同右	涂慶餘	201
湖南省道縣太平鄉農會	三十一年一月七日	何贇	218
濂溪鄉農會	同右	何永鴻	1203
崇禮鄉農會	同右	張艮佐	194
廉正鄉農會	同右	楊代溪	138
月岩鄉農會	同右	魏子耀	187
壽雁鄉農會	三十一年一月十七日	鄧延霞	217
五福鄉農會	三十一年一月十一日	胡衡	200
仁明鄉農會	同右	何茂軒	271
寧鄉縣湯泉鄉農會	三十一年一月十七日	李曾生	216
采恩鄉農會	同右	周國幹	131
黃絹鄉農會	同右	蔣國珍	234
釋禰鄉農會	同右	蕭寶珍	152

望北鄉農會	同右	李紹光	102
大成鄉農會	同右	唐文榜	145
停鐘鄉農會	同右	陶袞封	114
臨澧縣朱陳鄉農會	三十一年一月十五日	蕭本治	180
仙人鄉農會	同右	汪鏡星	108
王化鄉農會	仝右	祝靜之	188
陳二鄉農會	仝右	張華封	178
金鳳鄉農會	仝右	袁昌瀚	120
泰山鄉農會	仝右	任丕舉	106
保文鄉農會	仝右	侯品三	144
合口鄉農會	仝右	徐耀榮	200
護城鄉農會	仝右	黃搏也	109
圓山鄉農會	仝右	蕭承松	118
貴州省丹江縣蓮花鄉農會	三十一年一月二日	吳正明	95
修文縣同德鄉農會	三十一年一月四日	金耆榮	58
江口縣雙江鄉農會	三十一年一月十一日	楊再林	368
平壩縣金坪鄉農會	三十一年一月十七日	劉樹藩	65
貞豐縣大同鄉農會	三十一年一月十八日	王朝鳳	184
坡柳鄉農會	三十一年一月廿一日	黃國相	154
開縣敦化鄉農會	三十一年一月二十日	朱成厚	91

石圩縣高魁屯鄉農會	同	右	吳起蛟	316
繁永縣忠信鄉農會	仝	右	袁吉文	310
陳康鄉農會	同	右	張惠然	298
桃林鄉農會	三十年一月廿二日		鐘芝靖	310
洛陽縣羅里鄉農會	三十年一月十七日		黃重先	213
平樂鄉農會	仝	右	郭新鼎	220
九圖鄉農會	同	右	牛永照	280
平合鄉農會	同	右	郭先魁	320
遊王鄉農會	同	右	張延梓	245
新義鄉農會	同	右	焦　試	215
德庇鄉農會	同	右	劉竹君	305
和樂鄉農會	同	右	郭堯岑	225
安泉鄉農會	同	右	張安華	250
四鏞鄉農會	同	右	郭東堆	263
古屯鄉農會	同	右	司位則	240
羅賓鄉農會	同	右	張世榮	280
伯樂鄉農會	同	右	王韶九	240
伊東鄉農會	三十年一月十五日		李健民	378
康樂鄉農會	同	右	袁鴻章	278
諸葛鄉農會	同	右	馬子美	350

鄭縣風台鄉農會	三十年一月十一日		盧恭長	216
民治鄉農會	同	右	臧慶元	189
馬劉鄉農會	同	右	楊茂業	125
銘功鄉農會	同	右	陳維善	144
長春鄉農會	同	右	牛生麟	202
席劉鄉農會	同	右	魏留福	195
明道鄉農會	同	右	郭振東	240
祭伯鄉農會	同	右	王家賓	192
南曹鄉農會	同	右	王永昌	148
榆林鄉農會	同	右	金沛盈	168
古城鄉農會	同	右	朱廣義	148
河西鄉農會	同	右	王遇明	216
王許鄉農會	同	右	劉起俊	155
王口鄉農會	同	右	張光訓	120
知洲鄉農會	同	右	劉翼岐	191
河東鄉農會	同	右	李樹芬	203
河村鄉農會	同	右	謝尙斌	120
新野縣新鎮鄉農會	三十年一月十五日		高傑三	86
棘針鄉農會	同	右	江子亮	95
瓊漂鄉農會	同	右	董芳齋	70

魯山縣茂林鄉農會	同	右	朱文學	54	
商山鄉農會	三十年一月廿一日		王庭選	180	
涇陽縣南吳鄉農會	三十年一月二日		張生吉	407	
縣東鄉農會	同	右	宋玉堂	399	
姚方鄉農會	同	右	張金	376	
聶馮鄉農會	同	右	張明善	421	
包方鄉農會	同	右	師東周	409	
永樂鄉農會	同	右	王生金	401	
興隆鄉農會	同	右	郝德生	329	
雲孟鄉農會	同	右	王鳳傑	468	
馮王鄉農會	同	右	李廣進	852	
孫村鄉農會	同	右	何儒祿	379	
寅王鄉農會	同	右	楊文秀	392	
城固縣古路鄉農會	三十年一月七日		段讓伯	239	
醴泉縣大路鄉農會	同	右	康儀亭	79	
建陵鄉農會	同	右	王勛	75	
叱南鄉農會	同	右	李蕤莊	68	
新時鄉農會	同	右	來德友	68	
城關鎮鄉農會	同	右	張琴	72	
阡東鎮鄉農會	同	右	梁靡岐	70	
昭陵鎮鄉農會	同	右	楊增友	71	
淳化縣石橋鄉農會	三十年一月十一日		王舉德	423	
方里鎮鄉農會	同	右	陳清泉	250	
克恭鄉農會	同	右	張日省	249	
通潤鎮鄉農會	同	右	楊生仁	245	
城鎮鄉農會	同	右	馬興邦	126	
湖北省來鳳縣崇禮鄉農會	三十年一月卅一日		楊少芹	655	
廣西省中渡縣貝塘鄉農會	三十年一月十七日		覃明漢	93	
柳城縣保合鄉農會	三十年一月十七日		鄧朝勛	320	
四川省忠縣縣農會	三十年二月二十一日		何福圻		鄉農會廿二個
巴中縣得勝鄉農會	三十年二月十八日		李紹庚	478	
彰明縣三合鄉農會	三十年二月廿二日		何治中	420	
太平場鄉農會	同	右	袁聖占	546	
河西鄉農會	同	右	李孝先	325	
龍鳳鄉農會	同	右	胡漢章	204	
成都縣仁義鄉農會	同	右	戴惠	76	
三河鄉農會	同	右	楊再權	80	
金沙庵鄉農會	同	右	傅擴安	77	
天迴鎮鄉農會	同	右	周鸞卿	67	
復興鄉農會	同	右	伍貢三	115	

古蘭縣敦梓鄉農會	三十年二月廿五日	鍾作霖	802	
合江縣鳳鳴鄉農會	同右	趙蘊琦	93	
浙江省泰順縣雪溪鄉農會	三十年二月十一日	胡榮崢	137	
瑞安縣桐嶺鄉農會	同右	陳志關	113	
慶元縣黃新鄉農會	同右	吳友	117	
龍遊縣澤隨鄉農會	同右	徐錫昌	285	
潛山縣金源鄉農會	同右	王本泉	436	
濕嶺縣塘下鄉農會	三十年二月十五日	葉所信	175	
河洋鄉農會	同右	陳秀南	115	
貫莊鄉農會	三十年二月廿二日	江伯梅	67	
翁安縣山環鄉農會	三十年二月十五日	倪弈陞	184	
四順鄉農會	同右	韋雍良	56	
上五美鄉農會	同右	陳鳳翔	57	
翠峯鄉農會	同右	陳化楨	56	
協中鄉農會	同右	胡順堂	148	
金峯鄉農會	同右	盧煥庭	62	
潤川鄉農會	同右	楊承財	95	
盤峯鄉農會	同右	孔成德	74	
雙溪鄉農會	同右	鄭文揚	57	
三門縣海游鎮鄉農會	三十年二月十二日	章以鋆	77	

上葉鄉農會	三十年二月廿二日	葉向華	197	
楊家鄉農會	同右	盧樸	76	
黃岩縣潮濟鎮鄉農會	同右	阮孟連	228	
建德縣洋溪鎮鄉農會	同右	沈寶根	270	
武義縣武陽鎮鄉農會	同右	陳友文	81	
陽北鄉農會	同右	徐昌寶	54	
曲湖鎮鄉農會	同右	顧德富	63	
白峯鄉農會	同右	盧振鴻	61	
陽西鄉農會	同右	邵詠南	60	
橡樹鄉農會	同右	黃舍佩	50	
福建省邵武縣農會	三十年三月十二日	李雲屏		鄉農會十九個
寧洋縣洋陶口鄉農會	三十年二月十八日	賴家申	66	
閩清縣溪源鄉農會	三十年二月十二日	張泉泰	75	
仁週鄉農會	同右	陳開銓	64	
漳平縣桂林鄉農會	同右	劉壽三	431	
古田縣宅裏鄉農會	同右	陳營化	54	
閩侯縣羅峯鄉農會	三十年二月十七日	吳高華	417	
浮屏縣農會	同右	文劭明	197	
城門鄉農會	三十年二月廿八日	林知燦	139	
南靖縣雁竹鄉農會	三十年二月廿一日	黃讚盛	86	

海澄縣浮宮鄉農會	同	右	陳乎夏	306	
同安縣美峯鄉農會	三十年二月廿八日		池澤生	132	
灌口鄉農會	仝	右	廖美華	85	
角尾鄉農會	同	右	李可珍	74	
蓮山鄉農會	同	右	葉膺楠	139	
同禾鄉農會	同	右	蘇守鉢	131	
民石鄉農會	同	右	許文房	93	
湖南省桑植縣愛物鄉農會	三十年二月十五日		李孝先	136	
汝城縣濠頭鄉農會	三十年二月十六日		朱藍田	165	
平江縣東郊鄉農會	三十年二月廿二日		鍾樵	1232	
南郊鄉農會	同	右	余仲秋	1009	
西郊鄉農會	同	右	舒炳審	1501	
安定鄉農會	仝	右	黃孝治	2496	
貴州省安順縣農會	三十年二月一日		董叔明		鄉農會廿一個
盤縣縣農會	三十年二月十四日		張不非		鄉農會四十個
普溪縣黃道司鄉農會	三十年二月八日		劉銘熹	282	
石阡縣中壩鄉農會	三十年二月十七日		卓緯章	825	
河南省臨汝縣農會	三十年二月廿一日		李謙五		鄉農會廿三個
臨汝縣馬廟鄉農會	同	右	徐位西	269	
冶橋鄉農會	同	右	王良臣	199	

石台鄉農會	同	右	劉樹桑	116
朱錐鄉農會	同	右	倘廣運	64
龍興鎮鄉農會	同	右	牛倘德	190
楊樓鄉農會	同	右	彭玉衡	119
楊集鄉農會	同	右	藍天榜	104
楊寨鄉農會	同	右	楊振朝	86
小屯鎮鄉農會	同	右	郭憲民	67
牛札鄉農會	同	右	樊道立	107
三山鄉農會	同	右	余廣文	94
廟灣鄉農會	同	右	李雲慶	145
洗耳鎮鄉農會	同	右	武光文	91
留王鎮鄉農會	同	右	張鴻祥	254
一伍鄉農會	同	右	馬思齊	277
玉溝鄉農會	同	右	倘文卿	199
趙落鎮鄉農會	同	右	李夢明	296
石橋鄉農會	同	右	林咸甫	223
滕店鄉農會	同	右	郭維澄	199
蟒川鄉農會	同	右	何文德	62
沈邱縣劉福集鄉農會	三十年二月廿五日		李助臣	109
蓮池鄉農會	同	右	高正立	120

洛寧縣王范鄉農會	三十一年二月十七日	右	張星光	227	
陝西省登城縣元里鄉農會	三十一年二月八日	右	黨子明	310	
寺前鄉農會	同	右	袁生卯	270	
鐘峯鄉農會	同	右	黨仙洲	350	
臺山鄉農會	同	右	傅有德	280	
鄭公鄉農會	同	右	韋子煊	350	
暉福鄉農會	同	右	耿子亮	228	
洛潤鄉農會	同	右	權鏡軒	320	
夏賢鄉農會	同	右	白進才	274	
古瀲鄉農會	同	右	潘俊亭	230	
甘肅省永靖縣永和鄉農會	三十一年二月十七日	右	馬知成	118	
安徽省宿松縣溪東鄉農會	三十一年二月十五日	右	彭滌泉	200	
城廂鎮鄉農會	同	右	高招財	200	
宏豐鄉農會	同	右	尹天元	220	
禮樂鄉農會	同	右	陶勝棟	190	
啓智鄉農會	同	右	孫木香	200	
新民鄉農會	同	右	許振青	160	
巢龍鄉農會	同	右	施煥章	180	
勵志鄉農會	仝	右	項自成	210	
長江鄉農會	同	右	楊艷齋	200	
喬木鄉農會	同	右	葉玉田	200	
迪富鄉農會	同	右	楊國材	200	
尚義鄉農會	同	右	劉桂開	190	
廣東省曲江縣農會	三十一年二月七日	右	何宗羲	[illegible]	鄉農會十六個
始興縣農會	同	右	陳宏學	[illegible]	鄉農會九個
連平縣農會	同	右	歐陽焜堂	[illegible]	鄉農會六個
陽江縣農會	同	右	程承詠	[illegible]	鄉農會十個
興寧縣農會	同	右	羅伯懇	[illegible]	鄉農會六個
南雄縣農會	同	右	張賢華	[illegible]	鄉農會五個
大埔縣農會	同	右	張源	[illegible]	鄉農會八個
曲江縣龍歸鄉農會	同	右	鄒超洪	130	
黎市鄉農會	同	右	林顯明	75	
馬壩鄉農會	同	右	葉蘭芬	200	
東廂鄉農會	同	右	楊卓先	85	
沙溪鄉農會	同	右	張燮培	220	
烏石鄉農會	同	右	周德佑	120	
白沙鄉農會	同	右	許自香	80	
樟市鄉農會	仝	右	朱運發	110	
火山鄉農會	同	右	林熙明	160	
楓坑鄉農會	同	右	李德純	120	

大塘鄉農會	同右	何榮邦	220
協安鄉農會	仝右	姜創廷	135
仁和鄉農會	同右	許步墀	145
一六鄉農會	同右	大樹模	160
重陽鄉農會	同右	鄧廷楨	180
白土鄉農會	同右	許伯清	110
大田鄉農會	同右	李耀輝	83
新溪鄉農會	同右	張登五	120
麗水鄉農會	同右	李錦棠	65
化縣南埇鄉農會	同右	陳玉璣	754
同慶鄉農會	同右	柯繁昌	401
寶墟鄉農會	同右	陳岳輝	590
安上鄉農會	同右	李溥華	513
廉江縣昇平鄉農會	同右	鍾華保	102
廉北鄉農會	同右	鍾鳴和	104
廉西鄉農會	同右	李蔭堂	110
保南鄉農會	同右	歐李興	208
龍門縣上北鎮鄉農會	同右	鍾浩文	61
大埔縣太寧鄉農會	同右	饒福昌	97
附成鄉農會	同右	饒弈強	143

良江鄉農會	同右	羅洪漢	414
潛梓鄉農會	同右	黃雲舉	469
永西鄉農會	仝右	羅玉泉	502
永東鄉農會	仝右	張祖衍	471
維東鄉農會	同右	張俊源	400
養廉鄉農會	同右	葉炳周	68
大廉鄉農會	同右	郭志堅	88
義留鄉農會	同右	郭宜勇	83
南雄縣全安鄉農會	同右	邱拔麟	293
始興縣江口鎮鄉農會	同右	王道生	135
連平縣油溪鄉農會	同右	黃民生	445
大湖鄉農會	同右	曾卓華	312
附城鄉農會	同右	賴益棠	292
高湖鄉農會	仝右	吳楚平	515
新興縣仁義鄉農會	同右	蘇寶之	53
永安鎮鄉農會	同右	嚴勉之	51
裏洞鄉農會	同右	謝克才	50
五華縣大嶺鄉農會	同右	陳玉璜	150
蓮溪鄉農會	同右	朱志中	78
乳源縣附城鎮鄉農會	同右	鄭有全	114

九仙鄉農會	同	右	張順壇	86
洲街鎮鄉農會	同	右	黃子春	115
吳川縣綺霞鄉農會	同	右	林維璜	51
附城鄉農會	同	右	李益謙	78
濛水鄉農會	同	右	李全珍	69
陽江縣蓮花鄉農會	同	右	莫錫廷	128
信宜縣承一鄉農會	同	右	梁槐生	463
龍東鄉農會	同	右	甘達三	437
潮陽縣金浦鄉農會	同	右	鄭秋波	827
淳化鄉農會	同	右	蕭傑能	50
平和東鄉農會	同	右	李崇俠	78
礦岡鄉農會	同	右	李月波	52
鳳崗鄉農會	同	右	鄭長民	50
海門鄉農會	同	右	林春華	98
桑田鄉農會	同	右	周大振	53
塘邊鄉農會	同	右	鄭仕昌	50
里美鄉農會	同	右	馬禮譜	62
英德縣沙口鄉農會	同	右	鍾履光	56
上下砍鄉農會	同	右	鄧繼厚	104
黃塘鄉農會	同	右	曾兆禎	193

附城鄉農會	同	右	成震球	72
德厚鄉農會	同	右	黃耀廷	100
赤磜鄉農會	同	右	何高裕	360
側黃鄉農會	同	右	曾兆周	79
小江鄉農會	同	右	吳見猷	102
蔴廊鄉農會	同	右	康仁振	111
洋高鄉農會	同	右	譚燊華	142
英望鄉農會	同	右	張秉茂	158
洸陳鄉農會	同	右	廖祥顯	456
運樟鄉農會	同	右	鄧配儒	245
增城縣圭岳鄉農會	同	右	劉水源	148
梅東鄉農會	仝	右	朱佛清	490
平溪鄉農會	仝	右	張健民	110
梅南鄉農會	仝	右	李家龍	378
步馬鄉農會	同	右	王藻新	103
陽春縣鳳來鄉農會	同	右	劉傳進	78
興寧縣塄滘鄉農會	同	右	吳玉祺	136
上堅鄉農會	同	右	黃邦英	387
和平縣樸溪鄉農會	同	右	黃萃英	602
仁化縣石母鄉農會	同	右	劉躍程	106

胡坑鄉農會	同 右	聶馥蕙	327
附城鄉農會	同 右	葉嗣召	100
三水縣安善鄉農會	同 右	盧世和	126
保安鄉農會	同 右	唐振文	226
永康鄉農會	同 右	李任之	66
鹿洞鄉農會	同 右	林倚才	137
獨樹崗鄉農會	同 右	蔡錦鈿	962
永寧鄉農會	同 右	李步	141
東脅鄉農會	同 右	錢儉明	105
永安上鄉農會	同 右	胡仲和	157
永安下鄉農會	同 右	李錫駿	376
保平鄉農會	同 右	盧顯常	110
廣寧縣兗昌鄉農會	同 右	黃仲符	119
羅定縣古城鄉農會	同 右	黃麗川	298
潮安縣中榮鄉農會	同 右	黃海量	354
下榮鄉農會	同 右	陳科榜	53
[illegible]南縣仙平鄉農會	同 右	陳偉桐	102
四[illegible]鄉農會	同 右	陳康倫	172
博羅縣附城鄉農會	同 右	陳錫樂	241
廣西省鍾山縣鳳翔東鄉農會	三十年二月五日	鍾鍵初	113

迴龍南鄉農會	同 右	黃鑾	316
鳳翔西鄉農會	同 右	鍾美材	157
中渡縣安安鄉農會	三十年二月七日	韋學宦	70
天峩縣老鵬鄉農會	三十年二月八日	劉濤璋	58
橋頭鄉農會	同 右	韋武倫	60
東縣寺村鎮鄉農會	同 右	廖習英	53
大棒鄉農會	同 右	羅福陞	110
羅秀鎮鄉農會	同 右	黃佩英	99
大樂鎮鄉農會	同 右	譚兆祿	292
麒麟鄉農會	三十年二月十二日	潘清源	242
中興鄉農會	同 右	韋克享	111
瓜山鄉農會	同 右	譚景光	126
資源縣梅溪鄉農會	三十年二月七日	郭鴻書	958
延九鄉農會	同 右	張吉甫	746
瓜里鄉農會	同 右	劉瓚廷	809
楓木鄉農會	同 右	粟傳道	780
中峯鄉農會	同 右	李承賢	660
潯源鄉農會	同 右	劉少松	271
五排鄉農會	同 右	鄧正乾	176
延中鄉農會	同 右	陳顯廷	690

延東鄉農會	仝右	唐德庭	515
興安縣溶江鎮鄉農會	仝右	王世英	215
西安鄉農會	仝右	葉世成	302
嚴關鄉農會	仝右	張守經	480
西山鄉農會	仝右	朱有德	251
道遷鄉農會	仝右	陳才培	297
佛山鄉農會	仝右	劉寬甫	219
界首鄉農會	三十年二月廿一日	李富綠	309
螳頭鄉農會	仝右	文恩	162
昭平縣桂花鄉農會	三十年二月八日	周裕昌	180
仙迴鄉農會	仝右	陸增賢	250
庇江鄉農會	三十年二月五日	邱永通	80
富羅鄉農會	三十年二月十二日	黎祖先	114
富裕鄉農會	仝右	黃光夏	186
古袍鄉農會	仝右	盧桂成	38
馬江鄉農會	仝右	蕭繼仁	154
鎮南鄉農會	仝右	邱偉成	168
五將鄉農會	三十年二月廿八日	唐廷福	218
利扶鄉農會	三十年二月廿八日	左繼元	326
果德縣德旺鄉農會	三十年二月十二日	陸顯森	200

坡坰鄉農會	仝仝	許壽興	142
蕊圩鄉農會	仝右	黎爾書	50
新圩鄉農會	仝右	黃英才	150
馬頭鄉農會	仝右	黃朝珍	136
福建省泰寧縣開永鄉農會	卅年三月十五日	詹友文	107
寧洋縣洪麟湖鄉農會	卅年三月十日	馮瓣高	1042
德化縣三高鄉農會	卅年三月一日	莊光麟	268
南靖縣山城鎮鄉農會	卅年三月廿一日	嚴朝	149
船南鄉農會	卅年三月廿一日	李天德	66
貴州省鑪山縣平溪鄉農會	卅年三月十一日	徐仲安	59
冠英鄉農會	卅年三月十一日	包維周	96
掛丁鄉農會	卅年三月十一日	劉正科	71
凱棠鄉農會	卅年三月十一日	顧懷儉	120
河南省洛寧縣寨子鄉農會	卅年三月十日	韋敬銘	346
甘肅省洮沙縣澗坪鄉農會	卅年三月十一日	劉克勤	52
紅柳村鄉農會	卅年三月十一日	李仲武	58
廣西省天河縣北陵鄉農會	卅年三月廿六日	陳其頤	166
愛嗬鄉農會	卅年三月廿六日	蒙彔玺	95
下里鄉農會	卅年三月廿六日	吳光球	121
懷羣鄉農會	卅年三月廿六日	梁以度	218

農會名稱	核准改選日期	主要負責人	會員數	備註
思祿鄉農會	卅年三月廿六日	羅顯章	75	
剎欜鄉農會	卅年三月廿六日	張文禎	207	
福好鄉農會	卅年三月廿六日	覃汝福	140	
喬善鄉農會	卅年三月廿六日	張克強	97	
左縣西安鄉農會	卅年三月十八日	趙治平	57	
橫縣附郭鎮鄉農會	卅年三月十八日	陳湖光	126	
蒙澤鄉農會	卅年三月十八日	雷潤椿	105	
篛竹鄉農會	卅年三月十八日	雷廣明	78	
平洞鄉農會	卅年三月十八日	陳榮寶	113	
石寨鄉農會	卅年三月十八日	梁子高	88	
銅鼓鄉農會	卅年三月十八日	黎開貴	106	
張楊鄉農會	卅年三月十八日	楊克長	101	
清江鄉農會	卅年三月十八日	梁其偉	62	
謝汼鄉農會	卅年三月十八日	謝秀树	155	
那陽鄉農會	卅年三月十八日	莫知理	54	
龍勝縣大同鄉農會	卅年三月十八日	譚有典	78	
正威鄉農會	卅年三月十八日	高遠祿	84	
石孟鄉農會	卅年三月十八日	吳代榮	155	
廣南鄉農會	卅年三月十八日	石安桂	173	
平等鄉農會	卅年三月十八日	鄧秉禮	357	
鎮南鄉農會	卅年三月十八日	白瑞連	167	
金結鄉農會	卅年三月十八日	賁芝蘿	90	
馬堤鄉農會	卅年三月十八日	蒙啓鳳	146	
象縣城廂鎮鄉農會	卅年三月十八日	潘晉彭	63	
人和鄉農會	卅年三月十八日	韋守貞	633	
中渡縣黨山鎮鄉農會	卅年三月十八日	鍾長風	304	

社會部核准改選之農會一覽表

二十九年十二月至三十年三月

農會名稱	核准改選日期	主要負責人	會員數	備註
浙江省衢縣農會	二十九年十二月十七日	陳國瑞		所屬鄉農會20個
玉環縣農會	二十九年十二月廿三日	黃華西		所屬鄉農會25個
永嘉縣鄉江鄉農會	二十九年十二月十四日	徐大松	115	
溫嶺縣吞環鎮鄉農會	二十九年十二月廿七日	孔昭讓	200	
玉環縣芳杜鄉鄉農會	二十九年十二月廿三日	王明根	220	
玉環縣陡門頭鄉農會	二十九年十二月廿三日	李吾海	228	
玉環縣朝城鄉農會	二十九年十二月廿三日	李石銀	130	
遂安縣橫洛鄉農會	二十九年十二月十七日	王遼鎰	83	
湖南省攸縣農會	廿九年十二月廿三日	陳錫周		所屬鄉農會14個

甘肅省金塔縣農會	廿九年十二月七日	王重儉		所屬鄉農會8個
福建省古田縣前四鄉農會	廿九年十二月廿三日	黃長楠	62	
古田縣鳳山鄉農會	廿九年十二月卅日	陳顯平	72	
建甌縣鑑溪鄉農會	廿九年十二月三日	林鶴鳴	83	
南平縣延安鄉農會	廿九年十二月一日	黃鑾榮	58	
南平縣瀛洲鄉農會	廿九年十二月三日	黃玉峯	437	
南平縣西岸鄉農會	廿九年十二月廿四日	陳治朋	84	
屏南縣官洋鄉農會	廿九年十二月三日	江桂芳	73	
屏南縣鳳林鄉農會	廿九年十二月三日	楊宗芬	71	
貴州省安順縣民治鄉農會	廿九年十二月廿五日	楊榮虞	570	
安順縣揚武鄉農會	仝右	楊文波	680	
浙江省武義縣農會	三十年一月四日	蔣卓南		所屬鄉農會26個
玉環縣里陽鄉農會	三十年一月十一日	陳岳香	180	
嵊縣棠溪鄉農會	三十年一月二日	吳鯨波	248	
衢縣將軍鄉農會	三十年一月七日	余汝明	259	
衢縣黃壇鄉農會	仝右	余日富	627	
黃巖縣雙河鄉農會	仝右	陳日桂	182	
常山縣[illegible]教鄉農會	三十年一月二日	傅克勇	373	
奉化縣蕭王廟鎮鄉農會	仝右	戴明佑	83	
奉化縣長壽鄉農會	仝右	王振華	145	

奉化縣金北鄉農會	仝右	陳芝通	241	
奉化縣進化一鄉農會	仝右	梁國興	148	
奉化縣進化二鄉農會	仝右	周曾懋	217	
福建省屏南縣前塘鄉農會	三十年一月十五日	林枝機	89	
永泰縣長慶鄉農會	三十年一月十一日	魏樹環	64	
永泰縣鶴皋鄉農會	仝右	謝承標	100	
永泰縣巫洋鄉農會	三十年一月十一日	林獻南	69	
永泰縣林馬青鄉農會	仝右	卓文卿	54	
永泰縣穴利鄉農會	仝右	宋孝波	56	
建陽縣童遊鄉農會	三十年一月廿八日	袁振咭	52	
建陽縣塘林鄉農會	仝右	袁偉熹	55	
建陽縣后山鄉農會	仝右	王菁華	67	
建陽縣長埂鄉農會	仝右	張乃英	84	
古田縣魁龍鄉農會	三十年一月七日	賴冠學	51	
古田縣永洋鄉農會	仝右	陸孝崇	63	
古田縣鬱龍鄉農會	三十年一月十一日	蘇光鶴	153	
古田縣鳳洋鄉農會	三十年一月十五日	蘇粟邁	51	
湖南省資興縣五谷鄉農會	三十年一月七日	謝能斌	213	
浙江省武義縣金峯鄉農會	三十年二月十二日	王子清	176	
古義鄉農會	仝右	何欽文	137	

鳳林鄉農會	仝右	王李鴻	141	
翠臺鄉農會	仝右	徐萬隆	70	
中秋鄉農會	仝右	吳鍾燁	210	
下楊鄉農會	仝右	劉章立	154	
樂業鄉農會	仝右	滕李林	89	
來山鄉農會	仝右	湯樟財	112	
文化鄉農會	仝右	陶新生	187	
南峯鄉農會	仝右	龔步元	52	
迴川鎭鄉農會	仝右	徐樟洪	64	
峯北鄉農會	仝右	倪品祥	185	
嶺下鎭鄉農會	仝右	王忠具	119	
溪南鄉農會	仝右	劉樟福	127	
塔山鄉農會	仝右	程富林	104	
春山鄉農會	仝右	項世昌	148	
巖坦鎭鄉農會	仝右	徐星海	107	
項山鄉農會	仝右	王堯福	55	
港源鎭鄉農會	仝右	朱汝有	303	
慶元縣玉周鎭鄉農會	三十年二月一日	梅福	109	
景寧縣大際鄉農會	仝右	梅富彰	95	
瑞安縣鼎風鄉農會	三十年二月廿六日	陳林	231	

福建省建陽縣農會	三十年二月廿一日	王汝明		所屬鄉農會28個
閩清縣農會	三十年二月三日	劉麗生		所屬鄉農會41個
屏南縣棠口鄉農會	三十年二月十七日	周彥材	242	
永泰縣溫泉鄉農會	三十年二月十二日	柯禮紹	108	
太原鄉農會	三十年二月十二日	林巖山	100	
愛竹口鄉農會	三十年二月十二日	鄺步坤	74	
湖山鄉農會	仝右	雷恩榮	121	
龍溪鄉農會	仝右	林開疇	96	
馬山燕鄉農會	仝右	黃安葆	158	
三陽鄉農會	仝右	鮑英清	78	
連平鄉農會	仝右	鮑英俊	86	
閩清縣麟回鄉農會	三十年二月十二日	林才黎	53	
樸藉鄉農會	仝右	盧武深	118	
廣東省曲江縣西廂鄉農會	三十年二月七日	鄧季生	90	
浙江省鄞縣農會	三十年三月十八日	沈友梅		所屬鄉農會33個
瑞安縣民權鄉農會	三十年三月十日	潘求星	127	
仙居縣卅五鄉農會	三十年三月十三日	張中金	63	
玉環縣九潭鄉農會	三十年三月四日	陳亨桃	106	
福建省閩侯縣亭頭鄉農會	三十年三月廿五日	李雲龍	620	
漳浦縣東英鄉農會	三十年三月廿一日	王樸才	57	

界南縣嶺下播農會	三十年三月四日	彭常欽	78	
陸地鄉農會	三十年三月十日	余長庚	81	
廣地鄉農會	仝右	鄭盛基	56	
壽山鄉農會	三十年三月廿一日	蘇壽松	74	
連城縣隔川鄉農會	三十年三月一日	陳振鵬	295	
湖峯鄉農會	三十年三月十日	陳德餘	374	
福建省晉江縣鄉農會	三十年五月廿八日	黃振志		所屬鄉農會48個

社會部核准改組之農會一覧表

廿九年十二月至三十年三月

農會名稱	核准改組日期	主要負責人	會員數	備註
浙江省常山縣南靖鎮鄉農會	廿九年十二月十四日	王光	95	
象山鄉農會	廿九年十二月廿七日	鄒日昶	187	
建德縣前源鄉農會	廿九年十二月十四日	呂開林	245	
四川省江油縣農會	廿九年十二月五日	蹇幼樵		所屬鄉農會15個
郫縣何家場鄉農會	仝右	蕭益朗	333	
新民場鄉農會	仝右	吳海廷	616	
浙江省衢縣上方鎮鄉農會	三十年一月二日	黃賢鷂	554	
四川省華陽縣迴龍鄉農會	仝右	周楚坡	326	
中和鎮鄉農會	仝右	馮玉樓	394	
興隆鄉農會	仝右	賈靄初	344	
永安鄉農會	仝右	溫伯玉	324	
正興鄉農會	仝右	程伯侶	364	
三聖縣農會	仝右	周致祥	301	
黃龍縣農會	仝右	白子明	301	
萬安鄉農會	仝右	成幹之	391	
大面鄉農會	仝右	陳召南	519	
石羊鎮縣農會	仝右	張善培	419	
太平鎮鄉農會	仝右	張道儒	325	
公興鄉農會	仝右	王建五	347	
合江鄉農會	仝右	呂浮廷	339	
永興鄉農會	仝右	劉心才	449	
西河鄉農會	仝右	葉孟儒	303	
潼南縣雙河鄉農會	三十年一月十七日	米光三	333	
花巖鄉農會	仝右	陳獻之	300	
崇龕鄉農會	仝右	胡顯初	380	
大佛鄉農會	仝右	夏宏炳	372	
塘壩鄉農會	仝右	徐正衡	348	

三匯鄉農會	仝右	劉鳴九	694	
田家鄉農會	仝右	唐錫恩	314	
五桂鄉農會	仝右	李純安	296	
古溪鄉農會	仝右	張輔國	364	
玉溪鄉農會	仝右	劉執中	336	
河南省鄭縣博愛鄉農會	三十一年一月十一日	李志堯	192	
京水鄉農會	仝右	宋啓文	168	
民樂鄉農會	仝右	陳有軒	213	
侯寨鄉農會	仝右	靳運昌	144	
石佛鄉農會	仝右	杜德祥	278	
東趙鄉農會	仝右	弓長炎	139	
柳林鄉農會	仝右	楊中選	162	
河內鄉農會	仝右	王華甫	240	
勝崗鄉農會	仝右	常統五	124	
豐稔鄉農會	仝右	王其超	152	
蕭李鄉農會	仝右	梁丙心	192	
寶像鄉農會	仝右	喬國賢	216	
苦崗鄉農會	仝右	李德欽	168	
果村鄉農會	仝右	馬運富	135	
廟李鄉農會	仝右	郜修道	240	

朱屯鄉農會	仝右	冉兆瑞	144	
齊禮鄉農會	仝右	李位亭	126	
邱寨鄉農會	仝右	馮振邦	120	
貴州省織金縣鳳興鄉農會	三十一年一月廿日	羅達孝	90	
二塘鄉農會	仝右	劉劍銀	114	
浙江省嵊縣農會	三十一年二月五日	邢導思		所屬鄉農會29個
四川省華陽縣白沙場鄉農會	三十一年二月十七日	葉輝宇	303	
同興鄉農會	仝右	黃柏章	301	
得勝鄉農會	仝右	劉潔如	302	
浙江省仙居縣中三十四鄉農會	三十一年三月十三日	王洪木	218	
雲和縣雲東鄉農會	三十一年三月四日	陳倫章	213	
小順鄉農會	仝右	華國城	425	
復興鄉農會	仝右	葉乃松	96	
東溪鄉農會	仝右	余柳乾	88	
芝石鄉農會	仝右	周永耀	134	
四川省閬中縣鳳鳴鄉農會	三十一年三月十三日	杜槐庭	521	
金埡鄉農會	仝右	胡伯捷	340	
洪山鎮鄉農會	仝右	楊際九	470	
妙高鄉農會	仝右	廖崇皋	390	
雙流鎮鄉農會	仝右	譚集之	450	

農會名稱	核准備案日期	主要負責人	會員人數	備註
玉台鎮鄉農會	仝右	蒲維禎	410	
井溪鄉農會	仝右	陳瑞森	300	
老鶴鎮鄉農會	仝右	傅定九	538	
二龍鎮鄉農會	仝右	廖楚材	430	
望烟鎮鄉農會	仝右	涂壽昌	380	
石灘鄉農會	仝右	王子建	420	
千佛鄉農會	仝右	金恕安	415	
雙合鄉農會	仝右	王鳴堦	370	

社會部核准整理之農會一覽表

三十年一月至三月

農會名稱	核准備案日期	主要負責人	會員人數	備註
湖南省龍山縣農會	三十年一月二日	孫麟		鄉農會九個
道縣鄉農會	三十年一月七日	李奇峯		鄉農會十三個
湘潭縣近郊鄉農會	三十年一月二日	周太志	573	
甘肅省民勤縣小壩鄉農會	仝右	武繼祖	767	
大壩鄉農會	仝右	安熙惇	420	
蔡河鄉農會	仝右	周志中	1150	
浙江省建德縣農會	三十年二月五日	吳子昶		鄉農會十七個
四川省古藺縣桂花鄉農會	三十年二月六日	劉季明	605	
甘肅省民勤縣三案鄉農會	仝右	李臨豐	456	
東壩鄉農會	仝右	趙文明	228	
四壩鄉農會	仝右	劉倚琦	390	
湖南省常德縣農會	三十年三月廿六日	姜覺明		鄉農會十五個
甘肅省民勤縣中渠鄉農會	三十年三月卅一日	劉培詩	538	
西外鄉農會	仝右	李文藻	675	
中外鄉農會	仝右	李配道	465	
正大鄉農會	仝右	楊蕙芳	330	
泉山鄉農會	仝右	謝祖鳳	1150	

社會部核准組織成立之漁會一覽表

二十九年十二月至三十年三月止

漁會名稱	核准備案日期	主要負責人	會員人數	備註
湖南省常德縣漁會	廿九年十二月廿五日	馬斌	600	
浙江省玉環縣漁會鹿倉鄉分會	三十年一月十一日	盧安邦	150	
永嘉縣漁會城區分會	三十年二月十五日	姜渭夫	153	
溫嶺縣漁會鳳尾分會	仝右	吳學棣	428	
福建省海澄縣漁會	三十年三月廿六日	邱啓發	53	

社會部核准改組之漁會一覽表 卅年一月份

漁會名稱	核准改組日期	主要負責人	會員人數	備註
四川省合江縣漁會	三十年一月十八日	盧恩能	174	

二、社會部核准備案之工會一覽表 卅年一月至三月

工會名稱	類別	核准備案日期	工會所在地	會員人數	備註
湖南長沙縣轉業職業工會	職業工會	卅年一月廿四日	仁德鄉	男六四人	組織
湖南長沙縣麻石業產業工會	產業工會	仝右	本縣大字嶺	男一二六人 女一人	組織
湖南寧遠縣總工會	總工會	卅年一月十八日	本縣北門財神廟	單位七 代表三二人	第二次改選
湖南寧遠縣油漆業職業工會	職業工會	仝右	仝右	男五八人	仝右
湖南寧遠縣木器業職業工會	仝右	仝右	仝右	男七七人	仝右
湖南寧遠縣理髮業職業工會	仝右	仝右	仝右	男五三人	第一次改選
湖南寧遠縣縫紉業職業工會	仝右	仝右	仝右	男七二人 女五人	第二次改選
湖南寧遠縣泥水業職業工會	仝右	仝右	仝右	男五三人	仝右
湖南寧遠縣炮引業職業工會	仝右	仝右	仝右	男一一五人 女一四人	仝右
湖南寧遠縣傘業職業工會	仝右	仝右	仝右	男五三人	仝右
湖南長沙市粉餅餛飩業職業工會	仝右	仝右	舊城堤雞鴨巷	男六八人	組織
湖南長沙市醬作業職業工會	仝右	仝右	本市福星街集成內	男五六人	組織
湖南長沙縣糧行業職業工會	仝右	仝右	本縣新康市協大糧食行	男六七人	組織
湖南攸縣總工會	總工會	卅年一月十七日	南城西鄉公所	單位七 代表三〇人	組織
湖南攸縣民船船員工會	民船船員工會	仝右	南城同仁宮五號	男一一二四人	整理
湖南長沙市酒作業職業工會	職業工會	卅年一月九日	永豐倉四十六號	男六二人	組織
湖南長沙市石業職業工會	仝右	卅年一月十八日	興漢門正街三十七號	男八六人	第九次改選
湖南長沙市鮮魚業職業工會	仝右	仝右	喻家巷		組織 缺會員數
江西尋鄔縣木匠業職業工會	仝右	仝右	城內	男七四人	改組
江西銅鼓縣木匠業職業工會	仝右	仝右	柳林街李祠	男二二三人	仝右
江西銅鼓縣竹工業職業工會	仝右	仝右	中倉街劉在明店	男一〇二人	仝右
江西銅鼓縣竹筏業職業工會	仝右	仝右	江村	男一三四人	仝右
湖南湘陰縣酒席熟食業職業工會	職業工會	卅年一月十八日	縣城馬號德園	男八五人	組織
湖南湘陰縣鮮蛋皮蛋業職業工會	仝右	仝右	本縣朱德昌蛋行	男六二人	組織
湖南長沙市染業職業工會	仝右	仝右	喻家巷十二號	男三五〇人	第八次改選
湖南湘潭縣冶煉鐵鍋業職業工會	仝右	卅年一月十四日	本縣下雨湖街三清宮內	男一一八人	組織
湖南長沙市布傘業職業工會	仝右	卅年一月九日	本市牛湘街一五五號	男七〇人	第三次改選
浙江常山縣燒餅業職業工會	仝右	卅年一月十四日	本縣南門街	男五六人	組織
浙江黃岩縣金清鎮扛夫業職工會	仝右	仝右	本縣金清鎮	男七五人	第四次改選

浙江玉環縣製麵業職業工會	仝右	仝右	本縣沙鰭鄉東青小學	男一〇〇人	組織
浙江永嘉縣茶食糕間業職業工會	仝右	卅年一月十七日	本縣第一橋下	男五四人	仝右
浙江永嘉縣棉坊業職業工會	仝右	仝右	第一橋業業工會	男六四人	仝右
浙江永嘉縣捆板業職業工會	仝右	仝右	西門外浦橋	男二〇一人	仝右
浙江江山縣總工會	總工會	卅年一月十四日		單位七	仝右　會址補報未到
浙江黃岩縣彫花業職業工會	職業工會	仝右	本縣總工會內	男九一人	組織
浙江常山縣煙作業職業工會	仝右	卅年一月十七日	本縣七十八號	男五五人	第六次改選
浙江麗水縣人力車夫業職業工會	仝右	卅年一月十四日	城內眷班師廟	男一四〇人	仝右
浙江玉環縣泥水匠業職業工會	仝右	卅年一月九日	坎門鎮河沙頭街九一號	男一五八人	組織
浙江衢縣旅棻館業職業工會	仝右	卅年一月十七日	縣黨部內	男六一人	組織
浙江泰順縣理髮業職業工會	仝右	卅年一月廿四日	城內洋心街	男五六人	仝右
浙江常山縣棉綜業職業工會	仝右	卅年一月廿九日	本縣大街		仝右　會員數補報未到
浙江慶元縣造紙業職業工會	仝右	仝右	本縣蒲潭	男九〇二人	第一次改選
江西南豐縣筏業職業工會	仝右	卅年一月十八日	東門正街	男七七人	改組
江西南豐縣挑柴業職業工會	仝右	仝右	南門外上水關	男五一人	組織
江西南豐縣碼頭業職業工會	仝右	仝右	東關外下橋	男六〇人	改組
江西鄔尋縣泥水業職業工會	仝右	仝右	城內	男五七人	仝右
湖南益陽縣民船船員工會	民船船員工會	卅年一月十四日	本縣二堡人和碼頭新化會館	男八二〇〇人	第一次改選
浙江之江民船船員工會	民船船員工會	卅年十月廿一日	山路二五號	男四九一二人	組織
福建浦城縣人力車業職業工會	職業工會	卅年一月九日	本縣文通鎮麥筆保	男一〇九人	仝右

福建寧德縣三都澳鎮起卸業職業工會	仝右	卅年一月十四日	三部澳鎮	男一〇八人	仝右
福建順昌縣木匠業職業工會	仝右	卅年一月九日	城內中正路	男七三人	整理
福建閩清縣木匠業職業工會	仝右	卅年一月十四日	本縣陳氏宗祠	男五六人	組織
河南洛陽手工捲煙業職業工會	仝右	卅年一月廿四日	本縣東後道街十三號	男七八人	仝右
河南洛陽縣旅棧業職業工會	仝右	仝右	吳家街四號	男三六四人	仝右
河南洛陽縣理髮業職業工會	仝右	仝右	西大街太平洋理髮店	男二六八人	仝右
河南洛陽縣浴業職業工會	仝右	仝右	中山東街四十六號	男二九五人	仝右
河南洛陽縣派報業職業工會	職業工會	卅年一月廿四日	東華街三三號	男八五人	仝右
河南上蔡縣縫業職業工會	仝右	卅年一月十八日	平等鎮街路東	男五三人	仝右
河南經扶縣理髮業職業工會	仝右	仝右	縣黨部內	男三一五人	仝右
河南上蔡縣建築業職業工會	仝右	卅年一月十七日	第一區平等鎮石頭巷	男八一〇人	第五次改選
河南禹縣建築業職業工會	仝右	仝右	城內辛安街二號	男二三八人	改組
貴州江口縣縫級業職業工會	仝右	卅年一月十四日	城內濱江路	男五〇人女二六人	第一次改選
四川崇寧縣鐵業職業工會	仝右	卅年一月十九日	北街火神廟	男七二人	第四次改選
四川崇寧縣絲棉業職業工會	仝右	仝右	仝右	男六八人	仝右
四川崇寧縣錫業職業工會	仝右	仝右	仝右	仝右	仝右
四川崇寧縣木業職業工會	仝右	仝右	仝右	男二〇三人	仝右
四川崇寧縣成衣業職業工會	仝右	仝右	仝右	男六六人	第五次改選
四川崇寧縣府業職業工會	仝右	仝右	仝右	男六五人	第四次改選

四川崇寧縣坭業職業工會	仝右	仝右	仝右	男二二九人	仝右
四川崇寧縣美術職業工會	仝右	仝右	仝右	男六三人	仝右
四川崇寧縣茶房職業工會	仝右	仝右	仝右	男七五人	組織
四川崇寧縣理髮職業工會	仝右	仝右	仝右	男八九人	組織
四川崇寧縣製烟職業工會	仝右	仝右	仝右	男五四人	組織
四川崇寧縣掛麵職業工會	仝右	仝右	仝右	男五六人	組織
四川崇寧縣竹業職業工會	仝右	仝右	東街漢章茶園內	男三三五人	仝右
四川崇寧縣總工會	總工會	仝右	北街火神廟內	單位一七個 代表九〇人	第三次改選
四川省奉節縣木工業職業工會	職業工會	卅年一月九日	中正街清心茶社內	男八八人	組織
四川巫山縣印刷職業工會	仝右	卅年一月十四日	本縣南門外小碼頭裕豐祥	男五二人	整理
四川巫山縣成衣職業工會	仝右	仝右	西正街禹王宮	男七五人	仝右
四川巫山縣機麵職業工會	仝右	仝右	順城街宋順昌號內	男五一人	仝右
四川巫山縣木石瓦業職業工會	仝右	仝右	西正街顯王宮	男一〇三人	仝右
四川巫山縣金屬職業工會	仝右	仝右	本縣火神廟內	男六三人	同右
四川萬源縣土石職業工會	同右	卅年一月廿四日	北門外	男五六人	組織
四川萬源縣染織職業工會	同右	同右	裕豐街總工會內	男七七人	同右
四川萬源縣縫紉職業工會	同右	同右	北街	男五八人	同右
四川奉節縣軋花職業工會	同右	同右	小東門外	男五〇人	組織
陝西西京市小車運輸業職業工會	職業工會	卅年一月十七日	北關自強路四十一號	男二二〇人	第六次改選
湖南長沙市皮箱業職業工會	同右	卅年二月十二日	本市小四方塘元昌皮箱莊內	男一五四人	第三次改選

湖南長沙市理髮業職業工會	同右	卅年二月廿一日	本市藩城堤呂祖殿	男四三四人	第八次改選
湖南長沙市漂染紗業職業工會	同右	同右	上學宮街五號	男七七人 女六人	第五次改選
湖南長沙市圓木業職業工會	同右	同右	本市永慶街三號	男六〇人	第四次改選
湖南長沙市薄荷檳榔業職業工會	同右	同右	福星門外河街六十號	男一七五人	第七次改選
浙江溫嶺縣櫃駁業職業工會	同右	卅年二月六日	河溪鄉江廈	男四九人 女一人	組織
浙江江山縣成衣業職業工會	同右	卅年二月五日	城內孔廟	男一〇九人 女五人	第一次改選
浙江縉雲縣手車業職業工會	同右	同右	本縣縣黨部	男二八六人	組織
浙江常山縣裁縫業職業工會	同右	卅年二月十七日	南清鎮大街七八號	男二一三人	第四次改選
浙江衢縣理髮業職業工會	同右	卅年二月十九日	縣黨部內	男一一一人	第一次改選
浙江黃岩縣挑夫業職業工會	同右	同右	大寺裏縣總工會	男四九三人	第二次改選
浙江常山縣運貨業職業工會	同右	同右	本縣橫堂街五號	男六五人	第四次改選
浙江常山縣理髮業職業工會	同右	卅年二月廿七日	小東門街五三號	男六八人	第四次改選
浙江黃岩縣細木業職業工會	同右	卅年二月十一日		男五五人	第二次改選 會址補報未到
浙江黃岩縣髹漆業職業工會	同右	卅年二月十一日		男二二五人	第五次改選 會址補報未到
浙江黃岩縣烟匠業職業工會	同右	卅年二月廿八日		男五七人	第三次改選 會址補報未到
浙江嵊縣泥水業職業工會	同右	同右		男六七人	第五次改選 會址補報未到
浙江嵊縣木作業職業工會	同右	同右		男六二人	第六次改選 會址補報未到
浙江甬江縣民船船員工會	民船船員工會	卅年二月廿一日		男四六〇人	組織 會址補報未到
浙江寧海縣驕夫業職業工會	職業工會	卅年二月廿日	城內	男八五人	組織
浙江永嘉縣捆紙業職業工會	同右	卅年二月八日	城內	男九八人	第二次改選

四川茂縣各業工人聯合會	各業工人聯合會	卅年二月六日	外南後街	男一三八人	組織
四川大邑縣泥木石業職業工會	職業工會	卅年二月十七日	小南街一六號	男三三六人	組織
四川大邑縣成衣業職業工會	同右	同右	西街興發店	男六三五人	同右
四川彰明縣茶房業職業工會	同右	卅年二月十四日	青蓮場聯保處	男五八人	同右
四川忠縣龍漆業職業工會	同右	同右	城外魯班廟	男六二人	第一次改選
四川忠縣縫紉業職業工會	同右	同右	城內十字街	男一三六人	同右
四川忠縣理髮業職業工會	同右	同右	同右	男八二人	同右
四川忠縣石工業職業工會	同右	同右	城外魯班廟	男八四人	同右
四川忠縣木工業職業工會	同右	同右	同右	男八〇人	同右
四川忠縣土工業職業工會	同右	同右	同右	男八二人	同右
福建南平縣肩運業職業工會	同右	卅年二月七日	中山路	男六六人	同右
福建寧德縣麵業職業工會	同右	卅年二三十四日	縣商會	男六三人	組織
福建漳平縣民船船員工會	民船船員工會	卅年二月十二日	上水門外公司樓	男三三一人	第一次改選
陝西三原縣總工會	總工會	卅年二月十七日	縣府街	單位七 代表五四人	組織
陝西醴泉縣棉織業產業工會	產業工會	卅年二三廿八日	大街平民工廠	男一五七人	同右
河南許昌縣刮烟絲業職業工會	職業工會	卅年二月廿七日	車站票房後街十九號	男九六人 女八人	同右
四川巴中縣石木泥業職業工會	同右	卅年三月七日	城外	男一二二人	同右
四川梓潼縣木工業職業工會	同右	同右	思貞街	男一一八人	組織
湖南省常德縣總工會	總工會	卅年三月十七日	本縣城隍廟街七號	單位四二 代表一九七	第一次改選
湖南常德縣轎業職業工會	職業工會	卅年三月十七日	小西門大橋頭四號	男五五人	成立
湖南常德縣皮箱業職業工會	職業工會	卅年三月十七日	本縣經歷司灣一號	男五八人	成立
湖南常德縣靴鞋業職業工會	同右	同右	府廟街二號	男一六四人	成立
湖南常德縣洑汁甜酒業職業工會	同右	同右	皇經台一號	男五四人	第一次改選
湖南常德縣竹篾業職業工會	同右	同右	青陽閣十八號	男一〇一人	第一次改選
湖南常德縣棕索業職業工會	同右	同右	大河街蠶碼頭二九號	男一三一人	仝右
湖南常德縣挑運黑白木炭職業工會	同右	同右	大西門外電燈公司街二號	男五二人	同右
湖南常德縣糕餅業職業工會	同右	同右	五宮街一九號	男五六八	同右
湖南常德縣捲烟業職業工會	同右	同右	關廟街四五號	男一二一人	第三次改選
湖南常德縣斛業職業工會	職業工會	卅年三月十七日	東門外打鐵街三號	男六八人	第四次改選
湖南常德縣庖業職業工會	同右	同右	衛門口復盛園內	男一二九人	第二次改選
湖南常德縣縫紉業職業工會	同右	同右	北門外	男一四〇人	第七次改選
湖南常德縣竹木肩運業職業工會	同右	同右	沙灣街十九號	男七二人	第二次改選
湖南常德縣米粉業職業工會	同右	同右	西觀街觀森昌粉坊內	男一〇二人	第三次改選
湖南常德縣織業職業工會	同右	同右	楊家牌坊第五號	男一〇四人	第三次改選
湖南常德縣石業職業工會	同右	同右	精忠廟街魯聖廟內	男五五人	第五次改選
湖南常德縣運木業職業工會	同右	同右	德山市場泗廟內	男四〇四人	第三次改選
湖南常德縣糖業職業工會	同右	同右	蘆官廟杜聖宮內	男八九人	同右
湖南常德縣飯店業職業工會	同右	同右	小西門內左城灣售應元宮內	男一二二人	同右

湖南常德縣房業職業工會	職業工會	卅年三月十七日	常清街三義宮內	男一二一人	第一次改選
湖南常德縣搬運肥料業職業工會	同右	同	縣廟街總工會內	男一三六人	同右
湖南常德縣鋼業職業工會	同右	同右	本縣鷄鵝灌聖宮廟	男一六〇人	成立
河南洛陽縣總工會	總工會	卅年三月廿七日	城內文明街	單位七 代表一四三人	同右
河南洛陽縣人力車業職業工會	職業工會	同右	城內公園巷廿號	男三五九人	同右
河南洛陽縣府業職業工會	同右	同右	城內墩志街三號	男四五二人	同右
河南洛陽縣糞尿業職業工會	同右	同右	城內敬事街一五號	男四三二人	同右
河南洛陽縣鐵業職業工會	同右	同右	建安街一六號	男八九人	同右
河南襄城縣理髮業職業工會	同右	卅年三月十日	本城	男二二〇人	同右
福建長汀縣木匠業職業工會	同右	卅年三月廿六日	五通廟宵巧聖宮	男二〇三人	第四次改選
浙江全省手車業工會聯合會	工會聯合會	卅年三月四日		單位七 代表十人	組織 會址補報未到
浙江常山縣泥水業職業工會	職業工會	卅年三月七日		男五三人	第四次改選 會址補報未到
浙江嵊縣鞋匠業職業工會	同右	卅年三月十日		男七三人	第二次改選 會址補報未到
浙江鄞縣製香業職業工會	同右	卅年三月四日		男八三人	組織 會址補報未到
浙江衢縣搬運業職業工會	同右	卅年三月廿六日	總工會內（本縣）	男五七人	同右
浙江臨海縣靈江民船船員工會	民船船員工會	卅年三月廿日	本縣巾子山讀書閣	男一〇九六人	組織
浙江平陽縣糕餅業職業工會	職業工會	卅年三月廿五日	縣城內	男六八人	同右

三、社會部核准備案之商人團體一覽表

（三十年一月至三月）

省(市)別	團體名稱	核准備案日期	主席或常務委員	會員數	備註
湖南	道縣商會	三〇年一月二日	羊重琳	17	改組
	會同縣商會	二月三日	王繼貴	6	改組
	慈利縣商會	二月一八日	饒自正	21	組織
	常德縣商會	仝右	鄭宋元	63	改組
	桑植縣商會	仝右	王竹賓	72	組織
	道縣百貨商業同業公會	一月二日	伍爾亭	41	改組
	道縣糧食商業同業公會	仝右	黃壽同	23	改組
	道縣鹽商業同業公會	仝右	尹珍	79	改組
	道縣油商業同業公會	一月二日	陳子明	40	改組
	道縣綢布商業同業公會	仝右	郭鐵山	39	改組
	道縣國藥商業同業公會	仝右	熊善卿	17	改組
	道縣糖商業同業公會	仝右	龍音清	30	改組
	道縣山貨商業同業公會	仝右	尹珍	25	改組
	道縣旅館商業同業公會	仝右	左民生	113	改組
	道縣豆豉商業同業公會	仝右	吳本讓	27	改組
	道縣鞭炮商業同業公會	仝右	楊樹松	29	改組
	道縣南貨商業同業公會	仝右	羅國瑛	50	改組

道縣泰商業同業公會	仝右	鄺繼鏞	26	同右
道縣酒商業同業公會	仝右	陳孔彰	42	同右
道縣圖書教育用品商業同業公會	仝右	唐伍關	18	同右
同縣百貨綢布商業同業公會	二月三日	陳大光	20	同右
同縣南貨烟酒商業同業公會	仝右	申桂芳	12	同右
同縣屠宰商業同業公會	仝右	粟宗祥	12	同右
同縣篾席商業同業公會	仝右	唐永燮	10	同右
長沙市玻璃商業同業公會	二月一八日	張鼎銘	36	同右
道縣染坊工業同業公會	一月二日	劉廉賓	18	同右
長沙市製襪工業同業公會	一月九日	馬益良	50	組織
長沙市針織工業同業公會	一月卅一日	陳煥章	62	同右
長沙縣綉工業同業公會	二月八日	林福生	20	改組
石門縣商會	三月一七日	李持九	150	同右
石門縣民船商業同業公會	仝右	毛用三	120	仝右
石門縣豆腐商業同業公會	仝右	何德茂	20	組織
石門縣旅館商業同業公會	仝右	陳席參	43	仝右
石門縣屠宰商業同業公會	仝右	徐云廷	21	仝右
石門縣油鹽商業同業公會	仝右	喻述祥	32	仝右
石門縣國藥商業同業公會	仝右	汪國強	25	仝右
石門縣綢布商業同業公會	仝右	徐德科	23	仝右

長沙市顏料商業同業公會	三月十七日	盛伯鴻	12	改組
長沙市屠行商業同業公會	三月廿日	林春生	120	仝右
貴州　榕江縣平永鎮商會	一月十三日	陸伯鑑	30	組織
下江縣商會	一月十六日	練棟臣	6	改組
江口縣百貨商業同業公會	一月四日	鄧萬民	38	組織
綏陽縣煤炭商業同業公會	一月七日	簡漢文	77	整理
綏陽縣油商業同業公會	仝右	李興國	86	組織
綏陽縣紙商業同業公會	仝右	鄧紹舟	67	組織
綏陽縣水食商業同業公會	仝右	喻朝榮	105	組織
綏陽縣屠商業同業公會	仝右	廖澤華	38	組織
綏陽縣牲畜商業同業公會	一月七日	何仁厚	93	組織
綏陽縣山貨商業同業公會	仝右	嚴裕秉	54	組織
綏陽國藥商業同業公會	仝右	李向榮	44	組織
石阡縣屠商業同業公會	仝右	席月清	39	改組
石阡縣山貨商業同業公會	仝右	周盛之	53	改組
石阡縣油商業同業公會	仝右	方敏周	38	改組
石阡縣南貨商業同業公會	仝右	龍堯夫	30	改組
石阡縣旅棧商業同業公會	仝右	李俊臣	49	組織
貴陽縣五金電料商業同業公會	一月十三日	梁仲藩	17	組織
下江縣成衣商業同業公會	一月十六日	伍明昌	7	組織

團體名稱	日期	負責人	會員數	備考
下江縣木商業同業公會	一月一六日	練棟臣	50	組織
下江縣旅店商業同業公會	仝右	鐘和青	13	同右
下江縣雜貨商業同業公會	仝右	杜俊甫	22	同右
下江縣飲食商業同業公會	仝右	馮杰臣	8	同右
下江縣屠宰商業同業公會	仝右	王進先	10	同右
安順縣圖書教育用品商業同業公會	一月一八日	張元克	29	改組
貴陽汽車材料商業同業公會	二月一日	葉瑞德	59	組織
榕江縣紗綢商業同業公會	三月五日	李燕深	34	改組
石阡縣染坊商業同業公會	一月一七日	楊海雲	24	同右
浙江桐廬縣芝廈鎮商會	二月六日	徐錦祥	19	組織
臨海縣商會	仝右	馮江孫	45	改組
武義縣運輸商業同業公會	一月九日	程之初	4	組織
湯溪縣羅步鎮糧食商業同業公會	仝右	章振玉	12	改組
湯溪縣羅步鎮國藥商業同業公會	仝右	蓋承宗	10	同右
湯溪縣羅步鎮鐵器商業同業公會	仝右	陳寶善	11	組織
湯溪縣羅步鎮雜貨商業同業公會	仝右	胡登雲	11	同右
湯溪縣羅步鎮肉商業同業公會	仝右	方燮休	15	同右
桐廬縣橫村鎮銅器鐵器商業同業公會	二月六日	應添庚	17	同右
桐廬縣芝廈鎮南貨商業同業公會	仝右	徐浩明	7	同右
臨海縣草席商業同業公會	仝右	李敏琳	7	同右
瑞安縣鹽商業同業公會	二月六日	林煥坤	27	組織
玉門縣紙商業同業公會	仝右	章基琳	6	同右
臨海縣海門鎮國藥商業同業公會	二月廿日	陳益智	16	改組
臨海縣菜館商業同業公會	仝右	陳志岳	9	組織
臨海縣雜貨商業同業公會	仝右	黃楚槐	10	組織
臨海縣磁器商業同業公會	仝右	李愼言	7	組織
武義縣茶商業同業公會	仝右	樓觀輿	18	組織
平陽縣北港區綢布商業同業公會	仝右	張子京	35	組織
平陽縣北港區茶商業同業公會	仝右	陳玉川	33	組織
平陽縣北港區百貨商業同業公會	仝右	林良模	24	組織
平陽縣北港區糧食商業同業公會	仝右	李陵雲	24	組織
平陽縣北港區國藥商業同業公會	仝右	朱志一	72	組織
平陽縣北港區棉花紗商業同業公會	仝右	陳錦山	13	組織
平陽縣北港區山貨商業同業公會	仝右	張雲峯	29	組織
平陽縣北港區南北貨商業同業公會	仝右	黃嘉懋	59	組織
臨海縣肥料商業同業公會	仝右	陳志興	8	組織
衢縣杜澤鎮糧食商業同業公會	仝右	謝立賓	12	組織
衢縣杜澤鎮綢布商業同業公會	仝右	劉秀卿	5	組織
衢縣杜澤鎮國藥商業同業公會	仝右	胡志成	6	組織
衢縣杜澤鎮棉花商業同業公會	仝右	吳加祥	8	組織

名稱	日期	負責人	數目	備考
臨海縣鞋商業同業公會	二月廿六日	楊善海	13	組織
衢縣杜澤鎮山貨商業同業公會	仝右	甘霖	8	組織
衢縣杜澤鎮南貨商業同業公會	仝右	程明煜	9	組織
三門縣綢布商業同業公會	三月五日	王升甫	10	組織
三門縣國藥商業同業公會	仝右	陳洪川	15	組織
三門縣南北貨商業同業公會	仝右	章良槐	14	組織
瑞安縣五金電料商業同業公會	仝右	楊若春	6	組織
衢縣造紙商業同業公會	一月廿五日	黃德非	152	組織
臨海縣燭陶工業同業公會	二月六日	包賦正	7	組織
衢縣印刷工業同業公會	二月廿日	許靜山	10	組織
臨海縣銀樓首飾工業同業公會	二月廿日	洪珍臣	7	組織
臨海縣雨傘工業同業公會	二月廿六日	傅淵金	8	組織
玉環縣礱米工業同業公會	三月四日	金家旺	11	組織
陝西 鳳翔縣商會	二月十三日	馮紀棠	82	改組
長安縣杜曲鎮商會	仝右	薛開林	84	改組
長安縣子午鎮商會	仝右	蕭之亞	49	改組
白河縣國藥商業同業公會	一月一八日	袁俠生	7	組織
白河縣糧食商業同業公會	仝右	楊俊臣	7	組織
白河縣鹽商業同業公會	仝右	陳建勛	14	組織
白河縣百貨商業同業公會	仝右	毛翰廷	13	組織
白河縣油商業同業公會	一月十八日	胡慶奐	23	組織
白河縣紙商業同業公會	仝右	張奉宜	14	組織
宜川縣百貨商業同業公會	一月廿八日	謝敬魁	14	組織
宜川縣磨坊商業同業公會	仝右	武英	13	組織
宜川縣飯館商業同業公會	仝右	潘仁義	16	組織
西京市旅店商業同業公會	二月十三日	韓子安	73	改組
鳳翔縣糧食商業同業公會	仝右	王德功	23	組織
宜川縣雜貨同業同業公會	二月十八日	陳廷耀	53	組織
宜川縣木匠商業同業公會	仝右	丁甲辰	9	組織
宜川縣國藥商業同業公會	仝右	劉云龍	8	組織
宜川縣旅店商業同業公會	仝右	賀景云	21	組織
宜川縣圖書教育用品商業同業公會	仝右	李曉峯	9	組織
宜川縣照相商業同業公會	仝右	智培猷	8	組織
澄城縣雜貨商業同業公會	二月廿七日	蕭宇宜	25	組織
澄城縣糧食商業同業公會	仝右	楊子安	7	組織
澄城縣國藥商業同業公會	仝右	賀發祥	12	組織
澄城縣綢布商業同業公會	仝右	李生茂	15	組織
西京市鞋商業同業公會	三月四日	劉履之	172	組織
宜川縣裁縫工業同業公會	一月廿四日	鄒雪岩	11	組織
第一區麵粉工業同業公會	三月十七日	章創慧	7	組織

省別	名稱	日期	負責人	會員數	備考
河南	經扶縣商會	一月四日	裴彩軒	84	改組
	禹縣商會	一月六日	羅寶樹	28	改組
	澠池縣商會	一月卅日	楊經熙	351	改組
	汜水縣商會	二月十四日	高少軒	128	改組
	[illegible]海縣商會	二月十五日	董心德	18	改組
	經扶縣雜貨商業同業公會	一月四日	汪耀泉	63	改組
	經扶縣糧食商業同業公會	仝右	曾家鎰	10	改組
	經扶縣國藥商業同業公會	仝右	余鳳儀	8	改組
	禹縣百貨商業同業公會	一月六日	呂子鳴	37	改組
	禹縣糧食商業同業公會	仝右	劉國發	42	改組
	禹縣屠宰商業同業公會	仝右	馬發魁	20	組織
	禹縣糕點商業同業公會	仝右	姚定甫	25	組織
	禹縣車行商業同業公會	仝右	朱先民	24	組織
	禹縣機坊商業同業公會	仝右	馮金堂	16	組織
	禹縣醬菜商業同業公會	仝右	商慶榮	26	組織
	禹縣銀樓商業同業公會	仝右	劉中倫	12	組織
	禹縣菸行商業同業公會	仝右	李振德	32	組織
	澠池縣糧食棉花商業同業公會	一月卅日	楊希賢	20	改組
	澠池縣旅館商業同業公會	仝右	張子江	10	組織
	澠池縣菜園商業同業公會	仝右	董元彬	15	組織
	澠池縣照相商業同業公會	一月卅日	黃鼎光	15	組織
	澠池縣銀樓商業同業公會	仝右	苗乃斌	13	改組
	澠池縣飯館商業同業公會	仝右	張玉錫	60	改組
	澠池縣國藥商業同業公會	仝右	牛仁政	24	改組
	澠池縣雜貨商業同業公會	仝右	董友臣	13	改組
	澠池縣綢布商業同業公會	仝右	張益三	41	改組
	澄城縣長潤鎮煤炭商業同業公會	二月十三日	李宗江	25	組織
	禹縣煤炭商業同業公會	仝右	申天順	40	組織
	葉縣百貨商業同業公會	二月十四日	崔德義	48	組織
	葉縣菸商業同業公會	仝右	田德魁	24	組織
	葉縣成衣商業同業公會	仝右	司義山	9	組織
	葉縣飯館商業同業公會	仝右	朱德山	32	組織
	葉縣旅館商業同業公會	仝右	傅景星	30	組織
	葉縣棉花商業同業公會	仝右	魏芳卿	21	組織
	葉縣糧食商業同業公會	仝右	李楚材	14	組織
	葉縣國藥商業同業公會	仝右	張殿邦	21	組織
	扶溝縣棉花商業同業公會	仝右	楊錦亭	15	改組
	扶溝縣百貨商業同業公會	仝右	李少白	14	改組
	扶溝縣油商業同業公會	仝右	張善良	5	組織
	扶溝縣山貨商業同業公會	仝右	路鎮平	9	組織

扶溝縣糧食商業同業公會	二月十四日		劉長發	23	改組
扶溝縣醬菜商業同業公會	仝	右	劉振金	7	改組
扶溝縣碎貨商業同業公會	仝	右	高永慶	9	改組
扶溝縣酒商業同業公會	仝	右	馬功勛	7	改組
汜水縣綢布商業同業公會	仝	右	邊超羣	13	組織
汜水縣南北貨商業同業公會	仝	右	張瑤池	27	組織
汜水縣飯館商業同業公會	仝	右	李太沅	16	組織
汜水縣百貨商業同業公會	仝	右	張心泉	19	組織
汜水縣國藥商業同業公會	仝	右	柳作霖	14	組織
臨汝縣國藥商業同業公會	二月十五日		王繩堂	29	改組
臨汝縣雜貨商業同業公會	仝	右	徐仲生	28	改組
臨汝縣碎貨商業同業公會	仝	右	李宗寅	28	改組
臨汝縣糕點商業同業公會	仝	右	張子正	19	改組
臨汝縣鞋帽商業同業公會	仝	右	時永福	27	改組
臨汝縣銅器商業同業公會	仝	右	唐光照	26	改組
臨汝縣飯館商業同業公會	仝	右	魏其昌	26	組織
臨汝縣銀作商業同業公會	仝	右	孟慶錄	28	改組
臨汝縣南貨商業同業公會	仝	右	王海閣	27	改組
臨汝縣紙炮商業同業公會	仝	右	任季堯	18	改組
郾縣五金電料商業同業公會	二月十八日		高品三	55	改組

郾縣綢布商業同業公會	二月十八日		趙星五	33	改組
郾縣油商業同業公會	仝	右	蕐象哲	26	改組
郾縣鞋商業同業公會	仝	右	朱子謙	17	改組
郾縣屠商業同業公會	仝	右	張祥麟	24	改組
郾縣浴商業同業公會	仝	右	馬德元	8	改組
郾縣雜貨商業同業公會	仝	右	周西卿	22	改組
郾縣飯館商業同業公會	仝	右	王德山	24	改組
郾縣騾馬行商業同業公會	仝	右	海進思	11	改組
郾縣雲樓商業同業公會	仝	右	牟子安	20	改組
臨汝縣圖書教育用品商業同業公會	二月十四日		梁明堂	26	改組
臨汝縣糧食商業同業公會	仝	右	鄭才全	25	改組
臨汝縣茶商業同業公會	二月十五日		胡友曾	18	組織
臨汝縣酒商業同業公會	仝	右	于振川	29	改組
臨汝縣纏商業同業公會	仝	右	郭世太	28	改組
臨汝縣絲織商業同業公會	仝	右	李環	24	改組
臨汝縣麻繩商業同業公會	仝	右	許振峰	25	改組
郾縣時貨商業同業公會	二月十八日		于玉材	60	改組
郾縣醬菜商業同業公會	仝	右	張玉昆	9	改組
郾縣乾水果商業同業公會	仝	右	李榮昌	42	改組
洧川縣百貨商業同業公會	二月廿六日		李五昌	9	改組

潼川縣飯館商業同業公會	二月廿六日	何保盈	14	改組
潼川縣糧食商業同業公會	仝右	許朝傑	13	改組
潼川縣棉花商業同業公會	仝右	劉廷琪	6	改組
潼川縣雜貨商業同業公會	仝右	許廷昌	12	改組
潼川縣磁器商業同業公會	仝右	李玉培	8	改組
潼川縣國藥商業同業公會	仝右	劉廷賓	11	改組
偃師縣糧食商業同業公會	三月三日	張藎吾	26	改組
氾水縣糧食商業同業公會	三月一八日	張杰三	14	組織
氾水縣圖書教育用品商業同業公會	仝右	王平安	7	組織
氾水縣客棧商業同業公會	三月十八日	曹楷亭	7	組織
扶溝縣木作工業同業公會	二月十四日	何之勵	9	組織
扶溝縣染坊工業同業公會	仝右	馬中方	6	組織
重慶 市長途板車商業同業公會	二月十八日	歐仲孚	24	組織
市汽車商業同業公會	三月十八日	鄒盛文	42	組織
第二區印刷工業同業公會	三月廿一日	許永清	93	組織
第一區機器工業同業公會	三月廿一日	蕭萬成	105	組織
甘肅 武山縣商會	三月廿四日	楊盛榮	3	改組
四川 射洪縣商會	三〇年一月二八日	萬精業	11	改組
射洪縣太和鎮商會	仝右	龍超然	33	改組
射洪縣豐家河商會	仝右	豐子英	12	組織

崇寧縣商會	三〇年一月三〇日	王植三	36	改選
松潘縣商會	二月四日	李洱剛	8	改組
蓬溪縣商會	二月一日	李拔芳	18	組織
納溪縣商會	二月二七日	蘇華璋	22	改組
古藺縣商會	仝右	成小琴	45	改組
合江縣先市鎮京果商業同業公會	一月二二日	孫炳齋	20	組織
合江縣先市鎮油商業同業公會	仝右	潘治平	14	組織
合江縣先市鎮屠商業同業公會	仝右	劉銀洲	9	組織
合江縣先市鎮糧食商業同業公會	仝右	袁鑄鏞	24	組織
合江縣先市鎮鹽商業同業公會	仝右	張濱昇	31	組織
合江縣先市鎮棧房商業同業公會	仝右	賈海波	8	組織
閬中縣油商業同業公會	仝右	趙百川	85	改組
閬中縣醋商業同業公會	仝右	馮璽樓	41	改組
閬中縣紙糖商業同業公會	仝右	賀子楨	27	改組
閬中縣木商業同業公會	仝右	何利卿	49	改組
閬中縣國藥西藥商業同業公會	仝右	趙百川	28	改組
閬中縣絲商業同業公會	仝右	馮愫奎	47	改組
閬中縣鍋碗商業同業公會	仝右	王載之	10	改組
閬中縣布商業同業公會	仝右	蔣錫玆	47	改組
閬中縣紗商業同業公會	仝右	雷信之	16	改組

閬中縣運輸商業同業公會	同	右	馬明揚	24	
閬中縣茶商業同業公會	仝	右	賀子楨	12	
閬中縣糧食商業同業公會	仝	右	馬仲懃	65	
射洪縣洋溪鎮山貨商業同業公會	三〇年一月二八日		楊洪太	29	
射洪縣洋溪鎮屠宰商業同業公會	仝	右	劉國耀	30	
射洪縣瞿家河鎮屠宰商業同業公會	仝	右	宋和喜	42	組織
射洪縣棉花商業同業公會	卅年一月廿八日		李福田	20	
射洪縣山貨商業同業公會	仝	右	馬榮成	36	
射洪縣苧蔴商業同業公會	仝	右	陳明鏡	24	改組
射洪縣屠宰商業同業公會	三十年一月廿九日		蕭泰元	56	
射洪縣旅店茶館商業同業公會	仝	右	楊海三	71	
射洪縣國藥商業同業公會	仝	右	傅榮森	33	
射洪縣綢布商業同業公會	仝	右	龍敬言	48	
射洪縣酒商業同業公會	仝	右	李壽泉	97	
射洪縣瞿家河鎮鹽商業同業公會	仝	右	蒲裕和	29	組織
射洪縣洋溪鎮民船商業同業公會	仝	右	文克偕	82	改組
射洪縣洋溪鎮糧食商業同業公會	仝	右	馬樹勛	57	
射洪縣綢布商業同業公會	仝	右	李運之	40	
崇寧縣肉商業同業公會	三十年一月三〇日		羅義和	70	
崇寧縣百貨商業同業公會	仝	右	曾德陽	20	

崇寧縣木漆業同業公會	三十年一月三十日		尹彬先	63	
崇寧縣國藥業同業公會	仝	右	楊小波	25	
崇寧縣乾菜糖果業同業公會	仝	右	錢海平	20	
崇寧縣鍋碗罎罐商業同業公會	卅年一月三一日		楊慧周	10	
崇寧縣綢布商業同業公會	仝	右	馮大淵	62	
崇寧縣醬園商業同業公會	仝	右	傅漢霄	8	
崇寧縣茶館商業同業公會	仝	右	趙雲卿	53	
崇寧縣茶商業同業公會	仝	右	伍錫青	9	
崇寧縣酒商業同業公會	仝	右	胡治平	76	
崇寧縣川芎商業同業公會	仝	右	俞毓岑	19	
崇寧縣麵食商業同業公會	仝	右	楊崇初	16	
松潘縣木商業同業公會	三十年二月四日		楊發春	17	組織
松潘縣旅棧商業同業公會	仝	右	林嘯如	27	
松潘縣屠宰商業同業公會	仝	右	馬繼慶	22	
松潘縣國產雜貨商業同業公會	仝	右	舒約摩	46	
松潘縣山貨商業同業公會	仝	右	楊度三	28	
松潘縣茶商業同業公會	仝	右	尹韓周	14	
萬源縣麵食商業同業公會	仝	右	姜錫滋	65	
萬源縣瓷器商業同業公會	仝	右	袁守仁	21	
萬源縣[illegible]商業同業公會	仝	右	趙調鑾	33	

萬源縣國藥商業同業公會	三十年二月四日	李光斗	32	組織
萬源縣油商業同業公會	仝右	王俊生	41	
萬源縣茶商業同業公會	仝右	曾繼賢	35	
萬源縣山貨商業同業公會	仝右	馮登山	49	
萬源縣旅店商業同業公會	仝右	劉天職	47	
萬源縣鹽商業同業公會	仝右	黃吉申	58	
萬源縣屠宰商業同業公會	仝右	熊宗林	38	
萬源縣白耳商業同業公會	仝右	祝鼎三	59	
萬源縣棉花商業同業公會	仝右	謝仁光	41	
萬源縣綢布商業同業公會	仝右	張子英	28	
巫山縣綢布商業同業公會	三〇年二月五日	辜幹卿	20	改組
巫山縣國藥商業同業公會	仝右	康人金	8	
巫山縣肉商業同業公會	仝右	宋榮華	7	
巫山縣酒商業同業公會	仝右	黃興政	29	
巫山縣客棧商業同業公會	仝右	于紹猷	44	
巫山縣鹽商業同業公會	仝右	李仁山	8	
梓潼縣棉花商業同業公會	仝右	范達之	31	組織
梓潼縣食店商業同業公會	仝右	仇坤祥	36	
梓潼縣油鹽商業同業公會	仝右	黃昌宇	87	
梓潼縣茶館商業同業公會	仝右	白敬濟	37	

梓潼縣山貨商業同業公會	卅年二月五日	何震伯	45	
梓潼縣旅棧商業同業公會	仝右	吳開祥	43	
壁山縣糧食商業同業公會	三〇年二月八日	尹香疇	52	改組
樂至縣鹽商業同業公會	仝右	許顯忠	702	組織
長寧縣國藥商業同業公會	三〇年二月一一日	胡銳伯	47	
長寧縣紙商業同業公會	仝右	周善之	56	
長寧縣木商業同業公會	仝右	周良弼	50	改組
潼南縣民船商業同業公會	仝右	李明道	86	
萬源縣綢布商業同業公會	仝右	蕭竹青	69	
大邑縣棉商業同業公會	仝右	王植三	18	
大邑縣百貨商業同業公會	仝右	晏相壽	13	
大邑縣鹽商業同業公會	仝右	萬子倫	32	
大邑縣油商業同業公會	仝右	廖興順	39	
大邑縣綢布商業同業公會	仝右	楊鶴齡	11	
大邑縣木商業同業公會	仝右	陳紹崇	28	
成都縣菸草商業同業公會	仝右	陳心田	65	
黔江縣屠宰商業同業公會	三〇年二月一八日	蔡美廷	20	組織
古藺縣太平鎮木商業同業公會	三〇年二月二七日	朱璧聲	40	
大邑縣屠商業同業公會	仝右	韓心益	20	改組
大邑縣酒商業同業公會	仝右	蕭次賢	118	

名稱	日期	會址	負責人	會員數	備考
大邑縣錢商業同業公會	仝	右	劉應奎	16	改組
大邑縣國藥商業同業公會	仝	右	余心源	17	
大邑縣旅店商業同業公會	仝	右	王榮卿	55	
大邑縣紙商業同業公會	仝	右	姚德安	17	
理番縣雜后鎮香商業同業公會	仝	右	孟廣泰	10	組織
理番縣茶社旅館麵食京果商業同業公會	仝	右	張德明	20	
理番縣木商業同業公會	仝	右	王永淑	8	
理番縣雜后鎮布商業同業公會	仝	右	康維清	10	組織
黔江縣鹽商業同業公會	仝	右	陳宗恆	24	
黔江縣山貨商業同業公會	仝	右	黃康成	43	
射洪縣樹柳鎮布商業同業公會	仝	右	何紋三	65	
梓潼縣紙張乾菜商業同業公會	三〇年二月廿八日	右	李元泰	58	
梓潼縣屠宰商業同業公會	仝	右	鄢天寬	68	
梓潼縣酒商業同業公會	仝	右	蘇敏如	56	
崇慶縣蔴布機織工業同業公會	三〇年一月二日		胡興順	356	
爲源縣金屬品冶製工業同業公會	卅年二月五日		高宏聲	78	
梓潼縣綢絲絲織工業同業公會	仝	右	魏靜齋	41	
大邑縣醬園工業同業公會	三〇年二月一一日		葉芮新	12	改組
大邑縣絲烟工業同業公會	二月二七日		陳國卿	19	
大邑縣鐵器工業同業公會	仝	右	李福壽	14	
大邑縣服裝工業同業公會	仝	右	張正松	15	
廣東　乳源縣商會	三〇年二月一一日		江子龍	100	組織
龍川縣商會	三〇年二月二一日		朱健全	16	改組
龍川縣老隆鎮商會	三〇年二月二二日		黃頌芬	37	
龍川縣黎皮鎮商會	仝	右	陳德孚	14	
龍川縣第二區鶴市商會	仝	右	鄒志鴻	108	
曲江縣商會	仝	右	李仁溥	189	
英德縣滄洗鎮商會	仝	右	黃炳森	118	
英德縣大灣鎮商會	二月二四日		潘繼然	54	
曲江縣運輸商業同業公會	二月一一日		劉公樸	17	組織
南山縣布商業同業公會	仝	右	黃鏡如	9	
南山縣國藥商業同業公會	二月一二日		王璧珊	12	
南山縣餅食商業同業公會	仝	右	劉仁勛	14	
南山縣油商業同業公會	仝	右	黃才江	8	
南山縣京果商業同業公會	仝	右	黃詠如	23	
興寧縣鞋商業同業公會	仝	右	葉永秀	16	
三水縣蘆苞鎮菜商業同業公會	仝	右	黃子波	5	
三水縣大塘圩蘇杭新衣故衣商業同業公會	仝	右	張汝槐	7	
三水縣大塘圩油糧食商業同業公會	仝	右	林子經	12	
三水縣大塘圩茶樓飯店餅餌商業同業公會	仝	右	何偉卿	9	

三水縣大塘圩國藥商業同業公會	三〇年二月一二日	潘維信	5	
三水縣大塘圩木商業同業公會	仝右	鄧偉	7	
三水縣蘆苞鎮旅店客棧商業同業公會	仝右	李少叢	58	
南雄縣茶樓酒館商業同業公會	仝右	鄒用三	29	
興寧縣汽車商業同業公會	三〇年二月一九日	張杜鵑	9	改組
興寧縣旅館商業同業公會	仝右	陳冠中	53	
興寧縣糧食商業同業公會	仝右	李聯茂	83	
五華縣雜貨商業同業公會	仝右	卓壽章	14	
五華縣京菓海味商業同業公會	仝右	鍾偉夫	12	
五華縣屠宰商業同業公會	仝右	鍾益明	13	
五華縣烟絲商業同業公會	三〇年二月二〇日	劉偉雄	10	
五華縣國藥商業同業公會	仝右	鍾映廷	13	
五華縣木商業同業公會	仝右	張秉鈞	8	
五華縣衣商業同業公會	三〇年二月二一日	陳質修	7	
龍川縣酒商業同業公會	仝右	黃聯喜	12	
龍川縣旅館商業同業公會	仝右	李若龍	11	
龍川縣屠宰商業同業公會	仝右	劉宛熾	10	
龍川縣平碼商業同業公會	仝右	徐擎球	7	
龍川縣百貨商業同業公會	仝右	謝林祥	9	
龍川縣國藥商業同業公會	仝右	劉禎泉	5	
龍川縣京果商業同業公會	仝右	鄒祖明	7	
龍川縣老隆鎮海味商業同業公會	仝右	謝曉帆	20	
龍川縣百貨商業同業公會	仝右	陳灼文	18	
龍川縣菸商業同業公會	仝右	張逸中	10	
龍川縣國藥商業同業公會	三〇年二月二二日	池子英	8	
龍川縣理髮商業同業公會	仝右	黃煥	10	
龍川縣旅館商業同業公會	仝右	鄧偉民	11	
龍川縣老隆鎮屠宰業同業公會	仝右	陳杰	19	
龍川縣京果商業同業公會	仝右	黃開平	12	
龍川縣銅器鐵器商業同業公會	仝右	熊樹南	9	
龍川縣運輸商業同業公會	仝右	張我華	16	
龍川縣黎皮鎮油豆商業同業公會	仝右	張品芳	9	
龍川縣黎皮鎮糧食商業同業公會	仝右	劉智城	10	
龍川縣黎皮鎮魚貨商業同業公會	仝右	鍾孟臣	9	
龍川縣黎皮鎮洋貨商業同業公會	仝右	鄺郁廷	14	
龍川縣黎皮鎮旅館商業同業公會	仝右	鄧吉如	12	
曲江縣旅店商業同業公會	仝右	鍾正良	90	
曲江縣什貨商業同業公會	仝右	楊端符	54	
曲江縣酒樓茶室商業同業公會	仝右	楊運	48	
曲江縣建築商業同業公會	仝右	潘元勝	120	

英德縣洽洗鎮雜貨商業同業公會	同	右	廖廷芬	61	改組
英德縣布商業同業公會	仝	右	蘇炳	12	改組
英德縣故衣商業同業公會	仝	右	梁海屏	8	改組
英德縣屠宰商業同業公會	同	右	丘燕山	11	改組
英德縣糧食商業同業公會	同	右	李文軒	21	改組
英德縣大灣鎮糧食業同業公會	三〇年二月二四日		林燦三	13	改組
英德縣大灣鎮布商業同業公會	同	右	陳詠南	20	改組
英德縣大灣鎮故衣商業同業公會	同	右	陳業瑩	10	改組
英德縣大灣鎮榨油商業同業公會	同	右	潘炳泉	11	改組
英德縣大灣鎮京果什貨商業同業公會	同	右	黃錦泉	10	改組
龍川縣老隆鎮平碼商業同業公會	同	右	羅博明	15	改組
曲江縣印刷工業同業公會	三〇年二月一二日		黎翼雲	9	組織
廣西貴縣商會	三〇年一月五日		羅正廷	65	改組
三江縣商會	同	右	周澤廣	67	改組
三江富祿鎮商會	同	右	覃壽如	51	改組
三江林溪鎮商會	同	右	楊德邦	47	改組
賀縣商會	同	右	吳蔚才	95	改組
賀縣八步鎮商會	同	右	梁蔚廷	118	改組
資源縣商會	同	右	黃建中	88	改組
興業縣商會	同	右	譚樹模	80	改組

修仁縣四途鎮商會	同	右	溫敬修	99	改組
鍾山縣商會	同	右	蘇耀明	270	改組
蒙山縣商會	同	右	莫雨霖	13	改組
宜山縣商會	三〇年一月九日		滕宗佩	10	改組
宜山縣三岔鄉商會	同	右	利良臣	77	改組
宜山縣懷遠鎮商會	同	右	滕蔚文	5	改組
中度縣商會	同	右	黃子先	7	改組
靖西縣商會	三〇年一月九日		湯之銘	110	改組
柳城縣商會	同	右	馮子洲	140	改組
柳城縣大浦鎮商會	同	右	高陝臣	80	改組
武宣縣商會	三〇年三月二四日		黎式金	45	改組
梧州旅店商業同業公會	三〇年一月五日		李挺天	22	改組
貴縣旅店商業同業公會	同	右	盧壽光	42	改組
貴縣糧食商業同業公會	同	右	劉秩榮	20	改組
百色縣棉紗經紀商業同業公會	同	右	譚星儔	42	改組
百色縣國藥西藥商業同業公會	同	右	葉江華	21	改組
賀縣木商業同業公會	同	右	程耀廷	42	改組
賀縣河東西鎮綢布商業同業公會	同	右	莫自耿	23	改組
賀縣河東西鎮百貨商業同業公會	同	右	區裕純	42	改組
賀縣河東西鎮國藥商業同業公會	同	右	陳始榮	7	改組

宜山縣茶食商業同業公會	三〇年一月九日	梁慶杭	41	改組
宜山縣國藥商業同業公會	同右	梁智昆	8	改組
宜山縣懷陽鎮山貨商業同業公會	同右	黃伯琴	20	改組
宜山縣懷陽鎮雜貨商業同業公會	同右	李德銘	27	改組
宜山縣燒酒商業同業公會	同右	楊吉蓀	18	改組
宜山縣紅瓦商業同業公會	同右	李細文	7	改組
宜山縣客棧商業同業公會	同右	李季芳	59	改組
宜山縣雜貨商業同業公會	同右	潘錦榮	45	改組
宜山縣木器商業同業公會	同右	王厚元	22	改組
中渡縣鷹山鎮國藥商業同業公會	同右	覃兆民	5	組織
中渡縣鷹山鎮鐵器商業同業公會	同右	趙康莊	9	組織
中渡縣鷹山鎮雜貨商業同公業會	同右	劉廷鏗	24	組織
中渡縣鷹山鎮木器商業同公業會	同右	蕭定標	7	組織
中渡縣鷹山鎮綢布商業同公業會	同右	何順初	6	組織
中渡縣鷹山鎮油商業同業公會	同右	梁敬如	5	組織
蒼梧縣鹽商業同業公會	三〇年二月一三日	梁育之	23	組織
蒼梧縣五金電料商業同業公會	同右	丘光裕	15	組織
博白縣燒酒商業同業公會	三〇年三月廿四日	劉紹光	7	組織
梧州茶樓酒樓商業同業公會	三〇年三月廿六日	胡敬仁	18	組織
中渡縣鷹山鎮車衣工業同業公會	三〇年一月九日	顧秀廷	7	組織

新淦縣商會	三〇年一月一一日	劉永元	14	改組
興國縣商會	同右	黃秉一	10	改組
安遠縣商會	三〇年一月十二日	唐勛崇	287	改組
峽江縣商會	三〇年一月三一日	謝秉坤	153	改組
萬年縣商會	同右	吳君邦	6	改組
萬年縣石鎮商會	同右	聶仰周	7	改組
尋鄔縣燒酒商業同業公會	三〇年一月十一日	吳振樑	8	改組
尋鄔縣國藥商業同業公會	三〇年一月十一日	邱嶧如	11	改組
尋鄔縣屠宰商業同業公會	同右	鍾廷賢	10	改組
尋鄔縣旅店商業同業公會	同右	古有瑤	23	改組
尋鄔縣南貨商業同業公會	同右	潘價千	37	改組
新淦縣鹽商業同業公會	同右	杜清揚	6	改組
新淦縣五金商業同業公會	同右	姜德祥	14	改組
新淦縣山貨商業同業公會	同右	周浦帆	41	改組
新淦縣綢緞商業同業公會	同右	楊翊典	16	改組
新淦縣屠宰商業同業公會	同右	鄒利道	37	改組
新淦縣國藥商業同業公會	同右	楊祖璦	7	改組
新淦縣民船商業同業公會	同右	杜啓發	125	改組
瑞金縣苧線商業同業公會	三〇年一月十二日	曾本祥	27	改組
瑞金縣烟商業同業公會	同右	華搏九	21	改組

瑞金縣屠宰商業同業公會	同	右	劉秀岩	20	改組
瑞金縣京菓商業同業公會	同	右	劉秉章	26	改組
瑞金縣綢布商業同業公會	同	右	李紹白	55	改組
瑞金縣紙商業同業公會	同	右	危杏初	22	改組
瑞金縣筵席商業同業公會	同	右	楊家鐸	31	改組
瑞金縣國藥商業同業公會	同	右	胡森興	21	改組
吉安縣西藥商業同業公會	同	右	陳志宏	60	改選
吉安縣飯店商業同業公會	同	右	蕭長鑫	34	改選
吉安縣棉布商業同業公會	同	右	鄧玉麟	89	改選
吉安縣南貨商業同業公會	同	右	王順康	10	改選
吉安縣靴鞋商業同業公會	同	右	喻衍烈	25	改選
吉安縣雜貨商業同業公會	同	右	龍禮門	70	改選
吉安縣茶商業同業公會	同	右	劉梅林	87	改選
吉安縣竹木架商業同業公會	同	右	傅金祥	14	改選
吉安縣自行車商業同業公會	同	右	劉品庵	9	改選
吉安縣水菓碎貨商業同業公會	同	右	丁麟祥	87	改選
吉安縣神香商業同業公會	同	右	陳潤生	28	改選
吉安縣綢布商業同業公會	同	右	蕭宗川	28	改選
吉安縣國藥商業同業公會	同	右	傅孝禮	44	改選
吉安縣估衣皮貨商業同業公會	同	右	萬燊慶	6	改選

吉安縣裱裝商業同業公會	同	右	毛祥斌	2[illegible]	改選
吉安縣銀樓商業同業公會	同	右	萬志貞	17	改選
吉安縣油漆商業同業公會	同	右	陳煥章	42	改選
吉安縣煤油商業同業公會	同	右	劉德泰	6	組織
吉安縣皮革商業同業公會	同	右	譚熙鐸	35	改選
吉安縣鐵器商業同業公會	同	右	易家祿	36	改選
吉安縣瓷器商業同業公會	同	右	張榮林	20	改選
吉安縣帽商業同業公會	同	右	陳熾元	25	改選
吉安縣屠宰商業同業公會	同	右	李惠信	45	改選
吉安縣糧食商業同業公會	同	右	曾明卿	131	改選
光澤縣國藥商業同業公會	同	右	雷震伯	22	改選
光澤縣布商業同業公會	同	右	涂世禮	18	改選
光澤縣雜貨商業同業公會	同	右	鄧少康	47	改選
光澤縣旅館商業同業公會	同	右	章用輝	18	改選
清江縣屠宰商業同業公會	三十一年一月十三日		李文輝	16	改選
清江縣油鹽商業同業公會	同	右	孫祥考	9	改選
清江縣山貨商業同業公會	同	右	陳壽南	21	改選
清江縣餚饌商業同業公會	同	右	劉文龍	27	改選
清江縣木商業同業公會	同	右	陳明文	14	改選
清江縣旅棧商業同業公會	同	右	傅春茂	27	改組

清江縣五金商業同業公會	同	右	舒子祥	22	改組
清江縣樟樹鎮國藥商業同業公會	同	右	范順時	32	改組
清江縣樟樹鎮絲商業同業公會	同	右	杜晉侯	12	改組
清江縣樟樹鎮京菓商業同業公會	同	右	謝志豪	15	改組
清江縣樟樹鎮糧食商業同業公會	同	右	滕永先	8	改組
清江縣樟樹鎮旅店商業同業公會	同	右	曾步陞	53	改組
清江縣樟樹鎮煤炭商業同業公會	同	右	[illegible]益齋	5	改組
清江縣樟樹鎮黃烟商業同業公會	同	右	徐俊卿	19	改組
清江縣樟樹鎮酒商業同業公會	同	右	余晉祜	15	改組
清江縣樟樹鎮木商業業公會	同	右	余行清	9	改組
清江縣樟樹鎮糧食商業同業公會	同	右	楊輝山	47	改組
清江縣樟樹鎮綢布百貨商業同業公會	同	右	張鑫生	32	改組
清江縣樟樹鎮木器商業同業公會	同	右	李森輝	39	改組
清江縣樟樹鎮對聯商業同業公會	同	右	譚義山	10	改組
清江縣樟樹鎮屠宰商業同業公會	同	右	王乾誠	31	改組
清江縣樟樹鎮草紙商業同業公會	同	右	鄧金仁	17	改組
清江縣樟樹鎮山貨商業同業公會	同	右	謝攻玉	31	改組
清江縣樟樹鎮西藥商業同業公會	同	右	杜繼昌	3	改組
清江縣樟樹鎮豆腐商業同業公會	同	右	劉林華	13	改組
鉛山縣綢布商業同業公會	三〇年一月三一日	右	張斯寀	9	改組

鉛山縣國藥商業同業公會	同	右	林建章	10	改組
鉛山縣南貨商業同業公會	同	右	詹槐友	17	改組
峽江縣百貨商業同業公會	同	右	陳煥泉	19	改組
峽江縣屠宰商業同業公會	同	右	金申愛	10	改組
峽江縣酒商業同業公會	商	右	陳培聰	13	改組
峽江縣雜貨商業同業公會	三〇年一月三一日		宣秉銓	12	改組
峽江縣國藥商業同業公會	同	右	席子香	10	改組
峽江縣糧食商業同業公會	同	右	毛文齋	67	改組
峽江縣山貨商業同業公會	同	右	廖九江	29	改組
萬年縣綢布商業同業公會	同	右	梁祥圖	21	改組
萬年縣糧食同業商業公會	同	右	孔大同	19	改組
萬年縣南貨商業同業公會	同	右	張有林	38	改組
萬年縣國藥商業同業公會	同	右	孫禹三	11	改組
萬年縣屠宰商業同業公會	同	右	張加奎	15	改組
萬年縣京果商業同業公會	同	右	饒品芳	7	改組
萬年縣石鎮綢布商業同業公會	同	右	胡煜芝	26	改組
萬年縣石鎮南貨商業同業公會	同	右	張敬孚	16	改組
萬年縣石鎮屠宰商業同業公會	同	右	張克機	10	改組
萬年縣石鎮糧食商業同業公會	同	右	胡欽明	50	改組
萬年縣石鎮菸商業同業公會	同	右	徐棟陽	7	改組

	萬年縣石鎮木商業同業公會	同右	丁金書	13	改選
安徽	歙縣商會	三〇年三月十八日	江遠波	9	改選
福建	古田縣商會	三〇年一月八日	陳光燦	231	改組
	永定縣坎市鎮商會	三〇年一月三日	雷震濤	37	改選
	古田縣平湖鎮商會	三〇年二月一八日	林志濡	113	改選
	仙遊縣楓亭鎮商會	三〇年三月一五日	薛瑞永	138	改選
	羅源縣商會	三〇年三月二〇日	游榮華	45	改選
	福清縣商會	三〇年三月二五日	何友家	38	改組
	松溪縣裁縫商業同業公會	三〇年一月三日	羅炳發	30	改組
	建甌縣雜貨商業同業公會	三〇年一月六日	劉子卿	26	組織
	建甌縣棉花商業同業公會	三〇年一月七日	劉富堯	45	組織
	建甌縣茶商業同業公會	三〇年一月七日	楊子良	101	改組
	建甌縣裁縫商業同業公會	同右	黃子高	97	改組
	建甌縣銀器商業同業公會	三〇年一月一六日	徐觀濤	28	組織
	閩清縣瓷商業同業公會	三〇年二月三日	黃發淮	53	改組
	閩清縣業[illegible]商業同業公會	同右	鄭珍幹	17	改組
	連江縣酒商業同業公會	三〇年二月一四日	陳恒棠	33	改組
	連江縣京果商業同業公會	同右	林同	26	改組
	連江縣國參商業同業公會	同右	林啓白	9	改組
	連江縣醬園商業同業公會	同右	朱一明	12	改組
	連江縣木商業同業公會	同右	鄭慶良	26	同右
	連江縣綢布商業同業公會	同右	鄭敦杰	5	同右
	連江縣屠宰商業同業公會	同右	吳昌廷	28	同右
	同安縣糧食商業同業公會	同右	曾朝木	78	整理
	同安縣粉麵商業同業公會	三〇二月八日	陳德春	11	整理
	同安縣油商業同業公會	同右	莊溫嘉	14	整理
	同安縣葱商業同業公會	同右	高子壽	10	整理
	同安縣酒商業同業公會	同右	汪小柏	10	整理
	同安縣雜貨商業同業公會	同右	張再發	17	整理
	同安縣綢布商業同業公會	同右	楊基源	18	整理
	同安縣京果商業同業公會	同右	楊文相	29	整理
	同安縣茶商業同業公會	同右	王競新	8	整理
	同安縣竹篾商業同業公會	同右	曾上達	26	整理
	同安縣首飾商業同業公會	同右	陳丕譜	11	整理
	同安縣糕餅商業同業公會	同右	邵志誠	72	整理
	古田縣平湖鎮屠宰商業同業公會	同右	林政康	22	改組
	古田縣平湖鎮紅楠商業同業公會	同右	林瑞堂	32	改組
	古田縣平湖鎮國藥商業同業公會	同右	蘇誠中	16	改組
	古田縣平湖鎮糕餅商業同業公會	同右	胡貞璋	15	改組
	古田縣平湖鎮百貨商業同業公會	同右	蘇光禧	21	改組

古田縣平湖鎮燒酒商業同業公會	同	右	李廷廉	25	改組
尤溪縣醬園菸商業同業公會	同	右	張培熾	11	組織
南平縣圖書教育用品商業同業公會	同	右	陳協祥	9	組織
詔安縣魚商業同業公會	同	右	沈德	22	組織
詔安縣青菓商業同業公會	同	右	林近龍	13	改組
詔安縣紙商業同業公會	三〇年二月一八日	右	許亨文	27	改組
詔安縣屠宰商業同業公會	同	右	沈啞狗	22	改組
詔安縣國藥商業同業公會	同	右	許榮奎	27	改組
詔安縣糧食商業同業公會	同	右	楊國榮	42	改組
詔安縣酒商業同業公會	同	右	沈詠崖	23	改組
詔安縣京菓商業同業公會	同	右	曾永桂	18	改組
詔安縣綢布商業同業公會	同	右	沈榮彬	14	改組
詔安縣棉商業同業公會	同	右	沈錫璜	59	改組
詔安縣菸商業同業公會	同	右	沈金藤	21	改組
詔安縣百貨商業同業公會	同	右	林海秋	22	改組
建甌縣綢布商業同業公會	三〇年二月二六日	右	周通輝	52	組改
建甌縣傘商業同業公會	同	右	謝俊宇	12	組織
連城縣姑田鎮百貨商業同業公會	同	右	沈永先	51	整理
尤溪縣屠宰商業同業公會	同	右	朱廷格	43	組織
福清縣魚貨商業同業公會	同	右	陳永棠	45	組織

福清縣裁縫商業同業公會	同	右	宋友泰	12	組織
福清縣菜館商業同業公會	同	右	張利金	7	組織
福清縣旅館商業同業公會	三〇年二月二七日	右	陳武清	7	組織
福清縣蒔菓商業同業公會	同	右	鄭登官	20	組織
福清縣醬園商業同業公會	同	右	陳鴻章	7	組織
福清縣餅商業同業公會	同	右	丁鳳章	10	組織
福清縣麵商業同業公會	同	右	吳紹祥	17	組織
福清縣鞋商業同業公會	同	右	陳廉銀	11	組織
福清縣竹器商業同業公會	同	右	王榮曾	13	組織
福清縣油商業同業公會	同	右	林和鳴	55	組織
福清縣圖書教育用品商業同業公會	同	右	林修聖	5	組織
福清縣木商業同業公會	同	右	周偉謨	10	組織
東山縣典當商業同業公會	三〇年二月二八日	右	高夢蕭	3	組織
松溪縣茶商業同業公會	三〇年三月一一日	右	鄧壽奇	22	組織
寧德縣鮮菜商業同業公會	三〇年三月一五日	右	林秋生	17	改組
寧德縣魚商業同業公會	同	右	黃育仁	30	改組
寧德縣糧食商業同業公會	同	右	黃昌文	19	改組
寧德縣酒商業同業公會	同	右	馬振鵬	15	改組
漳浦縣海味商業同業公會	同	右	王牛	40	組織
永吉縣綢布商業同業公會	三〇年三月三〇日	右	龍仰雲	46	改組

水吉縣國藥商業同業公會	同右	李耀光	17	改組
水吉縣屠宰商業同業公會	同右	謝晉亭	72	改組
水吉縣百貨商業同業公會	同右	陳日榮	30	改組
水吉縣麵餅商業同業公會	同右	林上碧	63	組織
水吉縣菜商業同業公會	同右	羅光煜	67	改組
水吉縣京果商業同業公會	三〇年三月二〇日	劉珍甫	36	改組
羅源縣糧食商業同業公會	同右	林瑞文	10	改組
羅源縣布商業同業公會	同右	蘇祥昌	21	改組
羅源縣國藥商業同業公會	同右	張鼎鐘	10	改組
羅源縣餅麵商業同業公會	同右	黃德昇	43	改組
羅源縣茶商業同業公會	同右	傅益福	11	改組
羅源縣醬園商業同業公會	同右	鄒蔚蘭	9	改組
羅源縣魚商業同業公會	同右	陳啓增	41	改組
羅源縣酒商業同業公會	同右	廖永錠	13	改組
羅源縣菸商業同業公會	同右	陳漢章	10	改組
福清縣綢布商業同業公會	同右	何希勇	9	改組
福清縣理髮商業同業公會	同右	劉桑	19	改組
福清縣國藥商業同業公會	同右	郭茂堂	19	改組
福清縣京果商業同業公會	同右	林家松	18	改組
寧德縣茶輸出商業同業公會	三〇年三月一五日	林逵夫	29	改組

四、社會部核准備案之青年婦女教育團體一覽表

1. 社會部核准備案之婦女會一覽表（三十年一月至三月）

省市別	團體名稱	核准備案日期	重要負責人	會員數	備註
浙江	鄞縣婦女會	三十年一月三日	烏宗清	五三二	改選
	雲和縣婦女會	三〇年一月三日	黃貴珍	一一〇	改選
	奉化縣婦女會	同上	陳志堅	四〇	改選
	磐安縣婦女會	三〇年二月六日	黃競男	四四	
	武義縣婦女會	三〇年一月二十八日	程馥蘭	九七	改選
福建	閩侯縣婦女會	三〇年一月三日	梁啓譜	一二〇	改選
	長樂縣婦女會	同上	林鼎鈺	一〇〇	改選
	霞浦縣婦女會	三〇年二月	胡偉英	七四	改選
	崇安縣婦女會	三〇年二月二十二日	高月	四一	
湖南	桂東縣婦女會	三〇年一月三日	梅棣蘅	二二	
	湘潭縣婦女縣	三〇年一月四日	黃修敬	五〇	改選
四川	奉節縣婦女會	三〇年一月十五日	張纖[illegible]	四五	
	自貢市婦女會	同上	馬聯輝	三五	改選

	羅江縣婦女會	三〇年一月廿八日	葉廣琮	七三	
	鹽亭縣婦女會	三〇年一月十八日	饒文宣	六八	改選
	武勝縣婦女會	三〇年二月廿一日	姜鴻傑	七九	
	威遠縣婦女會	三〇年二月廿二日	歐陽清	一〇二	改選
	南溪縣婦女會	三〇年二月廿一日	溫竹軒	二一〇	
	屏山縣婦女會	同上	蔣冰一	一五八	
	崇寧縣婦女會	三〇年三月	宋文玉	五四	改選
河南	項城縣婦女會	三〇年一月十八日	唐錦如	三二	
	郾城縣婦女會	同上	潘秀蓉	一二五	
	沈邱縣婦女會	同上	李玉珍	一五一	
	南召縣婦女會	同上	鄭碧雲	五七	改選
	經扶縣婦女會	同上	趙書琴	三八	
	臨汝縣婦女會	同上	李芝君	六八	改選
	新蔡縣婦女會	三〇年二月二十四日	劉孟章	一二〇	
	密縣婦女會	同上	李義貞		整理
	登封縣婦女會	同上	焦景澍	七五	改選
	魯山縣婦女會	同上	李友梅	四八	改組
	確山縣婦女會	三〇年三月廿一日	劉樹梅	六四	改選
	洛寧縣婦女會	同上	王雲慶	六八	改選
廣西	昭平縣婦女會	三十年一月	黎涉綸		
	陽朔縣婦女會	同上	侯秀清	一三〇	
	靖西縣婦女會	三〇年二月	陸志權	一二〇	整理
	左縣婦女會	三〇年三月	王華英	六六	
	貴縣婦女會	同上	李喬仙	八二	
	武宣縣婦女會	同上	黎秀珍	一二〇	改組成立
	桂平縣婦女會	同上	陸瑤琮	七七	改組成立
	橫縣婦女會	同上	韋淑貞	二三五	改選
貴州	習水縣婦女會	三〇年二月廿五日	裴鳳昭	五七	
	三穗縣婦女會	三〇年三月八日	張碧梧	五三	
江西	萬年縣婦女會	三〇年三月		七一	
	蓮花縣婦女會	同上		五〇	
	新喻縣婦女會	同上		五七	
	南城縣婦女會	同上		六八	
	廣豐縣婦女會	同上		區婦女會三	
	婺源縣婦女會	同上		七三	
	餘江縣婦女會	同上		二三一	
	寧都縣婦女會	同上		一〇五	

五、社會部核准備案之教育會一覽表（三十年一月至三月）

省市別	團體名稱	核准備案日期	重要負責人	會員數	備註
四川	屏山縣教育會	三〇年一月三〇日	郭藏先	三二	
	樂至縣第三區教育會	仝上	姚源泉	六四	
	樂至縣第二區教育會	仝上	曾選三	五〇	
	樂至縣第一區教育會	仝上	黃天祿	六四	
	鹽亭縣教育會	仝上	李超軍	區教育會三	
	南溪縣教育會	仝上	楊國光	二三八	
	南溪縣第一區教育會	同上	陳潤除	八七	
	南溪縣第二區教育會	同上	李楊亭	六一	
	南溪縣第三區教育會	同上	周昌緘	九〇	
	郫縣教育會	同上	聶文甫	二七一	
	郫縣第一區教育會	同上	潘士璪	九九	
	郫縣第二區教育會	同上	鍾清萍	一〇五	
	郫縣第三區教育會	同上	趙懿誠	六七	
	崇慶縣教育會	仝上	江一清	一八四	改選
	蒲江縣教育會	仝上	高舉三	區教育會三	改選
	大竹縣教育會	同上	胡子煦	一〇八七	
	梓潼縣第三區教育會	三〇年二月十五日	武精一	九二	
	巫溪縣教育會	仝上	姚欽明	區教育會四	
	大邑縣第三區教育會	三〇年二月十八日	李家燦	四三	
	崇慶縣第一區教育會	仝上	黃子洸	七六	
	崇慶縣第二區教育會	仝上	羅軍國	五四	
	崇慶縣第三區教育會	仝上	蕭曉秋	五四	
	忠縣第一區教育會	三〇年三月四日	陳子德	一〇六	
	忠縣第二區教教會	仝上	吳永源	六三	
	忠縣第四區教育會	仝上	劉德定	一四二	
	忠縣縣教育會	仝上	汪心偉	區教育會四	
	彰明縣教育會	三〇年三月十日	黃傑凡	一〇九	
	彰明縣第一區教育會	仝上	文漢傑	三七	
	彰明縣第二區教育會	仝上	朱澤生	二八	
	彰明縣第三區教育會	仝上	徐叔平	四四	
湖南	長沙縣大賢區教育會	三〇年一月六日	沈宗澤	四七	
	衡山大橋鄉教育會	三〇年一月廿四日	劉樹偉	三八	
	長沙縣五美區教育會	三〇年二月十五日	歐叔沌	八三	
	衡陽縣第一學區教育會	三十年三月四日	郭湘	四九	
	衡陽縣第二學區教育會	仝上	朱梁	一五一	
	衡陽縣第四學區教育會	仝上	常泰漢	二九	
	衡陽縣第五學區教育會	仝上	顏雲龍	四一	
	衡陽縣第六學區教育會	仝上	魏文健	一三九	
	衡陽縣第七學區教育會	仝上	方武蘭	一一〇	

衡陽縣第八學區教育會	同上	王清柏	三九	
衡陽縣第十學區教育會	同上	王秦鐘	四四	
衡陽縣第十一學區教育會	同上	周斌	四九	
衡陽縣第十三學區教育會	同上	劉炳廷	三二	
衡陽縣第十四學區教育會	同上	袁駿	七〇	
衡陽縣第十六學區教育會	同上	賀利見	七二	
貴州 綏陽縣第四區教育會	三〇年一月十一日	楊盛材	二四	
福建 永春縣第三區教育會	三〇年一月九日	劉其玉	五七	
建甌縣教育會	三十年一月十七日	余過時	區教育會三	
建甌縣第一區教育會	同上	余仰斗	六二	
建陽縣第一區教育會	三〇年二月十五日	陳寶箴	四八	整理
建陽縣第三區教育會	同上	王啓煒	三五	整理
建陽縣教育會	三〇年三月十五日	王啓煒	區教育會三	改選
崇安縣第三區教育會	三十年三月廿四日	劉兆禎	三三	改選
崇安縣第四區教育會	同上	藍肇鑄	一八	改選
江蘇 高淳縣教育會	三〇年一月十日		一五一	
廣東 恩平縣第三區教育會	三〇年一月十八日	梁鼎漢	四一	
興寧縣教育會	同上	林其元	區教育會十四	
乳源縣第一區教育會	同上	丘廷漢	三三	
五華縣第一區教育會	同上	陳曾綰	二七四	

紫金縣教育會	三〇年三月三日	黃新五	九四	整理
高明縣教育會	同上	麥戒欺	一二三	改組
恩平縣教育會	同上	梁彥材	區教育會四	
陝西 澄城縣第一區教育會	三〇年二月一日	雷志剛	九〇	
澄城縣第二區教育會	同上	楊儁	一六一	
澄城縣第三區教育會	同上	蘇潤海	五二	
澄城縣第四區教育會	同上	魏志邦	六二	
醴泉縣第二區教育會	同上	荀俊士	[illegible]〇	
醴泉縣第一區教育會	同上	張思敬	四六	
醴泉縣第三區教育會	同上	秋維敬	四五	
河南 衙縣教育會	三〇年二月十日	錢際榮	四五八	整理
廣西 果德縣教育會	三〇年二月一日	廖敏宗	五〇	
岑溪縣義東鄉教育會	三〇年三月十日	覃汝諧	一三二	
岑溪縣古味鄉教育會	同上	韋儒詔	二五	
岑溪縣六村鄉教育會	同上	曾慶脊	三八	
岑溪縣大平鄉教育會	同上	李樹華	四七	
岑溪縣義羅鄉教育會	同上	陳佑國	二八	
浙江 衢縣第一區教育會	三〇年二月〇五日	江德明	四七	
甘肅 永靖縣第三區教育會	三〇年三月一日	五進祿	二五	

社會部核准備案之學生自治會一覽表（三十年一月至三月）

省市別　團體名稱	核准備案日期	重要負責人	會員數	備註
湖南漢壽撤雲高級農業學校學生自治會	三〇年一月廿三日	王升	二二三	
衡陽新民中學校學生自治會	三〇年三月四日	歐陽中柱	四〇〇	改選
衡陽船山中學校學生自治會	同上	楊樹棠	五八〇	改選
衡陽成章中學校學生自治會	同上	劉桂亭	七九六	改選
貴州省立安順實用職業學校學生自治會	三〇年一月二日	李映	二〇四	改選
安順縣立女中校學生自治會	同上	蕭懸思	一四四	改選
省立安順中學校學生自治會	同上	劉國璋	四一六	改選
銅江初級中學校學生自治會	三〇年一月三日	楊再蔚	一四〇	
石阡縣立初級中學校學生自治會	三〇年一月十四日	楊開智	一七八	
仁懷縣立簡易師範學校學生自治會	三〇年一月十五日	陳繼陶	一〇五	
貴陽縣正誼初中學校學生自治會	三〇年二月十四日	鄭廷輝	一七六	改選
四川屏山縣立簡易鄉村師範學生自治會	三〇年一月卅一日	梁公民	一五四	
彰明縣初級中學校學生自治會	三〇年三月一日	鍾興梁	一五一	
福建私立福建協和學院附屬高級農校學生自治會	三〇年一月三日	范經	四五	
古田縣立超古中學生學自治會	同上	阮紹詳	三〇〇	改選
大田縣立初級中學學生自治會	三〇年一月十八日	程學優	一九〇	改選
古田縣私立陶淑女子中學學生自治會	三〇年二月三日	陳惠玉	三二一	
古田縣尋珍初級女子中學學生自治會	同上	齊淑珠	一八七	
雲霄縣立中學學生自治會	同上	吳雲璪	三六一	改組
古田縣史伯華中學學生自治會	同上	黃奇逢	三〇六	改選
省立長汀中學學生自治會	三〇年二月七日	黃為棠	五一七	
長汀縣立中學學生自治會	同上	李郁材	二四五	
古田毓馨女子中學學生自治會	同上	林珠容	八六	
崇德縣立初中學生自治會	三〇年二月廿四日	左夷珈	一三三	
霞浦縣立中學學生自治會	同上	陶家楨	二九〇	改選
福清縣私立毓貞女子中學生自治會	三〇年三月廿九日	陳弈嬌	一九六	
福清縣明義中學學生自治會	三〇年三月十九日	陳伯康	二四三	
福清私立融美初中學生自治會	三〇年三月廿六日	張其瑶	一五一	
福清惠樂業高級助產職業學校學生自治會	同上	陸愛仙	一九	
廣東博羅縣立初級中學學生自治會	三〇年一月廿二日	李振邦	五一	改選
河源縣立中學學生自治會	三〇年三月四日		一八七	改選
浙江省立金華師範學校學生自治會	三〇年一月廿四日	江振威	五〇	
河南私立安陽斌實中學學生自治會	三〇年二月廿六日		一八二	

社會部核准備案之特種團體一覽表 廿九年十一月至三十年三月

團體名稱	類別	核准備案日期	所在地	會員人數	備考
陝西省城固縣兵體育會	體育衛生	廿九年十一月廿九日	城固縣教育局	男六五 九	
浙江省衢縣律師公會	自由職業	廿九年十一月廿九日	衢縣楊家巷四巷		
福建省建湯縣興化旅湯同鄉會	公益	廿九年十一月廿九日	建湯縣城內	男一〇六	
福建省順昌縣上鎮汀屬八縣旅洋同鄉會	公益	廿九年十一月廿九日	順昌縣上洋鎮下科	男一四四 女三	
四川省開縣體育會	體育衛生	廿九年十二月三日	開縣中山公園	男四九 五	
浙江省江山縣中醫公會	自由職業	廿九年十二月三日	江山縣城內柴家塘頂	男五六	
湖南省益陽縣湘陰同鄉會	公益	廿九年十二月三日	益陽縣鱗興鎮羅湘賓館上首	男三五 女一五	
福建省晉江縣溫州旅泉同鄉會	公益	廿九年十二月二日	晉江縣牛山南路四六六	男六二四	
福建省南靖縣永定旅靖同鄉會	公益	廿九年十二月三日	南靖縣城區南通路	男八一	
中國回教救國協會湖南省漢壽縣支會	抗敵	廿九年十二月三日	漢壽縣東門外大藥局禮拜堂	男二〇四	
福建省建甌縣律師公會	自由職業	廿九年十二月三日	建甌縣城西大街	男二七	
中法比瑞文化協會浙江省分會	國際文化	廿九年十二月川日	麗水通訊處當設中國文化建設協會浙江分會內	男二七 女三	
福建省建甌縣出獄人保護會	公益	廿九年十二月三日	建甌縣建治前	男四九三	
甘肅省金塔縣佛教居士林	宗教	廿九年十二月三日	金塔縣城外龍王廟	男二三 女三五	
甘肅省金塔縣佛教會	宗教	廿九年十二月三日	金塔縣城內無量廟	男二三八	
甘肅省金塔縣道教會	宗教	廿九年十二月三日	無	男三三	
雲南省中國青年救亡工作團	抗敵	廿九年十二月三日	無	負責人李孟秦	該團組織赴前線工作
湖南省湘潭縣衡陽同鄉會	公益	廿九年十二月五日	湘潭縣上自治街同福堂	男二四〇 女六〇	
湖南省茶陵縣江西同鄉會	公益	廿九年十二月六日	茶陵縣江西會館	男二二六	
福建省南靖縣兵役協會	兵役	廿九年十二月十一日	南靖縣城內	男一九	
福建省兵役協會	兵役	廿九年十二月十一日	永安大街二四號	男四九	
福建省建寧縣兵役協會	兵役	廿九年十二月十一日	建寧縣黨部	男三二	
上海市四維同志會	抗敵	廿九年十二月十四日	密	密	
湖南省湘潭縣廣東同鄉會	公益	廿九年十二月十四日	湘潭縣城	男二三二 女八	
福建省邵武縣回教救國支會	抗敵	廿九年十二月十八日	邵武縣東門城內回回堂	男九八	
湖南省漢壽縣卜相從業人抗敵救國會	救國	廿九年十二月廿一日	漢壽縣東門外許家巷三皇宮	男五三	
湖南省攸縣來常安鄠五邑同鄉會	公益	廿九年十二月廿一日	攸縣學城陽泗廟	男二五四	
湖南省攸縣長縣九邑同鄉會	公益	廿九年十二月廿一日	攸縣南城同仁會館	男一〇九 女五	
四川省雙流縣兵役協會	兵役	廿九年十二月廿一日	無	男九	
四川省廣漢縣兵役協會	兵役	廿九年十二月廿一日	無	男七八	
四川省理番縣兵役協會	兵役	廿九年十二月廿一日	無	男四〇七	
四川省犍為縣兵役協會	兵役	廿九年十二月廿一日	無	男六四	
四川省峩邊縣兵役協會	兵役	同右	無	男五七	
四川省安岳縣兵役協會	兵役	同右	無	男五一	
四川省新津縣兵役協會	兵役	同右	無	男一一八	
四川省古藺縣兵役協會	兵役	同右	無	男七四〇	該縣兵役會員人數連同各保會員如上數

四川省忠縣兵役協會	兵役	同右	無	男一九八 三	該縣兵役會委人數連同各鄉會員如上數
四川省江津縣兵役協會	兵役	同右	無	男三七	
四川省什邡縣兵役協會	兵役	同右	無	男一三五	
四川省樂至縣兵役協會	兵役	同右	無	男五一七	該縣兵役會員人數連同各鄉鎮會員如上數
四川省洪雅縣兵役協會	兵役	同右	無	男一七五	同右
四川省江油縣兵役協會	兵役	同右	無	男一六一	同右
陝西省平利縣回教救國協會	抗敵	廿九年十二月廿一日	無	男九	
戲劇專科學校校友會重慶分會	學術	廿九年十二月三十日	重慶市純陽洞中國電影製片廠應雲衛轉	男一二	
四川省新津縣中醫公會	自由職業	卅年一月二日	新津縣範路街湯壽藥房	男七六	
四川省崇寧縣道教會	宗教	卅年一月四日	崇寧縣北街火神廟	男三九	
四川省射洪縣中醫公會	自由職業	卅年一月二日	射洪縣城內下正街一五	男一一八	
四川省天主教徒抗敵服務團平武支團	抗敵	卅年一月四日	平武縣天主堂	男一一二 女一四	
四川省回教救國協會理番縣支會	宗教	同右	理番縣威洲清真寺	男五〇 女三	
浙江省嵊縣衛生協進會	學術	卅年一月六日	嵊縣黨部	男四七 女四	
浙江省奉化縣佛教分會	宗教	卅年一月七日	奉化縣城外下塔封院	男三〇〇	
浙江省龍游縣佛教分會	同右	同右	龍游縣城內靈耀寺	男一一一	
廣東省興寧縣兵役協會	同右	同右	無	男七三	

廣東省英德縣兵役協會	同右	同右	無	男一四八	該會兵役會員人數連同各鄉會員人數如上
廣東省乳源縣兵役協會	同右	同右	無	男三七	
廣東省惠來縣兵役協會	同右	同右	無	男六二四	
廣東省恩平縣兵役協會	同右	同右	無	男一〇九	
廣東省海豐縣兵役協會	同右	同右	無	男二四	
廣東省饒平縣兵役協會	同右	同右	無	男一一	
廣東省羅定縣兵役協會	同右	同右	無	男五〇	
廣東省高要縣兵役協會	同右	同右	無	男七四	
廣東省封川縣兵役協會	同右	同右	無	男二五	
甘肅省張掖縣道教會	宗教	同右	無		
廣東省普寧縣兵役協會	兵役	同右	無	男二三	
廣東省高明縣兵役協會	同右	同右	無	男六九 女三	
廣東省博羅縣兵役協會	同右	同右	無	男二四	
廣東省雲浮縣兵役協會	同右	同右	無	男三二	
廣東省鬱南縣兵役協會	同右	同右	無	男一一三	
廣東省興寧縣兵役協會	同右	同右	無	男七三	
廣東省英德縣兵役協會	同右	同右	無	男一四八	該縣兵役會員人數連同各鄉會員人數如上
廣東省乳浮縣兵役協會	同右	同右	無	男三七	

廣東省惠來縣兵役協會	同右	同右	無	男六二四	
廣東省恩平縣兵役協會	同右	同右	無	男一〇九	
廣東省海豐縣兵役協會	同右	同右	無	男二四	
廣東省饒平縣兵役協會	同右	同右	無	男一一	
廣東省羅定縣兵役協會	同右	同右	無	男五〇	
廣東省高要縣兵役協會	同右	同右	無	男七四	
廣東省封川縣兵役協會	同右	同右	無	男二五	
廣東省鶴山縣兵役協會	同右	同右	無	男五二	該縣兵役會員人數連同各鄉會員人數如上
廣東省德慶縣兵役協會	同右	同右	無	男二二	
廣東省紅化縣兵役協會	同右	同右	無	男四七	
廣東省龍門縣兵役協會	同右	同右	無	男四九	
廣東省五華縣兵役協會	同右	同右	無	男一一八	該縣兵役會員人數連同各鄉會員人數如上
廣東省曲江縣兵役協會	同右	同右	無	男四八四	同右
廣東省樂昌縣兵役協會	同右	同右	無	男七八	
廣東省始興縣兵役協會	同右	同右	無	男五七	
浙江省新昌縣體育會	同右	同右	新昌縣南明小學	男七七 女五	
福建省延賢縣福州旅雅同鄉會	公益	卅年一月十日	延賢縣南雅鎮	男一二〇	改選
中國國民外交協會順化分會	國際文化	同右	無		
陝西省節約儲蓄實踐會	公益	卅年一月十三日	陝西省黨部	男一二	

東北抗敵建國協進會甘肅省分會	同右	卅年一月廿一日			
貴州省鳳岡縣道教會	宗教	同右	鳳岡縣城外玄天觀	男一一五	
東北青年學會廣元分會	文化	同右	黃元第二模範廠	男三二	
東北抗戰建國協會雲南分會	抗敵	同右		男五一	
福建省福清縣律師公會	自由職業	同右	福清縣高巷陳祠	男一八	
福建省福清縣中醫公會	同右	同右	福清縣城陳深巷	男四九	
陝西省城固縣國術研究會	體育	卅年一月廿四日	城固縣新街三七號	男四八 女三	
貴州省文化促進會	文化	卅年一月廿七日	安順縣北門外紫家巷	男一五八	
貴州省安順縣卜相從業人救國會	抗敵	同右	安順四馬路	男五一	
福建省永泰縣中醫公會	自由職業	卅年二月一日	永泰縣中山路	男二五	
浙江省蘭谿縣紹屬七邑同鄉會	公益	同右	蘭谿縣南門外越郡公所	男九三 女二	
西康省瀘縣兵役協會	兵役	卅年二月五日	無	男一〇四	
四川省金堂縣體育會	體育	同右	金堂縣民衆教育館	男二八 女五	
四川省大竹縣體育會	同右	同右	大竹縣黨部	男二八 女四七	
貴州省石阡縣兵役協會	兵役	同右	石阡縣黨部	男七八	
江西省永修縣兵役協會	同右	同右	無	男一七六	
江西省永修縣寮溪鄉兵役協會	同右	同右	無	男一七	
江西省永修縣南崇鄉兵役協會	同右	同右	無	男一七	
江西省永修縣九合鄉兵役協會	同右	同右	無	男一一	
江西省永修縣三角鄉兵役協會	同右	同右	無	男一六	

江西省永修縣灘溪鄉兵役協會	同右	同右	無	男一五
江西省永修縣雲山鄉兵役協會	同右	同右	無	男一九
江西省永修縣楊涵鄉兵役協會	同右	同右	無	男一六
江西省永修縣馬口鄉兵役協會	同右	同右	無	男一八
江西省永修縣白槎鄉兵役協會	同右	同右	無	男一八
江西省永修縣拖欄鄉兵役協會	同右	同右	無	男一六
江西省永修縣驛南鄉兵役協會	同右	同右	無	男二九
江西省安遠縣兵役協會	同右	同右	無	男三一
江西省安遠縣街坊鎮兵役協會	同右	同右	無	男一八
江西省安遠縣濂江鄉兵役協會	同右	同右	無	男一八
江西省安遠縣古田鄉兵役協會	同右	同右	無	男一九
江西省安遠縣永安鄉兵役協會	同右	同右	無	男二四
江西省安遠縣上濂鄉兵役協會	同右	同右	無	男一七
江西省安遠縣修田鄉兵役協會	同右	同右	無	男一七
江西省安遠縣平安鄉兵役協會	同右	同右	無	男一八
江西省安遠縣太平鄉兵役協會	同右	同右	無	男一六
江西省安遠縣龍泉鄉兵役協會	同右	同右	無	男一五
江西省安遠縣新田鄉兵役協會	同右	同右	無	男一五
江西省安遠縣版石鎮兵役協會	同右	同右	無	男一六
江西省安遠縣龍頭鄉兵役協會	同右	同右	無	男一一

江西省安遠縣江頭鄉兵役協會	同右	同右	無	男一三
江西省安遠縣連頭鄉兵役協會	同右	同右	無	男一六
江西省廣豐縣兵役協會	同右	同右	無	男一三六
江西省廣豐縣石洋鄉兵役協會	同右	同右	無	男一〇五
江西省廣豐縣河源鄉兵役協會	同右	同右	無	男九五
江西省廣豐縣南屏鄉兵役協會	同右	同右	無	男五四
江西省廣豐縣新民鄉兵役協會	同右	同右	無	男三二
江西省廣豐縣管材鄉兵役協會	同右	同右	無	男一八
江西省廣豐縣石柱鄉兵役協會	同右	同右	無	男九
江西省廣豐縣紫峯鄉兵役協會	同右	同右	無	男三六
江西省廣豐縣杉溪鎮兵役協會	同右	同右	無	男一七
江西省廣豐縣雙溪鄉兵役協會	同右	同右	無	男二八
江西省廣豐縣西吟鄉兵役協會	同右	同右	無	男一五
江西省廣西縣天柱鄉兵役協會	同右	同右	無	男一二
江西省廣豐縣沙田鄉兵役協會	同右	同右	無	男九
江西省廣豐縣桐板鄉兵役協會	同右	同右	無	男一一
江西省廣豐縣下鋪鄉兵役協會	同右	同右	無	男一七
江西省廣豐縣吉峯鄉兵役協會	同右	同右	無	男一七
江西省廣豐縣五部鎮兵役協會	同右	同右	無	男九
江西省廣豐縣盤領鄉兵役協會	同右	同右	無	男九

江西省廣豐縣清峯鄉兵役協會	同右	同右	無	男八
江西省廣豐縣霞坊鄉兵役協會	同右	同右	無	男一七
江西省廣豐縣視溪鄉兵役協會	同右	同右	無	男九
江西省廣豐縣東山鄉兵役協會	同右	同右	無	男一〇
江西省廣豐縣洋北鄉兵役協會	同右	同右	無	男九
江西省廣豐縣洋口鎮兵役協會	同右	同右	無	男一〇
江西省廣豐縣大南鄉兵役協會	同右	同右	無	男一一
江西省廣豐縣吳村鄉兵役協會	兵役	同右	無	男二三
江西省廣豐縣觀音鄉兵役協會	兵役	同右	無	男一五
江西省廣豐縣壹橋鄉兵役協會	兵役	同右	無	男二〇
江西省廣豐縣湖圍鄉兵役協會	兵役	同右	無	男一八
江西省廣豐縣呈師鄉兵役協會	兵役	同右	無	男一八
江西省廣豐縣浮梁鄉兵役協會	兵役	同右	無	男八四
江西省廣豐縣南安鄉兵役協會	兵役	同右	無	男一九
江西省廣豐縣新平鄉兵役協會	兵役	同右	無	男一八
江西省廣豐縣墩口鄉兵役協會	兵役	同右	無	男一三
江西省廣豐縣里仁鄉兵役協會	兵役	同右	無	男二一
江西省廣豐縣天寶鄉兵役協會	兵役	同右	無	男一五
江西省廣豐縣東埠鄉兵役協會	兵役	同右	無	男一七
江西省廣豐鄉二龍鄉兵役協會	兵役	同右	無	男一四

江西省廣豐縣福西鄉兵役協會	兵役	同右	無	男一一
江西省吉安縣兵役協會	兵役	同右	無	男二九
江西省吉安縣文諧鄉兵役協會	兵役	同右	無	男二五
江西省吉安縣三江鄉兵役協會	兵役	同右	無	男二三
江西省吉安縣龍盤鄉兵役協會	兵役	同右	無	男二〇
江西省吉安縣武陵鄉兵役協會	兵役	同右	無	男二〇
江西省吉安縣金培鄉兵役協會	兵役	同右	無	男二一
江西省吉安縣天華鄉兵役協會	兵役	同右	無	男二三
江西省吉安縣青東鄉兵役協會	兵役	同右	無	男二三
江西省吉安縣楡林鄉兵役協會	兵役	同右	無	男一九
江西省吉安縣橫江鄉兵役協會	兵役	同右	無	男一九
江西省吉安縣墩厚鄉兵役協會	兵役	同右	無	男一五
江西省吉安縣曲瀨鄉兵役協會	兵役	同右	無	男一六
江西省吉安縣四紅鄉兵役協會	兵役	同右	無	男一五
江西省吉安縣永和鄉兵役協會	兵役	同右	無	男一四
江西省吉安縣白沙鄉兵役協會	兵役	同右	無	男一四
江西省吉安縣瓊林鄉兵役協會	兵役	同右	無	男一六
江西省吉安縣大洲鄉兵役協會	兵役	同右	無	男一七
江西省吉安縣三益鄉兵役協會	兵役	同右	無	男一三
江西省吉安縣固江鄉兵役協會	兵役	同右	無	男一四

江西省吉安縣福國鄉兵役協會	兵役	同右	無	男	一四
江西省吉安縣安行鄉兵役協會	兵役	同右	無	男	一五
江西省吉安縣桐坪鄉兵役協會	兵役	同右	無	男	一四
江西省吉安縣玉宇鄉兵役協會	兵役	同右	無	男	一三
江西省吉安縣常田鄉兵役協會	兵役	同右	無	男	一三
江西省吉安縣鴻梅鄉兵役協會	兵役	同右	無	男	一三
江西省吉安縣永湯鎮兵役協會	兵役	同右	無	男	二八
江西省吉安縣龍陂鄉兵役協會	兵役	同右	無	男	一四
江西省吉安縣指湯鄉兵役協會	兵役	同右	無	男	一五
江西省吉安縣燮江鄉兵役協會	兵役	同右	無	男	一四
江西省吉安縣大河鄉兵役協會	兵役	同右	無	男	一六
江西省吉安縣敖城鄉兵役協會	兵役	同右	無	男	一六
江西省吉安縣廣化鄉兵役協會	兵役	同右	無	男	一五
江西省吉安縣官田鄉兵役協會	兵役	同右	無	男	一五
江西省吉安縣登龍鄉兵役協會	兵役	同右	無	男	一六
江西省吉安縣丁田鄉兵役協會	兵役	同右	無	男	一五
江西省吉安縣油田鄉兵役協會	兵役	同右	無	男	一五
江西省吉安縣峒村鄉兵役協會	兵役	同右	無	男	一五
江西省吉安縣府塘鄉兵役協會	兵役	同右	無	男	一五
江西省吉安縣大冲鄉兵役協會	兵役	同右	無	男	一五

江西省吉安縣塘東鄉兵役協會	兵役	同右	無	男	一六
江西省吉安縣寶善鄉兵役協會	兵役	同右	無	男	一六
江西省吉安縣直夏鄉兵役協會	兵役	同右	無	男	一七
江西省吉安縣陂頭鄉兵役協會	兵役	同右	無	男	一七
江西省吉安縣新墟鄉兵役協會	兵役	同右	無	男	一七
江西省吉安縣新安鄉兵役協會	兵役	同右	無	男	一六
江西省吉安縣富田鄉兵役協會	兵役	同右	無	男	一七
江西省吉安縣東固鄉兵役協會	兵役	同右	無	男	一六
江西省光澤縣兵役協會	兵役	同右	無	男	三三
江西省光澤縣坪山鄉兵役協會	兵役	同右	無	男	三〇
江西省光澤縣儒堂鄉兵役協會	兵役	同右	無	男	二〇
江西省光澤縣止馬鄉兵役協會	兵役	同右	無	男	二七
江西省光澤縣小寺鄉兵役協會	兵役	同右	無	男	一五
江西省光澤縣碗窑鄉兵役協會	兵役	同右	無	男	一九
江西省光澤縣雙門鄉兵役協會	兵役	同右	無	男	一四
江西省光澤縣官屯鄉兵役協會	兵役	同右	無	男	二六
江西省光澤縣李坊鄉兵役協會	兵役	同右	無	男	一五
江西省光澤縣沙坪鄉兵役協會	兵役	同右	無	男	一六
江西省光澤縣新甸鄉兵役協會	兵役	同右	無	男	二一
江西省光澤縣儒洲鄉兵役協會	兵役	同右	無	男	一九

江西省光澤縣夫人鄉兵役協會	兵役	同右	無	男	一七
江西省光澤縣台山鄉兵役協會	兵役	同右	無	男	一九
江西省光澤縣管密鄉兵役協會	兵役	同右	無	男	二〇
江西省光澤縣崇仁鄉兵役協會	兵役	同右	無	男	二九
江西省吉水縣兵役協會	兵役	同右	無	男	三二
江西省吉水縣文峯鄉兵役協會	兵役	同右	無	男	二〇
江西省吉水縣鄉江鄉兵役協會	兵役	同右	無	男	一五
江西省吉水縣丁江鄉兵役協會	兵役	同右	無	男	一七
江西省吉水縣磚門鄉兵役協會	兵役	同右	無	男	一九
江西省吉水縣坪湖鄉兵役協會	兵役	同右	無	男	一五
江西省吉水縣八都鄉兵役協會	兵役	同右	無	男	一二
江西省吉水縣銀村鄉兵役協會	兵役	同右	無	男	一三
江西省吉水縣住岐鄉兵役協會	兵役	同右	無	男	一三
江西省吉水縣北畔鄉兵役協會	兵役	同右	無	男	一二
江西省吉水縣阜田鎮兵役協會	兵役	同右	無	男	二〇
江西省吉水縣石蓮鄉兵役協會	兵役	同右	無	男	九
江西省吉水縣泥田鄉兵役協會	兵役	同右	無	男	二〇
江西省吉水縣盤谷鄉兵役協會	兵役	同右	無	男	一三
江西省吉水縣楓江鄉兵役協會	兵役	同右	無	男	一〇
江西省吉水縣福壽鄉兵役協會	兵役	同右	無	男	一一

江西省吉水縣廟峯鄉兵役協會	兵役	同右	無	男	二〇
江西省吉水縣金灘鄉兵役協會	兵役	同右	無	男	九
江西省吉水縣燕坊鄉兵役協會	兵役	同右	無	男	八
江西省吉水縣黃橋鄉兵役協會	兵役	同右	無	男	一三
江西省吉水縣剛前鄉兵役協會	兵役	同右	無	男	九
江西省吉水縣醪橋鄉兵役協會	兵役	同右	無	男	一四
江西省吉水縣朧江鄉兵役協會	兵役	同右	無	男	八
江西省吉水縣滙江鄉兵役協會	兵役	同右	無	男	一五
江西省吉水縣三元鄉兵役協會	兵役	同右	無	男	一二
江西省吉水縣四達鄉兵役協會	兵役	同右	無	男	一二
江西省吉水縣白沙鄉兵役協會	兵役	同右	無	男	九
江西省吉水縣白水鄉兵役協會	兵役	同右	無	男	五
江西省吉水縣冠山鄉兵役協會	兵役	同右	無	男	七
江西省吉水縣螺田鄉兵役協會	兵役	同右	無	男	七
江西省吉水縣下固鄉兵役協會	兵役	同右	無	男	七
江西省資谿縣兵役協會	兵役	同右	無	男	二七
江西省資谿縣鶴城鄉兵役協會	兵役	同右	無	男	一一
江西省資谿縣圓岱鄉兵役協會	兵役	同右	無	男	一〇
江西省資谿縣橫山鄉兵役協會	兵役	同右	無	男	一〇
江西省資谿縣力峽鄉兵役協會	兵役	同右	無	男	一〇

江西省資谿縣嵩市鄉兵役協會	兵役	同右	無	男一〇	
江西省資谿縣嵩田鄉兵役協會	兵役	同右	無	男一一	
江西省資谿縣高阜鄉兵役協會	兵役	同右	無	男一〇	
江西省資谿縣饒橋鄉兵役協會	兵役	同右	無	男一一	
江西省寧都縣兵役協會	兵役	同右	無	男五三	
江西省寧都縣南廂鎮兵役協會	兵役	同右	無	無	負責人楊元生
江西省寧都縣北廂鎮兵役協會	兵役	同右	無	無	負責人邱小雨
江西省寧都縣南田鄉兵役協會	兵役	同右	無		負責人張國和
江西省寧都縣七里鄉兵役協會	兵役	同右	無	男九	
江西省寧都縣北村鄉兵役協會	兵役	同右	無	男一〇	
江西省寧都縣會同鎮兵役協會	兵役	同右	無		負責人楊承業
江西省寧都縣鷓鴣鄉兵役協會	兵役	同右	無		負責人劉蒙山
江西省寧都縣堪田鄉兵役協會	兵役	同右	無		負責人曾海平
江西省寧都縣吉富鄉兵役協會	兵役	同右	無		負責人曾憲榮
江西省寧都縣武溪鄉兵役協會	兵役	同右	無	男八	
江西省寧都縣城頭鎮兵役協會	兵役	同右	無	男一〇	
江西省寧都縣安福鄉兵役協會	兵役	同右	無	男一五	
江西省寧都縣固厚鄉兵役協會	兵役	同右	無	男九	
江西省寧都縣賴坊鄉兵役協會	兵役	同右	無	男九	
江西省寧都縣竹笮鄉兵役協會	兵役	同右	無	男九	

江西省寧都縣田頭鎮兵役協會	兵役	同右	無	男九	
江西省寧都縣田埠鄉兵役協會	兵役	同右	無	男九	
江西省寧都縣馬頭鄉兵役協會	兵役	同右	無	男九	
江西省寧都縣大塘鄉兵役協會	兵役	同右	無	男九	
江西省寧都縣鳳凰鄉兵役協會	兵役	同右	無	男九	
江西省寧都縣長勝鄉兵役協會	兵役	同右	無	男一〇	
江西省寧都縣大雅鄉兵役協會	兵役	同右	無	男九	
江西省寧都縣潢村鄉兵役協會	兵役	同右	無	男七	
江西省寧都縣黃石鄉兵役協會	兵役	同右	無		負責人郭佩雄
江西省寧都縣藏坊鄉兵役協會	兵役	同右	無	男一〇	
江西省寧都縣新江鄉兵役協會	兵役	同右	無	男一〇	
江西省寧都縣大坪鄉兵役協會	兵役	同右	無	男一一	
江西省寧都縣迴龍鄉兵役協會	兵役	同右	無	男九	
江西省寧都縣老禾鄉兵役協會	兵役	同右	無	男七	
江西省寧都縣固村鄉兵役協會	兵役	同右	無	男七	
江西省寧都縣中旻鄉兵役協會	兵役	同右	無	男一二	
江西省寧都縣湖嶺鄉兵役協會	兵役	同右	無	男一三	
江西省寧都縣小源鄉兵役協會	兵役	同右	無	男一〇	
江西省寧都縣吉夏鄉兵役協會	兵役	同右	無	男七	
江西省寧都縣大佈鄉兵役協會	兵役	同右	無	男九	

江西省寧都縣角源鄉兵役協會	兵役	同右	無	男 七	
江西省寧都縣東山畬兵役協會	兵役	同右	無	男 一五	
江西省寧都縣石上鎮兵役協會	兵役	同右	無	男 一四	
江西省寧都縣球田鄉兵役協會	兵役	同右	無	男 一〇	
江西省寧都縣洛口鄉兵役協會	兵役	同右	無	男 一一	
江西省寧都縣吳城鄉兵役協會	兵役	同右	無	男 九	
江西省寧都縣東韶鄉兵役協會	兵役	同右	無	男 一四	
江西省寧都縣漳灌鄉兵役協會	兵役	同右	無	男 一〇	
江西省寧都縣南團鄉兵役協會	兵役	同右	無	男 一〇	
江西省寧都縣蕭田鄉兵役協會	兵役	同右	無	男 七	
江西省寧都縣大沽鄉兵役協會	兵役	同右	無	男 一三	
江西省寧都縣珍峯鄉兵役協會	兵役	同右	無	男 一一	
江西省寧都縣小埔鄉兵役協會	兵役	同右	無	男 一三	
江西省寧都縣黃陂鄉兵役協會	兵役	同右	無	男 七	
江西省寧都縣暘霽鄉兵役協會	兵役	同右	無	男 一五	
江西省寧都縣坪溪鄉兵役協會	兵役	同右	無	男 八	
江西省寧都縣山豐鄉兵役協會	兵役	同右	無	男 八	
江西省寧都縣蔡江鄉兵役協會	兵役	同右	無	男 八	
江西省寧都縣下壩鄉兵役協會	兵役	同右	無		負責人廖翠生
江西省寧都縣麻田鄉兵役協會	兵役	同右	無		負責人盧 淦

江西省上高縣兵役協會	兵役	同右	無	男 五九
江西省上高縣陵江鄉兵役協會	兵役	同右	無	男 一八
江西省之高縣江口鄉兵役協會	兵役	同右	無	男 一八
江西省上高縣輪堂鄉兵役協會	兵役	同右	無	男 一八
江西省上高縣南港鄉兵役協會	兵役	同右	無	男 一六
江西省上高縣唐艮鄉兵役協會	兵役	同右	無	男 一八
江西省上高縣徐市鄉兵役協會	兵役	同右	無	男 一四
江西省上高縣洋田鄉兵役協會	兵役	同右	無	男 一一
江西省上高縣東邊鄉兵役協會	兵役	同右	無	男 一六
江西省上高縣斗門鄉兵役協會	兵役	同右	無	男 一四
江西省上高縣江南鄉兵役協會	兵役	同右	無	男 一五
江西省上高縣田心鄉兵役協會	役協	同右	無	男 一四
江西省上高縣湖鏡鄉兵役協會	兵役	同右	無	男 一二
江西省上高縣城坡鄉兵役協會	兵役	同右	無	男 一五
江西省上高縣界埠鎮兵役協會	兵役	同右	無	男 一七
江西省上高縣接官鄉兵役協會	兵役	同右	無	男 一八
江西省上高縣泗溪鄉兵役協會	兵役	同右	無	男 一七
江西省上高縣墓田鄉兵役協會	兵役	同右	無	男 一六
江西省上高縣下坡鄉兵役協會	兵役	同右	無	男 一六
江西省分宜縣兵役協會	兵役	同右	無	男 一九

江西省分宜縣附城鄉兵役協會	兵役	同右	無	男	一五
江西省分宜縣金塘鄉兵役協會	兵役	同右	無	男	一五
江西省分宜縣江斜鄉兵役協會	兵役	同右	無	男	一五
江西省分宜縣湖澤鄉兵役協會	兵役	同右	無	男	一五
江西省分宜縣收村鄉兵役協會	兵役	同右	無	男	一五
江西省分宜縣楊橋鄉兵役協會	兵役	同右	無	男	一五
江西省分宜縣顯村鄉兵役協會	兵役	同右	無	男	一五
江西省分宜縣觀樓鄉兵役協會	兵役	同右	無	男	一五
江西省分宜縣圖楊鄉兵役協會	兵役	同右	無	男	一五
江西省分宜縣洙塘鄉兵役協會	兵役	同右	無	男	一五
江西省分宜縣西茶鄉兵役協會	兵役	同右	無	男	一五
江西省分宜縣洋江鄉兵役協會	兵役	同右	無	男	一五
江西省分宜縣防里鄉兵役協會	兵役	同右	無	男	一五
江西省分宜縣新祉鄉兵役協會	兵役	同右	無	男	一五
江西省分宜縣檀溪鄉兵役協會	兵役	同右	無	男	一五
江西省分宜縣高嵐鄉兵役協會	兵役	同右	無	男	一五
江西省分宜縣雙鳳鄉兵役協會	兵役	同右	無	男	一五
江西省分宜縣操場鄉兵役協會	兵役	同右	無	男	一五
江西省分宜縣貰奎鄉兵役協會	兵役	同右	無	男	一五
江西省分宜縣桑林鄉兵役協會	兵役	同右	無	男	一五

江西省分宜縣洞村鄉兵役協會	兵役	同右	無	男	一五
江西省崇仁縣兵役協會	兵役	同右	無	男	五
江西省崇仁縣宜城鎮兵役協會	兵役	同右	無	男	七
江西省崇仁縣民城鎮兵役協會	兵役	同右	無	男	七
江西省崇仁縣貢橋鎮兵役協會	兵役	同右	無	男	七
江西省崇仁縣邊坡鄉兵役協會	兵役	同右	無	男	七
江西省崇仁縣桃源鄉兵役協會	兵役	同右	無	男	七
江西省崇仁縣許坊鄉兵役協會	兵役	同右	無	男	七
江西省崇仁縣秋溪鄉兵役協會	兵役	同右	無	男	七
江西省崇仁縣連城鄉兵役協會	兵役	同右	無	男	七
江西省崇仁縣白鷺鄉兵役協會	兵役	同右	無	男	七
江西省崇仁縣孫坊鄉兵役協會	兵役	同右	無	男	七
江西省崇仁縣南峯鄉兵役協會	兵役	同右	無	男	九
江西省崇仁縣航溪鄉兵役協會	兵役	同右	無	男	九
江西省崇仁縣溤滸鄉兵役協會	兵役	同右	無	男	七
江西省崇仁縣白陂鄉兵役協會	兵役	同右	無	男	九
江西省崇仁縣三山鄉兵役協會	兵役	同右	無	男	九
江西省崇仁縣元家鄉兵役協會	兵役	同右	無	男	七
江西省崇仁縣鳳崗鄉兵役協會	兵役	同右	無	男	七
江西省崇仁縣山畲鄉兵役協會	兵役	同右	無	男	七

江西省崇仁縣滸下鄉兵役協會	同右	同右	無	男	九
江西省崇仁縣谷岡鄉兵役協會	同右	同右	無	男	九
江西省崇仁縣登仙鄉兵役協會	同右	同右	無	男	七
江西省崇仁縣太平鄉兵役協會	同右	同右	無	男	七
江西省廣昌縣兵役協會	同右	同右	無	男	四四
江西省廣昌縣順化鄉兵役協會	同右	同右	無	男	二〇
江西省廣昌縣甘行鄉兵役協會	同右	同右	無	男	三九
江西省廣昌縣土屯鄉兵役協會	同右	同右	無	男	四〇
江西省廣昌縣茇田鄉兵役協會	同右	同右	無	男	二二
江西省廣昌縣長橋鄉兵役協會	同右	同右	無	男	二七
江西省廣昌縣水南鄉兵役協會	同右	同右	無	男	二三
江西省廣昌縣觀前鄉兵役協會	同右	同右	無	男	二八
江西省廣昌縣尖峯鄉兵役協會	同右	同右	無	男	一九
江西省廣昌縣千善鄉兵役協會	同右	同右	無	男	一八
江西省廣昌縣白水鄉兵役協會	同右	同右	無	男	二三
江西省廣昌縣留田鄉兵役協會	同右	同右	無	男	二五
江西省廣昌縣大袾鄉兵役協會	同右	同右	無	男	二四
江西省廣昌縣讓溪鄉兵役協會	同右	同右	無	男	三八
江西省廣昌縣貫橋鄉兵役協會	同右	同右	無	男	四一
江西省廣昌縣驛前鄉兵役協會	同右	同右	無	男	四四

江西省廣昌縣賴陂鄉兵役協會	同右	同右	無	男	二六
江西省廣昌縣貲樂鄉兵役協會	同右	同右	無	男	二七
江西省廣昌縣新安鄉兵役協會	同右	同右	無	男	二四
江西省廣昌縣下湖鄕兵役協會	同右	同右	無	男	三六
江西省萬載縣兵役協會	同右	同右	無	男	六五
江西省萬載縣高城鄉兵役協會	同右	同右	無	男	二一
江西省萬載縣丁田鄉兵役協會	同右	同右	無	男	二一
江西省萬載縣涂泉鄉兵役協會	同右	同右	無	男	二八
江西省萬載縣民權鄉兵役協會	同右	同右	無	男	一三
江西省萬載縣城南鄉兵役協會	同右	同右	無	男	一八
江西省萬載縣潭埠鄉兵役協會	同右	同右	無	男	二八
江西省萬載縣白楊鄉兵役協會	同右	同右	無	男	二三
江西省萬載縣藍田鄉兵役協會	同右	同右	無	男	二五
江西省萬載縣白水鄉兵役協會	同右	同右	無	男	一九
江西省萬載縣柏樹鄉兵役協會	同右	同右	無	男	二八
江西省萬載縣株潭鎭兵役協會	同右	同右	無	男	三〇
江西省萬載縣獲富鄉兵役協會	同右	同右	無	男	二三
江西省萬載縣泉水鄉兵役協會	同右	同右	無	男	三二
江西省萬載縣黃茅鄉兵役協會	同右	同右	無	男	三二
江西省萬載縣天橋鄉兵役協會	同右	同右	無	男	一五

江西省萬載縣白良鄉兵役協會	同上	同	右	無		男	一七
江西省萬載縣三興鄉兵役協會	同上	同	右	無		男	一三
江西省萬載縣仙源鄉兵役協會	同上	同	右	無		男	一七
江西省萬載縣槽頭鄉兵役協會	同上	同	右	無		男	一一
江西省萬載縣菱湖鄉兵役協會	同上	同	右	無		男	一五
江西省萬載縣盧洲鄉兵役協會	同上	同	右	無		男	二二
江西省萬載縣羅城鄉兵役協會	同上	同	右	無		男	一八
江西省萬載縣高村鄉兵役協會	同上	同	右	無		男	一九
江西省萬載縣黎高鄉兵役協會	同上	同	右	無		男	一三
江西省興國縣兵役協會	同上	同	右	無		男	五五
江西省餘干縣兵役協會	同上	同	右	無		男	四二
江西省安福縣兵役協會	同上	同	右	無		男	九
江西省安福縣第一區兵役協會	同上	同	右	無		男	七
江西省安福縣第二區兵役協會	同上	同	右	無		男	七
江西省安福縣第三區兵役協會	同上	同	右	無		男	七
江西省安福縣第四區兵役協會	同上	同	右	無		男	七
江西省安福縣第五區兵役協會	同上	同	右	無		男	七
江西省安福縣第六區兵役協會	同上	同	右	無		男	七
江西省泰和縣兵役協會	同上	同	右	無		男	二五
江西省泰和縣五溪鄉兵役協會	同上	同	右	無		男	一一
江西省泰和縣馬市鄉兵役協會	同上	同	右	無		男	一九
江西省泰和縣永昌鄉兵役協會	同上	同	右	無		男	一五
江西省泰和縣沼溪鄉兵役協會	同上	同	右	無		男	一五
江西省泰和縣倉嶺鄉兵役協會	同上	同	右	無		男	一四
江西省泰和縣萬合鄉兵役協會	同上	同	右	無		男	一〇
江西省泰和縣仁聞鄉兵役協會	同上	同	右	無		男	一五
江西省泰和縣仁聲鄉兵役協會	同上	同	右	無		男	一五
江西省泰和縣仁愛鄉兵役協會	同上	同	右	無		男	一七
江西省泰和縣仁里鄉兵役協會	同上	同	右	無		男	一一
江西省泰和縣仙津鄉兵役協會	同上	同	右	無		男	一三
江西省泰和縣仙洞鄉兵役協會	同上	同	右	無		男	一五
江西省泰和縣仙源鄉兵役協會	同上	同	右	無		男	一三
江西省泰和縣雲龍鄉兵役協會	同上	同	右	無		男	一三
江西省泰和縣雲屏鄉兵役協會	同上	同	右	無		男	一四
江西省泰和縣豐峯鄉兵役協會	同上	同	右	無		男	一五
江西省泰和縣雲亭鄉兵役協會	同上	同	右	無		男	一四
江西省泰和縣雲谷鄉兵役協會	同上	同	右	無		男	一三
江西省泰和縣雲錦鄉兵役協會	同上	同	右	無		男	一三
江西省泰和縣螺溪鄉兵役協會	同上	同	右	無		男	一七
江西省泰和縣甘竹鄉兵役協會	同上	同	右	無		男	一五

江西省泰和縣南岡鄉兵役協會	同上	同右	無	男 一一
江西省泰和縣石山鄉兵役協會	同上	同右	無	男 一一
江西省泰和縣高德鄉兵役協會	同上	同右	無	男 一七
江西省泰和縣高功鄉兵役協會	同上	同右	無	男 一六
江西省泰和縣高嶺鄉兵役協會	同上	同右	無	男 一四
江西省銅鼓縣兵役協會	同上	同右	無	男 三一
江西省尋鄔縣兵役協會	同上	同右	無	男 二三
江西省雩都縣兵役協會	同上	同右	無	男 三五
江西省餘江縣兵役協會	同上	同右	無	男 六二
江西省宜豐縣兵役協會	同上	同右	無	男 一八九
江西省虔南縣兵役協會	同上	同右	無	男 一二七
江西省萬安縣兵役協會	同上	同右	無	男 二〇九
江西省德興縣兵役協會	同上	同右	無	男 六二
江西省宜黃縣兵役協會	同上	同右	無	男 二九
江西省蓮花縣兵役協會	同上	同右	無	男 一八
江西省橫峯縣兵役協會	同上	同右	無	男 一五
江西省進賢縣兵役協會	同上	同右	無	男 二三
江西省樂平縣兵役協會	同上	同右	無	男 二二
江西省萬年縣兵役協會	同上	同右	無	男 二二
四川省金堂縣衞生協進會	體育衞生	同右	金堂縣黨部	男 二五

福建省南安縣中醫公會	自由職業	二月十一日	南安縣溪美中山路	男 三七二	
廣西省國醫國藥研究社平樂分社	文化	二月十日	平樂縣城廂鎮大中街	男 一四六	
貴州省盤縣佛教會	宗教	二月十一日	盤縣玉陽洞	男 一七〇	
浙江省鄞縣佛教會	宗教	二月六日	鄞縣舊區靈橋路	男 七四八	
浙江省鄞縣理教戒酒會	宗教	二月十一日	鄞縣文昌街卅號	男 七六	
福建省德化旅大同鄉會	公益	二月十二日	天田縣城內前街	男 六五	
浙江省中國佛教會常山分會	宗教	二月十二日	常山縣城南石硿華嚴寺	男 六一	
陝西省鳳翔縣體育會	體育衞生	二月十二日	鳳翔東街二三一號	男 四一	
四川省郫縣佛教會	宗教	同右	郫縣東街施教場內	男 八六	
浙江省嵊縣中醫公會	自由職業	二月十八日	嵊縣中清源堂	男 六二	
陝西省乾縣兵役協會	兵役	二月十九日	無	男 二二	
浙江省新昌縣佛教會	宗教	同上	新昌縣大佛寺	男 一三九	
廣西省大夏學會桂林分會	文化	同上	桂林市李子園青年會轉	男 四六	改選
四川省江南縣兵役協會	兵役	同上	無	男 七五	
四川省江南縣楊坪鄉兵役協會	兵役	同上	無	男 六〇	
四川省江南縣治城鄉兵役協會	兵役	同上	無	男 四三	
四川省江南縣橋溪鄉兵役協會	兵役	同上	無	男 八八	
四川省江南縣官兩鄉兵役協會	兵役	同上	無	男 三八	
四川省江南縣貴沙鄉兵役協會	兵役	同上	無	男 九〇	
四川省江南縣大河鄉兵役協會	兵役	同上	無	男 五五	

名稱	性質	日期	地址	性別	人數	備註
四川省江南縣兩江鄉兵役協會	兵役	同右	無	男	六二	
四川省江南縣元潭鄉兵役協會	兵役	同右	無	男	三三	
四川省江南縣柏石鄉兵役協會	兵役	同右	無	男	四六	
四川省江南縣長池鄉兵役協會	兵役	同右	無	男	八四	
四川省江南縣黑沙鄉兵役協會	兵役	同右	無	男	三八	
四川省江南縣青龍鄉兵役協會	兵役	同右	無	男	四一	
四川省江南縣鎮塲鄉兵役協會	兵役	同右	無	男	五七	
四川省江南縣復興鄉兵役協會	兵役	同右	無	男	四八	
四川省江南縣赤沙鄉兵役協會	兵役	同右	無	男	九三	
四川省不縣兵役協會	兵役	同右	無	無		
四川省梁山縣兵役協會	兵役	同右	無	男	五七	
四川省城口縣兵役協會	兵役	同右	無	男	五	
四川省西陽縣兵役協會	兵役	同右	無	男	九	
四川省劍閣縣兵役協會	兵役	同右	無	男	五	
陝西省潼關縣戰時工作通訊隊	抗敵	二月十八日	潼關縣小學校	男	一〇	
陝西省潼關縣戰時工作宣慰隊	抗敵	同右	潼關縣小學校	男	一一	
陝西省潼關縣戰時工作破壞隊	抗敵	同右	潼關縣小學校	男	二二	
廣東省普寧縣墾殖會	文化	二月廿六日	無			負責人張應膠
浙江省江山縣律師公會	自由職業	二月十七日	江山城內部政司巷	男	一八	
中國合作事業協會湖南省分會	公益	二月廿七日	耒陽縣汽車東站	男	九五	

名稱	性質	日期	地址	性別	人數	備註
浙江省衢縣衛生協進會	學術	二月十八日	衢縣黨部	男 女	七六 二	
福建省晉江縣溫州旅泉同鄉會	公益	二月廿六日	泉州中南路四六六〇號	男	六二四	
四川省慶符縣佛學社	宗教	二月廿七日	慶符城內東街川主廟	男	五七	
浙江省永康縣地方行政學會	文化	同右	永康縣柿后金品公祠	男	三二二	
福建省福州齒科醫學會	自由職業	同右	福州城內中正路一七一	男	三七	
四川省樂至縣體育會	體育衛生	卅年三月三日	樂至縣民衆教育館	男 女	四四 九	
四川省彰明縣體育會	體育衛生	二月十五日	彰明縣民衆教育館	男	三八	
陝西省隴縣兵役協會	兵役	三月三日	無	男	二三	
陝西省鳳翔兵役協會	兵役	同右	無	男	三四	
陝西省平民縣兵役協會	兵役	同右	無	男	一五	
陝西省邠縣兵役協會	兵役	同右	無	男	二五	
中國藥物自治研究會	學術	同右	重慶沙坪壩大楊公橋陸軍衛生用具製造廠	男	二三	係職員人數
四川省簡陽縣中醫公會	自由職業	同右	簡陽縣南街鼎新店	男	一〇二	
福建省建甌縣道教會	宗教	同右	建甌縣長橋門			
湖南省衡陽縣浙江同鄉會	公益	三月七日	衡陽魂家坪十七號	男 女	五三三 三六	
湖南省衡陽縣江蘇同鄉會	公益	同右	衡陽縣學前街民抗會內	男 女	三六九 二七	
湖南省衡陽縣湖北同鄉會	公益	同右	衡陽縣北門內廟前街二四號	男 女	二一五 三三九	
湖南省衡陽縣冀魯豫晉陝五省同鄉會	公益	同右	衡陽城鉄爐門李大有商店	男 女	一八一 一一	

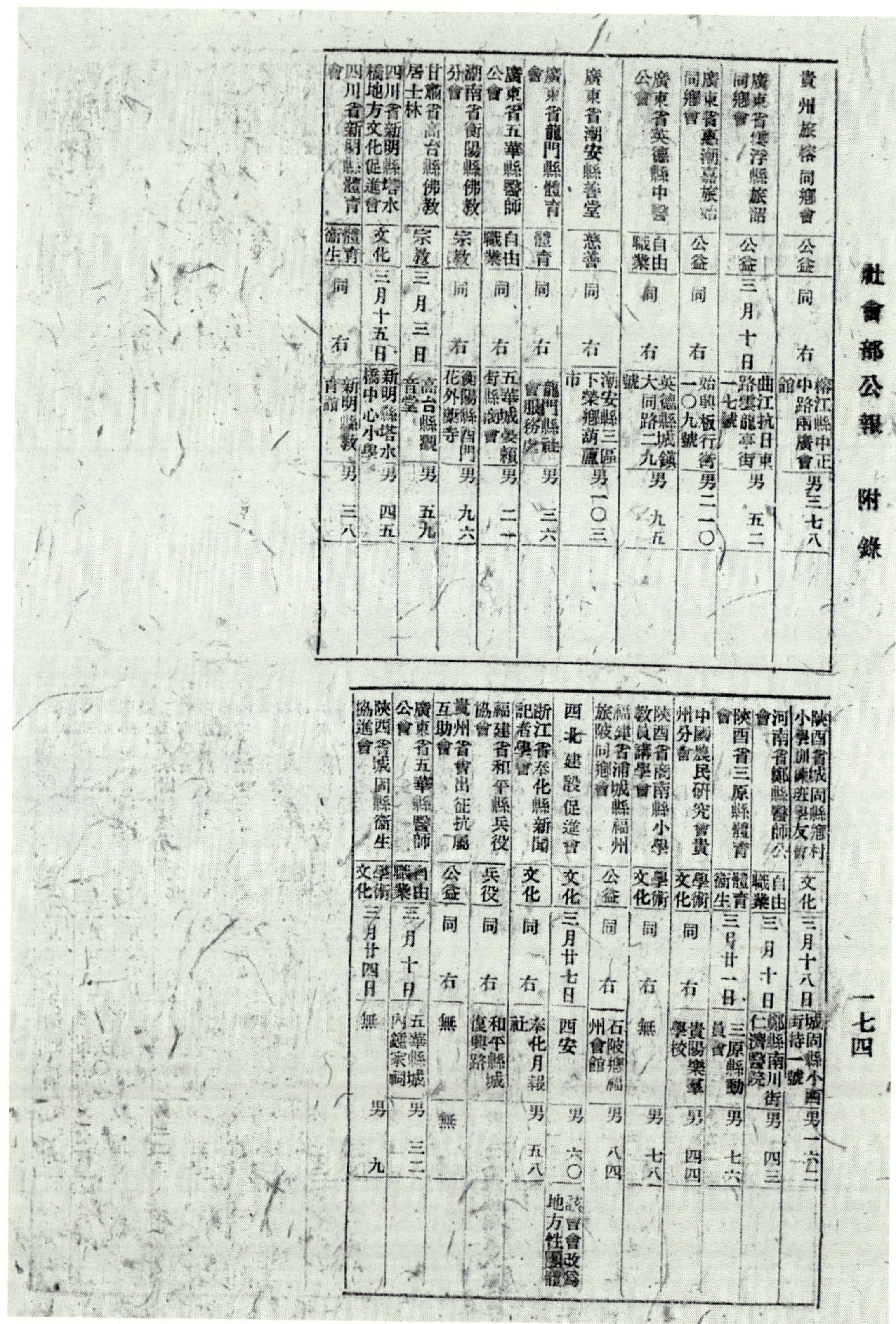

貴州旅榕同鄉會	公益	同右	榕江縣中正中路兩廣會館	男	三七八	
廣東省雲浮縣旅韶同鄉會	公益	三月十日	曲江抗日東路雲龍亭街一七號	男	五二	
廣東省惠潮嘉旅始同鄉會	公益	同右	始興板行街一〇九號	男	二一〇	
廣東省英德縣中醫公會	自由職業	同右	英德縣城鎮大同路二九號	男	九五	
廣東省潮安縣善堂	慈善	同右	潮安縣三區下榮鄉葯廬市	男	一〇三	
廣東省龍門縣體育會	體育	同右	龍門縣社會服務處	男	三六	
廣東省五華縣醫師公會	自由職業	同右	五華城安頓街縣商會	男	二十	
湖南省衡陽縣佛教分會	宗教	同右	衡陽縣西門花外藥寺	男	九六	
甘肅省高台縣佛教居士林	宗教	三月三日	高台縣觀音堂	男	五九	
四川省新明縣塔水橋地方文化促進會	文化	三月十五日	新明縣塔水橋中心小學	男	四五	
四川省新明縣體育會	體育衛生	同右	新明縣教育館	男	三八	

陝西省城固縣鄉村小學訓練班學友會	文化	三月十八日	城固縣小西街侍一號	男	一六二	
河南省鄭縣醫師公會	自由職業	三月十日	鄭縣南川街仁濟醫院	男	四三	
陝西省三原縣體育會	體育衛生	三月廿一日	三原縣動員會	男	七六	
中國農民研究會貴州分會	學術文化	同右	貴陽樂群學校	男	四四	
陝西省商南縣小學教員講學會	學術文化	同右	無	男	七八	
福建省浦城縣福州旅陂同鄉會	公益	同右	石陂鄉福州會館	男	八四	
西北建設促進會	文化	三月廿七日	西安	男	六〇	該會會改爲地方性團體
浙江省奉化縣新聞記者學會	文化	同右	奉化月報社	男	五八	
福建省和平縣兵役協會	兵役	同右	和平縣城復興路			
貴州省會出征抗屬互助會	公益	同右	無	無		
廣東省五華縣醫師公會	自由職業	三月十日	五華縣城內鍾宗祠	男	三二	
陝西省城固縣衛生協進會	學術文化	三月廿四日	無	男	九	

社會部公報第一期

中華民國三十年四月出版

編輯兼發行者　社會部總務司

訂購辦法

期限	冊	價目	郵費
三月	一	五角	八分
半年	二	壹元	一角六分
全年	四	二元	三角二分

附註：本報掛號及寄往國外郵費照加

社會部設立

社會服務處

重慶 貴陽 桂林 衡陽

現有業務

宗旨：發揚服務精神 促進社會事業 改善社會生活 溝通社會文化

生活服務：社會食堂 社會公寓 理髮室 淋浴室 旅居嚮導 代運行李

人事服務：升學輔導 職業介紹 法律顧問 衛生顧問 人事諮詢 零物存放 信件留轉 代售郵票 代收電報 讀寫書信 公用電話

文化服務：圖書館 社交會堂 學術講演會 座談會 民眾學校 書報供應 娛樂室 兒童樂園 體育場

經濟服務：小本貸款

處址：

重慶社會服務處——重慶兩路口 都郵街（分處）

貴陽社會服務處——貴陽大西門

桂林社會服務處——桂林依仁路

衡陽社會服務處——衡陽道前街

社會部總務司　編

社會部公報

第二期

重慶：中華民國社會部總務司，民國三十年（1941）鉛印本

中華郵政登記認爲第一類新聞紙類

中華民國三十年四月至六月

社會部公報

第二期

社會部總務司編印

國父遺像

國父遺囑

余致力國民革命，凡四十年，其目的在求中國之自由平等，積四十年之經驗，深知欲達到此目的，必須喚起民衆，及聯合世界上以平等待我之民族，共同奮鬥！

現在革命尚未成功，凡我同志，務須依照余所著，建國方略，建國大綱，三民主義，及第一次全國代表大會宣言，繼續努力，以求貫澈！最近主張開國民會議，及廢除不平等條約，尤須於最短期間，促其實現！是所至囑。

社會部公報 第二期目錄

法規 附方案

命令

府令

部令

公牘

總務類

社會部呈一件

社總字第四四〇二號　呈行政院　呈送重編本部三十年度行政計劃請鑒由核

社會部公函一件

社總字第五六四六號　函教育部　關於「注重社會事業專門人才之培養訓練與甄拔」一案函請察核辦理並先賜覆由

社會部訓令十六件

社總字第三六五〇號　令本部所屬各機關　爲奉　院令公務員免予規定購買戰時公債額數惟應負責勸募協助推行轉令知照由

社總字第三七三二號　令本部合作事業管理局　准教育部咨爲請儘量容納本年暑期各大學畢業生實習或服務等由令仰迅將容納人數依表填明具報以憑轉咨由

社總字第三七三六號　令本部重慶市第一第二工人福利社　刊發該社鈐記令仰啓用具報由

社總字第三八一七號　令本部所屬各機關　奉　院令爲各機關調用現職人員應商得主管機關同意通令飭遵一案令仰遵照由

社總字第三九四〇號　令本部所屬各機關　准銓敘部咨關於所屬公務員平時考核應依法切實辦理最優最劣人員紀錄表并請按月送備查考一案令仰遵辦由

社會字第四二八六號　令本部合作事業管理局　奉　院令以該局請追加卅年度經費概算一案經院會第五〇八次議決通過等因令仰知照由

社會字第四三三〇號　令本部合作事業管理局　奉　院令以該局請追加　全國合作社物品供銷處三十年度事業費審查紀錄經第五〇八次院會決議通過令仰知照由

社總字第四三六八號　令本部合作事業管理局　奉　令公佈修正經濟部合作事業管理局組織條例爲社會部合作事業管理局組織條例令仰知照由

社總字第四九五一號　令本部所屬各機關　嗣後凡下行公文應于機關銜名後增設案由一欄轉行知照由

社會字第四九七八號　令本部所屬各機關　檢發職員俸薪及職員印鑑調查表格式令仰自三十年度一月份起分別依式按月填送來部以憑核轉由

社總字第五二六五號　令重慶社會服務處　令將部郵街社會服務處改爲市中心區社會服務分處由

組織訓練類

社會部呈一件

社會部公函十三件

社組字第五六九〇號　函福建省黨部　爲准代電據晉江縣執行委員會轉請解釋會員代表變動職務委員資格是否存在囑查核見復等由函復查照轉知由

社組字第五八〇五號　函軍政部　前准函囑解釋合作社是否屬於人民團體一案業經司法院釋復過部函請查照由

社會部咨二件

社組字第四七六三號　咨農林部　准咨以關於解釋魚行能否參加漁會各疑義一案是否應即限期通飭整理囑查核見覆等由似應俟漁會法修正公佈後再行辦理復請查照由

社組字第五九一一號　咨四川省政府　咨復關於富順縣漁會呈請增加會員月捐及入會費一案未便變更漁會法之規定姑准以會員大會之決議經主管官署之核准臨時募捐請查照飭知由

社會部電八件

社組字第三七五五號　代電青・湘・閩・鄂・粵・浙・皖・甯・省政府　爲製發社會工作受訓學員調查表格式電請轉飭地方行政幹部訓練團查照填寄由

社組字第四二二七號　代電各省黨部　電請會商地方行政幹部訓練委員會籌辦社會工作人員訓練由

社組字第四五一六號　代電各省市政府　各省市黨部　爲縣市商會及重要各業同業公會應速即分別督促組織或改組各省商會聯合會應於本年十月以前籌組成立電達查照轉飭所屬遵照辦理由

社組字第四五三八號　電湖南省黨部　人民團體職員選舉在新法規未頒布前經當地黨政任何一方派員指導或監選者均應認爲有效由

社組字第四九四一號　電各省省政府　各省動員委員會　電知本年六三禁煙紀念注意事項希查照辦理見復由

社組字第四九八八號　電湖南省黨部　准函以商會改組時選舉職員究應以會員代表權數過半之出席抑應以會員代表權數三分之二以上之出席行之囑解釋一案電復查照由

社組字第五六二九號　電各省市政府　七七抗戰四週年紀念辦法業經中央頒行希即會同當地黨部辦理並飭屬遵辦由

社組字第六〇九四號　代電四川省黨部　准電囑核釋組織全省商會聯合會疑義數點電復查照由

社會部訓令四件

社組字第三九四六號　令中華海員工會特派員辦事處　爲核定該辦事處卅年度經費總額並更正原概算科目仰即遵照另編分配預算呈核由

社組字第四〇〇一號　令重慶市工人服務總隊總隊部　據重慶市工運督導專員室呈送籌組空襲服務隊辦法等草案三件經核尚屬妥善應准試行合行抄發該項辦法方案令仰切實辦理具報由

社組字第四二〇一號 令滇緬西北西南公路工會籌備委員會 令飭隨時檢查預定工作進度務須如期完成工會組織並將辦理情形隨時具報由

社組字第四四八六號 令各直屬文化團體 令知舉行會員大會或代表大會應先向本部呈准方得舉行仰知照由

社會福利類

社會部呈一件

社福字第六〇一四號 呈行政院 呈爲請將平定工資實施辦法令行四川省政府轉飭遵照俾利工作祈鑒核示遵由

社會部公函四件

社福字第四三三六號 函重慶市政府 准函轉送孤苦殘廢人民調查表復請查照辦理見復由

社福字第四七〇〇號 函四川省黨部 准函爲社會服務處附屬經濟性之印刷小食寄宿各部業務應否加入各業同業公會疑義復請查照轉知由

社福字第四七七九號 函行政院祕書處 關於川康經濟建設委員會第一次全體委員會議決議案中財政金融類第九案「請創立健康保險以發達工業減少損害案」及其他類第一案「調查兩省建設機構案」分別核簽意見函復查照轉陳由

社福字第五五六一號 函農林・經濟・教育・財政四部行政院經濟會議祕書處衛生署及全國糧食管理局 准國際勞工局中國分局函請答復有關我國營養與食糧政策之各項問題等由茲隨函檢附譯表一份請查照辦理見復由

社會部咨三件

社福字第三九六三號 咨各省市政府 咨送各地方救濟院調查表式及縣市慈善團體調查表式請飭屬塡報彙送備核由

社福字第四九三六號 咨四川湖南省政府 爲托兒事業已劃歸本部主管咨請查照並轉飭所屬將籌設托兒所情形具報備查由

社福字第五九八九號 咨各市政府 關於接收振濟委員會咨移托兒所各項卷宗一案咨請查照飭知由

社會部訓令六件

社福字第三六七八號 令本部重慶游民訓練所 指示該所應行改進事項令仰遵照辦理具報由

社福字第四三四四號 令重慶市第一工人福利社 檢發重慶市工人福利社製備服裝暫行辦法令仰遵照由

社福字第四六三二號 令重慶游民訓練所/殘廢教養所 重慶市空襲服務臨時保健院/重慶嬰兒保育院 該所/院被教養者之收容應由本部按額核定勿庸自行收容令仰知照由

社福字第五一〇五號 令湯峽口模範墾殖新村董事會 准振濟委員會暨農林部函以湯峽口模範墾殖新村仍應由本部主管令仰知照由

合作事業類

社會部公函一件

社會部咨二件

社會部電一件

社會部令訓一件

社會部指令三件

社會部批一件

附錄

法　規

社會部合作事業管理局組織條例

三十年四月十一日府令公布

第一條　本條例依社會部組織法第九條之規定制定之

第二條　合作事業管理局承社會部部長之命掌理全國合作事業

第三條　合作事業管理局置四科分掌本局事務

第四條　第一科掌左列事項

一、關於文件之收發分配撰擬及保管事項

二、關於典守印信事項

三、關於人事之管理事項

四、關於經費之出納事項

五、關於庶務及不屬其他各科事項

第五條　第二科掌左列事項

一、關於推進全國合作事業之計劃事項

二、關於合作指導方法之研究事項

三、關於合作實驗區之設計及管理事項

四、關於全國合作事業之調查事項
五、關於合作規章之擬定事項
六、關於合作刊物之編輯事項

第六條　第三科掌左列事項
一、關於全國合作事業之推行及考查事項
二、關於合作社登記之審核事項
三、關於省市合作主管機關工作人員資格之審核事項
四、關於合作社及工作人員成績之考核獎懲事項
五、關於合作人員之訓練事項
六、關於促進合作事業及其他有關機關團體之聯繫事項

第七條　第四科掌左列事項
一、關於全國合作事業上金融之調整及監督事項
二、關於特種合作之倡導及推進事項
三、關於合作社物品供銷業務之指導事項
四、關於合作業務經營技術之改進事項

第八條　合作事業管理局設局長一人簡任綜理全局事務並監督所屬機關及職員

第九條　合作事業管理局設祕書一人薦任承局長之命辦理機要及交辦事項

第十條　合作事業管理局設科長四人薦任科員十人至十八人辦事員十二人至二十四人委任承長官之命辦理各科事務

第十一條　合作事業管理局設視察七人至十二人其中七人薦任餘委任承局長之命視察並指導各地合作事業

第十二條　合作事業管理局得聘用專門技術人員

第十三條　合作事業管理局因事務上之必要得酌用雇員並得招收見習生

第十四條　合作事業管理局設會計主任一人依國民政府主計處組織法之規定掌理歲計會計統計事項

第十五條　合作事業管理局對外公文以社會部名義行之但關於左列事項得以局之名義行之

一、遵照部令應行轉知事項

二、遵照部令所定辦法督率進行事項

三、曾經呈部核准事項

第十六條　合作事業管理局辦事細則由局擬訂呈請社會部核定之

第十七條　本條例自公布日施行

獎勵民間運輸及協助合作事業辦法

三十年四月十四日府令頒發

屬於驛運方面

甲、便利合作運輸部份

一、在交通部驛運總管理處或各省驛運管理處辦有運輸幹支各線由驛運總管理處或省驛運管理處所屬各驛運機關担任該項合作運輸其在驛運幹支綫所不及之鄉鎮得由各級合作社物品供銷處及運銷合作社自行設立合作運輸組織

二、爲便利鄉鎮與驛運幹支線間運輸起見得舉辦貨物聯運其辦法由運銷合作社與各驛運機關商訂之

三、驛運機關對於合作社物品除軍用物資外得優先予以起運幷酌予以運銷上之優待

四、各驛運機關之倉庫或貨棧得予合作社以儲存之便利儲存費按照規定率減半收費

五、各驛運機關所設電台或電報房遇合作社有緊急事項得予以通訊之便利其限制辦法另訂之

乙、奬勵民間運輸部份

一、關於民有之板車木船馱馬等工具之數量及其行駛情形由各驛運機關調查登記並酌予協助保護以不妨礙其原行路綫不變更其既有習慣爲原則

二、人民遇製造板車木船或增殖牲畜得向驛運機關申請貸款其詳細辦法另訂之

三、民有運輸工具倘遇裝載不足或放空行駛得請求附近驛運機關代爲招攬貨物其運價照驛運運價之規定由貨主逕自付與民夫驛運機關不向雙方收取任何費用

四、驛運機關之食宿醫藥等設備得酌量供給民夫使用

五、民有驛運工具如有損壞可請驛運機關附設之修理廠所代爲修理應從廉收費

關於公路方面

甲、便利合作運輸部份

一、各公路運輸機關與各驛運機關密取聯繫應與各地物品供銷處切實合作并盡量舉辦聯運

二、對各地合作社物品供銷處物產運輸儘量予以提前運送之便利

乙、獎勵民間運輸部份

一、對於民營汽車組織予以扶植指導舉凡購置車輛油料五金配件在運輸上儘量予以便利

二、鼓勵人民研究創製汽車配件及燃料代用品必要時撥欵補助

三、公路沿線行車設備如車站車廠電訊倉庫油站橋渡等儘量予民營汽車使用之便利（酌量收費或免費）

四、公路沿線修車廠所對民營汽車予以代修車輛之便利

五、凡民用運輸車輛非依法令不得任意徵招留難。

運銷合作事業推進辦法（三十年四月十四日府令頒發）

一、運銷合作事業以流暢貨運調劑民生增加輸出爲目標

二、各級合作主管機關應積極進行關於運銷合作之研究訓練宣傳與指導迅謀此項事業之推進與普遍

三、爲求運銷合作事業之發展中央合作主管機關應即設置全國合作社物品供銷處各省應即分別組織省合作社物品供銷處並在各縣設縣供銷分處以與經營運銷業務之各合作社相聯繫俟各級合作社聯合社能自營供銷業務時此項供

銷處及分處應即逐級將其業務移轉與聯合社

四、運銷合作事業之經營應以各鄉鎮為據點設置運銷合作社必要時得由經營他種業務之合作社兼營之

五、戰區及接近戰區運銷合作事業之指導方法及組織方式必須富於機動性以期達到協助搶救物資防止資敵之任務由戰區經濟委員會會同當地合作主管機關辦理之

六、運銷合作社對各社員產品之搜集暫採收買制

七、運銷合作社及各級合作社物品供銷處得附設倉庫及加工設備

八、全國運輸機關對運輸合作社及供銷處物品之運輸除緊急及軍用物資外應予以優先起運之便利以資獎勵

九、運銷合作社應防止中間人之利用操縱使其確實為生產者之聯合組織

十、運銷合作事業所需資金得向中中交農四行申請貸款

中醫公會組織規則

三十年五月九日院令公布

第一條　中醫公會以研究中醫醫藥增進公共福利並謀中醫醫藥事業之發展為宗旨

第二條　中醫公會之任務如左

一、關於中醫中藥之研究改進

二、關於增進國民健康及醫藥常識之指導

三、關於會員執行業務之調查統計及指導

四、關於社會醫療救濟之設計及協助

五、組織各項中醫中藥研究會講演會

六、舉辦中醫補習學校或其他關於中醫中藥之公共事業但須呈經主管機關核准

七、辦理合於第一條所揭宗旨之其他事項

第三條　中醫公會分為縣市中醫公會院轄市中醫公會及全省中醫公會聯合會

第四條 中醫公會之區域依現有之行政區域同一區域內每級中醫公會以一個爲限

第五條 凡領有中醫證書執行業務之中醫人數達十人以上時應依其執行業務之區域設立院轄市或縣市中醫公會但必要時雖不足十人亦得由主管機關命令組織之

第六條 設立院轄市或縣市中醫公會應以五人以上之中醫聯名發起召集設立大會擬定章程呈請該管主管機關核准遞轉社會部及衛生署備案

設立大會非由該縣市具有中醫資格者過半數出席不得開會但會員因故不能出席大會時得以書面委託其他出席會員爲代表

第七條 設立省中醫公會聯合會應以該省內縣市中醫公會三個以上之發起召集設立大會擬定章程呈請該管主管機關轉報社會部及衛生署備案

設立大會非由縣市中醫公會選出之代表半數以上出席不得開會前條第二項但書之規定於前項設立大會準用之

第八條 前條第二項之出席代表人數在有會員二十人以內之中醫公會爲一人其超過二十人者每滿三十人加一人

第九條 有左列情事之一時衛生署得召集全國中醫公會聯合會議

一、衛生署認爲必要時

二、有省中醫公會聯合會及院轄市中醫公會十個以上之提議時

第十條 中醫公會章程應載明左列各事項

一、名稱區域及會所

二、會員入會出會及除名之規定

三、職員名額職務及受任解任之規定

四、關於會議之規定

五、關於經費之規定

第十一條 省中醫公會聯合會及院轄市中醫公會設理事監事由代表大會或會員大會選舉之其人數理事至多不得逾

第十二條　十一人監事至多不得逾七人
前項理事得互選常務理事一人至三人處理日常事務
縣市中醫公會設理事由會員大會選舉之其人數至多不得逾五人
前項理事得互選常務理事一人處理日常事務

第十三條　理事監事均為名譽職任期二年

第十四條　中醫公會得酌設有給職員佐理會務由理事會任用之

第十五條　中醫公會應將代表名冊或會員名冊及會務概況等呈報該管主管機關遞轉社會部及衛生署備案

第十六條　中醫公會代表大會或會員大會分定期會議及臨時會議兩種由理事會召集之

第十七條　中醫公會代表大會或會員大會之決議以代表或會員過半數之出席出席代表或會員過半數之同意行之

第十八條　左列事項之決議須經代表或會員過半數之出席出席代表或會員三分二以上之同意

一、變更章程
二、會員之除名
三、理事監事之解任
四、清算人之選舉及關於清算事項之決議

第十九條　中醫公會經費以左列各款充之

一　會員入會費
二　會員常年會費
三　捐款
四　資金之孳息

第二十條　本規則自公佈日施行

社會部會計室組織規程（三十年五月八日府令核准）

第一條　本規程依照國民政府主計處組織法國民政府主計處辦理各機關歲計會計統計人員暫行規程暨中央各機關會計室組織及辦事通則制定之

第二條　社會部會計主任辦事處所定名為社會部會計室

第三條　會計室之職掌如左

(一)關於預算所需事實之調查事項

(二)關於概算決算之核編整理事項

(三)關於預算內各款項依法流用之登記事項

(四)關於設計會計制度事項

(五)關於製具記帳憑證事項

(六)關於帳目登記事項

(七)關於收支憑單之核簽事項

(八)關於編送會計報告書表事項

(九)關於財務上增進效力及減少不經濟支出之建議事項

(十)關於其他有關歲計會計事項

第四條　會計室對於所在機關之所屬機關歲計會計事務經主計處之指定應負責辦理左列各事項

(一)關於所屬機關會計人員之指導監督事項

(二)關於所屬機關歲計會計工作之分配事項

(三)關於所屬機關概算決算會計表冊書據等格式及帳目登記報表編製之審計統一事項

(四)關於所屬機關計算書審核事項

(五)關於所屬機關歲計會計工作及人事報告之核轉事項

(六)關於所屬機關其他一切歲計會計事務之指導及監督事項

第五條　會計主任承主計長之命受主計處主管局長之指導并依法受社會部主管長官之指揮主辦社會部之歲計會

計事務

第六條　會計主任應出席社會部有關其職掌之各項會議

第七條　會計室設科員八人至十人辦事員四人至六人均由主計長任用承長官之命佐理各項事務

第八條　會計室視事實上之需要得呈請社會部主管長官調員襄助

第九條　會計室遇有會計組織之更改及則例帳冊表格之修訂應擬具方案呈請主計長核辦

第十條　會計室對於主計處之歲計會計報告及工作報告應依照主計處之規定辦理

第十一條　會計室辦事細則另定之

第十二條　本規程自呈准之日施行

社會部會計室辦事細則

三十年五月十四日國府主計處核准

第一條　本細則依照社會部會計室組織規程制定之

第二條　本室事務由會計主任分配所屬職員辦理之遇有事務增繁原有職員不敷分配時得按照組織規程第八條之規定呈請調員襄助

第三條　本室於必要時得分股辦事

第四條　本室人事事項由會計主任呈請主計處核辦

第五條　本室應行請示或報告主計處及社會部各事項應按其性質分別行之

第六條　本室收入文件由收發人員摘由編號註明收到年月日時附件件數登入收文簿送會計主任核閱後分交主管職員簽註意見再分別核轉辦理

第七條　本室辦理文件應查案者得填具調卷單向管卷人員調取閱畢送還仍將原調卷單收回

第八條　本室文件經主辦職員辦竣後送由會計主任核閱判行其屬部稿者送經會計主任核閱後依部定判稿手續辦理

第九條　本室辦理文件如與社會部各部份有關聯性質者應會核辦理之

第十條 本室發出文件由收發人員摘由編號註明發出年月日時附件件數登入發文簿分別送發將稿件連同來文歸檔編存如屬於社會部之文件應依照部定發文歸檔手續辦理

第十一條 本室行文程式規定如下

一 對外行文以社會部名義行之

二 對內行文

對主計處及各局用呈

對主計處各局部份組織用函

對主計處所派其他機關之主辦計政人員用函

對社會部用呈

對本室所屬職員用函

對社會部所屬機關主辦會計人員用函

對社會部其他部份組織依其性質酌辦

第十二條 關於款項收支應照會計法之規定由主管職員依據社會部核准各憑單製具傳票送請會計主任蓋章如係現金收付同時須由出納人員在傳票及憑單上蓋章證明收訖或付訖後送還會計主任核閱轉交各主管職員記帳保管

第十三條 每日現金結存數應與出納人員當日所製現金結存表互相核對

第十四條 每旬或每月款項收支依照規定繕具報表分呈備核

第十五條 每月編製收支計算表類由會計主任送社會部依法辦理

第十六條 本室辦公時間依社會部之規定必要時得延長之

第十七條 本室職員請假辦法依部定規則辦理

第十八條 本室對於主計處之歲計會計報告及工作報告依照主計處之規定每種備具一份按期呈送

第十九條 本細則如有未盡事宜得隨時呈請修正

第二十條　本細則自呈奉主計處核准之日施行

人民團體實際負責人緩役辦法

三十年五月二十九日院令核准

一、縣市農會幹事長縣市鎭商會主席准予緩役縣市總工會之常務理事及經濟部指定縣市各重要同業公會執行委員以當選票數最多之一人爲限准予緩役

二、上項商會總工會農會及同業公會須以完成登記手續領有主管官署准予備案或證明之文件爲準

三、其他職業及社會團體負責人均不得援例緩役

社會部所屬機關會計室組織及辦事通則

三十年五月二十九日府令核准

第一條　本通則依照國民政府主計處組織法國民政府主計處辦理各機關歲計會計統計人員暫行規程暨中央各機關會計室組織及辦事通則制定之

第二條　社會部所屬機關會計人員辦事處所定名爲會計室冠以所在機關名稱

第三條　會計室依所在機關會計事務之繁簡設會計主任或會計員爲主辦會計人員

第四條　主辦會計人員秉承主計長之命受主計處主管局長之指導社會部會計主任之監督指揮並依法受所在機關主管長官之指揮主辦各該機關歲計會計事務

第五條　會計室之職掌如左

一、關於概算決算之核編整理事項

二、關於依法執行預算內各項流用登記事項

三、關於會計制度之設計事項

四、關於製具記賬憑證事項

五、關於帳目登記事項

六、關於收支憑單之核簽事項
七、關於編造會計報告事項
八、關於財務上增進效力及減少不經濟支出之建議事項
九、關於其他有關歲計會計事項

第六條　主辦會計人員得出席所在機關有關其職掌之各項會議

第七條　會計室視事務之需要得設置佐理人員及僱員其員額由所在機關擬送社會部會同主計處決定之

第八條　會計室人事事項由主辦會計人員報請社會部會計室轉呈主計處核辦

第九條　會計室經辦會計事務得主辦會計人員分配所屬佐理人員及僱員辦理之

第十條　主辦會計人員對於各該機關會計制度之設計修訂實施等事項應擬具方案送請社會部會計室核轉主計處核定

第十一條　主辦會計人員應行請示或報告事項應按具性質分別送由社會部會計主任轉呈主計處或逕呈各該所在機關長官

第十二條　會計室辦理會計文件關於收文應備具收文簿依收文日期摘由順序登記送主辦會計人員核閱後分發主管人員辦理其與所在機關其他部份組織有關聯性質者應會核辦理

關於發文應備具發文簿依發文日期摘由順序登記連同附件一併發出其文稿連同來文歸檔備查

社會部統計處組織規程

三十年六月十四日府令核准

第一章　總則

第一條　本規程依照國民政府主計處組織法及國民政府主計處辦理各機關歲計會計統計人員暫行規程制定之

第二條　社會部統計長辦事處所定名為社會部統計處

第三條　統計長承主計長之命並依法受社會部部長之指揮監督主辦社會部及其所屬各機關之統計事務並指揮監

督處內職員及社會部所屬各機關辦理統計人員

第四條　統計長得出席社會部部務會議

第五條　統計處依事務之需要分設三科每科設科長一人由主計長薦任承長官之命分掌各科事務

第六條　統計處每科設科員四人至八人由主計長委任承長官之命分理各科事務

第七條　統計處設專員一人或二人由主計長聘任承長官之命辦理設計視察及研究等事務

第八條　統計處設雇員十五人至二十四人承長官之命助理計算繕寫等事務

第九條　社會部所屬機關辦理統計人員除直接受統計長之指導監督外並依法受所在機關長官之指揮

第十條　社會部所屬各機關未經設置統計人員其統計報告得由統計長呈准社會部部長令飭該機關指定人員負責辦理

前項經指定負責辦理統計之人員統計長得直接指導其統計工作

第十一條　統計處遇必要時得調遣處內及社會部所屬各機關統計人員分赴各地調查並得就地訓練人員助理調查統計工作同時呈請主計處備案

第十二條　統計處視事實之需要得呈請社會部部長委託部內及所屬機關職員代行登記及調查或調用職員佐理各項事務

第二章　分科職掌

第十三條　第一科分掌事務如左

一、關於登記調查審核並編製左列各種統計事項

(一)關於人民團體統計事項

(二)關於社會運動統計事項

(三)關於社會救濟統計事項

(四)關於社會保險統計事項

(五)關於兒童福利統計事項

二、關於擬訂前項統計進行計劃表册報告等格式及統一方法等事項

三、關於指導考核社會部及其所屬各機關主辦前項統計人員之工作事項

第十四條　第二科分掌事務如左

一、關於登記調查審核並編製左列各種統計事項

(一)關於勞工統計事項

(二)關於日常生活費用統計事項

(三)關於社會服務統計事項

(四)關於職業介紹統計事項

二、關於擬訂前項統計進行計劃表册報告等格式及統一方法等事項

三、關於指導攷核社會部及其所屬各機關主辦前項統計人員之工作事項

第十五條　第三科分掌事務如左

一、關於統計問題之改進設計事項

二、關於國內外有關社會統計材料之搜集編譯及研究事項

三、關於辦理社會部及所屬各機關統計人員之任免遣調訓練及攷核奬懲等事項

四、關於彙編核校繪製印刷各種統計圖表及報告等事項

五、關於統計工作報告編製及處務會議之紀錄等事項

六、關於辦理文書典守印信及不屬其他各科事項

第三章　會議

第十六條　統計處每星期舉行處務會議一次由統計長召集之以統計長爲主席

第十七條　統計長於必要時得呈請主計長及社會部部長召集全國社會統計會議以統計長爲主席

第十八條　各項會議規則另訂之

第四章　附則

第十九條　統計處各種辦事細則另訂之

第二十條　本規程如有未盡事宜由主計會議修訂後呈請核准施行

第二十一條　本規程自呈准之日施行

社會部統計處辦事細則

三十年七月二日國府主計處核准

第一章　總則

第一條　本細則依社會部統計處組織規程第十九條之規定制定之

第二條　本處處務除遵照國民政府主計處辦理各機關歲計會計統計人員暫行規程所規定者外悉依本細則辦理其與社會部各司局有關聯之事項於不抵觸上項範圍內並依社會部處務規程辦理之

第二章　職務

第三條　本處各科科長承統計長之命分掌各科事務並監督指揮所屬職員

第四條　本處各科所掌事務由各科長指定所屬職員分別辦理如遇事務增繁原有職員不敷分配時得呈請統計長調用他科職員臨時襄助

第五條　本處各科事務如有互相關聯者應由各該關係主管科協商辦理彼此意見不同時應請統計長裁決

第六條　本處遇有特殊事項須嚴守祕密者統計長得臨時指定職員辦理之

第七條　本處職員及社會部所屬各機關辦理統計人員之任免遷調升降敘級等事項除依法辦理外均由本處分別登記並按期彙報主計處備案

第八條　本處主管事務統計長得直接交社會部所屬各機關辦理統計人員辦理之其須由部轉飭者得呈請社會部部長令行交辦其未置辦理統計人員之社會部所屬各機關但呈經社會部部長指定人員負責辦理者本處得直接指導其統計工作

第九條　本處應行請示或報告主計處及社會部各項事件應按其性質分別行之凡屬處主管者呈處屬部者呈部如關

係兩方面者分呈之

第十條　前項對於主計處呈請事件均送主管局轉呈其規定有格式者依照規定辦理

本處對於社會部所屬各機關之統計工作應先擬具方案及規章格式預算等呈請主計處核定

第三章　統計工作

第十一條　本處每屆社會部編製年度概算之前應擬具下年度統計工作計劃經社會部統計委員會或會同社會部各司局審議後呈送主計處核准

第十二條　本處統計工作由統計長分配于各職員後承辦職員應按其資料之性質分別登記於登記冊中或編製圖表說明送呈統計長核辦

第十三條　本處之統計資料登記由統計長指定本處職員或委託社會部各司局職員隨時辦理之並按期送統計長核閱

第十四條　本處統計報告之造送除主計處交辦者應遵行呈覆外其經規定之經常統計報告應依統計法施行細則之規定行之

第十五條　本處於各項册籍圖表格式之製定與統計結果之公布以前應先呈送主計處核定

第四章　文書處理

第十六條　本處收入文件由第三科收發員摘由編號塡寫收到日期附件件數登入收文簿按其性質蓋戳分科彙送第三科科長轉呈統計長核閱

前項文件如封面有密件或親啓字樣者應即送交收件人開折如係本處密件則應送由第三科科長轉呈統計長折閱

第十七條　各科收到文件經科長核閱後批明辦法交職員辦理係賡續前案而不受本科辦理者應即移交原辦科辦理

第十八條　本處職員承辦文件除緊急事務隨到隨辦外最要者不得過一日次要及尋常者不得過三日但須查卷或其他情形不能依限辦竣者得由承辦人呈明理由酌予延長之

第十九條　各科承辦文件職員于收到交辦文件後應即分別擬稿辦竣後並須簽名負責送呈科長核簽轉呈統計長核閱判行其關係一科以上之文件主管科長核簽後送關係科會簽呈統計長核閱判行

第二十條　統計長及科長核閱文件遇有疑義時得令承辦職員陳述意見或令修改重辦

第二十一條　各科文件經統計長核閱判行後卽送第三科繕校印發凡未經統計長核閱判行之件不得印發或公布

第二十二條　凡發出文件由收發員摘由編號塡註發出日期時刻附件件數登入發文簿分別將文件送發稿件歸檔其屬部稿者經統計長核簽後依部定發文程序辦理之

第二十三條　第三科管卷員收到各項歸檔文件後應摘由編號塡註歸檔日期附件件數登入檔案登記簿分別性質歸檔保管

凡關於統計資料之檔案應單獨保管並另立登記簿

第二十四條　各科調閱卷宗應依照社會部調閱檔案規則辦理

第五章　服務

第二十五條　本處文件凡未經統計長公布者各職員絕對嚴守祕密不得洩漏

第二十六條　本處辦公時間依照社會部之規定必要時得延長之

第二十七條　凡辦公時間非因公約晤者不得接見接見賓客應在會客室

第二十八條　本處職員須按時到處辦公不得遲到早退

第二十九條　本處置考勤簿各職員每日到處辦公須親自簽到不得託人代簽違者由主管科查明嚴予處分

考勤簿每日送呈統計長核閱

第三十條　本處職員請假辦法依照社會部請假規則行之統計長請假並須呈經主計長核准

第三十一條　各種例假循例休息但有緊要事件仍得臨時召集辦公

第三十二條　本處考勤值班出差辦法依社會部之規定行之

第三十三條　本處考績依照公務員考績辦法辦理

第六章　會議

第三十四條　本處處務會議以統計長及科長組織之以統計長爲主席其他職員經統計長指定者得列席

第三十五條　本處處務會議每星期舉行一次於必要時得由統計長召集臨時會議

第三十六條　本處處務會議之範圍如左

一、主計長或社會部部長交議事項

二、統計長交議事項

三、各科提議經統計長許可事項

第三十七條　本處處務會議各項議案應於會議前三日送交第三科編入議事日程

第三十八條　本處處務會議紀錄由第三科整理送呈統計長核定後油印通知

第七章　附則

第三十九條　本細則自呈奉主計處核准施行

非常時期工商業及團體管制辦法

三十年六月十七日院令公布

第一條　非常時期工商業及團體之管制除法令另有規定外依本辦法之規定

第二條　本辦法所稱工商業爲經濟部指定之必需品業

本辦法所稱團體爲商會及前項必需品業之同業公會

第三條　本辦法之實施區域以一縣或一市爲單位由經濟部社會部會商指定之

實施本辦法之主管官署在縣爲縣政府在市爲市政府在隸屬行政院之市爲社會局

第四條　凡經營必需品業者除小規模營業外須設立公司行號依法申請爲公司登記或商業登記

工廠應依其組織爲公司登記或商業登記並爲工廠登記

第一項所稱小規模營業之標準由經濟部以命令定之

第五條　經營必需品之小規模營業應將其營業項目營業所在地資本額及主體人姓名向各該業同業公會或商會登記

商會及同業公會辦理前項登記不得徵收任何費用並應於每三個月彙報主管官署備查

第六條 凡非小規模營業又未設立公司行號而經營必需品之商行爲應由主管官署予以取締公司行號在登記項目外兼營他業或公司行號內附設之私人營業均視同未設立公司行號

第七條 必需品業公司行號不得以其名義借予他人從事商行爲違者處以營業額百分三十以下之罰鍰

第八條 必需品業公司行號工廠不依限聲請登記主管官署應即依法予以處分並勒令登記

第九條 依本辦法管制之商會及必需品業同業公會於經指定業類區域後尙未組織者主管官署應於一個月內派員督導組織

第十條 必需品業同業公會應依照非常時期職業團體會員强制入會與限制退會辦法督促同業公司行號工廠加入公會並限制退會其未能依法組織同業公會之公司行號工廠應卽加入商會

必需品業同業公會應一律加入商會

違反前兩項之規定者由主管官署依照非常時期職業團體會員强制入會與限制退會辦法第三條之規定予以處分

第十一條 商會及必需品業同業公會對所屬會員應於入會時查其已否完成登記手續並核明所報事項與其登記時是否相符

第十二條 商會及必需品業同業公會對於所屬會員應發給會員證

第十三條 主管官署對商會及必需品業同業公會得依照職業團體書記派遣辦法派遣書記

第十四條 商會及必需品業同業公會負責人應常川輪流駐會辦理會務必要時得聯合辦公

第十五條 商會及必需品業同業公會之任務除法令另有規定外依照左列規定辦理

一、協助主管官署評議價格安定市廛並督飭所屬會員遵照法令營業

二、指導所屬會員增加生產減輕成本發展業務

三、指導所屬會員改革舊式帳簿建立新式會計制度並提高計算技術

四、督飭所屬會員每次進貨每日售貨數額及製造營運成本等均須登記簿據以備主管官署查核

五、對所屬會員售賣之貨物應督飭遵照平價機關所規定價格出售並遵照命令支配供應市場需要

六、對所屬會員售賣之貨物應督飭施用標價擲與發票制
七、協助解決運輸貨物之困難及制止同業間不正當之競爭
八、指導所屬會員檢舉囤積居奇
九、與各地工商界取得聯絡調查各地工商業情況供給會員參考
十、商會對於所屬之公會會員應協助其執行任務

第十六條　商會及必需品業同業公會應隨時召集會員代表商討會務進行並即席宣讀政府頒布之有關法令以期共同遵守

第十七條　主管官署應隨時召集商會及必需品業同業公會負責人查詢會務進行狀況並派員檢察左列事項
一、必需品業公司行號工廠是否遵照本辦法第四條規定履行登記
二、經營必需品之小規模營業是否向公會或商會登記
三、必需品業公司行號或營業人有無本辦法第六條第七條之情事
四、必需品業公司行號工廠是否遵守本業同業公會或商會之營業統制及有無投機居奇等情事
五、必需品業公司行號工廠有無不加入本業同業公會或商會及任意退會情事
六、商會及必需品業同業公會是否依照法令辦理會務暨遵照本辦法第十四條第十五條及第十六條規定之事項
七、其他有關必需品業應行檢查事項
檢查人員發覺違法行為應即報明主管官署依法處理不得逕予處分

第十八條　本辦法自公布日施行

修正中華海員工會特派員辦事處組織規則

三十年四月十六日部令公布

（原規則於二十四年八月八日經四屆中央第一八五次常務會議通過）

第一條　中華海員工會在籌備時期置特派員一人組織辦事處處理一切籌備事宜

第二條　特派員由社會部遴派呈報行政院備案

第三條　特派員之任務如下

一、依照中華海員工會組織規則籌備成立中華海員工會

二、辦理各地海員之登記及組織事宜

三、指導海員業務及生活習慣之改善與參加工會之應有認識及程序等事宜

四、領導海員從事戰時人民各種服務工作並在敵後相機配合軍事政治行動破壞或阻滯敵僞航運及僞海員之組織

五、處理並解釋登記組織時之疑義及爭執

六、調處海員與雇用方面之糾紛

七、調查海員狀況

第四條　特派員辦事處設設計委員七人至九人組織設計委員會設計關於籌備工會一切進行事宜由社會部派充之設計委員會會議規則另訂之

第五條　特派員辦事處設中文祕書一人秉承特派員處理一切日常事宜西文祕書一人秉承特派員辦理通譯文件及與外人接洽等事宜均由社會部派充之

第六條　特派員辦事處設總務指導調查三科每科設科長一人　事助理幹事錄事各若干人各科科長及以下職員均由特派員遴任並呈報社會部備案

第七條　特派員辦事處各科科長秉承特派員之命及祕書之指導處理各該科事宜

第八條　特派員辦事處須將工作情形按月編製報告呈社會部審核

第九條　特派員辦事處辦事通則由該處自行擬訂呈准社會部備案施行

第十條　本規則經社會部修正公佈施行

社會部訴願審理委員會章程

三十年四月十九日部令公布

第一條　本部爲處理訴願案件設立訴願審理委員會（以下簡稱審理委員會）

第二條　審理委員會設委員九人至十五人由部長指派之並就委員中指定一人爲主席

第三條　審理委員會議由主席召集之須有委員過半數之出席方得開會出席委員三分二以上之同意方得議決

第四條　主管司局收到訴願書及其關係書類應即移付審理委員會

第五條　審理委員會收到前條移付文件時由主席先行指定委員審查召集會議決定受理或不受理

第六條　決定不受理之案件應於會議決定後三日內作成決定書

第七條　決定受理之案件應即指定委員主審並定期召集會議決定於七日內作成決定書

第八條　前三條之決定書由指定或主審委員擬具經全體委員同意會署蓋章後呈請部長核定

第九條　審理委員會遇有應開言詞辯論之案件由主席推定委員一人或三人担任詢問其紀錄整理完竣後送由全體委員會署之

第十條　審理委員會應設置會議簿紀載出席委員之姓名人數及決定主文或決議事項由委員簽名蓋章並由主席保存之

第十一條　關於訴願法第二條第三款第六款之再訴願事件其答辯書應於收到訴願書副本之次日起十日內由審理委員會作成之

第十二條　審理委員會對於主管司局有所商詢或調取案卷及移付文件以主席名義行之

第十三條　關於訴願案件一切對外文書之處理由主席移付主管司局辦理之

第十四條　審理委員會之紀錄及抄寫文件等工作由主席臨時商調本部職員辦理之

第十五條　本章程自部令公布之日施行

社會部辦事員訓練辦法 三十年四月二十六日部長核准

一、本部為增進辦事員學識能力提高工作效率起見特設臨時訓練班

二、本部辦事員應一律入班受訓科員志願旁聽者亦得參加

三、訓練期限定為兩週每日二小時合共二十四小時

四、訓練課程如左

1.公文程式 2.文書處理 3.人事制度 4.事務管理 5.會計常識 6.統計常識 7.法規要義

8.精神講話

前項課程之詳細科目另定之

五、訓練班置班主任一人由政務次長兼任之

六、訓練班置講師若干人由 部長就本部高級職員中指定分別擔任

七、受訓成績併入年終考績案內計算之

八、本辦法自奉 部長核准施行

社會部會計事務處理程序 三十十年四月三十日部長核准

第一條 本部處理會計事務除法令另有規定外悉依本程序處理之

第二條 本部會計事務總務司與會計室應取得聯繫分工合作

第三條 本部預算之成立與分配經費之核定支用及其他轉帳事項應由會計室根據原始憑證核簽經部長核准後製具記帳憑證辦理之

第四條 本部各項經費之收入由會計室根據撥款通知單編製記帳憑證送總務司第三科依照公庫法之規定分別領存

第五條 本部各項支出除零星款項可由總務司第四科就零用金內支付外其在壹百元以上者由總三科開具公庫支票支付之

第六條 所有各項收支憑證總三科於登入各該類現金出納帳後送還會計室記帳并由總三科逐日編製現金結存日報表送總務司會計室備查

第七條 會計室主管下列帳簿編製報告

一、分錄簿及現金日記簿

二、總分類賬

三、歲出預算明細分類賬

四、以前年度歲出應付款明細分類賬

五、暫付款明細分類賬

六、其他明細分類賬

七、原始憑證粘存簿

總三科主管現金出納備查簿暫付款憑證粘存簿現金結存表俸薪表及編製其他報告

總四科主管器用金備查簿財產物品賬簿編製財產增減表財產目錄保管品報告表及其他報告表等

第八條 會計室主辦人員對於總三四科辦理出納事務人員之簿籍報告表應負指導監督之責必要時得隨時查核之

第九條 本部新任職員報到後總務司第二科應隨時將姓名職務月支薪額及開始計算日期通知會計室及總三科並須附具印鑑表交總三科存查

第十條 本部職員離職或俸薪額有變更時總二科應隨時通知會計室及總三科備查

第十一條 本部各廳司室請求購置財產及物品應先填具請求購置單經各該部份主管核定後送交總四科其估價在壹百元以下者由第四科科長核准叁百元以下者由總務司長核准送會計室蓋章後送回總四科辦理之其在叁百元以上者須簽呈 部次長核准始可辦理另有投估規定者仍按照規定辦理

第十二條 本部購置之財產或物品應分別性質隨時填入財產登記簿物品簿各單位領用物品須填具領物憑證單依序記入財產登記簿物品登記簿於月終或年度終了依據該簿編製財產增減表及財產目錄送會計室作編造會計報告附表之依據

物品登記簿每月一結并依據該簿及領物憑單編製物品出納表以一份呈閱一份送會計室備查

第十三條　本部所有財產管理人每半年應至少盤查一次如減損價值在百元以上者總四科應隨時通知會計室查驗之

第十四條　本程序如有未盡事宜得隨時呈請修改之

第十五條　本程序自呈准之日起施行

社會部各司分科規則

三十年五月三日部令公布並呈　行政院備案

第一條　本部各司掌管事項依本規則之規定分科處理之

第二條　總務司置　第一　第二　第三　第四　第五　五科

第三條　總務司第一科掌左列各事項

一、關於宣達部令及對外公布事項

二、關於典守印信事項

三、關於全部公文書之收發分配及繕寫事項

四、關於全部公文書之保存事項

五、關於不屬各科文稿之撰擬事項

第四條　總務司第二科掌左列各事項

一、關於本部及所屬機關職員送請銓敍之查催及核議事項

二、關於本部及所屬機關職員進退遷調考核奬懲及其他人事登記事項

三、關於本部職員之訓練及補習教育事項

四、關於本部職員之撫恤及公益事項

五、關於本部及所屬機關人事管理之建議事項

六、關於人事之調查統計事項

七、關於銓敍機關委辦事項

第五條　總務司第三科掌左列各事項

一、關於本部經費之出納事項

二、關於現金之保管事項

三、關於票據及有價證券之保管事項

第六條　總務司第四科掌左列各事項

一、關於本部應用物品之購置及分配事項

二、關於本部官產官物之登記保管及修繕事項

三、關於夫役衛兵之管理事項

四、關於部內公共衛生及消防事項

五、關於附屬機關官產官物之稽核事項

六、關於其他一切庶務事項

第七條　總務司第五科掌左列各事項

一、關於本部公報之編輯發行事項

二、關於本部法規之彙輯發刊事項

三、關於本部工作報告及大事記之編纂事項

四、關於本部有關刊物之編審及發行事項

五、關於本部圖書儀器之徵集及保管事項

第八條　組織訓練司置第一第二第三第四第五第六第七七科

第九條　組織訓練司第一科掌左列各事項

一、關於農漁團體組織之許可及撤銷事項

二、關於農漁團體之登記及指導監督事項

三、關於農漁團體幹部工作人員之選用考核獎懲事項
四、關於農漁團體相互關係之調整聯繫事項
五、關於農佃爭議及漁業爭議之處理事項
六、關於農漁團體經費之稽核事項
七、關於農漁團體及農村漁區狀況之調查事項
八、其他有關農漁團體之組織事項

第十條　組織訓練司第二科掌左列各事項
一、關於工人團體組織之許可及撤銷事項
二、關於工人團體之登記及指導監督事項
三、關於工人團體幹部工作人員之選用考核獎懲事項
四、關於工人團體相互關係之調整聯繫事項
五、關於工人團體經費之稽核事項
六、關於勞資或勞勞糾紛之調解及仲裁事項
七、關於勞資協調之指導及促進事項
八、關於國際勞工會議之參加事項
九、關於僑外華工之調查及保護事項
十、關於各國僑華工人之調查及管制事項
十一、其他有關工人團體之組織事項

第十一條　組織訓練司第三科掌左列各事項
一、關於商人團體組織之許可及撤銷事項
二、關於商人團體之登記及指導監督事項
三、關於商人團體幹部工作人員之選用考核獎懲事項

四、關於商人團體相互關係之調整聯繫事項
五、關於商人團體糾紛之處理事項
六、關於商人團體經費之稽核事項
七、關於商人團體及商業狀況之調查事項
八、關於國際商人團體會議之參加事項
九、關於僑外華商團體之調查及指導協助事項
十、關於各國僑華商人團體之登記及指導監督事項
十一、其他有關商人團體之組織事項

第十二條　組織訓練司第四科掌左列各事項
一、關於特種社團（包括文化團體宗教團體慈善團體公益團體救國團體自由職業團體及其他不屬於各科主管之社會團體）組織之許可及撤銷事項
二、關於特種社團之登記及指導監督事項
三、關於特種社團幹部工作人員之選用考核獎懲事項
四、關於特種社團相互關係之調查聯繫事項
五、關於特種社團糾紛之處理事項
六、關於特種社團經費之稽核事項
七、關於特種社團及工作狀況之調查事項
八、其他有關特種社團之組織事項

第十三條　組織訓練司第五科掌左列各事項
一、關於青年婦女團體組織之許可及撤銷事項
二、關於青年婦女團體之登記及指導監督事項
三、關於青年婦女團體幹部工作人員之選用考核獎懲事項

四、關於青年婦女團體經費之稽核事項
五、關於青年婦女團體糾紛之處理事項
六、關於青年婦女團體及其工作狀況之調查事項
七、其他有關青年婦女團體之組織事項

第十四條　組織訓練司第六科掌左列各事項
一、關於人民團體幹部人員之訓練事項
二、關於人民團體會員訓練之設計督導事項
三、關於各級社會工作人員訓練之指導監督事項
四、關於訓練方案之研究編製事項
五、關於訓練課程教材之編訂審查事項
六、關於受訓人員之聯絡及考核事項
七、其他有關社會訓練事項

第十五條　組織訓練司第七科掌左列各事項
一、關於社會運動之規畫事項
二、關於社會運動之指導監督事項
三、關於社會運動之調查事項
四、關於人民團體目的事業外一般活動之指導監督事項
五、關於社會風俗之敦進保持及化導事項
六、其他有關社會運動事項

第十六條　社會福利司置第一　第二　第三　第四　第五　第六　六科

第十七條　社會福利司第一科掌左列各事項
一、關於社會保險之規畫事項

二、關於社會保險之倡導實施事項
三、關於社會保險機關之設置及監督管理事項
四、關於社會保險金庫之監督稽核事項
五、關於社會保險工作人員之養成運用及考核奬懲事項
六、關於各國社會保險設施之調查研究事項
七、關於推行社會保險與其他有關機關或團體之合作聯繫事項
八、其他有關社會保險事項

第十八條　社會福利司第二科掌左列各事項
一、關於勞工福利設施之計畫推行事項
二、關於勞工福利設施之指導監督事項
三、關於勞工生活之改良及保障事項
四、關於勞工教育事項
五、關於工廠礦場安全或衛生設備之指導及檢查事項
六、關於勞工失業及傷害之救濟撫卹事項
七、關於工廠檢查人員之養成運用及考核奬懲事項
八、關於勞工移殖事項
九、關於勞工生活狀況及各國勞工福利設施之調查研究事項
十、其他有關勞工福利事項

第十九條　社會福利司第三科掌左列各事項
一、關於社會服務之計畫推行事項
二、關於社會服務之指導監督事項
三、關於社會服務機關之籌設及監督管理事項

四、關於社會服務事業之倡導及獎勵事項
五、關於社會服務工作人員之選用考核獎懲事項
六、關於推行社會服務與其他有關機關或團體之合作聯繫事項
七、其他有關社會服務事項

第二十條　社會福利司第四科掌左列各事項
一、關於職業介紹之計畫推行事項
二、關於職業介紹之指導監督事項
三、關於職業介紹機關之籌設及監督管理事項
四、關於社會人才之調劑事項
五、關於職業指導及輔導訓練事項
六、關於失業就業之調查登記事項
七、關於推行職業教育與其他有關機關或團體之合作聯繫事項
八、關於日常生活費用指數之調查統計事項
九、其他有關職業介紹事項

第二十一條　社會福利司第五科掌左列各事項
一、關於殘廢老弱之救濟事項
二、關於貧民之救濟事項
三、關於游民之收容教養事項
四、關於貧病醫療之補助事項
五、關於救濟經費之規畫及審核稽查事項
六、關於救濟機關之設置及監督管理事項
七、關於慈善救濟事業之倡導監督及獎勵改進事項

八、關於社會救濟工作人員之選用考核獎懲事項

九、其他有關社會救濟事項

第二十二條　社會福利司第六科掌左列各事項

一、關於兒童福利設施之計畫推行事項

二、關於兒童福利設施之指導監督事項

三、關於孤苦兒童之收容教養事項

四、關於低能殘廢等兒童之特殊教養事項

五、關於不良兒童之感化矯正事項

六、關於兒童營養健康之指導促進事項

七、關於推行保育事業與其他有關機關團體之合作聯繫事項

八、其他有關兒童福利事項

第二十三條　本規則如有未盡事宜得以部令修改之

第二十四條　本規則自公布日施行

社會部諮訪室組織簡章　三十年五月五日部令公布

一、本部爲諮詢民間疾苦察訪社會情態特置諮訪室(以下簡稱本室)

二、本室設主任一人負責主持本室事務

三、本室設採訪員四人至六人担任採訪工作

四、本室設書記一人担任編輯情報工作

五、本室主任採訪員書記均由　部長委派

六、凡有關本簡章第一條所列任務除由採訪員直接採訪外並得委託本部直轄機關或團體及個人負責查報

七、本室爲達成任務應與各國黨政軍警機關之情報組織取得密切聯繫幷交換情報
八、本室對全國各新聞社及其人員得特約通訊給以相當報酬
九、本室經費在本部事業費內調查項下動支
十、本室工作先就陪都實施次及各地
十一、本簡章由　部長核定施行並呈報　行政院備案

社會部職員值日規則

三十年五月八日部令公佈

一、本部爲處理辦公時間以外臨時發生之事項並便於各方接洽公務起見派員值日
二、值日人員以簡薦任職人員及專員室主任担任之
三、值日人數星期一至星期六每日一人星期日及例假日每日二人分上下午輪值以十二時爲交替時間　總務司第一科第四科每日應各派一人隨同輪值
四、值日時間星期一至星期六爲下午五時起至十時止星期日及例假日爲上午七時起至下午十時止
五、值日人員派定後如因故請假須自行託人代理並呈報　部次長備查
六、值日人員應切實執行值日勤務不得無故不到
七、值日人員得酌支膳費
八、值日人員應作成日記於次日上午呈　部次長核閱
九、值日人員辦公處設本部會議室
十、本規則自呈奉　部長核准之日施行

社會部法規委員會章程

三十年五月十四日部令修正公布

第一條　社會部爲編審幷整理各項法規起見特設法規委員會
第二條　本委員會設委員若干人除本部參事爲當然委員外由　部長就本部各廳司局室及部轄各機關之重要職員

派充之

第三條　本委員會以政務次長爲主任委員承　部長之命主持會務

第四條　各項社會法規之擬訂或修正由各廳司局室擬具草案或綱要並附具說明經參事廳審核後送由本委員會審議或依據起草

其他法案經參事廳審核後　部長認爲必要時亦得批交本委員會加簽意見

第五條　本委員會有須起草及付審查之件主任委員得指定各委員分別担任

第六條　法規草案由委員會討論公決後呈請　部長核定公布或依立法程序綱領辦理

第七條　本委員會暫定每星期開會二次由主任委員主席主任委員因事不能出席時得委託當然委員一人代理主席

第八條　本委員會爲整理議案幷處理其他事務得設祕書一人由　部長就部員中指派之

第九條　本委員會所需速記員及書記員得請調部員兼充之

第十條　本委員會會議規則另定之

第十一條　本章程自公布日施行

社會部公報規程

三十年六月四日部令公布

第一條　本部爲促進社會行政效率起見特刊行社會部公報（以下簡稱本報）

第二條　本報之內容暫分爲左列各類

一、法規

二、命令

三、公牘

甲、總務類

乙、組織訓練類

丙、社會福利類

丁、合作事業類

四、特載

五、附錄

第三條　本報編輯發行事項由總務司第五科辦理

第四條　本部應登本報之文件由各廳司局室科主管長官核稿時於稿面上加蓋「登公報」戳記

第五條　本部各廳司局室應各指定負責人員按時搜集應登公報之文件于月終彙送總務司第五科編輯

第六條　本報每期發刊前應將目錄連同編定稿件彙呈部次長核准始得付印

第七條　本報每三月刊行一次但得斟酌情形刊行增刊或合刊

第八條　本報印刷事項由總務司第五科會同第四科辦理

第九條　本報報費之收入其收款手續依照社會部處務規程第二十條之規定辦理

第十條　本規程如有未盡事宜得隨時修改之

第十一條　本規程自公布日施行

社會部合作事業管理局合作推廣專款會計程序

三十年六月十四日部令核准備案

一、本程序依據社會部合作事業管理局（以下簡稱管理局）處理合作推廣專款（以下簡稱專款）辦法第三條規定訂定之

二、管理局及管理局各辦事處關於專款會計事宜均依本程序辦理

三、會計年度依政府規定之會計年度

四、記載各種帳簿均以法幣爲本位如有其他各種貨幣之收付悉按時價折合記載之

五、本位幣小數至分爲止以下四捨五入

六、貸出專款利息一律按月計算不滿一月者按日計算

七、帳簿之字跡數目不得草率含混如有誤寫情事得由記帳員於誤寫處劃雙紅線更正並蓋章證明

八、各項會計事務須按日辦理完竣勿使積壓

九、一切原始憑證應依據支出憑證單據證明規則辦理之
十、凡關於專款之出納移轉應隨時依據原始憑證編製收入支出及轉帳傳票並據以分別登記各項帳簿
十一、會計科目（另附草案）及應備帳簿報表由管理局會計室察酌實情依法從簡設定
十二、每屆月終應作月結編製專款類計算表件呈報查核
十三、每屆決算表類呈報查核
十四、本程序未盡事宜得呈請修改之
十五、本程序自呈准社會部核定後施行

社會部合作事業管理局合作推廣專款收支保管暫行辦法

三十年六月十四日部令核准備案

一、本辦法依據社會部合作事業管理局（以下簡稱管理局）處理合作推廣專款（以下簡稱專款）辦法第三條及第四條之規定訂定之
二、管理局及管理局各辦事處關於專款之收支保管均依本辦法辦理
三、專款存儲代理國庫銀行或經核准之其他銀行應設立專戶
四、收入專款應於當日或次日午前存入銀行
五、收入專款應掣給收款收據交繳款人收存
六、支出專款應用銀行支票並註明用途交領款人赴銀行領取或交由銀行匯寄領款人核收
七、支出專款爲貸給合作社者應查明合作社之業務及貸款用途並取具貸款契約及收據
八、貸給合作社之專款應於到期前一個月填發通知依期收回但遇特殊事故得允予展期
九、管理局各辦事處支出專款爲撥付核定經費者應事先呈請管理局核准
十、本局與各辦事處間移轉專款須備文通知以便登記
十一、本辦法未盡事宜得呈請修改之
十二、本辦法自呈准社會部核定後施行

社會部督導員服務規則 三十年六月十六日部令公布

第一條 本部督導員之派遣與服務悉依本規則之規定

第二條 督導員之任務及工作時限以部令定之

第三條 督導員對所指定督導之團體或社會事業機關有指導督促之權但涉及行政上之措施仍須協商主管官署或黨部以命令行之

第四條 督導員之派遣由部給予任用書並通知其所督導之團體或社會事業機關所在地之主管官署與黨部

第五條 督導員於出發前應詳閱有關法規及案卷並向 部長次長及各級主管人員請示意見

第六條 督導員於到達指定工作地區後應即報部備查非經核准或任務終了不得擅離

第七條 督導員得在其工作地區內主管官署黨部或所督導之團體或社會事業機關內辦公

第八條 督導員應依照部定方針法令詳察當地情形協商主管官署與黨部妥訂工作實施辦法切實督導

第九條 督導員得召集所督導之團體或社會事業機關各種會議並得參加關係機關之有關會議

第十條 督導員得向有關機關商請調閱有關任務之卷宗

第十一條 督導員遇有重要事件及困難問題應隨時報部請示辦理

第十二條 督導員經辦機密文件不得向外洩漏並不得隨意對外發表有關任務之談話

第十三條 督導員應逐日詳記工作日記每月至少編具工作報告一次任務終了後並應編具總報告呈部察核

第十四條 督導員不得遷延時限浪費公款並應力避當地之招待與餽贈

第十五條 督導員出差期間應領旅費交通費及報銷費悉照本部會計室各項之規定辦理

第十六條 本規則自呈奉 部長核准之日起施行

示範縣農會實施辦法 三十年六月二十一日部令公布

一、凡地區重要組織健全而有工作成績之縣農會得依本辦法指定爲示範縣農會

二、示範縣農會由省政府選報社會部核定（在人民團體組織許可權未移交政府前由省黨部選報）或由社會部指定之

前項示範縣農會於選報或指定時應飭令其將組織經濟及工作現况逐級轉報社會部

三、示範縣農會之工作除依照農會法所規定之各項任務辦理外應特別注重左列各事項

甲、關於組織訓練者

（1）厲行强制入會限制退會辦法

（2）完成並健全鄉農會之組織

（3）徵收會費

（4）按期舉行各種會議

（5）分組訓練會員

（6）選拔優秀份子予以幹部訓練

乙、關於福利事業者

（1）倡組生產運銷供給消費信用公用等合作社

（2）推廣農貸創設簡易農倉

（3）提倡農村副業

（4）倡導會員公耕墾荒

（5）設立農民接待所

（6）舉辦示範農田及苗圃防止病蟲害及獸疫

（7）籌設農民補習學校農村診療所及農民娛樂救濟等事業

丙、關於戰時工作者

（1）協助兵役工役及驛運

（2）推行國民精神總動員運動

(3)推行戰時節約建國儲蓄運動

(4)推行戰時增加農產競賽運動

(5)協助出征軍人家屬具領優待金撫卹金及辦理子女入學等事項

(6)其他有關戰時工作

四、示範縣農會於工作開始前應依照前條規定並參酌當地實際情形妥擬工作計劃實施進度及經費概算逐級轉報社會部備案

五、示範縣農會工作除受當地主管機關指導外社會部得選派人員經常駐會督導

六、示範縣農會經費由社會部或省縣政府視其實際需要酌予補助

前項補助俟團體經費能自給時停止之但至多不得逾三年

七、示範縣農會每三個月應編造工作報告及收支報告一次每年應編造工作總報告及收支總報告逐級呈報備核

八、本辦法由社會部頒布施行

示範工會實施辦法

三十年六月二十一日部令公布

一、示範工會應實施於地區重要工商業及交通發達之縣市該項縣市由省政府選報社會部核定或由社會部指定之

二、前條所載之縣市經核定後應由各該縣市政府就事業已有相當基礎或性質重要會員衆多之產業或職業工會選報為示範工會連同各該工會之組織經濟及工作現況報告書逐級遞轉社會部核准備案

縣市總工會之具有工作成績者亦得選報為示範工會

三、在人民團體組織許可權未移交政府前前兩條選報事宜由省縣市黨部辦理

四、示範工會之工作除依照工會法所規定之各項任務辦理外應特別注重左列各事項

甲、關於組織訓練者

(1)理事應輪值辦公

(2)厲行強制入會限制退會辦法

（3）健全工會基層組織

（4）徵收會員入會費及經常會費

（5）按期舉行各種會議

（6）舉辦時事講座工餘座談會及工人技藝研究會等實施政治及業務訓練

（7）舉辦幹部訓練

（8）按期調查會員生活並調製工人生活費指數

（9）籌募工會基金建立永久會所

乙、關於福利事業者

（1）倡組生產消費購置信用住宅等合作社

（2）舉辦工人食堂浴室及寄宿舍

（3）創立會員婚喪意外事件互助金制度

（4）設立人事諮詢處

（5）籌辦工人講習學校及工人子弟學校

（6）籌設診療所及托兒所

（7）籌辦工人書報室俱樂部及其他各項娛樂體育之設備

（8）籌設工人職業介紹所

丙、關於戰時工作者

（1）協助平定工資

（2）協助兵役工役及驛運

（3）推行國民精神總動員運動

（4）推行戰時節約建國儲蓄運動

（5）推行戰時生產競賽運動

(6)參加空襲服務
(7)協助出征軍人家屬具領優待金撫卹金及辦理子女入學等事項
(8)其他有關戰時工作

五、示範工會於工作開始前應依照前條規定并參酌當地實際情形妥擬工作計劃實施進度及經費概算逐級轉報社會部備案

六、示範工會工作除受當地主管機關指導外社會部得選派人員經常駐會督導

七、示範工會經費由社會部或省縣政府視其實際需要酌予補助

前項補助俟團體經費能自給時停止之但至多不得逾三年

八、示範工會每三個月應編造工作報告及收支報告一次每年應編造工作總報告及收支總報告逐級呈報備核

九、本辦法由社會部頒布施行

社會部職員簽到簿考核辦法

三十年六月二十一日部令公佈

第一條　本辦法依本部處務規程第三十五條之規定制定之

第二條　各廳司局科室薦任職以下各級職員應於規定辦公時間在各該辦公部門簽到簿內親自簽到並簽註到公實時間以資查核簡任職職員在常務次長室簽到其辦法另定之

第三條　各廳司局科室主管長官應按規定時間在簽到簿上最後一名之旁蓋章並註明時間以備查考其長官公出時由代理人員辦理之

第四條　各廳司局科室職員請假或公出者應由各該主管長官於簽到簿內塡列該員姓名並於請假或公出欄內劃一「×」號加蓋印章

第五條　簽到簿由總務司第二科在規定辦公時間以前分送各廳司局科室並按規定時間收回凡未簽到又未經各主管長官註明請假或公出緣由者一律作爲遲到遲到者仍須到總務司第二科補行簽到

第六條　凡無故不簽到或不到部又未在事後補陳情由經核准補假者一律作爲曠職

第七條　遲到或曠職之職員由總務司第二科按日通知其本人及各該主管長官並於月終列表呈　部次長核定後公

布之

第八條 凡遲到或曠職或託人代簽或代人簽到之職員依其情節之輕重於月終予以下列之處分

警告

申誡

記過

前項處分併入年終考績案計算之

第九條 凡因職務上之關係不能按時或按日簽到者須呈經 部長核准

第十條 本辦法自公布日施行

社會部社會工作人員調查登記辦法

三十年六月二十五日部令公布

一、本部為調查登記全國社會工作人員起見特訂定本辦法

二、左列各項人員應予調查登記

(1)各級社會行政及各種社會事業機關之重要工作人員

(2)各種人民團體及社會運動推行機構之負責人員及書記

(3)曾受中央或地方社會工作訓練之人員

(4)國內外專科以上學校社會學系或各種有關社會事業專科畢業之人員

三、前條規定應調查登記之人員除由本部製頒調查表分飭各級社會行政機關及本部直轄機關團體或咨請其他有關機關填報外並根據左列文件登記之

(1)本部對於社會行政及社會事業人員之任命案

(2)各級社會行政及各種社會事業機關於人事任用及調動之呈報

(3)各種人民團體及社會運動推行機構關於立案及改組改選之呈報

(4)本部視導人員之報告

（5）各地社會工作人員之通訊

四、社會工作人員之調查登記由總務司第二科辦理各廳司局室處經辦文件中遇有例應登記人員及其有關事項應於文件核辦終結時送科登記

五、凡已登記之人員遇有動態應隨時補登或於原登記表內附註備查

六、社會工作人員調查表及登記表式另定之

七、本辦法經　部長核定施行

社會部社會工作人員通訊辦法

三十年六月二十五日部令公布

一、本部爲便利所屬社會工作人員通訊聯絡藉以增進工作效能起見特訂定本辦法

二、本辦法所指之社會工作人員如左

（1）曾在中央訓練團社會工作人員訓練班畢業之學員

（2）曾在全國合作人員訓練所畢業之學員

（3）曾在各省地方行政幹部訓練團社會工作人員訓練班畢業之學員

（4）各級社會行政或事業機關主管人員

（5）本部外派人員

（6）人民團體負責人員及書記

三、前條所指各項人員至少每兩個月須與本部通訊一次遇有緊要事件應隨時通訊

四、通訊要點分左列各項

（1）本人生活與工作概況

（2）當地民衆組訓與社會事業概況

（3）本機關工作近況

（4）對本機關工作之改良意見

（5）其他建議事項或請示事項

五、凡屬通訊應於篇首註明「社工通訊」四字並附註姓名現任職務通訊處及年月日等項受訓學員並應註明受訓機關及受訓期別

六、社工通訊到部先由視導室按通訊內容分送各主管司局室處簽註意見仍送回該室辦理有關人事部份應送總務司第二科登記

七、視導室辦理前項社工通訊應將各主管單位意見彙呈　部次長核定後以通訊方式答復之

前項通訊文件祇供研究商討交換意見之用不視為公文書其須正式呈報或請示事項仍應依公文程式辦理

八、本部對各通訊人員得就近委託辦理調查事項

九、本辦法經　部長核定施行

社會部獎助人民團體暫行辦法

三十年六月二十五日部令公布

一、本部為獎勵人民團體健全組織發展業務推行政令起見特訂定本辦法

二、本辦法所稱人民團體以省市及縣市各種人民團體為限全國性及直屬本部之人民團體其獎助辦法另訂之

三、人民團體有左列情形之一者得核給獎勵金於每年總考核後發給之

甲、努力戰時工作有特殊貢獻者

乙、協助推行政令有顯著成績者

丙、舉辦社會福利事業確有成效者

丁、團體組織健全確有工作表現者

四、人民團體有左列情形之一者得核給補助金分一次補助及分期補助兩種隨時核定發給之

甲、與抗戰有直接關係工作急待開展者

乙、本部命令組織者

丙、受本部委託辦理指定任務者

五、領受補助金之人民團體其經費及事業費預算應呈經主管官署核轉本部備案其年終決算及收支對照表亦應呈經主管官署核轉本部查核

六、領受分期補助金之人民團體如發現其有違法行為或查無工作表現者本部得隨時停止其補助

七、本辦法呈奉　部長核准施行

合作組織與農工團體配合推進辦法

三十年六月二十五日本部咨行各省府及黨部

一、合作組織與農工團體除各依其法定組織系統外應力求相互關係之協調與相互需要之適應使能發揮各該團體組織之機能配合運用

二、各地方設有農工團體而無合作社之區域農工團體應依會員之需要領導其發起組織各種合作社農工團體會員具有合作社法定社員資格尚未加入合作社者各該團體應依照「縣各級合作社組織大綱」第四條之規定引導其分別入社

三、各地方已設有合作社而無農工團體之區域合作社應查明社員中農民或工人倡導其依法發起農會或工會之組織

四、農工團體原已辦理之經濟事業如農場農倉勞動保險農業推廣公用設備等業務應逐漸採用合作經營方式

五、合作社及其聯合社各種業務之經營如生產運銷供給消費信用公用保險等除一般社員之共同需要外並應參酌經濟環境針對當地農工之迫切需求積極辦理之農工團體對合作社及聯合社業務經營所提供之意見合作社應儘量採納

六、農工團體應協助合作社訓練社員之農工業技術合作社及其聯合社應協助農工團體訓練會員之合作智能

七、合作社及其聯合社因業務之必要舉辦經濟調查或租購場地辦理造林護林或水利農具種子肥料之改良暨防治病蟲害及農業推廣或手工業改良等事項有關之農工團體應積極協助其進行

八、合作社及聯合社業務之經營需用勞力時除由社員照章服役或由社儘先僱用社員外農工團體應督飭所屬協助進行

與以便利並得雙方依法締結團體協約呈經主管官署認可之

九、合作社及其聯合社與農工團體如遇有關雙方配合推進事項得舉行聯席會議商討進行各該社團舉行各種會議時雙方均得互派代表列席會議

中央社會保險局籌備委員會組織章程

三十年六月二十八日部令公布

第一條　社會部為籌設中央社會保險局特設中央社會保險局籌備委員會（以上簡稱本委員會）

第二條　本委員會設委員九人至十五人由社會部聘任之

第三條　本委員會設主任委員一人由社會部部長兼任

第四條　本委員會之任務如左

一、關於社會保險基金之籌措事項

二、關於社會保險實施方案之籌備事項

三、其他有關中央社會保險局之籌備事項

第五條　本委員會開會由主任委員召集之

第六條　本委員會於必要時得聘任專家為專門委員或顧問

第七條　本委員會設祕書一人由社會部派充承主任委員之命辦理會中日常事務其他應需職員由社會部調用

第八條　本委員會人員均為名譽職

第九條　本章程自公布日施行

命令

府令

國民政府令　三十年四月二十六日

行政院院長蔣中正呈據社會部部長谷正綱呈請任命候厚宗尹樹生爲社會部合作事業管理局科長胡士祺爲社會部合作事業管理局視察應照准此令

國民政府令　三十年五月二十四日

行政院院長蔣中正呈據社會部部長谷正綱呈請任命劉脩如爲社會部科長應照准此令

行政院院長蔣中正呈據社會部部長谷正綱呈請任命翟鯨身爲社會部視導應照准此令

國民政府令　三十年六月九日

國民政府主計長陳其采呈請任命盛長忠爲社會部會計主任應照准此令

行政院院長蔣中正呈據社會部部長谷正綱呈請任命周光琦爲社會部科長應照准此令

國民政府令　三十年六月十日

行政院院長蔣中正呈據社會部部長谷正綱呈請任命吳雲峯爲社會部科長應照准此令

社會部令 社組字第四二三七號 三十年四月十六日

茲修正中華海員工會特派員辦事處組織規則公布之此令

社會部令 社總字第四一一八號 三十年四月十九日

茲制定社會部訴願審理委員會章程公布之此令

社會部令 社總字第四六〇一號 三十年五月三日

茲制定社會部各司分科規則公布之此令

社會部令 社參字第四六四二號 三十年五月五日

茲制定咨訪室組織簡章公布之此令

社會部令 社總字第四七一一號 三十年五月七日

茲修正本部職員值日規則公佈之此令

社會部令 社總字第四八五一號 三十年五月十四日

茲修正社會部法規委員會章程公布之此令

社會部令 社法字第五三四五號 三十年六月四日

茲制定社會部公報規程公布之此令

社會部令 社法字第五六六四號 三十年六月十六日

茲制定社會部督導員服務規則公布之此令

社會部令 社法字第五八四二號 三十年六月二十一日

茲制定示範縣農會實施辦法公布之此令

社會部令 社法字第五八四三號 三十年六月二十一日

茲制定示範工會實施辦法公布之此令

社會部令 社法字第五八四四號 三十年六月二十一日

茲制定社會部職員簽到簿考核辦法公佈之此令

社會部令 社法字第五八四五號 三十年六月二十一日

社會部職員簽到考核表着即廢止此令

社會部令 社法字第五八九一號 三十年六月二十五日

茲制定社會部社會工作人員通訊辦法公布之此令

社會部令 社法字第五八九二號 三十年六月二十五日

茲制定社會部社會工作人員調查登記辦法公佈之此令

社會部令 社法字第五九〇五號 三十年六月二十六日

茲制定社會部獎助人民團體暫行辦法公佈之此令

社會部令　社法字第六〇二一號　三十年六月二十八日

茲制定中央社會保險局籌備委員會組織章程公布之此令

社會部令

委任馮斌甲為本部合作事業管理局科員此令　社總字第三六〇三號　三十年四月一日

派王金標代理本部科員此令　社總字第三六六八號　三十年四月四日

委任吳運中鄧鳳翔為本部科員此令　社總字第三七六四號　三十年四月八日

委任金志君陶鎔成熊繼漁牟乃紘為本部科員此令　社總字第三七六六號　三十年四月八日

委任薛觀濤朱元龍試署本部科員此令　社總字第三七六七號　三十年四月八日

派楊銳靈代理本部參事除請簡外此令　社總字第三七七二號　三十年四月八日

派張重光徐昌期邱焱森閔劍梅程朱溪為本部調查員此令　社總字第三八〇三號　三十年四月八日

本部專員譚　任着毋庸兼總務司第四科科長此令

社總字第三八五六號　三十年四月十日

派專員馬雲亭兼代本部總務司第四科科長此令

社總字第三八五七號　三十年四月十日

派孟憲海代理本部科員此令

社總字第三八八四號　三十年四月十一日

委任巢　楣爲本部合作事業管理局科員此令

社總字第三八八六號　三十年四月十一日

派吳裕民代理本部工運督導員此令

社總字第三八九一號　三十年四月十一日

派葉驥良代理本部商運督導員此令

社總字第三八九二號　三十年四月十一日

兼代本部重慶嬰兒保育院院長馬　晶呈請辭去兼職應照准此令

社總字第三九二八號　三十年四月十二日

派周菁柏代理本部重慶嬰兒保育院院長此令

社總字第三九二九號　三十年四月十二日

派康之來爲本部重慶社會服務處會計主任此令

社總字第三九八八號　三十年四月十五日

派社會行政計劃委員會專任委員劉仰之兼任法規委員會委員此令

社總字第三九九六號　三十年四月十五日

派本部專員周學藩兼任本部工作成績考核委員會祕書此令

社總字第四〇八一號　三十年四月十七日

派駱光炳代理本部商運督導員此令

社總字第四一〇三號　三十年四月十八日

代理本部科長郭　驥另有任用應予免職此令

派專員郭　驥兼代本部總務司第二科科長此令

社總字第四一〇四號　三十年四月十八日

委任謝子誠張　遠爲本部合作事業管理局科員此令

社總字第四一〇六號　三十年四月十八日

委任陳飛景試署本部合作事業管理局科員此令

社總字第四一二〇號　三十年四月十九日

派范師任代理本部視導除呈薦外此令

社總字第四一二一號　三十年四月十九日

派李士賢代理本部重慶市第二工人福利社主任此令

社總字第四一九一號　三十年四月二十二日

代理本部科員盛　地呈請辭職應照准此令

社總字第四一九二號　三十年四月二十二日

委任趙少華試署本部科員此令

社總字第四二二三號　三十年四月二十三日

代理本部合作事業管理局辦事員曹　柏另有任用應予免職此令

社總字第四二六二號　三十年四月二十四日

代理本部合作事業管理局辦事員王政宇王历昌葉潔身呈請辭職應照准此令

社總字第四二九八號　三十年四月二十五日

派楊耀廷葉　庠代理本部合作事業管理局辦事員此令

社總字第四二九九號　三十年四月二十五日

代理本部科員林昌樾戴　鏻袁壽徵陶　錚王　猷另有任用應予免職此令

社總字第四三三四號　三十年四月二十五日

派林昌樾戴鏞王袁壽徵陶錚歆為本部調查員此令

社總字第四三三五號　三十年四月二十五日

委任王養祥藏啓人李祁理臣惲彥彤毅為本部科員此令

社總字第四三四二號　三十年四月二十六日

委任廖鳳昇為本部科員此令

委任許壽華試署本部科員此令

社總字第四三五一號　三十年四月二十六日

派王清鉞為本部重慶游民訓練所會計員此令

社總字第四三六四號　三十年四月二十六日

委任陳光國試署本部合作事業管理局科員此令

社總字第四三六七號　三十年四月二十六日

派劉振鐙代理本部訓練督導員此令

派張泉生代理本部社會運動督導員此令

派盧子凡代理本部社會運動督導員此令

社總字第四三八七號　三十年四月二十八日

派沈一平代理本部農運督導員此令

社總字第四四二八號　三十年四月二十九日

本部合作事業管理局第三科科長尹樹生另有任用應予免職此令

社總字第四四三二號　三十年四月二十九日

派本部合作事業管理局第一科科長侯厚宗暫行兼代該局第三科科長此令

社總字第四四三三號　三十年四月二十九日

派參事黃友郢兼任本部法規委員會委員此令

社總字第四四三七號　三十年四月二十九日

派參事謝徵孚兼任社會行政計劃委員會研究室主任此令

社總字第四四三八號　三十年四月二十九日

派本部社會行政計劃委員會委員吳克剛傅尙霖兼任該會研究室資料組編譯組組長此令

社總字第四四三九號　三十年四月二十九日

本部科員王大任呈請辭職應照准此令

社總字第四四四〇號　三十年四月二十九日

委任王樹基楊敬修王紹林爲本部合作事業管理局視察此令

社總字第四五一八號　三十年五月一日

委任龔業光袁玉珊王之丹沈開運林嶸爲本部合作事業管理局科員此令

社總字第四五一九號　三十年五月一日

派馬人松郭子璋代理本部特種社團督導員此令

社總字第四五七〇號　三十年五月二日

本部科員朱錫鴻呈請辭職應照准此令

社總字第四五七一號　三十年五月二日

委王惜凡爲本部科員此令

委任夏光惠試署本部科員此令

社總字第四五八四號　三十年五月三日

派張仁楷代理本部工運督導員此令

社總字第四六四四號　三十年五月五日

派鄧必謙代理本部科員此令

社總字第四六九六號 三十年五月七日

派溫剡賓代理本部科員此令

社總字第四六九七號 三十年五月七日

代理本部科員方曉涵富靜岩裴立民另有任用應予免職此令

社總字第四七四〇號 三十年五月九日

本部湯峽口模範墾殖新村會計員鄧 特應予免職此令

社總字第四七五九號 三十年五月九日

派唐志賢爲本部湯峽口墾殖新村會計員此令

社總字第四七六〇號 三十年五月九日

派馬道鄉代理本部合作事業管理局視察此令

社總字第四八〇〇號 三十年五月十三日

委任王星晉爲本部科員此令

社總字第四八三二號 三十年五月十四日

派王正平代理本部商運督導員此令

社總字第四八三五號 三十年五月十四日

本部科員康 彤呈請辭職應照准此令

社總字第四八三六號 三十年五月十四日

派袁慶雲萬緝武曾純祖樊 鼎夏博文饒炳章萬騰祖爲本部西南各地示範社會服務處籌備員此令

社總字第四九二四號 三十年五月十六日

本部科員金啓東呈請辭職應照准此令

社總字第四九四二號 三十年五月十七日

派康國瑞代理本部科員此令

社總字第五〇一一號 三十年五月二十一日

派曹沛滋代理本部科長除呈荐外此令

社總字第五〇八七號　三十年五月二十四日

本部視導項學儒着毋庸兼代重慶市空襲服務臨時保健院托兒所所長此令

社總字第五〇八九號　三十年五月二十四日

派本部視導項學儒兼任貴陽社會服務處籌備主任此令

社總字第五〇九〇號　三十年五月二十四日

派宋　鼎代理重慶市空襲服務臨時保健院托兒所所長此令

社總字第五〇九一號　三十年五月二十四日

委任唐　鐵爲本部科員此令

社總字第五一三八號　三十年五月二十七日

委任張延紓　張正楷　余傳弼試署本部科員此令

社總字第五一四一號　三十年五月二十七日

委任武福恭爲本部科員此令

社總字第五一四三號　三十年五月二十七日

代理本部科員王公璧另有任用應予免職此令

派王公璧爲本部調查員此令

社總字第五一六一號　三十年五月二十七日

派專員陳定閎兼任社會工作人員訓練班秘書此令

社總字第五一七六號　三十年五月二十八日

派專員王前傳兼任社會工作人員訓練班總務組組長此令

社總字第五一七七號　三十年五月二十八日

代理本部科長邱致中另有任用應予免職此令

社總字第五一七八號　三十年五月二十八日

派本部專員邱致中兼代社會福利司第五科科長此令

社總字第五一八〇號　三十年五月二十八日

派代理本部視導王　政兼任社會工作人員訓練班教務組組長此令

社總字第五二三六號　三十年五月二十九日

本部科長王家樹着庸兼任本部法規委員會委員此令

社總字第五二四六號　三十年五月三十日

派本部專員張廷灝兼任法規委員會委員此令

社總字第五二四七號　三十年五月三十日

派夏　霖爲本部調查員此令

社總字第五二五六號　三十年五月三十日

派彭守涵何雪華梁汝池爲本部社會運動督導員此令

社總字第五二六〇號　三十年五月三十日

派李雨田王永鈞唐志衡陳瑞衡趙祖沅李賓濤爲本部工運督導員此令

社總字第五二五八號　三十年五月三十日

派奚永之楊德馨沈育光周世明劉國政爲本部農運督導員此令

社總字第五二五九號　三十年五月三十日

派江冬三爲本部商運督導員此令

社總字第五二六一號　三十年五月三十日

派本部專員王　克兼任本部重慶社會服務處主任此令

社總字第五三五四號　三十年五月三十一日

本部重慶嬰兒保育院會計員方憲華另有任用應予免職此令

社總字第五三三一號　三十年六月三日

派方憲華代理本部科員此令

派尹麗羽爲本部重慶嬰兒保育院會計員此令

社總字第五三三三號　三十年六月三日

派傅旭初爲社會工作人員訓練班總務組中校組員此令

社總字第五三五五號　三十年六月四日

派杭宇生爲社會工作人員訓練班教務組中校組員此令

社總字第五三五六號　三十年六月四日

委任王金標爲本部科員此令

社總字第五三九二號　三十年六月五日

派吳　萊白方琦魯德慧爲本部統計處調查員此令

社總字第五四〇〇號　三十年六月五日

派方善懷朱新育陳　維爲本部統計處調查員此令

社總字第五四〇一號　三十年六月五日

派鄭叔明代理本部科員此令

社總字第五四三九號　三十年六月六日

派馬仲頤邱菊生爲社會工作人員訓練班上尉組員少尉錄事此令

社總字第五四四〇號　三十年六月六日

派程巽祥爲本部桂林社會服務處籌備主任此令

社總字第五五〇四號　三十年六月十日

派胡良幹爲本部衡陽社會服務處籌備主任此令

社總字第五五〇五號　三十年六月十日

委任鄭　毅爲本部科員此令

社總字第五五〇七號　三十年六月十日

本部合作事業管理局科員陳飛景呈請辭職應照准此令

社總字第五五九七號　三十年六月十三日

派蒲肇楷代理本部合作事業管理局科員此令

社總字第五五九八號　三十年六月十三日

本部專員陳定閎着毋庸兼任社會工作人員訓練班祕書此令

社總字第五六三六號　三十年六月十九日

派本部專員陳定閎兼任社會工作人員訓練班中校組員此令

社總字第五六三七號　三十年六月十九日

派本部專員程勉儕兼任社會工作人員訓練班祕書此令

社總字第五六三八號　三十年六月十九日

本部參事謝徵孚請辭社會行政計畫委員會研究室主任兼職應照准此令

社總字第五七四〇號　三十年六月十九日

派本部社會行政計劃委員會委員傅尚霖代該會研究室主任此令

社總字第五七四一號　三十年六月十九日

派本部社會行政計劃委員會委員范定九兼任本部救助院籌備委員會主任委員此令

社總字第五七四二號　三十年六月十九日

派柳志芸　劉篤倩　程硯銘
　湯楚雲　黃銘孝　周佩儀　為本部統計處調查審導員此令

社總字第五七六四號　三十年六月十九日

派王以庸　彭鏞　敖啓
　王莉芬　侯中一　孫維如　為本部統計處計算員此令

社總字第五七六五號　三十年六月十九日

社會工作人員訓練班教務組中校組員杭宇生呈請辭職應照准此令

社總字第五七七八號　三十年六月十九日

派本部專員張劍白兼任本部駐甘肅工運督導專員此令

社總字第五八六二號　三十年六月二十四日

代理本部統計處科員俞洏陳北辛着即免職此令

社總字第五八六三號　三十年六月二十四日

派蕭敬文王振猷為本部工運督導員此令

社總字第五九〇三號　三十年六月二十五日

代理本部科員王振猷另有任用應予免職此令

社總字第五九〇四號　三十年六月二十五日

本部專員邱致中呈辭社會福利司第五科科長兼職應予照准此令

社總字第五九五〇號　三十年六月二十六日

派本部專員高　邁暫行兼代社會福利司第五科科長職務此令

社總字第五九五一號　三十年六月二十六日

派伍淑英代理本部科員此令

社總字第五九五四號　三十年六月二十六日

派本部專員徐竹若兼任本部法規委員會委員此令

社總字第五九五六號　三十年六月二十六日

委任譚實毅田建疇為本部科員此令

社總字第五九八一號　三十年六月二十七日

委任蕭淑懿試署本部科員此令

社總字第五九八二號　三十年六月二十七日

派本部政務次長洪蘭友兼任本部重慶市農工運動督導專員此令

派本部專員廖 廓兼任本部成都市農工運動督導專員此令

派本部工運督導員王永鈞兼任本部四川省內江縣農工運動督導專員此令

派本部專員李雨田兼任本部四川省萬縣農工運動督導專員此令

派本部專員田 冲兼任本部四川省嘉定農工運動督導專員此令

社總字第六〇三七號　三十年六月廿八日

派鄒念魯代理本部合作社事業管理局科長除呈荐外此令

社總字第六〇四六號　三十年六月三十日

派張 宗代理本部合作事業管理局科員此令

社總字第六〇五〇號　三十年六月三十日

社會工作人員訓練班少尉錄事邱菊生久未到差應予免職此令

社總字第六〇六〇號　三十年六月三十日

本部科員許壽華呈請辭職應照准此令

社總字第六〇九一號　三十年六月三十日

本部科員朱炳源呈請辭職應照准此令

社總字第六〇九二號　三十年六月三十日

社會部新聘社會行政計劃委員

周一夔　陶百川　厲德寅　張匯文

包華國　簡貫三　孟廣厚

公牘

總務類

社會部呈 社總字第四四〇二號 三十年四月廿八日

呈送重編本部三十年度行政計劃請鑒核由

本部三十年度行政計劃，前經呈送

鑒核，本年二月奉

鈞院勇玖字第三三二二號指令內開：「呈件均悉。業經交付審查後提出本院第五〇四次會議決議『社會部事業費暫定為捌百萬元，社會福利應以獎勵及補助地方及社會事業機關為原則，由部另擬計劃，餘照審查意見通過』仰即遵照！審查意見抄發，此令。」等因，計抄發審查記錄一份。奉此，遵經按照核定事業費數額及審查意見，重行擬訂，以期上副 鈞院關垂新政愼縣事功之至意。社會福利事業部份，亦秉承 鈞院指示以獎勵與補助地方及社會事業機關為原則，所有原計劃中擬予創辦事業，已予刪改。祇以創制之初，難於圖始，猶當不能不針對切需，擇其急要，酌為倡導，以樹模範，庶使人民耳目一新，共喻政府重視社會福利之德意，俾地方及社會事業機關知所循率，既策改進之功，益宏獎助之效。至於國營事業特種工會應否組織？社會公益資金如何籌措？空襲保健院隸屬問題，中央合作金庫有無設立必要？應與各部會及有關機關商洽擬議之事項，正在分別洽商，俟有定議，另行專案呈請

核奪。理合檢同重擬本部三十年度行政計劃備文呈請

鑒核！

謹呈

行政院

附呈部三十年度行政計劃一份（略）

社會部公函 社總字第五六四六號 三十年六月十四日

關於『注重社會事業專門人才之培養訓練與甄拔』一案函請察核辦理並先賜覆由

查社會行政，創制伊始，如何確立各級機構，建設事業基礎，爲當前急務，而培養訓練與甄拔社會事業人才，尤爲達成此項任務之前提條件。本部社會行政計劃委員會第一次會議，衆謀僉同，議決，「請注重社會事業專門人才之培養訓練與甄拔案」，內容共計六項，除第五項外，均應就商

貴部酌定施行。

貴部掌理國家育才行政，一切設施，夙以配合各部門需要爲旨歸，對於上項決議，自必樂予贊同。相應抄附原決議案一份，函請

察核辦理，並先

賜覆爲荷！此致

敎育部

附送『請注重社會事業專門人才之培養訓練與甄拔案』一案(略)

社會部訓令 社總字第三六五〇號 三十年四月三日

令本部所屬各機關

爲奉 院令公務員免予規定購買戰時公債額數惟應負責勸募協助推行轉令知照由

案奉

行政院三月七日勇伍字第三九〇號代電開：

「案據戰時公債勸募委員會呈稱：『本會勸募戰時公債，已定三月份起先從陪都發動，以次推行各省，並及海外僑胞。此次勸募方法，着重宣傳，使人民激發愛國熱情，自動認購。查公務人員，居領導民衆地位，本應規定認購額數，首爲提倡。第念近來物價昂貴，生活日艱，俸給雖有多寡，而感受困苦則一。加以節約儲蓄尚在派認，如再限購公債，負擔未免過重，現擬酌予變通，公務人員除自願認購者外，概免限定，以示體恤，

惟應令負責勸募，協助進行，藉收推廣之效。」等情；據此，應准照辦，除通行外，特電知照，並轉飭所屬一體知照！」

等因；奉此，除分行外，合行令仰知照！此令。

社會部訓令

社總字第三七三二號　三十年四月七日

令本部合作事業管理局

准教育部咨爲請儘量容納本年暑期各大學畢業生實習或服務等由令仰迅將容納人數依表塡明具報以憑轉咨由

案准教育部三十年三月十四日高字第〇九六八七號咨，略以二十九年度各大學畢業生，即將於本年暑假離校，請援照歷屆成例，並斟酌本年行政計劃中所需引用人才情形，酌量擴充容納名額，充分給予實習訓諫，及培養服務能力之機會；至選送辦法，仍就各校所報各生學歷成績淸册，審核甄選，逕行通知各生前往報到，以資簡捷。又對於選送服務學生之待遇，則冀能較非選送者爲高，藉資鼓勵，而符甄選之旨，檢同需用本年暑期各大學畢業生人數科別表，請查核辦理，早日見覆，以便統籌等由，到部；查該局辦理合作事業，對於學習經濟及合作之大學畢業生，自可斟酌需要儘量容納，合行檢發原表一份，令仰遵照；迅將容納人數，依表塡明具報，以憑核轉。此令。

附發需用本年暑期各大學畢業生人數科別表一份(略)

社會部訓令

社總字第三七三六號　三十年四月七日

令本部重慶市第一第二工人福利社

刊發該社鈐記令仰啓用具報由

玆刊發該社木質鈐記一顆，文曰「社會部重慶市第一第二工人福利社鈐記」合行令仰遵照啓用，並將啓用日期連同印模，具報備查爲要！此令。

附刊發該社木質鈐記一顆(略)

社會部訓令　社總字第三八一七號　三十年九月四日

令本部所屬各機關

奉／院令如各機關調用現職人員應商得主管機關同意通令飭遵一案令仰遵照由

案奉

行政院三十年四月三日勇壹字第五一二九號訓令開：

「查近來各機關公務人員，間有辭去本機關職務，改就其他機關職務之事，而各機關亦恆以較優待遇羅致現職人員，尤以新設機關為甚，此在各機關為事擇人，原無不可，惟是更調頻繁，影響行政效率，馴至公務員視機關若傳舍，等從公如牟利，匪特助長奔競之風，亦甚非政府整飭人事之道。嗣後各機關如確有調用其他機關人員必要，應先商得該主管機關同意，不得逕自委派。各公務員亦應恪盡本職，毋得見異思遷，致蹈貪緣倖進之習，是為至要。除分令外，合行令仰遵照，並轉飭所屬一體遵照！此令。」

等因；奉此，除分令外，合行令仰遵照！此令。

社會部訓令　社總字第三九四〇號　三十年四月十四日

令本部所屬各機關

准銓敍部咨關於所屬公務員平時考核應依法切實辦理最優最劣人員記錄表並請按月送備查考一案令仰遵辦由

准銓敍部三十年四月三日甄績字第七六四二號咨開：

一、查公務員平時成績，應隨時嚴密考核，每月詳加記錄，平時考核記錄，又為年終考績之根據，在非常時期公務員考績暫行條例第三條及第六條業經規定，為期平時考核切實執行，曾經制定公務員每月工作操行學識成績記錄表式，通行查照辦理。又遵照

委員長子魚侍祕川代電訓示考核要旨，制定之考核公務員工作操行學識實施辦法二，三，四，各項甲款規定，與平時考核記錄，關係尤切，該項辦法，亦經於呈奉核准後分送查照各在案。自本年度起所屬公務員平時考核

，務請依法執行，關於最優或劣人員之每月記錄表，並請按月送部備查，俾將來復核該項人員考績業時有所參證。除分別函咨外，相應咨請查照辦理，並希轉飭所屬機關遵辦爲荷。」

等由；准此，除分令外，合行令仰遵照辦理！此令。

社會部訓令　社會字第四二八六號　三十年四月廿四日

令本部合作事業管理局

奉　院令以該局請追加卅年度經費概算一案經院會第五〇八次議決通過等因令仰知照由

案奉

行政院本年四月十八日勇會字第六一五四號指令，爲本部呈送合作事業管理局追加三十年度經費概算由，內開：

「呈件均悉。案經提出本院第五〇八次會議決議『通過』。已函請主計處核辦暨令知財政部，此令。」

等因；奉此，合行令仰知照！此令。

社會部訓令　社會字第四三三〇號　三十年四月廿五日

令本部合作事業管理局

奉　院令以該局請追加全國合作社物品供銷處三十年度事業費審查記錄經第五〇八次院會決議通過令仰知照由

案奉

行政院本年四月十一日勇會字第五五七五號指令，爲本部呈轉合作事業管理局全國合作社物品供銷處三十年度事業概算，請鑒核酌塡轉請核定由，內開：

「呈件均悉。經交付審查後，提出本院第五〇八次會議決議：『照審查意見通過』，除函請主計處查核辦理並令知財政部外，仰即遵照，此令。」

等因；計抄發審查記錄一件。奉此，合行抄發審查記錄，令仰知照，此令。

計抄發審查記錄一件（略）

社會部訓令 社總字第四三六八號 三十年四月二十六日

令本部合作事業管理局

奉令公佈修正經濟部合作事業管理局組織條例爲社會部合作事業管理局組織條例令仰知照由

案奉

行政院三十年四月十八日勇玖字第六一八七號訓令開：「案奉國民政府三十年四月十一日渝文字第三三三號訓令開：『查經濟部合作事業管理局組織條例，業經修正爲社會部合作事業管理局組織條例，應即通飭施行，除由府公布並分行外，合行抄發修正條例，令仰知照，並轉飭所屬一體知照，此令。』等因；奉此，除分令外，合行抄發原附條例令仰知照，並轉飭所屬一體知照！此令。」

等因；附抄發社會部合作事業管理局組織條例一份，奉此，合行抄發原附條例令仰知照！此令。

附抄發社會部合作事業管理局組織條例一份（見法規欄）

社會部訓令 社總字第四九五一號 三十年五月十七日

令本部所屬各機關

飭後凡下行公文應于機關銜名後增設案由一欄轉行知照由

案奉

行政院本年五月八日勇文字第七一九七號訓令開：「各機關下行公文不錄事由，前經本院通令遵照在案，近來迭據各省市政府呈，以自該項辦法實行以後，各下級機關收文手續增多，易生錯誤，請仍於機關銜名後增設案由一欄，等情。查所呈辦法尚屬可行，除已分別指令准予照辦外，合行令仰遵照，并轉飭所屬一體遵照。」

等因；除分令外，合行令仰知照！此令。

社會部訓令　　令本部所屬各機關

社會字第四九七八號　三十年五月十九日

檢發職員俸薪及職員印鑑調查表格式令仰自卅年度一月份起分別依式按月塡送來部以憑核轉由

案查各機關職員俸薪調查表暨職員俸薪及印鑑調查表，應依規定按月塡送審計部以爲審核之依據，茲檢發上項兩表格式，令仰自三十一年度一月份起，分別依式按月各塡兩份送部，以憑核轉爲要！此令。

附發各機關職員俸薪調查表暨職員俸薪及印鑑調查表格式各一份(略)

社會部訓令　　令重慶社會服務處

社總字第五二六五號　三十年五月卅一日

令將都郵街社會服務處改爲市中心區社會服務分處由

查兩路口社會服務處，業已正式開始服務，原有都郵街社會服務處，着卽改爲市中心區社會服務分處，合行令仰遵照辦理具報！此令。

社會部訓令　　令本部所屬各機關

社總字第五三七一號　三十年五月日

奉行政院令本部與其他部會職掌中有關民衆組訓與社會福利事項特釐訂劃分標準令仰知照等因除分別函令外合行令仰知照由

案奉

行政院本年五月廿九日勇壹字第七六四三號令發勇壹字七二二五號訓令開：

「查社會部自改隸本院以來，所有該部職掌，在該部組織法中原已明白規定，惟關於民衆組訓與社會福利兩項與其他各部會職掌，每多牽涉，自應特予指明，以免混淆之弊。茲參照該部組織法規定，釐訂劃分標準兩項如左：

一，人民團體之組織訓練屬於社會部，其目的事業指導監督屬於各該主管部會。

二，經常救濟屬於社會部，臨時災難振濟屬於振濟委員會。

除分行外，合行令仰知照！」

等因；奉此，除分別函令外，合行令仰知照！此令。

社會部訓令

社總字第五五三〇號　三十年六月十一日

令本部湯峽口模範墾殖新村

列發該新村鈐記令仰遵照啓用具報由

茲刊發該新村鈐記一顆，文曰「社會部湯峽口模範墾殖新村鈐記」合行令仰遵照啓用，並將啓用日期連同印模具報備查爲要！此令。

附刊發該新村鈐記一顆（略）

社會部訓令

社總字第五五六九號　三十年六月十二日

令本部所屬各機關

國民參政會建議嚴定各級官吏責任課以賞罰以促進政治效率一案令飭遵照由

案奉

行政院三十年五月二十八日勇壹字第八四六一號訓令開：

「案奉　國民政府三十年五月五日渝文字第三九八號訓令，以國民參政會第二屆第一次大會，建議嚴定各級官吏責任課以賞罰，以促進政治效率一案，經交國防最高委員會第五十六次常務會議：「送交　國民政府分飭各機關注意」。飭即遵照並轉飭遵照等因；奉此，除分令外，合亟抄發原建議案，令仰遵照並轉飭所屬一體遵照！此令。附抄發原建議案一份。」

等因，奉此，除分令外，合行抄發原建議案，令仰遵照，並轉飭所屬一體遵照！此令。

附抄發原建議案一份（略）

社會部訓令

社總字第五六二二號　三十年六月十四日

令本部所屬各機關

奉院令各機關從業人員以私人資格興辦學校應依修正私立學校規程辦理令仰知照由

案奉

行政院三十年五月二十五日勇陸字第八二六六號訓令開：

「據教育部呈稱：『查教育爲國家教育事業，故各級教育行政機關有設立各級學校之職責。私人如有適當之資財，依照法規之規定，亦得設立各級私立學校（師範學校除外）。若既非私人組織，亦非負有教育行政責任機關之籌劃，而僅爲某種公務機關之從業人員謀其子弟就學之便利，或爲發展地方教育事業，欲於其機關內附設所謂公立學校，此在各級主管教育行政機關，因深感監督指導之困難，於整個國家教育計劃之實施，殊多窒礙，且於理於法，亦均似有所未安。竊一，各級機關皆有其特定之任務，似不容其紛馳旁騖，如軍事學校之於軍事教育，機關黨部之於特種組訓，皆悉力以赴，自不遑兼顧普通教育之設施，猶之普通學校應努力於其分內之教育事業，不容兼及特種軍事教育與一般黨務工作也。二，各種業務之交互作用似皆有一定之分際，如普通學校之軍事教育止於一般軍事訓練，黨務工作亦只能及於學校以內黨務之推進，同樣一般機關對於教育之任務亦惟協助社會教育之推行，過此以往，既非人力財力之所許，亦非其職責所應有，再普通學校應有固定之組織，即在前線亦未完全附屬於軍隊。近查各地國軍常有隨營學校之組織，似亦有所不便。茲經本部擬定各機關之從業人員，如欲以私人資格興辦學校，應一律依照修正私立學校規程籌措基金，組織校董會，經依法向各級主管教育行政機關核准，方得進行辦理，以杜紛亂，而一事權。除分令外，理合呈請鑒核，賜予分別函令知照。』等情，應准照辦，除分別函令外，合行令仰知照，並轉飭所屬知照！」

等因，奉此，合行令仰知照！此令。

社會部訓令　社總字第五六三〇號　三十年六月十四日

令本部所屬各機關

爲奉院令修改黨政軍機關人員宴會辦法令仰遵照由

案奉

行政院本年五月三十一日勇文字第八六七二號訓令開：

「國防最高委員會本年五月二十六日國紀字第一八一二七號代電開：『查抗建期間，物力倍感艱難，節約實鼓生產，凡我黨政軍機關人員尤應力崇儉約，切戒奢靡，以爲社會表率。本會前於二十九年四月制定取締黨政軍機關人員宴會辦法，明令頒行，嚴申禁戒。近據呈報，日久玩生，茶館酒樓，又復車馬盈前，私家公廨，亦多筵讌大開，口腹縱慾，醉夢沉酣，背念時艱，良可慨嘆！特再重申禁令，並將取締黨政軍機關人員宴會辦法第三條修改爲「因公宴會西餐每人不得超過三菜一湯，中餐每桌人數須在十人以上，菜數不得超過七菜一湯，飲酒每人平均不得超過白酒一兩，或黃酒二兩，但招待外賓不在此限」，因公宴會證明書內「價目」一欄改爲「菜數」，除分電暨飭重慶衛戍總司令部憲兵司令部重慶市政府電飭所屬嚴格執行外，合亟電達查照飭屬一體懍遵毋忽爲要！』」等因；除分行外，合行令仰遵照！此令。」

等因；奉此，除分行外，合亟令仰遵照，此令。

組織訓練類

社會部 內政部 呈　社組字第五一三六號　渝禮字第一〇五一號　三十年五月卅一日

會同擬訂中國佛教會整理委員會組織規程草案呈請鑒核備案由

查中國佛教會爲全國佛教徒所組織之團體，二十六年抗戰軍興，該會由南京移設上海，不惟指導監督均感不便，即該會與所屬各地分會之聯繫亦漸隔絕。本內政部與前中央社會部遂據該會理監事及佛教團體，呈請將設立上海之中國佛教會及各淪陷地區之分會，一律解散，另派緇流名德，予以改組，以免爲敵利用，並於重慶設立臨時辦事處各等情；經於二十八年一月會銜電飭該會依法移設中央政府所在地。直至二十九年十一月，始分據該會常務理事遠塵等呈報該會負責人星散情形，並圖記截角連同重要卷宗繳呈本社會部，並請准予改組，以維會務等情前來；經本部等一再會商，簽以該會負責無人，會務停頓，自應依法予以整理。惟鑒於該會組織範圍及於全國，以往人事，復多糾紛，進行整理，事頗繁重，似應專訂規章，以爲實施整理之依據。爰會同擬訂中國佛教會整理委員會組織規程計十二條，理合陳明緣由籍附該項草案一份，呈請鑒核備案。

謹呈

行政院

附中國佛教會整理委員會組織規程草案一份（略）

社會部公函

社組字第四〇七八號　三十年四月十六日

爲請檢查現有漁會組織情形促其健全組織開展工作除分函外函請查照辦理見復由

查漁民散佈於沿海及沿江沿湖區域，關係國防及抗建前途，至爲重大。貴省現有漁會組織情形，本部亟欲明瞭，應請詳加檢查，列表報部。如有負責無人，久未改選，或工作不力毫無建樹者，應即予以改組或整理，促其健全組織，開展工作，以期達成抗建任務。除分函外，相應函請查照辦理，並希將辦理情形見復爲荷！此致

中國國民黨浙閩粵湘鄂贛省執行委員會

社會部公函

社組字第四三〇九號　三十年四月廿五日

爲貴省縣市農會尚未成立半數應繼續加緊縣鄉農會組織函請查照辦理見復由

查農會爲有系統之組織，縣鄉兩級，以各省連年之努力，多已大部完成，凡正式之縣市農會，已超過全省縣市

半數者，應即策動依法籌組省農會，以期早日完成其法定系統。茲查
貴省已成立之縣市農會，尚未達到半數，亟應繼續加緊鄉農會組織，相應函請
查照辦理見復爲荷！

此致

中國國民黨閩滇湘康粵陝皖贛鄂黔桂省執行委員會

社會部公函

社組字第四三一〇號　三十年四月廿五日

爲貴省成立之縣市農會已超過半數應即策動依法籌組省農會函請查照辦理見覆由

查農會爲有系統之組織，縣鄉兩級，以各省連年之努力，多已大部完成，凡正式成立之縣市農會，已超過全省縣市半數者，應即策動依法籌組省農會，以期早日完成其法定系統。茲查
貴省已成立之縣市農會，已超過半數，相應函請
查照辦理見覆爲荷！

此致

中國國民黨川豫青甘甯省執行委員會

社會部公函

社組字第四五六二號　三十年五月二日

准函囑解釋食鹽代銷店商人是否參加鹽商業同業公會一案復請查照轉知由

案准
貴會三十年四月十八日行社字第七五六八號函，囑解釋食鹽代銷店商人，是否參加鹽商業同業公會？等由；准此，查鹽務管理機構，係專爲統制而設，並非國家專營組織，則現在鄉鎮食鹽代銷店，與以前承銷官鹽之商店，並無分

別，當然應令其加入鐘商業同業公會，相應復請
查照轉知爲荷！

此致

中國國民黨貴州省執行委員會

社會部公函　社組字第四六〇五號　三十年五月三日

准函詢茶社工人組織之工會應如何規定名稱一案復請查照由

案准

貴會社字第八八號公函，以關於茶社工人所組織之工會，其名稱應如何規定？半工作半營業之鑲牙館鐘錶眼鏡公司是否屬于五金業同業公會？囑查明解釋見復等由；查(一)茶社工人所組織之工會，可就其職業性質定名爲「茶社業職業工會。」(二)鑲牙爲醫生，自不能組織同業公會。至鐘錶眼鏡業，如有公司行號之設立，應依商業同業公會法第五十七條之規定，組織商業同業公會。相應函復
查照！

此致

中國國民黨西康省執行委員會

社會部公函　社組字第四六七一號　三十年五月六日

准函囑解釋商業同業公會聯合會與全省商會聯合會如何發生聯繫一案復請查照轉知由

案准

貴會三十年四月七日民字第二三九號函囑再解釋商業同業公會聯合會與全省商會聯合會應如何發生聯繫等由；准此，查商業同業公會應否組織聯合會，以奉令決定，其區域範圍及事務所所在地，均與省商會聯合會不必相同，政府特令某業同業公會組織聯合會時，必有其特殊之意義與任務，與省商會聯合會爲謀全省各種商業共同利益者迴不相

同，無互相對立之可言。前代電僅謂同無隸屬關係行文用函，非謂關係與縣市商會同。相應復請

查照轉知爲荷！

此致

中國國民黨浙江省執行委員會

社會部公函　社組字第四八九〇號　三十年五月十五日

准函詢兵役協會可否不設一案業經函請軍政部查明見復過部函復查照由

前准

貴會(30)耒民字第七一三號公函，以各級兵役協會可否不設一案，作何決定，囑查復等由；當經轉函軍政部查照見復去訖，頃准復函略開：

「查此案前經函徵貴部同意，以各級兵役協會爲協助兵役推行之人民團體，係中央規定組織，似應依法設立等語，於本年二月十五日以渝仁役管字第三〇七號分呈行政院鑒核，并抄同呈院呈文函請貴部查照逕復去後，嗣奉行政院三十年二月二十五日勇二字第三〇四四號指令開：『准如所擬辦理，已指令湖南省政府遵照，並通飭各省政府遵照暨令知內政部矣』，等因；茲准前由，相應復請查照轉知。」

等由；過部，相應復請

查照爲荷！

此致

中國國民黨湖南省執行委員會

社會部公函　社組字第四九三三號　三十年五月十六日

准函送中央訓練團對於社會工作人員訓練班第二期訓練辦法第四五兩項意見一件函復查照幷請恢復社會工作人員訓練班主任副主任兼職由

接准

貴會訓卅(二)字第一八六二號公函開：

「前准貴部三十年四月十一日社組字第三八九三號公函開列社會工作人員訓練班第二期訓練辦法五項，附送經常費預算書一份，囑查照核轉等由；准此，除原辦法第一二三項，自應照辦外，第四五兩項，當經轉飭本會訓練團核議去後，茲據該團三十年四月渝人字第九一〇號感代電附呈對於社會工作人員訓練班第二期辦法，第四五兩項意見一紙，請鑒核等情前來，相應抄同原件復請查照。」

等由；附抄中央訓練團對於社會工作人員訓練班第二期訓練辦法第四五項意見一件，准此；查函示意見單內第一第二兩項關於原辦法第四項之修正各點，自當同意，即煩

貴會將本部原送預算書照收轉請核撥。至第三項關於原辦法第五項建築班址經費一節，因本部卅年度未列此項預算，無法請求追加；且社會工作人員訓練班，既屬中央訓練團之一部分，似以由團轉請軍委會核撥較為妥善，仍煩轉商中央訓練團俟此項建築預算送達時代為核轉，至建築工程事務，屆時由本部主持洽商辦理，當無不可。再查前奉中央訓練團團長一月十二日同日命令內第十一項開：

「本團社會工作人員訓練班第一期業經結束，原兼該班主任谷正綱副主任洪蘭友着暫解除兼職，此令。」

等因；現社訓班第二期訓練開始籌備，班本部似應即日重行組設，核請

貴會轉知中央訓練團簽請　團長，恢復社會工作人員訓練班主任及副主任兼職，俾利進行。相應合併函請

察核辦理賜覆為荷！

此致

中國國民黨中央訓練委員會

社會部公函　社組字第五三一三號　三十年六月三日

准函轉富順縣政府呈請變通人民團體設置書記辦法一案姑予照准復請查照轉知由

准

貴會社勝字第一五一七號公函，以准四川省政府函，據富順縣政府呈請變通人民團體設置書記辦法一案，抄同原呈囑核復等由，查該縣政府所請變通設置人民團體書記一節，旨在減輕各該團體負担，姑予照准。惟經認必要時，仍應依照職業團體書記派遣辦法辦理。准函前由，相應抄同職業團體書記派遣辦法一份，復請

查照轉知為荷！

此致

中國國民黨四川省執行委員會

附抄職業團體書記派遣辦法一份(略)

社會部公函

社組字第五四八五號　三十一年六月九日

准電囑核示鎮農會名稱疑義一案經解釋二點復請查照由

案准

貴會連呂社字第二八七號代電：以現有行政區域之鎮，可否組織農會，及其名稱疑義，囑核示等由；准此，查農會法第七條有「農會分鄉農會區農會縣農會市農會省農會……」之規定，依照現有行政區域，「鄉」與「鎮」立於同級地位，鎮自可組織農會，惟其名稱應定為某某鎮鄉農會，以符法令。准電前由，相應復請

查照為荷！

此致

中國國民黨福建省執行委員會。

社會部公函

社組字第五六四一號　三十年六月十四日

奉　院令頒行人民團體實際負責人緩役辦法一案抄同原辦法函請查照飭知由

查農工商職業團體實際負責人在任期內不宜常有更替，影響工作，前中央社會部曾經擬訂人民團體實際負責人緩役辦法，函請軍政部查照核辦在案。頃奉行政院勇貳字八四九八號訓令內開：

「據內政軍政兩部三十年四月八日渝仁役務字四一三二號會呈送人民團體實際負責人緩役辦法到院，應准

照辦。除分令經濟交通農林各部及分別指令外，合行抄發原辦法令仰通行知照。」

等因；附原辦法一份，奉此，相應抄同原辦法函請

查照分飭知照爲荷！

此致

各省市政府黨部

附抄原辦法一份（見法規欄）

社會部公函　社組字第五六九〇號　三十年六月十七日

爲准代電據晉江縣執行委員會轉請解釋會員代表變動職務委員資格是否存在囑查核見復等由函復查照轉知由

案准

貴會三十年仰養運呂社字第二三六號代電，以據晉江縣執行委員會轉請解釋會員代表變動職務，委員資格是否存在等情，囑查核見復，等由；准此，查人民團體法規釋例彙編四三二頁例五，祇適用於一人同時兼代表甲乙兩號者，如非同時代表兩號，則在脫卸甲號職務時，原有代表資格，即已喪失，其後雖另就乙號職務，以乙號代表資格加入公會或商會，實爲新產生之代表。其原當選職員資格，當然不能繼續。茲准前由，相應函復

查照轉知爲荷！

此致

中國國民黨福建省執行委員會

社會部公函　社組字第五八〇五號　三十年六月廿日

前准函囑解釋合作社是否屬於人民團體一案業經司法院釋復函請查照由

前准

貴部渝仁役務字第四九七號公函，以合作社組織是否包括人民團體之內，及有無官公性質，囑查核見復一案，當以

事關法令解釋，經轉函司法院解釋見復，並以社組字第三六七二號公函復請查照在案，茲准司法院院字第二一九一號公函開：

「案據本院祕書處轉陳貴部本年四月四日公函（社組字第三六七一號）准軍政部轉請解釋合作社是否屬於人民團體及有無官公性質一案，業經本院統一解釋法令會議議決：依合作社法第一條之規定，合作社係以謀社員經濟之利益與生活之改善為目的，自屬私法人之一種，即依縣各級組織綱要第四十六條設立之合作社亦不失為私法人，其職員不得認為兵役法施行暫行條例所稱主任官公事務人員，許其緩役。相應函請貴部查照轉知！」

等由；相應錄案，函請

查照為荷！

此致

軍政部

社會部咨

社組字第四七六三號　三十年五月十日

准咨以關於解釋魚行能否參加漁會各疑義一案是否應即限期通飭整理囑查核見復等由似應俟漁會法修正公布後再行辦理復請查照由

案准

貴部三十年四月二十五日南漁字第三五八〇號咨，以關於解釋魚行能否參加漁會各疑義一案，是否應即限期通飭整理，囑查核見復，等由；准此，查本案以司法院院字第五〇〇號及第九〇〇號解釋施行之後，迄今數年，牽涉頗多，紛擾未息，現雖經由司法院變更該項解釋之一部份，若立即通飭限期整理，不免又滋紛擾，似宜任其暫按各地實際情形，自由斟酌處理，較有彈性，且漁會法不切合實際之處甚多，亟應修改，本部正在積極研究，以便早日會商

貴部擬具具體意見，呈候核轉立法機關審議。關於通飭限期整理一節，似宜俟漁會法修正公佈後，再行辦理，較為妥善。准咨前由，相應復請

查照為荷！

此致

農林部

社會部咨

社組字第五九一一號　三十年六月二十五日

咨復關於富順縣漁會呈請增加會員月捐及入會費一案未便變更漁會法之規定姑准以會員大會之決議經主管官署之核准臨時募捐請查照飭知由

案准

貴府三十年六月五日建四字第六九八八號咨，爲據富順縣政府呈轉該縣漁會呈請增加會員月捐及會員入會費一案，囑查照見復等由；查漁會會員入會金每人不得過一元，月捐不得過二角，漁會法第十六條已有明白規定，該會未便以理監事及代表聯席會議之決議，擅行變更。惟所稱物價高漲，會費所入，不足以敷支出，亦屬實情，姑准以會員大會之決議，經主管官署之核准，得向會員臨時募捐，以資抵補。相應咨復，即希查照飭知爲荷！

此咨

四川省政府

社會部代電

社組字第三七五五號　三十年四月七日

爲製發社會工作受訓學員調查表格式電請轉飭地方行政幹部訓練團查照填寄由

青海湖南福建湖北廣東浙江安徽寧夏省政府公鑒：查貴省會舉辦社會工作人員訓練，迭經省黨部函報有案。茲本部爲明瞭各省社會工作受訓學員人數及其狀況起見，特製定社會工作受訓學員調查表格式一種，隨電附送，請轉飭貴省地方行政幹部訓練團將歷次社會工作人員訓練班畢業學員查明填註，彙爲一册，寄部備查爲荷！社會部印

附送社會工作受訓學員調查表格式一份（略）

社會部代電　社組字第四二二七號　三十年四月廿三日

電請會商地方行政幹部訓練委員會籌辦社會工作人員訓練由

中國國民黨各省執行委員會公鑒：查省級以下之地方社會工作人員，應由各省就地方行政幹部訓練團設班訓練。在各省市社會行政機構尚未建立，民衆組訓業務尚未移交同級政府接管以前，此項訓練工作仍宜由省黨部發動，商請省地方行政幹部訓練委員會籌劃辦理。關於已派或將派之職業團體書記尤應特別提前訓練。又前中央社會部頒布之社會工作人員訓練辦法及其施行細則，在未經修正以前，暫仍繼續適用。請一面會商進行籌辦，期于本年七月開始實施；一面依據實際需要，擬具實施計劃，報部備核。除分電外，相應電請查照辦理爲荷！社會部印

社會部代電　社組字第四五一六號　三十年五月一日

爲縣市商會及重要各業同業公會應迅即分別督促組織或改組各省商會聯合會應於本年十月以前籌組成立電達宜照轉飭所屬遵照辦理由

一、各省市政府
黨部勛鑒：查縣市各業同業公會之組織或改組或從新辦理設立手續，縣市商會及省商會聯合會之組織或改組，經前中央社會部電達各省市黨部查照，期於二十九年度內辦理完成，但各地重要工商各業組織，迄今尚未普遍策動，縣市商會亦多未依法改組，各省商會聯合會之籌組，更少積極進行。値此抗戰緊張時期各級商人團體若不設法健全其組織，則舉凡關于物價之平抑，金融之穩定，市場之維持，以及戰時經濟政策之推行，與發動民衆增强抗戰力量，均無由配合運用。茲規定凡未依法組織或改組之重要各業同業公會及各縣市商會，應迅即分別督促加緊進行。各省尚未組織商會聯合會者，應于本年十月以前正式成立。除分電外，特達查照，即請轉飭所屬遵照辦理，並將辦理情形隨時見復爲荷！社會部印

社會部電　社組字第四五三八號　三十年五月二日

人民團體職員選舉在新法規未頒布前經當地黨政任何一方派員指導或監選者均應認爲有效由

耒陽湖南省黨部：寄，卯梗耒民電奉悉，凡黨部主管人民團體事宜已移交之縣，其人民團體職員選舉，在新法規未頒布前，經當地黨政任何一方派員指導或監選者，均可認爲有效。特復。社會部組辰冬印

社會部電　社組字第四九四一號　三十年五月十五日

電知本年六三禁烟紀念注意事項希查照辦理見復由

各省省政府、各省動員委員會公鑒：六年禁烟計劃，去年已屆滿期，本年六三禁烟紀念，應遵照中央頒行之禁烟紀念日紀念辦法辦理，並注意下列兩項：（一）六月份國民月會以禁烟運動爲中心任務，配合國民精神總動員運動積極推行。（二）六三禁烟紀念日應擴大宣傳中央禁烟政策及法令，並依照國民生活改進競賽科目之規定，舉行烟毒總檢舉競賽。除宣傳要點已由中央宣傳部頒發各省黨部外，相應電達查照會商辦理，並請飭屬遵辦見復爲荷！社會部國民精神總動員會印

社會部電　社組字第四九八八號　三十年五月十九日

准函以商會改組時選舉職員究應以會員代表過半數之出席抑應以會員代表總數三分之二以上之出席行之囑解釋一案電復查照由

中國國民黨湖南省執行委員會公鑒：辰冬耒民電奉悉，查商會法第十六條規定職員之選舉爲會員大會，第二十五條規定會員大會之決議祇須代表總數過半數之出席，而第廿六條須經三分二出席決議之事項，僅列有委員之解職，則職員之選舉當然祇須過半數之出席。特電復請查照爲荷！社會部辰篠組印

社會部電　社組字第五六〇九號　三十年六月十八日

七七抗戰四週年紀念辦法業經中央頒行希即會同當地黨部辦理並飭屬遵辦由

各省市政府公鑒：七七抗戰四週年紀念辦法業經中央宣傳部擬訂，呈奉　總裁核定施行。除由宣傳部頒發各省市黨

部遵照辦理外，特電希查照，飭希會同當地黨部辦理，並飭屬遵辦爲荷。社會部組巳元印

社會部代電

社組字第六〇九四號　三十年六月三十日

准電囑核釋組織全省商會聯合會疑義數點電復查照由

中國國民黨四川省執行委員會公鑒：本年三月社勝字第二二一七號江代電奉悉。關於組織全省商會聯合會疑義數點，茲核釋如下：第一點應依修正商會法第卅七條之規定，發起人不得指定，但可策動進行。第二點准用本法第十一條上半段之規定，即商會聯合會會員之代表，由各該商會就委員中舉派之。第三點依同法第卅六條規定，商會聯合會會員，祇有「同一省區域內之商會」一種，並無縣市商會與區鎮商會之分，代表人數及選舉權當然相同。第四點籌備會經費應暫由發起暨同意之商會籌墊，俟正式成立後，依法扣繳或付還。准電前由，相應復請查照。社會部印

社會部訓令

社組字第三九四六號　三十年四月十四日

令中華海員工會特派員辦事處

爲核定該辦事處卅年度經費總額並更正原概算科目仰即遵照另編分配預算呈核由

查該辦事處卅年度經費應自四月份起，改由本部統籌核發。除照中央執行委員會移轉原案所列每月五千三百三十五元內以一千六百五十元購給港幣一千五百元外，另由本部增加該辦事處事業費每月二千元，仰即根據核定經費總額另編分配預算呈核爲要。再該辦事處前編概算書內所列第二項第三目，「購置」一有關財產之添置應改爲第三項，俾日後編造財產增減表及財產目錄有所核對，又第三項活動費應改爲第四項特別費，第三項第五目會務活動費並應改爲「其他」，以備列報摘送概算書內所載各科目以外一切正當收支，合併飭遵！此令。

社會部訓令

社組字第四〇〇一號　三十年四月十五日

令重慶市工人服務總隊總隊部

據重慶市工運督導專員室呈送籌組空襲服務隊辦法等草案三件經核尚屬妥善應准試行合行抄發該項辦法方案令仰切實辦理具報由

據本部重慶市工運督導專員室呈送籌組空襲服務隊服務辦法，勞工服務站設立辦法，及輔導改進重慶市派報肩與旅棧人力車酒菜館業工人生活及管理制度實施方案等草案各一件，懇請核准施行等情；據此，經核尚屬妥善，應准試行。除分令重慶市社會局遵照飭辦理外，合行抄發該項辦法方案各一件，令仰會商有關機關切實辦理，並將辦理情形具報為要！此令。

附一、重慶市工人服務總隊部籌組空襲服務隊辦法（略）

二、重慶市工人服務總隊部勞工服務站設立辦法（略）

三、輔導改進重慶市派報肩與旅棧人力車酒菜館業工人生活及管理制度實施方案（略）

社會部訓令　社組字第四二〇一號　三十年四月廿二日

令滇緬西北西南公路工會籌備委員會

令飭隨時檢查預定工作進度務須如期完成工會組織並將辦理情形隨時具報由

查各公路工會籌備委員會展期期間各月份中心工作，業經詳為規定有案。該會三月份應辦事項，如徵求會員，建立小組支部分會等工作，已否辦理完竣？迄未具報。在此展期期間，該會應隨時檢查預定進度，何項尚未實施，其原因何在？何項已經實施，其實施程度如何？務須加緊進行，如期成立工會，結束籌備工作。仰即切實遵照辦理，並將辦理情形於文到五日內具報。至各月份工作實施情形仍仰依照規定表式迅即填報勿延為要！此令。

社會部訓令　社組字第四四八六號　三十年四月卅日

令各直屬文化團體

令知舉行會員大會或代表大會應先向本部呈准方得舉行仰知照由

查近有少數文化團體，舉行會員大會或代表大會，未經依法先行呈報本部核准，殊有未合。嗣後凡本部直屬團體舉行會員大會或代表大會，務須依法先行呈准，方得舉行。除分令外，合行令仰知照！此令。

社會福利類

社會部呈

社福字第六〇一四號 三十年六月廿八日

呈為請將平定工資實施辦法令行四川省政府轉飭遵照俾利工作祈鑒核示遵由

案查前奉

鈞院三十年一月十五日勇叁字第六二九號訓令抄發平定工資實施辦法，飭先從重慶市試辦。嗣奉

委座三十年四月二十六日機祕甲字第四三四八號手令，飭先集中力量，加强重慶、成都、自流井、嘉定、萬縣及內江等市縣農工組織，並對於工價工作效能工人生活等，定一切實管理辦法各等因；奉此，遵經編製勞工統計，發交執行機關參考，召集有關機關團體商討執行平定重慶市工資各項問題，俾得相互聯繫協約，擬具四川省重要市縣農工管制方案，積極推行，並派遣督導人員分赴各地工作，以期迅赴事功。所有辦理經過情形業於本年六月十七日呈報

鈞院核示在案。茲查本部所擬四川省重要市縣農工管制方案，對於有關平定工資事項，均係遵照奉 頒之平定工資實施辦法加以規定者，擬請將該項辦法令行四川省政府轉飭各該市縣遵照，俾利工作。除四川省重要市縣農工管制方案已由本部分別咨函四川省政府重慶市政府及四川省黨部重慶市黨部查照辦理外，理合備文呈請

鑒核示遵！

謹呈

行政院

社會部公函

社福字第四三三六號　三十年四月廿五日

准函轉送孤苦殘廢人民調查表復請查照辦理見復由

案准

貴府本年四月十五日市秘二字第一一七四一號函，轉送孤苦殘廢人民調查表，囑查照等因；准此，查本部前函請

貴府調查殘廢人數，原意以陪都爲觀瞻所繫，不宜有殘廢乞丐挾創傷爲乞討工具，故擬首先肅清市容，次謀廣泛之殘廢救濟。昨准來函表列四百七十三人，關於生活欄內，塡報尚欠明瞭，擬請轉飭先行查明沿街乞討之殘民，開列清單，報轉過部，俾憑辦理。除將原表暫存外，相應復請查照辦理爲荷！

此致

重慶市政府

社會部公函

社福字第四七〇〇號　三十年五月七日

准函爲社會服務處附屬經濟性之印刷小食寄宿各部業務應否加入各業同業公會疑義復請查照轉知由

案准中國國民黨四川省富順縣執行委員會社會通訊開：「本縣社會服務處附屬經濟性之印刷小食寄宿各部業務應否加入各業同業公會？可否免納營業所得稅及地方捐款？查無明文規定，敬請指示」等由；准此，查社會服務處經辦各種事業，均係倡導示範性質，旨在服務社會，便利民衆，爲政府社會福利設施之一，初非以營利爲目的之商業，自不必加入各該業同業公會，並請參照本部社福字第三八四九號公函規定辦理，相應函請查照轉知爲荷！

此致

中國國民黨四川省執行委員會

社會部公函

社福字第四七七九號　三十年五月十日

關於川康經濟建設委員會第一次全體委員會議決議案中財政金融類第九案「請創立健康保險以發達工業減少損害案」及其他類第一案「調整附省建設機構案」分別核簽意見函復查照轉陳由

案准

貴處三十年三月廿二日勇參字第四五〇八號函，以川康經濟建設委員會第一次全體委員會議決議案中財政金融類第九案「請創立健康保險以發達工業，減少損害案」，改交本部核復等由；經查原擬辦法(一)「由川康經濟建設委員會準備國幣一百萬元，以爲保險基金」一項，爲數似嫌過少，擬請酌爲增加，並請規定該項基金，應受中央社會保險主管機關之監督。原擬辦法(二)「在川康經濟建設委員會下設立健康保險社」一項，擬請改爲「在川康經濟建設委員會下，設立社會保險機構，先行試辦健康保險，根據試辦結果再推及其他」，蓋因社會保險，不應以健康保險爲限故也。原擬辦法(三)「以川康境內現有之兵工廠，鹽場，民生實業公司（航務部份）爲試辦場所」一項，此項規定，似嫌呆滯，擬請改爲「先就川康境內重要之工業區域或交通業發達之地擇定試辦場所」。原擬辦法(四)「根據試驗結果向　中央政府建議制定健康保險法，以便普及全國各大工廠」一項，查此項辦法之規定，係因當時本部尚未改隸，現本部已在積極籌設中央社會保險局，而社會保險法，亦在起草之中，故原擬辦法第四項，在時間上已成過去，似可删除。以上四項應請轉陳裁奪。

又原決議案其他類第一案，「請將川康兩省建設機構予以合理調整以利進行案」，前曾奉交本部核復，查原擬辦法(一)「確定本會爲兩省境內一切經濟建設工作推進之樞紐，性質與職權，請政府明令頒佈」一項，經查川康經濟建設委員會組織規程，業於二十九年經　院令公佈施行，其目的爲促進川康兩省經濟建設，及其合理發展，而該會之職權，亦已明白規定爲經濟建設之設計與審議及經濟事業之提倡與協助並有關經濟建設之聯繫等事項，是其性質與職權，皆已明白明令頒佈，似不必再加核議。原擬辦法(二)「對於兩省界內現有經濟建設機構，本會應作通盤之籌劃，與有關部會廳處會商，予以合理有效之調整」一項，查該會職權，已有經濟建設之設計，及經濟建設機構之聯繫兩項，而該會組成份子，凡軍政首長，各部會代表等，皆在網羅包容之列，自可應用此項職權，以會議方式，爲通盤之設計，於聯繫中求調整，本案亦一併核復。

又川康經濟建設委員會，係成立於本部改隸之先，該委員會之組織尚無本部代表參加，擬請於該會組織規程第三條內，增列「社會部代表」一項。准函前由，相應一併復請

查照轉陳！

此致

行政院祕書處

社會部公函

社福字第五五六一號　三十年六月十二日

准國際勞工局中國分局函請答復有關我國營養與食糧政策之各項問題等由茲隨函檢附譯表一份請查照辦理見復由

案准國際勞工局中國分局三十年五月十五日總字第六八二號函開：

「查敝局頃接加拿大敝總局來函：略以現正在作一營養及食糧政策之研究，以備編入勞工研究叢書，藉供世界人士之參攷，擬向各國徵集營養與食糧政策之有關材料，特附一問題表寄送前來，囑轉請我國政府主管機關，根據國內情形照表酌予答復，俾資研究等因；查表列各項問題，於我國現況，雖不盡相符合，但敝總局深冀徵得我國材料，用資編纂，爰特檢具原表一份隨函奉達，敬乞貴部對表列各項分別酌予答復，或將有關材料檢賜詳示，以便轉報，至爲公感！」

等由；並附原表一份。准此，查表中所列各項問題，多無關本部職掌，未便逕予答覆，除分函外，相應檢同原表譯文一份，函請

貴部處署局查照，希就主管事項，酌予答覆，並檢送有關材料過部，以便辦理爲荷！

此致

農林部

教育部

經濟部

財政部

行政院經濟會議祕書處

衞生署
全國糧食管理局

附營養與食糧政策問題表譯文一份（略）

社會部咨　社福字第三九六三號　三十年四月十四日

咨送各地方救濟院調查表式及縣市慈善團體調查表式請飭屬塡報彙送備核由

查關於各地方救濟院暨慈善團體近況，本部亟待明瞭，茲制定各地方救濟院調查表式及縣市慈善團體調查表式，俾供塡報。除分咨外，相應檢同上項表式各一份，咨請查照飭屬依式塡報彙送過部備核爲荷！

此致

各省市政府

附各地方救濟院調查表式及縣市慈善團體調查表式各一份（略）

社會部咨　社福字第四九三六號　三十年五月十六日

爲托兒事業已劃歸本部主管咨請查照並轉飭所屬將籌設托兒所情形具報備查由

案准振濟委員會本年四月十六日渝甲字第八一二五號咨內開：

「案查前奉　行政院二十九年十一月二十八日陽字第二四六二號訓令，飭將有關貴部職掌事項劃歸接管一案，經將重慶游民訓練所重慶殘廢敎養所嬰兒保育院等三機關及慈善團體之監督指導等案卷，分別移交　貴部接管在卷。茲查關於托兒所事業之推動與監督一案，似屬普通社會救濟，應劃歸貴部主管。除呈報外，相應檢同經辦各項案卷暨尙未核辦文件，開列清單，咨請查照點收見復。」

等由；附案卷三宗未辦文件三件，淸單二份。准此，查該項移交未辦文件內准貴府本年二月一日民二字第三二四一／一月卅日未府教振民二字第二六〇六一號咨，略以關於就重要都市及工業區域女工較多地方分別籌設托兒所一案，經已轉飭所屬辦理等由；查此項托兒事業已劃歸本部主管，嗣後各地辦理情形仍請轉飭隨時具報過部備查。除咨復振濟委員會外，相應復請

查照轉知爲荷！

此咨

四川
湖南省政府

社會部咨　社福字第五九八九號　三十年六月廿七日

關於接收振濟委員會咨移托兒所各項卷宗一案咨請查照飭知由

案奉

行政院本年四月廿四日勇玖字第六四八五號訓令開：

「據振濟委員會本年四月十六日渝甲文字第八一二六號呈報，關於托兒所各項案卷暨尚未核辦文件移交社會部接收等情到院，應准備案，除指令外，合行抄發原件令仰知照！此令。」

等因；奉此，查關於托兒所事業之推動與監督案卷，已准振濟委員會咨移本部接管，除呈報

行政院並分別咨行外，相應咨請

查照並轉飭所屬一體知照爲荷！

此咨

各省市政府

社會部訓令　社福字第三六七八號　三十年四月四日

令本部重慶游民訓練所

指示該所應行改進事項令仰遵照辦理具報由

據查報該所辦理情形，經核定應行改進事項如次：

一、收容游民名額，應俟新預算成立時照定額儘量增加。

二、附設各工科均未見游民親自實習，應即切實督率教師及技師認眞訓練游民技術。

三、游民在所外工作時間，應盡量減少，使不致常因外出回復其游浪習性。

四、自本部接收以來關於游民在所外工作情形工資收入與工料產銷概況，應即詳細列報收支帳項。

以上各項合行令仰該所分別遵辦具報爲要！此令。

社會部訓令

社福字第四三四四號　三十年四月廿六日

令重慶市第一工人福利社

檢發重慶市工人福利社製備服裝暫行辦法令仰遵照由

案據重慶市第二工人福利社三月二十七日呈略稱：爲求本社工作人員服裝整齊劃一起見，擬由社製備藍色制服發給着用，至該項制服費擬由着用人担負一半，公家津貼一半；其本人担負之款在薪金內分期扣回，公家津貼之款，擬在經常費節餘項下動用。茲擬就製備服裝暫行條例一份，附呈鑒核等情，附條例一份。據此，查所請製備工作人員服裝一節，尚屬可行，此項服裝津貼應於編造經費預算時，列入服裝費一項，俾便支報。第一工人福利社應與第二工人福利社一律照辦。除將原擬條例不合各點加以修正，改稱爲重慶市工人福利社製備服裝暫行辦法，並指復第二工人福利社外，合行檢發上項辦法一份，令仰遵照！此令。

附發重慶市工人福利社製備服裝暫行辦法一份(略)

社會部訓令

社福字第四六三二號　三十年五月五日

令重慶市空襲服務臨時保健院
　　　嬰兒保育院
　　　游民訓練所
　　　殘廢教養所

該所院被救養者之收容應由本部按額核定勿庸自行收容令仰知照由

現在重慶衛戍總司令部、重慶市政府等機關要求收容致救養者之人數激增，茲為隨時調節收容名額起見，嗣後該所院之收容，應由本部按額核定送收，該所院不得自行收容，俾便統籌辦理，仰卽知照爲要！此令。

社會部訓令

社福字第五一〇五號　三十年五月廿六日

令湯峽口模範墾殖新村董事會

准振濟委員會暨農林部函以湯峽口模範墾殖新村仍應由本部主管令仰知照由

案查前准振濟委員會本年三月十三日第四八八四號公函開：

「案准貴部社福字第二一八七號公函以貴部設立湯峽口模範墾殖新村，其目的在以墾殖事業謀新村之發展，與其他墾殖機關之性質不同，自應仍由貴部主管等由，本會表示贊同，仍希貴部逕函農林部洽辦，相應函復查照爲荷。」

等由；到部，當經本部再函農林部商酌去後，茲准本年五月七日復函開：

「案准貴部三十年三月二十六日社福字第三四八八號公函，以湯峽口模範墾殖新村，仍應由貴部主管，請查酌見復等由；准此，查該新村設立目的，於該村「創辦模範墾殖農村辦法綱要」中已有明白規定，純以招募流亡墾殖荒地，增加生產及辦理農林試驗爲主。墾務進行向由中央墾務主管機關商定規辦，其農業基金墾民輸送等費，由中央主管墾務機關之振濟委員會發給，且會計事項亦由該會會計主任監督指揮，是該村之性質及其事業與其他墾殖團體相同，由中央主管墾務機關主管爲宜。惟模範新村之建設，係屬急務，貴部既擬以該村爲一示範之倡導，自當撥歸貴部主管。准函前由，相應復請查照。」

等由；准此，合行一併令仰該會知照，並轉飭知照！此令。

社會部訓令 社福字第五七二六號 三十年六月十八日

令本部桂林、貴陽、衡陽社會服務處籌備主任程雲祥、項學儒、胡良幹

令發該處本年度暫行編制簡表由

玆訂定該處本年度暫行編制簡表，共列三十五／三十五／二十二員生，合亟檢發，令仰遵照施行。為適應業務需要，幷准暫增設協理一人，就總幹事中指定一人兼任，不另支薪，幷仰遵照為要！此令。

附發該處本年度暫行編制簡表一件（略）

社會部訓令 社福字第六〇二三號 三十年六月廿八日

令湯峽口模範墾殖新村董事會

令補具組織規程草案呈部核定由

查該會所屬湯峽口模範墾殖新村亟應訂定組織規程以資依據，合行令仰該會參酌實際經驗，兼顧行政系統，補具呈部，以憑核定為要！此令。

合作事業類

社會部公函 社合字第三九二二號 三十年四月十日

准函囑轉飭本部合作事業管理局將廿九年度領用建設專款事業進行狀況及收支情形依法按期編具報告送會處審核一案函請查核由

案准

貴會本年二月十二日渝建字第二三七〇號公函囑轉飭本部合作事業管理局，將廿九年度領用建設專款事業進行狀況及收支情形，依法按期編具報告送會審核等由；准此，查該局廿九年度領用建設專款所經辦之事業，爲合作教育合作實驗及協助推行地方合作事業等項，經飭該局先行趕編廿九年度全國合作人員訓練所工作概況各合作實驗區工作概況暨協助推行地方合作事業概況送部，至收支情形，另行編具支出計算表件送核。准函前由，相應檢同各該項事業進行概況，函請

查核爲荷！

此致

中央建設事業專款審核委員會

附全國合作人員訓練所工作概況合作管理局各合作實驗區工作概況及合作管理局協助進行地方合作事業概況各一份（見附錄欄）

社會部咨

社合字第三九二七號　三十年四月十二日

咨爲七七事變前合作社重要職員現仍連選連任者應予緩服兵役咨請查照由

查接管經濟部移卷內，據貴州省合作委員會二十九年十一月二十六日合二指字第三三五四號呈，據青溪縣合作室主任蔡雨蒼稱，蘆溝橋事變以前成立之合作社重要職員現仍連選連任者，是否仍服兵役呈請核示等情；卷查合作社重要職員（指理監事會主席及司庫三人而言）得暫援用兵役法施行細則暫行條例第二十八條第三款之規定，予以緩役一案，經前實業部于二十五年十一月咨准軍政部核定，通咨各省政府有案。嗣行政院于江西省政府呈擬兵役救濟辦法請示案內，復經軍政經濟兩部核議准予照辦，幷通令各省政府知照各在案。依照軍政部所議辦法，凡在蘆溝橋事變以後，各地新成立或變更職員登記之合作社，其理監事會主席及司庫三人如在兵役年齡之內，仍有服行兵役之義務；惟事變前成立各社之此項重要職員現仍連任，無須爲職員變更登記者，是否仍可緩役，經飭由本部合作事業管理局，函請軍政部兵役署核復。嗣准該局簽稱，准軍政部本年二月二十二日渝仁役務字第二三〇六號公函內開：「該項人員應予緩役」等由前來自應照辦。除指令貴州省合作委員會知照幷通咨

外，相應咨請
查照并轉飭知照爲荷！
此咨
各省省政府

社會部咨

社合字第四九二八號　三十年五月十五日

准代電以合作社舉辦捲菸生產業務應如何減免稅額一案經轉咨財政部核復咨復查照由

案查前准

貴省政府本年二月洛建合三丑哿代電，以合作社舉辦捲菸生產業務，應如何減免稅額囑查核見復等由，經轉咨財政部核復去後，茲准本年四月二十六日渝稅丙字第九八二三號咨略開：

「查管理手工捲菸廠暫行辦法公布後，各地商人不能購入機器呈請經營捲菸者，應先集合五千元以上之資本，組設公司，備辦木機或小型鐵機，申請開設手工捲菸廠，方得製造捲菸。如不能組織公司者，應先依照合作社法組設手工捲菸工業生產運銷合作社，呈請地方政府核准，轉請主管統稅機關核轉本部稅務署登記後，方得開設手工捲菸廠。至手工捲菸稅率係分兩級征收，每五萬枝登記完稅價格在一百元以上至二百元者爲一級，完稅一百元，在一百元以下者爲二級，完稅五十元，其在二百元以上者，應照機製捲菸完納統稅。近來各地合作社經營手工捲菸者，均已遵章呈請登記，按級完稅。該襄縣合作供銷處及各捲菸生產運銷合作社舉辦手工捲菸自應照章一律辦理。」

等由；並檢送管理手工捲菸廠暫行辦法一份到部，相應抄同原辦法一份，咨復

查照飭知！

此咨

河南省政府

附抄送管理手工捲菸廠暫行辦法一份(略)

社會部代電　社合字第四八〇六號　三十年五月十三日

為據財政部咨復合作社組織領購食鹽供銷應仍照章領取牌照電復知照由

河南省政府公鑒：案准貴府本年二月二十日電三字第五八號代電，為縣合作供銷處購售食鹽，是否應請領牌照？囑查核見復一案，經函准財政部渝鹽(乙)字第九八一三號咨，略以合作組織領購食鹽供銷，既仍具有買賣性質，為便利稽核及管理起見自應飭照章領取牌照。除令河南鹽務辦事處遵照外，相應咨復等由，准此，相應電復，即希轉令遵照為荷！社會部印

社會部訓令　社合字第四三四三號　三十年四月二十五日

令各省市合作主管機關

奉　院令轉奉　國民政府令發中國工業合作協會工作及用款監督考核暫行辦法轉飭知照由

案奉

行政院三十年三月十八日勇叁字第四三〇三號訓令開：

「案奉

國民政府三十年三月一日渝文字第二四四號訓令開：「據本府文官處簽呈稱，准國防最高委員會秘書廳三十年二月廿六日國紀字第一三三九九二號公函開：「案查關于增撥中國工業合作協會基金及廿九年度經常補助費一案，前由國防最高委員會第三十四次常務會議核定，並經決議，該會工作及用款應由行政院負責監督考核，由會以國議字第九三二四號函請政府分飭遵辦在案。嗣准行政院陽字第二一四〇四號函略開，關于中國工業合作協會工作及用款之監督考核，經轉據財政經濟兩部及振濟委員會會訂暫行辦法草案，查核尚屬可行，檢同原辦法請轉陳鑒核等由到廳，當經遵批交財政專門委員會審查據報告稱查，中國合作協會工作及用款監督考核暫行辦法規定尚屬完密，擬請准予備案，仍飭切實執行，惟辦法內涉及之合作事業管理局現已改隸社會部，第五條內之「經濟部」應改為「社會部」，又第二條「經濟部核定」之上擬增「前經」二字並請核定等語，業奉國防最高委員會第五十三次常務會議決議「照辦」，相應錄案並抄同辦法函達查照轉陳飭遵等由；理合簽請鑒核」

等情，據此，應即照辦，除飭復外，合行令仰該院知照並分別轉飭知照！此令。」等因，奉此，除分令外，合行抄發該項辦法令仰知照並轉飭所屬知照！此令。」

等因，奉此，除分令外，合行抄發該項辦法令仰知照並轉飭所屬知照！此令。

附抄發中國工業合作協會工作及用款監督考核暫行辦法一份(略)

社會部指令

社合字第四五五〇號　三十年五月二日

令重慶市社會局

三十年三月十九日社元合字第六四五號呈一件爲市民吳君實等組織保證責任重慶市西南公路汽車運輸合作社呈請登記給證等情繕核該社社名尚有疑義懇核示由

呈悉。查核社業務區域既以西南公路爲範圍，社名中「重慶市」三字應予删去。惟該社社址設重慶市內，依合作社法施行細則第四條規定，仍應由該局主管。至「運輸」二字雖不在劃一合作社名稱說明書規定之內，但際茲抗戰時期，汽車運輸日形重要，此種合作組織，當合現時需要，「運輸」二字姑准應用。此令。

社會部指令

社合字第四九九四號　三十年五月十九日

令湖北省建設廳

三十年三月十九日施建合字第二八〇二五號呈一件爲據鄖縣政府呈請解釋縣各級合作社組織大綱疑點轉請核示由

呈悉。查本部已印行之縣各級合作社組社須知及章程準則，載明鄉(鎮)公所附近保民，凡係直接加入鄉(鎮)社者，毋庸另組保社。嗣後某保因事實上之必要須另組保社時，則該保之社員一律退出鄉(鎮)社，所稱跨社情事，不致發生。仰即轉飭知照！此令。

社會部指令

社合字第五二二三號　三十年五月二十八日

令浙江省政府建設廳

本年四月七日建辛合字第一一二四號呈一件據諸暨縣政府呈爲發現假合作社名義營商人業務究應如何辦理轉請鑒核示遵由

呈悉。查假名合作社，除已查有逃免稅捐事實應由主管機關罰辦外，其執行取締方法，應勒令解散，仰即轉飭遵照！此令。

社會部批

社合字第四二九五號　三十年四月二十四日

原具呈人星沙簡易電氣消費合作社　陳星渠　楊炳僧

接管經濟部移交卷內三十年一月二十五日呈一件爲情形特殊應一時公用之需要組合臨時小規模電氣消費合作社懇准暫行設立由

呈悉。查所呈事關民營公用事業，前經轉咨經濟部核復在案，茲准經濟部三十年三月廿一日(卅)電字第五二七五號咨節開：

「查本案前據湖南省建設廳呈據湖南電燈公司呈請制止星沙簡易電氣消費合作社營業一案，轉請核示等情到部，經於卅年二月十九日以卅電字第三二三〇號指令：『呈悉：查湖南電燈公司停電原因既純爲戰時影響，其營業權自仍應認爲繼續存在。星沙電氣消費合作社，依照民營公用事業監督條例第十七條後段之規定，應不准設立。但原電氣事業人未能即時恢復供電以前，商由他人暫時爲部份之供給，呈經本部核准，自無不可。據稱前情，應即轉飭該公司迅行設法供給需要，事實上如不可能，即由該公司與該社協商暫時供電辦法，呈由地方監督機關轉呈本部核奪』等語，印發在卷，相應復請查照。」

等由，准此，合行批仰知照！此批。

附錄

社會部核准備案之農漁團體一覽表

三十年四月至六月

一、關於組織成立者

團體名稱	核准備案日期	主要負責人	會員人數	備註
四川省樂至縣農會	三十年四月廿九日	王治侯	鄉農會廿二個	
復興鄉農會	同右	譚澤敷	309	
謂樂鄉農會	同右	全玉龍	300	
石佛鎮鄉農會	同右	邱乃寬	300	
蓁來鄉農會	同右	許興隆	300	
興隆鄉農會	同右	王介臣	363	
孔雀鄉農會	同右	陳聘三	300	
太極鄉農會	同右	徐建勛	231	
賢林鎮鄉農會	同右	楊至德	359	
仙鶴鎮鄉農會	同右	鄧維承	611	
天池鎮鄉農會	同右	陳逢三	530	
童家鎮鄉農會	同右	王維光	306	
臨江鄉農會	同右	蔣龍光	339	
高寺鎮鄉農會	同右	吳載陽	315	
放生鎮鄉農會	同右	王治侯	30[illegible]	
香泉鄉農會	同右	劉叔欽	300	
桂林鎮鄉農會	同右	宋若林	300	
雙河鄉農會	同右	蔣鳳洲	300	
迴瀾鎮鄉農會	同右	傅愼仁	301	
石湍鎮鄉農會	同右	羅寶光	423	
永興鎮鄉農會	同右	曾聖豐	373	
慶符縣南鄉鄉農會	三十年四月十六日	黃豹如	346	
復興鄉農會	同右	王星符	181	
中興鄉農會	同右	胥聯三	180	
沙河鎮鄉農會	同右	王顯文	88	

平武縣古城鄉農會	同	右	周松	116
浙江省仙居縣上廿四鄉農會	三十年四月九日		徐搢貞	61
江山縣三鄉口鄉農會	同	右	毛裕泉	115
玉環縣麥嶼鄉農會	三十年四月十一日		沈強	81
武義縣陽山鄉農會	三十年四月廿九日		徐長庚	89
安徽省舒城縣烏沙鄉農會	三十年四月十一日		朱建三	279
毛竹園鄉農會	同	右	蔣東明	182
范家店鄉農會	同	右	廖博民	195
五橋鄉農會	同	右	武孟修	209
乾汊河鄉農會	同	右	汪翰丞	180
寺觀鄉農會	同	右	施霈	178
盧鎮關鄉農會	同	右	唐紹虎	196
祝神墩鄉農會	同	右	徐楝樑	1072
觀音菴鄉農會	同	右	胡毓鍾	146
小河口鄉農會	同	右	儲壽山	197
長冲鄉農會	同	右	童孟平	148
平田鄉農會	同	右	余召南	168
西湯池鄉農會	同	右	陳道一	126
曉天鄉農會	同	右	馮浩川	206

彭縣武方鄉農會	三十年四月廿二日		胡鳴皋	237
湖南省耒陽縣城廂鎮鄉農會	三十年四月十一日		雷重光	410
夏塘鄉農會	同	右	李春榮	327
平田鄉農會	同	右	周翊華	300
新市鄉農會	同	右	陳楚賢	300
湖水鄉農會	同	右	李香蘭	242
柴鎮鄉農會	同	右	劉銳	240
親誠鄉農會	同	右	賀治平	394
淝陽鄉農會	同	右	李芳圃	473
淝永鄉農會	同	右	段春山	300
敖河鄉農會	同	右	張鵬志	300
桂中鄉農會	同	右	李子青	224
上架鄉農會	同	右	陳兆雄	320
泉湖鄉農會	同	右	譚伯華	300
陝西省陝縣秦龍鄉農會	三十年四月十五日		王錫廷	95
隴縣功鄉鄉農會	三十年四月廿五日		陳慶廷	158
曹段鄉農會	同	右	曹子全	200
溫水鄉農會	同	右	張子全	150
天成鄉農會	同	右	閆勇齊	223

河北鄉農會	同右	劉子鐸	204	
赤沙鄉農會	同右	王鳴山	158	
香泉鄉農會	同右	梁志忠	173	
新街鄉農會	同右	陳秀雲	200	
東南鄉農會	同右	高尚智	250	
杜陽鄉農會	同右	蔡俊青	220	
八渡鄉農會	同右	蘇效旂	200	
中西鄉農會	同右	馬通濟	200	
大落縣馮塘鄉農會	三十年四月廿八日	吳春候	604	
渭陽鄉農會	同右	李伯初	691	
許原鄉農會	三十年四月廿九日	李林軒	706	
洛濱鄉農會	同右	姚玉龍	562	
沙苑鄉農會	同右	馬定候	521	
羌白鄉農會	同右	楊海山	781	
福建省邵武縣寶石鄉農會	三十年四月十日	張錫球	54	
南安縣樑橋鄉農會	三十年四月十一日	葉再興	234	
華安縣新村鎮鄉農會	三十年四月七日	黃有豐	51	
六雲鄉農會	三十年四月廿四日	湯紅毛	71	
廣西省義孚縣農會	三十年四月八日	覃澤國	鄉農會九個	

百色縣永樂鄉農會	三十年四月七日	陸大魁	81	
塘興鄉農會	同右	黃仲衡	67	
鳳部鄉農會	同右	黃福興	51	
華祿鄉農會	同右	陸紹堂	53	
龍城鄉農會	同右	韋學海	57	
汪甸鄉農會	同右	何如棠	66	
平陽鄉農會	同右	譚金福	61	
天峨縣更新鄉農會	同右	周瑞琼	77	
武宣縣東作鄉農會	三十年四月八日	劉春鑾	136	
東中鄉農會	同右	潘業端	129	
三才鄉農會	同右	曾明洲	185	
三多鄉農會	同右	武承業	163	
馬步鄉農會	同右	黃祖蔭	187	
姑皇鄉農會	同右	黃日佐	183	
柳城縣長塘鄉農會	同右	曾子衡	200	
社沖鄉農會	三十年四月七日	覃彩山	205	
雷塘鄉農會	同右	王秀麗	272	
上雷鄉農會	同右	梁尉堯	256	
大南鄉農會	三十年四月廿一日	侯獻璋	330	

頭塘鄉農會	同	右	韋哲生	121
六塘鄉農會	同	右	梁保基	220
古砦鄉農會	同	右	嚴叔庚	200
冲脉鄉農會	同	右	韋德良	200
貴州省天柱縣守義鄉農會	三十年四月廿五日		胡啓模	154
四川省璧山縣獅子鎮鄉農會	三十年五月十五日		陳士佩	269
河邊鎮鄉農會	同	右	胡濟膏	308
劍閣縣武連鎮鄉農會	三十年五月廿七日		張相如	300
元山鎮鄉農會	同	右	李蔭五	278
貴州省貞豐縣農會	三十年五月十九日		陸照煊	鄉農會廿二個
錦屏縣司亮鄉農會	三十年五月十一日		龍家璐	110
定番縣打引鄉農會	三十年五月十四日		花玉書	250
董朗鄉農會	三十年五月十七日		羅蓮書	230
廣東省博羅縣農會	三十年五月廿三日		陳煥榮	鄉農會九個
桔子鄉農會	同	右	吳超明	676
五安鄉農會	同	右	曾贊楨	317
石市鄉農會	同	右	周旋	316
埔前鄉農會	同	右	陳少輝	558
蘇陂鄉農會	同	右	陳遇民	340

福市鄉農會	同	右	鄧堯超	386
佛岡縣龍譚鄉農會	同	右	鄭惠標	270
龍山鄉農會	同	右	鄭國鏗	198
信宜縣鋼山鄉農會	同	右	陸啓宗	81
開建縣新華鄉農會	同	右	陳燦華	213
光漢鄉農會	同	右	潘有澄	185
西安鄉農會	同	右	張智謀	123
興寧縣福全鄉農會	同	右	張介甫	278
中原鄉農會	同	右	謝碧泉	243
東公鄉農會	同	右	劉樹棠	220
化縣和平鄉農會	同	右	楊積林	71
下垻鄉農會	同	右	翁錫祥	214
林塵鄉農會	同	右	蘇益春	582
山陵鄉農會	同	右	朱久璋	559
龍門縣左譚鄉農會	同	右	廖維寬	353
鬱南縣通門鄉農會	同	右	朱立瀾	130
仁化縣扶溪鄉農會	同	右	譚佐廷	62
連平縣大田鄉農會	同	右	葉成璐	100
中莞鄉農會	同	右	劉維邦	586

五華縣七都鄉農會	同	右	曾樾芳	260
新橋鄉農會	同	右	曾肇榮	60
黃龍鄉農會	同	右	鍾育元	66
增城縣東高鄉農會	同	右	溫明鏡	218
台山縣農會	同	右	王定	廿四個鄉農會
蓮東鄉農會	同	右	伍灼庭	52
四堡鄉農會	同	右	麥魯如	84
西村鄉農會	同	右	黃留名	260
下屯鄉農會	同	右	馬治倫	363
那扶鄉農會	同	右	邱端雲	70
水樓鄉農會	同	右	李若仁	116
城鎮鄉農會	同	右	黃景雲	54
惠來縣東福鄉農會	同	右	方向耿	621
恩平縣西安鄉農會	同	右	黎仁慈	86
區村鄉農會	同	右	何任能	102
東安鄉農會	同	右	吳廷澤	78
金沙鄉農會	同	右	何毅綱	73
附城鄉農會	同	右	陳賢棟	76
聖堂鄉農會	同	右	梁熙雲	88

曲江縣黃崗鄉農會	同	右	黃培珍	93
英德縣石蓮鄉農會	同	右	譚善祥	53
南雄縣承慶鄉農會	同	右	劉友聰	62
高明縣太平鄉農會	同	右	譚瑞熊	127
聯城鄉農會	同	右	李子經	111
廣西省興業縣蓉東鄉農會	三十年五月五日		黃耕光	181
城南鄉農會	同	右	莫讚言	184
城東鄉農會	同	右	何超譽	377
安東鄉農會	同	右	關濟材	467
長榮鄉農會	同	右	陸謹中	187
南鄉西鄉農會	同	右	梁慶璜	223
南鄉東鄉農會	同	右	龐啟承	408
平南鄉農會	同	右	陳壽延	167
蓉南鄉農會	同	右	趙惠芝	104
蓉北鄉農會	同	右	何明譽	58
鐵城鄉農會	同	右	吳信先	680
石碰鄉農會	同	右	甘偉人	391
安西鄉農會	同	右	鄧作文	351
仁厚東鄉農會	同	右	胡維明	248

保良鄉農會	同	右	蒙仲玉	101
融縣安石鄉農會	三十年五月六日	右	張赣東	50
永樂鄉農會	同	右	覃炳鈴	50
德里鄉農會	同	右	黃位三	55
玉高鄉農會	同	右	黎永和	55
博白縣高坡鄉農會	同	右	趙瓚湀	137
林村鄉農會	同	右	彭傳適	261
昇垌鄉農會	同	右	胡德化	719
連勝鄉農會	同	右	陳明星	817
林柑鄉農會	同	右	黃永澤	650
桂平縣麻垌鄉農會	三十年五月十三日	右	莫伯祺	58
白沙鄉農會	同	右	陳健民	58
西郊鄉農會	同	右	孔慶階	78
下灣鄉農會	同	右	周庭芳	70
百色縣龍江鎮鄉農會	同	右	黃海棠	53
百平鄉農會	同	右	盧存鑾	79
信都縣萬安鄉農會	三十年五月廿三日	右	陳榮奉	182
扶隆鄉農會	同	右	羅鎰魁	71
鋪門鄉農會	同	右	羅和全	78

中華鄉農會	同	右	陳洋井	79
柳城縣洛崖鄉農會	同	右	羅鴻聲	380
天河縣板廟鄉農會	同	右	羅綸麟	80
古羅鄉農會	同	右	謝澤	114
辞貝鄉農會	同	右	何雁林	171
福建省福安縣農會	三十年五月廿七日	右	陳文棺	41個鄉農會
南安縣農會	三十年五月卅一日	右	林競忠	廿四個鄉農會
霜山鄉農會	三十年五月十四日	右	黃志忠	393
東田鄉農會	同	右	陳慶雲	294
仁都鄉農會	同	右	黃田賢	442
建陽縣長坪鄉農會	三十年五月十三日	右	劉偉成	164
湖南省邵陽縣隆中鄉農會	三十年五月十六日	右	陳敏哉	104
中和鄉農會	同	右	劉學元	58
隆回鄉農會	同	右	歐陽叔	212
靖生鄉農會	同	右	蔡華甫	132
西勝鄉農會	同	右	陳龍池	145
屏藩鄉農會	同	右	吳雲山	50
隆治鄉農會	同	右	陳顯美	64
浙江省瑞安縣羅南鄉農會	三十年五月六日	右	徐存庚	118

陝西省宇陝縣城關鄉農會	同	石	宴子修	145
四川省蓬溪縣農會	三十年六月廿七日		陳文佐	鄉農會廿三個
秀山縣平凱鄉農會	同	右	楊吉舟	81
廣西省雒容縣城廂鄉農會	三十年六月十五日		陳芳甫	69
大龍鄉農會	三十年六月十五日		潘秀林	103
新慶鄉農會	同	右	韋敬芳	76
江口鄉農會	同	右	莫子良	210
洛埠鄉農會	同	右	郭韶年	57
丹竹鄉農會	同	右	謝進修	97
吉善鄉農會	同	右	覃欽廷	71
運江鄉農會	同	右	駱顯珠	58
朝修鄉農會	同	右	覃鼎宗	64
宜山縣洛西鄉農會	同	右	韋紀	429
上金縣逐下鄉農會	三十年六月廿七日		黃殿星	50
牌宗鄉農會	同	右	趙璧珍	56
濁水鄉農會	何	右	馬俊武	56
新埠鄉農會	同	右	何迺勳	83
天西鄉農會	同	右	龍維堯	64
西甯鄉農會	同	右	何漢卿	50

龍泉鄉農會	同	右	農漢民	58
科甲鄉農會	同	右	黃再傑	56
東靜鄉農會	同	右	黃文鼎	54
天峨縣城治鄉農會	同	右	賴少良	79
橫縣上靈鄉農會	同	右	陳善受	99
安徽省太湖縣農會	三十年六月十七日		汪孝先	鄉農會卅一個
黟縣林歷鄉農會	同	右	項樹屏	136
霍山縣漫水河鄉農會	三十年六月廿八日		王士咏	403
三板橋鄉農會	同	右	蔣亮夫	169
良善輔鄉農會	同	右	朱至軒	658
黑石渡鄉農會	同	右	曾文郁	189
管駕渡鄉農會	同	右	陳悅廷	102
胥箕窩鄉農會	同	右	陳必魁	110
上土市鄉農會	同	右	李曉峯	205
石家河鄉農會	同	右	程旭初	86
諸佛菴鄉農會	同	右	田祥光	105
戴河家鄉農會	同	右	杜有終	168
浙江省瑞安縣洛華鄉農會	同	右	王連友	149
福建省建甌縣萬石鄉農會	同	右	黃人綱	118

陝西省朝邑縣沙苑鄉農會	三十年六月五日	楊作舟	493	
中和鎮鄉農會	同右	顧華峯	571	
大同鄉農會	同石	高林一	521	
渭濱鄉農會	同右	張東川	543	
洛北鄉農會	同右	侶瑞庭	432	
安民鄉農會	同右	趙子端	562	
白水縣龍山鄉農會	三十年六月九日	王周人	343	
安正鄉農會	同右	劉直臣	354	
新耀鄉農會	同右	高周泰	324	
鳳縣鳳州鑽鄉農會	三十年六月十日	焦仲仁	75	
雙石舖鄉農會	三十年六月廿五日	劉國才	87	
大荔縣平原鄉農會	三十年六月十三日	董子耀	498	
沙明鄉農會	三十年六月廿五日	劉毓丞	551	
寧陝縣湯寶鄉農會	三十年六月十二日	張圭之	150	
鳳翔縣熙[illegible]鄉農會	三十年六月十七日	鄭宗洲	430	
勵烈鄉農會	同右	錢恆春	799	
豐洪鄉農會	同右	王雲亭	348	
鐸鈴鄉農會	同右	劉志勤	654	
洛渠鄉農會	同右	燕兆瑞	679	

安河鄉農會	同右	李崧生	914	
修鋌鄉農會	同右	王用丞	425	
謙沃鄉農會	同右	任瑞長	132	
鏄錢鄉農會	同右	楊孝英	866	
棟樑鄉農會	同右	謝之珍	233	
型禮鄉農會	同右	張鳳瑞	570	
銘鑑鄉農會	同右	李炳	490	
松柏鄉農會	同右	李、華	255	
恭梓鄉農會	同右	馮常卿	1007	
榆杏鄉農會	同右	嚴又煊	543	
輝煌鄉農會	同右	郝樹仁	850	
營爲鄉農會	同右	楊子發	976	
坤元鄉農會	同右	燕浩	446	
南鄭縣讓水鄉農會	同右	來穎唐	249	
新集鄉農會	同右	吳瑜	343	
廣西省興安縣漁會	三十年五月十日	文貴卿	62	
浙江省黃岩縣漁會	三十年四月十七日	蔣占梅	65	

二、關於改選者

團體名稱	核准備案日期	主要負責人	會員數	備註
福建省連城縣揭樂鄉農會	三十年四月七日	李仰鑾	167	
建陽縣南山鄉農會	同右	王炳輝	55	
小源鄉農會	同右	劉國琦	53	
屏南縣古廈鄉農會	三十年四月十六日	陳廷瓊	76	
長汀縣館前鄉農會	三十年四月廿四日	羅騰昌	541	
南靖縣金水鄉農會	三十年四月廿五日	吳耀光	65	
南湯鄉農會	同右	黃茂秋	150	
晉江縣農會	三十年五月廿八日	黃振忠	鄉農會四八個	
貴州省天柱鐵山坪鄉農會	三十年五月廿八日	龍繼賓	129	第二次改選
廣東省雲浮縣腰古鄉農會	三十年五月廿三日	程肯灝	73	第一次改選
茶洞鄉農會	同右	羅翊周	95	同右
高村鄉農會	同右	黃轉鴻	61	同右
岑園鄉農會	同右	葉蓉芳	91	同右
夏洞鄉農會	同右	董其芳	61	同右
羅坪鄉農會	同右	溫廣鴻	58	同右
安塘鄉農會	同右	譚伯堅	303	同右
料垌鄉農會	同右	徐大年	108	同右
寧坡鄉農會	同右	江秉誠	146	同右

三、關於改組者

團體名稱	核准備案日期	主要負責人	會員數	備註
四川省開江縣農會	三十年四月十六日	陳容錦	鄉農會十五個	
浙江省仙居縣十四鄉農會	三十年四月十一日	王鳳蓮	117	
廿三鄉農會	同右	陳松山	62	
三十鄉農會	同右	王洪瀚	59	
湖南省綏寧縣在市鎮鄉農會	三十年五月一日	楊蔭棠	183	

楓樂鄉農會	同右	張環	85	
鷄公鄉農會	同右	楊正國	133	
東山鄉農會	同右	黃伯勛	128	
羅岩鄉農會	同右	龍賓源	87	
梅口鄉農會	同右	楊光樑	87	
長鋪鄉農會	同右	曾漢池	92	
青坡鄉農會	同右	毛聯舉	94	
溪口鄉農會	同右	馬壽彌	105	
芷田鄉農會	同右	蘇硯晶	123	
杉木鄉農會	同右	黃大德	113	
秀水鄉農會	同右	黃金聰	97	
武陽鄉農會	同右	黃秉鈞	89	
貴州省修文縣崇德鄉農會	三十年五月十四日	凌炳清	65	
廣東省化縣翰羅鄉農會	三十年五月廿四日	池瀚	478	

四、關於整理者

團體名稱	核准備案日期	主要負責人	會員數	備註
浙江省瑞安縣漁會	三十年四月三十日	蔡哲夫	410	
福建省南安縣大宇鄉農會	三十年四月十一日	蔡俊松	530	

社會部核准備案之工會團體一覽表

（三十年四月至六月）

工會名稱	核准備案日期	主要負責人	會員人數	備註
浙江省建德縣游業職業工會	卅年四月十日	王允來	53	組織
仙居縣閹豬業職業工會	同右	周培來	51	組織
王環縣磨粉業職業工會	卅年五月二日	黃松根	60	組織
蘭谿縣總工會	卅年五月十日	程承棟	單位9	組織
蘭谿縣鐵匠業職業工會	卅年五月九日	應士林	50	組織
永嘉縣輪船棧埠管理業職業工會	卅年四月七日	羅松甫	107	組織
衢縣簰業職業工會	卅年四月十一日	徐霆	224	改選

蘭谿縣成衣業職業工會	卅年四月一日	王魁華	268	改選
玉環縣縫匠業職業工會	同右	朱岩豪	219	改選
常山縣茶司業職業工會	卅年四月一日	程炳鑫	53	改選
江山縣木匠業職業工會	卅年五月二日	何逢喜	78	改選
安徽省黟縣成衣業職業工會	卅年四月三日	胡和慶	112	組織
懷寧縣總工會	卅年六月廿八日	程世東	單位7 代表60	改選
湖南省常德縣碓業職業工會	卅年五月五日	文運生	80	組織
常德縣彈花業職業工會	同右	諸明義	105	組織
長沙市皮件業職業工會	卅年五月五日	張振武	126	組織
平江縣各業工人聯合會	卅年四月一日	劉尙文	143	組織
長沙市捲煙業職業工會	卅年四月廿一日	湯壽臧	590	組織
邵陽縣人力車業職業工會	同右	曾仲甫	120	組織
邵陽縣織布業職業工會	同右	朱生清	132	組織
邵陽縣織襪業職業工會	同右	張鏈	111	組織
石門縣竹篾業職業工會	同右	王述棟	53	組織
邵陽縣縣總工會	卅年四月廿四日	聶壽山	單位14 代表41	組織
邵陽縣木作業職業工會	同右	劉玉發	258	改選
邵陽縣國樂業職業工會	同右	李映家	53	改選

邵陽縣旅社茶酒業職業工會	同右	張全堯	81	改選
邵陽縣鑪業職業工會	同右	王彪	407	改選
邵陽縣漆業職業工會	同右	譚侯鼎	69	改選
邵陽縣皮業職業工會	同右	張永清	62	改選
邵陽縣民船船員工會	同右	[illegible]	391	改選
石門縣鑪業職業工會	卅年四月廿一日	陳文元	50	改組
石門縣泥木業職業工會	卅年四月廿二日	劉定華	50	改組
石門縣縫紉業職業工會	同右	劉景章	79	改組
長沙縣鑪業職業工會	卅年五月卅日	劉紹林	664	改組
古丈縣各業工人聯合會	卅年四月廿三日	宋國香	未詳	[illegible]
貴州省獨山縣五金業職業工會	卅年四月二日	王君暘	102	組織
獨山縣革鞋業職業工會	同右	余澤森	97	組織
遵義縣帕帽業職業工會	卅年六月廿七日	楊炳俔	111	改選
陝西省白水縣洋灰產業工會	卅年六月十二日	張玉珍	355	改選
渭南縣打包業職業工會	卅年五月五日	吳寶元	142	改組
渭南縣人力車業職業工會	同右	張行德	375	改組
西京市理髮業職業工會	卅年四月十七日	王生昌	315	改選
河南省鄭縣彈花業職業工會	卅年六月十一日	趙天興	84	組織
鄭縣手工打包業職業工會	同右	田維俊	54	組織

鄖縣鞋業職業工會	同右	郭長林	116	組織
沈邱縣屯廟鎮起卸業職業工會	卅年六月廿四日	馬治君	255	改選
焦作鑛區煤鑛業產業工會	卅年六月十一日	朱俊臣	134	改選
福建省閩侯縣制服業職業工會	同右	黃子荃	398	組織
連城縣紙炮業職業工會	卅年六月九日	陳龍生	89	組織
漳浦縣東宗鹽業產業工會	卅年六月廿七日	魏廼構	569	組織
南平縣火柴業產業工會	卅年六月廿五日	羅金華	82	組織
閩侯縣電匠業職業工會	卅年六月廿七日	林澤忠	63	組織
龍溪縣理髮業職業工會	卅年五月廿七日	黃玉山	102	改選
龍溪縣吹樂業職業工會	同右	林鴻善	58	改選
龍溪縣碼頭業職業工會	同右	鄭菁	713	改選
龍溪縣人力車業職業工會	同右	陳景清	202	改選
龍溪縣鞋業職業工會	同右	吳黃河	140	改選
南安縣建築業業工會	卅年四月二日	黃怡荃	279	改選
龍溪縣壽板業職業工會	同右	何來生	98	改選
四川省秀山縣針織業職業工會	卅年五月二日	丁慶齊	58	組織
丹稜縣成衣業職業工會	卅年六月六日	冉又藝	56	整理
丹稜縣廚業職業工會	同右	劉明興	59	整理
丹稜縣理髮業職業工會	同右	宋銀冉	51	整理

丹稜縣金屬業職業工會	同右	吳興順	60	整理
丹稜縣紡織業職業工會	同右	瞿德軒	51	整理
丹稜縣木業職業工會	同右	胡青云	52	整理
丹稜縣泥業職業工會	同右	閔春廷	[illegible]	整理
自貢市鹽業產業工會	卅年六月四日	眭光祿	1200	整理
江西省上高縣總工會	卅年六月廿七日	游信成	單位8 代表24	組織
上高縣篾工業職業工會	同右	鄒桂	55	組織
上高縣棕匠業職業工會	同右	張德財	59	組織
上高縣皮匠業職業工會	同右	潘臘元	51	組織
上高縣泥水業職業工會	卅年四月十九日	何炳泰	93	組織
上高縣夏布織業職業工會	同右	嚴水培	168	組織
上高縣木工業職業工會	同右		104	組織
安遠縣各業工人聯合會	同右	歐陽運泰	單位75	組織
萬安縣贛河領江業職業工會	卅年四月七日	吳林才	86	改選
宜黃縣木匠業職業工會	同右	黃元茂	67	改選
廣西省桂平縣革履業職業工會	卅年四月廿二日	董一鳴	57	組織
蒼梧縣平碼業職業工會	卅年五月二日	梁忠	134	組織
平樂縣車工業職業工會	卅年五月廿三日	于海	54	改選
邕寧縣理髮業職業工會	卅年四月七日	劉誠譜	108	改選

甘肅省臨夏縣麵粉業產業工會	卅年五月廿三日	馬得成	120	組織
臨夏縣各業工人聯合會	卅年五月二日	常泰元	525	改選

社會部核准備案之商人團體一覽表

三十年四月至六月

團體名稱	核准備案日期	主要負責人	會員人數	備註
廣西省崇善縣商會	四月十一日	淩繼甫	39	改組
修仁縣銅木鎮商會	四月十九日	歐壽山	58	改組
修仁縣建陵鎮商會	同右	馮集賢	218	改組
象縣羅秀鎮商會	同右	盧宗興	49	組織
宜山縣商會	六月五日	滕宗佩	10	改組
宜山縣三岔鎮商會	同右	利良臣	77	改組
隆山縣商會	同右	程啓新	43	改選
興安縣界首鎮商會	同右	豐小樓	181	改組
藤縣鹽商業同業公會	四月十一日	區明浦	44	組織
博白縣雜貨商業仝業公會	四月十九日	李滙清	43	組織
宜山縣木器商業同業公會	六月五日	王厚元	27	改組
宜山縣客棧商業同業公會	同右	李季芳	59	改組
宜山縣雜貨商業同業公會	同右	潘錦榮	45	改組
宜山縣缸瓦商業同業公會	同右	李細文	7	改組
宜山縣茶食商業同業公會	同右	梁慶杭	41	改組
宜山縣懷陽鎮菸酒商業同業公會	同右	楊吉森	18	改組
宜山縣國藥商業同業公會	同右	梁智昆	8	改組
宜山縣懷陽鎮山貨商業同業公會	同右	黃伯琛	20	改組
興安縣界首鎮車縫商業同業公會	同右	譚方寶	13	改組
興安縣界首鎮布商業同業公會	六月五日	唐逢友	22	改組
興安縣界首鎮理髮商業同業公會	同右	唐洪祿	9	改組
興安縣界首鎮糧食商業同業公會	同右	朱海溶	20	改組
興安縣界首鎮雜貨商業同業公會	同右	蕭華安	23	改組
興安縣界首鎮木商業同業公會	同右	劉時詩	13	改組
興安縣界首鎮菸酒商業同業公會	同右	蘇采卿	28	改組
興安縣界首鎮紙商業同業公會	同右	劉麟元	8	改組
興安縣界首鎮鐵器商業同業公會	同右	周有卿	8	改組
興安縣界首鎮旅商業同業公會	同右	張榮貴	15	改組
江西省餘江縣商會	四月八日	桂庭芝	31	組織

名稱	日期	負責人	會員數	類別
石城縣商會	四月九日	熊慶行	5	改選
金谿縣滸灣鎮商會	五月廿四日	趙梅初	69	改組
會昌縣商會	五月廿四日	鄭裕逵	9	整理
弋陽縣商會	六月廿五日	晏昱	232	改組
萬載縣商會	六月廿五日	辛國濟	926	改組
永新縣鉄器商業同業公會	四月五日	王龍秀	10	改選
永新縣縫紉商業同業公會	四月七日	江劍冲	31	改選
永新縣理髮商業同業公會	同右	朱同元	15	改選
永新縣瓷器商業同業公會	同右	譚志爵	10	組織
永新縣香爆商業同業公會	同右	周子彰	24	改選
永新縣茶樓旅棧商同業公會	同右	顏安卿	34	改選
永新縣屠宰商業同業公會	同右	趙明清	17	改選
永新縣文具商業同業公會	同右	梅燊芳	10	改選
永新縣菸酒商業同業公會	同右	華祝三	20	改選
永新縣糕餅商業同業公會	四月八日	尹少臣	9	改選
永新縣金銀商業同業公會	同右	金家獻	13	改組
永新縣國藥商業同業公會	同右	黃新夷	13	改選
永新縣百貨商業同業公會	同右	黃中傑	21	改選
永新縣雜貨商業同業公會	同右	劉仙甫	24	改選

名稱	日期	負責人	會員數	類別
永新縣綢布商業同業公會	同右	陶逸民	21	改選
永新縣澧田鎮縫紉商業同業公會	同右	劉長桂	14	組織
餘江縣糧食商業同業公會	同右	段桂林	47	改組
餘江縣綢布商業同業公會	同右	陳炳坤	18	改組
餘江縣醬坊商業同業公會	同右	祝永譜	14	改組
餘江縣京果南北貨商業同業公會	同右	甯錦堂	18	改組
餘江縣雜貨商業同業公會	同右	汪如瀚	20	改組
餘江縣國藥商業同業公會	同右	張頌燮	10	改組
餘江縣書紙商業同業公會	同右	熊早發	12	改組
餘江縣屠宰商業同業公會	同右	嚴多才	26	改組
餘江縣旅館商業同業公會	同右	徐璋良	23	改組
餘江縣木商業同業公會	四月八日	王鳳鳴	29	改組
餘江縣鉄器商業同業公會	同右	龔子文	18	改組
餘江縣油商業同業公會	同右	熊子潘	21	改組
餘江縣鹽商業同業公會	同右	周作祥	9	組織
餘江縣木器商業同業公會	同右	余正揚	38	改組
餘江縣花爆商業同業公會	同右	胡嘉祥	23	改組
餘江縣五金電料商業同業公會	同右	徐貴生	26	改組
餘江縣棉商業同業公會	同右	曾寶善	10	改組

餘江縣香商業同業公會	同右	葉清泉	20	改組
餘江縣成衣商業同業公會	同右	歐雲興	24	改組
餘江縣炭商業同業公會	四月九日	辛炳烈	7	組織
餘江縣油漆商業同業公會	同右	羅火喜	12	改組
興國縣圖書教育用品商業同業公會	同右	姚芳蘭	15	改組
石城縣理髮商業同業公會	同右	何清坤	56	組織
石城縣縫紉商業同業公會	同右	黃光貽	59	組織
大庾縣故衣商業同業公會	同右	郭光仁	24	組織
大庾縣首飾商業同業公會	同右	熊茂和	41	組織
大庾縣油商業同業公會	同右	陳煥燕	33	改組
大庾縣雜貨商業同業公會	同右	黃祥森	221	改組
吉安縣照相商業同業公會	五月廿四日	張文浩	8	組織
樂平縣油商業同業公會	六月廿五日	胡燮芳	23	改組
樂平縣麵館商業同業公會	同右	洪駿卿	14	改組
樂平縣牙行商業同業公會	同右	胡茂森	17	改組
贛縣帽商業同業公會	同右	雷義華	23	組織
餘江縣製革工業同業公會	四月八日	李錦圖	19	改組
四川省威遠縣商會	五月十四日	顏克汲	27	改組
鄰水縣屠宰商業同業公會	四月十四日	張佐品	56	組織

鄰水縣旅棧商業同業公會	四月十五日	黃理和	50	組織
鄰水縣茶館商業同業公會	同右	鄒月佛	11	組織
鄰水縣鐵器商業同業公會	同右	吳貫品	14	組織
鄰水縣鹽商業同業公會	同右	姜相賡	17	組織
鄰水縣紙商業同業公會	同右	戴宣猷	15	組織
鄰水縣醬園商業同業公會	同右	吳鍾南	14	組織
鄰水縣國藥商業同業公會	同右	康心成	37	組織
鄰水縣棉花商業同業公會	同右	楊樹權	22	組織
鄰水縣糖食商業同業公會	同右	歐南廷	10	組織
鄰水縣綢布商業同業公會	同右	劉吉星	20	組織
鄰水縣糧食商業同業公會	同右	朱錫光	66	組織
鄰水縣五金電料商業同業公會	同右	魯北薇	9	組織
鄰水縣酒商業同業公會	同右	吳慶雲	80	組織
鄰水縣帽鞋商業同業公會	四月十六日	黃雲程	12	組織
鄰水縣油商業同業公會	同右	黃漢章	62	組織
鄰水縣書東業同業公會	同右	汪瑞祥	14	組織
古藺縣屠宰商業同業公會	四月廿五日	邱利亨	38	改組
丹稜縣國藥商業同業公會	五月六日	謝南廷	15	整理
丹稜縣茶商業同業公會	同右	彭炳文	16	整理

丹稜縣棧房商業同業公會	同右	熊春山	18	整理
丹稜縣酒商業同業公會	同右	瞿叔良	12	整理
丹稜縣菸商業同業公會	同右	王義盛	10	整理
丹稜縣油鹽商業同業公會	同右	黃文元	17	整理
丹稜縣山貨商業同業公會	同右	孫甫之	10	整理
丹稜縣紙商業同業公會	同右	熊子和	15	整理
丹稜縣布商業同業公會	同右	徐世培	10	整理
丹稜縣糧食商業同業公會	同右	鄢應龍	15	整理
丹稜縣屠宰商業同業公會	同右	楊大松	25	整理
丹稜縣絲綢呢絨布商業同業公會	[illegible]	張治平	12	整理
劍閣縣屠宰商業同業公會	同右	吳青雲	26	組織
劍閣縣旅店商業同業公會	同右	趙明霽	58	組織
劍閣縣油鹽紙商業同業公會	[illegible]	楊洪發	41	組織
劍閣縣食店商業同業公會	同右	陳宗典	77	組織
閬劍縣布商業同業公會	同右	賴天爵	59	組織
劍閣縣雜貨商業同業公會	同右	張春芳	33	組織
劍閣縣茶社酒館商業同業公會	同右	李龍生	85	組織
劍閣縣山貨國藥商業同業公會	同右	廖元盛	27	組織
崇寧縣估衣商業同業公會	五月七日	江子成	7	組織

璧山縣水菓商業同業公會	同右	黃燊臣	26	組織
璧山縣糧食商業同業公會	同右	尹香廼	52	組織
長甯縣鹽商業同業公會	五月十四日	程鼎新	34	改組
梓潼縣山貨商業同業公會	五月十七日	何震伯	45	[illegible]
鄰水縣造紙工業同業公會	四月十七日	粱進之	131	組織
威遠縣第六區金屬品冶製工業同業公會	五月十四日	劉仲常	290	改組
安徽省 休寧縣商會	四月四日	朱琴軒	203	組織
休寧縣衣商業同業公會	同右	胡明軒	14	組織
宿松縣菸商業同業公會	五月十七日	吳暘侯	51	組織
宿松縣旅棧商業同業公會	同右	李[illegible]斌	73	組織
廣東省 惠來縣商會	四月十九日	方益三	70	組織
惠來縣葵潭鎮商業同業公會	同右	黃克剛	223	組織
東莞縣第三區義和鎮商業同業公會	同右	陳鎮中	95	組織
東莞縣第四區清溪鎮商業同業公會	同右	鍾覺生	97	組織
東莞縣第三區橫瀝新村商業同業公會	同右	鄧拔萃	62	組織
饒平縣在城鎮鹽商業同業公會	同右	江鏡蓉	7	組織
海豐縣蠔豉商業同業公會	同右	陳君彰	37	改組
台山縣舊料故衣商業同業公會	四月廿一日	岑[illegible]錦	51	組織
台山縣運輸商業同業公會	同右	李[illegible]平	19	組織

名稱	日期	負責人	數	類別
台山縣𨫼商業同業公會	同右	吳介石	27	組織
饒平縣黃崗區魚商業同業公會	同右	鄭希紹	7	組織
饒平縣黃崗百貨商業同業公會	同右	余渭泉	22	組織
饒平縣上饒區京果商業同業公會	同右	詹文錫	40	組織
饒平縣上饒區雜貨商業同業公會	同右	詹穀卿	24	組織
三水縣蘆苞鎮香粉香燭商業同業公會	同右	錢維治	10	組織
信宜縣北石鎮紙商業同業公會	同右	張長軍	12	組織
信宜縣北石鎮雜貨商業同業公會	同右	盧香畬	10	組織
信宜縣北石鎮餅食商業同業公會	同右	黃心泰	8	組織
始興縣旅商業同業公會	同右	鍾佩燊	30	組織
連平縣第一區紙商業同業公會	同右	謝叔勉	70	組織
台山縣單車商業同業公會	四月廿四日	黃經燊	39	組織
封川縣第三區漁澇木商業同業公會	同右	談文成	3	組織
封川縣第三區漁澇茶樓酒館商業同業公會	同右	冼　壽	9	組織
封川縣第三區漁澇國藥商業同業公會	同右	梁斗南	6	組織
封川縣第三區漁澇糧食商業同業公會	同右	伍學慈	41	組織
封川縣第三區漁澇絲綢呢絨布商業同業公會	同右	禤　炳	11	組織
台山縣中西服裝工業同業公會	四月十九日	黃禮耀	11	組織
福建省 仙遊縣商會	四月四日	黃慶祥	31	改組

名稱	日期	負責人	數	類別
惠安縣洛陽鎮商會	四月五日	吳德輝	18	改組
順昌縣洋墩鎮商會	四月十二日	王守一	94	組織
漳浦縣商會	同右	陳雨苗	13	改組
詔安縣商會	五月五日	沈炬亮	18	改組
永定縣商會	同右	鄭淑陶	6	改組
南安縣商會	五月八日	傅維銑	19	改組
南安縣詩山區商會	五月十四日	黃何玄	24	改組
南平縣峽陽鎮商會	六月廿七日	應堯臣	13	改組
南安縣詩山鎮國藥商業同業公會	四月二日	黃華生	48	改組
南安縣詩山鎮糧食商業同業公會	同右	陳柔鮑	74	改組
南安縣詩山鎮糧品商業同業公會	同右	黃成業	29	改組
南安縣詩山鎮木商業同業公會	同右	高德安	59	改組
南安縣詩山鎮菸酒商業同業公會	同右	黃炳賢	7	改組
南安縣詩山鎮綢布商業同業公會	同右	黃衍庭	30	改組
南安縣詩山鎮五金電料商業同業公會	同右	黃精業	16	改組
南安縣詩山鎮屠宰商業同業公會	同右	黃和合	62	改組
仙遊縣國藥商業同業公會	四月四日	吳仲明	15	改組
仙遊縣戲劇商業同業公會	同右	林光選	23	改組
仙遊縣百貨商業同業公會	同右	陳文立	24	改組

名稱	日期		負責人	號	類別
仙遊縣肥料商業同業公會	四月五日		林[illegible]馨	31	改組
仙遊縣屠宰商業同業公會	同	右	德行如	15	改組
仙遊縣魚商業同業公會	同	右	林惕三	11	改組
仙遊縣糖商業同業公會	同	右	黃仲煥	22	改組
仙遊縣木商業同業公會	同	右	龔藩曾	12	改組
仙遊縣菸商業同業公會	同	右	黃尙志	10	改組
仙遊縣京果商業同業公會	同	右	劉宗沛	23	改組
仙遊縣紙商業同業公會	同	右	黃駿祥	15	改組
惠安縣洛陽鎮綢布商業同業公會	同	右	陳祖交	7	改組
惠安縣洛陽鎮油商業同業公會	同	右	陳金寬	31	改組
惠安縣洛陽鎮魚商業同業公會	同	右	吳彰竹	7	改組
惠安縣洛陽鎮木商業同業公會	同	右	張文芳	05	改組
惠安縣洛陽鎮百貨商業同業公會	四月五日		陳天明	8	改組
惠安縣洛陽鎮竹篾商業同業公會	同	右	陳子奋	12	改組
惠安縣洛陽鎮金銀器商業同業公會	同	右	陳德森	11	改組
惠安縣洛陽鎮屠宰商業同業公會	同	右	吳春發	9	改組
惠安縣洛陽鎮糧食商業同業公會	同	右	王金雨	30	改組
惠安縣洛陽鎮京果商業同業公會	同	右	王守雁	22	改組
惠安縣洛陽鎮國藥商業同業公會	同	右	張開祉	17	改組

名稱	日期		負責人	號	類別
惠安縣洛陽鎮磨房商業同業公會	同	右	吳細九	12	改組
惠安縣洛陽鎮裁縫商業同業公會	同	右	陳[illegible]春	9	改組
順昌縣大幹鎮[illegible]商業仝業公會	四月十二日		范秉綸	26	組織
寧德縣民船商業仝業公會	仝	右	蔣培銓	57	改組
晉江縣安海鎮屠宰商業仝業公會	仝	右	林天賜	10	改組
晉江縣安海鎮水果商業仝業公會	仝	右	陳佑勤	11	改組
晉江縣安海鎮木商業仝業公會	仝	右	高錦山	14	改組
晉江縣安海鎮綢布商業仝業公會	仝	右	謝獻章	10	改組
晉江縣安海鎮京果商業仝業公會	仝	右	王鼎芬	19	改組
晉江縣安海鎮僑品商業仝業公會	仝	右	蔡孫德	16	改組
晉江縣安海鎮百貨商業仝業公會	仝	右	許聲陵	53	改組
晉江縣安海鎮國藥商業仝業公會	仝	右	蘇金印	12	改組
晉江縣安海鎮酒商業仝業公會	仝	右	鄭得凱	17	改組
晉江縣安海鎮糧食商業仝業公會	四月十二日		陳慶隆	43	改組
漳浦縣紙商業仝業公會	仝	右	劉文德	17	整理
漳浦縣國藥商業仝業公會	仝	右	張日新	37	改組
漳浦縣屠宰商業仝業公會	仝	右	林浩江	56	改組
漳浦縣糧食商業仝業公會	仝	右	陳榮輝	68	改組
漳浦縣綢布商業仝業公會	仝	右	柯拱太	17	改組

漳浦縣西藥商業仝業公會	仝右	葉福祿	10	組織
漳浦縣茶商業仝業公會	仝右	林本誠	7	組織
漳浦縣糖商業仝業公會	仝右	蔡炳照	7	組織
漳浦縣油商業仝業公會	仝右	姚紹庭	9	組織
漳浦縣百貨商業仝業公會	仝右	曾鴻禧	4	組織
漳浦縣乾果商業仝業公會	仝右	林坤仲	22	改組
永定縣國藥商業仝業公會	五月五日	簡鶴雲	15	改組
永定縣酒商業仝業公會	仝右	江華元	7	改組
永定縣菸商業仝業公會	仝右	鄒淑陶	8	改組
永定縣京果商業仝業公會	仝右	黃壽康	42	改組
永定縣湖市鎮烹飪商業仝業公會	仝右	張國照	10	改組
永定縣湖市鎮綢布商業仝業公會	仝右	江幹之	9	改組
永定縣湖市鎮國藥商業仝業公會	仝右	許寶子	10	改組
永定縣湖市鎮糕餅商業仝業公會	仝右	張益中	10	改組
永定縣湖市鎮京果商業仝業公會	仝右	黃超蘭	14	改組
寧德縣國藥商業仝業公會	仝右	姜柏齡	18	改組
寧德縣綢布商業仝業公會	仝右	余孝卿	14	改組
寧德縣屠宰商業仝業公會	仝右	陳維秋	9	改組
建甌縣西藥商業仝業公會	仝右	李嘉基	11	組織

建甌縣柴商業仝業公會	仝右	朱泉春	83	組織
霞浦縣京果商業仝業公會	五月八日	蔡信焯	21	改組
霞浦縣雜貨商業仝業公會	仝右	高子卿	52	改組
霞浦縣百貨商業仝業公會	仝右	許少瓊	8	改組
霞浦縣染商業仝業公會	仝右	李宴圖	10	改組
南安縣紙商業仝業公會	仝右	莊瑞朗	33	改組
南安縣糧食商業仝業公會	仝右	黃雙殿	66	改組
南安縣木商業仝業公會	仝右	黃清和	20	改組
南安縣糖餅商業仝業公會	仝右	楊永鉄	27	改組
南安縣百貨商業仝業公會	仝右	鄭昭華	65	改組
南安縣國藥商業仝業公會	仝右	鄭忠裕	42	改組
南安縣京果商業仝業公會	仝右	張玉華	34	改組
南安縣屠宰商業仝業公會	仝右	莊才別	19	改組
南安縣絲綢呢絨布商業仝業公會	仝右	吳青聆	28	組織
南安縣五金電料商業仝業公會	仝右	黃呈葛	15	組織
南安縣烹飪商業仝業公會	五月八日	郭教	9	組織
南安縣菸酒商業仝業公會	仝右	王植登	14	組織
南安縣磁商業仝業公會	仝右	楊永建	14	組織
南安縣柴商業仝業公會	仝右	黃衍鉄	25	組織

建陽縣煤炭商業仝業公會	同右	陳耀先	15	組織
南靖縣屠宰商業仝業公會	五月九日	吳錦丁	16	組織
霞浦縣國藥商業仝業公會	仝右	蕭子星	15	改組
霞浦縣酒商業仝業公會	仝右	鄭香奎	27	改組
霞浦縣屠宰商業仝業公會	仝右	陳復興	11	改組
霞浦縣菸商業仝業公會	仝右	林春榮	42	改組
霞浦縣糧食商業仝業公會	仝右	薛浩民	26	改組
霞浦縣醬園商業仝業公會	仝右	熊濟亨	8	改組
海澄縣什貨商業仝業公會	五月廿七日	陳金仙	16	改組
海澄縣棲油商業仝業公會	仝右	高黃裘	17	改組
海澄縣屠宰商業仝業公會	仝右	陳毛	11	改組
海澄縣糕餅商業仝業公會	仝右	莊如竹	11	改組
永定縣屠宰商業仝業公會	六月廿七日	丘振華	15	改組
永定縣百貨商業仝業公會	同右	盧敬宗	11	改組
浦城縣屠宰商業仝業公會	六月廿八日			撤銷
晉江縣石獅鎮圖書教育用品商業仝業公會	同右	何敬玉	48	改組
晉江縣石獅鎮絲綢呢絨布商業仝業公會	六月廿八日	郭景瑞	16	改組
晉江縣石獅鎮國藥商業仝業公會	仝右	王頌平	19	改組
晉江縣石獅鎮橡品商業仝業公會	仝右	王顯欽	39	改組

晉江縣石獅鎮京果商業仝業公會	仝右	蔡明俊	32	改組
晉江縣石獅鎮五金商業仝業公會	仝右	莊流水	20	改組
晉江縣石獅鎮百貨商業仝業公會	仝右	杜尊沛	23	改組
晉江縣石獅鎮糧食商業仝業公會	仝右	吳彥樞	43	改組
晉江縣石獅鎮屠宰商業仝業公會	仝右	王宏港	55	改組
晉江縣石獅鎮人力車商業仝業公會	仝右	何敬捷	16	改組
晉江縣石獅鎮鞋商業仝業公會	仝右	蘇醒	20	組織
晉江縣石獅鎮水果商業仝業公會	仝右	王千準	25	組織
晉江縣石獅鎮菸酒商業仝業公會	同右	楊孫岱	16	組織
晉江縣石獅鎮海味商業仝業公會	仝右	何鏡華	38	組織
陝西省白河縣商會	四月八日	毛翰廷	19	改組
寧陝縣商會	五月七日	梁廷階	145	組織
大荔縣商會	六月十七日	張勤軒	57	改組
朝邑縣飯館商業仝業公會	四月十八日	張樹森	24	組織
大荔縣糧食商業仝業公會	五月十四日	吉敬亭	13	改組
大荔縣圖書教育用品商業仝業公會	同右	趙俊彥	10	改組
渭南縣麪商業仝業公會	六月二日	柴厚庵	10	改組
西京市絲綢呢絨布商業仝業公會	六月十二日	馬瑞五	143	組織
藍田縣木商業仝業公會	六月十二日	吳世昌	13	組織

藍田縣國藥商業仝業公會	同右	李曉軒	19	組織
藍田縣飯館商業仝業公會	同右	宋振柏	16	組織
藍田縣雜貨商業仝業公會	同右	石祥生	63	組織
藍田縣布商業仝業公會	同右	王云亭	27	組織
大荔縣旅店商業仝業公會	六月十七日	謝海承	38	改組
洋縣百貨商業仝業公會	六月廿五日	李振漢	42	改組
洋縣縫履商業仝業公會	同右	朱永昌	18	改組
洋縣油商業仝業公會	同右	王心培	14	改組
大荔縣國藥商業仝業公會	五月十四日	詹萬順	12	改組
洋縣國藥商業仝業公會	六月廿五日	趙仁齋	11	改組
洋縣鹽商業仝業公會	六月廿五日	高云楷	15	改組
洋縣綢呢絨布商業仝業公會	六月廿五日	張浴泉	18	改組
洋縣食品商業仝業公會	同右	何顯初	18	改組
洋縣棉花商業仝業公會	同右	李思九	8	改組
洋縣電料商業仝業公會	同右	王居義	12	改組
大荔縣西藥商業仝業公會	六月廿六日	王讓丞	13	組織
大荔縣理髮商業仝業公會	六月二十七日	張孟德	25	組織
大荔縣印刷工業同業公會	五月九日	潘士俊	13	組織
邠縣成衣工業仝業公會	五月廿七日	王玉林	25	改組

邠縣染坊工業仝業公會	五月廿七日	焦清俊	11	改組
邠縣裁縫工業仝業公會	六月十七日	李賢哉	32	組織
貴州省 獨山縣商會	四月一日	都琚符	18	組織
獨山縣食品商業仝業公會	同右	熊玉清	59	組織
綏陽縣柴薪商業仝業公會	四月十五日	王占清	130	組織
修文縣札佐鎮屠宰商業仝業公會	同右	張揚武	24	改組
天柱縣菸草商業仝業公會	四月廿二日	趙益典	22	組織
修文縣札佐鎮旅店商業仝業公會	四月廿四日	袁煥奎	31	組織
修文縣札佐鎮棉花紗商業仝業公會	四月二十四日	楊震安		改組
興義縣紗商業仝業公會	六月廿五日	胡仰之	26	組織
貴陽汽車商業仝業公會	六月二日	顏澤溥	49	組織
湖南省 綏寧縣油鹽商業仝業公會	四月廿二日	蕭賢臣	18	改組
綏寧縣國藥商業仝業公會	四月廿二日	王堯	9	改組
綏寧縣綢布商業仝業公會	同右	朱相貴	11	改組
綏寧縣木商業仝業公會	同右	鄧明煊	18	改組
綏寧縣旅商業仝業公會	同右	蕭體仁	18	改組
綏寧縣屠商業仝業公會	同右	王田芳	18	改組
長沙市水果商業仝業公會	四月廿三日	周云生	39	組織
常德縣布商業仝業公會	五月五日	孫少燦	56	改組

常德縣綢緞呢絨商業仝業公會	五月五日	童亞夫	23	改組
常德縣鮮鹹皮蛋商業仝業公會	同右	魏東明	22	組織
常德縣百貨商業仝業公會	同右	龍子卿	46	改組
石門縣百貨商業仝業公會	五月七日	胡盤初	39	組織
長沙腳踏車商業仝業公會	五月二十七日	胡鎮鑫	28	組織
長沙市稽坊雜貨商業仝業公會	六月二日	左丙鉞	342	改組
永興縣國藥商業仝業公會	六月廿九日	王維國	15	組織
綏寧縣縫鞋工業仝業公會	四月廿二日	余福求	18	改組
河南省 禹縣酒商業仝業公會	四月二日	張新銘	28	組織
禹縣圖書教育用品商業仝業公會	四月二日	張韶堂	17	組織
禹縣承攬運送商業仝業公會	四月廿九日	齊嘉禧	7	改組
禹縣鞋商業仝業公會	仝右	仝子青	15	組織
盧氏縣圖書教育用品商業仝業公會	五月九日	馮偉岑	8	組織
寧夏省 寧朔縣商會	四月十一日	劉秀山	63	改組
平羅縣商會	仝右	張光先	—	改組
金積縣商會	仝右	李元鴻	29	改組
靈武縣商會	仝右	閻慶臨	33	改組
中衛縣商會	仝右	唐興邦	70	改組
中寧縣商會	仝右	張貫煥	53	整理

鹽池縣商會	四月十一日	張復元		改組
同心縣商會	仝右	張生德		組織
磴口縣商會	仝右	呂繩統	6	改組
靈武縣百貨商業仝業公會	仝右	閻慶餘	38	組織
靈武縣綢布商業仝業公會	四月十一日	薛順龍	13	組織
浙江省 蘭谿縣圖書教育用品商業仝業公會	四月二日	鄭亞素	9	組織
瑞安縣西藥商業仝業公會	四月四日	金學沅	6	組織
仙居縣鹽商業仝業公會	五月九日	王博云	35	組織
諸縣圖書教育用品商業仝業公會	仝右	方宏光	25	組織
瑞安縣印刷工業仝業公會	四月十五日	高志舉	7	組織
甘肅省 張掖縣商會	六月十二日	楊永貞	111	改選
卓尼設治局商會	六月廿五日	馬全仁	54	組織
皋蘭縣[illegible][illegible]工業仝業公會	四月十七日	秦金臣	9	組織
重慶市 重慶市銅鐵錫器商業仝業公會	四月七日	汪斌臣	129	組織
柴商業仝業公會	六月十七日	彭華庭	167	組織
酒商業仝業公會	八月廿三日	蔣俊明	325	組織
第一區製革工業仝業公會	四月十二日	白萬全	192	組織
遷川工廠聯合會	五月廿三日	顏耀秋	175	改選
嘉陵江區煤鑛業仝業公會	六月廿五日	藍渺侶	59	改選

社會部核准備案之青年團體一覽表

三十年四月至六月

團體名稱	核准備案日期	主要負責人	團體所在地	會員人數	備註
浙江 常山縣立簡易師範學生自治會	四月八日	葉思智		91	
遂昌縣立簡易師範學生自治會	四月廿八日	盧山宗		166	
甘肅 卓尼柳林小學學生自治會	四月三日	楊培德		58	
湖南 [illegible]女子簡易鄉村師範學生自治會	四月十五日	姚聰文	邵陽縣	245	改選
私立導華女初級中學學生自治會	仝上	何植初	仝上	439	
邵陽縣立簡易鄉村師範學生自治會	仝上		仝上	493	改選
常德縣立初級中學學生自治會	五月卅一日	顧運楨	常德仙池鄉花宮溪	472	
莊氏私立翰文中學學生自治會	仝上	周瓊珊	常德金霞鄉	320	
貴州 天柱縣立初級中學學生自治會	五月十四日	龍武略	天柱縣	340	
福建 私立福州柴井高級護士職校學生自治會	四月十九日	侯光庭	閩侯縣	37	
順昌縣立初級中學學生自治會	仝上	賈宰銘		211	
南安成功中學學生自治會	五月六日	劉啓元	南安縣	38	
屏南縣立初級中學學生自治會	五月八日	陳紹唐	屏南縣	153	
私立靈中學學生自治會	五月廿九日	鍾添昌	武平縣	126	
松溪縣立初級中學學生自治會	仝上	陳兆豐		152	
私立雙十中學學生自治會	五月廿九日	曾當輝	平和縣	354	
武平縣立中學學生自治會	仝上	藍玉照	武平縣	342	
省立晉江初級中學學生自治會	六月廿七日	黃清三	法化北門外校內	282	
陝西 朝邑縣立中學學生自治會	六月十二日	宋鍵文		283	
省立鳳翔師範學生自治會	仝上	李克昌		376	
藍田初級中學學生自治會	六月十三日	李廣仁		261	
廣西 省立南寧女中學生自治會	五月十日	鄧小玲	南寧	275	
省立龍州師範學校學生自治會	五月廿日	符豪	校內	362	

社會部核准備案之婦女團體一覽表

三十年四月至六月

團體名稱	核准備案日期	主要負責人	團體所在地	會員人數	備註
福建 古田縣婦女會	四月十六日	朱春棠		50	
漳平縣婦女會	五月九日	陳麗芳	漳平縣城內	50	
永定縣婦女會	五月十四日	賴秀卿	永定縣城內	115	改選
三元縣婦女會	五月廿一日	林念慈	三元縣城內	103	
永泰縣婦女會	五月廿一日	王瓊	永泰縣城內	30	
仙遊縣婦女會	五月卅一日	董德旻	仙遊縣城內	215	改選
惠安縣婦女會	六月廿五日	魏碧霞		156	改選

南靖縣婦女會	仝上	楊文惠	南靖縣城內	43	
廣東 和平縣婦女會	五月卅一日	陳重光	城內定慧女子小學內	66	
廣西 昭平縣婦女會	五月一日	黎莎論		35	
興業縣婦女會	仝上	梁延鑑		153	
天河縣婦女會	五月廿三日	廖潔華	天河縣城內	60	
博白縣婦女會	六月五日	李素	博白縣城內	768	
賓陽縣婦女會	仝上	羅淑娟	賓陽縣城內	498	改選
田陽縣婦女會	仝上	劉慶裕	田陽縣城內	133	改選
融縣婦女會	六月廿七日	黎淑華	融縣黨部	124	
安徽 阜陽縣婦女會	四月十六日	張玉璜		140	
浙江 三門縣婦女會	四月廿三日	葉素嫜		92	分會一個
湖南 郡陽縣婦女會	四月十六日	李先貞		162	
四川 江油縣婦女會	六月廿五日	劉樹華	江油縣黨部	234	
貴州 天柱縣婦女會	五月一日	文治嫻		42	改選
河南 嵩縣婦女會	五月十七日	王泮芹	嵩縣城內	65	整理
桐柏縣婦女會	仝上	王譬愚	桐柏縣城內	125	
甘肅 張掖縣婦女會	六月十二日	徐鳳仁		98	改選
高台縣婦女會	仝上	石清芬		95	
陝西 隴縣婦女會	五月八日	馬素英	隴縣城內	108	
同官縣婦女會	五月五日	吳青文	同官縣城內	76	
城固縣婦女會	五月十四日	劉俊青	城固縣城內	119	改選

社會部核准備案之教育團體一覽表

三十年四月至六月

團體名稱	核准備案日期	主要負責人	團體所在地	會員人數	備註
福建 仙遊縣教育會	四月四日	李敦		483	
建甌縣第二區教育會	仝上	葉運景		32	
閩侯縣教育會	同上	翁正璋		957	
閩侯縣第一區教育會	同上	丁幼銘		543	
閩侯縣第二區教育會	同上	林秉誠		123	
閩侯縣第三區教育會	同上	鄭章鎰		136	
閩侯縣第四區教育會	同上	江孝琛		67	
閩侯縣第五區教育會	同上	黃榮惠		45	
閩侯縣第六區教育會	同上	田文超		44	
浦城縣教育會	四月八日	徐必達		195	
浦城縣第一區教育會	同上	祖紹堯		92	

省	名稱	日期	負責人	會址	會員數	備考
	浦城第二區教育會	同上	陳紹舜		52	
	浦城第四區教育會	同上	祖期堃		66	
	浦城第三區教育會	同上	達邦明		35	
	閩清縣教育會	四月十日	詹開璋		52	
	建甌縣教育會	四月廿一日	黃毓祥			區教育會四個
	華安縣教育會	六月廿七日	林泉松		118	
	武平縣教育會	同上	李炳貴	武平縣	61	
安徽	太湖縣教育會	四月十六日	朱紡論		932	
	貴池縣教育會	五月八日	王少明	貴池縣	85	
四川	丹稜縣教育會	四月廿八日	李朝柏		115	
	馬邊縣教育會	五月八日	龐泰鴻	馬邊縣	148	
	西陽縣第二區教育會	五月九日	劉原智	西陽縣	50	
	西陽縣第三區教育會	同上	李朝南	西陽縣第三區	51	
	忠縣第三區教育會	同上	楊伯綸	忠縣第三區	215	
	劍閣縣教育會	五月十四日	王箎	劍閣縣		區教育會四個
	西陽縣第四區教育會	五月廿七日	冉光熾	河鋪鄉中心小學	53	
	屏山縣第二區教育會	同上	徐霖		56	
	屏山縣第一區教育會	同上	任雨琴	城內	88	
陝西	西鄉縣教育會	五月十四日	劉震學	西鄉縣	144	
	藍田縣湯峪區教育會	五月十四日	李甫乾	焦岱鎮景胡小學	44	
	藍田縣橫嶺區教育會	同上	劉敬三	厚子鎮中心小學	22	
	藍田縣北區教育會	同上	杜安東	洩湖鎮小學	43	
	同官縣教育會	六月九日	種增烈	南大街圖書館	37	
	邠縣邠州鎮教育會	六月十日	朱致和	邠縣西街小學	24	
	藍田縣鹿原區教育會	六月十三日	張兆祥	[illegible]特區立小學	40	
	藍田縣藍橋區教育會	同上	雷以勳	藍橋鄉新軍寨中心小學	21	
	藍田縣治城區教育會	同上	王丹初	縣民衆教育館	44	
	鱗遊縣第一區教育會	六月廿七日	惠剛	西巷小學內	39	
	麟遊縣第二區教育會	同上	周燈邦	萬家中心小學	34	
廣東	興寧縣教育會	五月十四日	林其元	縣立第一中學		區教育會14個
湖南	桑植龍禮鄉教育會	四月廿八日	李光國		212	
	常德上德鄉教育會	五月卅一日	嚴欽華	常德上德鄉	68	
浙江	黃岩縣教育會	四月廿八日	胡君邕			區教育會五個
	三門縣教育會	五月五日	鮑善	三門縣	52	
河南	登封縣第三區教育會	四月廿一日	薛興仁		72	

社會部公報 附錄

社會部核准備案之特種社團一覽表

三十年四月至六月

團體名稱	類別	核准備案日期	所在地	會員人數	備考
浙江省中國國民外交協會浙江分會	文化	四月廿二日	金華四眼井廿三號	男四四二 女三三	
中華警察學術研究社	同上	四月廿六日			
龍游縣衛生協進會	體育衛生	四月九日		男一 女一	
福建省中國新聞記者學會福建分會	文化	六月五日	永安縣	男八六	
福州海外華僑公會	公益	四月十二日	福州市三台路	男七〇〇 女五〇〇	
漳浦縣海外華僑公會	同上	四月十四日		男六五	
福清縣城區救火會	同上	五月廿一日	福清縣城內布政底	男一六一	
晉江縣福州旅泉同鄉會	同上	四月十五日	晉江縣打錫巷36號	男一一四	
建陽縣福州旅陽同鄉會	同上	五月七日		男二二六	
寧洋縣廈門旅寧同鄉會	同上	同上		男七八	
建甌縣龍岩旅甌同鄉會	同上	五月廿一日	建甌縣城內丁家巷	男三七	
建甌縣福興旅甌同鄉會	同上	同上	建甌縣城人角樓	男四三四	
沙縣浙江旅沙同鄉會	同上	同上	沙縣商會	男一二四	
南平縣福州旅延同鄉會	同上	六月五日	南平縣天河坊48號	男三四〇	
建甌縣浙江旅甌同鄉會	同上	六月廿日		男二一六	
順昌縣汀州旅順同鄉會	同上	同上		男一〇六	
明溪縣兵役協會	兵役	四月卅日	明溪縣黨部	男三二	
福鼎縣桐山鎮兵役協會	同上	五月廿八日	福鼎縣桐山鎮	男四八	
連城縣兵役協會	同上	同上	連城縣商會	男二三	
江西省合作文化協社	文化	四月卅日	江西省農村合作委員會	男二七九	
湖南省邵陽縣新寧同鄉會	公益	四月十九日	沙井頭一三號	男三六	
江西省遂川縣宏化道德會	同上	六月三日	永南城南	男一一〇	
四川省邊疆屯墾學會	文化	四月廿二日	成都永安街五八號	男六九	
中國農民經濟研究會四川分會	同上	四月卅日	成都四川大學農學院	男二八三 女八	
工役研究會	同上	六月廿七日	成都	男五五	
孔學會	同上	同上		男三八七	
江油縣中國回教救國協會江油縣支會	宗教	五月十七日	成都	男六四	
巴縣佛教會	同上	五月廿四日	成都	男一一五	
車務人員訓練所同學會	公益	四月廿九日	成都忠烈祠	男九五 女五	
公共衛生人員訓練所醫師班畢業同學會	同上	五月十二日	成都忠烈祠	男三二	
郫縣射德會	體育	五月十三日	郫縣東街純陽觀	男一三六	
達縣兵役協會	兵役	五月十五日		男四一八九	該縣連同鄉鎮會員人數如上
永川縣兵役協會	同上	同上		男二五二	同上
貴州省遵義縣醫師公會	自由職業	四月十二日	遵義楊柳街32號	男二一 女一	

貴州省貴定縣業餘話劇社	文化	四月廿二日	貴定縣黨部	男 女	一七 四
鑪山縣第二區民族文化協進會	同上	六月廿四日	鑪山縣第二區凱里聯保辦事處	男	三五
雲南省中國人文科學社	同上	四月廿四日	昆明國立西南聯合大學伍啓元轉	男	九二
廣東省大浦縣醫師公會	自由職業	同上	大浦縣衛生院	男	二六
現代文化協進會	文化	同上	韶關抗日東路51號	男	八八
博羅縣巨輪劇社	同上	同上	博羅縣大東門南陽書院	男	三八
興甯縣體育會	體育衛生	同上	興甯縣黨部	男	五六〇
省立體育專科學校同學會	公益	同上	曲江抗日西路77號	男	一一二
省立藝術院同學會	同上	同上	曲江路五里亭藝術新村		[illegible]
曲江縣清遠旅韶同鄉會	同上	同上	抗日東路武鎮街十四號	男	七九
仁化縣南雄旅仁同鄉會	同上	同上	仁化縣河邊街花珍號	男	五八
南雄縣廣州府屬旅雄同鄉會	同上	同上	南雄縣文明路廣州會館	男	五六七
南雄縣嘉應旅雄同鄉會	同上	同上	南雄嘉修學校	男	三八三
南園體育會	體育衛生	同上	普甯城東門馬路百里橋林家祠	男	五〇
台山縣體育會	體育衛生	同上	台山基督教青年會	男	七〇
仁化縣卜柏從業人抗敵救國會	救國	五月十四日		男	二〇
廣西省平樂縣城[illegible]國醫國藥研究會	文化	六月廿六日	大中街公字第二號	男	一六五

廣西省藤縣象棋區救國話劇社	救國	四月十七日	藤縣象棋區界金鷄鄉公所	女	六九 八
安徽省黟縣商民抗敵協會	抗敵	五月五日	黟縣城中	男	三〇
黟縣工人抗敵協會	同右	同右	黟縣城中	男	三二
太湖縣商民抗敵協會	同右	同右	太湖縣城內		一二
太湖縣兵役協會	兵役	五月廿一日	太湖縣財務委員會	男	三一
太湖縣甘桐鄉兵役協會	兵役	同右	甘桐鄉公所	男	四五
太湖縣柏石鄉兵役協會	兵役	同右	柏石鄉公所	男	三一
太湖縣玉[illegible]鄉兵役協會	兵役	同右	玉[illegible]鄉公所	男	二二
太湖縣赤灘兵役協會	兵役	同右	赤灘鄉公所	男	二一
太湖縣妙燈鄉兵役協會	兵役	同右	妙燈鄉公所	男	一九
太湖縣青石鄉兵役協會	兵役	同右	青石鄉公所	男	三〇
太湖縣城廂鄉兵役協會	兵役	同右	城廂鎮	男	三八
太湖縣茗北鄉兵役協會	兵役	同右	茗北鄉公所	男	三〇
太湖縣黃大鄉兵役協會	兵役	同右	黃大鄉公所	男	九二
太湖縣劉羊鄉兵役協會	兵役	同右	劉羊鄉公所	男	二〇
太湖縣花園鄉兵役協會	兵役	同右	花園鄉公所	男	二四
太湖縣龍池鄉兵役協會	兵役	同右	龍池鄉公所	男	一八
太湖縣靈溪鄉兵役協會	兵役	同右	靈溪鄉公所	男	一五
太湖縣沙格鄉兵役協會	兵役	同右	沙格鄉公所	男	四五

名稱	類別	日期	地址	性別	人數	備註
太湖縣大樹鄉兵役協會	兵役	同右	大樹鄉公所	男	三二	
太湖縣黃特鄉兵役協會	同右	同右	黃特鄉公所	男	二五	
太湖縣昇平鄉兵役協會	同右	同右	昇平鄉公所	男	五八	
太湖縣白洋鄉兵役協會	同右	同右	白洋鄉公所	男	一九	
太湖縣月南鄉兵役協會	同右	同右	月南鄉公所	男	二五	
太湖縣清潭鄉兵役協會	同右	同右	清潭鄉公所	男	三一	
太湖縣青義鄉兵役協會	同右	同右	青義鄉公所	男	二八	
太湖縣長坪鄉兵役協會	同右	同右	長坪鄉公所	男	二五	
太湖縣南陽鄉兵役協會	同右	同右	南陽鄉公所	男	一五	
太湖縣鉄龍鄉兵役協會	同右	同右	鉄龍鄉公所	男	三九	
太湖縣寺前鄉兵役協會	同右	同右		男	五〇	
太湖縣羅溪鄉兵役協會	同右	同右	羅溪鄉公所	男	三四	
太湖縣永安鄉兵役協會	同右	同右	永安鄉公所	男	六〇	
太湖縣太平鄉兵役協會	同右	同右	太平鄉公所	男	一六	
太湖縣中上鄉兵役協會	同右	同右	中上鄉公所	男	二三	
太湖縣藍田鄉兵役協會	同右	同右	藍田鄉公所	男	二一	
太湖縣安鹿鄉兵役協會	同右	同右	安鹿鄉公所	男	二三	
陝西省安康縣中醫公會	自由職業	六月十七日	安康縣救濟院巷	男	五二	
城固縣民衆劇團	文化	六月廿一日	山[illegible]			

名稱	類別	日期	地址	性別	人數	備註
城固縣[illegible]一讀書會	文化	同右	城固縣中山街西京圖書分館	男	一二三	
城固縣保甲員訓練班同學會	公益	同右	城固縣城關鎮公所	男	一六九	
洋縣慈善分會	慈善	六月五日		男	二九	
潼關縣世界紅卍字會潼關分會	同右	六月十二日				負責人潘炎棠
留壩縣慈善會	同右	同右				負責人何平階
鳳縣慈善會	同右	同右				負責人彭靜山
康縣體育會	體育	六月十二日				職員人數六人
城固縣衛生協進會	體育衛生	六月廿一日	城固縣西城巷	男	七三	
隴縣衛生協進會	體育衛生	六月廿六日	隴縣蓮花池衛生醫院	男	六九	
甯陝縣兵役協會	兵役	四月十六日		男	一三	職員人數如上數
藍田縣兵役協會	同右	四月廿日		男	七	備職員人數如上數
白河縣兵役協會	同右	五月十七日		男	三〇	
西鄉縣兵役協會	同右	同右				
大陝縣兵役協會	同右	六月五日				
西京市兵役協會	同右	六月六日				
安康縣兵役協會	同右	六月十一日		男	一二	
柞水縣兵役協會	同右	同右		男	一八	
鎮平縣兵役協會	兵役	六月十二日		男	一三	

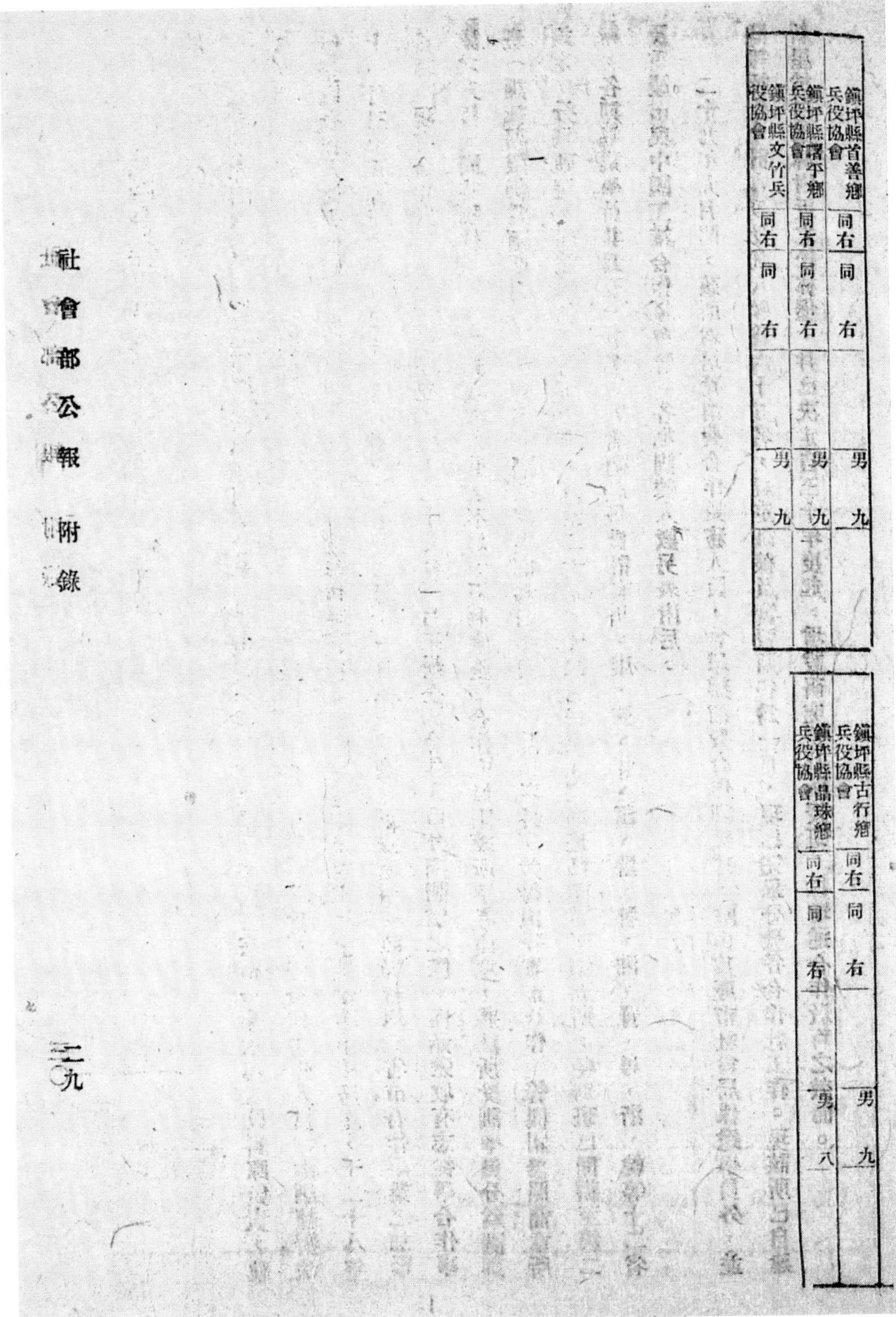

鎮坪縣首善鄉兵役協會	同右	同右	男	九
鎮坪縣曙平鄉兵役協會	同右	同右	男	九
鎮坪縣文竹兵役協會	同右	同右	男	九
鎮坪縣古行鄉兵役協會	同右	同右	男	九
鎮坪縣晶珠鄉兵役協會	同右	同右	男	〇八

全國合作人員訓練所訓練工作概況

本部合作事業管理局於隸屬經濟部時期，曾鑒於各地合作事業之推進，多由各省市合作指導人員實際負責，執行此項人員亟應予以精神之激勵與智能之補充，以期提高工作之效率，特制定舉辦現任合作工作人員抽調訓練辦法暨全國合作人員訓練組織規程與訓練課程等，呈奉核准施行。當洽借用南泉白鶴林中央政治學校房屋，于二十八年十一月三十日籌備成立全國合作人員訓練所，十二月十一日第一期訓練正式開學。該局復以各省市合作事業之加緊推進，現有合作人員多感不敷分配，特于二十九年一月舉辦全國合作人員分期調訓之際，開始兼收有志從事合作事業之人員，同時訓練，以備補充現任人員之不足，經制定全國合作人員訓練所招考簡章，將該所受訓學員分為調訓班（訓練期限仍為兩個月），特別班（訓練期限則為四個月），除招考外，并得由各省市合作主管機關參照簡章所規定，分期甄選，保送學員，入所受訓。截至二十九年十二月份止，調訓班已開辦至第五期，特別班已開辦至第二期，各期畢業學員共為五一五名，各省調訓學員計有川、康、陝、甘、滇、黔、鄂、湘、豫、粵、浙、皖等十二省及重慶市與中國工業合作協會等。各期訓練人數另表附后。

二十九年九月間，該所為培養消費合作業務人員，曾舉辦消費合作訓練班，除由重慶市社會局保送學員外，並登報招生，計實到受訓人數為六十五名，規定訓練及實習期各為一月，現已完畢分發各合作社工作。現該所已自建新屋於白鶴林附近之松林堡，并已決定自三十年度起，增設研究班及函授班，以增進合作教育之效能。

全國合作人員訓練所各期畢業學員職務統計表

二十九年十二月製

職別＼人數＼期別	第一期	第二期	第三期	第四期	第五期	特別班	消費班	總計
主任指導員	42	49	49	41	34			215
指導員	38	42	45	52	62	17		256
助理指導員	4	5	6	8	3			26
課員	2	1	2					5
見習員						3		3
經理						2	5	7
營業員							57	57
會計		4	1				1	6
銀行行員						16		16
農貸員	5		1	5				11
其他	3			4	3	3	2	15
合計	94	101	104	110	102	41	65	617

全國合作人員訓練所各期畢業學員籍貫統計表

二十九年十二月製

期別 人數 籍貫	第一期	第二期	第三期	第四期	第五期	特別班	消費班	總計
四川	30	45	56	35	37	26	40	269
雲南	15		8	17	12			52
貴州	5	16		5	4			30
湖南	6	3	1	18	12	1	3	44
湖北	9	12	10	5	6	2	6	50
陝西	3		11		10			24
甘肅					9			9
西康	1		2	2	1			6
河南	4	10	2	15	6	2	1	40
河北	5	1	2	2				10
山東		1	1			2		4
江蘇	2	5	4	1	1	5	4	22
浙江		1		4	2	2	3	12
江西	9	4	2					15
廣東		2	3				2	7
廣西			1					1
安徽	4	1	1	6	2	1	6	21
遼甯	1							1
合計	49	101	104	110	102	41	65	617

全國合作人員訓練所各期畢業學員工作地點統計表

二十九年十二月九日製

期別／人數／地點	第一期	第二期	第三期	第四期	第五期	特別班	消費班	總計
四川	46	54	63	42	43	32	65	345
雲南	15		3	17	12	4		51
貴州	5	17		4	5			31
湖南	8	3		13	10	3		37
湖北	7	13	9	7	5	2		43
河南	4	10	14	15	6			49
陝西	9		8		9			26
甘肅					10			10
西康		2	3	2	2			9
廣東		2	4					6
浙江				4				4
安徽				6				6
合計	94	101	104	110	102	41	65	617
備考								

全國合作人員訓練所各期畢業學員學歷統計表

二十九年十二月九日製

學歷 \ 期別 \ 人數	第一期	第二期	第三期	第四期	第五期	特別班	消費班	總計
國外留學		1						1
大學畢業	10	27	24	9	10			80
大學肄業	15	5	4	4	6	4		38
中學畢業	35	29	36	51	36	19	9	215
中學肄業	2	2	11	6	4		25	50
專科畢業	12	25	1	5			1	46
師範畢業	9	8	12	13	26	18	5	91
職業學校畢業	8	2	2	6	10			28
其他	8	2	12	16	10		25	68
合計	94	101	104	110	102	41	65	617
備考								

本部合作事業管理局各合作實驗區工作概況

本部合作事業管理局爲求合作事業品質之提高，效率之增進，並舉辦示範工作起見，依照原定計劃在各省選適當地點，設置合作實驗區，於卅八年冬先後在川之綿陽，康之漢源，甘之秦安，湘之安化，鄂之咸豐，豫之禹縣，滇之呈貢，陝之西鄉，黔之貴定各縣，各設置實驗區一處，成立以來，迄今已有一載，各區工作多能按照原定計劃逐步推進，茲擇其主要工作綜述之：

一、關於合作行政者

（1）改進指導制度　各區爲使指導人員專心服務增加工作效率便於指揮監督起見，特劃定工作區域以專責成。咸豐區劃爲七區，貴定秦安各劃爲六區，綿陽漢源安化禹縣各劃爲五區，呈貢西鄉各劃爲二區。施行以來，其效果有可得而言者：(一)分區工作以後，因責有所歸，事有所專，指導員常川駐區，對於該指導區之自然環境，民性風俗，教育程度及當地物產民生狀況，較能深切明瞭，何地宜於舉辦何種合作社，即可妥加籌劃，着手進行。(二)指導工作貴有繼續性，故指導時間如間隔太長，必鮮效果，今地點固定，一定區域之內，指導一定社數，可收隨時隨事指導之效，而免隔膜之弊。

（2）改進登記辦法　合作社之登記向係由縣政府辦理，每致延誤忽略之弊。爲促進實驗工作效能，特製定實驗區代辦合作社登記辦法，由各區所在地之縣政府委托代辦；至登記證之轉呈及頒發等事項仍以縣政府名義行之，手續務求簡單，時間務求迅速，以利事業之推進。

二、關于合作業務者　消極方面，先從清理歷年帳目及添用新式賬簿表格入手，積極方面，更指導各社舉辦存款業務，如規定全體社員按期儲存，并于收穫時期以實物儲入，于出售後折成現金存款，以利自給資金之充實，而期社員節儲習慣之養成。其他如放款分期還借辦法之訂定，業務區域之調整，社員之指導甄別，各區均能切實推行。此外尚有經營特種業務著有成效者，如咸貴兩實驗區合作社之辦理食鹽配銷，呈貢實驗區之辦理水利合作，綿陽實驗區之推行節約建國儲蓄及稻谷儲蓄救國運動，禹縣實驗區之自集資金發展合作供銷，其較著也。

三、關于合作金融者　各區對原有金融機關之合作貸款辦法均力求改善，如綿區之增高貸款數額，簡化貸款手續，延長金庫辦公時間，伸縮貸款時間，實驗透支制度；安區之與湖南省銀行訂立透支契約，推進茶葉合作運銷，貴區之增設合作金庫代理處等是。又因鑒於外源資金之緊縮，影響貸放，須賴自力更生，以策永久，故尤致力于合作社資金之自給。成區擬以社員本身力量運用合作方式，期三年以內將合作金庫之提倡股本收回，成爲社員自營自有自享之組織。其他各區亦有同樣之計劃，付諸實施。

四、關於合作教育者　實驗區設立之始，即將合作教育懸爲中心工作之一，期以教育力量促進事業之健全發展。一年來各區尚能按照原定計劃，逐步實施。綜計各區教育方式：（一）爲合作人員之訓練，（二）爲職社員之訓練，（三）爲學校教育。所採辦法各區因情形不同，有集中訓練者，有分區巡迴訓練者，或擴大宣傳，或編印刊物，目前已獲顯著成效。茲將一年來之訓練工作略述於下：（一）職社員講習會——綿區舉辦二次，計到職社員二百四十九人；貴區一次，計到職社員一百十三人；秦區咸區各一次，共計訓練職社員一百八十四人；呈區採取分區巡迴訓練辦法，由區聘員組織巡迴訓練服務隊擬將全區合作社職社員一次訓練完畢，其他各區正在籌備中。（二）合作人員訓練班——計安區一次，訓練學員廿餘名；成豐一次，訓練學員九名。（三）學校教育——秦區設有合作小學一所，并於各區完全小學添設合作講座；西區于省立師範，縣立簡易師範，培華女子職校，設合作講座，務期造成合作空氣增加社會人士對合作之認識。

五、關于特產合作之經營者　特產爲外銷貨物，藉以換取外匯，鞏固法幣基礎及平衡國際收支。本部合作實驗區分佈遍及九省，特產甚富，提倡合作組織多方促進生產運銷等事業，以期樹立楷模而促進合作事業之戰時機能。茲將各區特產經營情形略述于下：（一）呈區提倡菓蒔合作產銷，經與雲南省建設廳水菓改良場，畜產改進所及第一苗圃配合進行，又與雲南大學農學院洽商合辦優良苗種牲畜之推廣。（二）禹區造紙原料生產頗豐，現已組織造紙合作社兩所，從事製造，業經函豫合管處轉呈建設廳派員蒞臨指導造紙技術之改良。（三）安區提倡造紙製茶及淘金，現已聯合全縣茶葉產銷合作社，設立紅茶聯合製茶廠，製成磚茶計數百箱，品質適於俄銷，將商由中茶公司全部承購，將來擬添設一黑茶聯合製茶廠。至於淘金生產合作社亦經擬定計劃，積極推進。紙業產銷合作社經數月來指導之結果，已告成立，關于造紙技術之改進，業經函請建廳指派人員予以協助。（四）漢區爲獎勵栽植桐桑，已與縣政府合辦苗圃，培栽苗木，以合作社爲普遍推廣之中心。(五)咸區注重桐鉄等特產，已先後組有高坡桐油產銷合作社，廖葉台造鍋錬鉄生產合作社等，業務早經開始，營業情形極爲良好。(六)貴區組有樂村鉄鑛生產合作社，已繳股金五千，其業務爲開礦煉鉄，製造鉄板鍋等，并組有牛皮坳鐵礦生產合作社，已繳股金四百元，經該實驗區介紹與交通部黔中機器廠訂立合同，預支貨款五千元，從事開採。(七)綿區之蠶絲及藥材生產合作社均著成效。查蠶絲及麥各爲該區重要特產，往年輸出總值甚鉅，抗戰軍興，交通阻滯，外銷困難，銷路趨狹，刻正籌組運銷合作社，以圖補救。

本部合作事業管理局二十九年度協助推行地方合作事業進行概況

事業進行科別 / 省市別	經常補助	一次補助	調訓學員旅費補助
陝西	設立各縣合作指導室籌辦推銷人員訓練班先後訓練一三〇人	舉辦指導人員學術補充訓練班將全部舊外勤人員一〇一人分兩批集中興平受訓以淬勵其精神增進其學識技術	調赴全國合作人員訓練所受訓學員第三五兩期計二十三人
河南	倡導特種合作發展地方特產設置合作社專門查帳人員輪赴各縣切實查核	辦理實施新縣制洛陽許昌等十九縣職員訓練約五千四百人分五十四班訓練	調赴全國合作人員訓練所受訓學員第二三四五四期共計三十二人
西康	成立康定西昌冕甯越嶲雅江巴安道孚甘孜等八縣合作指導員	開辦合作指導員訓練班分爲甲乙兩組每組招生五十人訓練三個月	調赴全國合作人員訓練所受訓學員第三四五三期計七人
甘肅	倡設[illegible]合作金庫，達廿所，抽調指導員八十人爲補充考訓訓練七星期		調赴全國合作人員訓練所受訓學員第五期計十人
湖北	在[illegible]近戰區及鄂東鄂南各游擊區推廣合作縣區達十五縣繼續按月出版甘肅合作及合作通訊		調赴全國合作人員訓練所受訓學員第二三四五四期共計卅一人

江西	推進游擊區合作工作，一、劃定南昌等縣救濟貸款，第二搶購游擊區彭澤湖口等縣米油蔴袋等物資辦理戰地供應業務		調赴全國合作人員訓練所受訓學員第五期一人
貴州	增設視察員加緊外勤工作	在合作業務發達之廿五縣分區分期舉辦業務人員訓練	調赴全國合作人員訓練所受訓學員第二四五三期計廿三人
安徽	會同中農行及合作事業管理局合資籌設安徽省及省合作金庫		調赴全國合作人員訓練所受訓學員第四期六人
雲南	設立合作事業管理處以強化合作行政機構改善登記事項推行特種合作以適應戰時需要	分三期巡迴各縣舉辦訓練合作社職員講習會	調赴全國合作人員訓練所受訓學員第三四五三期共計卅九人
浙江	成立戰時合作工作隊搶購油茶絲四种特產	於處屬溫台金衢等六督導區設一巡迴訓練團抽調各社職員集中縣城訓練	調赴全國合作人員訓練所受訓學員第四期二人
湖南	組織工作隊分別担負分別組社及事業指導		調赴全國合作人員訓練所受訓學員第二四五三期共計卅五人
四川		委托綿陽實驗區舉辦合作實驗講習會共分兩期所者爲合作社職員及地方熱心合作青年共約五百人	調赴全國合作人員訓練所受訓學員二三四五四期共計一百七十七人
甯夏		舉辦合作人員訓練班共兩期每期三個月計春季一期訓練學員卅八人秋季一期訓練學員卅組織各縣合作工作隊巡迴各縣辦理宣傳登記指導事宜	
廣東		組織戰地合作工作隊二大隊辦理東北西江戰區合作事業以搶運物資破壞敵偽經濟設施	調赴全國合作人員訓練所受訓學員第二三兩期共計五人

重慶市	於社會局內設置合作指導室確立合作行政機構會同中農行合資設立合作金庫完成合作金融系統	舉辦消費合作業務人員訓練由各鎮公所及合作社申送甄選一二〇名分期訓練
中國合作事業協會		從推銷技術及教育兩項集中力量協助政府充實合作社業務提高合作社品質

附啓：查本期目錄略有錯誤，玆特分別更正於後：

第八頁第二行「工會團體」之「會」字應改爲「人」字

第八頁第七行「特種團體」應改爲「特種社團」

第八頁第九行「各合作事業實驗區」中之「事業」二字應取消，改爲「各合作實驗區」

社會部公報第二期

中華民國三十年七月出版

編輯兼發行者　社會部總務司

訂購辦法

期限	冊數	價目	郵費
三月	一	五角	八分
半年	二	壹元	一角六分
全年	四	二元	三角二分

附註：本報掛號及寄往國外郵費照加

社會部設立

社會服務處

現有業務

重慶 貴陽 桂林 衡陽

宗旨：

發揚服務精神 促進社會事業

改善社會生活 溝通社會文化

生活服務

社會食堂 社會公寓 理髮室 淋浴室

旅居嚮導 代運行李

人事服務

升學輔導 職業介紹 法律顧問 衛生顧問

人事諮詢 零物存放 信件留轉

代售郵票 代收電報 讀寫書信 公用電話

文化服務

圖書館 社交會堂 學術講演會 座談會

民衆學校 書報供應 娛樂室 兒童樂園 體育場

經濟服務

小本貸款

處址：

重慶社會服務處 重慶兩路口都郵街(分處)

貴陽社會服務處 貴陽大西門

桂林社會服務處 桂林依仁路

衡陽社會服務處 衡陽道前街

社會部總務司　編

社會部公報

第三期

重慶：中華民國社會部總務司，民國三十年（1941）鉛印本

中華郵政登記認爲第一類新聞紙類

中華民國三十年七月至九月

社會部公報

第三期

社會部總務司編印

國父遺像

國父遺囑

余致力國民革命，凡四十年，其目的在求中國之自由平等，積四十年之經驗，深知欲達到此目的，必須喚起民衆，及聯合世界上以平等待我之民族，共同奮鬥！

現在革命尚未成功，凡我同志，務須依照余所著，建國方略，建國大綱，三民主義，及第一次全國代表大會宣言，繼續努力，以求貫徹！最近主張開國民會議，及廢除不平等條約，尤須於最短期間，促其實現！是所至囑。

社會部公報第三期目錄

法規 附方案

第十二條　本法自公布日施行

中國佛教會整理委員會組織規程

三十年七月六日院令核准施行

第一條　中國佛教會在整理期間設中國佛教會整理委員會（以下簡稱整理委員會）主持一切整理事宜並代行原有理事會職權

第二條　整理委員會設於國民政府所在地

第三條　整理委員會之任務如左

一　依照修正中國佛教會各分會組織通則登記改組或指導設立該會各地分會

二　依照修正中國佛教會章程暨選舉代表規則負責召集全國佛教徒會員代表大會選舉總會理監事

三　整理並改進教規

四　辦理僧衆補習教育

五　研究關於佛教應興應革事宜

第四條　整理委員會置委員三十一人由社會部商同內政部於中國佛教會僧衆會員中遴選派充就中指定三人至五人爲常務委員並於常務委員中指定一人爲主席組織常務委員會處理日常事務

第五條　整理委員會置秘書一人至三人並設文書指導登記事務四組各設組長一人組員若干人

秘書組長均由整理委員會派充之組員由常務委員會派充之

第六條　整理委員會每半年開會一次常務委員會每週開會一次所有決議案均應分呈內政部社會部備查

第七條　整理委員會因事務上之需要得聘任僧衆及信衆會員爲設計委員

第八條　整理委員會經費依照修正中國佛教會章程第三十五條之規定徵收並應將收支情形按月呈報社會部審核

第九條　整理期間定爲一年必要時得呈請內政部社會部核准延長之

第十條　內政部社會部各派指導員一人各依其主管職掌指導整理委員會進行整理事宜社會部並派書記一人經常駐會工作

第十一條　整理委員會辦事細則另訂之

第十二條　本規程由社會內政部會同訂定呈經　行政院核准備案施行

地方政府與政工人員辦理民衆組訓事項調整辦法綱要　三十年七月十二日院令頒發

一、民衆組訓由地方政府主管關於民衆抗戰動員工作及戰時服務訓練兼受動員委員會之督導及當地高級政工機構之指揮

二、各級政工機構得應地方黨團及地方政府之要求協助辦理民衆組訓但以參加地方原有機構工作爲原則

三、各級政工機構對駐地民衆認爲有施行組訓之必要或對地方現在辦理之民衆組訓認爲有改進必要時得向地方主管機關商洽辦理或建議改善地方主管機關應斟酌接受其意見

四、軍民合作站之組織得由各級政工機構主持辦理惟仍須與地方主管機關商洽協同進行

五、各軍管區及國民兵團政工機構對於省縣民衆組訓之工作應就其主管業務範圍協同推進

六、因特種原因尚無主管民衆組訓之行政機構致未實施民衆組訓工作之戰區各級政工機構得主持辦理惟須依據法令實施並促其地方黨政機關之注意如部隊移動時可事先構成地方繼承工作之核心移交繼續辦理

七、凡奉　委員長命令指定政治部辦理之組訓工作不在此限但於可能範圍內仍由政治部通知各有關機關查照

非常時期工會管制暫行辦法　三十年八月二十一日院令公布

第一條　非常時期爲加强工會之管制起見特訂定本辦法

第二條　管制工會之程序先從運輸市政文化各類重要職業工會實施次及各重要產業工會由地方主管官署視當地實際情形分別指定之

第三條　實施本辦法之地方主管官署在縣市爲縣市政府在直隸行政院之市爲社會局

第四條　本辦法第二條指定之各業工人於本辦法施行後尚未組織工會者主管官署派員指導限期組織工會

第五條　主管官署對於工會應行管制之事項如左

一、限令具有工會會員資格之工人依法入會並隨時考查違者依法處分

社會部公報 目錄 四

社會部電一件

組織訓練類

社會部呈八件

社會部公函十一件

社會部咨五件

社會部代電十二件

社組字第六一五〇號　電中國國民黨福建省執行委員會　准代電囑核復錫紙金楮兩業單獨組織公會疑義一案電復查照由

社組字第六一六〇號　電中國國民黨浙江省執行委員會　准代電囑核釋鹽商業同業公會主管官署疑義一案電復查照由

社組字第六二七三號　電中國國民黨浙江省執行委員會　准電請解釋民船船員工會在各縣市設立分事務所疑義復請查照由

社組字第六三一二號　電各省市黨部　三民主義青年團中央團部　為策動學生利用假期服務報國電請飭屬辦理見復由

社組字第七〇九一號　電各省市黨部政府　為釋明非常時期工商業及團體管制辦法之目的與內容電請查照並轉飭知照由

社組字第七一〇七號　電中國國民黨福建省執行委員會　准代電囑釋示關於商會及總工會職員選舉疑義一案電復查照由

社組字第七一〇八號　電中國國民黨福建省執行委員會　准代電囑釋示關於組織省商會聯合會疑義一案電復查照由

社組字第七二四四號　電各省市黨部政府　為規定各業工會及縣市總工會之會員不繳納會費制裁辦法請查照並飭屬一體知照由

社組字第七三二〇號　電各省市黨部政府　檢送一元獻機運動實施辦法電請迅速會商辦理由

社組字第七五四四號　電西安陝西省政府熊主席　准電請釋示省市縣各級社會行政機構職掌及市社會局主管事項電復查照由

社組字第八二九三號　電中國國民黨福建省執行委員會　准代電以同業公會候補執監委員於改選時可否准予當選為執監委員囑核示一案電復查照由

社組字第八五〇〇號　電各省政府主席　重慶市政府吳市長　檢送應飭非常時期工商業及團體管制辦法實施區域主管官署辦理事項電請轉飭切實遵辦並見復由

社會福利類

社會部呈三件

社福字第七〇八二號　呈行政院　為奉令呈報關於「對於平抑物價問題之基本建議案」辦理經過情形請　鑒核由

社福字第七〇八九號　呈行政院　為擬具獎助社會福利事業暫行辦法呈請　鑒核備案由

社福字第七三八八號　呈行政院　呈請依法徵收本部救助院需用土地附具計劃書暨徵收土地圖各件仰祈　鑒核示遵由

社會部公函二件

社福字第六四〇八號　函各省市特別黨部　函發各級黨部社會服務處檢查表及社會服務處工作實施成績總檢查表請分發查填彙送查填過部備查由

社福字第七三三五號　函行政院秘書處　准通知關於國防最高委員會交辦國民參政會建議確定難童教育方針與辦法一案奉　諭「交教育社會

兩部及振濟委員會採擇施行具報」等因復請查照轉陳由

合作事業類

社會部呈四件

社合字第六四六七號　呈　總裁蔣　為呈報全國合作會議經過情形檢同會議紀要等件呈請　核示祇遵由

社合字第六四八七號　呈行政院　奉　令以關於參政會第二屆第一次大會建議平抑物價一案飭就主管事項查酌辦理具報等因遵將辦理情形呈復　鑒核由

社合字第六八八四號　呈行政院　爲擬具合作金庫規程修正草案繕呈　鑒核公佈施行由

社合字第七三二六號　呈行政院　爲編製全國合作會議臨時費追加概算書呈請　准予追加由

社會部公函二件

社合字第六二三一號　函四行聯合辦事總處　准函囑改變規定縣政府與縣合作金庫行文程式一案復請查照由

社合字第八一七三號　函中國國民黨江西省執行委員會　准函以據浮梁縣黨部呈請解釋各級黨務工作人員能否當選爲合作社理監事及主席等職轉囑核復一案復請查照由

社會部咨一件

社合字第七六[illegible]號　咨各省市政府　爲送修正合作事[illegible]作人員考成辦法暨附表等件請查照轉飭合作主管機關遵照由

社會部訓令四件

社合字第[illegible]號　令各省市合作主管機關　令頒縣各[illegible]社章程準則暨組社須知仰遵照由

社合字第[illegible]號　令各省市合作主管機關　令發合作[illegible]生產技術配合推進辦法仰遵照飭屬辦理具報由

社合字第六九[illegible]號　令各省市合作主管機關　一令發合作會議[illegible]等提議普遍獎勵各社存款協助推行節儲運動議案一件仰遵辦具報由

社合字第八四三六號　令各省市合作主管機關　爲全國合作會議請政府通令各辦理合作貸款之金融機關對合作貸款手續與收付款辦法應盡量簡便迅速一案經函准四聯總處核復令仰協同推行由

附錄

社會部核准備案之農漁團體一 [illegible]

社會部核准備案之工人團體 [illegible]

社會部核准備案之商人團體一 [illegible]

社會部核准備案之自由職業團 [illegible]

社會部核准備案之社會團體一 [illegible]

社會部核准備案之學生自治會一 [illegible]

[illegible]

法規

修正國民體育法

三十年九月九日　國民政府公布

第一條　國民體育之實施應依據中華民國教育宗旨及其實施方針以鍛鍊國民健强體格培養民族正氣達到全國國民具有自衞衞國之能力爲目的

第二條　中華民國國民不分性別年齡應根據體格檢查之結果一律受適當之體育訓練於家庭學校及機關團體中分別實施由父母教師及主持人員負領導督促之責以謀國民體育之均衡發展與迅速普及

第三條　教育部主管全國體育行政關於全國國民體育之設計指導及考核事項會商有關機關辦理之

第四條　中央及地方各級體育行政機關應各設專管體育之人員負辦理及考核體育之責

第五條　國民體育之實施方案由教育部會同有關機關擬訂呈請行政院核定之

第六條　各級體育行政人員體育教師及體育指導員之訓練辦法由教育部及各地方教育行政機關規定之前項人員之訓練由各級師資訓練機關體育學校及適宜於是項訓練工作之大學負責辦理其課程科目及教材綱要由教育部定之

第七條　體育教師及體育指導員之進修辦法及專業保障辦法由教育部擬訂呈請行政院核定之

第八條　國民體育實施之經費應列入各級政府預算

第九條　依法成立之民衆體育社團或體育會受教育行政機關之指導與考核其辦理著有成績者得予以獎勵或補助

第十條　教育部爲檢查國民體格進步狀況應訂定國民體格檢查辦法

社會部公函二件

社會部訓令二十三件

二、指導工會組織或健全其分會支部小組等之基層組織
三、令飭工會發給會員證會員如有變動情形應於月終呈報
四、工會無台所者限令其設置之
五、工會理監事不稱職者得調整或變更其職務
六、依法派遣曾經訓練合格人員充任工會書記必要時得派遣指導員督導工會之會務
七、分期調集工會理監事或會員實施思想生活業務等訓練此項訓練以不妨礙工作為原則

第六條 凡實施管制之工會除工會法規定之任務外應以左列事項為中心工作
一、協助政府平定工資
二、協助政府調製所屬會員工資及生活費指數
三、協助政府征調所屬會員服行工役
四、指導會員改進生產技術節約器材消耗增加生產效率
五、舉辦教育合作衛生娛樂等福利事業
六、發動會員參加戰時服務工作

第七條 凡實施管制之工會其經費不足時主管官署得酌予補助或命令各該業資方補助之受補助之工會應將收支情形按月呈報主管官署如不按月呈報或賬目不清者應即停止補助

第八條 軍事緊急時期實施管制之工會應商承救濟機關辦理工人救濟安置事宜

第九條 工會於第三條列舉各種事業工人所組織之工會不適用本辦法之規定

第十條 凡實施管制之工會如有違反本辦法之規定得視情節之輕重依照工會法第四十七條之規定處以罰鍰或予以整理

第十一條 凡實施管制之工會理監事會員違反本辦法之規定時得撤銷其職務或予以停業之處分

第十二條 各業雇主違反本辦法之規定或妨礙本辦法之實施時得處以罰鍰

第十三條 主管官署實施管制工會涉及其目的事業時應會商各該事業主管機關辦理之

第十四條　主管官署應將指定實施管制之工會及本辦法第四條辦理情形專案逐級呈報社會部備查

第十五條　本辦法自公布之日施行

社會部獎助社會福利事業暫行辦法

三十年八月二十九日院令核准

一、凡公私主辦之社會福利事業經本部認爲適合地方或戰時需要者得依本辦法之規定獎助之

二、本辦法所稱社會福利事業如左

1. 社會救濟事業
2. 社會服務事業
3. 勞工福利事業
4. 兒童福利事業
5. 職業介紹事業
6. 其他有關社會福利事業

三、前條所列各項社會福利事業辦理已著成效確須繼續維持或發展而有左列各款情事之一者得申請本部核給一次補助金或經常補助金但已受其他主管機關之獎助者不在此限

1. 限於經費無力擴充者
2. 經費中斷無法維持者
3. 遭遇災變無力補救者

四、凡經本部指定任務委託辦理之社會福利事業雖無第三條所列情事亦得依本辦法核給補助金

五、凡合於第三條之規定申請補助者在中央直屬事業逕呈本部核定地方事業應呈由主管官署核轉但本部得不經申請程序逕行獎助之

六、申請書應載明左列各項

1. 事業名稱種類及所在地

2. 主辦人及重要職員姓名履歷
3. 創立經過及最近年度工作報告
4. 原有經費來源及數額
5. 本年度工作計劃

七、凡經本部補助之社會福利事業主辦機關或團體應將每年經費預算決算收支對照表業務報告書依照規定呈報本部考核

八、核准發給之補助金經指定用途者不得移作別用如有違背情事除停止補助外並得酌量情形追繳之

九、凡經本部補助之社會福利事業主辦機關或團體如有違法行為經查屬實或工作不力成績不良者除依法辦理外得隨時停止其補助

十、本辦法自呈准公布之日施行

省社會處組織大綱

三十年九月五日院令公布

第一條　各省政府得設置社會處主管關於人民組訓社會運動社會救濟社會福利等事宜

第二條　省社會處置處長一人簡任

第三條　省社會處處長得列席省政府委員會議

第四條　省社會處之執掌如左

一、關於全省人民團體之組織訓練調整及其相互聯繫事項

二、關於全省社會運動及人民團體目的事業外一般活動之指導監督事項

三、關於全省勞資爭議之處理事項

四、關於全省社會福利社會救濟社會服務及職業介紹之指導實施事項

五、關於全省貧苦老弱殘廢之收容教養事項

六、關於其他有關社會行政事項

第五條　省社會處置秘書科長視導科員辦事員其名額官等俸給及編制由省政府依事務需要擬定報由社會部核轉行政院決定之

第六條　省社會處對外重要文件以省政府名義行之普通事項以本處名義行之

第七條　本大綱自公布日施行

非常時期統一社會運動辦法

三十年九月二十一日院令公佈

第一條　凡關於社會運動及人民團體目的事業外一般活動之推行悉依本辦法之規定

第二條　社會運動以三民主義暨抗戰建國綱領爲準繩以發揚民族精神改良社會風尚增進公共福利輔助政令推行爲目的

第三條　社會運動之主管官署在中央爲社會部在省爲社會處未設社會處之省爲民政廳在直隸行政院之市爲社會局在縣市爲縣市政府

第四條　社會運動之推行應先由發起人擬具推行計劃呈經主管官署核准並派員督導社會運動涉及其他機關之主管事項時應由前項主管官署會同該管機關辦理社會運動之發起人爲政府機關時應先咨商前項主管官署辦理之

第五條　社會運動之推行機構除法令另有規定外應依照人民團體組織程序呈經主管官署許可立案

第六條　推行社會運動之經費由發起人及參加之單位自籌之主管官署得酌量情形予以補助

第七條　舉行徵募財物運動時除依本辦法第四條規定外並應依其他有關法令辦理

第八條　各項社會運動應將辦理經過呈報主管官署備案

第九條　本辦法自公布日施行

社會部社會法臨時起草委員會簡章

三十年七月十一日部令公佈

第一條　本部爲擬訂各種社會法草案起見特設社會法臨時起草委員會（以下簡稱本委員會）

第二條　本委員會設委員十三人由部長遴員聘充之並指定其中一人爲主任委員

第三條 本委員會之任務如左

一、起草社會保險法草案

二、起草社會救濟法草案

三、起草其他有關社會法之法律草案

四、迻譯各種有關社會法之資料

五、其他有關社會法起草事項

第四條 本委員會擬訂法律草案時由各委員分別擔任起草工作起草完畢經開會審議後送呈 部次長核閱

第五條 本委員會開會日期及地點由主任委員決定之

第六條 本委員會因事務上之必要得設秘書一人由 部長就本部職員指派兼任之並得酌量調用辦事人員

第七條 本簡章自 部長核准之日施行

社會部職員請假規則

三十年七月十二日部令公佈

第一條 本規則依本部處務規程第三十九條之規定訂定之

第二條 本部職員非因疾病生育婚喪或不得已事故不得請假

第三條 請假分下列五種

一、事假

二、病假

三、婚假

四、喪假

五、生育假

婚假生育假以本人為限喪假以父母承重祖父母及配偶為限

第四條 病假全年不得過三星期事假全年不得過兩星期生育假在生育前後各不得過一個月婚假喪假各不得過期

十日但因婚喪或特殊事故必須返家回籍者得呈請　部長查核情形按照往返所需長短時間酌給途程假

第五條　請假期限依年歷起訖日期計算職員到差未滿一年者第一年照比例扣算遞減星期日及例假日均不在假期日數內計算

第六條　請假每積四小時以半日計算每積八小時以一日計算

第七條　職員請假須親筆填具請假單如係病假在三日以上者須附醫藥證明文件但因急病或緊急事故不能親具假單者得託人代填

第八條　請假人於請假期間其職務須托同事代理幷於假單內填明

第九條　簡任聘任職員請假應逕呈　部長核准其他職員請假應呈由該管廳司局室長官核准其一次請假在三日以上者幷應呈經　部次長核准

聘任職員之分派在各廳司局室處辦事者其請假由各該主管長官核轉

第十條　職員假期已滿未能銷假者應即續假其手續與請假同

第十一條　凡未經請假擅離職守或假期已滿而未續假又不銷假者除因奔喪或緊急事故經主管長官證明者外均以曠職論

第十二條　凡曠職未滿一星期者按日扣除薪俸滿一星期以上者由　部長酌量情形分別予以處分

第十三條　凡請病假生育假逾限者得以事假限定內尚未請假之日數抵銷不足抵銷時應按日扣除薪俸但確係因公積勞致疾或受傷與產後罹病者經查明屬實得由　部長特准酌予延長之

第十四條　請假時應向總務司第二科調取請假單逐項填明呈請核准後送回幷由總務司第二科填發准假通知單銷假時將准假通知單繳銷

第十五條　凡職員之請假續假或曠職由總務司第二科於每月終分別查明列表呈閱

第十六條　本規則如有未盡事宜由部隨時修正之

第十七條　本規則自公布日施行

修正合作事業工作人員考成辦法　三十年七月十六日部令公布

第一條 合作事業工作人員之考成除依公務員任用法或技術人員任用條例任用者依照公務員考績法公務員考績法施行細則及公務員考績獎懲條例或非常時期公務員考績暫行條例辦理外悉依本辦法之規定

第二條 合作事業工作人員成績之考績及其獎懲於每年度終了時由各省市縣合作主管機關行之但遇有特殊情形得隨時辦理

第三條 合作事業工作人員成績之考核分初覈復覈以其直接上級長官執行初覈再上級長官執行復覈主管長官執行最後復覈但長官僅有一級時即由該長官考覈各省合作主管機關辦理前項考核成績事項遇必要時得設考績委員會辦理之

第四條 考核成績標準依平日工作學識操行三項分別以分數定之每項最高分數如左

一、工作五十分

二、學識二十五分

三、操行二十五分

前項分數考核評定標準應參照非常時期公務員考績暫行條例第四條所規定辦理之

第五條 成績等次以依前條考成標準核定分數之總和定之如左

一、八十分以上者爲甲等

二、七十分以上者爲乙等

三、六十分以上者爲丙等

四、不滿六十分者爲丁等

五、不滿五十分者爲戊等

六、不滿四十分者爲已等

前項等次以滿六十分者爲合格但總分數在六十分以上而工作分數不滿三十分或學識操行分數有一不滿十五分者仍以不合格論

第六條 前條成績等次決定後依左列規定分別獎懲

一、甲等加薪
二、乙等記功
三、丙等不予奬懲
四、丁等記過
五、戊等減薪
六、己等撤職

第七條　合作事業工作人員成績等次特優者主管長官得酌量提升

第八條　凡記功或記過三次以上者應予加薪或減薪所記功過并得互相抵銷

第九條　每屆考成各省市縣合作主管機關應塡具合作事業工作人員考成表依照第三條規定程序詳加考核并由主管長官分別奬懲逐級彙報社會部備案

合作事業工作人員考成表式另定之

第十條　合作事業工作人員有左列各項情事之一者除依第六條第一二款或第七條之規定予以奬勵外得由省合作主管機關詳具事實檢同考成表呈請社會部核給褒狀

一、推行合作事業卓著成績者
二、對本機關行政有特殊貢獻者
三、對於合作事業有特殊研究足資倡導者

第十一條　合作事業工作人員有左列各項情事之一者除依第六條第六款予以懲處其涉及刑事者并向法院檢舉外應由省合作主管機關詳具事實檢同考成表呈請社會部通令各省合作主管機關嗣後不得任用

一、勒令合作社及其職員社員或其他團體予以供應者
二、挪用合作社欵項或圖謀自己利益致貸於合作社欵項受有損害者
三、行爲不檢事實確鑿者

第十二條　合作事業工作人員離職時得請求服務機關發給成績證明文件

第十三條　行政院直轄市合作主管機關辦理合作事業工作人員考成準用本辦法之規定

第十四條　本辦法自公布之日施行

社會部補助各省合作事業經費辦法　三十年七月二十二日部令公布

一、社會部（以下簡稱本部）爲策動及改進各省合作事業起見特訂定本辦法

二、各省市之合作事業經費如有不敷時得咨請本部補助之

三、受本部補助之各省市除本部指定之事業外其用途須限於加緊外勤工作辦理合作教育實施查賬制度倡導特種合作推廣指導區域及改善合作行政之機構

四、補助費以半年至一年爲期期滿視本部經費實況及受補助機關之工作成績再行核定期內如有特別情形本部得將補助費增減或停止之其因特種臨時用途咨請補助者得一次補助之

五、各省市咨請補助時應將進行計劃及補助費支配概算送由本部核定並將該年度該省市推行合作事業全部經費預算送部備考

六、受補助之各省市應將補助費作爲專款存儲支用時專册登記每月終造具收支報告於次月十日前寄送本部審核

七、補助費於期滿時如有結餘應即繳還本部但經核准移作其他重要用途者不在此限

八、受補助之各機關所辦事業或本部指定之事業應將辦理情形每半年報告本部一次

九、本部對受補助各機關得派員考核上項補助費之用途並指導其工作之進行

十、各機關所受補助費之用途與原請不符或違背本辦法之規定得停止其補助

十一、凡經社會部核准備案以促進合作事業爲主旨之社團法人得準用本辦法之規定請求補助事業費

十二、本辦法自公布之日施行

社會部防空洞管理規則　三十年七月三十一日部令公布

一、本部防空洞之管理除依陪都私有防空洞管理規則辦理外並依本規則之規定

二、本規則本部儲奇門及南紀門兩防空洞均適用之

三、防空洞證之核發由總務司第二科依本規則辦理之
四、防空洞之管理由防護團負責執行
五、本部員工及其他所有避空襲者均憑本部特製之防空洞證入洞
上項防空洞證於入洞時佩帶左襟至警報解除後方能取下
六、員工眷屬領用防空洞證以居住本市舊市區內之直系親屬及配偶為限
其直系親屬或配偶如在他處服務者不得領用本部防空洞證
不住本市區內各職員之直系親屬或配偶因事進入市區時得發給臨時防空洞證
七、職員所雇之乳媪得發給防空洞證
八、職員領用眷屬防空洞證須填具申請書并經該管長官負責證明送請總二科核發工役領用眷屬防空洞證須由總四科負責查明如發現虛偽朦領情事除取銷其防空洞證外并應予以處分
九、因公接洽之來賓經主管單位負責人之證明得發給臨時防空洞證
十、非本部職員領用防空洞證者須經　部長特許
十一、如發現私自塗改轉讓頂替防空洞證情事得取銷其防空洞證
十二、洞內坐位之分配由總二科及防護團就各洞之容量編列號碼對號入坐並劃分為下列各段

1. 臨時辦公室
2. 防護人員辦事處
3. 職員(以廳司室科等為單位依次編列)
4. 職員眷屬(乳媪併入此段)
5. 工役及其眷屬
6. 來賓及其他經特許者

十三、申請領用防空洞證人數如超過各洞容量時得呈報　部長核減非本部職員之防空洞證
十四、每洞設洞長副洞長各一人承防護團團長之命總管全洞事務

十五、所有避空護衛及各服務人員均應受洞長副洞長之指揮如本部人員或服務人員不服指揮者得分別呈報予以處分并由本部人員不服指揮者得取銷其防空洞證

十六、發現空襲情報時洞長副洞長即應到洞服務至警報解除各避空襲者完全出洞後方能離洞

十七、防護團警衛稽察管制救護消防各組員工及自衛隊應分別支配在各洞服務

十八、本規則如有未盡事宜得隨時修正之

十九、本規則呈奉　部長核准施行

合作指導與生產技術配合辦法　三十年八月一日咨行各省府及農林經濟兩部

(一)凡合作主管機關所擬推進生產合作之區域必須分別性質商請技術管理或推廣機關參加意見並請於推進區域加派所需之技術人員從事指導

(二)技術管理或推廣機關應就各省市縣依當地所需要之技術設置專門人員以便合作指導人員隨時就近商洽

(三)技術管理或推廣機關應設置生產技術工作人員以便適應各地合作主管機關之需要隨時調赴各地指導

(四)技術管理或推廣機關以最通俗之文字及圖畫印成技術指導小冊分發各合作主管機關以便普遍介紹於各合作社

(五)技術管理或推廣機關對合作主管機關或合作社及其聯合社所需要之優良品種科學肥料防治工作及技術設備等均應予以優先享用之權利并應予以價格上優待

(六)技術機關爲推廣某一地區之特種生產或介紹某種生產之特殊品種或技術須利用合作組織時得商由合作主管機關加派合作指導人員予以協助并得請其抽調合作工作人員由技術機關加以技術上之短期訓練

(七)合作主管機關舉辦合作訓練班應注重農工業技術之基本課程並應於舉辦合作講習會及刊行合作讀物時充分引起合作社之職員對於技術之注意此項關於農工業技術之講授或表演應儘量商請當地技術人員担任之

(八)合作主管機關設置民衆合作教育服務社或舉辦合作展覽會時應商由技術機關儘量供給資料以廣宣傳

(九)各省縣組織合作輔導社團時應請當地技術機關參加其組織以利工作聯繫

(十)各省市縣合作主管機關舉行工作競賽有關生產成績時應請技術機關參加成績之評判

社會部工作日記暫行辦法

三十年八月一日　部長核准

一、本部工作日記分爲左列四種

甲、本部日記

乙、各廳司局處室日記

丙、各科日記

丁、工作人員日記

二、甲種日記內容如左

(1)本部制頒之法令方案

(2)本部行政上之重要設施

(3)本部各種重要會議

(4)本部人事動態

(5)部次長參加部外各種會議及主辦重要事項

(6)其他有關全部之重要事項

三、乙種日記內容如左

(1)本廳司局處室主管業務之計劃及實施狀況

(2)對於各地及該管直屬機關團體工作之督導事項

(3)部次長交辦事項

(4)臨時發動辦理及建議事項

(5)本廳司局室長官參加部內外會議及訓練事項

(6)本廳司局處室工作之檢討與改進設計

(7)本廳司局處室所屬工作人員之考核事項

四、丙種日記內容如左

(1)本科主管業務之計劃及實施狀況
(2)上級長官交辦事項
(3)本科臨時發動及建議事項
(4)本科科長參加部內外會議及訓練事項
(5)本科工作之檢討與改進設計事項
(6)本科所屬工作人員特殊成績之表現與錯誤之糾正事項

五、丁種日記內容如左
(1)經辦工作
(2)參加會議
(3)工作上所感困難及改進意見
(4)有關工作問題之研究
(5)閱讀書報之心得
(6)對於時事之感想

六、甲種日記由秘書廳指定人員記述乙丙兩種日記由各廳司局處室科主管長官或指定人員記述丁種日記由各工作人員自行記述

七、甲乙兩種日記每月呈送　部次長核閱一次丙種日記每半月呈送各該主管長官核閱一次丁種日記呈送　部次長及各該主管長官隨時調閱之

八、各種日記簿式另定之

九、本辦法自呈奉　部長核准之日施行

社會部試用職員考核辦法　三十年八月四日　部長核准

一、本部職員以初任三個月為試用期間試用期滿經考核有左列情事之一者應予停用
(1)才能短絀不能勝任現職或調任其他職務者

(2)因循荒怠廢弛職務屢誡不悛者
(3)撰核文稿或辦理事務屢有重大錯誤者
(4)聘任人員不到部辦公滿三個月者
二、已送銓審人員除以銓敍是否合格為去留標準外並依本辦法辦理之
三、雇員之奬懲依考核成績之優劣分別定之
四、前項考核由該管長官切實簽具意見逐級轉呈　部長核定
五、本辦法經　部長核定施行

修正合作事業奬勵規則　三十年八月九日部令公布

第一條　凡合作社及各級合作社聯合社之考核及奬勵悉依本規則之規定
第二條　依本規則考核及奬勵之合作社或各級合作社聯合社以依法呈經主管機關核准成立登記之日起滿足一年者為限
第三條　合作社及各級合作社聯合社之考核於每年度終了時由各省合作主管機關就各該省合作行政設施之情况督飭縣市合作主管機關依次列方法調查各社成績
(一)依據各社各種報告評定後抽查
(二)委託附近合作促進機關查報
(三)指派人員實地調查
第四條　縣市合作主管機關依據各該社呈報之業務報告書類及調查結果加具考語幷酌擬初核評定等級彙報省合作主管機關
第五條　省合作主管機關根據縣市合作主管機關初核評定等級依次列方法覆加考語並評定之
(一)依據平日視察人員視察報告或各社各種報告評定後抽查
(二)指派視察或不負直接指導責任人員實地覆查
第六條　合作社及各級合作社聯合社成績調查依附表所列各項之規定以分數表示其等級如左

（一）九十分以上者爲優等
（二）八十分以上者爲甲等
（三）七十分以上者爲乙等
（四）六十分以上者爲丙等
（五）五十分以上者爲丁等
（六）不及五十分者爲戊等

第七條　省合作主管機關爲前條成績等級之核定時應分別以該省區域內之合作社總數或各級合作社聯合社之總數爲比例在同一年度內列入優等者不得超過各該總數百分之五甲等者不得超過百分之十乙等者不得超過百分之二十聯合社社數之比例遇有特殊情形經省合作主管機關呈社會部核准者不在此限

合作社或各級合作社聯合社成績等級經省合作主管機關覆核評定後依次列規定分別處理
（一）優等由省合作主管機關呈請社會部核給褒狀
（二）甲等由省合作主管機關頒給獎狀
（三）乙等由縣市合作主管機關嘉獎
（四）丙等不予獎勵
（五）丁等由縣市合作主管機關令飭整理
（六）戊等由縣市合作主管機關令飭解散

前項核定成績等級列入優等者應由省合作主管機關檢同原成績調查評定表並抄附各該社之業務報告書於次年度開始二個月內賫呈社會部核辦如有疑義時得發回原呈機關重行核報

合作社或各級合作社聯合社經營農業或小工業及手工藝其成績合於各省市獎勵農產通則或小工業及手工藝獎勵規則之規定者依本規則獎勵後仍得各依其規定給獎

第十條　調查合作社及各級合作社聯合社成績時對各該社職員應同時考核除有合作社法第四十三條情事依法辦理外由省合作主管機關依次列各項成績標準分別考核之

(一)誠實勤勉公正確爲社內外人士所信賴者

(二)處理社務有條不紊規劃業務切實周詳致各社員確已獲得福利者

(三)對於合作有深切認識并熱心扶植提倡確具事實足資楷模者

合於前列第一二兩款者由省合作主管機關頒給獎狀具備各款成績標準者由省合作主管機關詳具事實呈請社會部核給褒獎

第十一條 省合作主管機關對於區域內合作社或各級合作社聯合社之獎勵除依第三條之規定每年辦理一次外遇有特殊情形得隨時處理之但受獎勵之社仍不得超過第七條規定比例之限度

第十二條 省或縣市合作主管機關依本規則之規定獎勵後應由各該主管機關逐級彙報社會部備案

第十三條 凡以虛偽取得獎勵者一經查明原給獎之機關得撤銷其獎勵

第十四條 直隸行政院之市準照前列各條之規定分別辦理

第十五條 各省市縣合作金庫之考核獎勵事項準用本規則第二條至第六條及第八條與第十條至第十四條之規定

第十六條 本規則自公布之日施行

社會部事業費領用暫行辦法

三十年八月二十二日　部長核准

一、本部事業費之支領除依公庫法規定外悉照本辦法辦理

二、本部事業費暫由本部分配呈准支付按預算分配動支

三、動支事業費概應由主管司局按預算科目核定數額簽請　部次長核定之

四、前項核定動支之金額其領用人爲附屬機關或法團者由該機關或法團依指定手續具領造報其領用人非機關或法團概由本部總務司經領依本部會計事務處理程序辦理

五、事業費特殊門各科目之動支得由　部長指定負責人員經領但其支用造報手續概應依本部會計事務處理程序辦理或另定簡易程序呈准照辦

六、本辦法未規定事項悉依會計法及其他有關法規辦理

七、本辦法自　部長核定日施行

社會部救濟院籌備委員會組織規程

三十年八月二十六日部令公布

第一條 社會部爲籌設救濟院特設救濟院籌備委員會（以下簡稱本會）

第二條 本會設籌備委員若干人由社會部聘任之并指定一人爲主任委員

第三條 本會承社會部之命辦理左列各事項

一、關於救濟院院址之勘定徵用事項

二、關於救濟院院舍之設計建築事項

三、關於救濟院之設備購辦事項

四、其他有關救濟院之一切籌備事項

第四條 本會開會由主任委員召集之

第五條 本會於必要時得聘任專家爲顧問

第六條 本會設秘書一人專員二人承主任之命掌理救濟院一切籌備事宜

第七條 本會得分組辦事酌用僱員

第八條 本會得設會計員一人呈由社會部指派兼充

第九條 本會籌備人員除主任委員秘書專員會計僱員外概爲無給職

第十條 本會人員薪津在籌備費項下開支

前項薪津支給標準另定之

第十一條 本規程自公布日施行

空襲時間工廠停工復工及核給工資暫行辦法

三十年九月三日社會經濟兩部會同公布

第一條 各工廠應建築防空洞或設其他防空設備並應注意工程堅固及衛生設施以保障工人之安全

第二條 空襲警報發放後應一律停止工作但工廠防空洞設備能於五分鐘內到達者得俟緊急警報發放時停工

第三條 工人於停工離廠前應將所任工作及重要工具物品等妥爲處理不得棄置不顧

第四條　在放工時間一小時以前解除警報者應立即恢復工作

第五條　晚間十時前解除警報者次日照常工作

第六條　晚間十時後解除警報者翌晨之上工時間依十時後至警報解除之時間比照順延之但放工時間仍照常

第七條　空襲時間除不遵規定時間復工之工人外工資照給

第八條　計件給資工人在空襲時間內之工資應照前一日同時間內工作件數之標準核給之

遇空襲連續不解除或廠方因空襲受有損害五日內不能復工者得視工廠經濟情形及工人所得工資多寡酌給工資三分之一或二分之一其契約尚未終止之日工件工及其他臨時雇工亦同

第九條　工廠因損失過大無法恢復工作時得解雇工人但應發給遣散費

第十條　本辦法自經濟社會兩部會同公布之日施行

社會部合作事業管理局合作實驗區組織通則

三十年九月八日部令核准

第一條　社會部合作事業管理局（以下簡稱本局）爲辦理合作實驗工作就指定區域設立合作實驗區（以下簡稱實驗區）其組織規程依照本通則之規定訂定之

第二條　實驗區之任務如左

一、關於本區合作事業之推進規劃事項

二、關於本區合作社社務業務之指導事項

三、關於本區合作金融之籌劃事項

四、關於本區合作教育之實施事項

五、其他有關合作事業事項

第三條　實驗區設主任一人總理全區事務並督導指揮所屬職員

主任由本局派任之呈報社會部備案

第四條　實驗區設視察及指導員各若干人由主任呈請本局派充之秉承主任之命辦理外勤工作

第五條　實驗區設辦事員若干人由主任呈請本局派充之秉承主任之命辦理文書會計庶務等事宜並得酌用僱員

第六條 實驗區得設服務員由主任派充之

第七條 實驗區得設見習員若干人由主任派充之呈報本局備案見習員之實習事項由視察及指導員負責指導之

第八條 實驗區因事實上之需要得呈准本局設立專門委員會

第九條 本通則自呈奉社會部核准之日施行

社會部職員出差暫行辦法

三十年九月十一日部令公布

一、本部職員出差應依本辦法規定程序辦理

二、職員出差應由主管部份塡具職員出差請示單呈請 部次長核准並檢同職員出差通知單第二三兩聯送總務司第二科擬辦訓令稿並登記於職員出差登記表

職員出差係由 部次長指派者仍應於奉派後塡具前項通知單送科分別辦理

三、訓令判發後總務司第二科應將職員出差通知單第三聯送會計室存查

四、職員出差奉准預支差費者由會計室憑出差通知單製證轉送總務司第三科照支

五、職員出差已超過預定日期尚不能銷差者應詳具緣由及請展緩日期呈經核准後送總務司第二科登記

六、職員差竣回部後應由主管部份將職員差竣通知單二三兩聯塡送總務司第二科登記並將第三聯轉送會計室憑單核銷差費

七、總務司第二科每月月終應塡具職員出差彙報表呈請 部次長鑒核

八、職員出差應用各種通知單登記表等式樣另定之

九、本辦法呈奉 部次長核定施行

社會部合作事業管理局辦事細則

三十年九月二十三日部令核准

第一章 總則

第一條 本細則依本局組織規程第十六條之規定訂定之

第二條　本局職員執行職務依本細則之規定

第三條　本局職員對於機密事務及未經公布之公文函電均有嚴守祕密之責

第二章　權責

第四條　局長秉承社會部部長之命綜理本局局務并監督所屬機關及職員

第五條　本局各科室長官承局長之命分掌各該科室主管事務并對各該科室之職員有指揮監督之權

第六條　本局各科室主管事務有互相關涉者應協商辦理如意見不同時由局長裁奪之

第七條　各科得視事務之繁簡分股辦事股設股長承科長命辦理該股事務

第三章　職掌

第八條　祕書室掌左列事項

一、關於各科室簽稿之核轉事項

二、關於機要文稿之撰擬事項

三、關於局長交辦事項

四、關於機密文件之保管事項

第九條　第一科掌左列事項

一、關於文件之收發分配撰擬及保管事項

二、關於典守印信事項

三、關於人事之管理事項

四、關於經費之出納事項

五、關於庶務及不屬其他各科事項

第十條　第二科掌左列事項

一、關於推進全國合作事業之計劃事項

二、關於合作指導方法之研究事項

三、關於合作實驗區之設計及管理事項

四、關於全國合作事業之調查事項
五、關於合作規章之擬定事項
六、關於合作刊物之編輯事項

第十一條　第三科掌左列事項
一、關於全國合作事業之推行及考查事項
二、關於合作社登記之審核事項
三、關於省市合作主管機關工作人員資格之審核事項
四、關於合作社及工作人員成績之考核獎懲事項
五、關於合作人員之訓練事項
六、關於促進合作事業及其他有關機關團體之聯繫事項

第十二條　第四科掌左列事項
一、關於全國合作事業上金融之調整及監督事項
二、關於特種合作之倡導及推進事項
三、關於合作社物品供銷業務之指導事項
四、關於合作業務經營技術之改進事項

第十三條　視察室掌左列事項
一、關於全國合作事業巡迴視察之計劃事項
二、關於全國合作事業之視察事項
三、關於視察報告之編述及有關合作之建議事項
四、關於其他有關視察事項

第四章　文書處理

第十四條　本局公文之處理除依照本局組織條例第十五條及本部處務規程之規定外其程序依本細則之規定處理之

第十五條　本局逐日收到文件由第一科承辦收發人員折封摘由編號填註收到時日附件件數登入收文總簿隨即送由科長分別性質加蓋各科室戳記送秘書室轉呈局長俟核閱後送回各科室擬辦如有緊急或機密文件應儘先提送秘書室呈閱來文附有票據或證券者收發應將票據先送出納取具收據粘附原件然後送辦

第十六條　各科室收到文件後應即填明到達日期時刻置簿登記後交各承辦人員辦理其有未經批示辦法者應即簽擬辦法送由秘書呈局長核閱後再發還原科擬稿其例行文件得簽稿並送

第十七條　凡文稿除緊急事務應隨到隨辦外普通文稿須於交擬後二日內擬就登入送稿簿註明日期送由秘書室核送局長判行後然後送第一科繕校蓋印摘由編號註明發出日期時刻附件件數登入發文總簿封發原稿連同來文發還各原科室查閱後歸檔

前項經理文件遇有案情繁複須詳加研究或因特殊情形不依限辦理者應聲明理由經長官許可酌量延長

第十八條　第一科管卷員收到各項歸檔文件應摘由編號填註歸檔日期附件附數登入檔案登記簿分別性質歸檔保管

檔案處理辦法另定之

第十九條　凡收到文件封面書有「機密」或「親啓」字樣者收發不得開折經編號登收文總簿後逕送由秘書室轉呈核閱

第二十條　凡各科室承辦文件與其他各科室相關聯者應送各關係科室會簽

第二十一條　凡擬稿核稿人員均須簽名蓋章

第二十二條　凡送印文件如原稿未經局長簽字蓋印員不得蓋印

第二十三條　凡發出文件須加蓋校對員及監印員名戳

第二十四條　凡各科室承辦之文件應按文件性質註明「急件」「要件」「機密」等字樣分簿送秘書呈閱其無註明者概以普通簿呈閱

第二十五條　本局書記繕寫文件統由第一科妥爲支配以期各件均能從早繕發

第二十六條　各科室調閱案卷應將調卷事由詳填於調卷證經調卷人員及各該科室主管長官簽名後送第一科管卷員查調但有關機密文件須經長官許可方准調閱

第二十六條　前項調閱案卷閱後應即送還

第五章　會議

第二十七條　本局會議分下列兩種

一、局務會議　本局為謀各科室間工作之聯繫與提高行政上之效率起見定每週舉行會議一次其規則另訂之

二、科室會議　由各科室為謀工作效率之增進每兩週召集會議一次其規則另訂之

第六章　附則

第二十八條　關於本局職員考勤考績請假出差及其他有關服務之各事項悉依部頒規則辦理之

第二十九條　本局現金收支事務處理辦法另訂之

第三十條　本細則如有未盡事宜得隨時修改之

第三十一條　本細則呈准社會部施行之

社會部社會服務處暫行公有事業會計制度（三十年九月二十五日部令頒行）

第一章　提要

一、本制度係遵照會計法及暫行公有營業會計制度之一致規定并參酌各服務處實際情況設計之

二、社會部所屬各服務處事業部分日常處理會計事務除遵照會計法規定外應遵照本制度之規定

三、本制度之會計科目及會計報告各服務處務求一致如有伸縮之必要應呈請本部核准

四、本制度所有會計科目簿表憑證均經詳細規定并將日常處理紀錄方法分別說明俾實施時不致發生困難

五、本制度所用各種科目之名稱及簿表格式限於各服務處之特種事實情況力求簡單故與主計處所規定間有改動

第二章　會計科目

六、各服務處事業會計之會計科目分資產負債類損益類及收支撥補類三種茲分別說明於後

七、資產負債類會計科目

甲、資財科目

第一款 流動資產

第一項 現金

第一目 庫存現金——凡本處出納部分庫存之現金屬此科目收入時記入借方其借方餘額表示庫存現金之結存總數

第二目 銀行存款——凡本處存在銀行之款項屬此科目存入時記入借方支取時記入貸方其借方餘額表示銀行存款之結存總數

第二項 應收款項

第一目 應收賬款——凡本處接收顧客之欠款屬此科目結算時或發生時記入借方收到款項時記入貸方其借方餘額表示應收賬款之總數

第二目 其他應收款——凡本處結算時應屬本期收入而尚未收到之款項與其他雜項應收款屬此科目結算或發生時記入借方收到款項時記入貸方其借方餘額表示其他應收款之總數

第三項 盤存

第一目 材料盤存——凡本處購進供售之材料屬此科目購進或入時將其原價及各項有關之費用記入借方售出時記入貸方其借方餘額表示購進材料之盤存總數

第二目 物品盤存——凡本處購進供售或備用之物品屬此科目購進時將其原價及各項有關費用記入借方售出或消耗時記入貸方其借方餘額表示未售或未用之盤存總數

第二款 固定資產

第一項 土地及建築物

第一目 土 地——凡本處處址購用之土地屬此科目購置時按購價及一切有關費用記入借方售出時或給值時記入貸方其借方餘額表示現有土地價值之總數

第二目 建 築——凡本處購用之房屋或建築物屬此科目購置或建築時按購價或造價及一切有關費用記入借方售出損壞或折除時記入貸方其借方餘額表示現有建築價值之

總數

第三目　器具及設備——凡本處購置供營業上用之器具及一切設備屬此科目購置時按購價及一切有關費用記入借方售出或損壞時記入貸方其借方餘額表示現有器具及一切設備價值之總數

第三款　其他資產

第一項　預付款——凡本處購置材料或其他物品預付之價款屬此科目預付時記入借方收回或冲轉時記入貸方其借方餘額表示預付款項之總數

第二項　暫付款——凡本處付出款項一時不能確定歸入何種科目者屬此科目支付時記入借方收回或冲轉時記入貸方其借方餘額表示暫付款項之總數

第三項　存出保證金——凡本處因保證性質付出之押金屬此科目付出時記入借方收回時記入貸方借方餘額表示存出保證金之總數

第四款　虧損

第一項　累積虧損——凡本處歷年之積虧屬此科目每屆決算由「本期虧損」轉入時記入借方塡補或冲轉時記入貸方其借方餘額表示歷年積虧之總數

第二項　本期虧損——凡本處每屆決算營業之虧損屬此科目決算時以虧損淨額記入借方結轉入「累積虧損」科目時記入貸方其借方餘額表示本期虧損之總數

乙、負債科目

第一款　流動負債

第一項、應付款項

第一目　應付賬款——凡本處應付之一切費用尙未付出者屬此科目事實發生時記入貸方付款時記入借方其貸方餘額表示應付帳款之總數

第二項　借入款

第一目　政府借款——凡受政府委託辦理其他服務事業撥與本處之短期墊款屬此科目收到墊款時記入貸方償還墊款或報銷時記入借方其貸方餘額表示政府墊款之總數

第二款 其他負債

第一項 預收款——凡本處預收之款項屬此科目收入時記入貸方退回或轉賬時記入借方其貸方餘額表示預收款項之總數

第二項 暫收款——凡本處代收暫收之款以及所收之款一時不能確定科目者屬此科目收到款項時記入貸方退回或沖轉時記入借方其貸方餘額表示暫收款之總數

第三項 存入保證金——凡本處收入之款項屬於保證性質者如押金等屬此科目收入時記入貸方發還或沒收時記入借方其貸方餘額表示存入保證金之總數

第三款 各項準備

第一項 折舊準備——凡本處之建築器具及雜項設備按規定之折舊率在每屆決算時提存之折舊準備屬此科目提存時記入貸方讓售或損毀時將已折舊之數記入借方其貸方餘額表示折舊準備之總數

第二項 呆賬準備——凡本處在每屆決算時提存備抵呆賬之準備屬此科目提存時記入貸方沖轉時記入借方其貸方餘額表示呆賬準備之總數

第四款 基金及盈餘

第一項 基金——凡政府撥與本處之基金屬此科目收到基金時記入貸方

第二項 公積——凡本處由盈餘中照章提存公積金屬此科目提存時記入貸方撥用時記入借方其貸方餘額表示公積之總數

第三項 撥用盈餘——凡本處由盈餘中撥充償還債款增建及改良資產之數屬此科目撥充時記入貸方提用時記入借方其貸方餘額表示撥用之總數

第四項 未分配盈餘

第一目 累積盈餘——凡本處歷屆決算期累積之盈餘未經分配者屬此科目自本期盈餘之科目轉入時記入貸方分配時記入借方其貸方餘額表示歷期累積盈餘之總數

第二目　本期盈餘——凡本處每屆決算之盈餘淨額屬此科目決算時以盈餘淨額記入貸方分配轉入「累積盈餘」科目時記入借方其貸方餘額表示本期盈餘之總數

二、損益類會計科目

甲、利益科目

第一款　營業收入

第一項　社會公寓收入——凡本處公寓房金收入屬此科目房金收入時記入貸方每屆決算結轉時記入借方

第二項　社會食堂收入——

第三項　浴室收入——

第四項　理髮室收入——

第五項　社交堂收入——

第六項　診療所收入——

第七項　旅行社收入——

第八項　其他營業收入——如寄售物品計算困難時用此科目

第二款　營業外收入

第一項　財務收入——凡本處銀行存款所收利息等屬此科目收入時記入貸方退還或決算結轉時記入借方

第二項　其他營業外收入——凡本處營業外之一切收入屬此科目收入時記入貸方退還或決算結轉時記入借方

乙、損失部份

第一款　營業支出

第一項　銷售成本——凡本處售出物品之成本屬此科目銷售時應將成本報據購進價格及其應攤附帶費用記入借方決算結轉記入貸方

第二項　業務費用——凡本處因營業上所發生之一切費用可以直接計入成本屬此科目付出時記入借方決算結轉時記入貸方（例如薪水工資消耗旅運地租伙食壞帳損失等費）本科目分左列各目

第一目　社會公寓支出

第二目　社會食堂支出

第三目　浴室支出

第四目　理髮室支出

第五目　社交堂支出

第六目　診療所支出

第七目　旅行社支出

第八目　其他營業支出——（理由同前）

第三項　管理費用——凡本處關于整個營業之監督管理上所發生之費用屬此科目付出時記入借方決算結轉時記入貸方本科目分左列各目

第一目　薪水工資

第二目　水電燃料費

第三目　郵電廣告費

第四目　折舊

第五目　保險費

第六目　印刷費

第七目　修繕費

第八目　文具

第九目　雜費

第四項　其他費用——凡本處因整個業務上所發生之不屬於上項各種費用屬此科目付出時記入借方決算結轉時記入貸方

第一目　卹養金

第二目　職工福利費

第三目　其　他

第二款　營業外支出

第一項　財務費用——凡本處財務上各種支出如利息支出等費屬此科目付出時記入借方決算結轉時記入貸方

三、盈虧撥補類科目

甲、盈餘時用之歲入科目

第一款　盈餘

第一項　本年度盈餘——凡本處本年度所得之盈餘淨額屬此科目其數額即損益帳之貸方餘額

第二項　歷年積盈——凡本處歷年積盈未經撥用者屬此科目其數額即上年度平衡表內所列「累積盈餘」經本年度整理後之數額

乙、盈餘時用之歲出科目

第一款　歷年積虧——凡本處歷年之積虧未經填補者屬此科目其數額即上年度平衡表內所列「累積虧損」經本年整理後之數額

第二款　公　積——凡本處由盈餘中照章撥充公積之數屬此科目惟本年度盈餘填補歷年積虧尚不足時本款即無庸填列

丙、虧損時用之歲出科目

第一款　虧損

第一項　本年度虧損——凡本處本年度營業之虧損屬此科目其數額即損益帳之借方餘額

第二項　歷年虧損——凡本處歷年之積虧未經填補者屬此科目其數額即上年度平衡表內所列「累積虧損」經本年度整理後之數額

丁、虧損用之歲入科目

第一款　歷年積盈——凡本處歷年積盈未經撥用者屬此科目其數額即上年度平衡表內所列未分配之盈餘經本年度整理後之數額

第二款　動用公積——凡本處由公積內撥補虧損之數屬此科目惟以歷年積盈填補本年度虧損倘有餘額時本款無庸填列

第三章　會計憑證

本制度爲力求手續簡捷計以原始憑證爲記帳憑證左列各項均爲原始憑證

一、營業收入之單據
二、購貨發票或收據
三、銀行利息結單
四、契約或合同
五、薪水工資表
六、出勤旅費單
七、請求購置單
八、領物單
九、逐日收入報告單

會計科目圖戳

1.本制度在記賬前應在原始憑證之背面或空白部分加蓋科目圖戳填明收付（或轉賬）發生之年月日科目金額同一單據而包括二科目以上者應將各科目及金額分別填入再由主任會計主任及各負責人員等蓋章於科目圖戳之下作爲記賬憑證

2.凡整理結算及結算後轉入賬目之無原始憑證者應由會計人員另作說明詳註事由加蓋科目圖戳填註蓋章作爲記賬憑證

3.凡暫付款項以臨時借條爲原始憑證將來沖轉後須發還原借款人者應由會計人員另作說明加蓋科目圖戳填註蓋

章作爲記賬憑證發還借條時并應在說明內註明發還年月日

年月日	科目	金額

長市尺八分
寬市尺二寸

薪水工資表 (二)格式 長市尺一尺零九分 寬市尺七寸九分

社會部 社會服務處

薪水工資表

中華民國　　年　　月份　　　　第　　號第　　頁

職別	姓名	薪津額		在職日數	應支金額		合計應支數	應扣金額			實支金額	蓋章	備考
		薪工	津貼		薪工	津貼		所得稅	職員月捐	印花			

主任　　　　主辦會計人員　　　　總幹事　　　　製表員

（十二）說明

1.本表於發放薪工時塡製之複寫三份以二份呈報一份存查
2.本表應根據現有員工名額時職別姓名薪津額在職日數及應支金額一一塡明之
3.應支金額項下之薪工欄加津貼欄所得總數塡入合計應支數欄
4.合計應支數欄減去應扣金額總數卽爲實支金額塡入實支金額欄
5.本表應於發放薪工前製就送經有關人員核閱簽章
6.員工領到薪工津貼後分別在各表蓋章欄內各該名下加蓋名章以資證明
7.員工薪水工資應按照其工作部分分別在業務費用或管理費用項下各相當月內支付之

出勤費用單

（一）格式　　長市尺六寸五分　　寬市尺三寸五分

社會部　　社會服務處出勤費用表

職別		姓名		事由	
時間	年　月　日　午　時起止	地點	由　至		
車費	國幣　元　角　分				
轎費	國幣　元　角　分				
船費	國幣　元　角　分				
膳費	國幣　元　角　分				
合計	國幣　元　角　分				
核發數	國幣　元　角　分				
核發人		證明人		具領人	

中華民國　　年　　月　　日

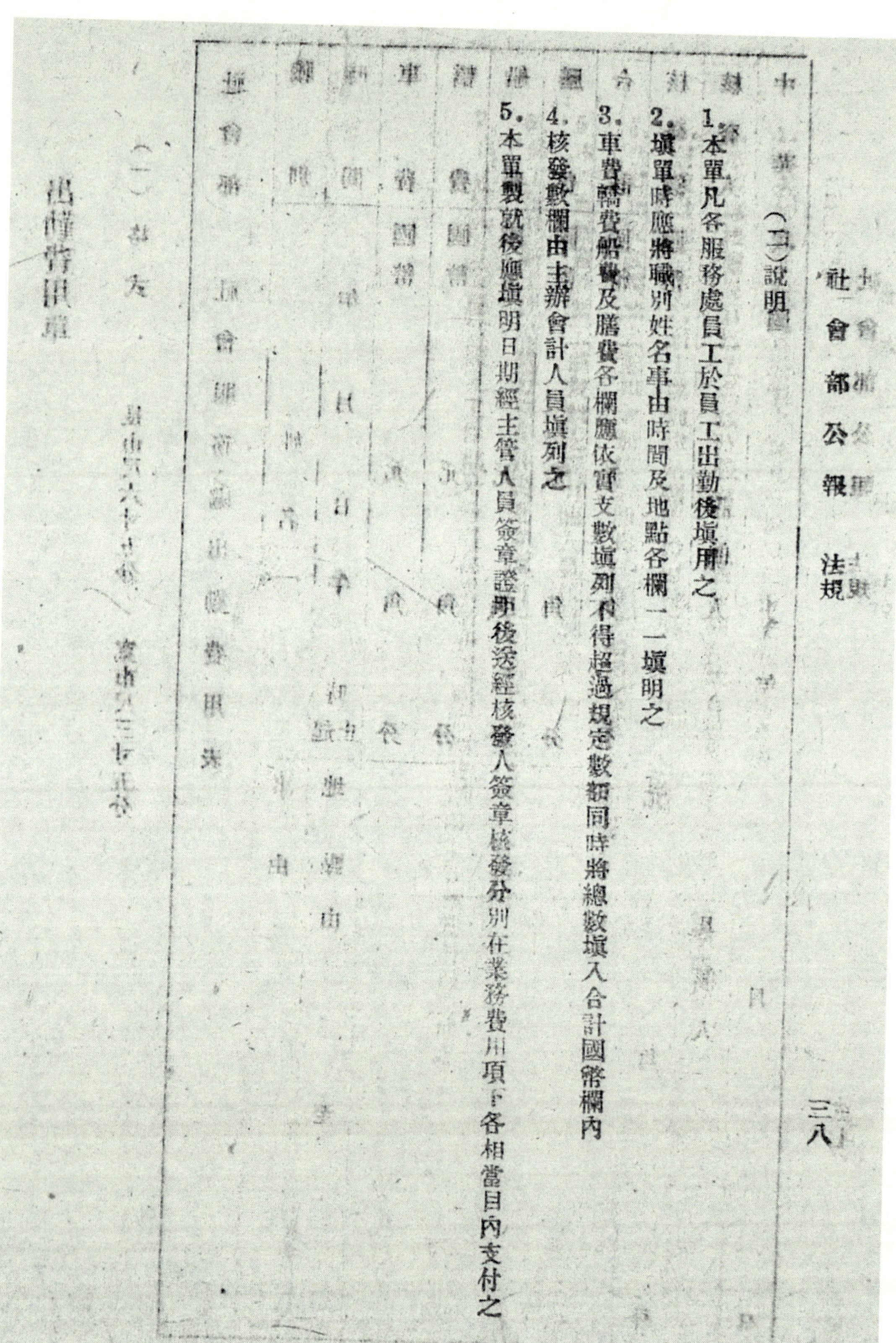

（五）說明

1. 本單凡各服務處員工於員工出勤後填用之
2. 填單時應將職別姓名事由時間及地點各欄一一填明之
3. 車費轎費船費及膳費各欄應依實支數填列不得超過規定數額同時將總數填入合計國幣欄內
4. 核發數欄由主辦會計人員填列之
5. 本單製就後應填明日期經主管人員簽章證明後送經核發人簽章核發分別在業務費用項下各相當目內支付之

請求購置單

(一)格式　長市尺三寸五分　寬市尺六寸五分

社會部　社會服務處

請求購置單

字第　　號

請　批准購置下列物品　中華民國　年　月　日

物品名稱	數量	單位	估價		定價		用途及說明	購置編列				原始憑證		財物登記簿	
			單價	金額	單價	金額		月	日	字	號	種類	號數	所類	頁數

主任　　主辦會計人員　　總幹事　　請求購置人

(二)說明

1.本單各社會服務處購置物品時塡用之

2.本單應複寫二張由請求購置人塡明需要物品名稱數量計算單位用途及說明各欄簽名蓋章送交事務人員蓋章證明此項物品幷無現存轉呈主任核閱如認爲應行購置時卽在單上蓋章准予估價

3.事務人員塡明估價項內單價及金額欄送交會計主任核簽呈請主任或轉呈主管機關核准後送交事務人員逕向商店購辦

4.事務人員除將購就之物品點交請求人查收外應在單內實價項內各相當欄內塡明又其單價及金額照章連同發票加蓋科目圖戳送出納人員付款

5.事務人員以所存一張請求單作爲登記財物登記簿之憑證

領物單

（一）格式　長市尺六寸五分　寬市尺三寸五分

領物單存根

中華民國　　年　　月　　日

物品名稱	請領數量	實發數量	用途

主管人　　　　領物人

領　字第　　號

領物單

中華民國　　年　　月　　日

物品名稱	請領數量	實發數量	用途

主管人　　　　領物人

（二）說明

1. 本單於領用物品時由領用人填製一式二聯經主管人員核准後一聯存根一聯送主管事務部分核發之
2. 製單時應將日期字號物品名稱請領數量各欄逐一填明

逐日收入報告單

(一)格式　長市尺三寸五分　寬市尺四寸五分

××社會服務處

社會公寓逐日收入報告單

中華民國　　年　　月　　日第　　號附收據　　張

名稱	間數	天數	單價	合計	備攷
(單間)					
(單床)					
(火爐)					
(風扇)					
總計					

總幹事　　　　經手人

××社會服務處

社會食堂逐日收入報告單

中華民國　　年　　月　　日第　　號附收據　　張

名稱	數量	單價	合計	備攷
(客飯)				
(宴席)				
(茶點)				
總計				

總幹事　　　　經手人

(二)說明

1. 本單由各服務部掌管出納人根據每日收入狀況分別塡製之
2. 本單應複寫三份二份送會計室內一份作爲記帳憑證一份隨同營業日報表呈部餘一份留作備查
3. 本單由各服務部掌管出納人彙集每日營業收據(一份交顧客一份送會計室一份存查)分類塡入名稱間數天數單價合計總計各相當欄經總幹事核對蓋章後連同收據於翌晨送會計室覆核登帳
4. 本單格式僅繪二種餘如診療所旅行社營業名稱雖不同但可分別採用

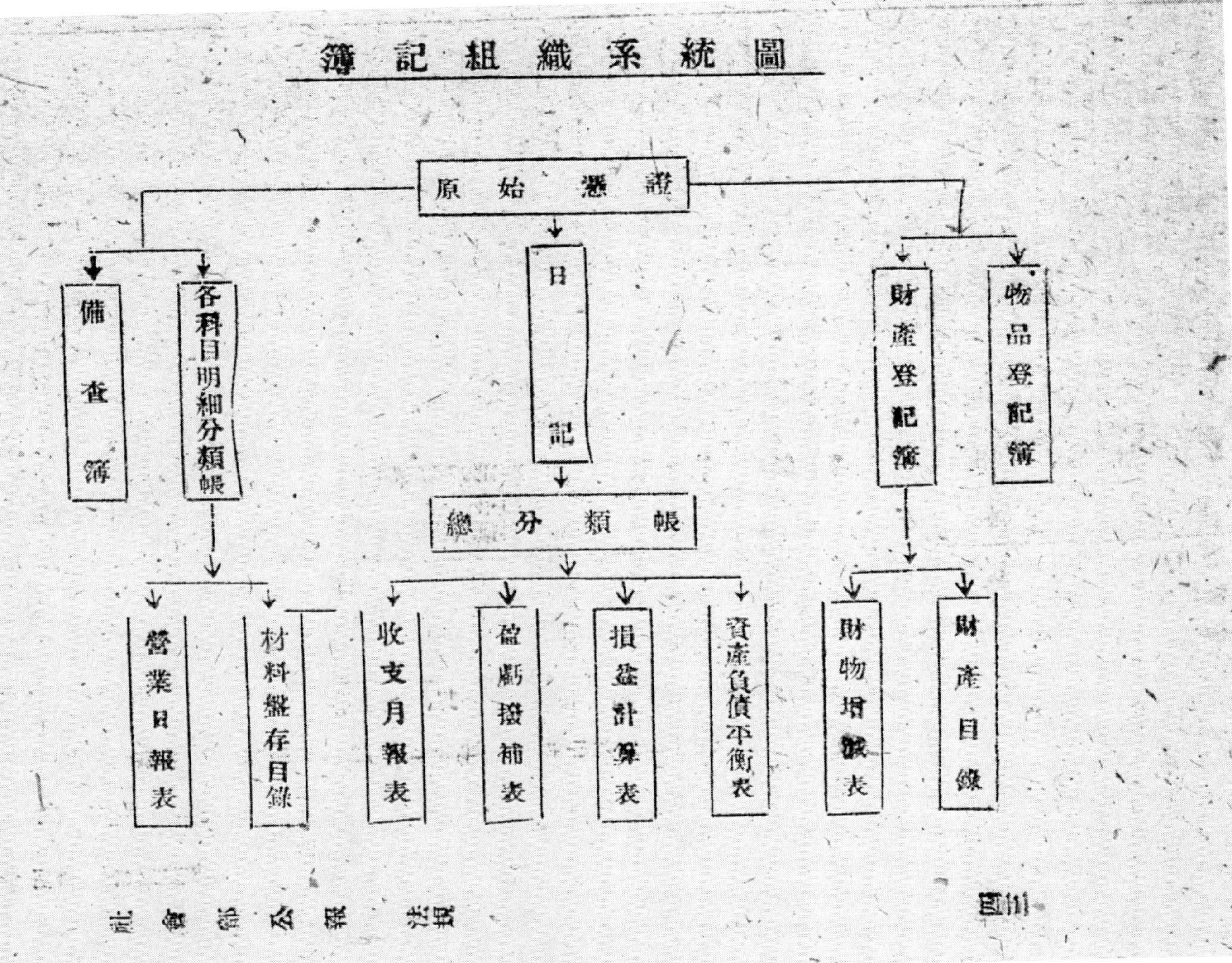
簿記組織系統圖
原始憑證
備查簿
各科目明細分類帳
日記
總分類帳
財產登記簿
物品登記簿
營業日報表
材料盤存目錄
收支月報表
盈虧撥補表
損益計算表
資產負債平衡表
財物增減表
財產目錄

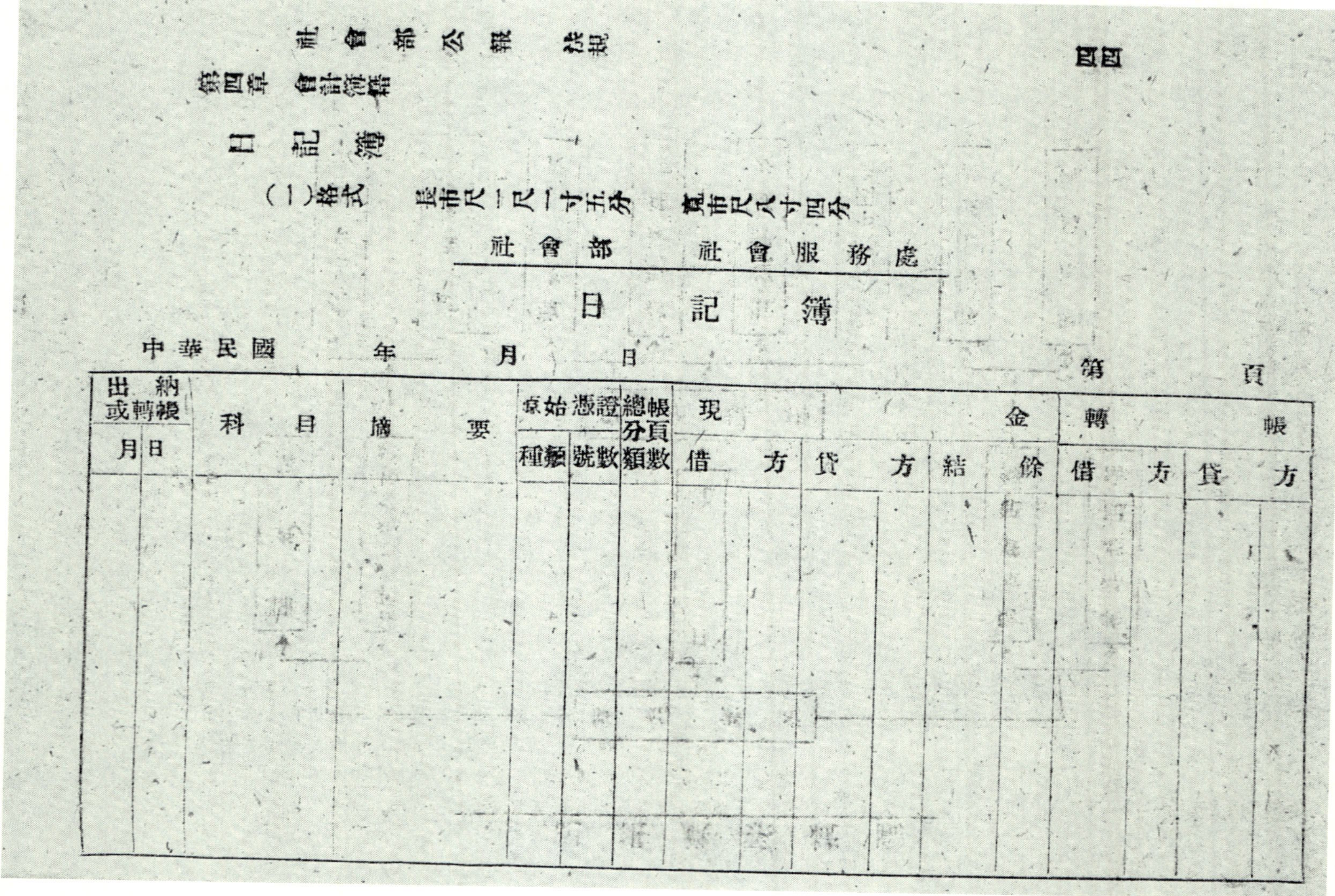

第四章　會計簿籍

日記簿

(一)格式　長市尺一尺一寸五分　寬市尺八寸四分

社會部　社會服務處

日記簿

中華民國　年　月　日　第　頁

出納或轉帳		科目	摘要	原始憑證		總帳分頁類數	現金			轉帳	
月	日			種類	號數		借方	貸方	結餘	借方	貸方

（二）說明

1、凡有關現金收支事項均須根據原始憑證按照日期順序登入此簿收入現金時記入現金項下之借入欄支出現金時記入貸出欄如與現金無關之轉帳及整理帳目等事項則根據原始憑證分別登入轉帳項下借貸兩方其無原始憑證者應由記帳員另具說明

2.登記時收付款項或轉帳之日期記入出納或轉帳月日欄借貸兩方科目記入科目欄（借方科目或支出款項之科目首字緊靠於欄之左端貸方科目或收入款項之科目則稍退右）主要事由記入摘要欄原始憑證種類及號數俟號數編列後補記入原始憑證種類及號數兩欄現金收付或轉帳金額記入現金或轉帳項下之各相當欄

3.每日記載完畢應將結餘數目記入本日帳目末行之結餘欄內其計算方法即本日各欄借貸金額分別各結一總數於摘要欄書明本日小計借入欄本日小計加昨日結餘減貸出欄本日小計得出本日餘額記入結餘欄此數須與本日庫存現金即銀行存款之合計數相符轉帳欄則每月月底結總其收付方總額必須相平

4.此簿應依日序連續記載如一頁不敷須接記次頁時應於該頁末一行將各金額分別各結一總數并於摘要欄書明過某頁再於頁首一行將各欄各金額分別過入各相當欄內并於摘要欄書明承某頁

5.每科目之現金欄金額應反其借貸方向過入總分類帳轉賬金額應順其借貸方向過入總分類帳惟現金欄借貸之本日小計亦應順其借貸方向分別過入總分類帳現金帳內各該科目在總分類帳內之頁數記入本簿總分類帳頁數欄

6.此簿於每月終了年度結帳時機關結束時或機關長官及主辦會計人員交代時均應結算一次將現金項下各欄各結一總數並將結餘數以紅字記入貸出欄相加而結平之總數及結餘之摘要欄內均應分別書明某月總計某月結存等字樣至下期或下任開始時其餘額應轉入新帳頁之首行內並轉帳之結算其借貸兩欄之總額必須相等

7.收支月報表參照此簿編製之

總分類帳

（二）格式　長市尺一尺一寸五分　寬市尺八寸四分

社會部社會服務處

總分類帳

中華民國　年度　第　頁

月	日	記帳頁數	摘要	原始憑證種類號數	金額		
					借方	貸方	餘額

(二)說明

1. 凡日記簿所記之帳目均應按其科目分類記入此簿帳

2. 此帳各帳戶分戶方法係以會計科目立一帳戶每一科目內容複雜收支較繁者另設明細分類帳簿為補助記錄

3. 開帳時應將帳簿上端所列之年度及帳戶一一塡明

4. 過帳時應將日期塡入月日欄將日記簿頁數塡入頁數欄主要事由記入摘要欄原始憑證之種類號數俟號數編定後記入種類及號數兩欄

5. 凡日記簿轉帳欄所記帳目之金額均應順其借貸方向過入金額下各相當欄內日記簿現金借入欄之金額應過入各相當帳戶之金額貸方欄日記簿現金貸出欄之金額應過入各相當帳戶之金額借方欄惟現金借貸總數之過入仍順其借貸方向過帳每日登記完畢應將每戶餘額記入帳目末行之餘額欄內

6. 此簿應依日序連續記載如一頁不敷須接過次頁時應於每頁末行將各金額欄分別各結一總數并於摘要欄書明過某頁字樣同時於次頁首行將各欄總數分別塡入各相當欄內並於摘要欄內書明承某頁字樣

7. 此帳於每月終了時或機關長官及主辦會計人員交代時均應結總一次將本月借貸各欄各結一總數記入最末登記之帳目下各相當欄內并於摘要欄內書明某月總數以示明一月內借貸方變化之情形

8. 此帳於年度終了整理期間完畢或機關結束時應辦理結算先將預算各帳戶分別依據序時帳簿轉入盈虧帳戶連同各財務帳戶再經過序時帳簿之記載分別結束結束方法應將各帳戶餘額記入借貸方較少之欄內然後將借貸兩欄結平之

9. 資產負債平衡表根據此帳結總後各帳戶之餘額之編製損益計算表盈虧撥補表及收支月報表即根據此帳各財務帳戶借貸方或餘額數目并參照日記簿編製之

各科目明細分類帳

（一）格式 長市尺一尺一寸五分 寬市尺八寸四分

社會部 社會服務處

各科目明細分類帳

中華民國　　年度　　第　　頁　　款　　項　　目

月	日	摘要	傳票 總號 種類號數	借方	貸方	借或貸	餘額

（二）說明

1. 本賬爲各科目之明細分類記錄各服務處得視事實上之需要酌量設置之

2. 記帳時應根據原始憑證所列日期記入月日欄主要事項記入摘要欄原始憑證記入種類號數欄收入現金時記入貸方欄付出現金時記入借方欄轉帳金額則順其借貸方向分別記入借方或貸方欄內借方總額與貸方總額之差記入餘額欄如借方總額大於貸方總額時於「借或貸」欄填一借字反之填一貸字每一科目所屬各戶餘額之總數應與總分類帳中各該科目之餘額相等

3. 此賬每頁記畢接過次頁方法與總分類賬同

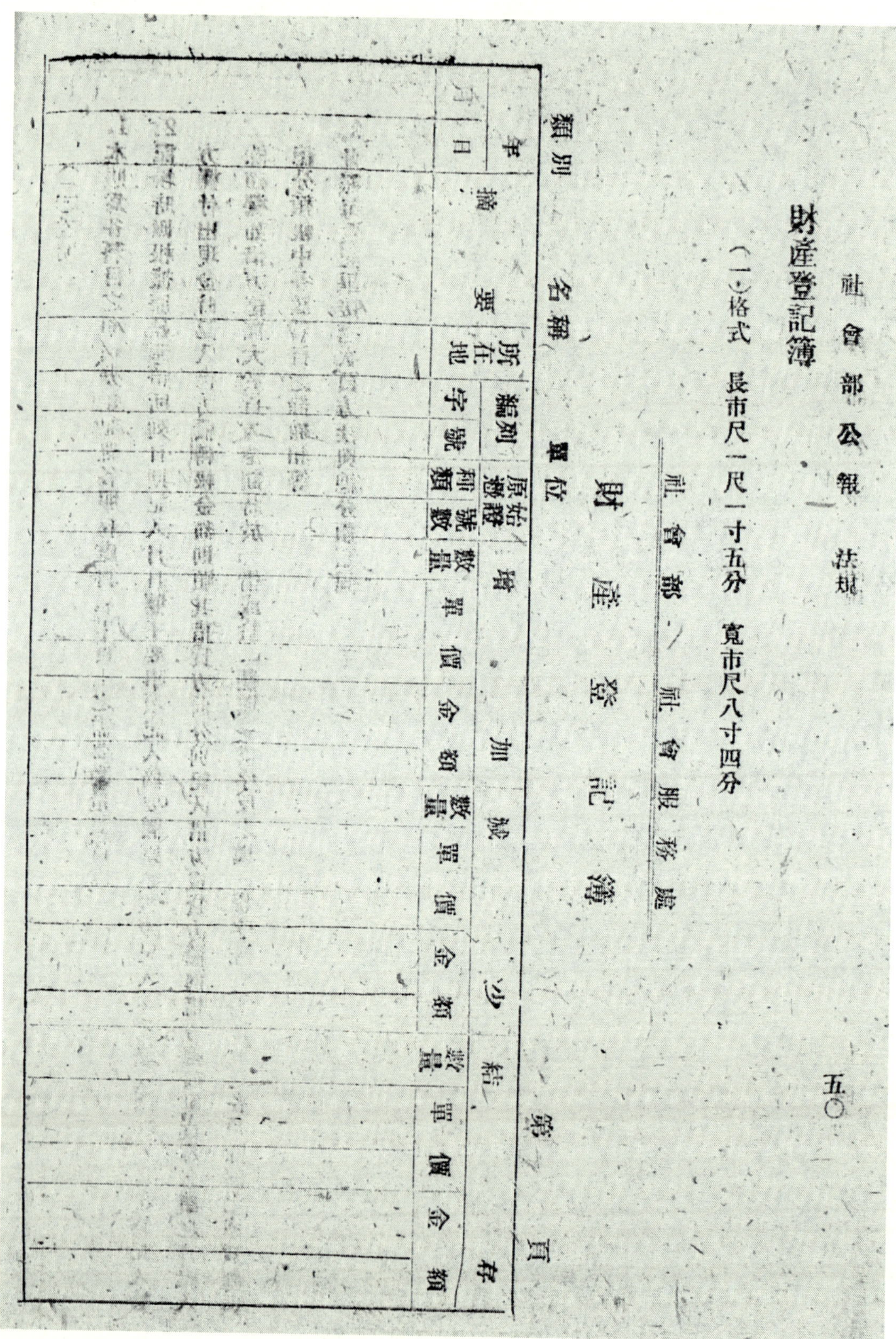

財產登記簿

（一）格式　長市尺一尺一寸五分　寬市尺八寸四分

社會部　社會服務處

財產登記簿

第　頁

類別　　名稱　　單位

年		摘要	所在地	編列字號	原始憑證		增加			減少			結存		
月	日				種類	號數	數量	單價	金額	數量	單價	金額	數量	單價	金額

（二）說明

1. 此簿爲登記各項財產增減保管轉移事項而設

2. 登記時應將財產之計算單位財產所屬之類別及財產名稱一一填明

3. 財產之增減保管移轉日期記入月日欄主要事由記入摘由欄存放財產地記入所在地欄財産編列之字號於編定時補記入字號兩欄財產買賣領付之憑證種類號數記入原始憑證種類及號數兩欄

4. 凡購置與撥入繳入之財產數量單價及金額記入增加項下各該欄內毀損變賣及撥交其他機關財產之數量單價及金額記入減少項下各該欄內增加數量欄總額減去減少數量欄總額所得之餘額記入結存項下之數量欄增加金額欄減去減少金額欄所得之餘額記入結存項下之金額欄其結存項下單價欄應以數量數目除金額欄數目所得之商記入

5. 各項財產之記價概照購入之原價計算至結存項內則以數量除金額之平均價值填記

6. 此賬以每月終了時年度結帳時機關結束時及機關長官或主辦事務人員交代時均應結總將增減各欄本月發生之增減數量金額各結一總數並於摘要欄註明某月總計字樣

7. 財產目錄及財產增減表根據此簿編製之

物品登計簿

(一)格式　長市尺一尺一寸五分　寬市尺八寸四分

社會部　社會服務處

物品登記簿

第　　頁

類別　名稱　單位

增加					減少					結存			備考
年月日	單據號數	數量	單價	金額	年月日	領號單數	數量	單價	金額	數量	平均單價	金額	

(二)說明

1. 凡各項消耗物品之增減保管移轉概應記入此簿

2. 登記時應將物品之類別名稱及單位一一填明

3. 收入之數量單價及金額記入增加項下各該欄內發出之數量單價及金額記入減少項下各該欄內增加數量及金額總數分別減去減少數量及金額總數所得之結存數記入結存項下之數量及金額欄內結存項下數量及總數除金額總數所得之商記入某平均單價欄如遇毀損時應計入減少項下並在備考欄內將其事由註明之

4. 各種物品之計價按照購入之原價計算減少時按照餘額項下之平均單價計算之

資產負債平衡表

(一)格式　長市尺一尺零九分　寬市尺七寸九分

社會部　社會服務處

資產負債平衡表

中華民國　年　月　日（第　號）第　頁

資產科目	小計		合計	
流動資產				
現金	××	×		
應收賬款	××	×		
盤存	××	×		
流動資產總額	××	×	××	×
固定資產				
土地及建築物	××	×		
器具及設備	××	×		
固定資產總額			××	×
其他資產				
預付款	××	×		
暫付款	××	×		
存出保證金	××	×		
其他資產總額			××	×
資產總計			××	×

負債科目	小計		合計	
流動負債				
應付款項	××	×		
借入款項	××	×		
流動負債總額			××	×
其他負債				
預收款	××	×		
暫收款	××	×		
存入保證金	××	×		
其他負債總額			××	×
各項準備				
折舊準備	××	×		
呆賬準備	××	×		
各項準備總額			××	×
負債總額			××	×
基金及盈餘				
基金	××	×		
公積	××	×		
撥用盈餘	××	×		
未分配盈餘	××	×		
基金及盈餘總額			××	×
負債總計			××	×

主任　主辦會計人員　總幹事　製表員

(二)說明

1. 此表為表示在一定時日資產負債現況之靜態報告於每月終了時年度結束時機關長官及主辦會計人員交代時或機關結束時根據總分類帳各賬戶編製之

2. 製表時應將報告截止年月日按年度編定之號數次分別填明

3. 凡總分類賬有餘額之各賬戶依其科目性質及秩序分別列入此表之資產及負債兩欄各科目之金額記入各該金額欄之各相當欄內借貸兩欄應各結一總數相等各科目中有應行說明之事項應在總數後空白部份說明之

4. 此表每期編製三份以一份存查二份送社會部存轉

損益計算表

（一）格式

長市尺一尺零九分　寬市尺七寸九分

社會部　　社會服務處

損益計算表

中華民國　　年　　月　　日起至　　月　　日止　　　　（第　　號）第　　頁

科目	摘要	金額					
		小計		合計		總計	
營業收入							
營業收入總額						××	×
社會公寓收入				××	×		
社會食堂收入				××	×		
浴室收入				××	×		
理髮室收入				××	×		
社交堂收入				××	×		
診療所收入				××	×		
旅行社收入				××	×		
銷售成本							
物件盤存(上期)				××	×		
減：							
進料退回及折讓		××	×				
物料盤存(本期)		××	×	××	×		
銷售成本						××	×
毛利						××	×
營業支出							
業務費用				××	×		
社會公寓支出		××	×				
社會食堂支出		××	×				
浴室支出		××	×				
理髮室支出		××	×				
社交室支出		××	×				
診療所支出		××	×				
旅行社支出		××	×				
管理費用				××	×		
薪水工資		××	×				
水電燃料		××	×				
郵電廣告		××	×				
折舊		××	×				
保險		××	×				
印刷		××	×				
修繕		××	×				
其他費用				××	×		
卹養		××	×				
職工福利		××	×				
營業支出總計						××	×
本期純益						××	×

主任　　　　主辦會計人員　　　　總幹事　　　　製表員

（二）說明

1. 本表爲表示一定時期內營業經過情形及其結果之動態報告於結賬時根據總分類賬各賬戶之餘額編製之
2. 製表時應將報告截止年月日按年度編號次分別塡明
3. 本表格式係採取報告式將各項損益分先後秩序排列俾便易於瞭解
4. 本表每期編製三份一份存查二份送社會部存轉
5. 本表內銷貨成本一項必要時可以取消另以其他營業收入列入營業收入總額減出營業收入總額即爲純利「毛利」一欄隨之取消

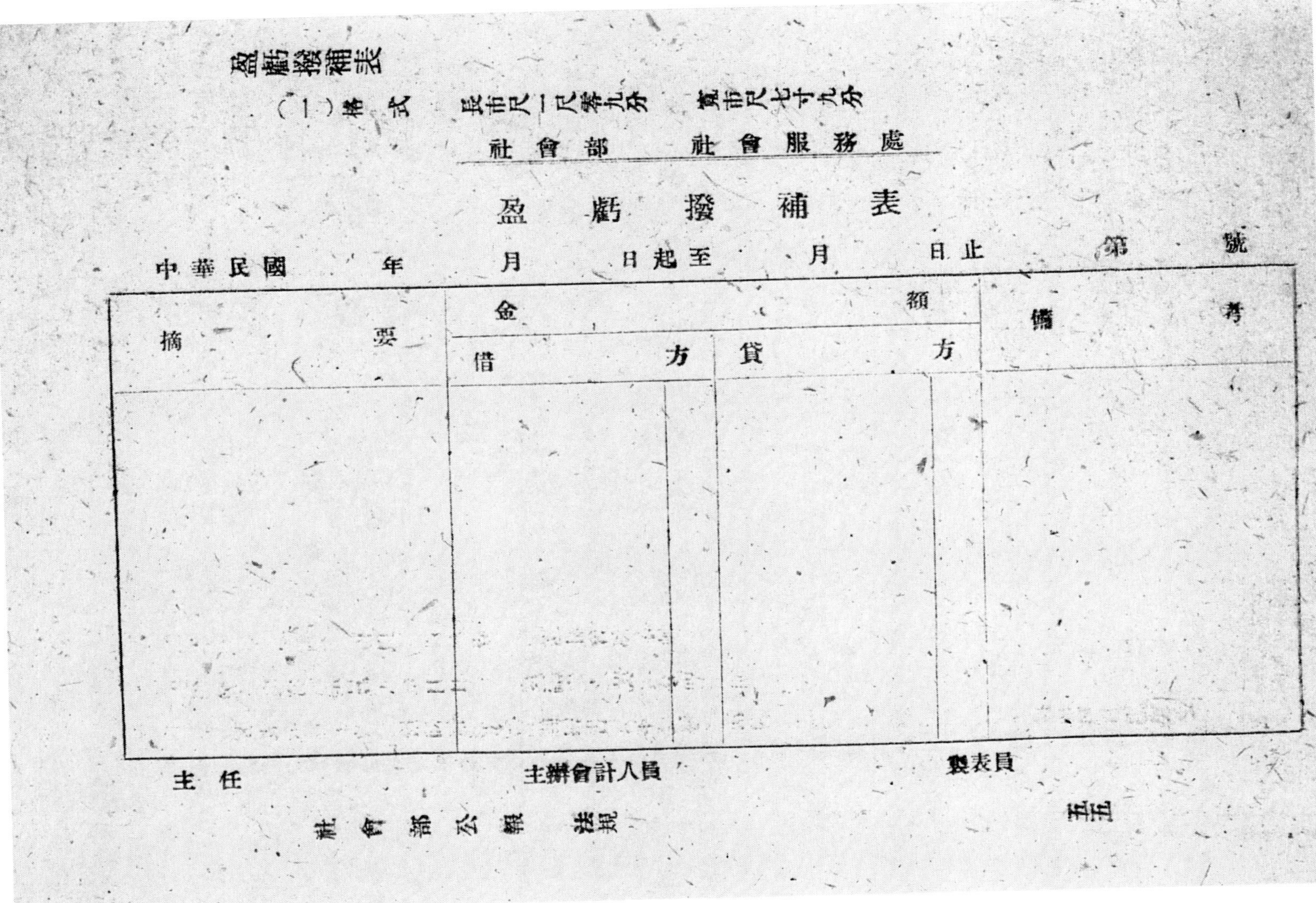

盈虧撥補表

（一）格式　長市尺一尺零九分　寬市尺七寸九分

社會部　社會服務處

盈虧撥補表

中華民國　　年　　月　　日起至　　月　　日止　　第　　號

摘要	金額		備考
	借方	貸方	

主任　　主辦會計人員　　製表員

（二）說明

1. 本表爲表示每年盈虧撥補情形之動態報告於年度終了決算後根據總分類帳中之盈虧撥補科目編製之

2. 編製時應將報告截止年月日按年度編定之號次分別填明

3. 本表每期編製三份以一份存查二份送社會部存轉

財產目錄

（十）格式　長市尺一尺零九分　寬市尺七寸九分

社會部　社會服務處

財產目錄

中華民國　　年　　月　　日　　第　　頁

科目	單位	摘要	購置年月日			所在地	編列字號	數量	單價		金額		裝置費捐稅保險費及運費	總值金額		已用時期	折舊率	應提折舊金額		核定金額		備考
			年	月	日				單位	價格												

主任　　主辦會計人員　　幹事　　製表員

(七)說明

1. 本目錄爲表示一定時日財產盤存情形之靜態報告於每屆決算時根據財產登記簿編製之

2. 製表時應將年月日頁數及據財產登記簿各帳戶之次序依其類別單位單價購置時期等欄一一填製之

3. 本目錄每期編製三份以一份存查二份送社會部存轉

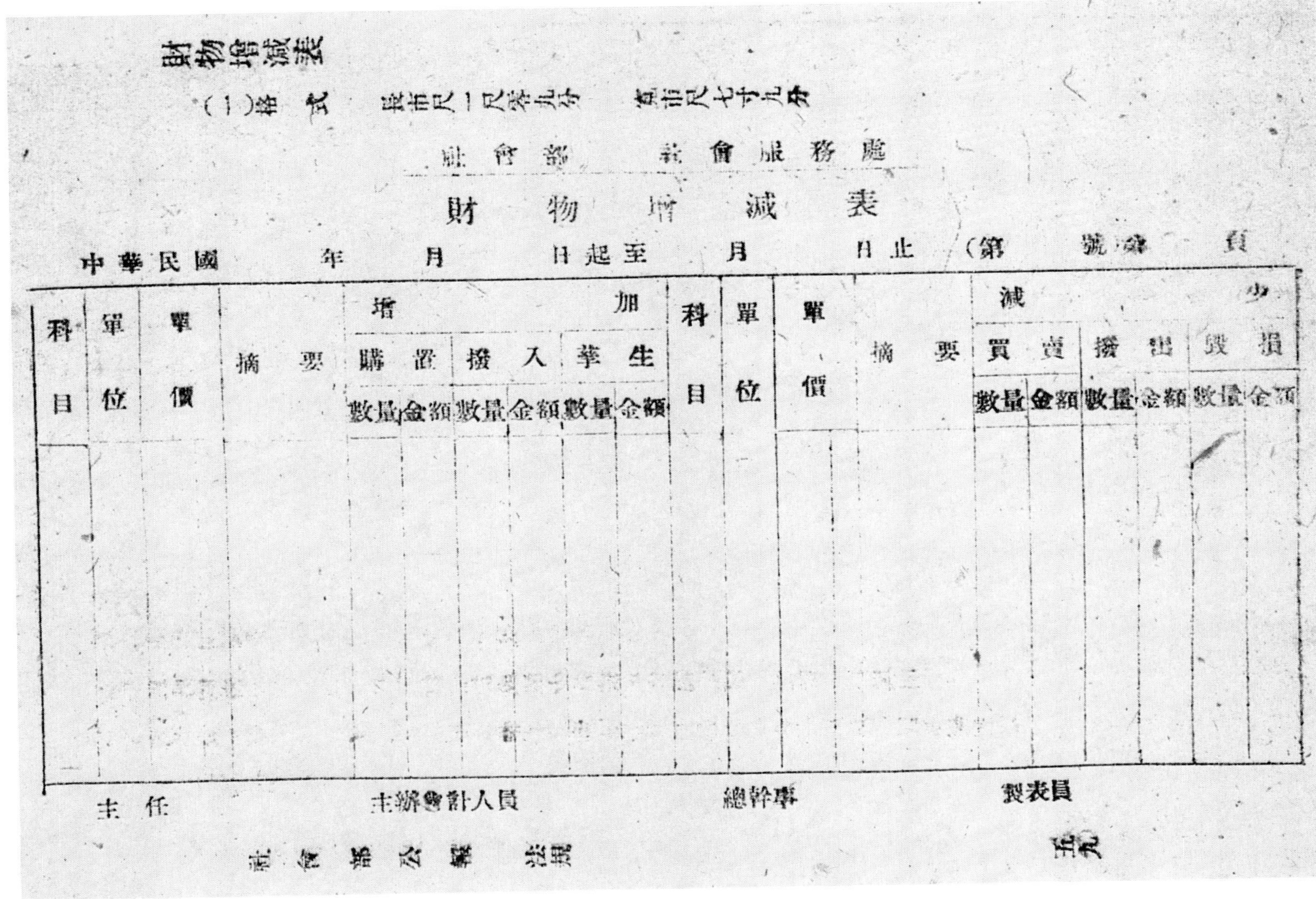

財物增減表

（一）格式　長市尺一尺零九分　寬市尺七寸九分

社會部　社會服務處

財　物　增　減　表

中華民國　　年　　月　　日起至　　月　　日止（第　　號　　頁）

科目	單位	單價	摘要	增加						科目	單位	單價	摘要	減少					
				購置		撥入		孳生						買賣		撥出		毀損	
				數量	金額	數量	金額	數量	金額					數量	金額	數量	金額	數量	金額

主任　　　主辦會計人員　　　總幹事　　　製表員

（二）說明

1. 本表爲表示在一定期間內財物增產情形之動態報告於每月終根據財產登記簿編製之

2. 製表時應將起訖日期科目單位增加或減少及按年度編定報告號數一一填明

3. 本表每期編製三份以一份存查二份送社會部存轉

收支月報表

（一）格式　長市尺一尺零九分　寬市尺七寸九分

社會部　　社會服務處

收支月報表

中華民國　　年　　月　　日起至　　月　　日止　　（第　　號）第　　頁

科目	摘要		金額 小計	合計	總計	截至本月止累計
收項						
Ⅰ上期結存					×× ×	
甲現金				×× ×		
Ⅱ本期收入					×× ×	
甲營業收入	收入數			×× ×		×× ×
乙營業外收入	收入數			×× ×		×× ×
丙暫收款項				×× ×		×× ×
1·借入款	借入數	×××	×× ×			×× ×
	減償還或冲轉數	×××				×× ×
2.預收款	收入數	×××	×× ×			×× ×
	減退回或冲轉數	×××				×× ×
3·暫收款	收入數	×××	×× ×			×× ×
	減冲回數	×××				×× ×
4·收入保證金	收入數	×××	×× ×			×× ×
	減退還數	×××				×× ×
5·應收款項	收入數					×× ×
	收項總計				×× ×	×× ×
付項						
Ⅰ本期支出					×× ×	
甲營業支出	支付數			×× ×		×× ×
乙營業外支出	支付數			×× ×		×× ×
丙暫付款項				×× ×		×× ×
1·暫付款	支付數		×× ×			×× ×
	減收回或冲轉數	×××				×× ×
2·預付款	支付款	×××	×× ×			×× ×
	減收回或冲轉數	×××				×× ×
3·付出保證金	收支數	×××	×× ×			×× ×
	減退回數	×××				×× ×
4.應付款項	支付數			×× ×		×× ×
Ⅱ本期結存					×× ×	
甲現金				×× ×		
	付項總計				×× ×	×× ×

主任　　　主辦會計人員　　　總幹事　　　製表員

（二）說明

1·本表爲表示在一定期間內營業收支情況之動態報告根據總分類帳各財務科目并參照各科目明細分類帳及日記簿編製之

2·製表時報告期間之起訖月日科目摘要及金額等欄一一塡明

3·本表每期編製三份以一份存查二份送社會部存轉

財料盤存目錄

(一)格式　長市尺一尺零九分　寬市尺七寸九分

社會部　社會服務處

財料盤存目錄

中華民國　年　月　日　第　頁

類別	名稱	單位	摘要	購買或撥入		數量	單價	金額	發損值	核實	備考
				月	日						

主任　主辦會計人員　總幹事　製表員

（二）說明

1. 本目錄爲表示一定時日材料盤存情形之靜態報告於每屆決算時根據總分類帳損益帳戶及各料目明細分類帳材料盤存帳戶編製之

2. 製表時應將月日類別名稱數量金額各欄一一填明

3. 本目錄每期編製三份以一份存查二份送社會部存轉

營業日報表

（一）格式

長市尺一尺零九分

寬市尺七寸九分

社會部　社會服務處

營業日報表

中華民國　　年　　月　　日（星期　　）　第　　頁

名稱	摘要	金額 小計	金額 合計
社會公寓			××　×
單間		××　×	
單床		××　×	
火爐		××　×	
風扇		××　×	
社會食堂			××　×
客飯		××　×	
宴席		××　×	
茶點		××　×	
浴室			××　×
理髮室			××　×
社交室			××　×
診療所			××　×
門診		××　×	
醫藥		××　×	
出診		××　×	
手術		××　×	
旅行社			××　×
代售車船票		××　×	
代客運送行李		××　×	
旅客寄存物品		××　×	
代售物品		××　×	
	本日總數		

主任　　主辦會計人員　　總幹事　　製表員

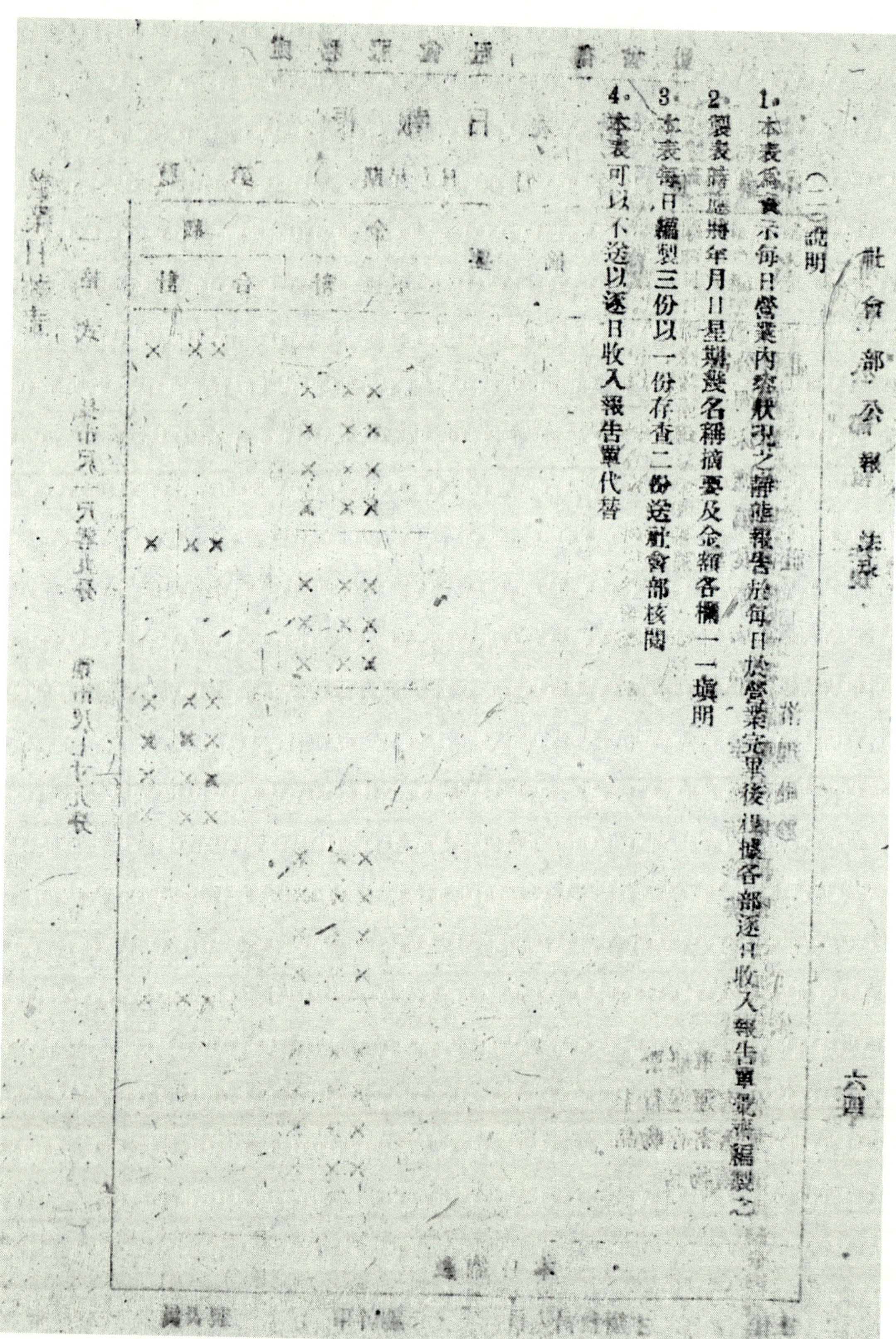

（二）說明

1.本表爲表示每日營業內容狀況之靜態報告於每日於營業完畢後根據各部逐日收入報告單彙編製之

2.製表時應將年月日星期幾名稱摘要及金額各欄一一填明

3.本表每日編製三份以一份存查二份送社會部核閱

4.本表可以不送以逐日收入報告單代替

命令

府令

國民政府令　三十年七月八日

行政院院長蔣中正呈據社會部部長谷正綱呈請任命張永懋為社會部科長應照准此令

國民政府令　三十年八月十五日

行政院院長蔣中正呈據社會部部長谷正綱呈請任命曹沛滋為社會部科長應照准此令

國民政府令　三十年九月十日

任命朱學範為社會部秘書此令

國民政府令　三十年九月二十七日

派于竣吉為出席第二十六屆國際勞工大會中華民國國民政府代表此令

茲指定李平衡為出席第二十六屆國際勞工大會中華民國國民政府第一代表于竣吉為第二代表此令

派壽景偉為出席第二十六屆國際勞工大會中華民國僱主方面代表此令

派朱學範為出席第二十六屆國際勞工大會中華民國勞工方面代表此令

部令

社會部令　社法字第六三〇〇號　三十年七月十一日

茲制定社會部社會法臨時起草委員會簡章公佈之此令

社會部令　社法字第六三三三號　三十年七月十二日

茲制定本部職員請假規則公佈之此令

社會部令　社法字第六四三五號　三十年七月十六日

茲修正合作事業工作人員考成辦法公佈之此令

社會部令　社法字第六六〇一號　三十年七月二十二日

茲制定社會部補助各省合作事業經費辦法公佈之此令

社會部令　社法字第六七二七號　三十年七月三十日

茲制定社會部防空洞管理規則公佈之此令

社會部
經濟部令　社組字第六九九四號　(卅)參字三五〇七號　三十年八月七日

茲依非常時期工礦業及團體管制辦法第三條第一項之規定指定實施區域公佈之此令

社會部令　社法字第七一〇〇號　三十年八月九日

茲修正合作事業奬勵規則公佈之此令

社會部令　社法字第七四二一號　三十年八月二十六日

茲制定社會部救濟院籌備委員會組織規程公佈之此令

社會部
經濟部令　機字第五〇三號　(卅)職字三五四四號　三十年九月三日

茲制定空襲時間工廠停工復工及核給工資暫行辦法公佈之此令

社會部令　社法字第七九四六號　三十年九月十一日

茲制定社會部職員出差暫行辦法公佈之此令

社會部令

派張民權代理本部科員此令

[illegible]社總字第六[illegible]七號　三十年七月二日

派周仲琴張洪昌楊蘊璞龍澤洲蔡啟君為本部統計處調查督導員此令

社總字第六一六二號　三十年七月二日

本部科員陳彥彤另有任用應免本職此令

社總字第六一六四號　三十年七月二日

派本部參事諸徵宇兼任本部社會行政計劃委員會秘書此令

社總字第六一六六號　三十年七月二日

本部農運督導員沈育光呈請辭職應照准此令

社總字第六一七四號　三十年七月三日

派本部科長周光琦兼任社會法臨時起草委員會秘書此令

社總字第六二七二號　三十年七月十日

派谷興驥為本部農運督導員此令

社總字第六二八八號　三十年七月十日

委任步　正試署本部合作事業管理局辦事員此令

社總字第六三五〇號　三十年七月十四日

派張競宇盧茂生田壯飛為本部調查員此令

社總字第六三五二號　三十年七月十四日

派本部司長陸京士、兼代司長朱景暄、參事李俊龍兼任社會工作人員訓練班業務實習指導員此令

社總字第六四二八號　三十年七月十五日

派本部科長劉脩如、編審牟乃紘、社會行政計劃委員會委員劉仰之兼任社會工作人員訓練班訓育幹事此令

社總字第六四二九號　三十年七月十五日

兼任本部成都市農工運動督導員廖　廓請辭兼職應照准此令

社總字第六四八一號　三十年七月十七日

派本部專員曾覺先兼任成都市農工運動督導專員此令

社總字第六四八二號　三十年七月十七日

派常守仁代理本部科員此令

社總字第六五四二號　三十年七月十九日

本部朱[illegible]秦診療所主任任志路着免本職此令

社總字第六五四三號　三十年七月十九日

本部科員鄧鳳翔呈請辭職應照准此令

社總字　六五四五號　三十年七月十九日

派徐翔之代理本部科員此令

社總字第六五四六號　三十年七月十九日

本部調查員吳萊、本部調查審導員周佩儀久未到職應予免職此令

社總字第六六〇二號　三十年七月二十三日

派郭錫壬張九容為本部調查審導員此令

社總字第六六〇三號　三十年七月二十三日

派俞可鈞代理本部合作事業管理局科員此令

社總字第六六三三號　三十年七月二十四日

委任孟憲海武寶琛爲本部科員此令

社總字第六六四七號　三十年七月二十四日

代理本部科員鄭權明呈請辭職應照准此令

社總字第六六四八號　三十年七月二十四日

代理重慶市空襲服務臨時保健院會計員吳基遠呈請辭職應照准此令

社總字第六六五六號　三十年七月二十四日

代理本部科員孫炳年久未到差應予免職此令

社總字第六六五八號　三十年七月二十四日

派本部社會行政計劃委員會專任委員張鴻鈞兼任該會研究室主任此令

社總字第六六六二號　三十年七月二十五日

本部社會行政計劃委員會專任委員傅尚霖着毋庸兼代該會研究室主任此令

社總字第六六六三號　三十年七月二十五日

本部重慶社會服務處會計主任康之來呈請辭職應照准此令

社總字第六七一四號　三十年七月二十六日

派張家驊代理本部重慶社會服務處會計主任此令

社總字第六七一五號　三十年七月二十六日

本部統計處調查審導員湯楚雲久未到差應予免職此令

社總字第六七三一號　三十年七月三十一日

派漢　夫爲本部統計處調查審導員此令

社總字第六七五二號　三十年七月三十一日

派本部專員于佑虞暫行代理專員室主任此令

社總字第六七九四號　三十年八月二日

本部西南各地示範社會服務處籌備員樊　圖夏博文袁慶雲黃繩武饒炳章曾純祖另有任用應予免職此令

派夏博文萬騰祖為本部重慶社會服務處幹事此令

派樊　圖黃繩武為本部桂林社會服務處幹事此令

派袁慶雲饒炳章為本部貴陽社會服務處幹事此令

派曾純祖為本部衡陽社會服務處幹事此令

社總字第六八一五號　三十年八月四日

本部合作事業管理局視察馬道鄰應予免職此令

社總字第六八七〇號　三十年八月五日

本部統計處專員兼代第一科科長蔣錫乾着即撤職此令

社總字第六九〇三號　三十年八月五日

本部統計處調查員戴　鑄陶錚王袁壽徵林昌樾白方琦獻魯德慧另有任用應免本職此令

社總字第七〇〇六號　三十年八月七日

派戴　鑄陶錚林昌樾王白方琦魯德慧袁壽徵獻為本部統計處調查輔導員此令

社總字第七〇〇七號　三十年八月七日

本部祕書周學藩毋庸兼任本部工作成績考核委員會祕書此令

派科長郭　驥兼任本部工作成績考核委員會祕書此令

社總字第七〇六八號　三十年八月九日

本部合作事業管理局科員龐業光馮斌甲另有任用應免本職此令

社總字第七〇八〇號　三十年八月九日

本部督導員郭子璋呈請辭職應照准此令

社總字第七〇八三號　三十年八月九日

派胡守棻爲本部督導員此令

社總字第七〇八四號　三十年八月九日

本部科員程本立呈請辭職應照准此令

社總字第七一一三號　三十年八月十五日

本部合作事業管理局視察楊敬修王紹林另有任用應予免職此令

代理本部合作事業管理局視察齊國琳另有任用應予免職此令

派楊敬修王紹林齊國琳代理本部合作事業管理局視察除呈薦外此令

社總字第七一七四號　三十年八月十六日

本部合作事業管理局科員林　嶸張　遠王之丹梁　楣另有任用應免本職此令

社總字第七三〇七號　三十年八月二十日

派曹明煥爲本部自貢市工運督導專員此令

社總字第七三一一號　三十年八月二十日

派洪　元代理本部科員此令

社總字第七三二七號　三十年八月二十一日

本部湘桂路工運指導專員彭利人另有任用應免本職此令

社總字第七四一六號　三十年八月二十五日

本部專員于佑虞着毋庸兼代專員室主任此令

本部合作事業管理局委任視察熊世培另有任用應免本職此令

派熊世培代理本部合作事業管理局視察除呈荐外此令

社總字第七四三八號　三十年八月二十六日

派葉　烈代理本部合作事業管理局辦事員此令

社總字第七四六三號　三十年八月二十八日

派池長淵爲本部湯峽口墾殖新村會計員此令

社總字第七五二九號　三十年八月二十九日

本部湯峽口墾殖新村會計員唐志賢久未到差應予免職此令

社總字第七五三〇號　三十年八月二十九日

派陳友玖溫學聚李慶棠代理本部會計室科員此令

社總字第七五三六號　三十年八月二十九日

派高寶鈞代理本部重慶市空襲服務臨時保健院會計主任此令

社總字第七五四二號　三十年八月二十九日

本部統計處計算員方善懷呈請辭職應予照准此令

社總字第七七二一號　三十年九月五日

派樸壯華王立言徐孝敬常桂壽于光軍爲本部統計處調查督導員此令

社總字第七七四一號　三十年九月六日

派陳小村殷學權金綺雲爲本部萬縣家計調查員此令

社總字第七七四五號　三十年九月六日

派蔡君實爲本部自貢市家計調查員此令

社總字第七七八八號　三十年九月九日

派本部專員張天開兼任本部工廠檢查員訓練班班主任此令

社總字第七七八九號　三十年九月九日

派喻斯駿劉天龍唐承富孫永定譚壽柏為本部重慶家計調查員此令

社總字第七七九〇號　三十年九月九日

派余華豐鄧家富為本部內江家計調查員此令

社總字第七七九一號　三十年九月九日

派周季芳陳肇英楊馨曉向景雲為本部成都家計調查員此令

社總字第七七九二號　三十年九月九日

本部科員余傳弼呈請辭職應予照准此令

社總字第七七九三號　三十年九月九日

派葉驥良王正平駱光炳為本部工運督導員沈一平為農運督導員劉振鐙為本部訓練督導員張仁楷為本部商運督導員張泉生為本部社會運動督導員馬人松為本部特種社團督導員此令

社總字第七八五六號　三十年九月十日

本部代理科員戴健華另有任用應免本職此令

派戴健華為本部調查員此令

社總字第七八九六號　三十年九月十日

派王功棨符滬生為本部調查員此令

社總字第七九一七號　三十年九月十一日

派謝宗德代理本部科員此令

社總字第七九一八號　三十年九月十一日

派平澤蔭代理本部科員此令

社總字第七九七一號　三十年九月十一日

本部專員高　邁着毋庸代理福利司第五科科長職務此令

派本部視導徐幼川兼任本部福利司第五科科長此令

社總字第七九七三號　三十年九月十一日

派楊曉濤劉聲振為本部統計處調查審導員此令

社總字第八〇二〇號　三十年九月十五日

派張用斐為本部統計處計算員此令

社總字第八〇三一號　三十年九月十五日

本部代理科員汪崇瀛鄭菊英呈請辭職應照准此令

本部統計處調查審導員王　猷陶　錚另有任用應免本職此令

社總字第八〇三一號　三十年九月十五日

派王　猷陶　錚代理本部科員此令

社總字第八〇三二號　三十年九月十五日

本部合作事業管理局視察王樹基呈請辭職應予照准此令

社總字第八〇六七號　三十年九月十六日

本部代理科員伍淑英久不到差應予免職此令

社總字第八〇七一號　三十年九月十六日

派周　鈞逍　恍劉伯偉楊克昌張麗生錢心科宋樹良張雲雷金　培涉　鷗李中劍汪　洋李順緒楊明清胡英鑑何爭烈侯輔成曾偉民王季曾李　鈺陳福松黃心銘張耀煌江　聲為本部調查員此令

派陳鍾瑞欒臨華王政民為本部督導員此令

派曹培隆龍鐵珊杜章甫為本部訓練督導員此令

派劉一鷗劉大覺為本部社運督導員此令

派馬　浩盧寶森劉瑞隆蘭健吾楊　粹孫　方張國梓閻曼平為本部工運督導員此令

派陳秀山鍾緯鐸陳述祖熊厚生熊文淵廖光亨劉之棠倪　偉為本部農運督導員此令

派徐曉江胡健民劉　琨方思齊鄭協邦鄒子卿李仕衡鄒令撰孫廷榮李子明瞿泰豈為本部商運督導員此令

社總字第八一四八號　三十年九月十八日

派本部秘書黃夢飛參事李俊龍司長朱景暄社會行政計劃委員會研究室主任張鴻鈞合作事業管理局局長壽勉成兼任本部法規委員會委員此令

社總字第八一四九號　三十年九月十八日

派本部司長陳　烈陸京士兼代司長朱景暄社會行政計劃委員會研究室主任張鴻鈞兼任本部工作成績考核委員會委員此令

社總字第八二三〇號　三十年九月二十日

派本部視導陳　言兼任本部工作成績考核委員會委員常川駐會辦理會務此令

社總字第八二三一號　三十年九月二十日

派蕭仲泉代理本部科員此令

社總字第八三三九號　三十年九月二十四日

代理本部合作事業管理局科長鄒念魯呈請辭職應照准此令

社總字第八三六九號　三十年九月二十五日

派本部專員程朱溪兼任重慶市工人服務總隊副總隊長此令

社總字第八三九六號　三十年九月二十六日

本部合作事業管理局科長陳日琨呈請辭職應照准此令

派程大森代理本部合作事業管理局科長此令

社總字第八四一七號　三十年九月二十六日

派洪　煒為本部統計處調查督導員此令　社總字第八四一九號　三十年九月二十六日

派楊業勤為本部調查員此令　社總字第八四五三號　三十年九月二十七日

本部科員李宗孟呈請辭職應予照准此令　社總字第八四六九號　三十年九月二十七日

派李後興代理本部科員此令　社總字第八五二三號　三十年九月三十日

社會部社會法臨時起草委員會委員姓名一覽

洪蘭友　史尚寬　史太璞　史維煥　林　彬　陳之邁　謝保樵

羅　鼎　祝世康　謝徵孚　周一夔　朱昇暄

社會部新聘社會行政計劃委員姓名一覽

張鴻鈞（專任）　黃文山

公牘

總務類

社會部呈 社總字第六四三〇號 三十年七月十五日

呈為遵 令擬定各省省政府社會處組織條例及分期組設辦法呈請 鑒核公布施行由

竊奉

鈞院三十年五月二十二日勇一字第七九五〇號訓令節開：

「奉 國民政府三十年四月三十日渝文字第三九〇號訓令，『為確定省（市）縣（市）政府主管社會行政機構案，業經中央第一六五次常會通過辦法。一、在省政府之下，得設置社會處，主管關於人民組訓，社會運動，社會救濟，社會福利等事宜，其未設處之省，由民政廳設科主管，在直隸行政院之市歸社會局主管。』等因；除分令外，合行令仰知照并轉飭所屬知照，此令」

等因；奉此，自應遵辦，竊查此案，前奉

鈞院三十年一月七日勇壹字第三八七號指令，以關於確定省（市）縣（市）政府主管社會行政機構一節，經本院第四九七次會議決定原則一在省政府之下，儘三十年度六個月內設置社會處在案，復查本部改隸以後，各級黨部經辦社會工作事項，會經奉准移交政府辦理，惟以各省社會行政機構尚未成立，有已遷交民廳者，有停頓待交者，情形紛歧，日有詰詢，自應統籌接收，劃一管轄，現三十年度正屆七月，各省社會行政機構似應遵令迅即分別設處設科，以資接管，而利進行，茲謹遵照各省軍事及社會情況，酌量緩急，通盤籌計，擬具各省政府社會處組織條例，

及各省省政府社會處分期組設辦法，俾便遵行，是否有當，理合繕具所擬條例辦法，備文呈請
鑒核公布施行！

謹呈

行政院

附呈擬訂各省省政府社會處組織條例一份擬訂各省省政府社會處分期組設辦法一份（略）

社會部呈　社會字第六四三九號　三十年七月十六日

轉呈本部合作事業管理局合作推廣專款會計程序暨收支保管暫行辦法草案請　鑒核備查由

案據本部合作事業管理局呈送合作推廣專款會計程序及收支保管暫行辦法草案，請鑒賜核辦等情，到部。查所擬各項，尚屬可行，理合檢同原件，呈請
鑒核備查！

謹呈

行政院

附呈本部合作事業管理局合作推廣專款會計程序及合作推廣專款收支保管暫行辦法草案各一份（見二期公報法規欄）

社會部呈　社總字第八一〇一號　三十年九月十六日

准主計處函以關於本部就原有統計室改爲統計處一案已將組織法內有關統計條文呈請國府發交立法院[illegible]　鑒核

案奉

鈞院三十年七月三日勇統字第一〇五二三號訓令開：

「案奉國民政府六月十四日渝文字第五五六號訓令，以據主計處呈，爲該部統計室經改爲統計處，所有前奉核准之社會部統計室組織規程，應請廢止，茲經改訂社會部統計處組織規程二十一條，附呈核示，並令本院飭知等情，經准照辦，檢同原規程一份，令院飭知，等因；奉此，合行檢發原附件，仰該部應於依照立法程序修改組織法後，遵照辦理，此令」

等因，計檢發統計處組織規程一份，奉此，正遵辦間，接准主計處三十年九月六日渝統字第一〇六〇號函，，關於本部就原有統計室改爲統計處一案，業經參照實際情形，將本部組織法內有關統計條文，擬予修改之處，臚列清單呈請國民政府發交立法院修正，檢同擬修正各條文，函請查照，等由；准此，理合抄同原附擬修正條文，備文呈請鑒核！

謹呈

行政院

附抄，呈擬修改社會部組織法條文一份（見法規欄）

社會部呈 社會字八一五六號 三十年九月十八日

爲遵照規定塡具本部及所屬各機關三十年度項追加預算明細表並陳明追加緣由呈請鑒核備查由

案奉

鈞院本年九月十四日勇會字一四一四八號訓令，抄發行政院及所屬各機關三十一年度概算編製要點一份飭遵照並轉飭所屬遵照等因；奉此，自應分別遵辦，茲遵照上項要點第十四項之規定，謹將本部暨所屬各機關卅年度內各項追加預算，及照案補算各案明細表，逐項塡列完竣，查本部卅年度事業費概算業經重編呈核，惟各項事業之實施，進度不同，經費開支之多寡亦異，上表所列各項事業在推進中，或因計劃之擴展，或因物價之上漲，或因原概算估計過低，實屬不敷支應，故於此時一併列表請求追加，除各該追加預算，另文呈送外，理合檢同追加預算明細表備文呈請鑒核備查！

謹呈

行政院

附呈本部及所屬各機關卅年度追加預算明細表一份（略）

社會部呈 計總字第八三九九號 三十年九月廿六日

奉令抄發空襲時間處理重要工作辦法大綱一份飭部遵照擬就實施辦法具報等因遵將辦理情形備文呈復敬乞鑒核由

案奉

鈞院三十年八月二十五日勇文字第一二七三四號訓令，抄發空襲時間處理重要工作辦法大綱一份，飭即遵照擬就實施辦法具報等因，查本部前因空襲頻仍，爲避免緊急重要工作停滯起見，經訂定本部南紀門防空洞內辦公辦法，指定各級重要職員，分組輪流處理空襲時間內急要公務，自八月十日起，即已開始實行，奉令前因，除遵照

鈞院抄發工作辦法大綱，將原辦法予以補充改訂外，理合檢同上項辦法備文呈復，敬乞

鑒核！

謹呈

行政院

附呈社會部空襲時間處理重要公務實施辦法一份

社會部空襲時間處理重要公務實施辦法

第一條　本部爲使空襲時間重要公務照常進行起見特依據空襲時間處理重要工作辦法大綱之規定訂定本辦法

第二條　本部就南紀門防空洞內設置臨時辦公處遇有空襲時應將公文急件及重要工作移至該處辦理

第三條　防空洞內臨時辦公處分兩組輪值辦公其輪值人員及工作時間由總務司第二科列表呈經　部長核定之

第四條　本部各種會議會報如遇空襲應就臨時辦公處照常舉行

第五條　防空洞內臨時辦公處應裝置電話並備置脚踏車隨時傳遞緊急文件

第六條　本辦法呈經　部長核准施行

社會部呈　社總字第八五〇三號　三十年九月三十日

爲擬具省合作事業管理處及市縣合作指導室組織大綱草案賫呈　鑒核頒布施行由

案查關於調整地方合作行政機構一案，前經經濟部擬定調整各省市合作行政及推行合作事業機構草案，暨各省合作事業管理處及市縣合作指導室組織通則草案，呈奉

鈞院第四三四次院會决議照審查意見交回經濟部，先行徵詢各省意見，綜合研究，再行呈院核辦，并經濟部於卅

八年十月間分函各省政府各在案，綜核各省市對本案函復意見，除因戰事關係，合作事業陷於停滯之省市外，其餘各省市對於調整原則，均表贊同，川，康，豫，陜，桂，粵，浙，滇，青，綏，等省，并已自動改組，或成立省合作事業管理處，惟省（市）縣合作行政機構，中央一六五次常會已確定在省設合作事業管理處，在縣（市）設合作指導室，并奉

鈞院本年五月廿二日勇壹字七九五〇號訓令飭知在案，經濟部前擬之調整各省市合作行政及推行合作事業機構辦法草案，已無訂定之必要，茲謹遵照中央一六五次常會確定省（市）縣政府主管社會行政機構案辦法規定，并參照接管經濟部原案，暨全國合作會議有關本案之決議，重行擬具省合作事業管理處及市縣合作指導室組織大綱草案，理合賫呈鑒核，頒布施行，至前軍事委員會委員長南昌行營頒行之勦匪區內各省農村合作委員會組織規程，及前實業部公布之豫鄂皖贛閩廿六省農村合作委員會組織通則，并請

明令廢止，實爲公便！

謹呈

行政院

附呈省合作事業管理處及市縣合作指導室組織大綱草案一份

省合作事業管理處及市縣合作指導室組織大綱草案

第一條　各省政府得設置合作事業管理處（以下簡稱合作處）主管全省合作事業

第二條　省合作處置處長一人

第三條　省合作處處長得列席省政府委員會會議

第四條　省合作處之職掌如左

一、關於全省合作事業之計劃推進事項

二、關於全省合作組織之登記考核事項

三、關於全省合作教育之設施事項

四、關於全省合作事業之調查統計事項

五、關於全省合作金融之籌劃及指導監督事項

六、關於全省各縣市合作行政設施之指導監督事項

七、關於全省各縣市合作工作人員之指導考核事項

八、關於有關合作機關團體之聯繫事項

九、關於其他有關合作事項

第五條　省合作處置秘書科長視察員督導員技術專員科員其名額官等俸給及編制由省政府依事務需要擬訂報由社會部核轉行政院決定之

第六條　省合作處對外重要文件以省政府名義行之普通事項以本處名義行之

第七條　各市縣政府得設合作指導室掌理各該縣市合作行政及合作事業之計劃推進事項

第八條　市縣合作指導室置主任一人直隸行政院之市社會局合作指導室主任得以薦任待遇餘均委任

第九條　市縣合作指導室置指導員助理員及辦事員各若干人直隸行政院之市社會局合作指導室並得置視察員及技術專員各若干人

第十條　市縣合作指導室主任及指導員視察員技術專員助理員辦事員由縣長或市社會局長遴選合格人員呈請省政府或市政府委任之

以薦任待遇之主任其任用應依社會部合作事業管理局組織條例第六條第三款之規定

第十一條　本大綱自公佈日施行

社會部呈　社總字第八五三三號　三十年九月三十日

爲編擬三十一年度社會建設計劃連同經費概算呈請鑒核由

案奉

鈞院三十年八月八日勇審字第一二二九一號訓令節開：

「茲奉

國民政府令發三十一年度各機關計劃編造辦法到院，應即遵照辦理。所有三十一年度計劃之編擬，時間已極迫

促，在各機關三年計劃全部整理案未經核定以前，應即由各該機關根據所擬計劃大綱草案，預擬三十一年度計劃，連同經費概算一併於九月三十日以前，各繕具二十份呈核。除分令外，合亟檢發三十一年度各機關計劃編造辦法，令仰遵照辦理。此令」

等因，附抄國民政府訓令一件，檢發三十一年度各機關計劃編造辦法一份，奉此，查本部前擬戰時三年國防社會建設計劃大綱草案，業經呈報

鑒核在案，玆奉前因，遵經按照特頒辦法及原擬三年計劃大綱草案參酌實際施政情形擬具三十一年度社會建設計劃，除各省部分計劃及概算已另案呈送外，是否有當，理合連同經常費及事業費概算備文呈請

鑒核示遵！謹呈

行政院

附呈三十一年度社會建設計劃二十份（略）

社會部公函

社秘字第六六九○號　三十年七月二十六日

為社會行政人員考試關係重要務請於下期加入復請查照轉陳由

案准

貴處第四七八號箋函內開：

「本年高考初試早經着手進行，不及加入社會行政人員考試一類，函達查照。」

等由；准此，查社會行政人員考試關係重要，務請於下期加入，相應函復，即希

查照轉陳爲荷！此致

考試院祕書處

社會部公函

社秘字第七三九五號　三十年八月二十五日

函復八中全會推進發展國營事業特種工會組織藉以促進生產完成國防建設案等四案辦理經過情形請查照轉呈由

案准

貴處本年八月八日渝豐機十一四二號公函，檢送八中全會決議案案由單四紙，囑查照將辦理情形具報，以便轉呈等

由，准此，茲將各案辦理情形分述於次：

一、積極發展國營事業特種工會組織，藉以促進生產，完成國防建設案。　本案於本年五月廿四日，奉　行政院令，核議具復；本部經於六月二十八日，以社組字六〇一五號呈復審議意見兩項。

二、動員財力，擴大生產，實行統制經濟，以保障抗戰勝利案。本案於本年五月廿八日，奉　行政院令，就主管事項，擬具實施計劃呈核；本部經於七月二十六日，以社組字六六八一號，就主管事項，呈復實施意見及計劃。

三、積極動員人力物力財力，確立戰時經濟體系案。　本案於本年五月二十八日，奉　行政院令，就主管事項，擬具實施計劃呈核；　本部經擬具農工暨婦女組訓經施計劃大綱，於七月九日以社組字六二四七號，呈復行政院。

四、請建設西北，以鞏國基案。　本案於本年五月十七日，奉　行政院令，參酌辦理，本部以原提案雖列有組織社會建設團體一項，惟社會行政，創制伊始，各級機構，尚待建立，如何加緊人民組織，促進社會團結，本部正在再籌維之中，關於組織西北社會建設團體一節，經飭主管司局於草擬計劃時，特加注意，藉鞏國基。

准函前由，相應申敘各案辦理經過情形，復請

查照轉呈，為荷！

此致

中國國民黨中央執行委員會祕書處

社會部訓令　社總字第六二二八號　三十年七月七日

令本部所屬各機關

奉　院令飭示　總裁在八中全會指示黨政機關在行政方面應注意之要點令仰遵辦由

案奉

行政院本年六月二十五日勇壹字第一七〇號訓令開：

「案准國防最高委員會祕書廳國綱字第一八五二二號公函開：『案准中央執行委員會祕書處本年六月六日渝豐機字第八八七號公函開：『第五屆中央執行委員會第八次全體會議，奉　總裁指示黨政機關以後在行政方面

應注意左列各點，以增進效率。（一）人事機構應力求健全，主管人事人員必須遴選經驗最富能力最優者充任。（二）各機關須厲行分層負責制，俾主官對於人事經費及重要事項，有充分時間從事思攷，更須有專任研究之人員輔佐規劃。（三）省縣黨部每一委員，對於政治事項必須經常研究，依民財建教等部門，分別担任，增進其行政能力，中央機關負有設計任務之人員，亦宜照此辦理。（四）縣長兼職過多，系統紛繁，應將無專設必要之機關，分別事類歸納於各縣府之各科，俾趨簡單，中央各機關應在地方辦理之業務，可委由縣長辦理者，不必一一分設機關。（五）縣政府應倣省府合署辦公之成規，集中全力於縣長，關於人事之考核賞罰，以及經費之支用，應多予縣長以較大之權限，但其僚屬有不法行為時，縣長應負連帶責任。（六）低級公務人員，尤其縣工作人員，待遇應予提高，並由公家設法供應其本身及其直系家屬之食粮。除由中央分行各黨務機關遵照外，相應函達，即希查照轉陳，分別轉飭遵照注意辦理。』等由，准此，除分函外，相應函達，即希查照注意辦理，并轉飭所屬遵照為荷！等由，准此，除分行外，合行令仰注意遵照，並飭屬遵辦，此令」

等因；奉此、除分令外，合行令仰注意遵辦；并飭屬遵辦！此令。

社會部訓令

社會字第六二二九號　三十年七月七日

令本部所屬各機關

奉院令事業費不得任意移用等因令仰遵照由

案奉

行政院本年六月二十二日勇會字○九六六號訓令開：「准國民政府主計處三十年六月十一日函節開：『查各事業機關已成立事業費或基金預算者，往往任意移作他用，事後始行列報，核與設立事業費或基金原意不符，應請查照通令所屬各事業機關，切實注意，以重國帑，』等由；准此，自應照辦，除函復並分令外，合行令仰遵照，並轉飭所屬各事業機關一體遵照，此令。」等因；奉此，自應遵辦，除分行外，合行令仰遵照！此令。

社會部訓令

社總字第六三九一號　三十年七月十四日

令本部所屬各機關

令發取締託故先請短假續請長假及怠工冀圖免職人員辦法第二項仰即遵照由

案奉

行政院三十年六月二十一日勇文字第九九一八號訓令開：

「准軍事委員會本年六月十二日辦制渝字第二八六〇號公函開：『查取締託故先請短假續請長假及怠工冀圖免職人員辦法，業經本會制定明令公佈，除分令遵照外，相應抄同該辦法第二項，函達查照通飭施行，至紉公誼。』等由，除分令外，合行抄發原件，令仰遵照！此令。附抄發取締託故先請短假續請長假及怠工冀圖免職人員辦法第二項。」

等因；奉此，除分令外，合行抄發原件令仰遵照！此令。

附抄發取締託故先請短假續請長假及怠工冀圖免職人員辦法第二項

取締託故先請短假續請長假及怠工冀圖免職人員辦法第二項

二、凡各機關學校部隊以後對於任用原有資歷投効人員須先調驗其最近原任機關學校部隊少校以上主官之離職許可證如無是項證件者不得錄用否則該任用機關應一併議處

社會部訓令　社總字第六四二五號　三十年七月十五日

令本部所屬各機關

令各機關對於人員任免應慎重辦理如有包庇串通避免兵役等情事一經察覺以破壞兵役法治罪等因令仰遵照並飭屬一體遵照

案奉

行政院本年七月一日勇武字第一〇四五二號訓令開：

「自軍興以來，凡應服兵役之國民，其踴躍應徵者，固所在多有，而不肖之徒，百計營求，冀圖免役者亦不乏人。甚且請託親友，在政府機關謀取職銜，規避服役。查各機關人員本有定額，各該機關對人員任免極應慎重辦理。如有包庇串通避免兵役情事，一經察覺，當以破壞兵役法論罪，從重懲治。除分令外，合行令仰遵照，並轉飭所屬一體遵照。」

等因，奉此，除分令外，合行令仰遵照並飭屬一體遵照！此令。

社會部訓令　社總字第六四二七號　三十年七月十五日

令本部所屬各機關

奉　令轉錄八中全會　總裁關於黨政工作人員訓練事項之訓示六點通令遵行一案令仰遵照由

案奉

行政院三十年六月二十六日勇文字第一〇二〇〇號訓令開：「案准國防最高委員會秘書廳六月十六日國綱字第一八五一九號函開：『案准中央執行委員會秘書處本年六月六日渝豐機字第八八七號公函開，「第五屆中央執行委員會第八次全體會議，奉　總裁指示：為適應現代需要，黨政工作必須鼓勵自動精神，造成研究風氣，注意實際效能，培養民主習慣，欲達此目的，端在工作人員之訓練。其要旨可略舉如下：

(一)在機關小組，黨的小組，或黨團會議中，應注意養成自我批評與相互批評之精神。

(二)從主管到基層工作人員，對於有關業務之法令規章，必須詳細研究，熟悉了解各級主管人員，應經常加以督促而考核之。

(三)機關能否現代化，全視管理是否得法，各級工作人員，必須予以管理之訓練，務使對於人事物之管理，均具有應需之知識與技能。

(四)每一工作，必須有完備之計劃，始能推行盡利。而計劃之擬訂，必須先有精密之研究，過去各機關，對於設計工作，多不重視，所擬計劃多膚淺而不切實用，今後對於工作人員，務須予以設計之訓練，更須養成澈底研究之精神，矯正敷衍塞責之積習。

(五)黨政工作人員，均負有實現主義之任務，因此必須注重理論之訓練，與主義政策之研究，務使對於主義與政策，均能澈底了解，然後一切工作之規劃與推進，均有正確之依據。

(六)欲求民權主義之實現首在訓練人民，行使四權，黨政工作人員有領導民衆之責其自身必須對四權之行使，有充分之訓練，然後可進而訓練民衆。

除由中央分行各黨務機關遵照外，相應函達，即希查照轉陳飭屬遵照爲荷！」等由；准此，除分函外，相應函達，即希查照，並轉飭所屬遵照爲荷！』等由；除分令外，合行令仰遵照，並飭屬遵照！此令」

等因；奉此，除分令外，合行令仰遵照，並飭屬遵照！此令。

社會部訓令　社會字第六五八一號　三十年七月二十二日

令本部所屬各機關

爲奉頒本部所屬各機關會計室組織及辦事通則隨令抄發仰知照由

案奉

行政院三十年六月二十一日勇會字第九八九三號訓令開：

「案奉　國民政府三十年五月二十九日渝文字五零三號訓令開：『爲令飭事，據本府主計處三十年五月二十一日渝處字第一一二號呈稱：「竊查社會部所屬機關會計室業經本處依法次第設置，所有各該室之組織及辦事通則亟應釐訂以資依據，爰經依照本處組織法及有關各法令，擬訂社會部所屬機關會計室組織及辦事通則二十四條，提由本處第二零九次主計會議決議通過，是否妥當，理合繕具前項通則一份，備文呈送仰祈鑒核指令祇遵，並乞令行行政院轉飭社會部知照，」等情；據此，應准照辦，除指令外，合行抄發原附一件令仰該院轉飭社會部知照。』等因；奉此，合行抄原附件令仰知照並轉飭知照。」

等因；奉此，除分令外，合行抄發原附件令仰知照！此令。

抄發社會部所屬機關會計室組織及辦事通則一份（見二期公報法規欄）

社會部訓令　社總字第六七七五號　三十年八月一日

令本部所屬各機關

奉令抄發黨政工作考核辦法令仰遵照并轉飭遵照由

案奉

行政院三十年七月三日勇審字第一零五二一號訓令，抄發黨政工作考核辦法，飭遵照并轉飭所屬一體遵照，等因；奉此，除分令外，合行抄同原辦法令仰遵照并轉飭所屬遵照！此令。

抄發黨政工作考核辦法一份

黨政工作考核辦法

第一章　總則

第一條　國防最高委員會（以下簡稱本會）為增進黨政工作效能實施行政三聯制之考核制度除法令別有規定外特制定本辦法

第二條　黨政工作考核分政務考核事務考核二類

一、政務考核　根據既定政策考核某種事業整個之成敗

二、事務考核　分左列三項

甲、工作考核　根據工作計劃考核其進展程度及實際效果

乙、經費考核　根據預算決算考核其經費支用在工作上是否發生預期之效能

丙、人事考核　根據組織法令考核其人事支配是否適當並能否符合分層負責制之精神

第三條　關於中央及地方現行法令之推行及實施利弊黨政工作考核委員會應隨時切實考核並提供意見

第二章　考核程序

第四條　各機關對於所執行之事項應先自行考核注意工作效率及經費人事之配合是否適宜隨時改進據實紀錄依法造報並於年度終了時根據自身考核之結果造具年度政績比較表呈送上級直轄機關考核

年度政績比較表式另訂之

第五條　黨政機關應實行分級考核如左

一、縣市所屬黨政機關年度政績由其上級直轄之縣市黨政機關考核

二、縣市黨政機關年度政績由其上級直轄之省黨政機關考核

三、省市黨政機關年度政績由其上級直轄之中央黨政機關考核並將考核結果轉送本會黨政工作考核委員會覆核

四、中央黨部各部處會及五院各部會年度政績由中央黨務監察機關及主管院考核轉送本會黨政工作考核委員會綜核

第六條 除前條所規定外各級黨政機關所屬之其他事業機關考核程序由各該主管機關逐級執行之

第七條 各機關凡舉辦一新事業在一定期內應塡具某種事業進度表其送核程序應按照性質分別依本辦法第五條之規定辦理（某種事業進度表式另訂之）

第八條 各級機關除年度政績及某種事業進度之考核外並應注意工作進程之考核由上級直轄機關就原有規定之工作報告予以審核或實地考察省市以上黨政機關並應將考核情形轉報本會黨政工作考核委員會備查關於原有法令規定之各種工作報告除工作進程考核所必需者外其性能如與本辦法規定之報告書表重複時得以命令酌免造送

第九條 各級機關工作報告內應注意統計數字並應從數字中切實表示其工作之進度

第十條 黨政工作考核委員會對於中央及省市黨政機關之考核得組織考察團實地考察至少每年一次考察團之組織中央設計局得派員參加

第十一條 各級機關爲實施考核得於本機關內組織考核機構以不增加人員經費爲原則

第十二條 各機關於辦理交代時除財務上之交代外應塡具政績交代比較表凡前任所遺政績及自本人到任以至卸任止呈報政績均應互相對比列入表中會同後任呈報上級直轄機關查核政績交代比較表表式另定之

第十三條 年度政績比較表某種事業進度表政績交代比較表逐級呈送之程限依左列之規定辦理

一、年度政績比較表

甲、縣市黨政機關於年度終了後十日內送出之

乙、省市黨政機關於年度終了後十個月內送出之

丙、中央黨部各部處會及五院各部會於年度終了後二個月送出之

二、某種事業進度表依照預定每一進程終了後一個月內送出之

三、政績交代比較表依照交代條例規定之程限辦理之

前列各款程限應扣除郵程計算

第三章　考核結果

第十四條　各級機關對所屬考核終了時得就事業性能統計成績依其優劣編製成績比較表

第十五條　各機關考核結果應依據法令分別實施獎懲

第十六條　各級機關應根據考核結果督促工作之改進并移送同級設計機關爲設計之參考

第四章　附則

第十七條　各級機關應根據本辦法就其主管業務性質分別擬定實施細則呈經上級機關核准施行中央及省市黨政機關並應轉報本會備查

第十八條　本辦法自公佈之日施行

社會部訓令

社會字第六八四二號　三十年八月四日

令本部所屬各機關

奉　院令以事業經費預算內管理費用與非管理費用不得任意流用等因令仰遵照由

案奉

行政院本年七月十五日勇會字第一一一一七號訓令開：

「查事業經費預算內，管理費用與非管理費用可否相互流用，法令尚無規定，惟既劃分科目，即應限制流用，以免管理費用漫無限制，致影響事業之進行，除員工生活補助費，已有專案核准，在事業費內勻支外，其他管理費用，自不得在非管理費用內流用，除分行外，合行令仰遵照，並轉飭所屬一體遵照。」

等因；奉此，自應遵照，除分行外，合行令仰遵照爲要！此令。

社會部訓令

社總字第七〇四七號　三十年八月八日

令本部所屬各機關

奉　令發非常時期改善公務員生活辦法施行細則等件仰遵照由

案奉

行政院三十年七月十九日勇叁字第一一二六四號電令，抄發非常時期改善公務員生活辦法施行細則，中央各機關及附屬機關公務員役與其家屬請領平價米清冊及人事動態清冊各一份，飭遵照並轉飭所屬遵照，再非常時期改善公務員生活辦法實施日期，既已規定自七月一日施行，自應遵辦，推各機關七月份平價米，已經重慶市政府照舊核發者，由各該機關負責在下月份領平價米時，分別清算抵補，並電遵照，等因；奉此，除分令外，合行抄發非常時期改善公務員生活辦法施行細則，中央各機關及其附屬機關公務員役與其家屬請領平價米清冊及人事異動清冊各一份，令仰遵照，此令！

附抄發非常時期改善公務員生活辦法施行細則中央各機關及其附屬機關公務員役與其家屬請領平價米清冊及人事異動清冊各一份（略）

社會部訓令　社會字第七〇九三號　三十年八月十四日

令本部所屬各機關

奉　行政院令准國民政府主計處函將各機關依照改善公務員生活辦法應領生活補助費及特別生活補助費撥款辦法暫予變通規定一案令仰遵照（由）

案奉

行政院三十年七月二十五日勇叁字第一一五三〇號訓令開：

「准國民政府主計處本年七月十六日渝歲字第八七七號公函開：『查非常時期改善公務員生活辦法，業奉國民政府三十年六月二十六日渝文字第五九七號訓令通行飭遵在案，自應遵照分別辦理，查原辦法第十四條內載公務員實支薪給，不論多寡，一律每人每月發給生活補助費陸拾元，公務員月薪實支在二百元以下者，一律另給特別生活補助費每人每月二拾元，第十五條內載公務員生活補助費隨日用必需品價格之漲落而增減，其方法以民國三十年四月重慶市之物價總指數為標準，每逢此指數高出此標準百分之十時，遞增發給補助費拾元，指數低落時，亦依此標準遞減之，又第二十六條內載，本辦法所定之各項補助費，除在各機關經費或事業費項下勻支者外，作預算外之支出，由各機關造册送主計處核轉財政部撥發，並由主計處彙辦追加預算，其由各機關勻支者，亦應造冊送主計處查核各等語，是生活補助費與特別生活補助費均應由各機關編造清冊送處核轉撥發，已有規定，復查三十年度發給各機關公務員生活補助費及臨時生活補助費，前經本處分別擬定劃一清冊格式，通行各機關依式造送，三十年一月份應領生活補助費，及臨時生活補助費，職員人數清冊，並准各主管機關先後送由本處核轉，並註明以後各月即以一月份冊列數目爲標準，（新成立之機關以成立月份之數目爲標準）按月由國庫撥發各在案，現在非常時期，改善公務員生活辦法，已規定自三十年七月一日起施行，並將前兩種生活補助費辦法同時廢止，各機關公務員之生活補助費，自應遵照新訂辦法，廣遠撥發，以資銜接，惟中央各機關多散在各地，關於清冊之編造遞轉，手續繁重，頗需時日，茲爲節省物力顧全事實，以免重複造冊起見，爰將各機關依照改善公務員生活辦法應領生活補助費及特別生活補助費撥款辦法，暫予變通，規定如下：（一）各機關生活補助費應按原辦法第十四條第十五條及第十六條之規定， 合併計算， 依照本處前核轉之三十年一月份臨時生活補助費清冊人數按月撥發。（二）各機關特別生活補助費應按原辦法第十四條第二項之規定，依照本處前核轉之三十年一月份生活補助費清冊人數按月撥發。（三）三十年一月份以後成立之機關，其生活補助費及特別生活補助費依照本處前核轉成立月份之兩項生活補助費清冊人數分別撥發，其在七月份以後成立者，應依照本處前訂兩種生活補助費清冊格式編造人數清冊，由本處核轉撥發。（四）各機關在年度進行中，因組織法修訂或依法充實員額驟增較多，必須另編兩項生活補助費清冊時，即依本處最後核轉月份之清冊人數爲標準撥上兩項生活補助費，俟年度終了，再行編造全年總分表及收支對照表送處，以憑彙編，追加概算，除分行外，發之，以相應函達即請查照，並轉飭所屬一體遵照，逕向財政部洽領爲荷」等由；准此，除分令外，合行令仰遵照，並轉飭所屬一體遵照！」

等因；奉此，除分行外，合行令仰遵照！此令。

社會部訓令　　社會字第七二四五號　　三十年八月十九日

令本部所屬各機關

奉　行政院令爲准主計處擬定各機關分配預算核轉程序令仰遵照由

案奉

行政院三十年七月廿二日勇會字第一一四四一號訓令內開：

「案准國民政府主計處三十年七月十二日渝歲字第八七九號公函開：『查預算法第五十條略載，核定之分配預算，由核定之機關分別送達中央主計機關中央審計機關及財政部，又公庫法第十四條略載，普通經費之劃撥，應照核定之分配預算，按期由主計機關知照公庫，主管機關會同該管審計機關通知代理公庫機關撥付各等語，是各機關之歲入歲出分配預算，除由核定機關分送審計財政兩部外，應一律以一份送達本處存備查考，至於歲出分配預算，按公庫法之規定，並應同時加送本處一份，俾資核轉公庫主管機關撥款，惟查各核定機關，對於是項歲出分配預算，大多僅以一份函送過處，以致不敷存轉，輾轉抄送，殊費時日。茲為力求敏捷並免辦理紛歧起見，擬訂各機關核轉分配預算劃一程序如次：(一)各機關歲入分配預算，應附送本處一份備查，歲出分配預算，應附送本處二份以便存轉。(二)各機關如變更分配預算時，應依照前項手續辦理。(三)分配預算內容，如有必須查調或修正者，隨時由本處專函主管機關辦理，除分函外，相應函達，即希查照辦理，並轉飭所屬一體遵照辦理為荷！』等由；准此，除分行外，合行令仰遵照，並轉飭所屬一體遵照」，等因；奉此，除分行外，合行令仰遵照！此令。

社會部訓令　社總字第七三〇五號　三十年八月二十日

令本部附屬各機關

奉　行政院令關於國民參政會二屆一次大會建議嚴禁官吏利用權位私營商業操縱物價一案通飭遵照等因令仰遵照由

案奉

行政院本年五月廿六日勇壹字八二七三號訓令開：

「奉國民政府三十年五月十三日渝文字第四五五號訓令，以國民參政會第二屆第一次大會建議，請政府重申前令，嚴禁官吏利用權位，私營商業，操縱物價，一經查獲，加重懲處，以利民生一案，經　國防最高委員會第五十六次常務會議決議，送　國民政府分令各主管機關切實辦理，飭即遵照，並轉飭所屬一體遵照，等因；奉此，除呈復並分令外，合行抄發原件令仰遵照，並轉飭所屬一體遵照！」

等因；附抄發原建議案一份，奉此，合行抄發原建議案令仰遵照！此令。

附抄發原建議案一份

請政府重申前令嚴禁官吏利用權位私營商業操縱物價一經查獲加重懲處以利民生案

（提案第一三四號）

劉參政員家樹等二十二人提

近來物價飛漲，民衆生活，感受威脅，根據經濟部報告，民國二十六年七月重慶日用必需物品價格指數為100.，到二十九年十二月漲至1217.8點，即較戰前增漲十一倍，與此有同等現象者，尙有成都昆明等地，至桂林衡陽吉安福州金華，亦各漲三倍至五倍不等，又以重慶與桂林相比，去年五月份兩地物價指數相差為68點，到十二月份則相差555.4點，重慶與福州相比，去年五月相差107.3點，到十二月份則相差649.3點，更以去年五月以後上漲之程度相比，重慶自五月到十二月計上漲647點，桂林上漲179.8點，福州上漲105點，此種畸形現象，在時間方面表現，自去年五月起，成突飛狂漲之勢，在空間方面表現，愈到後方增漲愈烈，此固由海口封鎖，外來貨物內銷路斷，供求不能相應所致，但日用必需品（米鹽蔬菜布疋）內地均有生產，亦同此高漲，可證交通關係之外，尙有其他原因存在，民間傳說不肖官吏，憑藉權位，經營商業，或則挪移公家資力，死囤貨物，壟斷居奇，或則利用公家交通工具，私運貨物，操縱物價，或則抑低法幣價格，收買金銀，偷運海外，（金銀硬貨黑市價格，渝昆蓉等地遠較其他各地高達數倍，似係有人祕密收買所致）雖曰難獲實據，但人言嘖嘖，事豈無因，此輩份子破壞社會安甯，罔顧國家民族利益，似非置諸重典，不足以儆奸邪而振頹風，擬請政府重申前令，嚴密檢舉，加重懲處，以利民生。

辦法：

一、請政府通令各監視機關嚴密檢舉加重懲辦。

二、獎勵民衆告密。

三、加強交通監查工作，嚴禁利用公家交通工具私運商貨。是否有當？提請

公決！

社會部訓令

社總字第七三六一號　三十年八月廿二日

令本部所屬各機關

奉　令爲黨政機關小組會議與區分部小組會議仍應分別舉行並各改爲隔週舉行一次令仰遵照由

案奉

行政院三十年七月二十六日勇文字第一一八一號訓令開：

「准國防最高委員會祕書廳七月十六日國綱字第一九一三四號公函內開：『案准中央執行委員會祕書處本年七月八日渝(30)機字第九三七七號公函開：「案查前以黨政機關小組會議與區分部小組會議，報告討論項目雖略有不同，然其精神與目的大體一致，經中央第一二四次常會決議在黨政機關之區分部小組可融合於機關小組之中，并通過辦法兩項，函達查照有案，茲以根據年來實施經驗，深感上項規定於訓練黨員方面頗多窒礙之處，爲加强黨員訓練起見，前項兩種小組會議融合舉行辦法，殊有變更之必要，經中央第一七八次常會決議，機關小組會議與區分部小組會議仍應分別舉行，并各改爲隔週舉行一次在案；除由會分行各級黨部外，特錄案函達，即希查照，轉行各政府機關知照辦理，」等由；准此，除分令外，合行令仰遵照，並飭屬遵照爲要。」

等因；奉此，除分令外，合行令仰遵照！此令。

社會部訓令　社會字第七三六二號　三十年八月廿二日

令本部所屬各機關

爲准國民政府主計處函送民國三十一年度各機關歲出概算實物數量表表式合行抄發令仰遵照由

案准

國民政府主計處三十年七月二十三日渝歲字第九一一號公函內開：

「案查編審民國三十一年度中央預算辦法，業奉　國民政府三十年七月十二日渝文字第六三八號訓令通行飭遵在案，自應遵照辦理，查原辦法第二條第二項規定各機關應編歲出概算實物數量表（表式依主計處之所定）等語，茲本處遵經製訂民國三十一年度各機關歲出概算實物數量表表式一份，以資適用，除分行外，相應檢送表式一份，即請查照辦理，并轉飭所屬一體遵辦爲荷。」

等由；附送民國三十一年度各機關歲出概算實物數量表表式一份，准此，除分行外，合行抄發原附表式一份，令仰遵照辦理爲要！此令。

附抄發民國三十一年度各機關歲出概算實物數量表表式一份（略）

社會部公函

社會字第七三六四號　三十年八月廿二日

令本部所屬各機關

奉令抄發編審民國三十一年度中央預算辦法令仰遵照由

案奉

行政院三十年七月十八日勇令字第一一一八七號訓令開：

「案奉　國民政府三十年七月十二日渝文字第六三八號訓令開：『爲令飭事，據本府文官處簽呈稱，「准國防最高委員會秘書廳三十年七月七日國紀字第一八一三九號函開：「准貴處函以遵批轉送主計處擬訂編審民國三十一年度預算辦法草案，請轉陳核定等由，經陳奉發交財政專門委員會審查，據報告稱「奉交本案，經即開會研究，僉以歷年度編審中央總概算時，各部門要求經費，多未能提出確切可行之施政計劃，以致制用方面，亦無法作全盤之考慮與配置，往往定案之後，隨事追加，殊乖計政常軌，茲幸八中全會業已通過戰時三年建設計劃大綱，刻正交由中央設計局整理中，不日整理案提出鈞會時，自可依據大綱，將三十一年度各部門施政計劃，予以核定，同時決定各部門所需經費之最大限度，再進行總概算之編審程序，爰本此旨，推定委員先開小組會初步審查，將本案原草案中央預算部份各條研究修改，續由本會開會通過，理合繕具修正草案全文，呈乞鑒核，再原草案地方預算部份，以及主計處附帶請示調整收支系統問題，均擬俟第三次全國財政會議後再行核辦，合併聲明」等語，提經國防最高委員會第六十一次常務會議決，議照審查意見通過，除分函外，相應錄案並檢同編審民國三十一年度中央預算辦法，函請查照轉陳，通令施行。』等由，理合簽請鑒核」等情；據此，應即照辦，除飭復並通行外，合行抄附原附辦法，令仰遵辦，並飭所屬一體遵辦。』等因；奉此，除分行外，合行抄發辦法原文，令仰遵辦，並轉飭所屬一體遵辦，再所有概算及計劃應各加印二十份送院。」等因；附抄發編審民國三十一年度中央預算辦法一份。奉此，自應遵辦，除分行外，合行抄發原辦法一份，令仰遵照辦理爲要！此令。

附抄發編審民國三十一年度中央預算辦法一份（略）

社會部訓令　社總字第七三六五號　三十年八月廿二日

令本部所屬各機關

奉　行政院令發年度政績比較表等表格及說明轉令遵照由

案奉

行政院本年七月二十一日勇審字第一一三九七號訓令開：

「查黨政工作考核辦法，業經奉令通飭遵照在案，該辦法第四、七、十二、各條規定之「年度政績比較表」「政績交代比較表」及「某種事業進度表」，茲奉　國防最高委員會頒發下院，應即遵照實施，又准國防最高委員會秘書廳函告各部會舉辦新事業時，應於每一進程終了後一個月內，填送某種事業進度表，送由本院核轉，除分令外，合行抄發表式「令仰遵照辦理，並轉飭所屬一體遵照。」

等因；并抄發「年度政績比較表」「政績交代比較表」「某種事業進度表」及三種表式說明各一份，奉此，除分令外，合行抄發上列三項表格及各該表式說明各一份，令仰遵照，此令！

計發「年度政績比較表」「政績交代比較表」「某種事業進度表」及三項表式說明各一份（略）

社會部函　社總字第七八〇八號　三十年九月九日

令本部所屬各機關

奉　院令規定抗戰功勛子女就學免費辦法二項轉令知照由

案奉

行政院三十年八月二十三日勇陸字第一二六七七號訓令開：

「抗戰功勛子女就學免費條例，前經　國民政府制定公布施行在案，查該條例規定抗戰功勛之文武官佐士兵及人民之子女，請求入學免費待遇，以得有軍事委員會所頒發之卹金給與令或經依戰地守土獎勵條例核准免除子女學費者爲限，茲爲優待抗戰功勛人員之子女就學起見，（一）領有各省市政府按照人民守土傷亡撫卹實施辦法所頒發之卹令者。（二）依黨員撫卹條例及公務員卹金條例撫卹，暨各省市政府自行撫卹人員，無論所頒發者是否卹令或卹金證卹金證書，只須有核准撫卹之黨政機關證明爲抗戰殉國或受傷殘廢者，亦均得依照該條例之規定請求免費待遇，以資矜卹而昭激勸，除分行外，合行令仰知照，并轉飭所屬一體知照。」

等因；奉此，合行令仰知照！此令。

社會部訓令　社總字第七九一四號　三十年四月十一日

令本部所屬各機關

奉 院令抄發修正非常時期難民救濟辦法大綱令仰知照由

案奉

行政院本年八月十九日勇玖字一二四六七號訓令開：

「查非常時期救濟難民辦法大綱，前經本院訂定通飭施行在案。茲經本院將該辦法大綱修正公布，應再通飭施行。除分行外，合亟抄發該項辦法大綱，令仰知照，並轉飭所屬一體知照。」

等因：附抄發修正非常時期難民救濟法辦大綱一份，奉此，除分令外，合行抄發該項辦法大綱，令仰知照！此令。

計抄發修正非常時期難民救濟辦法大綱一份

修正非常時期難民救濟辦法大綱

第一條　非常時期救濟難民事項悉照本大綱辦理之

第二條　凡戰事發生地點振濟委員會應派員會同省市縣政府及駐軍辦理搶救事宜

但戰事劇烈地點振濟人員不能前往工作時得委託軍隊相機辦理

第三條　民衆經搶救後先由振濟人員分別撫慰散發急振再行妥運至距離火綫一二百里內離交通綫一二十里之安全地點設立臨時避難區交由地方政府暫時安置之

前項難民運送至臨時避難區後如前方戰事終止失地收復時其能回籍者應卽遣送回籍如敵人久駐始得運

送後方

第四條　難民因無法遣送回籍或因敵人久駐而必須運送後方者送達後應由省市縣振濟會設所臨時救濟妥予配置此項救濟期間不得超過三個月難民中老弱分子確無工作能力及親戚照顧經調查屬實者始得延長其收容期間

第五條　振濟委員會爲搶救前方難民及督促推進各地方辦理救濟難民事務必要時得呈准行政院設立救濟區其組織通則另定之

第六條　振濟委員會爲運送配置被搶救之難民應於鄰近戰區之交通線上設置運送配置難民總站及分站此項總分站俟任務完畢即應裁撤其組織通則另定之

第七條　各省市辦理難民救濟所需經費由各省市縣政府動用地方救災準備金並得募捐所有每月收支情形應於次月五日前公布並呈報振濟委員會備案(縣市振濟會報由省振濟會核轉)

第八條　運送難民有用輪船或汽車火車之必要時當地政府應代負責洽商交通機關於可能範圍內儘先免費運送如遇交通不便地方所在地政府須派團警分段護送必要時得由振濟人員巡商駐軍協助送至目的地爲止

第九條　難民之給養以食料及必需品爲限並應限制食糧之消費及預籌其來源

前項難民給養不拘收容搶救或在運送途中統以大口每日食米八合小口每日食米四合爲標準發款或米糧收容給養由省市或縣振濟會發給搶救及在運送途中給養由振濟委員會發給

第十條　難民之保衛應注意其安全及避亂之便利並得施以必要之檢查

第十一條　難民之管理應注意分組編配並注意秩序之安定

第十二條　難民自戰區運出後由振濟人員會同政工人員當地政府詳細調查其姓名籍貫年齡性別職業志願技能家庭狀況等項以爲疏散配置標準

前項難民經調查後發給難民證其辦法由振濟委員會另定之

社會部公函　社總字第八一二二號　三十年九月十七日

令本部所屬各機關

奉　行政院令轉奉　府令中央各機關主官交代時應函知黨政工作考核委員會派員考察等因令仰遵照由

案奉

行政院本年九月七日勇伍字第一三六九五號訓令開：

「奉　國民政府三十年八月二十九日渝文字第八三一號訓令開：『案據本府文官處簽呈稱：「准國防最高委員會祕書廳八月二十二日國綱字第一九四六二號公函開：『奉　委員長諭，中央各機關主官前後任交代時；除依照公務員交代條例及黨政工作考核辦法政績交代比較表規定辦理外，並應函知黨政工作考核委員會派員考察。』等因；除分函中央執行委員會祕書處轉陳飭知暨函本會所屬各機關查照外，相應函請貴處查照轉陳，通飭中央各機關遵照。理合簽請鑒核。」等情；據此，應即照辦，除飭復並分行外，合行令仰遵照，并轉飭所屬一體遵照。』等因；奉此，除分令外，合行令仰遵照，並轉飭所屬一體遵照。」

等因；奉此，除分令外，合行令仰遵照！此令。

社會部訓令　社總字第八一六八號　三十年六月四日

令本部所屬各機關

准銓敘部咨送人事管理實施狀況報告表式自本年六月份起填報轉飭遵照由

准銓敘部本年五月二十八日祕人字第四二八八號咨開：

「案查各機關人事管理機構設置情形報告表暨人員名冊格式前經制定咨達查照在案，茲查各機關人事管理暫行辦法第六條規定各機關應將人事管理實施狀況於每月上旬編製報告送銓敘機關查核，現為統一報告表式，特根據前項辦法第三條規定各機關人事管理事項，製定實施狀況報告表式十四種，咨送貴部飭交主管人事人員按期依式填明核轉過部，其不便依表式填列者，得附以文字說明，藉便查核，至於實施狀況報告造送程序，凡中央機關之所屬機關，應分報其上級機關。核轉各省督察專員公署及各縣市政府，除按月逕送銓敘機關查核外，（設有銓敘處之省區應送該管省區之銓敘處核轉未設銓敘處之省區則逕送銓敘部）并須分報省政府備查，除分處外，相應檢同人事管理實施狀況報告表式全份，咨請查照，并轉飭所屬一體遵照辦理，至級公誼！」

正核辦間，復准七月十六日祕人字第四七五四號咨，略以前送各機關人事管理實施狀況報告表，應請自本年六月份超按月塡報，幷轉飭所屬遵照辦理，各等由；准此，自應照辦，除分令外，合行令仰遵照，此令！

計抄發人事管理實施狀況報告表式十四種各一份（略）

社會部訓令　社會字第八三一五號　三十年九月廿三日

令本部所屬各機關

奉　院令嗣後各機關非有迫不及待之特殊情形發生不得提請追加預算令仰知照由

案奉

行政院本年九月十日勇會字一三八七號訓令開：

「案奉　國民政府本年八月二十三日渝文字第八一五號訓令開：『據本府文官處簽呈稱：「准國防最高委員會祕書廳三十年八月二十一日國紀字第一九五三七號函開：『案准行政院本年七月二十九日勇壹字第一一七六二號函開：「查近年以來，各機關每於年度之中屢屢提請追加預算，瑣碎紛繁，匪特影響經費之籌劃，抑且缺乏整個施政計劃之表現，殊非貫徹計劃政治之道，嗣後非有迫不及待之特殊情形發生，各機關不得提請追加預算，除通飭各部會署切實遵照辦理，幷函達主計處外，請查照轉陳。」等由，當經提出　國防最高委員會第六十四次常務會議報告，幷奉諭轉函中央執行委員會及國民政府分飭知照，等因；除函請中央執行委員會祕書處轉陳飭知外，相應函請查照轉陳分令飭知。』等由，理合簽請鑒核。」等情，據此，應即照辦，除飭復幷分行外，合行令仰知照，幷轉飭所屬一體知照，等因；奉此，除分令外，合行令仰知照幷轉飭所屬一體知照。」

等因；奉此，自應遵照，除分行外，合行令仰遵照！此令。

社會部訓令　社總字第八三四四號　三十年九月廿四日

令本部所屬各機關

准銓敘部咨送非常時期二等委任以下人員及雇員升充委任職核敘辦法令仰知照並轉飭知照由

案准銓敘部本年九月十二日育倖字第三六四五號咨開：

「查現行文官官等官俸表內，中央暨地方各機關委任職多分三等，而現行公務員任用法中，關於委任職任用資格，則未分等規定，對於級俸之核敍，若概從最低級起，則待遇難免失平，故同法第十二條第一項，但書及同表說明欄第三項第二款，曾有「二等委任職以下人員，得各按其學識經驗，酌敍級俸」之規定，各機關長官對擬任委任人員之級俸，除由雇員升充或法令規定限於三等委任職外，凡屬二等委任以下人員，原可按照前項規定，斟酌擬敍，不必概從最低級起，蓋於限制之中，預留迴旋之地，施行以來，間有少數機關於任用之初，限於經費，按俸定級，不免較低，而核定以後，每有提高改敍之請，迨抗戰軍興，生活高漲，既不能以考績晉級作為救濟，又因限於法例，未便更張，以致低級人員，因待遇較薄，不能安心工作，於行政效率，不無影響，本部有見及此，爰擬就「非常時期二等以下委任職改敍級俸及雇員升充委任職人員核敍級俸辦法」經呈奉國民政府三十年八月六日渝文字第七二〇號訓令准予備案在案，相應檢送前項改敍辦法及改敍人員送核表式，咨請查照，並轉飭所屬知照，」

等由，計附送辦法表示各一份，准此，除分令外，合亟抄發原附辦法表式各一份，令仰知照，並轉飭知照！此令。

附發辦法表式各一份

非常時期二等以下委任職改敍級俸及雇員升充委任人員核敍級俸辦法

國民政府三十年八月六日渝文字第七一〇號令准照辦

一、經銓敍機關核敍級俸在二等以下委任職人員各機關長官得就其學識經驗能力隨時報請銓敍機關改敍以敍至二等委任職最高級為止由雇員升用人員經試署期滿改為實授或曾參加考績成績優良者亦得在二等委任職範圍以內酌量改敍前項人員改敍在原職任內每年均以一次為限

二、任雇員時支新已達八十元或超過八十元報經本部備案者升充委任職時如擬敍級俸超過原來備案數目五元至十元者得酌予照敍其支薪數目未經報部備案如擬敍額在八十元以內者亦得酌予照敍惟此項人員任用時敍級仍以三等委任職為準

改敍辦法並適用前項規定辦理

某某機關二等以下委任人員改敍級俸送核表

職務	姓名	試署或實授	原敍		擬改		審核意見	備考
			等級	俸額	等級	俸額		

中華民國　　年　　月　　日

說明

一、凡擬請改敍人員概依照本表格式填造報送銓敍機關審核

二、本表職務姓名試署或實授原敍等級俸額擬改等級俸額各欄由原機關自行填送銓敍機關審核

三、審核意見欄由銓敍機關核填登記後抄送審計機關備查

四、爲節省繁牘起見凡試署期滿應改實授人員卽可查照改敍辦法附送公務員試署期滿成績審查表併案送審

五、如係審定三等委任職或低級委任職任用人員除塡明級數外「原敍」「等級」欄內應註明三等委任或低級委任字樣以資識別

社會部訓令　社會字第八四九〇號　三十年九月二十九日

令本部所屬在渝各機關

為奉 院令公務員生活補助費自七月份起每月加二十元令仰知照由

案奉

行政院本年九月十八日勇公字第一四四〇六號訓令開：

「奉 國民政府本年九月五日渝文字第八六三號訓令內開：『據本府文官處簽呈稱：「准國防最高委員會祕書廳三十年九月四日國紀字第二〇二〇七號函開：『查非常時期改善公務員生活辦法，前經函請貴處轉陳分令飭遵在案，茲准行政院本年八月二十九日勇公字第一三〇一四號公函開，「查非常時期改善公務員生活辦法第十五條規定，『公務員生活補助費隨日用必需品價格之漲落而增減，其方法以民國三十年四月重慶市之物價總指數為標準，每逢指數高出此標準百分之十時，遞增發給補助費十元，指數低落時，亦依此標準遞減之，』又第十六條規定，『前條所規定之增發生活補助費，於每年一月、四月、七月、十月、修正一次，以國民政府主計處統計局所編報告之指數為依據，由行政院修訂呈報 國防最高委員會備案。』又上項辦法施行細則第十二條第一項規定，『行政院於每年一月、四月、七月、十月、修訂公務員生活補助費時，應根據國民政府主計處統計局所編送之前一月公務員生活費指數為準，自修正之日起實行，』現准國民政府主計處編送本年四、五、六月份重慶市公務員生活費指數報告表請查照等由，計六月份重慶市公務員生活費指數為一百二十三點零一，依照規定生活補助費應予修正，經提出本院第五二九次會議決議，『准予修正，補助費數目自七月份起每月增加二十元，』相應函達，即請查照轉陳核定，並轉知在渝各有關機關，』等由；經陳奉批，准予備案，相應函達查照轉呈飭知，』等由，理合簽請鑒核，」等情，據此，應即照辦，除飭復並分行外，合行令仰知照，並轉飭在渝各有關機關知照，』等因；奉此，除分令外，合行令仰知照，並轉飭在渝所屬機關知照。」

等因，奉此，除分令外，合行令仰知照！此令。

社會部電　社總字第八五五六號　三十年九月二十日

電復關於各縣主管社會行政人員甄審資格標準由

中國國民黨四川省執行委員會：密魚電奉悉。關於各縣社會科長之任用，中央正釐訂統一辦法，在該項辦法未制定前，應按中央第一六五次常會通過辦法「縣(市)主管社會行政人員以訓練合格之人員充任爲原則」之規定爲甄審標準，如以在黨部服務年資代替，曾任委任職之年資，可比照黨務工作人員從政資格甄審條例辦理。特復。社會部申號總印

組織訓練類

社會部呈　社組字第六三三三三號　三十年七月十二日

呈報會同有關機關決定支配寒衣貸金辦法附紀錄一份請　鑒核備查由

案據全國徵募寒衣運動委員會總會三十年六月十三日呈稱：

「竊查本會徵募寒衣代金自二十九年九月一日起至同年十二月底止，直接經收數目總計國幣貳百叁拾伍萬陸千七百伍拾陸元七角二分，關於解繳財政部統收辦法，前經備文呈請鈞部核示在案，茲查本年經收之寒衣代金，自一月一日起，截至五月底止，總計國幣壹百柒拾叁萬七仟玖百捌十九元二角八分，港幣叁千零四拾壹元四角七分，連同去年所募數目，總計國幣四百零九萬四千七百四十五元九角九分，港幣三千零四十一元四角七分，惟關於此項募得代金，本會曾於第四次全體委員會議議決，『除遵照院令辦理外，幷請財政部於轉解軍政部代金總額內提撥百分之十交由振濟委員會作爲救濟難民之用。』等語，紀錄在卷，現此項代金已募有成數，究應如何解繳之處，理合具文再請

鈞部鑒核指令祇遵！」

等情，據此：本部爲愼重支配起見，經於七月三日約集有關機關會商，予以決定，并紀錄在卷，除指令該會遵照辦理并分函外，理合抄附紀錄一份，呈請

鑒核備查！

謹呈

行政院

附呈紀錄一份（略）

社會部呈　社組字第六六〇九號　三十年七月二十三日

呈爲援案擬請准將本頒及前中央社會部訂定有關民衆組訓法規在未修正前繼續施行各條例內所訂主管職權依照　行政院規定劃分由

竊查本部所掌民衆組訓及社會福利事宜，在在與其他部會職掌牽涉，亟應劃分標準，俾便遵循，經呈奉　行政院三十年五月九日勇字第七二二二號訓令規定，劃分標準兩項：一、人民團體之組織訓練，屬於社會部，其目的事業之指導監督，屬於各該主管部會。二、經常救濟屬於社會部，臨時災難振濟，屬於振濟委員會，經分行知照在案。本部改隸以來，甫經半載，以往鈞會頒行或中央社會部訂定之一切有關民衆組訓法規，尚未能按照現在行政系統，分別呈請改訂，當此過渡時期，一切設施，未容延緩，自應謹守成法，積極推行。現在各省縣社會行政機構，正在遵照中央常務委員會第六五次一七三次決議，籌劃設置，所有民衆組訓工作，仍由省縣黨部辦理，對於舊時法規，不免時生疑義，似宜定一原則，俾資依據，擬請規定：一、中央執行委員會頒行或前中央社會部訂定之一切有關民衆組訓法規，在未經修正以前，除主管機關變更管轄一點外，仍應繼續施行。二、凡屬前中央社會部或有關各部會在各項有關民衆組訓，社會福利之法規中，所訂主管職權，在未經修正以前，應依照行政院勇字第七二二二號訓令之規定劃分，以資遵守。可否之處？理合備文呈請

鑒核，並准予分令中央各部會及各省市黨部遵照，實爲公便。

謹呈

中央

中央執行委員會

社會部呈 社組字第六六八一號 三十年七月二十六日

爲奉 令就「動員財力擴大生產實行統制經濟以保障抗戰勝利案」主管事項臚陳實施意見及計劃呈請 鑒核由

案奉

鈞院本年五月二十七日經秘政字一〇三八號訓令，抄發第五屆中央執行委員第八次全體會議主席團提，「動員財力，擴大生產，實行統制經濟，以保障抗戰勝利案」原提案，飭就主管事項，擬具實施計劃呈核。等因；奉此，查原提案內所列辦法，關係本部職掌者，計有乙項四、增加工作時間，提高工作效率；六、限制工人改業並利用女工；暨丙項六、節約消費三點。茲謹就本部主管範圍，分別臚陳實施意見與計劃如左：

甲、關於增加工作時間，提高工作效率者：

（一）增加工作時間　據本部統計處調查，重慶市各廠工人，工作時間均較戰前爲長；全國其他省市，類此情形者，想亦不少。爲提高工作效率，以爭取抗戰勝利與建國成功起見，對於分班輪流工作及酌予增加工作時間等項，自應爲普遍而嚴格之規定。惟此事與工廠業務之進行有關，本部擬俟諮詢經濟部意見後，再行製訂實施辦法呈候 核奪。

（二）採用工作競賽辦法　關於工作競賽，本部前奉 委座頒發工作競賽實施綱要，飭從速查照實施，經即擬具「工作競賽推行委員會組織規程草案」呈核，一俟核准組織，即可展開工作，努力推行。（本部最近製訂之「四川省重要市縣農工管制方案」，亦有發動生產競賽運動之規定）至指撥的欵，充作工作競賽獎金一節，俟工作競賽推行委員會成立後，即當編擬預算，呈請 核撥。

乙、關於限制工人改業並利用女工者：

（一）確立工役制度　本年四月十四日軍政經濟兩部會令公布之「戰時國防軍需工礦業技術員工緩服兵役暫行辦法」，對此已有部分之規定。至交通運輸及其他國營或受政府統制之事業員工，應否普遍推行，擬俟諮詢軍政經濟兩部意見後，再行決定。

（二）規定工人合法工資與工作時間　除規定工人工作時間，應俟諮詢經濟部意見後再行辦理外；關於規定工人合法工資，本部曾先後奉　鈞院暨　委座令飭平定工資，先從四川省重要市縣着手。經遵　令製訂「四川省重要市縣農工管制方案」，根據工人實際收入指數與工人生活費指數平衡之原則，規定法定工資；對實際收入指數尚未超過生活費指數者，得暫保持現狀，或酌予提高。現正趕派督導員，分赴各地，積極推行。

（三）增進工人福利　本部自改隸以來，對於工人福利之增進，積極進行，本年度內，已辦或正在籌辦中者，計有創辦工人福利社，勞工新村，勞工醫院，勞工食堂，實施勞工教育，編著勞工課本，暨推行工廠檢查等項。對於自流井犍爲鹽工玉門油礦工及箇舊錫礦工人之生活，亦正在籌劃改善之中。至本部最近製訂之「四川省重要市縣農工管制方案」，對於改善農工生活一層更有詳密之規定，如籌組各種合作社，創立農會工會會員婚喪意外事件互助金制度，組織巡迴醫療隊，協助辦理農貸及小本借貸並救濟失業工人，以及舉辦工人生活所必需之各種福利事業等項均是。

（四）利用女工　擬在「四川省重要市縣農工管制方案」內，關於提高工作效能者第五項後，增訂「勸導家庭婦女參加生產事業，以補充壯丁勞動力之不足」一項，藉以擴大勞動力範圍，並擬分咨各省市政府查酌辦理。

丙、關於節約消費者。

按節約消費，分廣狹兩義，狹義的節約消費，以日常生活物資爲其節約對象，事屬本部主管範圍，自應遵照　中央歷次決議，努力推行。茲已根據節約運動大綱，擬訂「戰時生活節約運動辦法綱要草案」提請經濟會議核轉備案，以便施行。

奉令前因，除關於工作時間暨工役制度等項，尚待分別咨商經濟軍政兩部，「戰時生活節約運動辦法綱要草案」已函請經濟會議核議外，所有本部對於「動員財力，擴大生產，實行統制經濟，以保障抗戰勝利案」主管事項實施意見及計劃，是否有當？理合備文呈請

鑒核！

謹呈
行政院

社會部呈 社組字第六七四〇號 三十年七月三十一日

本部擬具關於邊疆施政綱要社會部份實施辦法呈請 鑒核由

案奉

鈞院三十年五月十七日勇壹字七六五九號及同年六月二十一日勇壹字九九四二號訓令，先後抄發第五屆中央執行委員第八次全體會議主席團提：「關於加強國內各民族及宗教間之融洽團結，以達成抗戰勝利建國成功目的之施政綱要」原提案，國防最高委員會秘書廳原函，暨伊盟盟長原代電，飭就主管事項，擬具詳細辦法呈核等因；奉此，茲遵就本部主管事項，擬具「關於邊疆施政綱要社會部份實施辦法」，備文呈請鑒核，實為公便。

謹呈
行政院

附繕呈關於邊疆施政綱要社會部份實施辦法一份

關於邊疆施政綱要社會部份實施辦法

查本施政綱要，共分四部份，其中與本部職掌有關者，除關於一般原則者外，尚有政治部份與本部主管之組織訓練及社會福利事項有關，經濟部份之第二項與本部主管之合作事業有關。本部三十年度行政計劃，於此有關諸事項，原已有一般之規定，復繹施政綱要編定之原意，在加強國內各民族及宗教間之融洽團結，藉以達成抗戰勝利與建國成功。故其實施目的，不僅在改善並促進邊遠省區之一般行政，而尤其在改良政治，發展經濟與振興教育中，謀所以加強邊疆各民族及宗教間之團結融洽，藉以實行三民主義，謹本此原則，就本部主管事項，擬具實施辦法如左：

甲、關於組織訓練者：

關於邊遠省區人民之組織訓練，中央前以情形特殊，曾於民國二十二年及二十五年，先後訂定「青海省蒙藏民衆運動指導方案」暨「推進邊遠省區民訓工作原則」次第實施。去年三月間，前中央社會部復改訂「推進邊遠省區民運工作原則」，呈准施行。本部今後對於邊疆各地民衆組訓工作，自應繼續遵照此項原則辦理。至具體實施辦法，除依照本部三十年度行政計劃一般規定外，擬先推行左列六項：

一、充實各直屬邊疆團體之組織，並分別派遣書記駐會工作，使與本部切取聯絡，便於指揮運用。

二、加緊各直屬邊疆團體之工作，由本部就各種有關邊疆宗教文化問題分別規劃，飭令遵照進行。

三、督促邊遠省區各級政府，推進各該地方人民團體之組訓工作，並應儘量使土著參加，不分民族宗教，藉以組織力量促進其融洽團結。

四、督導綏、甯、青、新、甘、川、康、滇等邊遠省份，舉辦社會工作人員訓練班，調集或甄選若干邊民，組訓之幹部人員參加受訓，藉以加强其領導能力。

五、督促新生活運動促進會暨國民精神總動員會切實計劃，向邊疆推行新生活及國民精神總動員兩項運動。

六、督導邊遠省區各級政府，策勵當地主管機關及社會人士，推進各項社會運動，務期深入邊民社會。

乙、關於社會福利者：

安定邊疆，首在改善邊民生活。社會福利，經緯萬端，要以改善人民生活為主旨。邊疆人民，文化水準不齊，宗教信仰不同，對於「終用長養」之道，暫或未遑顧及，不惟影響政令之推行，且足阻礙民力之發展。為針對此項事實，本部對於邊遠省區之社會福利事業，擬先舉辦左列三項：

一、督促邊遠省區各級政府，按照各該地土著人民生活狀況及其需要，切實推進各種社會服務及救濟事業，並由本部頒訂辦法，責成規劃施行。

二、整理獎勵並補助各直屬邊疆團體或與邊疆有關之宗教文化及慈善等團體，協助政府從事邊遠省區各種社會服務及救濟事業。

三、獎勵並聯繫外人在邊遠省區舉辦之各種社會服務及經濟事業，俾與當地政府之社會服務及救濟事業相配合。

丙、關於合作事業者：

本部主管之合作事業，因推行較早，在各邊遠省區，業已分別設立機構，積極進行工作。茲為配合本施政綱要起見，更擬計劃進行左列五項：

一、調整邊遠各省區合作行政機構，藉以增進其效能。

二、擴展合作組織，藉以加强邊民經濟之連鎖；其業務經營，應針對邊民之迫切需要，着重墾殖、水利、畜牧、森林及特產產銷合作業務之發展。

三、督飭各邊遠省區合作主管機關舉辦合作講習會，藉以增進社員對於合作事業之認識及信仰。

四、分佈合作金融網，以調劑合作之資金。

五、擬訂邊遠省區合作事業特別獎勵辦法。依事實之需要，酌予經費上之補助，以協助其發展。

丁、關於視導工作者：

年來中樞各機關，爲明瞭邊疆實際情形，不時派員或組織團體，分赴邊地視察，俾施政有所依據。查邊疆社會情形，本極複雜，僅從民族及宗教間之融洽團結一端而論，尤非對於實際情形認識清楚，不足以收加强行政效率之功。本部三十年度行政計劃，已規定厲行視導制度。茲更擬儘先分派視導，前往邊疆或接近邊省地方，除視察邊地社會實際情況外，並督導推進前舉各項工作。務期邊遠省區各種社會設施，均足以增進，並加强各民族及宗教間之融洽團結，藉以加速達成抗戰勝利，建國成功之目的。

社會部簽呈　社組字第六八一三號　三十年八月二日

奉　交第二戰區黨政分會提請建議政府通令各戰區司令長官部省黨部省政府從速調查登記所轄區域內失業軍人黨員公務員加以訓練任用俾資救濟一案遵擬具意見簽請　鑒核由

本案遵經詳加研究擬具意見如次：

(一)由行政院中央黨部軍事委員會分飭所屬各省政府辦理失業公務人員登記，各省黨部辦理失業黨員登記，各軍管區司令部辦理失業軍人登記，至裁併取銷各機關部隊之各級幹部，亦應設法先予安置。

(二)各省政府各省黨部各軍管區司令部各據調查登記結果，彙送各該省地方行政幹部訓練委員會審核，依據失業人員之能力性質，分別派交各該省地方行政幹部訓練團各種班次受訓。

(三)受訓完畢後由地方行政幹部訓練委員會會商省政府省黨部及各軍事機關，依據其受訓成績之考核結果，分別錄用。

（四）由國防最高委員會分飭行政院中央黨部軍事委員會，依據以上三項原則，擬具辦法，通飭各省遵照辦理。

所擬是否有當？理合簽請

鑒核！

謹呈

行政院

社會部簽呈 社組字第七一九六號 三十年八月十八日

奉 交議復據重慶市政府呈爲縣市總工會祕書可否援用職業團體書記派遣辦法由政府派遣一案簽請 鑒核由

遵查縣市總工會祕書，與職業團體書記名稱雖異，而職務則同，其身份爲聘用人員，亦與職業團體書記之地位相類，如有「職業團體書記派遣辦法」第二條各款情形時，自得援用該辦法之規定，由縣市政府遴選訓練合格人員派遣充任。奉交前因，理合簽請

鑒核！

謹呈

行政院

社會部呈 社組字第七三六八號 三十年八月二十三日

准外交部暨國際勞工局中國分局電爲國際勞工大會定於本年十月在紐約舉行囑查核辦理等由擬具辦法呈請 鑒核由

案准外交部條30字第四六一七號廣代電，以准國際勞工局來電，下屆國際勞工大會，定於本年十月二十七日在美國紐約舉行，抄同原電囑查核辦理等由；由正核辦間，復准國際勞工局中國分局電同前由，查國際勞工大會，向例由各會員國派遣政府及勞資三方代表所組成，近年來我國政府於每屆大會均派有完全代表團出席，與各國勞工界取得密切聯繫，抗戰以還，我國國際地位日見增高，各國對我國勞工界及勞工問題，亦更重視，目前國際勞工組織，係由英美所支持，爲爭取國際同情援助，本屆國際大會除政府代表外，關於勞資兩方代表，自宜派遣資望較深，及熟悉國際勞工情形者出席，以國民外交方式，加强各反侵略國家之聯繫，復查此次大戰結果後，無論國際秩序如何，建立勞工組織必爲重要部門，我國於此次派遣代表出席，既可與各主要國家勞工代表密切連絡，卽於戰後增高

國際地位，亦有裨益，根據上述各點，對於第二十六屆國勞大會，擬請仍予派遣完全代表團出席參加，茲謹擬具辦法兩項，臚陳於次：(一)政府代表二人，首席擬請仍派國際勞工組織理事院政府組中國理事李平衡充任，其餘一人，俟與外交部就駐美使館人員中選定後，再行呈報，並請派壽毅成爲資方代表，朱學範爲勞方代表，前往出席，至政資勞三方代表之顧問、祕書，均就近於駐美使館人員中遴選後報請派任，(二)如政府勞資三方代表，一律就近派遣駐外人員出席，則擬俟本部與外交部會商決定人選後，再行另案呈請任命，准電前由，除擬派代表履歷及代表團經費預算另案呈報外，所擬辦法是否有當？理合具文呈請

鈞院鑒核示遵！

謹呈

行政院

社會部呈　社組字第八一八一號　三十年九月十九日

奉　交議四川省政府呈請將職業團體書記薪給標準迅予核定一案遵簽具意見乞核　示由

遵查職業團體書記派遣辦法第三項規定「職業團體書記由政府指派者，其薪給得由各級政府支給，其薪給標準另定之」，目前各地生活指數，參差不一，懸殊尤甚，匪僅各省之間爲然，卽一省之內，各縣之間，亦莫不如是，更因物價變化甚速，查報需時，關於職業團體書記之薪給標準，若遽由中央予以統一規定，縱立法之時保留彈性，終恐實施之際，多感困難，設任各縣自定標準，則又恐各不相謀，結果轉使各縣之間有待遇不平之弊，茲爲目前權宜之計，關於職業團體書記之薪給標準，擬以省爲單位，由各省政府會商各該省黨部，參酌各地實際情形，予以規定，頒發各縣遵辦，並報本部備查；如此既可使各地標準不致過於懸殊，將來若由中央統一修訂時，亦可有較爲具體之根據。奉交前因，理合擬具意見，簽請

核示祇遵。

謹呈

行政院

社會部公函　社組字第六一一七號　三十年七月一日

為規定各地農會推進農貸應行注意各點函達查照轉飭辦理由

查舉辦農貸，旨在調劑農村金融，增加農業生產，以應抗戰建國之需要，各地農會允宜積極運用，期收宏效，並藉以充實本身工作，惟檢查過去情形，多未足以副此，癥結所在，半由於農會組織鬆懈，信用未著，半由於辦理農貸各行局，對於農會尚未確認為推廣農貸之良好機構，雙方缺乏聯繫，以致效果不彰，嗣後各地農會亟應注意做到下列各點：一，健全本身組織，二，與農貸機關切取聯繫，積極協助推廣農貸，三、指導協助會員依法組織合作社，辦理貸款，并於每一農會內設合作社一所，使農會工作與合作社業務打成一片，四，依照農貸辦法綱要及辦理農貸手續暫行辦法之規定，自動直接請求貸款，並負責按期還款，除分函各省市黨部並函四行聯合辦事總處轉飭各行局改進對農會之關係外，相應檢同三十年度中央信託局中國交通農民三銀行農貸辦法綱要，四聯總處各種農貸準則草案，二十九年度中央信託局中國交通農民三銀行及農本局辦理農貸手續暫行辦法草案各一份，函達

查照，即煩轉飭辦理為荷。此致

各省市黨部

附農貸辦法綱要各種農貸準則草案及辦理農貸手續暫行辦法草案各一份（略）

社會部公函　社組字第六一四五號　三十年七月二日

社會部公函

准函為汽車站搬運工會可否准許組織囑查核等由復請查照飭遵由

案准

貴會州社字第五一二二號公函以准江西公路處函請取銷吉安汽車站搬運工會籌備處「汽車站」字樣一案，汽車站搬運工會，可否准許組織成立，囑查照核復等由；准此，查吉安汽車站搬運工人如合於工會法第一條之規定，自得適用該法組織工會，惟依照工會法施行第六條「工會之區域以市或縣之行政區域為其區域」之規定，該工會應定名為吉安縣搬運職業工會，其會員得包括汽車站搬運工人及其他搬運工人。准函前由，相應復請

查照飭知為荷。此致

中國國民黨江西省執行委員會

社會部公函　社組字第六一七二號　三十年七月三日

爲制定示範縣農會實施辦法函請查照辦理見復由

本部爲推進各地農會組訓工作，福利事業，及戰時任務起見，經制定示範縣農會實施辦法，期能樹立楷模，廣資仿效，並指定重慶市，及四川省之成都，樂山，內江，萬縣四縣，先行舉辦，福建，浙江，湖南，河南，貴州，廣西，陝西七省，則請各省黨部省政府會商選定一示範縣份，均由本部補助經費，並派遣督導員前往督導進行。此外各省市擬請視地方財政情形，酌予設置，除分別函咨各省市黨部及省市政府外，相應檢同該項辦法函請

查照辦理見復爲荷！此致

各省市黨部

附示範縣農會實施辦法一份（見二期公報法規欄）

社會部公函　社組字第六三〇四號　三十年七月十一日

准函囑核復萬縣同義榮號等呈請組織棉花運商業同業公會疑義一案復請查照轉知由

案准

貴處三十年六月十三日渝（30）文字第八八七一號函，囑復萬縣同義榮號等呈請組織棉花運商業同業公會疑義，等由，附檢原呈一件；准此，查該商號等，如係專代客轉運棉花，應組織或加入當地承攬運送商業同業公會；如於代客轉運棉花外，兼營買賣棉花，併應依法加入棉花商業同業公會。相應復請

查照轉知爲荷！此致

中國國民黨中央執行委員會祕書處

社會部公函　社組字第六三四三號　三十年七月十二日

准電以縣市政府社會科長擬由黨部推荐一案業有規定錄案函復查照由

准

貴會晉電，以縣市政府社會科科長人選似應由黨部推荐，囑核復等由，查關於此案，前經本部函准中央祕書處轉准行政院核復，略以縣政府社會科科長應依照縣行政人員任用條例由縣長呈請省政府委任，並依縣各級黨政關係調整辦法實施辦法之規定，省政府於縣長呈請委任社會科長時，應會商省黨部決定，等由在案。准函前由，相應復請

查照爲荷！此致

中國國民黨貴州省執行委員會

社會部公函　社組字第六四七二號　三十年七月十六日

函送獎助人民團體暫行辦法請查照並轉行所屬知照由

本部為獎勵人民團體健全組織發展業務推行政令起見，經訂定獎助人民團體暫行辦法一種，除分函各省（市）黨部外，相應檢同辦法一份，函請查照并煩轉行所屬知照為荷！此致

各省市黨部

附獎助人民團體暫行辦法一份（見二期公報法規欄）

社會部公函　社組字第六四八九號　三十年七月十七日

准函囑核復買糖紅糖兩商業同業公會可否准予不合併組織疑義一案復請查照轉知由

案准　貴會三十年六月九日社勝字第二二八一號函，囑核復買糖紅糖兩商業同業公會可否准予不合併組織疑義等由；准此，查商業分類，係屬經濟部主管，商業買賣不能分組，屢經經濟部解釋有案。該內江縣買糖業，紅糖業，雖所買賣之糖，及運銷區域，乃至資本大小，容有不同；但均包括於上述買賣糖業之範圍內，自應合組糖商業同業公會。至公會內所屬之行號，因資本大小不同，在訂定會費單位額時，得以資本最小之行號能負担者為準。若因所定會費單位額過小，致會費收入無多，不敷開支時，得由會員大會議收特別捐彌補。其抽收方法，依各地舊日習慣為之。相應復請

查照轉知為荷！此致

中國國民黨四川省執行委員會

社會部公函　社組字第六七九八號　三十年八月二日

為調整鄉農會原則第六項末句下應加「並分報農林部備案」一句函請查照飭知由

案查前准中國國民黨貴州省執行委員會函，以據定番縣黨部呈，為新縣制實施後，鄉鎮區域變更，鄉農會是否

應行調整轉請核示統一辦理案，經規定調整原則六項，呈報行政院分別函咨各省市黨部政府各在案；茲奉 行政院本年七月十三日勇玖字第一〇七〇號指令略開：『原調整原則第六項：「轉報本部備案」句下，應加「並分報農林部備案」一句』等因，自應遵辦。除分別函咨外，相應函請

查照飭知爲荷！此致

各省市黨部

社會部公函 社組字第六八〇七號 三十年八月二日

准函據魯山縣黨部呈以新縣制施行後前組之鄉農會應否合併組織囑查核見復等由應依照調整鄉農會原則第一項之規定辦理并檢送該原則一份復請查照飭知由

案准

貴會三十年七月七日黨次社字第六三二〇號公函，據魯山縣黨部呈，以新縣制施行後，鄉鎮多有合併以前組織之鄉農會，應否合併組織，囑查核見復等由；准此，查各省施行新縣制之後，關於調整鄉農會之組織，本部業經訂定調整鄉農會原則六項，於本年三月二十七日分別函咨各省市黨部政府查照在案，該魯山縣黨部自可依照原則第一項之規定辦理，准函前由，相應檢送調整鄉農會原則一份，復請

查照爲荷！此致

中國國民黨河南省執行委員會

附調整鄉農會原則一份（略）

社會部公函 社組字第七一五〇號 三十年八月十六日

准函囑解釋甲縣同業公會之會員至乙縣營業時應否加入乙縣同業公會疑義一案復請查照轉知由

案准

貴會三十年七月十二日社勝字第二五七四號函，囑解釋甲縣同業公會之會員，至乙縣營業時，應否加入乙縣同業公會疑義，等由；准此，查此類商人既無公司行號在乙縣自不必加入乙縣之同業公會。但經營必需品業者，應遵照非常時期工商業及團體管制辦法第四條之規定辦理。相應檢同該項辦法，復請

查照轉知爲荷！此致

中國國民黨四川省執行委員會

社會部公函　社組字第七四二一號　三十年八月廿五日

關於貴會函轉安岳縣黨部請解釋教育會是否文化團體一案茲准司法院解釋過部相應函請查照轉知由

貴會三十年六月二日社勝字第二二〇二號公函，以據安岳縣黨部呈請解釋教育會是否文化團體一案，當經轉請司法院解釋，並先行函復查照在案，茲准司法院三十年八月二日院字第二二二二號公函節開：

案查前准

「……教育會是否文化團體一案，茲經本院統一解釋法令會議議決，教育會依國民大會代表選舉法附表四之規定，固爲同法所稱之自由職業團體，惟其他法令所稱之文化團體，須依該法令之本旨，可解爲包含教育會在內者，仍不妨解爲文化團體。」

等由；准此，相應函請查照轉知爲荷！此致

中國國民黨四川省執行委員會

社會部咨　社組字第六二九一號　三十年七月十一日

爲咨送示範工會實施辦法並指定重慶等十二市縣先行舉辦請查照轉行遵辦由

本部爲發展及健全工會組織，推進工會業務，確謀工人福利起見，決定於工商業及交通發達之重要縣市推行示範工會制度，以期樹立楷模，廣資仿效，並制定示範工會實施辦法於本年六月二十一日公布施行，茲爲該項示範工會制度迅速實施計，特根據示範工會實施辦法第一條之規定，由本部指定重慶、成都、自貢、樂山、萬縣、內江、西京、貴陽、昆明、桂林、衡陽、曲江等十二市縣先行舉辦，並由各該市縣黨部會商政府依照示範工會實施辦法第三條之規定，迅予選定符合示範工會標準之工會一所至三所，呈轉到部，以憑核定，當由本部補助經費，並派員前往督導實施。至未經指定實施地區之省份，得視其經費情形各自斟酌辦理。除分別函咨各省市黨部政府外，相應檢

同示範工會實施辦法咨請

查照，並轉行遵照辦理見復爲荷！

此咨

各省市政府

附送示範工會實施辦法一份（見二期公報法規欄）

社會部咨　社組字第六七二〇號　三十年七月廿六日

咨送修正慈善團體法施行規則請飭屬遵照辦理由

案奉

行政院三十年六月六日勇玖字第九〇六一號訓令內開：

「監督慈善團體法施行規則，茲經本院修正公布，應即通飭施行，除呈報暨分行外，合亟抄發該項修正規則全文，令仰知照，並轉飭所屬一體知照。」

等因，計抄發修正監督慈善團體法施行規則一份，奉此，查各地方慈善團體，其能配合戰時需要努力服務者固多，而徒負虛名未能充分表現工作者亦復不少，值此抗戰緊要關頭，凡屬慈善團體，均應加緊努力，協助政府，恢宏救濟事業，茲監督慈善團體法施行規則奉令頒行，應請督飭各縣市迅將所屬慈善團體加以調整，幷斟酌實際情況強化其工作，奉令前因，相應抄附修正原規則全文一份，咨請

查照辦理爲荷！此咨

各省市政府

社會部咨　社組字第六七二一號　三十年七月二十六日

咨送中醫公會組織規則請查照辦理幷轉飭遵照由

查中醫公會組織規則，業經
行政院於三十年五月九日以勇陸字第七二二四號命令公佈在案，所有各省縣市中醫公會其組織與是項規則不合者，部請查照加以調整，其未成立是項公會者，亦應迅予策動組織，并請將辦理情形報部備查，除分別函咨外，相應抄附中醫公會組織規則一份，咨請
查照辦理，并轉飭所屬遵照爲荷！此咨
各省市政府
附抄中醫公會組織規則一份（見二期公報法規欄）

社會部咨　社組字第七一九七號　卅年八月十八日

准福建省黨部代電囑釋示關於縣市各重要業同業公會緩役人員疑義一案咨請查照辦理見復由

案准中國國民黨福建省執行委員會三十年七月八日連呂社字第三七二號代電，關於縣市各重要業同業公會緩役人員疑義請予解釋等由，准此，查同業公會依法得設常務委員，常務委員滿三人時，併設主席，故在事實上各地同業公會不設主席者有之，但並無不設常務委員之公會，人民團體實際負責緩役辦法第一條末段規定與各業同業公會法之規定及事實均不相符，似應由
貴部呈請　行政院修正或以解釋救濟，准電前由，相應抄同原電咨請
查照辦理見復爲荷！此咨
軍政部
附抄原代電一件

中國國民黨福建省執行委員會快郵代電

行政院社會部：准社組字第五六四一號函發人民團體實際負責人緩役辦法，經已分飭知照，惟查縣市各重要同業公會之實際負責人如主席或常務委員（不設主席祇設常務委員一人之常務委員）依法係由執行委員互選，並非以當選

票數最多之執行委員充任，如按原辦法第一項下半段「經濟部指定縣市各重要同業公會執行委員以當選票數最多之一人爲限」之規定，設有執行委員當選票數最多之人于互選之時不當選爲主席或常務委員，則可准援役者，究係執行委員當選票數最多之人？抑係被選爲該公會實際負責人之主席或常務委員？頗有疑義，相應電請核示。福建省執行委員會

社會部咨　社組字第八四〇九號　三十年九月廿六日

准咨囑核復綢布呢絨可否合組一會疑義一案咨復查照由

案准

貴府三十年九月二日呂申冬府民丙永九一七三三號咨，囑核復綢布呢絨可否合組公會疑義，等由；准此，查商店兼營布業及絲綢呢絨業，如合組一會，可依商業同業公會第三條之規定辦理，其名稱定爲「某某縣絲綢呢絨布商業同業公會」，准咨前由，相應復請

查照爲荷！此咨

福建省政府

社會部代電　社組字第六一五〇號　三十年七月二日

准代電囑核復錫紙金楮兩業單獨組織公會疑義一案電復查照由

中國國民黨福建省執行委員會公鑒：三十年五月連呂社字養代電奉悉。查經營迷信物品商號不准組織同業公會，雖經前中央民衆運動指導委員會解釋有案，唯事實上在四川、江西、福建等省均有香神香紙燭等商業同業公會之組織，前中央社會部均經准予備案，前例早已變更，貴省錫紙金楮業，既准查明並非重要紙類，且該項營業頗大，經一再呈請單獨組織公會，可准依商業同業公會法第五十七條之規定辦理，相應電復查照轉知爲荷！社會部冬一印

社會部代電　社組字第六一六〇號　三十年七月二日

准代電囑核釋鹽商業同業公會主管官署疑義一案電復查照由

中國國民黨浙江省執行委員會公鑒：卅年五月卅一日民字第二七六號代電奉悉。查鹽商業同業公會之事業主管官署，自應爲鹽務機關，雖各區鹽務主管機關多在省會設立，但凡能設有鹽商業同業公會之縣份，大都有鹽務分支機關駐在該地或其附近地點，關於監督事宜，自可由該機關呈轉上級鹽務主管機關核辦，鹽場公署自係鹽務分支機關之一，至鹽商業同業公會之主管官署，依商業同業公會法施行細則第二條之規定屬縣政府，相應電復查照爲荷！

社會部冬印

社會部代電　社組字第六二七三號　三十年七月十日

准電請解釋民船船員工會在各縣市設立分事務所疑義復請查照由

中國國民黨浙江省執行委員會勛鑒：五月儉代電奉悉。經核民船船員工會組織規則，係二十年四月三日頒布，工會之支部小組組織規則，係二十三年九月二十一日頒布，根據新法優於舊法之原則自不能再行沿用民船船員工會組織規則第七條之規定，至靈江民船船員工會章程第廿三廿四兩條仍應遵照本部社組字第三四九一號公函指示各點，分別更正，至浙江省各江民船船員工會已設有分事務所者，併應依法改組爲分會，相應電復，即希查照辦理爲荷！社會部組已灰印

社會部代電　社組字第六三一二號　三十年七月十一日

爲策動學生利用假期服務報國電請飭屬辦理見復由

各省市黨部　三民主義青年團中央團部勛鑒：暑假期間應策動學生服務報國，茲擇其急要而能於假期內實行者列後，極盼羣策羣力共赴事功。（一）依據中等以上學校學生假期兵役宣傳實施綱領厲行兵役宣傳。（二）依據發動全國智識份子辦理民衆教育暫行辦法推廣民衆教育。（三）依據民衆衛生習慣指示綱要改進公共衛生（四）深入農村宣傳糧食政策並調查糧食生產狀況。其他各項服務，仍盼於可能範圍內督促實行，藉宏功效，除分電青年團暨各省市黨部外，相應電請飭屬策動當地學生分別實施，並將實施情形詳示爲荷！社會部部長谷正綱午東組印

附綱領綱要辦法各一份（略）

社會部代電　社組字第七〇九一號　三十年八月十四日

爲釋明非常時期工商業及團體管制辦法之目的與內容電請查照並轉飭知照由

各省市黨部政府勛鑒：查非常時期工商業及團體管制辦法，業經　行政院制定公布，並由本部會同經濟部轉行各在案，茲將本部起草本辦法之目的及其內容加以釋明分述如次：（一）抗戰發生，社會經濟變動在所難免，惟變動應求合理，而不可因人爲的操縱，致造成畸形現象，查近來物價波動頗劇，可見經濟現象，顯有未盡調和之勢，本部前奉國民政府軍事委員會委員長蔣手令，飭即迅速完成各業同業公會組織，加緊管制，以期平抑物價，鎮定人心，用本斯旨，特呈經　行政院制定本辦法分令本部暨經濟部督導實施。（二）平抑物價，固應健全工商團體機構，加緊管制，然其先決問題，一在督促各工商業依法聲請登記，一在督促各工商業依法強制加入各該業公會，因近年來大量人口內移，需要增加，工商業遂日臻繁榮，具有公司行號之正當商人，轉輸貨物，以調劑供需，固爲政府所樂於獎許與保障，然一般非從事工商業者而有商業行爲，竟不設立公司行號，或設立公司行號而又不依法申請登記，其流弊所極，不啻擾亂社會經濟組織，破壞政府法令，在平時不應如此，在戰時更應絕對取締，故本辦法有第四條至第八條之規定，主管官署務須嚴格執行，毋使投機取巧之徒，利用抗戰機會，損人自肥，而影響國計民生也，至各業公司行號或工廠之應加入各該業公會或商會，早經法令規定，自應遵照辦理，惟各地工商團體所屬各業，或因觀念錯誤，或因昧於私圖，往往規避加入公會及藉詞退會，致工商團體組織終鮮健全，不克盡其本身應盡之責任，對於政府所定之戰時經濟動員民衆動員之各種方案，均難期其實現，人自爲謀，步驟不一，奄非戰時人民團體所應有之現象，故本辦法有第十條及第十一條之規定。（三）職業團體書記極關重要，依其性質爲承各該團體執行機關之命，辦理事務，並負推進各該團體各種活動之責任，中央洞鑒及此，特訂定職業團體書記派遣辦法，以加強職業團體之機構與活動，辦法頒布以來，成效不獲顯著，茲值實施工商團體管制之際，書記之訓練與派遣，主管官署必須依照規定切實執行，尤須斟酌實際情形，按步實施，勿以事實困難，遲延徘徊，致團體機構仍蹈過去積習，而管制政策之推行，因亦受莫大影響。（四）工商團體任務，在修正商會法及工商輸出各業同業公會法規定綦詳，本辦法爲應戰時要求，適應環境需要，特另加規定，使工商及團體管制之精神，得以具體實現，執行本辦法之主管官署，對於第十五條所規定之各項任務，須督促切實遵行，但以均爲工商團體對其所屬會員之責任，主管官署不應直接處理者，只須鼓勵工商團體與工商業合作，敷衍固所不許，操切亦應愼防，此爲運用團體組織力量而發揮管制效能也，各地主管官署誠能依照辦法，認眞推行，則可收平抑物價之功效，而符鎮定人心之本旨，至第十七條派員担任檢查工作，為主管官署直接施行之監督制度，允宜處理周密，裁判公平，務使貨源流暢，供需平衡，工商發達，市面繁榮，而團體組織力量得因益臻健全，以促成管制之嚴密耳。以上各項，爲制定本辦法之目的與內容，爰申述如上，藉供參證，特電查照，並轉飭知照爲荷！社會部寒印

社會部代電

社組字第七一〇七號　三十年八月十五日

准代電囑釋示關於商會及總工會職員選舉疑義一案電復查照由

中國國民黨福建省執行委員會公鑒：三十年七月五日連呂社字第三七〇號歌代電奉悉。縣以下產業或職業工會之理監事自可被選爲總工會理監事，商會候補執監委員未遞補前可當選爲執行委員或監察委員，特電復請查照爲荷！社會部刪印

社會部代電

社組字第七一〇八號　三十年八月十五日

准代電囑釋示關於組織省商會聯合會疑義一案電復查照理由

中國國民黨福建省執行委員會公鑒：連呂社字第三六八號代電奉悉。（一）商會委員抽籤去職，其出席商聯代表當然另舉，商聯會委員亦當然由候補遞補。（二）爲顧全事實起見，貴省商聯會可展至本年底俟各商會多數改選後，再舉行成立大會，當無困難，特電復請查照爲荷！社會部刪印

社會部代電

社組字第七二四四號　三十年八月十九日

爲規定各業工會及縣市總工會會員不繳納會費制裁辦法電請查照並飭屬一體知照由

各省市黨部政府：案准湖南省政府本年七月江建四代電開：查各業工會會員延抗繳納總工會經常會費如何處理，工會法及縣市總工會經費徵集辦法均無明文規定，可否援照商業同業公會法第四十二條之規定辦理，或另有其他處理方法，請電復等由，准此，查商業同業公會法第四十二條各款規定，多所牽制，未便遽行援用，惟查非常時期人民團體組織綱領第八條對職業團體會員入會及下級團體加入上級團體，均以强制爲原則，退會應有限制之規定，其會員延繳納會費自亦應明定處分辦法，爰特規定各業工會及縣市總工會之會員延不繳納會費，可由各該工會警告限繳

，逾限仍不繳納，即予以停權等制裁，除電復並分電各省市外，特此電達，即希查照並飭屬一體知照！社會部皓印

社會部代電　社門字第七三二〇號　三十年八月二十一日

檢送一元獻機運動實施辦法電請迅速會商辦理由

各省市黨部政府公鑒：查中國航空建設協會總會於本年七七抗戰建國四週年紀念日發起一元獻機運動，意義至為重大，自應策動社會力量，普遍推行，以期協助政府建設空軍，茲准檢送已奉核准施行之實施辦法，函囑協助等由；到部，特檢同原辦法一份，電請查照迅速會商辦理，通令所屬一致推行，並將辦理情形見復為要！社會部(馬)印

社會部電　社組字第七五四四號　三十年八月廿九日

准電請釋示省市縣各級社會行政機構職掌及市社會局主管事項電復查照由

西安陝西省政府熊主席：午世民祕重發電奉悉。省市縣各級社會行政機構職掌細目綜括如下：(一)關於人民團體之組織訓練調整及其相互聯繫事項：(二)關於社會運動及人民團體目的事業外一般活動之指導監督事項。(三)關於勞資爭議之處理事項。(四)關於社會福利社會救濟社會服務及職業介紹之指導實施事項。(五)關於貧苦老弱殘廢之收容救養事項。(六)其他有關社會行政事項。至市社會局除主管前列各項外，亦有兼管市經濟行政市教育行政及市公共衛生者，特電敬復。社會部未艷叅印

社會部代電　社組学第八二九三號　三十年九月二十三日

准代電以同業公會候補執監委員於改選時可否准予當選為執監委員囑核示一案電復查照由

中國國民黨福建省執行委員會公鑒：三十年八月連呂社字第四五六號梗代電奉悉。查修正商會法施行細則第十一條第二項規定，候補委員未遞補前，不得列席會議，各業同業公會對此規定均準用之，因此候補執行委員於公會改選時，可選為執委或監委，不受不得連任或其他之限制，候補監委亦同，特電復請查照為荷！社會部漾印

社會部代電　社組字第八五〇〇號　三十年九月廿九日

檢送應飭非常時期工商業及團體管制辦法實施區域主管官署辦理事項電請轉飭切實遵辦并見復由

各省政府主席
重慶市政府吳市長：查非常時期工商業及團體管制辦法所稱必需品業及實施區域，業經指定公布在案，茲擬就應飭實施區域主管官署辦理事項十一項，隨電送請察照，即希轉飭切實遵辦，并先見復為荷！社會部長谷正綱經濟部長翁文灝江商印附件

應飭實施區域主管官署辦理事項

一、規定限期，通告各必需品業（係經指定者後同）之公司行號工廠，如限辦理登記，期滿舉行普查，對於未遵辦之公司行號工廠，應即依法予以處分，並勒令登記，一面飭商會及必需品業同業公會督促未完成登記手續之會員，迅速遵辦。

二、飭各必需品業同業公會舉辦小規模營業登記，將開始日期轉報備查。

三、擬具取締未設立公司行號者，經營必需品之商行及辦法，報部核備。

四、指導必需品業未成立同業公會者，依法迅速組織成立。

五、強制必需品業公司行號工廠加入同業公會，及各該業同業公會加入商會。

六、酌派商會及必需品業同業公會書記，或就原有書記，施行短期訓練。

七、查察商會及必需品同業公會辦公處所情形，酌令聯合辦公。

八、指導商會及必需品業公會，依據「非常時期工商業及團體管制辦法」第十五條各款規定，斟酌實際情形，參照現行有關法令擬具實施辦法，報轉核辦。

九、飭商會及必需品業同業公會，以後將各種會議重要議案，於會畢後報轉察核。

十、按期舉行工商團體會報，召集商會及必需品業同業公會負責人，報告會務並指示工作方針，將會報紀錄摘要報部備查。

十一、相當時期依「非常時期工商業及團體管制辦法」第十七條規定，「派員檢察，並對檢察人員嚴密監督，防止擾害商民」。

社會福利類

社會部呈　社福字第七〇八二號　三十年八月九日

為奉令呈報關於「對於平抑物價問題之基本建議案」辦理經過情形請鑒核由

案奉

鈞院本年五月二十七日經祕政字一〇三四號訓令，抄發國民參政會第二屆第一次大會對於平抑物價問題之基本建議案原提案，飭斟酌辦理具報，等因，奉此，查建議案內關係本部職掌者，計有一、調查並管理都市的同業公會，使之有健全的組織，二、城鎮鄉廣設消費合作社，三、吸收游資，使之從事於工業生產，並積極的擴大農村金融，四、減少不急之務，以平抑之價，使都市的游工歸農，五、厲行節約，提倡集體生活，以節省人工燃料。上列各點，均經本部分別辦理，或正在辦理之中，謹將經過情形，略陳如左：

一、關於調查並管理都市的同業公會，使之有健全的組織者。本部經於本年一月間遵奉　委座手令，會同經濟部擬訂「非常時期工商業及團體管制辦法」，呈院核准，並於六月十七日公佈施行，現正會同經濟部籌劃派員分赴各省市督導實施，俾收健全工商團體組織，協助政府平抑物價之實效，至調查都市的同業公會一節，除「非常時期工商業及團體管制辦法」已有所規定外，本部三十年度行政計劃並列有舉辦全國人民團體總登記一項，現正積極進行之中。

二、關於城鎮鄉廣設消費合作社者，查「縣各級組織綱要」規定縣各級均有合作社之組織，縣鄉鎮保各社均有消費部之部門，現新縣制正在各省推行之中，關於消費合作社，本部經督促各省市廣爲設置，計重慶市及遷建區已成立者達一百五十七社，社員十餘萬人，全國各省市消費合作社，共計爲一千七百八十八社，又本部爲解決各消費合作社進貨上之困難起見，除督促各省市，分別設立合作供銷處，或合作業務代營機構外，並已成立全國合作社物品供銷處，藉收平抑物價之實效。

三、關於吸收游資，使之從事於工業生產，並積極的擴大農村的金融網者。關於吸收游資，本部合作事業管理局前會於去年十一月間擬訂「各級合作社吸收小額存款辦法」，頒行各省合作主管機關轉飭遵照辦理，本年四月間全國合作會議，復議定「各級合作社協助推進節約建國儲蓄辦法」，並正擬由本部頒行各省遵照辦理，至擴大農村金融網，似以積極建立中央合作金庫及省縣合作金庫，並與農村各合作社取得密切聯繫為最切實而有效，本部經根據全國合作會議決議案，修訂合作金庫規程，正呈　院備案中，將來自當依照此項規程，迅謀推進辦法。

四、關於減少不急之務，以平抑工價使都市的游工歸農者。關於平抑工價，本部前奉　鈞院令發「平定工資實施辦法」，飭先從重慶市試辦，旋奉　委座手令，飭平定重慶、成都、自流井、嘉定、萬縣、及內江等六市縣工資，經擬訂「四川省重要市縣農工管制方案」，關於限制非生產之勞力消耗及轉移此項勞力於生產事業，均有所規定，現正趕派督導員分赴指定各地，加緊實施中，其次，本部擬訂中之「戰時生活節約運動辦法綱要草案」，對於不必要職業之取締，雇用僕役及都市車輛數量之限制，房屋建築及陳設之應力求簡約諸端，亦經分別予以規定。

五、關於厲行節約，提倡集體生活，以節省人工燃料者。本部擬訂之「戰時生活節約運動辦法綱要草案」，除勞力節約外，關於衣食住行社交娛樂及其他一般生活之節約事項，均有所規定，呈准後即可按照施行，又全國節約建國儲蓄勸蓄委員會，發起組織之節儲實踐會，本部亦正在策動各界民衆積極參加之中，至提倡集體生活一節，本部所舉辦之示範社會服務處關於住宿飲食沐浴娛樂社交等生活，已略具集體之雛形，現並已提倡舉辦公共食堂，正會同振濟委員會亟謀推廣普設。

奉令前因，所有「對於平抑物價問題之基本建議案」，關於本部職掌各項辦理經過情形，理合備文呈請鑒核！

謹呈

行政院

社會部呈　社福字第七〇八九號　三十年八月十四日

為擬具奬助社會福利事業暫行辦法請　鑒核備案由

本部三十年度工作計劃，曾經呈奉民國三十年二月二十二日勇玖字第三三二二號鈞院指示節開：「社會福利應以獎勵及補助地方及社會事業機關為原則」，等因，自應遵辦，茲擬具「社會部獎助社會福利事業暫行辦法」隨文呈核，查本部本年度預算，福利事業獎助金額為數無多，故僅能就已成事業之有成績者，助其發展，經費中斷者，加以維持，遭遇災變者，予以補助，期於減輕國庫負擔之中，仍收光大福利事業之效，至於倡導社會福利事業，亦為本部職掌，惟就現狀加以考慮，利害相權，得失參半，蓋日前熱心福利事業者，自不乏人，其間亦往往基金未籌，先請補助，或略具薄資，張大其詞，調驗既感困難，文書遂難徵信，事業之成否難期，官府之准駁皆失，凡此情形，早在

洞鑒，故於辦法中，未敢輕予規劃，擬于下年度另定限制辦法，彼時再由國家劃出一部經費，專為提倡舉辦社會福利事業之用，現擬「社會部獎助社會福利事業暫行辦法」，擬請

鑒核，准予備案，以便公布施行，是否可行？理合呈請

核示祇遵，

謹呈

行政院

附呈社會部獎助社會福利事業暫行辦法(見法規欄)

社會部呈　社福字第七三八八號　三十年八月二十五日

呈請依法徵收本部救助院需用土地附具計劃書暨徵收土地圖各件仰祈　鑒核示遵由

案查本部三十年度行政計劃，前經呈奉

鈞院核定在案，其中關於在陪都籌設示範救助院一項，業經派員負責籌備，預定本年內正式成立，開始收容，茲經勘定巴縣土橋鎮苦竹壩地方，私有土地共計二九二、四三四市畝，為該院院址，並已委託大中建築公司測量完竣，現正着手繪製建築草圖，擬於九月初招標建築，查該院係屬國家辦理慈善事業，其所需土地，依照土地法第三百三十五條及第三百三十六條之規定，得徵收私有土地，並依同法第三百三十八條一二兩款之規定，由

鈞院核准徵收，茲依照該法第三百五十四條及第三百五十七條之規定，擬具計劃書並附具徵收土地圖各二份，一併

隨文呈送，擬請
鈞院迅賜照附圖所繪四至界綫以內私有土地，准予全部徵收，並懇准照土地法第三百六十五條但書之規定，在補償地價及其他補償費額尚未發給完竣前，特許進入徵收土地區內實施建築工作，以利進行，是否有當？理合備文呈請
核示祇遵！

謹呈

行政院

附呈社會部籌建實驗救助院計劃書暨徵收土地圖各二份（略）

社會部公函　社福字第六四〇八號　三十年七月十四日

函發各級黨部社會服務處檢查表及社會服務處工作實施成績總檢查表請分發查填彙送過部備查由

本部為求明瞭各級黨部社會服務處設立數量及其工作實施成績，以便統籌推進，特製訂各級黨部社會服務處總檢查表及社會服務處工作實施成績總檢查表各一件，相應檢附各該表式函請查照，分別依式翻印分發查填彙送過部備查為荷！此致

各省市黨部

各特別黨部

附各級黨部社會服務處檢查表及社會服務處工作實施成績總檢查表式各一份（略）

社會部公函　社福字第七三三五號　三十年八月二十一日

准通知關於　國防最高委員會交辦國民參政會建議確定難童教育方針與辦法一案奉　諭「交教育社會兩部及振濟委員會採擇施行具報」等因復請查照轉陳由

案准

貴處本年五月十七日忠字第一〇四三六號通知單，關於　國防最高委員會交辦國民參政會建議確定難童教育方針與辦法一案，奉諭『交教育社會兩部及振濟委員會採擇施行具報』等因；通知到部，查此案本部以案關教育部主管事

項，經函請教育部訂期會商，嗣准函復，略以此案業經擬具意見函復
貴處查照轉陳，囑查照等由，准此，相應將本案經過情形，復請查照轉陳。此致
行政院祕書處

合作事業類

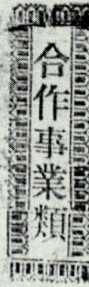

社會部簽呈　社合字第六四六七號　三十年七月十六日

為呈報全國合作會議經過情形檢同會議紀要等件呈請　鑒示祇遵由

本部前以我國合作事業之推進，亟應確立方針，使能充分發揮其戰時功能，以適應抗戰建國之需要，經呈准
行政院召開全國合作會議，期收集思廣益之效，業經呈請
鈞座察核，並蒙
頒賜訓詞有案。此項會議，於四月三日舉行，會期七日，出席代表計二十省市，一百三十四人，議案共一百九十三件。會議之際，迭蒙中央代表陳委員果夫，國府代表陳主計長其采，暨孔副院長等親臨致訓，出席人員，謹聆
鈞座暨各長官之訓勉，懍於使命之重大，咸能淬勵振奮，虛心研究。舉凡關於合作事業之當前重大問題，如制定合作綱領，擬訂三年計劃，調整行政機構，確立人事制度，修訂合作法規，建立合作金融系統諸端，均經精詳規劃製成決議；其與有關事業之連繫配合，及合作教育之加緊施行等項，亦有詳審之研討。其中關於建立合作金融系統一案，尤為合作事業命脈所關，原案所陳各點，似尚可行，伏乞
俯賜鑒核，垂諭遵循！所有會議經過情形，業經編具會議紀要暨決議案分類表，理合檢同建立合作金融系統原案一併備文呈送，恭祈
核示祇遵！

謹呈

總裁蔣

附呈全國合作會議紀要決議案分類表建立全國合作金融系統案各一份（略）

社會部呈　社合字第六四八七號　三十年七月十七日

奉　令以關於參政會第二屆第一大會建議平抑物價一案飭就主管事項查酌辦理具報等因遵將辦理情形呈復　鑒核由

案奉

鈞院經祕政字第〇三七號訓令，以准國防最高委員會祕書廳國紀字第一七五四三號公函，關於國民參政會第二屆第一次大會建議平抑物價一案，飭就主管事項查酌辦理具報等因，附抄發建議案一份，奉此；自應遵辦。查原議案辦法第五項，「應設法使生產消費減少中間商人，由社會部合作管理局勸導市民籌設合作社，自購自銷，藉以減低物價」，與本部合作事業管理局設置全國合作社物品購銷處之原旨及其所擬推進之業務計劃，完全相符，茲謹將該處業務進行情形具報如次：

查合作事業管理局全國合作社物品供銷處之設立，旨在便利全國合作社物品之供銷，藉以減少中間商人之剝削，引導生產運銷消費諸種合作事業，步入合理經營之途徑，達成平抑物價，統制戰時經濟之任務，所有該處組織章程業務計劃，經於二十九年九月呈奉

鈞院轉奉　國防最高委員會核定，所需資金額定五百萬元，由四聯總處理事會決議先撥資金一百萬元，以資週轉，該處於本年二月初領到上項資金後即正式開始業務，數月以來，進展尚稱順利，惟原定基金五百萬元，實撥僅及五分之一，益以戰時運輸倍感困難，故暫從重慶市及遷建區着手，以期逐步推廣，現在擬增資金並與各省合作供銷處或合作業務代營機構聯成一氣，完成全國供銷網，以宏效能，計該處自成立時起截至最近止，除遠道貨品，因運輸關係尚未到達外，所有進貨如油糖布疋毛巾鞋襪肥皂及其他日服用品價值柒拾餘萬元，市區各機關合作社及市民合作社與該處發生交易關係者，計有行政院、侍從室、軍委會、市政府、榮譽軍人總管理處、國府參軍處、兵工廠、大陽溝鎮、銅元局鎮等一百五十七合作社，及江北合作社聯合社，社員共計十餘萬人，所訂各貨售價約低於市場批發價格百分之五至百分之二十五，陪都各社向該處批貨者，異常踴躍，該處為使消費合作得普遍發展，以適應市郊各消費者之需要，曾協助各機關組織消費合作社，並為介紹經理及營業人員，俾減低各員工之生活負担，又為明瞭各社

業務經營狀況，及取得處社間之密切聯繫起見，曾於本年一月召集渝巴江峽四區消費合作社負責人員舉行合作業務討論會，並籌組四區合作社聯合辦事處，籌劃推進四區合作業務，此外該處曾逐日派至各消費合作社調查實況，并發刊合作業務通訊，登載貨物價目單，以便各社來處批貨之查考，綜上各端，爲該處成立以來之業務狀況，現正謀充實資金，并設法減少運輸上之困難，以期業務更趨發展。奉令前因，理合將該處業務進行情形具文呈復，仰祈鑒核！

謹呈

行政院

社會部呈　社合字第六八八四號　三十年八月五日

爲擬具合作金庫規程修正草案繕呈　鑒核公佈施行由

竊以合事業之健全發展，有賴於合作金融適切之配合，而合作金融之靈活運用，則又有賴於其本身組織健全之發展，改進合作金融運用方針，故建立合作金融系統，實爲推進合作事業切要之圖，本部有見及此，曾以整調合作金融及修訂合作金庫規程，列入本年度工作計劃，並擬先將合作金庫規程加以修正，然後商同財政部籌設中央合作金庫，以次促成各省縣合作金庫之建立，業經呈奉
鈞院核定有案，本年四月本部召集全國合作會議後，以創設中央及省縣市合作金庫以建立合作金融系統案，交付討論，適黔浙等二十省市代表，亦有相同提案，經併案討論，并修正通過紀錄在卷，查合作金庫規程，係前實業部於二十五年十二月十八日公布施行，迄今已逾四載，共間雖經二十七年二月二十三日一度修正，仍多不符實際，室礙難行，舉其要者言之：（一）原合作金庫規程規定合作金庫準用合作社法合作社聯合社之規定，但衷考實際，現在各種合作社，絕無力量創設其自有自營並自享之金庫，而不得不由政府及農貸機關輔導設立之，故應改就實際情形加以規定。（二）原合作金庫規程規定，各級合作金庫業務對象，僅以信用合作社及其他合作社聯合社爲限，對於非信用合作社資金之需要，則不予顧及，自難收各種合作業務聯繫發展之效，故合作金庫放款對象，似以包括各種及各級合作社爲宜。（三）原合作金庫規程對於代表選舉權規定按股分配，在由農貸機關輔設合作金庫之現狀下，

此項金庫，勢必成爲銀行之附庸，而不足以達到逐漸促進其合作化之目的，故主持合作金庫之人選，未可完全以股權爲產生之標準。（四）合作金融資金來源，必須利低而期長，合作債劵，合於此等條件，故應列爲一最重要而最有利之來源，但原規程並未有此規定。綜上所陳，可知欲期合作運用金融之改進與合作金融之建立，原有合作金庫規程，實有加以修改之必要，用特根據全國合作會議議決案，擬具合作金庫規程修正草案，連同原合作金庫規程暨全國合作會議決議案，備文呈請

鑒核公布施行。

謹呈

行政院

附呈合作金庫規程及修正草案暨全國合作會議創設中央及省縣（市）合作金庫以建立合作金融系統案決議案各一份（略）

社會部呈　社合字第七三二六號　三十年八月二十一日

爲編製全國合作會議臨時費追加概算書呈請　准予追加由

查本部召集全國合作會議，前經擬具概算，呈奉

鈞院勇玖字第二四〇九號指令暨勇會字第九二三九號訓令，核定臨時費二萬四千六百元各在案，此次會議現已結束，綜計實支經費超過核定概算數額達三萬五千二百七十元有奇，其中以印刷費超過最多，達二萬六千一百一十元三角，蓋以編印該會議專刊上下兩卷，共達三百數十頁，費用較鉅，而此項專刊，所以宣揚會議之意義及其經過與結果誠屬必要；此次則雜支項下之會場佈置費及會場租金超過亦近五千元，蓋以該會議租賃新運服務所禮堂爲大會會場，禮堂樓上辦公房屋爲議案審查會各組開會處所，租金已超過二千元，復以舉辦合作工作成績展覽，租賃中國留法比瑞同學會禮堂爲展覽之所，雖承該會優待，租金亦數百元，加以兩處佈置費用，均屬無法節省，而開會日期又因提案繁多，較原定日期延長兩日，遂致超過，其他僅辦公費略有超過，餘較原核定數均有盈餘，茲以會議結束，經督率主辦會計人員，核實計算，超過如上數，除另行編製計算書表依法呈報核銷外，所有超過部份擬請准予如數追加，謹編製全國合作會議臨時費追加概算表，備文呈送

鑒核示遵！

謹呈

行政院

附呈全國合作會議臨時費追加概算表暨概算書提要各六份（略）

社會部公函　社合字第六二三一號　三十年七月七日

准函囑改變規定縣政府與縣合作金庫行文程式一案復請查照由

案准

貴處本年六月三日合字第一五六一一號公函，以縣政府對縣合作金庫行文程式，經濟部曾有規定，但縣政府方面仍不免發生誤用監督權情事，擬改爲函呈並用，囑核辦見復等由；准此，查經濟部所定縣合作金庫與縣政府行文程式，於行政監督及金庫在業務經營上自主自動之精神，原已兼籌並顧，函開各節，似在縣政府之未能切實瞭解此項規定之意義，而不在規定之本身，且主管機關如確有違法或不當處分致損害合作金庫之權益者，法律上亦尚有其保障，但爲使縣合作主管機關對合作金庫能有進一步之認識，不致再有濫用權力之情事起見，本部業已分咨各省市，以政府轉飭合作主管機關遵照原案予以行政監督外，應特別重視各金庫自主自動之精神，不得擅以命令干涉金庫業務，期達雙方關係正常化與合理化之目的，准函前由，相應復請查照爲荷！　此致

中央　交通　中國　農民　銀行聯合辦事總處

社會部公函　社合字第八一七三號　三十年九月十九日

准函以據浮梁縣黨部呈請解釋各級黨務工作人員能否當選爲合作社理監事及主席等職轉囑核復一案復請查照由

准

貴會本年八月二十一日卅社字第七八七〇號公函，以轉據浮梁縣黨部呈請解釋各級黨務工作人員能否當選爲合作社理監事暨主席等職，轉囑核復等由；准此，查各級黨務工作人員兼任合作社理監事及主席等職，法令上並無限制，

相應復請

查照轉知爲荷！

此致

中國國民黨江西省執行委員會

社會部咨

咨送修正合作事業工作人員考成辦法暨附表等件請查照轉飭合作主管機關遵照由

社合字第七六七一號　三十年九月四日

查「合作事業工作人員考成辦法」，前由經濟部制定，呈奉　行政院核准後，於二十八年八月十日以部令公布施行，現准移交本部接管辦理，當以該項辦法應予酌加修正，以資適用，經擬具修正條文，呈奉　行政院本年六月十五日勇玖字第九四六八號指令開：「呈件均悉，准予修案，仰即由該部公布施行」，等因，業由本部於三十年七月十五日公布施行各在案除分咨外，相應檢同「修正合作事業工作人員考成辦法」暨合作事業工作人員考成表各二份，咨請

查照轉飭合作主管機關遵照，並飭屬知照爲荷！

此咨

各省政府
重慶市

附送修正合作事業工作人員考成辦法暨附表各二份（略）

社會部訓令

社合字第六一九三號　三十年七月五日

令各省市合作主管機關

令頒縣各級合作社章程準則暨組社須知仰遵照由

茲遵照

行政院二十九年頒佈之縣各級合作社組織大綱制定縣各級合作社章程準則暨縣各級合作社組社須知，令頒施行，所有前實業部頒行之組織合作社須知，合作章程準則六種，及劃一合作社名稱說明書等，應即停止應用。除分別

函令外，合行附發縣各級合作社章程準則，暨縣各級合作社組社須知，令仰遵照，并轉飭所屬遵照！此令。

附發縣各級合作社章程準則暨縣各級合作社組社須知各一份（略）

社會部訓令

社合字第六七八四號　三十年八月一日

令各省市合作主管機關

令發合作指導與生產技術配合推進辦法仰遵照飭屬辦理具報由

查合作事業與生產技術關係密切，亟應配合聯繫，共策進行，以期集中力量，互謀發展，本部有鑒於此，爰經擬訂「合作指導與生產技術配合推進辦法，」提交全國合作會議討論決議通過在案，除咨農林經濟兩部查照并分行外，合行抄發原辦法一份，令仰該處會廳局遵照辦理，並飭屬遵照辦理具報！此令。

附抄發合作指導與生產技術配合推進辦法一份（見法規欄，）

社會部訓令

社合字第六九六一號　三十年八月六日

令各省市合作主管機關

令發合作會議高傳珠等提議普遍獎勵各社存款協助推行節儲運動議案一件仰遵辦具報由

案查全國合作會議會員高傳珠等提議，各級合作社普遍獎勵存款，協助推行節約建國儲蓄運動一案，經大會決議修正通過，紀錄在卷，查此案關係抗戰前途，至深且鉅，亟應極積推行，用宏效益，除分令各省合作主管機關外，合行檢發原議案一件令仰遵照具報！此令。

附議案一件

全國合作會議提案

提案人　高傳珠　蕭條塵

主文：各級合作普遍獎勵存款協助推行節約建國儲蓄運動案（第四次大會通過）

理由：

我國合作社以信用合作社最為發達，但信用合作社社員每以借款為惟一之目的，此種錯誤觀念，亟須糾正，今後應普遍獎勵存款，以謀業務之建全，此時民間游資充斥，政府正在設法吸收，但如僅賴都市方面之節儲運動，仍恐收效不宏，仍應用廣大之農村合作組織，以利吸收，此後新縣制漸次施行，各級合作社普遍推進，各鄉鎮保均將有合作社之組織，藉以吸收民間游資，尤易爲力，茲擬具其辦法於後，是否有當？敬請公决！

辦法：

（一）各級合作社應儘量擴展存款業務，經營信用業務之各級合作社，除吸收社員存款外，並得接受非社員之存款。

（二）各級合作社，應由社員大會規定每社員每月或每旬最低限度存欵數額，按期繳納，並應由各社員勸導該社業務區域內之非社員爲社員，以便遵守相同之規定，此項存款，至少存滿半年方得提取。

（三）各級合作金庫或直接合作社存款各銀行，對各級合作社或社員之存款應酌量提高其利息，以示提倡，並力謀其手續之簡便。

（四）各級合作社得對存款成績優良之社員及非社員予以獎勵。

（五）各合作社及合作主管機關，得以各社員存款之數額與常度爲評定次年度信用程度之標準。

（六）各級合作社吸收存款，除由各該社向存戶負責外，並由各理事連帶保證其本息之安全。

（七）各級合作社經收存欵，應以半數購買節約建國儲蓄劵，協助節約建國儲蓄之推行。

（八）各級合作社及其社員，得以所持節約建國儲蓄劵用爲借款之抵押。

（九）各級合作社，除專營信用合作業務之合作社外，辦理存款之會計，應予獨立，並應於開辦時及每屆半年呈報主管機關備查。

（十）各級合作社爲提倡節約建國儲蓄，得舉行競賽，並得舉辦生日儲金節日儲金等，其詳細辦法由各省合作主管機關參酌地方情形制定之。

社會部訓令

社合字第八四三六號　三十年九月廿七日

令各省市合作主管機關

爲全國合作會議提議請政府通令各辦理合作貸款之金融機關對合作貸款手續與收付款辦法應盡量簡便迅速一案經函准四聯總處核復到部仰

協同推行由

案查全國合作會議會員劉廣沛梅貽寶提議：「請政府通令辦理合作貸款之金融機關對合作貸款之手續與收付款辦法，應儘量簡便迅速以應需要」一案，由大會決議，除原案辦法第四項刪除外，餘照通過；會商辦理記錄在卷，經本部檢同原議決案函請中中交農四行聯合辦事總處查核辦理去後，茲准該處本年九月三日合農字第一七四九五號公函節開：

「(一)第一項關於合作社向貸款行局申請借欵得由指導機關負責介紹一節，查本總處前訂辦理農貸手續暫行辦法第一條中業經規定，爲求辦理簡捷，自仍以直接向貸款行局，或合作金庫申請爲宜，至因指導機關於合作社所具借款書表蓋章證明，或加註意見以減免辦理公文之繁複，自可照辦。

(二)第二項初步調查與審核工作由指導機關負責，原則可行，惟金融機關認爲有必要時，該項工作，仍應由各分支行局農貸人員直接辦理。

(三)第三項第四項可同意照辦。

以上各節，除函飭行局分飭查照辦理外，相應復請查照爲荷。」等由；准此，查本案辦法所列各項，事關合作貸款手續之改善，該處自應協同推行，以利合作資金之融通，准函前由，除分令外，合行抄發原議決案辦法四項，令仰遵照辦理爲要。此令！

附抄發全國合作會議「請政府通令各辦理合作貸款之金融機關對合作貸款手續與收付款辦法應儘量簡便迅速以應需要」一案議決辦法四項（略）

附錄

一、社會部核准備案之農漁團體一覽表　三十年七月至九月

1 核准組織之農會

團體名稱	成立日期	核准備案日期	主要負責人	會員數 團體	會員數 個人	備考
福建省仙遊縣李仁鄉農會	三十年三月十二日	三十年七月十六日	鄭天元		133	
南靖縣農會	三十年六月五日	三十年九月廿七日	吳通經	7		
南安縣洄瀾鄉農會	廿九年五月十五日	三十年七月十六日	王國錩		514	
鍵內鄉農會	廿九年十月十七日	三十年八月廿五日	潘培仁		500	
同安縣鼎山鄉農會	二十九年十一月八日	三十年九月六日	胡如意		146	
政和縣護田鄉農會	三十年六月十九日	三十年九月廿七日	楊其輝		106	
廣東省五華縣梓皋鄉農會	三十年三月一日	三十年七月廿一日	蔡子良		104	
和平縣大正北鄉農會	廿九年十二月廿九日	三十年七月廿一日	王志傑		66	
林寨鄉農會	廿九年十一月一日	三十年七月廿一日	陳旭明		1200	
雲浮縣五甲鄉農會	廿九年十二月三日	仝右	馮日輝		55	
積誠鄉農會	三十年四月九日	仝右	張元明		62	
恩平縣那吉鄉農會	三十年二月七日	仝右	梁四秦		160	
恩平縣歇馬鄉農會	三十年三月三十日	三十年七月廿一日	梁朝規		90	
君堂鄉農會	三十年二月廿三日	仝右	鄭乘仁		203	
佛岡縣坡頭鄉農會	三十年五月八日	仝右	鄭桂臣		350	
開建縣中正鄉農會	三十年四月廿二日	仝右	盧育之		118	
治平鄉農會	三十年四月四日	仝右	莫汝亭		95	
普寧縣賽城鎮鄉農會	三十年三月三十日	仝右	李偉		64	
連山縣共和鄉農會	三十年二月十二日	同右	鄧世祥		172	
封川縣附城鄉農會	三十年五月十五日	三十年七月廿一日	蒙樾賢		137	
廣西省宜山縣山等鄉農會	三十年六月廿八日	三十年九月廿四日	藍子業		172	
平樂縣二塘鄉農會	三十年三月廿九日	三十年七月三日	李仁廷		357	
馬家鄉農會	三十年三月三十日	仝右	何育才		94	
白崔鄉農會	三十年三月卅一日	仝右	王成珍		62	
上盆鄉農會	三十年四月廿九日	仝右	黃天明		55	

興甯鄉農會	三十年五月廿七日	三十年九月廿四日	李榮莊		53	
陽安鄉農會	三十年五月三十日	仝右	陶成林		60	
樂塘鄉農會	三十年六月九日	仝右	李尤燊		57	
榕津鄉農會	三十年六月四日	仝右	盧華林		55	
大布[illegible]鄉農會	三十年五月廿八日	仝右	易炳和		57	
張家鄉農會	三十年六月三日	仝右	梁正達		64	
同安鄉農會	三十年六月一日	仝右	陳喜作		50	
橋亭鄉農會	三十年五月廿六日	仝右	蔣知芬		60	
鬱林縣大新鄉農會	二十九年十二月十八日	三十年七月十一日	陳春架		451	
名山鄉農會	廿九年十二月廿日	仝右	文鳳階		86	
谷平鄉農會	二十九年十二月十六日	仝右	文　健		804	
永甯鄉農會	廿九年十二月廿日	仝右	黃蕃鴻		75	
東南鄉農會	二十九年十二月十五日	仝右	陳沛元		116	
上莘鄉農會	二十九年十二月十六日	仝右	馮子明		150	
大定鄉農會	廿九年十二月廿五日	仝右	莫濟時		101	
白石鄉農會	二十九年十二月廿七日	仝右	黎傑臣		84	
[illegible]儒鄉農會	二十九年十二月廿四日	仝右	甯容詩		50	
江南鄉農會	二十九年十二月廿二日	仝右	鍾美南		193	
同文鄉農會	廿九年十一月二十九日	仝右	周德仁		366	
保定鄉農會	二十九年十二月十八日	仝右	曾謙鎮		151	

和睦鄉農會	二十九年十二月十七日	三十年七月十一日	李友初		375	
蒲塘鄉農會	二十九年十二月十七日	仝右	黃振廷		334	
新橋鄉農會	二十九年十二月十六日	仝右	李少明		71	
永康鄉農會	二十九年十二月十七日	仝右	任裕興		850	
鬱州鄉農會	廿九年十二月九日	仝右	梁繼森		202	
沙田東鄉農會	二十九年十二月十二日	仝右	鍾賜生		123	
沙田西鄉農會	二十九年十二月十五日	仝右	溫明星		[illegible]7	
醲江鄉農會	二十九年十二月十五日	仝右	陳德燮		78	
軍黎鄉農會	二十九年十二月廿二日	仝右	蘇明濤		68	
小曾鄉農會	二十九年十二月十八日	仝右	唐祖彥		53	
永安鄉農會	二十九年十二月十六日	仝右	胡獻堂		383	
沙塘鄉農會	二十九年十二月十四日	仝右	韓盛綸		288	
正心鄉農會	二十九年十二月十六日	仝右	藍運標		395	
六龍鄉農會	二十九年十二月廿四日	仝右	黎兆深		118	
中都鄉農會	二十九年十二月廿五日	仝右	陳錫智		104	
治具鄉農會	二十九年十二月廿二日	仝右	龎鼎臣		70	
和平鄉農會	二十九年十二月十日	仝右	吳高成		479	
旺飛鄉農會	二十九年十二月十六日	仝右	陳香廷		372	
聯富鄉農會	二十九年十二月十二日	仝右	林振華		406	
民安鄉農會	二十九年十二月十六日	仝右	何品良		397	

永埔鄉農會	廿九年十二月二十七日	三十年七月十一日	梁宜仁	320
三德鄉農會	二十九年十二月十六日	仝右	福應啓	500
同德鄉農會	仝右	仝右	趙振華	780
滄治鄉農會	二十九年十二月十八日	仝右	楊愈詩	823
孳善鄉農會	廿九年十一月二十九日	仝右	黃月秋	297
羅蘊鄉農會	二十九年十二月十六日	仝右	蘇佩衡	593
歸心鄉農會	廿九年十一月二十九日	仝右	鍾升堂	450
滾水鄉農會	廿九年十二月二十六日	仝右	陳鍵階	80
下客塘鄉農會	二十九年十二月十三日	仝右	唐貴文	85
萬承縣 雷北鄉農會	廿九年十二月二十一日	仝右	黃春光	100
萬寧鄉農會	廿九年十二月二十四日	仝右	馮珍文	84
龍沛鄉農會	二十九年十一月廿四日	仝右	黃日勍	178
民旺鄉農會	二十九年十一月廿八日	仝右	馮傑鞏	115
屏福鄉農會	二十九年十二月廿四日	仝右	黃蔭	98
吾隆鄉農會	三十年六月九日	三十年八月十九日	梁最興	252
查陽縣 四鄰鄉農會	三十年五月廿七日	三十年八月二十日	劉善齋	55
長治鄉農會	三十年五月十九日	仝右	李世明	76
仙佑鄉農會	三十年二月七日	仝右	楊樹元	57
太安鄉農會	三十年二月十日	仝右	覃耀書	57
[illegible]鄉農會	三十年三月三日	仝右	梁日榮	60

馬潭鄉農會	三十年一月三十日	三十年八月二十日	謝[illegible]彰	56
大元鄉農會	三十年三月五日	仝右	葛伯仁	66
案山鄉農會	三十年一月十二日	仝右	蔣茂英	75
大甯鄉農會	三十年六月十五日	三十年九月廿四日	韋金玉	57
民治鄉農會	三十年八月三日	三十年九月廿四日	凌超[illegible]	54
博白縣 那山鄉農會	三十年二月五日	三十年八月二十日	[illegible]	423
虎嶺鄉農會	三十年二月廿三日	仝右	張[illegible]芳	358
大射鄉農會	三十年二月十七日	仝右	鄒卓寰	789
河木鄉農會	三十年一月十二日	仝右	馮愛卿	152
長垌鄉農會	廿九年十二月廿三日	仝右	羅基銓	274
綠珠鄉農會	二十九年十二月廿九日	仝右	陳惟世	285
羅致鄉農會	二十九年十二月十五日	仝右	黎傑	517
大利鄉農會	二十九年十二月十日	仝右	祁玉明	231
大嶺鄉農會	二十九年十二月十五日	三十年九月十六日	李月潭	328
平地鄉農會	三十年四月十九日	仝右	劉下棠	536
新科鄉農會	三十年四月十五日	仝右	李登廷	488
亭子鄉農會	三十年四月八日	仝右	劉繼茂	290
馬田鄉農會	三十年四月十二日	仝右	熊秀文	372
水車鄉農會	二十九年十二月廿五日	仝右	黃卓源	224
三貝鄉農會	二十九年十二月二十日	仝右	秦耀民	468

津木鄉農會	廿九年十二月十七日	三十年九月十六日	李際文		280	
白沙鄉農會	二十九年十二月廿七日	仝右	朱光杰		240	
猿三鄉農會	二十九年十二月廿四日	仝右	蕭秀芳		276	
鵝冢鄉農會	二十九年十二月廿四日	仝右	張仁普		282	
馬鬃鄉農會	二十九年十二月廿八日	仝右	周業雲		420	
融縣磐安鄉農會	三十年二月三日	三十年八月二十日	蕭輔齋		50	
三江縣合水鄉農會	三十年七月十一日	三十年九月六日	駱日森		101	
丹洲鄉農會	三十年六月廿六日	仝右	鄭伯仙		149	
古宜鄉農會	三十年六月十七日	仝右	侯安春		66	
龍勝鄉農會	三十年六月七日	仝右	梁漢三		64	
程陽鄉農會	三十年五月廿八日	仝右	楊秀璋		129	
貴州省鑪山縣凱里鄉農會	三十年六月廿五日	三十年八月廿五日	顧懷德		172	
天柱縣遠口鄉農會	三十年六月十八日	三十年九月廿三日	周盛清		156	
地額鄉農會	三十年六月十九日	三十年九月十三日	龍昭漢		162	
錦屏縣小江鄉農會	三十年七月廿九日	三十年九月十九日	王生眞		150	
遵義縣農會	三十年四月十二日	三十年八月一日	劉瀚滄	32		
遵義縣野中鄉農會	二十九年十一月廿九日	三十年八月十五日	舒大桂		193	
九龍鄉農會	二十九年十一月十九日	仝右	何正芳		241	
西坪鎮鄉農會	二十九年十二月廿三日	仝右	陳茂棠		155	
深溪鄉農會	二十九年十二月廿四日	仝右	嚴孝屯		159	

汻水鄉農會	三十年一月五日	三十年八月十五日	傅漢分		152	
大窩鄉農會	二十九年十二月十七日	仝右	杜紱伯		176	
泗渡鄉農會	三十年二月八日	仝右	陳坊堯		99	
八里鄉農會	二十九年十二月十四日	仝右	毛叔琴		170	
鴨溪鄉農會	二十九年十二月十六日	仝右	袁弈超		165	
岩孔鄉農會	二十九年十二月九日	仝右	李開樵		156	
太平鄉農會	二十九年十二月廿九日	仝右	王曉舟		153	
楓香場鄉農會	二十九年十二月廿三日	仝右	王殿鄉		158	
牛蹄鄉農會	廿九年十二月十四日	仝右	何棨武		240	
三岔鄉農會	二十九年十二月十八日	仝右	趙小庵		400	
大土鄉農會	二十九年十二月廿八日	仝右	黃在華		143	
禹門鄉農會	三十年六月十三日	仝右	劉鏡唐		180	
新站鄉農會	三十年二月二十二日	仝右	張佩紳		155	
尚稽鎮鄉農會	二十九年十二月廿八日	仝右	梁龍光		215	
排軍鄉農會	二十九年十二月廿九日	仝右	餘應昌		210	
團溪鄉農會	三十年三月六日	仝右	徐竹仁		106	
團澤鄉農會	三十年二月十八日	仝右	溫廉舫		770	
蟠龍鄉農會	二十九年十二月廿一日	仝右	周先齊		410	
松林鄉農會	二十九年十二月廿三日	仝右	李懷東		147	
新民鄉農會	二十九年十二月廿二日	仝右	吳炳宣		128	

農會名稱	成立日期	登記日期	負責人		會員人數
[illegible]子[illegible]農會	二十九年十二月十九日	三十年八月十五日	劉邦偉		178
三渡鄉農會	三十年一月廿九日	仝右	艾伯鈞		173
朝陽鎮鄉農會	三十年七月十八日	三十年九月廿七日	陳大中		123
石板鄉農會	三十年七月十八日	仝右	李桂芳		141
板橋鎮鄉農會	三十年二月十四日	仝右	盧大鈞		107
新井鎮鄉農會	三十年八月八日	仝右	何顯璟		142
老蒲鄉農會	二十九年十二月三十日	仝右	何杰仙		131
樂山鄉農會	二十九年十二月十五日	仝右	毛柏青		168
龍坪鄉農會	三十年二月十七日	仝右	傅世希		180
高坪鄉農會	二十九年十二月十五日	仝右	陳安彝		109
南白錦鄉農會	廿九年十二月十日	仝右	劉鵬九		208
毛石鄉農會	二十九年十二月廿三日	仝右	馮裕欽		270
定番縣農會	三十年七月十四日	三十年七月廿一日	彭麟書	19	
白日鄉農會	三十年六月三日	三十年八月七日	陳嘉銘		174
成仁鄉農會	三十年六月十五日	仝右	王廷芳		102
崇學鄉農會	三十年六月廿六日	三十年八月十五日	甘永坤		150
織金縣永安鄉農會	三十年三月二十日	三十年七月二日	謝紹文		165
劍河縣南明鄉農會	三十年六月廿八日	三十年九月十六日	姚運鈞		304
甘肅省皋蘭縣水車園鄉農會	三十年三月十六日	三十年八月廿八日	張子祥		124
永昌縣陳倉堡鄉農會	二十九年七月一日	三十年九月六日	呂一之		97

農會名稱	成立日期	登記日期	負責人		會員人數
常鎮[illegible]農會	廿九年七月廿二日	三十年九月六日	張劉保		96
清[illegible]鄉農會	廿九年八月四日	三十年九月六日	陳文烈		143
土[illegible]渠鄉農會	廿九年十二月一日	三十年九月六日	韓生芳		142
新安堡鄉農會	廿九年七月十二日	三十年九月六日	張開泰		87
上[illegible]堡鄉農會	廿九年七月十一日	三十年九月六日	馬麗龍		117
河南省沈邱縣[illegible]鄉農會	廿九年八月廿六日	三十年九月十二日	劉[illegible]齋		169
[illegible]城鄉農會	二十九年九月五日	三十年九月十二日	馬恩新		193
偃師縣瑤頭鄉農會	三十年五月十七日	三十年八月八日	鄭[illegible]光		179
孫家灣鄉農會	三十年五月二十日	三十年八月八日	石澤永		165
大口鎮鄉農會	三十年七月九日	三十年九月十二日	秦錫五		158
[illegible]鄉農會	三十年七月廿二日	三十年九月十二日	[illegible]錫[illegible]		99
後莊鄉農會	三十年一月十八日	三十年九月十三日	張玉智		70
寨樂鄉農會	三十年二月十八日	仝右	任鎮華		88
河南省偃師縣史家灣鄉農會	三十年十一月二十日	仝右	史維齋		72
洛寧縣[illegible]村鄉農會	三十年一月十三日	仝右	杜培叢		180
西陶峪鄉農會	三十年十一月十六日	仝右	陵榮懷		252
澗口鄉農會	三十年三月廿六日	仝右	戴貞冊		112
嵩山縣轉儀鄉農會	三十年三月廿一日	三十年八月廿七日	劉慶喜		148
張官鎮鄉農會	三十年三月十二日	三十年九月九日	尚克斌		159
西康省西昌縣附城鄉農會	三十年三月十五日	三十年八月廿五日	史哲儒		98

陝西省 涇陽縣農會	三十年七月九日	三十年九月廿五日	魏鏡東	46	[illegible]
大荔縣商顏鄉農會	三十年六月廿八日	三十年九月十二日	王紹元		570
華陰鄉農會	廿九年十一月八日	仝右	張友三		269
朝邑縣雨裏鄉農會	三十年七月三十日	三十年九月廿五日	李詩角		164
高平鄉農會	三十年七月廿八日	仝右	張耀庭		160
爲牛鄉農會	三十年五月廿九日	仝右	蘭五齋		202
安康縣三渡鄉農會	三十年四月九日	仝右	王佐良		740
寧陝縣高灘鄉農會	三十年六月二十日	三十年八月八日	曹月恆		89
紋五鄉農會	三十年七月五日	三十年九月九日	胡茂功		109
洵江鄉農會	三十年七月廿八日	三十年九月廿四日	謝守安		224
榆林縣三岔鄉農會	廿九年十二月廿四日	三十年八月八日	練道生		480
四川省 巴中縣梁永鄉農會	廿九年九月十六日	三十年八月五日	王維屏		447
劍閣縣金仙鎮鄉農會	三十年四月廿一日	三十年八月八日	何雪衣		450
馬迎鄉農會	三十年五月二十日	仝右	孟培森		445
大邑縣王泗鎮鄉農會	三十年五月廿八日	三十年八月廿一日	孔九齡		193
清源鎮鄉農會	三十年六月十五日	同右	王饒豐		164
鶴鳴鎮鄉農會	三十年六月十二日	三十年八月廿一日	王從之		219
銀屏鄉農會	三十年六月九日	三十年八月廿一日	王雙三		176
丹稜縣農會	三十年二月十八日	三十年九月十五日	蔡叔良	3	[illegible]
高橋鄉農會	廿九年十二月廿九日	同右	劉在良		302

湖南省 醴陵縣深仙鄉農會	二十九年四月廿日	三十年七月十四日	黃鑑義		1450
平橋鄉農會	廿八年十一月廿六日	同右	易俊武		751
明月鄉農會	廿九年三月廿八日	同右	楊蓬元		1650
筠清鄉農會	廿九年四月廿四日	同右	方秋生		1950
清正鄉農會	廿九年五月十七日	同右	羅國光		1572
神福鄉農會	廿九年七月十六日	同右	湯序賓		1357
荷里鄉農會	廿九年七月廿三日	同右	錢醫君		121[illegible]
務本鄉農會	廿九年四月廿七日	同右	羅仁壽		1892
永順縣下榔鄉農會	三十年一月三十日	三十年八月一日	向樂清		638
上榔鄉農會	三十年三月十二日	同右	孫道勛		690
塔臥鄉農會	三十年三月十四日	同右	丁淳蔥		520
施溶下鄉農會	三十年二月十八日	同右	朱世福		638
施溶中鄉農會	三十年二月廿八日	同右	汪道中		660
外顆砂鄉農會	三十年二月廿八日	同右	汪應生		528
內顆砂鄉農會	三十年一月五日	同右	李紹鑾		1664
勺哈鄉農會	三十年一月十一日	同右	陳昌成		792
外白沙鄉農會	三十年二月十八日	同右	彭正南		616
石堤西鄉農會	三十年一月四日	同右	姜尊儒		428
撫字鄉農會	三十年二月十六日	同右	彭德約		814
列夕鎮鄉農會	三十年二月廿八日	同右	張明泉		858

霞霸鎮鄉農會	二十九年十二月廿八日	三十年八月一日	右	歐陽寶元		1378
郴縣五市鄉農會	二十八年十二月十九日	同	右	鄧劍雄		387
永二鄉農會	二十九年九月一日	同	右	廖人滔		93
青陽鄉農會	廿八年十二月六日	同	右	許秦忠		187
恭惠鄉農會	二十八年七月十日	同	右	羅榮節		642
永一鄉農會	二十八年五月五日	同	右	黃士俊		300
集賢鄉農會	廿八年十月十六日	同	右	李天麻		89
棲鳳鄉農會	廿八年十二月卅日	同	右	李秉之		62
鳳鳴鄉農會	廿八年十一月二十八日	同	右	周鵠		294
四明鄉農會	二十九年四月一日	同	右	歐陽楚材		168
永數鄉農會	二十九年四月二日	同	右	謝芳忠		72
永寧鄉農會	廿九年八月十五日	同	右	何子隽		216
鳳翔鄉農會	廿九年八月廿六日	同	右	周承平		72
安仁縣猴嶺鄉農會	二十九年二月	三十年八月廿八日	右	黃步雲		109
潭湖鄉農會	廿九年九月廿四日	同	右	蕭國華		83
熊峯鄉農會	二十九年二月	同	右	樂棠珠		100
武崗縣農會	二十九年十二月十五日	三十年九月十六日		蕭中階	20	
武陵鎮鄉農會	廿八年十二月二十五日	同	右	劉立卿		1011
治安鄉農會	二十九年七月一日	同	右	張剛		1998
治平鄉農會	廿九年八月十六日	同	右	張翰藻		976
居仁鄉農會	二十九年十二月十七日	三十年九月十六日	右	夏子華		1478
四望鄉農會	二十九年十二月廿六日	同	右	謝江亭		864
康寧鄉農會	廿九年十一月八日	同	右	毛光榮		1610
雙龍鄉農會	二十九年十二月十八日	同	右	蕭樂華		498
藝淵鄉農會	廿九年八月十一日	同	右	曾昇藩		1940
和康鄉農會	二十九年十二月十二日	同	右	曠振中		1934
藝源鄉農會	二十九年十二月十日	同	右	王傳紀		289
興仁鄉農會	二十八年十二月十五日	同	右	黃忠傑		1399
智勝鄉農會	二十九年十二月十二日	同	右	張廷香		658
安仁鄉農會	二十八年十二月十六日	同	右	黎鋌如		1195
長樂鄉農會	廿九年十二月十日	同	右	譚南廷		578
唯一鄉農會	廿九年八月廿六日	同	右	王雲江		621
同仁鄉農會	二十八年十二月廿八日	同	右	伍冠知		1107
仁愛鄉農會	二十九年八月二十五日	同	右	聶德麟		105
安樂鄉農會	二十八年十二月十八日	同	右	王伯綸		1541
紫雲鄉農會	二十九年十二月二十日	同	右	李謙侯		684
忠行鄉農會	廿九年十二月十二日	同	右	唐國珍		120
華容縣集成鄉農會	廿九年四月廿八日	三十年九月廿四日		張秉彝		237
江西省湖口縣農會	二十八年四月一日	三十年七月廿四日		鄒賁璜	4	
走馬鄉農會	二十七年十二月十五日	同	右	蔡篤戎		84

馬步鄉農會	廿七年十二月一日	三十年七月廿四日	廖振		64	
埠壠鄉農會	廿七年十二月十日	同右	沈朔傑		83	
鳳山鄉農會	二十八年二月十日	同右	張光		73	
宜黄縣曹水鄉農會	三十年四月廿一日	同右	席澄		624	
上高縣農會	二十九年十二月卅一日	同右	況洪泰	17		
江口鄉農會	廿九年十一月廿日	同右	李優文		134	
徐市鄉農會	二十九年十一月廿五日	同右	李任生		151	
河南鄉農會	二十九年十二月廿二日	同右	趙健菴		135	
斗門鄉農會	廿九年十二月廿八日	同右	黄逸村		118	
下陂鄉農會	二十九年十一月二十日	同右	熊滿之		125	
泗溪鄉農會	二十九年十一月廿二日	同右	杜興元		142	
蓬田鄉農會	二十九年十一月十八日	同右	羅正興		141	
河北鎮鄉農會	廿九年十一月一日	同右	游杰成		124	
泮田鄉農會	廿九年十一月二十六日	同右	羅紹裘		124	
界埠鄉農會	廿九年十一月廿日	同右	陳漢章		140	
城陂鄉農會	同右	同右	李秉慶		120	
接官鄉農會	二十九年十一月廿三日	同右	聶順昌		135	
凌江鄉農會	同右	同右	漆如丹		114	
南港鄉農會	二十九年十二月廿四日	同右	鄒志高		128	
田心鄉農會	二十九年十二月廿七日	同右	黄家駒		126	

東邊鄉農會	廿九年十二月卅日	三十年七月廿四日	吳繼先		108	
江南鄉農會	二十九年十二月廿九日	同右	鍾家貽		139	
湖境鄉農會	三十年四月十四日	同右	鍾善遠		108	
泰和縣農會	三十年四月一日	同右	蕭揚樹	14		
武溪鄉農會	廿九年十月廿五日	同右	王文性		146	
馬市鄉農會	廿九年十月二十日	同右	蕭範庭		591	
西昌鎮鄉農會	廿九年十月三十日	同右	蕭天柱		469	
甘竹鄉農會	廿九年十一月十四日	同右	張明詔		608	
沿溪鄉農會	二十九年十一月十六日	同右	羅國豪		320	
螺溪鄉農會	廿九年十一月廿日	同右	周實		503	
永昌鄉農會	廿九年十一月九日	同右	嚴星南		380	
雲谷鄉農會	二十九年十一月廿五日	同右	蕭揚樹		206	
高德鄉農會	二十九年十一月十五日	同右	蔣雲屋		319	
倉嶺鄉農會	二十九年十一月十八日	同右	曾才達		307	
螺峯鄉農會	三十年五月一日	同右	鄧珪		138	
興國縣大禾鄉農會	廿九年十二月六日	同右	李庶璪		108	
宜桂鄉農會	廿九年十二月二十八日	同右	邱新民		68	
高興鄉農會	二十九年十二月十三日	同右	郭天衢		82	
文春鄉農會	二十九年十二月九日	同右	王熙鍾		65	
江源鄉農會	二十九年十二月廿三日	同右	謝忠脩		64	

圳上鄉農會	二十九年十二月廿二日	三十年七月廿四日	藍瑞貞		125	
楊村鄉農會	二十九年十二月廿五日	同右	歐陽淵		81	
永蔭鄉農會	二十九年十二月廿七日	同右	胡貳旺		53	
江背鄉農會	二十九年十二月廿四日	同右	李克濂		52	
鼎龍鄉農會	三十年三月十一日	三十年九月九日	胡士澄		58	
新墟鄉農會	三十年五月十四日	同右	鍾厚政		59	
雩都縣角源鄉農會	三十年一月十六日	三十年七月廿四日	楊東奇		88	
嶺坊鄉農會	三十年二月十九日	同右	李來儀		57	
小源鄉農會	三十年一月二十日	同右	曾常佩		100	
東山鎮鄉農會	三十年四月一日	三十年九月九日	李孚中		94	
黃陂鄉農會	三十年六月十五日	同右	廖美輝		50	
麻田鄉農會	三十年五月廿五日	同右	盧養根		68	
石上鄉農會	三十年四月廿三日	同右	李校軍		58	
永修縣農會	二十八年十二月二十日	三十年七月廿四日	朱曉岡	8	[illegible]	
夏城鄉農會	二十九年三月二十日	同右	王廣茂		56	
九房鄉農會	二十九年四月二十五日	同右	吳傳奎		50	
星岡彭鄉農會	廿九年四月十二日	同右	彭煥望		58	
北泮鄉農會	二十九年五月二十六日	同右	徐美江		100	
里樹鄉農會	二十九年三月二十四日	同右	吳傳孝		52	
贛縣黃金鄉農會	二十九年七月十日	同右	丘德璇		173	

攸鎮鄉農會	三十年七月七日	三十年九月九日	[illegible]維翰		308	
南康縣三[illegible]鄉農會	廿九年十月十七日	三十年七月廿四日	李澤如		135	
萬載縣農會	三十年二月廿八日	同右	張仰道	26		
丁田鄉農會	二十九年九月六日	同右	辛植民		498	
涂泉鄉農會	廿九年七月二十日	同右	辛拍傳		879	
民權鄉農會	二十九年九月九日	同右	陳耀奎		640	
城南鄉農會	二十九年七月一日	同右	辛友雲		971	
高城鄉農會	二十九年九月一日	同右	辛承勳		734	
仙源鄉農會	二十九年十一月十五日	同右	王仁溥		237	
城廂一鎮鄉農會	二十九年八月廿六日	同右	辛有生		251	
城廂二鎮鄉農會	二十九年九月四日	同右	郭志中		209	
潭埠鎮鄉農會	廿九年十一月十日	同右	李金仁		232	
三興鄉農會	廿九年十二月二日	同右	徐步階		894	
柏樹鄉農會	卅年三月二十三日	同右	朱世傑		218	
白水鄉農會	廿九年十二月十四日	同右	張啓明		215	
株潭鎮鄉農會	廿九年十一月十日	同右	龍保衡		324	
白良鄉農會	廿九年十一月十四日	同右	袁松泉		1691	
大橋鎮鄉農會	廿九年十二月廿四日	同右	辛超		530	
萬年縣農會	廿九年十一月十五日	同右	王交堯	21	[illegible]	
萬峯鄉農會	廿九年四月十日	同右	王德勝	[illegible]	100	

玉泮鄉農會	廿九年五月五日	三十年七月廿四日	黄崇寬		131	
湖濱鄉農會	廿九年十月十日	同右	汪達香		152	
清平鄉農會	廿九年十二月廿日	同右	程允國		104	
羅源鄉農會	廿九年五月一日	同右	吳時敘		106	
聯珠鄉農會	廿九年十月十一日	同右	程俊		105	
桀源鄉農會	廿九年九月十五日	同右	柴克明		108	
竹屯鄉農會	廿九年十一月四日	同右	饒華森		280	
華源鄉農會	廿九年十一月十八日	同右	吳書庭		107	
齊頃鄉農會	廿九年六月廿日	同右	彭貞元		296	
永樂鄉農會	二十九年十二月廿三日	同右	蔡永柏		116	
荷田鄉農會	二十九年一月五日	同右	龍濟清		110	
北文鄉農會	二十九年二月七日	同右	徐順龍		101	
珠田鄉農會	二十九年一月五日	同右	王朝喜		109	
乘雲鄉農會	二十九年一月五日	同右	蔣金交		133	
松竹鄉農會	廿九年四月一日	同右	程悅周		114	
三立鄉農會	廿九年三月十五日	同右	周潤澤		739	
陶永鄉農會	廿九年一月二十日	同右	丁文瑩		103	
齊山鄉農會、	二十九年四月二日	同右	王傳信		180	
蘇塘鄉農會	廿九年六月廿日	同右	饒吉祥		151	
五槐鄉農會	二十九年五月一日	同右	胡家坤		107	

餘江縣農會	三十年四月二日	三十一年八月廿八日	黃著椿	16	[illegible]	
錦江鎮鄉農會	卅年三月二十七日	同右	岑保成		190	
洪屋鄉農會	卅年四月一日	同右	蔣發魁		235	
白塔鄉農會	同右	同右	倪春錸		208	
磐石鄉農會	三十年三月廿七日	同右	孫長伶		290	
長春鄉農會	同右	同右	吳樓雨		230	
新店鄉農會	卅年三月廿六日	同右	吳平奏		253	
西坡鄉農會	卅年四月一日	同右	陳亮明		258	
畫橋鄉農會	三十年三月廿八日	同右	王水魁		280	
兩黃鄉農會	卅年三月廿五日	同右	林德福		290	
沙塅鄉農會	卅年三月廿八日	同右	鄒金元		160	
鐵山鄉農會	卅年二月廿四日	同右	夏銀生		410	
流源鄉農會	卅年三月廿六日	同右	毛進元		310	
濃溪鄉農會	同右	同右	楊壽水		299	
平定鄉農會	卅年三月廿四日	同右	吳文龍		287	
山灣鄉農會	卅年三月二十八日	同右	徐開興		190	
大橋鄉農會	卅年三月廿七日	卅年八月廿四日	曹家練		248	
虔南縣安仁鄉農會	卅年五月十九日	三十年九月九日	陳燊邦		106	
南化鄉農會	卅年六月十一日	同右	陳正元		128	
興仁鄉農會	卅年六月十七日	同右	李月林		121	

蓮化鄉農會	卅年六月十六日	三十年九月九日	黃俊賓		108	
永清鄉農會	卅年六月廿三日	同右	李家吉		110	
[illegible]東里鄉農會	卅年六月廿五日	同右	鍾林鑫		124	
浮梁縣南安鄉農會	廿九年十月廿二日	同右	陳薰南		149	
安徽省 舒城縣山七里河鄉農會		三十年七月五日	施子新		86	
霍山縣下符橋鄉農會	三十年七月十日	三十年九月廿九日	吳玉亭		365	
洛陽河鄉農會	卅年六月三日	卅年九月廿七日	曹少林		114	
廖子潭鄉農會	卅年五月三日	同右	項錫齋		70	
石埭縣棧渡鎮鄉農會	廿九年九月十七日	卅年八月廿一日	林伯農		155	
楊坑鄉農會	廿九年九月十三日	同右	程綜如		123	
舒[illegible]鄉農會	廿九年九月十日	同右	程祖睿		251	
[illegible]若鎮鄉農會	廿九年八月廿一日	同右	沈[illegible]		54	
浙江省 江山縣三十二都鄉農會	廿九年一[illegible]月廿一日	卅年七月十四日	周維棠		219	
遂安縣滸坡鄉農會	二十九年十一月十五日	卅年八月八日	余鑑樹		58	
仙居縣十一鄉農會	廿九年十二月八日	同右	李漢傑		69	
桐廬縣阜義鄉農會	二十九年七月五日	卅年九月九日	方[illegible]理		696	
鄞縣鹽場鄉農會	三十年一月五日	同右	陳生成		209	
建德縣蓮花鄉農會	卅年四月廿一日	同右	許稼章		102	
遂昌縣柘德鄉農會	卅年二月十九日	同右	李立成		151	
三門縣永豐鄉農會	三十年三月十七日	卅年七月十四日	林淳時		122	
吳[illegible]鄉農會	三十年三月廿四日	同右	吳子用		79	
葛[illegible]鄉農會	廿九年十二月廿一日	卅年九月十九日	王卓[illegible]		191	
懸[illegible]鄉農會	廿九年十二月卅日	同右	陳仲涵		88	
包宋鄉農會	卅年二月三日	同右	[illegible]堯儀		78	

2 核准改選之農會

團體名稱	改選日期	核准備案日期	主要負責人	會員人數 團體	會員人數 個人	備考
江西省 [illegible]縣素[illegible]鄉農會	卅年五月十六日	卅年八月七日	黃[illegible]		87	
[illegible]江縣彭埠鄉農會	卅年六月廿九日	卅年八月廿八日	彭敬棋		400	
李田鄉農會	卅年六月廿四日	卅年九月十二日	施廷[illegible]		178	
廣東省 和平縣永[illegible]鄉農會	卅年一月十二日	卅年七月廿一日	黃華強		637	
陝西省 長安縣杜[illegible]鄉農會	廿九年十一月廿四日	卅年九月廿五日	張俊文		770	
少陵鄉農會	三十年六月十日	三十年九月廿五日	白鎮南		960	
韋曲鄉農會	卅年五月廿五日	同右	趙芳亭		759	
河南省 洛寧縣新華鄉農會	卅年二月	卅年九月十三日	張欽同		354	
浙江省 平陽縣農會	三十年四月十一日	三十年九月九日	謝甯棻	71	[illegible]	
慶元縣慶集鎮鄉農會	二十九年九月二十三日	三十年八月二十日	張立猷		375	
城廂鎮鄉農會	廿九年九月廿一日	同右	吳叢春		258	

3 核准改組之農會

團體名稱	改組日期	核准備案日期	主要負責人	會員數 團體	會員數 個人	備考
福建省漳浦縣盤陀鄉農會	卅年五月廿三日	卅年八月五日	李樹關		146	
象牙鄉農會	卅年五月廿五日	同右	陳加添		197	
舊鎮鄉農會	卅年六月八日	卅年八月廿八日	黃奇子		108	
順昌縣復興鄉農會	卅年七月廿五日	卅年九月廿七日	余萬森		62	
謝元鄉農會	三十年七月廿七日	同右	祖必占		64	
上洋鄉農會	三十年七月廿六日	同右	廖發梅		51	
建陽縣后山鄉農會	卅年五月八日	卅年八月七日	劉國術		259	
麻沙鄉農會	三十年五月十日	同右	韋德淩		198	
書坊鄉農會	卅年五月十五日	同右	黃弥昭		297	
莒口鄉農會	三十年五月九日	同右	吳春華		213	
童遊鄉農會	卅年五月廿五日	同右	姜偉惠		200	
將口鄉農會	卅年五月十五日	同右	王汝翼		164	
彭墩鄉農會	卅年六月十二日	同右	蔡午行		160	
連城縣姑田鄉農會	卅年五月卅一日	卅年九月十二日	沈思毅		554	
河南省洛陽縣農會	卅年一月十五日	同右	張蘇萍	42		
四川省鹽亭縣八角鄉農會	廿九年一月八日	卅年八月八日	黃明五		63	
折弓鄉農會	廿八年九月十四日	同右	胥秉奎		57	
金孔鄉農會	二十八年八月十九日	三十年八月八日	胥仲安		52	
高橙鄉農會	二十八年八月十三日	同右	杜鍵夫		82	
岱崗鄉農會	二十八年七月二十六日	同右	劉錚華		606	
鎣華鄉農會	二十八年七月十二日	同右	徐仲理		358	
柏梓鄉農會	二十八年七月二十二日	同右	陶贊供		109	
三元鄉農會	二十八年七月六日	同右	江寶珊		79	
玉龍鄉農會	二十八年六月八日	同右	王德淵		59	
定光鄉農會	二十八年五月十六日	同右	向品三		50	
城廂鎮鄉農會	二十八年五月一日	同右	何寅		123	
什方縣農會	廿十九年一月八日	三十年九月四日	楊善知	13		
城區鄉農會	廿八年十月十五日	同右	廖崙		327	
湔底河鄉農會	二十八年十一月十五日	同右	劉久安		316	
隆興場鄉農會	二十八年十二月十二日	同右	劉□賢		311	
高橋場鄉農會	二十八年十二月五日	同右	唐蜀瓊		84	
馥傑場鄉農會	二十八年十月五日	同右	張榮科		318	
永興場鄉農會	廿八年十一月七日	同右	嚴育華		296	
四平橋鄉農會	二十八年十月六日	同右	黃太階		306	
和興場鄉農會	二十八年十二月七日	同右	李瀛洲		93	

團體名稱	整理日期	核准備案日期	主要負責人	會員數 團體	會員數 個人	備考
興隆場鄉農會	二十八年十月六日	三十年九月四日	江伯駒		302	
登西鎮鄉農會	二十八年十二月二十日	同右	廖顯之		371	
上興場鄉農會	二十八年十二月八日	同右	張心如		231	
禾豐場鄉農會	二十八年九月十四日	同右	劉叔明		363	
雙盛場鄉農會	二十八年十一月十五日	同右	陳子華		264	
湖南省綏甯縣農會	二十九年十一月廿六日	三十年八月一日	龍純清	13		
浙江省雲和縣農會	二十九年九月十五日	三十年七月十四日	張邦文	10		
箬溪鎮鄉農會	二十九年六月二十五日	同右	王國定		60	
三溪鄉農會	二十九年三月六日	同右	葉崧		331	
南溪鄉農會	二十九年三月十九日	同右	陳俊		273	
仙居縣下十大鄉農會	三十年三月二十六日	三十年八月八日	吳錦林		92	

4 核准整理之農會

團體名稱	整理日期	核准備案日期	主要負責人	會員數 團體	會員數 個人	備考
福建省漳浦縣農會	廿九年十二月廿一日	三十年八月五日	林燈輝	53		
順昌縣元坑鄉農會	三十年七月卅一日	卅年九月二十七日	陳愷德		87	
雙溪鎮鄉農會	三十年七月廿三日	三十年九月廿四日	謝立忠		144	
建陽縣璜瑤鄉農會	三十年七月十一日	卅年八月二十八日	楊金林		250	
貴州省興仁縣鳥橋鄉農會	三十年五月十三日	三十年九月十九日	許仁卷		167	
湖南省湘鄉縣農會	廿九年七月廿二日	同右	蕭世安	22		
湘鄉縣潭台鄉農會	廿九年一月廿八日	同右	易菊亭		78	
蓮溪鄉農會	二十九年二月	同右	王晉増		68	
延福鄉農會	二十九年三月	同右	盧緒芳		80	
雲下鄉農會	同右	同右	胡剛父		69	
豐樂鄉農會	同右	同右	陳家理		55	
鳳音鄉農會	二十九年二月	三十年九月十九日	李同紹		68	
勝岩鄉農會	二十九年一月	同右	喻宗伯		68	
東鳳鄉農會	二十九年二月	同右	張繼南		74	
臺天鄉農會	同右	同右	李瀚芳		78	
興仁鄉農會	同右	同右	易佩嘉		76	
弦陳鄉農會	二十九年二月十日	同右	李粹人		68	
永豐鄉農會	二十九年二月	同右	蕭篤生		69	
純化鄉農會	二十九年二月	同右	彭簡儕		60	
崇信鄉農會	二十九年三月	同右	李桂三		50	
荷塘鄉農會	廿九年二月	同右	王琨生		73	
南薰鄉農會	同右	同右	張象賢		82	
歸德鄉農會	同右	同右	葉蔭南		72	

團體名稱	成立日期	核准備案日期	主要負責人	會員數 團體	會員數 個人	備註
饒後鄉農會	同右	三十年九月十九日	劉人俊		74	
銅溪鄉農會	同右	同右	馮蘇齋		61	
興源鄉農會	廿九年三月	同右	趙光南		82	
清溪鄉農會	同右	同右	李楚森		51	
珍璉鄉農會	廿九年一月	三十年九月十九日	金經		69	
浙江省仙居縣三溪鄉農會	三十年四月九日	三十年八月八日	蔣鑄高		272	
四鄉鄉農會	三十年四月十一日	三十年九月九日	陳建標		55	

5 核准組織之漁會

團體名稱	成立日期	核准備案日期	主要負責人	會員人數	備考
湖南省石門縣漁會	三十年一月十八日	卅年七月二十四日	鄢祖和	54	

6 核准改選之漁會

團體名稱	改選日期	核准備案日期	主要負責人	會員人數	備考
福建省晉江縣漁會	卅年四月廿七日	卅年七月十一日	張讚玉	598	

二、社會部核准備案之工人團體一覽表　三十年七月至九月

1 核准組織之工會

團體名稱	核准備案日期	主要負責人	會員數 團體	會員數 個人	備註
四川省成都縣棕箱業職業工會	三十年七月十九日	陳光榮		52	
劍閣縣絲綢業職業工會	三十年七月二十三日	魏永顯		64	
理髮業職業工會	同右	李瀾章		61	
粉坊業職業工會	同右	高振現		71	
製麵業職業工會	同右	唐直言		68	
磨工業職業工會	同右	汪鳴岐		76	
五金業職業工會	同右	劉光榮		66	
雅洪縣紡織業職業工會	三十年八月二十八日	王志成		97	
土木石業職業工會	同右	李海如		57	
古藺縣理髮業職業工會	三十年八月三十日	胡元亨		52	
合江縣木工業職業工會	三十年九月十六日	黃榮成		58	
石工業職業工會	同右	林炳森		57	
巴中縣理髮業職業工會	三十年九月十二日	任笙福		53	
巴縣泥水業職業工會	同右	李懷清		118	
貴州省興義縣木石泥水業職業工會	三十年七月十日	吳國安		200	

興義縣肩挑業職業工會	三十年八月廿八日	李德明		161
遵義縣印刷紙張業職業工會	三十年七月十日	王樹謙		80
遵義縣彈花業職業工會	三十年九月廿四日	趙樹清		54
遵義縣人力車伕業職業工會	三十年九月廿二日	夏樹清		75
廣西省 平樂縣織布業職業工會	三十年七月五日	曾權		225
融縣織布業職業工會	三十年八月二十日	楊芳		117
融縣鐵器業職業工會	同右	劉義和		50
福建省 松溪縣木匠業職業工會	三十年七月十一日	盧光輝		60
寧德縣理髮業職業工會	三十年八月三十日	程勳寅		51
閩侯縣造船業職業工會	三十年九月廿二日	林大惠		711
浙江省 常山縣廚司業職業工會	三十年七月十一日	陶泉生		53
江西省 寧都縣總工會	三十年八月廿八日	周兆鄒	9	
寧都縣縫紉業職業工會	三十年九月廿五日	曾志榮		120
寧都縣五金業職業工會	同右	郭志榮		62
寧都縣理髮業職業工會	同右	朱英佐		51
寧都縣碼頭業職業工會	同右	賴先德		50
上高縣棉布業職業工會	三十年八月廿八日	劉連春		61
虔南縣理髮業職業工會	同右	張振華		52
興國縣木匠業職業工會	同右	王貴昌		76
贛縣蓮師領江業職業工會	三十年八月廿八日	嚴修金		73
贛縣鋸柴業職業工會	三十年八月二十八日	劉永遷		129
贛縣篾匠業職業工會	同右	周崇壽		146
宜黃縣碾米業職業工會	三十年九月廿五日	吳德元		52
宜黃縣碼頭業職業工會	同右	吳發保		52
宜黃縣泥匠業職業工會	同右	孫鳳生		53
樂平縣碼頭業職業工會	同右	鄒秉托		140
湖南省 平江縣總工會	三十年七月十七日	葉雁雲	8	
桑植縣泥水業職業工會	三十年七月十九日	王敏之		65
龍山縣五金業職業工會	同右	張秀全		68
石門縣麵粉業職業工會	三十年七月廿四日	聶復興		57
常德縣碳硝業職業工會	三十年九月廿二日	朱茂林		210
常德縣彈紡織業職業工會	三十年九月廿七日	何力[illegible]		113
常德縣手車業職業工會	同右	禹譜生		236
安徽省 宿松縣總工會	三十年七月廿八日	周挺	8	
懷寧縣屠宰業職業工會	三十年九月十六日	陳世東		98
懷寧縣泥水業職業工會	同右	蘇在河		83
懷寧縣成衣業職業工會	同右	錢雲龍		68
懷寧縣竹器業職業工會	同右	劉吉富		87
懷寧縣木器業職業工會	同右	陽騰江		95
懷寧縣旅館茶社招待業職業工會	同右	陳乃文		98

團體名稱	核准備案日期	主要負責人	會員數 團體	會員數 個人	備註
懷寧縣理髮業職業工會	同右	邵樹樓		75	
霍山縣炭窯業職業工會	三十年九月廿二日	李慶方		72	
岳西縣理髮業職業工會	同右	儲銘鑄		99	
河南省沈邱縣理髮業職業工會	三十年八月八日	黃福榮		59	
鄭縣建築業職業工會	三十年九月八日	包作舟		472	
陝西省渭南縣總工會	三十年八月二日	安鳳閣		695	
鳳翔縣成衣業職業工會	三十年七月五日	邢大恆		61	
鳳翔縣木器業職業工會	三十年七月五日	龐宗漢		125	
鳳翔縣理髮業職業工會	同右	白春		53	
鳳翔縣染業職業工會	同右	張均		58	
澄城縣煤礦業產業工會	同右	賈壽生		1214	
華縣木工業職業工會	三十年七月三十日	朱建國		965	
華縣鐵工業職業工會	同右	張懷松		76	
華縣人力車夫業職業工會	三十年七月二日	吳月詩		67	
三原縣磚瓦業產業工會	三十年九月廿七日	劉冠千		115	
三原縣旅店業職業工會	同右	辛俊祥		51	
西京市浴業職業工會	同右	陳鴻鈞		579	

2. 核准改選之工會

團體名稱	核准備案日期	主要負責人	會員數 團體	會員數 個人	備註
貴州省織金縣木業職業工會	三十年八月二日	譚成洲		62	
織金縣泥瓦業職業工會	同右	黃海清		60	
織金縣石業職業工會	同右	李樹雲		62	
廣東省曲江縣民船船員工會	三十年九月廿七日	溫先發		700	
恩平縣民船船員工會	同右	黃忠興		104	
興甯縣縫紉業職業工會	同右	羅文恩		117	
興甯縣製鞋業職業工會	同右	黃達我		60	
興甯縣理髮業職業工會	三十年九月廿七日	陳志芳		112	
南雄縣起卸業職業工會	同右	李運昌		102	
福建省華安縣木植轉運業職業工會	三十年八月一日	楊居東		154	
長汀縣車站搬運業職業工會	三十年九月二日	張林青		54	
建甌縣理髮業職業工會	同右	何門藩		56	
南靖縣竹木筏業職業工會	同右	張懋城		137	
南靖縣民船船員工會	同右	單俊才		101	
浙江省常山縣總工會	三十年八月八日	徐一清	15		

常山縣小車業職業工會	三十年八月二日	黃華林		362	
平陽縣礬石搬運業職業工會	三十年七月二十三日	陳進答		315	
平陽縣製礬業產業工會	三十年七月二十三日	盧興篤		694	
衢縣荳腐業職業工會	三十年八月二十八日	徐撥賢		68	
嵊縣漆匠業職業工會	三十年九月十七日	錢會朝		50	
嵊縣鉄匠業職業工會	同右	呂家驥		101	
江西省贛縣木筏業職業工會	三十年八月二十八日	朱來發		489	
湖南省常德縣油漆業職業工會	三十年七月十日	魯品陞		101	
常德縣炮竹業職業工會	三十年七月十日	楊秋甫		104	
資興縣理髮業職業工會	三十年七月十七日	歐思富		118	
長沙市[illegible]業職業工會	同右	鄒芋蓀		402	
長沙市刻刷業職業工會	三十年七月五日	粟幹成		138	
長沙市人力車夫業職業工會	三十年九月十三日	周方金		3113	
柳縣肩運業職業工會	三十年九月十三日	李啓發		155	
河南省禹縣理髮業職業工會	三十年八月八日	梅振榮		130	
重慶市電力礦產業工會	三十年九月二十七日	陳鉄夫		482	

3. 核准改組之工會

團體名稱	核准備案日期	主要負責人	會員數 團體	會員數 個人	備註
貴州省仁懷縣各業工人聯合會	三十年八月三十日	陳仿堯		298	
江西省贛縣民船船員工會	三十年八月廿八日	謝順發		107	
尋鄔縣泥水業職業工會	三十年八月二日	黃賜和		57	
尋鄔縣木匠業職業工會	三十年九月二十七日	黃昭滋		57	

4. 核准整理之工會

團體名稱	核准備案日期	主要負責人	會員數 團體	會員數 個人	備註
福建省長汀縣理髮業職業工會	三十年九月廿二日	曾金賢		52	
廣東省高要縣車衣業職業工會	三十年九月廿七日	張老華		101	
曲江縣旅館招待業職業工會	同右	陳清泉		219	
河源縣理髮業職業工會	同右	張展華		50	
江西省廣昌縣泥水業職業工會	三十年九月廿五日	何柳生		51	
廣昌縣筏業職業工會	同右	張源泉		55	
廣昌縣碼頭業職業工會	同右	謝燮賢		50	
湖南省柳縣𤥨業職業工會	同右	顧桂林		65	

三、社會部核准備案之商人團體一覽表

三十年七月至九月

團體名稱	成立日期	核准備案日期	主要負責人	會員數 公會	會員數 行號	備註
四川劍閣縣商會	廿八年十二月九日	卅年七月十六日	李桂石	8		組織
巴縣木洞鎮榨菜商業同業公會	廿九年十月廿四日	卅年七月二日	黃中孚		59	組織
古藺縣掛麵工業同業公會	廿九年十二月11日	卅年七月二日	潘俊增		42	組織
江油縣城區糧食商業同業公會	廿九年九月三日	卅年七月十六日	[illegible]鶴年		41	組織
武陽鎮民船商業同業公會	廿九年九月卅日	卅年七月十六日	何逢五		36	組織
武勝縣五金電料商業同業公會	廿九年七月廿七日	卅年八月廿八日	楊成文		26	改組
鹽商業同業公會	同右	同右	彭清源		66	改組
國藥商業同業公會	同右	仝右	趙復初		50	改組
屠宰商業同業公會	廿九年七月廿八日	卅年八月廿八日	郭榮華		37	組織
食店商業同業公會	廿九年七月廿七日	仝右	譚海泉		51	組織
山貨商業同業公會	仝右	仝右	余榮安		20	改組
煤炭商業同業公會	仝右	仝右	唐玉山		55	改組
民船商業同業公會	仝右	仝右	秦百川		393	改組
油餅商業同業公會	廿九年12月廿七日	仝右	李申之		91	改組
麯酒商業同業公會	仝右	仝右	鄭春廷		34	改組
糖商業同業公會	仝右	仝右	關穀陽		54	改組
絲綢呢織布商業同業公會	仝右	仝右	匡賢卿		33	改組
糧食商業同業公會	仝右	仝右	唐茂森		50	改組
棉花紗商業同業公會	廿九年七月廿七日	卅年八月廿八日	唐和春		33	改組
貴州黃平縣餐旅商業同業公會	卅年三月廿四日	卅年七月一日	曾筱樓		45	改組
酒商業同業公會	卅年三月十九日	仝右	王克明		54	改組
鑪山縣雜貨商業同業公會	卅年五月廿日	卅年八月十五日	蔣際雲		11	組織
正安縣旅棧商業同業公會	卅年五月七日	卅年七月十六日	黃人俊		63	組織
安場鎮雜貨商業同業公會	卅年六月七日	卅年八月廿日	趙南熾		43	組織
安場鎮紗布商業同業公會	卅年六月八日	仝右	雷長治		180	組織
屠宰商業同業公會	卅年五月十二日	卅年八月八日	張瀛洲		29	改組
安場鎮麵粉商業同業公會	卅年五月十八日	仝右	周永謙		32	組織
安場鎮旅棧商業同業公會	卅年五月十六日	仝右	鄧海燊		58	組織
織金縣食品商業同業公會	卅年四月十六日	卅年八月廿日	謝和清		5	組織
台拱縣屠宰商業同業公會	卅年七月十四日	卅年八月廿八日	歐文富		22	組織
雜貨商業同業公會	仝右	仝右	楊裕豐		36	組織
絲綢呢織布商業同業公會	仝右	仝右	李子初		28	組織
黎平縣車衣工業同業公會	卅年七月一日	卅年九月十三日	王言章		35	組織
劍河縣屠宰商業同業公會	卅年六月廿九日	卅年九月十六日	楊洪章		20	組織
西康榮經縣鐵鑛業同業公會	廿九年	卅年九月廿五日	王懷璧		14	組織

廣東曲江縣桂頭商會	卅年三月四日	卅年九月十二日	王樹		92	組織
曲江縣鞋商業同業公會	卅年三月六日	卅年九月十三日	杜淇		57	改組
糧食商業同業公會	廿九年五月廿一日	卅年九月廿六日	林善輿		4	改組
澄海縣蘇南區商會	廿九年十二月16日	卅年九月十二日	許雨村	13	1	整理
博羅縣石市商會	卅年四月五日	仝右	陳易田		50	組織
豐順縣留隍鎮商會	卅年四月廿五日	仝右	陳登雲		271	組織
羅定縣商會	卅年一月十八日	仝右	陳公穀	7	1	組織
陽水縣合水鎮商會	廿九年二月十日	卅年九月十三日	李壽南		5	改組
連平縣忠信鎮商會	廿九年四月十日	仝右	王守簑	6	58	改組
連平縣商會	卅年四月一日	仝右	顏菊泉	8	25	改組
廣甯縣商會	廿八年十一月十五日	仝右	黃仲符	7	97	改組
開建縣國藥商業同業公會	卅年五月廿日	卅年九月十二日	郭次讖		8	組織
絲綢呢織布商業同業公會	仝右	仝右	李明		10	組織
百貨商業同業公會	仝右	仝右	侯尙文		42	組織
缸瓦商業同業公會	仝右	仝右	李醒漢		5	組織
木商業同業公會	仝右	仝右	陳樹榮		5	組織
南雄縣菸葉商業同業公會	廿九年五月十五日	廿九年五月十二日	黃望隆		17	組織
信宜縣鎮隆鎮炳絲商業同業公會	廿九年一月四日	仝右	陸瑤生		12	組織
東鎮屠宰商業同業公會	廿九年十一月十四日	仝右	陳治平		34	組織
鎮隆鎮國藥商業同業公會	廿九年一月十四日	仝右	黃鹿文	-	13	組織
雜貨商業同業公會	仝右	仝右	賴客濟		14	組織
木商業同業公會	仝右	仝右	梁任重		14	組織
餅食商業同業公會	仝右	仝右	李澤林		12	組織
信宜縣絲綢呢織布商業同業公會	仝右	仝右	黃喜		14	組織
鎮隆鎮棉花紗商業同業公會	仝右	仝右	車俊明		11	組織
屠宰商業同業公會	仝右	仝右	賴瑞泉		11	組織
恩平縣聖堂鎮糧食商業同業公會	卅年一月十一日	仝右	黎錦波		27	組織
新興縣承攬運送商業同業公會	卅年一月四日	仝右	梁達廉		101	組織
惠來縣鹹魚臘料商業同業公會	廿九年十二月二日	仝右	黃克道		33	組織
開平縣在城鎮屠宰商業同業公會	卅年四月廿一日	仝右	黃齊光		14	組織
國藥商業同業公會	卅年三月廿四日	仝右	林文彪		13	組織
潮陽縣紗商業同業公會	卅年一月	仝右	黃匯恭		34	組織
陽春縣春灣鎮國藥商業同業公會	卅年一月十五日	卅年九月十三日	潘廣智		9	改組
京果商業同業公會	仝右	仝右	鍾子波		10	改組
鹹魚商業同業公會	仝右	仝右	周溢亞		7	改組
理髮商業同業公會	仝右	仝右	馮灼華		11	改組
雜貨商業同業公會	仝右	仝右	黃勝		12	改組
布商業同業公會	仝右	仝右	趙宗悅		9	改組
麵油商業同業公會	仝右	仝右	陳巽初		9	改組
木器商業同業公會	仝右	仝右	梁庭候	-	11	改組

陽春縣合水鎮木器商業同業公會	廿九年一月廿三日	仝右	夏穗廣		7	改組
國藥商業同業公會	仝右	仝右	林頌周		8	改組
布商業同業公會	同右	同右	李壽如		9	改組
京果商業同業公會	仝右	仝右	李壽南		9	改組
高要縣祿步鎮商會	卅年三月十六日	卅年九月十三日	梁子剛	5	155	改組
木商業同業公會	仝右	仝右	余星南		10	改組
煙絲商業同業公會	仝右	仝右	梁平		7	改組
山貨商業同業公會	仝右	同右	趙譬先		39	改組
雲浮縣商會	同右	同右	蕭伯銘	5	101	改組
民船商業同業公會	廿八年十一月廿九日	卅年九月十二日	顏香泉		135	組織
煙絲商業同業公會	廿八年十一月廿九日	卅年九月十三日	吳寶		7	改組
國藥商業同業公會	廿八年十二月九日	同右	楊禮伯		15	改組
雜貨商業同業公會	同右	同右	萬許川		13	改組
布商業同業公會	同右	同右	蕭紀南		10	改組
廣西左縣商會	卅年四月日	卅年七月十一日	李少漁	1	19	組織
馱盧鎮商業同業公會聯合會	卅年四月四日	卅年七月十一日	譚昌榮	3		改組
象縣石龍鎮商會	卅年六月一日	卅年九月廿四日	林相鵬	7	144	改組
平樂縣商會	卅年五月十日	卅年八月十五日	莫仲傑	8	4	改組
國藥商業同業公會	卅年四月十一日	卅年八月十五日	區德饒		8	改組
五金商業同業公會	卅年四月五日	同右	朱紹光		19	改組

圖書教育用品商業同業公會	卅年四月廿一日	同右	馮新友		26	改組
雜貨商業同業公會	卅年三月三十日	同右	李愷行		128	改組
融縣絲綢呢絨布商業同業公會	卅年三月一日	卅年八月二十日	陳記軒		149	組織
賓陽縣蘆墟鎮手工捲煙商業同業公會	三十年五月廿九日	三十年八月廿日	丘現貴		27	組織
懷集縣梁村鎮布商業同業公會	卅年四月一日	卅年九月十二日	鄺玲		4	改組
雜貨商業同業公會	仝右	仝右	林顯文		19	改組
國藥商業同業公會	卅年四月五日	仝右	關澄波		6	組織
宜山縣捲煙商業同業公會	卅年七月五日	卅年九月二十四日	龐海鷗		12	組織
山貨商業同業公會	仝右	仝右	吳松家		24	組織
圖書教育用品商業同業公會	廿八年八月廿三日	卅年九月十二日	趙秋軒		14	改組
絲綢呢紗布商業同業公會	仝右	仝右	陳乃蕭		7	改組
懷遠鎮絲綢呢織布商業同業公會	仝右	仝右	譚頌宇		18	改組
五金電料商業同業公會	仝右	仝右	廖祺三		18	改組
昭平縣屠宰商業同業公會	卅年八月一日	卅年九月十六日	馮燕謀		10	組織
邕甯縣木商業同業公會	卅年五月二十一日	仝右	洪孟樂		42	組織
蘇杭洋雜商業同業公會	卅年五月二十四日	仝右	王振常		48	改組
茶麵酒菜商業同業公會	卅年七月二十九日	仝右	鄧保之		59	改組
紙商業同業公會	卅年七月十八日	仝右	李守仁		59	改組
烟酒醬料商業同業公會	卅年七月二日	同右	梁惠廷		51	改組
博白縣伙舖商業同業公會	卅年七月十一日	同右	周文甫		21	組織

福建省三元縣國藥商業同業公會	卅年四月十六日	卅年七月五日			6	組織
烹飪商業同業公會	卅年四月十七日	仝右	盧天寶		7	組織
酒商業同業公會	仝右	仝右	鄧藤梧		27	組織
紙商業同業公會		三十年八月五日	鄧澤民		4	組織
海澄縣醬園商業同業公會	廿九年十二月六日	卅年七月五日	鍾有德		12	改組
糧食商業同業公會	廿九年十二月廿九日	仝右	甘春源		43	改組
國藥商業同業公會	廿九年十二月九日	仝右	周海平		37	改組
木商業同業公會	卅年二月一日	仝右	許庚甲		7	改組
建甌縣豆腐商業同業公會	卅年三月十五日	卅年七月十一日	范長欽		23	組織
魚貨商業同業公會	仝右	卅年八月廿八日	陳建新		30	組織
照相商業同業公會		卅年九月四日	葉丹經		8	組織
鹽商業同業公會		仝右	曹賞發		83	整理
惠安縣商會	廿九年十二月卅日	卅年七月十一日	王逸民	16	8	改組
寧德縣商會	卅年三月五日	卅年八月五日	張襄城	10	80	改組
永安縣商會	卅年五月十四日	同右	鄧樹楨	20		整理
漳浦縣佛曇鎭商會	卅年六月十五日	同右	楊海潮	5		整理
龍溪縣商會		三十年七月十四日	魏劍	31	3	改組
香商業同業公會	廿九年十月卅日	卅年七月十四日	蘇富年		18	改組
油商業同業公會	廿九年七月十五日	同右	黃國珍		37	改組
茶業同業公會	廿九年九月廿三日	同右	李祖勵		16	改組

煙商業同業公會	廿九年七月廿日	仝右	許孟眞		75	改組
顏料商業同業公會	廿九年八月廿三日	仝右	陳有才		15	改組
百貨商業同業公會	廿九年八月卅日	仝右	陳少華		47	改組
圖書教育用品商業同業公會	廿九年七月十五日	仝右	劉振文		15	改組
醬園商業同業公會	仝右	仝右	蔡謀誠		16	改組
國藥商業同業公會	廿九年八月卅日	仝右	曾一亭		97	改組
酒商業同業公會	廿九年七月十六日	仝右	游文舉		21	改組
紙商業同業公會	廿九年七月卅日	仝右	馮美高		40	改組
脚踏車商業同業公會	廿九年八月廿日	仝右	黃室璜		24	改組
照相商業同業公會	廿九年八月十五日	仝右	鄒道仁		19	改組
青菜商業同業公會	廿九年八月十六日	仝右	王國祥		40	改組
爆炮商業同業公會	廿九年八月廿四日	仝右	翁榮湊		50	改組
首飾商業同業公會	二十九年七月卅日	仝右	柯如瑛		17	改組
承攬運送商業同業公會	廿九年八月十三日	仝右	阮南章		15	改組
鐘錶商業同業公會	廿九年八月十五日	仝右	李和成		18	改組
竹商業同業公會	廿九年八月十八日	仝右	陳有		47	改組
絲綢呢絨布商業同業公會	廿九年八月一日	仝右	黃守常		50	改組
糧食商業同業公會	廿九年七月十九日	仝右	張榮貴		87	改組
肥料商業同業公會	廿九年八月十九日	仝右	洪成章		45	改組
棧商業同業公會		仝右	洪振乾		30	改組

乾果商業同業公會	廿九年七月三十日	仝右	鄭豐功		29	改組
京果商業同業公會	廿九年八月三十日	仝右	許邦英		13	改組
水菓商業同業公會	廿九年七月廿六日	仝右	洪心耕		48	改組
旅館商業同業公會	廿九年七月二十日	仝右	嚴笑棠		25	改組
紗商業同業公會	廿九年七月一日	仝右	鄭彬		35	改組
同安縣馬巷區雜貨商業同業公會	廿九年十二月廿六日	三十年七月十一日	王清甘		22	改組
京果商業同業公會	廿九年十二月五日	同右	陳永福		23	改組
絲綢呢織布商業同業公會	廿九年十二月四日	仝右	陳達讓		24	改組
糧食商業同業公會	仝右	仝右	朱炯德		18	改組
首飾商業同業公會	仝右	仝右	曾文水		14	改組
糕品商業同業公會	廿九年十二月六日	同右	沈墨賢		15	改組
鞋商業同業公會	廿九年九月十日	同右	黃金獅		29	整理
馬巷區國藥商業同業公會	廿九年十二月六日	同右	劉鴻恩		19	改組
莆田縣商會	三十年二月廿八日	三十年七月十一日	陳伯海		19	改組
竹商業同業公會		三十年七月二日	鄭彬如		19	改組
鐵器商業同業公會	三十年一月十三日	三十年七月十一日	楊豹		13	改組
糕餅商業同業公會	三十年一月十八日	同右	吳錦樹		25	改組
旅館商業同業公會	三十年一月廿二日	同右	林常川		12	改組
金銀器商業同業公會	三十年一月十七日	同右	陳國元		20	改組
絲綢呢織布商業同業公會	同右	同右	陳組訓		16	改組

鞋商業同業公會	同右	同右	鄭應煌		46	改組
竹商業同業公會	同右	同右	郭理		21	改組
木商業同業公會	三十年一月十六日	同右	黃吞海		12	改組
醬園商業同業公會	三十年一月廿二日	同右	林景暉		18	改組
屠宰商業同業公會	三十年一月十七日	同右	蕭金波		10	改組
烟酒商業同業公會	三十年一月廿三日	同右	張元輿		22	改組
戲劇商業同業公會	同右	同右	宋清如		21	改組
菜館商業同業公會	三十年一月十八日	同右	林樹標		25	改組
糧食商業同業公會	三十年一月二十日	同右	許秀川		16	改組
紙商業同業公會	同右	同右	陳鑾昆		19	改組
生菓商業同業公會	三十年一月十九日	同右	俞奎松		32	改組
百貨商業同業公會	三十年一月十三日	同右	鄭國榮		18	改組
京果商業同業公會	三十年一月二十日	同右	陳耀		18	改組
國藥商業同業公會	三十年一月十五日	同右	黃文琮		28	改組
乾果商業同業公會	三十年五月十三日	同右	陳繼成		30	改組
福安縣百貨商業同業公會	三十年三月十五日	同右	王寶璠		15	改組
鞋商業同業公會	同右	同右	葉如壽		15	改組
福鼎縣紙商業同業公會	三十年一月十九日	同右	夏章祥		21	改組
茶商業同業公會	三十年二月七日	同右	林錫齡		101	改組
[illegible]商業同業公會	三十年一月十一日	同右	李澄林		27	改組

花炮商業同業公會	三十年一月二十日	同右	陳吉華		15	改組
茶商業同業公會	三十年一月二日	同右	林鵬暉		50	改組
醬園商業同業公會	三十年一月七日	同右	褚晉		17	改組
屠宰商業同業公會	三十年一月八日	同右	陳吉法		17	改組
國藥商業同業公會	三十年二月一日	同右	卓劍舟		18	改組
糧食商業同業公會	三十年一月十二日	同右	夏星湖		17	改組
海產商業同業公會	三十年一月十八日	同右	李夢星		72	改組
酒商業同業公會	三十年一月十五日	同右	丁漢輝		26	改組
絲綢呢織布商業同業公會	三十年一月十七日	同右	葉詠吉		28	改組
連城縣朋口鎮國藥商業同業公會	三十年六月一日	同右	王景盛		6	組織
旅社商業同業公會	同右	同右	羅金彰		11	組織
百貨商業同業公會	同右	同右	傅緯珍		21	組織
烹飪商業同業公會	同右	同右	[illegible]慶鎔		7	組織
裁縫商業同業公會	同右	同右	羅武品		9	組織
菸酒商業同業公會	同右	同右	傅錫鋌		7	組織
武平縣岩前鎮商會		三十年九月四日	楊秉衡	12		組織
百貨商業同業公會	二十九年十一月廿八日	同右	鍾福銘		29	組織
紙商業同業公會	同右	同右	鍾孟鵬		8	組織
西藥商業同業公會	同右	同右	黃培青		3	組織
木器商業同業公會	同右	同右	楊清泉		10	組織

酒商業同業公會	同右	同右	王心石		27	組織
鹽商業同業公會	同右	同右	鄧海康		7	組織
旅館商業同業公會	同右	仝右	鄧曉汀		8	組織
屠宰商業同業公會	同右	仝右	溫景才		10	組織
絲綢呢織布商業同業公會	同右	仝右	楊秉衡		14	組織
裁縫商業同業公會	同右	仝右	鍾杰		18	組織
承攬運送商業同業公會	同右	仝右	葉範才		5	組織
國藥商業同業公會	同右	仝右	曾大文		13	組織
長汀縣烹調商業同業公會	同右	卅年九月五日	李登瀛		21	改組
羅源縣京果商業同業公會	廿九年十二月九日	仝右	陳文忠		26	改組
絲粉商業同業公會	卅十年十二月卅日	仝右	林有夔		20	組織
連城縣承攬運送商業同業公會	卅年七月五日	仝右	傅文樞		20	改選
建陽縣香菰商業同業公會	卅年三月二十一日	卅年九月十二日	毛存楷		39	組織
浙江省孝豐縣商會	二十九年三月五日	卅年七月十一日	程懷仁	7	18	改組
仙居縣糧食商業同業公會	卅年一月二十二日	仝右	張光清		27	組織
鎮海縣百貨商業同業公會	廿九年三月廿五日	仝右	朱杏生		46	組織
瑞安縣魚竿商業同業公會	廿九年三月十五日	仝右	陳銀德		24	組織
雜貨商業同業公會	二十九年三月一日	卅年八月四日	韓一塵		19	組織
花炮商業同業公會	二九年十月十六日	卅年九月十三日	李樹希		8	組織
泰順縣茶商業同業公會	廿九年十一月廿二日	卅年七月十一日	林蔚崧		13	組織

江山縣清湖鎮油商業同業公會	卅年四月二十五日	卅年八月四日	毛子風		4	組織
平陽縣西服商業同業公會	卅年四月五日	卅年八月二十八日	周兆甫		11	組織
布商業同業公會	卅年三月五日	仝右	陳榮垣		125	組織
宜山鎮布商業同業公會	卅年三月十五日	仝右	陳同瑜		31	組織
宜山鎮國藥商業同業公會	仝右	仝右	陳鑄三		9	組織
宜山鎮南貨商業同業公會	仝右	仝右	陳蒙		10	組織
三門縣商會	廿九年十二月十二日	卅年九月十三日	章正夏	7	29	組織
雜貨商業同業公會	廿九年十二月一日	卅年九月十三日	章正瑞		14	組織
肉商業同業公會	廿九年十二月二日	仝右	章以金		1[illegible]	組織
江西省萬安縣商會	廿八年十一月一日	卅年七月十九日	王振寰	13	14	改組
雜貨商業同業公會	二十八年十月廿日	仝右	劉名扶		30	改組
綢緞呢絨布商業同業公會	廿八年十月十五日	仝右	曾傳家		10	改組
木商業同業公會	廿八年十月廿日	仝右	李六達		10	改組
水酒商業同業公會	廿八年十月三十日	仝右	劉士灝		18	改組
縫衣商業同業公會	仝右	仝右	彭九生		17	改組
國藥商業同業公會	廿八年十月卅日	仝右	袁西綳		9	改組
茶館商業同業公會	廿八年十月二五日	仝右	周斯桂		18	改組
理髮商業同業公會	二十八年十月九日	仝右	馮步高		10	改組
糧食商業同業公會	廿八年十月廿日	仝右	江桂發		14	改組
銀樓商業同業公會	廿八年十月十日	仝右	周賛源		7	改組

屠商業同業公會	廿八年十月十五日	仝右	張壽元		14	改組
南北貨商業同業公會	二十八年十月四日	仝右	劉士篙		38	改組
宜春縣商會	廿九年十二月廿九日	三十年八月十六日	陳濤	31		改組
絲綢呢絨布商業同業公會	廿九年十二月一日	三十年八月十六日	劉雲錦		37	改組
南貨商業同業公會	廿九年十二月二日	仝右	李濟昌		29	改組
布商業同業公會	廿九年十一月廿八日	仝右	楊逸農		12	改組
槽坊商業同業公會	廿九年十二月五日	仝右	蔡欽吉		92	改組
圖書教育用品商業同業公會	廿九年十二月三日	仝右	陳文忠		30	改組
屠宰商業同業公會	廿九年十一月廿九日	仝右	余福四		52	改組
鞋靴商業同業公會	廿九年十一月卅日	仝右	吳清康		32	改組
花爆商業同業公會	二十九年十一月	仝右	曾志強		16	改組
旅店商業同農公會	二九年十二月五日	仝右	劉子元		93	改組
銀器商業同業公會	二十九年十一月廿八日	仝右	鄒價金		9	改組
銅器商業同業公會	二十九年十一月廿四日	仝右	戴芳貴		13	改組
油商業同業公會	仝右	仝右	周德成		11	改組
棉花商業同業公會	二十九年	仝右	彭瑞豪		11	改組
木器商業同業公會	二十九年十一月廿八日	仝右	張有財		28	改組
柴炭商業同業公會	廿九年一二月一日	仝右	劉振華		37	改組
竹器商業同業公會	廿九年十二月二十一日	仝右	楊煥成		28	改組
漢芯商業同業公會	廿九年十一月廿八日	仝右	葉德昌		13	改組

棕藤商業仝業公會	仝右	仝右	張正芳		17	改組
茶麵商業仝業公會	廿九年十一月卅日	仝右	潘如江		31	改組
紙商業仝業公會	廿九年十二月六日	仝右	傅錫疇		15	改組
雜衣商業仝業公會	廿九年十一月廿八日	仝右	壽榮陞		18	改組
鐵器銅器商業同業公會	二九年十二月五日	仝右	王克昌		36	改組
理髮商業同業公會	二九年十二月二日	仝右	曾實三		25	改組
油漆商業同業公會	二九年十一月二十八日	仝右	鄒坤甫		35	改組
陶瓷商業同業公會	二九年十二月四日	仝右	劉春泉		36	改組
山貨商業同業公會	仝右	仝右	周洪德		89	改組
宜豐縣商會	三十年六月一日	仝右	徐曉初	11	12	改組
烟絲商業同業公會	三十年五月五日	仝右	劉步陞		8	整理
熟食商業同業公會	三十年五月二日	同右	熊華之		27	整理
屠宰商業同業公會	三十年五月三日	同右	張華軒		10	改組
酒坊商業同業公會	三十年五月四日	三十年九月廿五日	漆望陞		33	整理
布商業同業公會	三十年五月一日	同右	漆祥興		30	整理
國藥商業同業公會	仝右	仝右	兪金鑾		13	整理
糧食商業同業公會	三十年五月六日	仝右	熊保光		53	整理
圖書教育用品商業同業公會	三十年五月五日	仝右	漆鴻鑫		8	整理
牙行商業同業公會	三十年五月三日	仝右	熊如章		10	整理
湖口縣商會	廿九年八月一日	同右	徐旺南	79	40	組織

安福縣商會	三十年三月一日	同右	彭其璿		33	改組
靖安縣商會	三十年六月三日	三〇年九月二五日	舒秉鈞	15	5	整理
浮梁縣商會	三十年一月一五日	同右	施亦濟	65	15	改組
南豐縣民船商業同業公會	三十年五月一八日	同右	熊細毛		54	整理
尋鄔縣攤販商業同業公會	廿九年六月二九日	同右	趙鑑明		50	改組
瑞金縣油商業同業公會	廿九年三月一三日	同右	楊世鑾		16	改組
鹽商業同業公會	同右	仝右	楊世秀		14	改組
吉安縣水土菓牙行商業同業公會	三十年五月二二日	仝右	鄧重凱		10	組織
贛縣第二區中韶龍鎮鮮魚肉商業同業公會	三十年五月六日	仝右	劉卓倫		33	組織
樂平縣旅棧商業同業公會	三十年六月九日	仝右	曹明昇		13	組織
湖南武崗縣商會	廿九年十月十二日	卅年九月廿日	段偉雲	21	6	改組
攸縣香工業同業公會	廿八年十二月五日	卅年八月四日	余新政		24	組織
爆工業同業公會	廿八年十月	仝右	李伯棠		14	組織
傘工業同業公會	廿八年十一月廿九日	仝右	黃國政		15	改組
履工業同業公會	廿八年十一月	同右			21	組織
碧場工業同業公會	廿八年十二月五日	同右	唐春生		24	組織
食品商業同業公會	廿八年十一月	同右	周壽祺		37	改組
豆腐商業同業公會	廿八年十二月六日	同右	梁桂生		15	改組
屠商業同業公會	廿八年十一月	同右	劉香樺		27	改組
絲綢呢絨商業同業公會	同右	同右	李銘璿		23	改組

麵館業同業公會	同右	同右	胡瑞恂		38	改組
百貨商業同業公會	同右	同右	王欣源		109	改組
國藥商業同業公會	同右	同右	呂樂務		25	改組
糧食商業同業公會	同右	同右	陳震夫		15	組織
旅商業同業公會		同右	周錫藩		56	改組
南貨商業同業公會	同右	同右	張淦庭		24	改組
酒商業同業公會	同右	仝右	楊明政		22	改組
雜貨商業同業公會	卅年十二月四日	同右	夏春光		77	組織
菸商業同業公會	同右	同右	林建民		15	改組
牙行商業同業公會	廿八年十一月	同右	過中開		87	改組
永興縣圖書教育用品商業同業公會	廿九年十二月五日	同右	楊琴軒		22	組織
永順縣南貨商業同業公會	廿八年三月廿日	卅年七月廿三日	王俠武		24	組織
磁酒商業同業公會	廿八年三月廿四日	同右	皮淵泉		10	組織
圖書教育用品商業同業公會	廿八年四月一日	同右	彭蘇祥		14	組織
國藥商業同業公會	仝右	仝右	傅裕如		11	組織
布商業同業公會	廿八年一月十九日	仝右	陳榮香		12	組織
百貨商業同業公會	廿八年三月廿四日	仝右	張崇道		15	組織
屠商業同業公會	仝右	仝右	鄧潤民		26	組織
永明縣商會		卅年八月八日	蔣華	28		
旅商業同業公會	廿八年一月七日	卅年八月八日	唐瑤麟		40	改組

酒商業同業公會	廿八年十一月廿二日	仝右	蒲道義		40	改組
菸商業同業公會	仝右	仝右	楊永亮		30	改組
郴縣木商業仝業公會	廿八年八月九日	仝右	羅國維		150	改組
城步縣旅館業同業公會	廿九年十一月一日	卅年九月六日	皮祖謙		32	改組
雜貨商業同業公會	廿九年十二月二日	仝右	楊芳國		45	改組
屠商業仝業公會	仝右	仝右	蕭國鈞		31	改組
國藥商業仝業公會	廿九年九月廿九日	仝右	呂啓球		11	改組
安徽省舒城縣烏沙鎮商會	卅年三月十九日	卅年七月九日	朱倫元		12	組織
舒城縣新街鎮商會	卅年三月十一日	仝右	張杏吾		9	組織
舒城縣城關鎮糧食商業同業公會	卅年五月十五日	卅年七月二日	徐子瓊	會員數漏填已飭補報		
太湖縣商會	卅年四月二十日	卅年九月九日	陳錫蕃		207	整理
宿松縣經紀商業同業公會	廿九年七月廿二日	卅年七月廿八日	張樹甲	會員數漏填已飭補報		
河南省商城縣商會	二十九年二月三日	卅年七月十九日	楊秉初	8		組織
汜水縣承攬運送業同業公會	卅年五月三日	卅年八月八日	白國珍		8	組織
郟縣商會	廿八年十一月卅日	卅年八月二十六日	孫新曾	17		改組
染坊工業同業公會	二十八年十一月廿五日	仝右	胡天性		36	組織
糧食商業同業公會	仝右	仝右	秦鳳奎		36	組織
布商業同業公會	廿八年十一月二十七日	仝右	王文章		53	組織
國藥商業同業公會	仝右	仝右	董鳳山		31	組織
百貨商業同業公會	二十八年十一月二十日	仝右	宋燦章		30	組織

油商業同業公會	二十八年十一月廿六日	同右	齊相賢		22	組織
雜貨商業同業公會	二十八年十一月廿四日	同右	張克敬		54	組織
酒商業同業公會	二十八年一一月廿八日	同右	于海沅		33	組織
木作工業同業公會	二十八年一一月廿九日	同右	任國安		18	組織
銀樓商業同業公會	二十八年一一月二十日	同右	程芳春		15	組織
牲畜行商業同業公會	二十八年一一月廿六日	同右	周倘志		31	組織
豬行商業同業公會	二十八年一一月廿五日	同右	崔亨鎮		15	組織
手工捲烟工業同業公會	二十八年一一月廿六日	同右	張芳齋		54	組織
嵩縣國藥商業同業公會	卅年二月廿日	仝右	齊玉林		33	組織
屠宰商業同業公會	同右	仝右	谷文軒		27	組織
糧食商業同業公會	同右	仝右	周丕奇		18	組織
山貨商業同業公會	同右	同右	王天順		36	組織
雜貨商業同業公會	同右	同右	楊殿卿		120	組織
百貨商業同業公會	同右	同右	馬星五		35	組織
沈邱縣宅廟鎮雜貨商業同業公會	廿九年八月十七日	仝右	蘆西林		290	組織
宅廟鎮旅館商業同業公會	同右	卅年八月八日	王醒齋		20	組織
宅廟鎮糧食商業同業公會	同右	仝右	趙華國		9	組織
宅廟鎮飯館商業同業公會	同右	仝右	趙晉臣		37	組織
密縣商會	廿九年一月六日	卅年八月廿八日	李緒慶	7	204	改組
雜貨商業同業公會	二十八年十二月廿六日	仝右	李緒變		35	改組

煤礦業同業公會	二十八年十二月二十日	同右	周義齋		10	改組
鄭縣商會	二十八年一二月卅一日	三十年九月六日	李捷卿	34	59	改組
成衣工業同業公會	廿八年七月廿四日	仝右	王松茂		22	改組
西藥商業同業公會	廿八年八月廿七日	仝右	田志斌		16	改組
旅棧商業同業公會	廿八年十月十二日	仝右	王慶德		27	改組
國藥商業同業公會	廿八年十月一日	仝右	王瑞五		23	改組
印刷工業同業公會	廿八年九月廿九日	同右	鄭文彬		22	改組
糧食商業同業公會	廿八年七月廿八日	仝右	張海瀾		23	改組
捲菸工業同業公會	二十八年十一月十八日	仝右	蔡文升		163	改組
紙烟行商業同業公會	廿八年九月十三日	仝右	張瑞五		16	改組
估衣物商業同業公會	廿八年七月廿二日	仝右	鄭鶴亭		174	改組
布商業同業公會	廿八年七月廿三日	仝右	鄭世澤		21	改組
煤炭行商業同業會	廿八年八月廿二日	仝右	劉鳳相		11	改組
陝西宜川縣商會	卅年三月十四日	卅年八月八日	薛光星	11		組織
朝邑縣麵商業同業公會	卅年六月九日	卅年七月廿三日	陳艮材		23	組織
白河縣民船商業同業會	卅年五月十七日	同右	孫鴻臣		03	組織
朝邑縣裁縫工業同業公會	二十九年十二月十三日	卅年七月二十五日	楊有朝		16	組織
理髮商業同業公會	同右	仝右	張學成		7	組織
山陽縣猪肉商業同業公會	卅年六月十五日	卅年八月一日	柳玉林		11	組織
雜貨商業同業公會	卅年六月十日	仝右	張秉坤		80	組織

百貨商業同業公會	同右	同右	李春貴		12	組織
山貨商業同業公會	同右	仝右	雷春聖		7	組織
國藥商業同業公會	仝右	仝右	董太和		10	組織
酒菜商業同業公會	卅年六月十五日	仝右	李壽山		20	組織
旅店商業同業公會	仝右	仝右	張吉堂		11	組織
染坊工業同業公會	仝右	仝右	方兆彬		10	組織
洛川縣百貨商業同業公會	卅年四月廿七日	卅年八月四日	段洪倬		22	組織
雜貨商業同業公會	同右	同右	李晉甫		36	組織
城固縣靴商業同業公會	卅年五月廿八日	同右	田積玉		76	組織
鳳翔縣承攬運送商業同業公會	卅年四月二十八日	同右	屈耀堂		9	改組
國藥商業同業公會	卅年四月卅日	同右	趙耀五		31	改組
山貨商業同業公會	卅年五月十日	同右	張朗軒		9	改組
百貨商業同業公會	卅年四月二十五日	同右	趙華堂		49	改組
潼關縣糧食商業同業公會	卅年四月廿七日	卅年八月廿一日	臧全智		17	組織
邠縣國藥商業同業公會	廿九年十月卅日	卅年九月六日	李榮慶		11	改組
百貨商業同業公會	廿九年十一月九日	同右	雷應春		27	改組
飯館商業同業公會	卅年一月十五日	同右	李寶田		32	改組
雜貨商業同業公會	卅年一月二十五日	同右	郭慶儒		64	改組
高陵縣雜貨商業同業公會	卅年七月五日	卅年九月十三日	張仁軒		23	組織
大荔縣麵坊工業同業公會	卅年二月十五日	卅年九月廿三日	李光初		90	組織

醴泉縣商會	卅年五月六日	卅年九月廿一日	王銘智	7	38	改組
絲綢織呢織布商業同業公會	卅年四月二日	卅年九月廿七日	張慶德		20	改組
百貨商業同業公會	卅年四月八日	同右	辛海亭		38	改組
棉花商業同業公會	卅年三月卅日	同右	董文清		25	改組
糧食商業同業公會	卅年四月四日	同右	康振甲		18	改組
山貨商業同業公會	卅年四月十二日	同右	羅厚德		13	改組
食菜商業同業公會	卅年四月十日	同右	王文信		16	改組
油商業同業公會	卅年四月六日	同右	羅文岐		18	改組
隴縣糧食商業同業公會	卅年五月廿日	卅年七月九日	王建功		15	組織
西京市皮貨商業同業公會	卅年三月六日	卅年七月一日	田端堂		13	改組
甘肅省永昌縣商會	二九年二月廿五日	同右	鄧甲三		54	組織
卓尼設治局木商業同業公會	卅年三月十六日	卅年八月四日	王瑜		52	改組
重慶市玻璃商業同業會	卅年四月十八日	卅年八月四日	何鹿壽		86	組織
皂燭工業同業公會	卅年七月二日	同右	武光舜		28	組織
屠商業同業公會	卅年六月廿日	卅年八月二十日	楊吉六		338	組織
竹商業同業公會	同右	卅年八月廿八日	鄭成之		56	組織
糖果餅乾罐頭食品商業同業會	卅年四月廿一日	同右	王子賢		79	組織
陶商業同業公會	二九年一月十六日	卅年九月六日	陳梓敏		52	改組
米粽甜食商業同業公會	卅年三月二十七日	卅年九月十三日	陳銀洲		106	組織
報關商業同業公會	卅年五月十三日	同右	吳國樑		26	組織

茶商業同業公會	二十九年四月二日	卅年九月二十五日	陳載陽		43	組織

四、社會部核准備案之自由職業團體一覽表

三十年七至九月

團體名稱	核准備案日期	主要負責人	會員數 團體	會員數 個人	備註
廣東省 興寧縣律師公會	三十年九月廿四日	鍾凱		17	
澄海縣教育會	卅年七月十六日	朱名宗		204	
五華縣教育會	仝右	陳會縉		109	
東莞縣教育會	仝右	盧彭鏗		92	
仁化縣教育會	仝右	劉玉堂		38	
龍門縣教育會	仝右	劉鴻祺		60	
博羅縣第一區教育會	仝右	韓紹興		30	
浙江省 黃岩縣律師公會	卅年七月二日	王樹聲		27	
雲和縣教育會	卅年七月十一日	梅志初	5		
第一區教育會	卅年九月十二日	葉池		51	
第二區教育會	仝右	葉天培		30	
第三區教育會	仝右	劉杰		35	
第四區教育會	仝右	彭年		23	
第五區教育會	仝右	梁宣		24	
衢縣第二區教育會	卅年八月十六日	童育		47	
第五區教育會	卅年九月四日	周紹楠		28	
福建省 紹安縣第四區教育會	卅年七月八日	張享嘉		54	
崇安縣第一區教育會	卅年八月六日	隆保滋		55	
東山縣教育會	卅年九月廿七日	李獻明	12		
江西省 上高縣教育會	卅年七月廿一日	傅森泰		49	
教育會	仝右	黃鷗		48	
教育會	仝右	聶謙		54	
教育會	卅年八月五日	胡寶驎	3		
興國縣教育會	仝右	黃祚元	4		
第一區教育會	仝右	鍾堉		51	
第二區教育會	仝右	許棖源		51	
第四區教育會	仝右	范吉慕		31	
第五區教育會	仝右	曾熙堯		40	
寧都縣教育會	仝右	賴澄初		99	
甯岡縣教育會	仝右	林士元		439	
新淦縣教育會	卅年八月五日	曾公備	4	285	

第一區教育會	仝	右	陳羣		69	
第二區教育會	仝	右	周輔民		73	
第三區教育會	仝	右	聶長賡		73	
第四區教育會	仝	右	鄒振時		70	
永修縣教育會	仝	右	梁鼎	3		
第一區教育會	仝	右	熊樵桂		24	
第二區教育會	仝	右	徐美江		21	
第三區教育會	仝	右	朱鳴岡		22	
德興縣第一區教育會	仝	右	朱蘊璋		40	
第四區教育會	仝	右	祝國粹		25	
第五區教育會	仝	右	潘鵬翥		31	
安遠縣第一區教育會	仝	右	歐陽海		72	
第二區教育會	仝	右	郭奮池		45	
第三區教育會	仝	右	唐宗香		57	
第四區教育會	仝	右	賴彩章		63	
宜豐縣教育會	仝	右	漆飛鵬	4	157	
樂平縣教育會	仝	右	蔡聯芳	5		
第一區教育會	仝	右	汪丕承		65	
第二區教育會	仝	右	謝徵靈		59	
第三區教育會	仝	右	王崇		61	

第四區教育會	仝	右	石聯步		33	
第五區教育會	仝	右	石若兆		40	
戈陽縣教育會	仝	右	江尚文		286	
金谿縣教育會	仝	右	陳文秀		123	
宜春縣教育會	仝	右	張綱		131	
都昌縣教育會	仝	右	羅雯秋		574	
石城縣教育會	仝	右	廖鼎新		191	
湖口縣教育會	仝	右	劉廷漢		61	
銅鼓縣第一區教育會	仝	右	盧江鏡		36	
第二區教育會	仝	右	葉亦陶		25	
第三區教育會	仝	右	謝康時		26	
蓮花縣第一區教育會	仝	右	賀肇祺		59	
第二區教育會	仝	右	謝允中		42	
第三區教育會	仝	右	劉秉照		46	
第四區教育會	仝	右	王聲揚		41	
湖南省耒陽縣教育會	卅年七月二日		伍敬敷		178	
貴州省盤縣教育會	卅年七月廿一日		鄢寶善			
鉛山縣第一區教育會	卅年七月二日		丁燦金		32	
第二區教育會	卅年八月十五日		毋可經	40	40	
四川省劍閣縣第一區教育會	卅年七月十六日		王箎		73	

五、社會部核准備案之社會團體一覽表

三十年七至九月

省市別	團體名稱	核准備案日期	主要負責人	會員數	備註
	第二區教育會	仝右	賴材成	84	
	第三區教育會	仝右	袁繼安	137	
	第四區教育會	仝右	劉緝熙	76	
	梓潼縣第一區教育會	仝右	仇世德	164	
	第二區教育會	仝右	黃緒欽	158	
	鹽亭縣第一區教育會	仝右	張爾常	53	
	第二區教育會	卅年九月九日	曾樹南	44	
	巴縣教育會	卅年八月三日	楊鈞穀	4	
	西充縣教育會	卅年八月六日	馬潤民	485	
	城口縣教育會	卅年九月廿七日	但更生	78	
河南省	項城縣教育會	卅年八月六日	張承德	362	
陝西省	城固東區教育會	卅年七月二日	張文銓	85	
	城固南區教育會	仝右	張繼漢	93	
	城固北區教育會	仝右	尙錫經	69	
	城固縣西區教育會	仝右	張保初	61	
	洋縣教育會	卅年七月卅日	王子明	126	
	柞水縣教育會	卅年八月一日	劉鵬程	49	
	白河縣教育會	卅年八月五日	王佩鳴	151	
	朝邑縣第四區教育會	卅年九月五日	王治鈞	101	
	紫陽縣教育會	仝右	張豪書	65	
	乾縣第一區教育會	卅年九月六日	左伯華	74	
	第二區教育會	仝右	張芸芝	62	
	第三區教育會	仝右	張三益	62	
	第四區教育會	仝右	劉實生	49	
甘肅省	卓尼設治局教育會	卅年八月六日	郝貴	27	
	永清縣教育會	卅年八月廿八日	胡旲知	92	
四川	開縣婦女會	卅年八月十八日	劉韶碧	150	
	巴中縣婦女會	仝右		104	
	岳池縣藝術協社	卅年八月六日	蔣廷璟	69	
	酉陽縣佛教會	卅年八月廿日	道修	138	
	遂川萬有圖片社	卅年九月十六日	周申甫	58	
	土地陳報指導人員訓練所同學會	卅年九月廿日	陳維翰	510	
	省中江縣體育會	卅年八月廿一日	蕭烈	162	
	大邑縣抗建話劇宣傳團	卅年九月六日	楊光輝	38	
西康省	寶屬旅康仝鄉會	卅年九月四日	唐英	151	

貴州	鑪山縣凱里婦女會	卅年八月十五日	李淑	27	
	貴州沿河縣婦女會	卅年九月十九日	黃樹勛	53	
	普安縣留興學生黨義研究會	卅年七月四日	馬國英	31	
	貴州省黎平縣抗建劇團	卅年八月十六日	蕭昌圖	91	
廣東省	廣東潮安縣博愛善堂	卅年九月廿四日	郭安儂	80	
	曲江縣雲浮旅韶同鄉會	卅年八月六日	陳崇範	62	
	欽防旅韶同鄉會	卅年九月廿四日	沈鴻慈	149	
	中山縣旅韶同鄉會	仝右	唐有恆	358	
	羅定旅韶同鄉會	仝右	黃傑村	229	
	鬱南縣旅省同鄉會	仝右	朱江	97	
	潮州旅韶同鄉會	仝右	林習經	460	改選
	江西旅韶同鄉會	仝右	任蘊存	170	
	廣東國民大學校友會	仝右	陳錫餘	118	改選
	連山國立中山大學同學會	仝會	龐澤湘	11	
廣西省	廣西鬱林縣婦女會	三十年七月三月	陳少剛	1500	
	橫縣婦女會	仝右	韋淑貞	239	改選
	隆山縣婦女會	三十年八月十五日	吳綺玲	59	
	龍勝縣婦女會	仝右	雷玲	92	
	永淳縣婦女會	三十年九月六日	姚瓊珊	90	
	中渡縣婦女會	三十年九月十二日	邵佩英	35	
	綏淥縣婦女會	仝右	謝依稜	145	
	蒼梧縣工商團體幹部訓練班同學會	三十年九月	梁少傑	55	
	蒼梧縣國立中央大學同學會	仝右	李兆時	30	
福建省	武平縣婦女會	三十年七月九日	卓月鴻	128	
	南安縣婦女會	三十年八月五日	陳月英	123	
	明溪縣婦女會	三十年九月十二日	劉曼芸	40	
	南安縣地方自治研究會	三十年九月	林向高	286	
	晉江縣佛教分會	三十年八月一日	轉塵	964	改選
	大田縣佛教分會	三十年八月五日	僧覺胤	213	
	南安縣海外華僑公會	三十年七月十五日	洪志超	953	
	沙縣閩南旅沙同鄉會	三十年八月六日	佘振邦	153	
	沙縣江西旅沙同鄉會	仝右	謝仰觀	68	
	晉江縣莆仙旅泉同鄉會	三十年八月十六日	鄭廷英	146	改選
	建陽縣浦城旅潭同鄉會	仝右	梁清瀾	110	改選
	甯化縣廣東旅甯同鄉會	仝右	楊傑	219	
	政和縣江西旅政同鄉會	三十年九月廿五日	涂晉夫	94	改選
	尤溪城廂救火會	三十年九月十七日	洪鍾元	81	
	南安縣兵役協會	三十年八月五日	林瑤瑞	18	
	永定縣兵役協會	三十年八月十六日	姜子淵	21	
	將樂縣兵役協會	仝右	湯邦樂	30	

團體名稱	核准備案日期	主要負責人	會員人數	備註
浙江省 慶元縣婦女會	三十年七月十一日	姚友鳳	230	
天台縣婦女會	三十年九月廿七日	齊掌珠	176	
中國佛教會浙江壽昌縣分會	三十年九月四日	僧成祿	49	改選
平陽縣道教會	仝右	周博泉	109	
中國佛教會浙江平陽縣分會	仝右	武智	97	
雲和縣衛生協進會	三十年七月十七日	徐文	30	
安徽省 舒城縣婦女會	三十年七月九日	吳繼榮	402	
舒城縣中國回教救國協會舒城縣支會	三十年七月一日	馬景如	432	
六安縣旅立同鄉會	三十年九月五日	馬念慈	70	
湖南省 桂陽縣婦女會	三十年八月二日	李世英	100	
衡陽縣回教救國會衡陽分會	三十年七月一日	高達五		
湖北省 石門縣新同鄉會	三十年七月十五日	湯達三	41	
河南省 商水縣婦女會	三十年八月十八日	王湯玉	59	
淅川縣婦女會	仝右	張淑秀	83	
閿鄉縣自治協會	三十年九月八日	王秉方	43	
陝西省 藍田縣婦女會	三十年七月二日	楊淑貞	84	
安康縣婦女會	三十年七月九日	張詠琴	150	
陝西省 鳳縣雙石鋪婦女會	仝右	蒲含英	21	
鳳縣鳳州鎮婦女會	仝右	胡竹筠	18	
朝邑縣婦女會	三十年九月十二日	關亞青	132	
西鄉縣婦女會	三十年九月廿七日	藍蓮琴	120	
省長安縣佛教分會	三十年七月十七日	僧妙潤	245	
安康縣衛生協進會	三十年九月八日	趙文賓	31	
白河縣河南旅白同鄉會	三十年九月廿四日	張得功	182	
省略陽縣兵役協會	三十年七月十二日	崔希珍		
宜君縣兵役協會	仝右	黨耕三		
詢邑縣兵役協會	三十年八月五日	李武如	10	
武功縣兵役協會	仝右	賀福勝	7	
鎮巴縣兵役協會	仝右	周端生	21	
盩厔縣兵役協會	仝右	鞏希程	601	該縣連總鎮組織會員人數為上數
同官縣兵役協會	三十年九月五日	孫志剛	4	計總鎮分會七個
醴泉縣兵役協會	仝右	王定邦	57	計總鎮分會七個
甯羌縣兵役協會	仝右	李際青		改組計總鎮分會十九個
佛坪縣兵役協會	仝右	李薰琴		改組

六、社會部核准備案之學生自治會一覽表 三十年七至九月

團體名稱	核准備案日期	主要負責人	會員人數	備註
四川內江縣沱江初中學生自治會	三十年七月十七日	萬慶人	530	

內江簡易鄉村師範學生自治會	仝	曾[illegible]	100	
[illegible]立初中學生自治會	仝右	段[illegible]儒	452	
私立求精中學學生自治會	仝右	張沫曾	670	
私立朝陽初中學生自治會	仝右	陳濟滄	122	
巴縣初中簡易師範學生自治會	三十年八月六日	周傳珍	618	
蓬溪縣立初學生自治會	三十年八月十六日	趙昌民	372	
簡陽縣立中學學生自治會	三十年九月九日	劉象能	330	
貴州省盤縣省立盤縣師範學生自治會	三十年七月廿一日	王崇興	250	
盤縣縣立初中學生自治會	[illegible]	安世澄	193	
平越縣立初中學生自治會	三十年八月十六日	芽於敏	155	
平越交大唐山學院兼辦中心區中學學生自治會	三十年八月廿八日	何志剛	37	
廣東曲江縣立中學學生自治會	三十年七月十六日	何紹魏	116	
廣東省立文理學院附中學生自治會	三十年九月廿四日	梁穎暉	603	
信宜縣立簡易師範學生自治會	仝右	華成林	191	
河源縣立中學學生自治會	仝右	李志強	145	
福建省永安縣立初級中學自治會	三十年七月八日	曾淵博	354	
崇化縣立初級化學工藝染織學校學生自治會	三十年七月十九日	伊啓文	47	
[illegible]化縣立初中學生自治會	三十年七月廿一日	林長之	128	戳
浦城縣立初中學生自治會	三十年八月五日	龍豪琿	237	
南安縣立初中學生自治會	三十年九月十九日	陳舉山	226	
江西省南康縣立初中學生自治會	三十年七月廿一日	彭城	308	
虔南縣立初中學生自治會	仝右	鍾之森	118	
石城縣立初中學生自治會	仝右	謝邦基	160	
江西興國省立南昌商業職校學生自治會	仝右	吳豪璵	409	
南昌私立豫章中學學生自治會	仝右	楊馬太	508	
吉安國立第十三中學學生自治會	仝右	程丙壽	773	
泰和省立獸醫專校學生自治會	三十年八月五日	葉譽昇	73	
弋陽縣立初級農業中學學生自治會	仝右	吳進万	73	
尚義力行初中學生自治會	仝右	彭德安	405	
志誠中學學生自治會	同右	涂晶城	1018	
武寧鄉村師範學生自治會	同右	丁明誠	133	
江西省立贛西北臨時中學學生自治會	同右	張志	404	
高縣立初中學生自治會	同右	劉炳賢	137	
萬安縣立初中學生自治會	同右	林蔭賢	281	
新淦縣立初級實用職校學生自治會	同右	饒冠南	72	
[illegible]縣立初中學生自治會	同右	鄢苑森	235	
國立十三中學新山分校學生自治會	同右	陳秉常	846	
河南襄城縣簡易鄉村師範學生自治會	三十年八月一日	王庶中	334	
甘肅西河南鎮鼓樓南思小學學生自治會	三十年七月十一日	范德銘	170	
甘肅省立慶陽師範學校學生自治會	三十年八月十六日	李才元	211	

甘肅學院附設實小學生自治會	三十年九月一日	馬世臣	265
甘肅省立蘭州高級助產職校學生自治會	三十年九月一日	張淑芸	50

社會 第三期

中華民國三十年十月出版

編輯兼發行者 社會部總務司

撫會甯公牘摘錄　卷一　三五

社會部公報第三期

中華民國三十年十月出版

編輯兼發行者　社會部總務司

訂購辦法

期限	冊數	價目	郵費
三月	一	五角	八分
半年	二	壹元	一角六分
全年	四	二元	三角二分

附註：本報掛號及寄往國外郵費照加

社會部設立

社會服務處

重慶 貴陽 桂林 衡陽

現有業務

宗旨：發揚服務精神 促進社會事業 改善社會生活 溝通社會文化

生活服務

社會食堂 社會公寓 理髮室 沐浴室 旅居嚮導 代運行李

人事服務

升學輔導 職業介紹 法律顧問 衛生顧問 人事諮詢 零物存放 信件留轉 代售郵票 代收電報 讀寫書信 公用電話

文化服務

圖書館 社交會堂 學術講演會 座談會 民衆學校 書報供應 娛樂室 兒童樂園 體育場

經濟服務

小本貸款

處址：

重慶社會服務處 重慶兩路口都郵街（分處）

貴陽社會服務處 貴陽大西門

桂林社會服務處 桂林依仁路

衡陽社會服務處 衡陽道前街

社會部總務司　編

社會部公報

第四期

重慶：中華民國社會部總務司，民國三十一年（1942）鉛印本

中華民國卅二年五月十三日收到

中華民國三十年十月至十二月

第四期

社會部公報

社會部總務司編印

國父遺像

總理遺囑

余致力國民革命凡四十年其目的在求中國之自由平等積四十年之經驗深知欲達到此目的必須喚起民衆及聯合世界上以平等待我之民族共同奮鬭

現在革命尚未成功凡我同志務須依照余所著建國方略建國大綱三民主義及第一次全國代表大會宣言繼續努力以求貫澈最近主張開國民會議及廢除不平等條約尤須於最短期間促其實現是所至囑

社會部公報

第四期目錄

法規

社總字第九一七九號　令本部所屬各機關　為奉　院令准中央執委會祕書處函嗣後總匯黨員月捐各按月直接總匯本處一案令仰知照由

社總字第九二五一號　令本部所屬各機關　為准外匯管理委員會函以制定政府機關事業機關請購外匯須知各一種即日公布施行等由抄發原附件令仰知照由

社總字第九三〇七號　令本部所屬各機關　奉頒戰時社會服務獎章頒給辦法令仰知照由

社總字第九三〇八號　令本部所屬各機關　奉抄發本部合作事業管理局對各機關合作社實際狀況及改善辦法報告書三四章一份令仰知照由

社總字第九五六六號　令本部所屬各機關　抄發地方自治實施方案令仰知照由

社總字第一〇一二八號　令本部所屬各機關　奉　院令為各機關黨員月捐必須切實扣繳飭屬遵照由

社總字第一〇四一三號　令本部所屬各機關　奉　令抄發修正黨政軍機關人員小組會議與公私生活行為輔導辦法條文令仰知照由

社總字第一〇九五一號　令各外派人員　為本部外派專任人員不得兼任其他機關團體之任何職務及支領任何津貼補助費通令遵照由

社總字第一〇九八一號　令本部所屬各機關　為頒發工作進度月報表式仰自三十一年度一月份起按月填報並將三十一年度全年工作計劃及工作進度先行呈部以憑查考由

社總字第一一一一九號　令本部所屬各機關　奉　令非常時期改善公務員生活辦法暫時不宜變更關於平價米之分配及供應訂補充辦法三項令仰遵照由

社總字第一一三九一號　令本部所屬各機關　奉抄發修正社會部組織法第十六條第十八條條文令仰知照由

組織訓練類

社會部呈四件

社組字第一〇〇〇八號　呈行政院　呈送非常時期人民團體訓練綱要草案請　核定頒布施行由

社組字第一〇二九二號　呈行政院　為呈送國營公路職工指導委員會組織通則及國營公路職工組織福利工作計劃大綱請　鑒核備案由

社組字第一一〇七二號　呈行政院　為將遵辦限制酒食消費運動情形並擬同戰時生活勵進會組織規程草案報請　鑒核由

社組字第一一三三九號　呈行政院　奉　交議福建省政府代電請核釋縣各級組織綱要所列之婦女會是否即人民團體分類中所稱之婦女會一案簽請　鑒核飭知由

社會部公函十一件

社組字第八八二四號　函中國國民黨廣東省執行委員會　准函為醫師公會會員資格可否變通一案復請查照轉飭遵辦由

社組字第九〇〇九號　函中國國民黨四川省執行委員會　據南溪縣黨部呈請核示佛教職業及經紀商業可否依照人民團體組織方案成立組織一案請查照轉知由

社組字第九一三七號　函中國國民黨中央直屬重慶市執行委員會　准函關於列陳非常時期工商業及團體管制辦法疑義二點一案除第一點俟會商經濟部決定外第二點業經釋明函復查照由

社組字第九二一〇號　函中國國民黨四川省執行委員會　為組織同業公會不能適用非常時期職業團體會員強制入會與限制退會辦法函請查照飭知由

社組字第九二三八號　函中國國民黨粵東省執行委員會　准函請解釋記者範圍及記者資格疑義一案復請查照轉知由

社組字第九五〇六號　函　中國國民黨四川省執行委員會　各省（市）政府　關於職業團體書記之派遣在未舉辦社工訓練之省縣市得由主管官署洽商同級黨部辦理函復查照由

社組字第九八七七號　函中國國民黨四川省執行委員會　准函關於川東鹽務管理分局主張已組織戰時食鹽購銷處縣份毋庸再有鹽商業同業公會存在一案業經咨准財政部轉飭糾正在案函復查照由

社組字第一〇〇一五號　函各省黨部　附列各地示範工會應即辦理及注意事項四點函請查照轉飭遵照辦理由

社組字第一〇一七〇號　函中國國民黨各省執行委員會　爲附送非常時期工會管制暫行辦法實施注意要點暨指定管制工會一覽表暨實施管制報告表式請查照轉飭各縣市黨部協助辦理由

社組字第一〇七三八號　函中國國民黨中央直屬重慶市執行委員會　核轉非常時期工商業及團體管制辦法之小規模營業如不履行登記應由地方主管官署依行政執行法第五條之規定辦理函復查照由

社組字第一一三八二號　函中國國民黨四川省執行委員會　准函轉據黔江縣執委會呈請解釋縣各級組織綱要中之民衆組織應否照一般人民團體辦理一案復請查照轉知由

社組字第一一五九四號　函中國國民黨江西省執行委員會　關於民船船員之組織疑義一案釋復查照飭遵由

社會部咨二件

社組字第八七七八號　咨湖南省政府　准中國國民黨湖南省執行委員會函以醴陵縣政府處理勞資案件採用庭訊方式一案囑轉復等由查處理勞資爭議採用庭訊於法未合咨請查明糾正由

社組字第一一〇七七號　咨甘肅省政府　准咨據蘭州市政府呈請轉函甘肅省黨部將人民團體組織許可權移交一案咨復查照由

社會部電七件

社組字第八五五一號　代電廣東省政府　准電囑核復經紀業可否組織商業同業公會一案電復由

社組字第八六八四號　代電中國國民黨浙江省執行委員會　准代電以常山縣粉麵工業同業公會應否單獨組織囑核復一案電復查照由

社組字第九七八七號　代電中國國民黨貴州省執行委員會　准代電詢會計師公會不足發起人數可否變通一案電復查照由

社組字第九八五七號　電中國國民黨福建省執行委員會　電復職業團體當選職員經訓練合格者得兼任團體書記由

社組字第一〇二九一號　代電各省市黨部政府　爲健全各地汽車商業同業公會之組織規定應行辦理事項電請查照轉飭遵照切實辦理並見復由

社組字第一〇三二一號　代電中國國民黨福建省執行委員會　准電囑核示人民團體實際負責人緩役辦法疑義一案電復查照由

社組字第一一五二五號　電各省（市）黨部政府　迅速發動冬令救濟運動並將辦理情形具報由

社會福利類

社會部呈二件

社福字第八九四六號　呈行政院　奉　交核復湖南省政府電請澈底整理該省慈善團體一案謹擬具意見簽請　鑒核由

社福字第一〇一三〇號　呈行政院　奉　令擬具平定工資施行方案暨工人生活費指數及工資指數查編辦法呈請　鑒核示遵由

社會部公函五件

社福字第八九八七號　函中國國民黨甘肅省執行委員會　准函請解釋有關社會服務處各疑點茲分別解釋復請查照轉知由

社福字第九一五四號　函中國國民黨四川省執行委員會　准函以據合川縣社會服務處請示疑義兩點囑核轉見復一案復請查照由

社福字第九一九八號　函中國國民黨中央執行委員會組織部　准函關於保障女工生活一案囑核辦見復等由復請查照由

社福字第一〇八〇二號　函中國國民黨各省市執行委員會　函請轉飭所屬各社會服務處酌情徵求社員以充實基金擴展事業由

社福字第一一二三一號　函軍政部　准函以各級黨部社會服務處既仍隸各該黨部社會團體性質未變其負責人不得援例緩役囑查照等由函復各該處為本黨各級黨部從事社會活動之機構而非人民團體請仍依照渝孝役務字第四一五三號解釋辦理由

社會部訓令一件

社福字第一一〇二二號　令本部所屬各機關　關於該機關保管財產及司銀錢出納人員應慎重人選取具鋪保並隨時察覲行動預杜弊端否則直接主管長官應負賠償責任並受失察處分令仰遵照由

合作事業類

社會部呈二件

社合字第九六八四號　呈行政院　奉　交議復貴州省政府呈擬修正優待出征抗敵軍人于應召前所負債務展至役滿返籍後之第二年籌措清理辦法一案呈復　鑒核由

社合字第一一六九一號　呈行政院　奉　交核復四川省政府呈為新縣制縣各級合作貸款在未奉頒新辦法前仍比照本年度所頒各項農貸辦法辦理一案簽請鑒核由

社會部咨五件

社合字第八六三六號　咨廣西省政府　准咨以轉據武鳴縣政府電請解釋戰區合作貸款疑義囑查明辦理一案復請查照轉飭知照由

社合字第九九一七號　咨內政部　准咨為據鎮甯貴合作社社長應否認為公務員社款是否為公有財物囑查核見復一案復請查照由

社合字第一〇三六六號　咨各省(市)政府　咨為准軍政部咨復戰時國防軍需工礦業技術員工緩役暫行辦法對工業合作社仍一律適用不必釐定變通

社會部訓令四件

社會部電一件

附錄

法規

備用人員登記條例

三十年十一月十八日國民政府公布

第一條　中華民國人民除考試及格銓敍合格業經登記有案外凡具有左列資格之一者得向銓敍部聲請爲備用人員之登記

一　在認可之國內外中等以上學校畢業者

二　在中央或地方各機關任委任職以上職務滿一年者

三　在經立案之小學以上學校任校長或主要敎職員二年以上者

四　在中央或地方各機關任雇員滿三年以上者

五　在學術上有專門著作或發明經審查合格者

六　於國家有勛勞或於革命有成績者

七　曾任鄉鎮長以上地方自治人員二年以上或縣參議員以上人民代表一年以上者

第二條　依本條例已登記人員其登記事項有變更時應申請爲變更之登記

第三條　經請登記而准予登記者由銓敍部發給登記證業經登記有案之資歷將來送審時得不再繳證件

第四條　有左列各款情事之一者不得聲請登記

一　背叛中華民國證據確實者

二　褫奪公權者

三　虧空公款者

四　曾因贓私處罰有案者

五　吸用鴉片或其代用品者

第五條　登記人員達相當數量時得由銓敍部連同考試及格銓敍合格有案人員編制左列各表分送中央及地方各機關

甲　合於公務員任用法資格人員姓名表

乙　合於各種單行任用法規規定資格之人員姓名表

丙　合於各機關所指定需用一定資格之人員姓名表

第六條　登記各類人員姓名表分送後中央及地方各機關對於未經登記有案之人員不得任用但具有其他合法資格爲第一條所未規定者不在此限

第七條　聲請登記之資歷如有虛僞或具有第四條各款情事之一經查明屬實後隨時撤銷其登記並依法懲處

第八條　第一條所列資格及其他應登記事項除由本人聲請登記外銓敍部得自行調查登記

第九條　本條例施行細則由銓敍部擬訂呈請考試院核定之

備用人員登記表及登記證格式由銓敍部定之

第十條　本條例施行日期及區域以命令定之

修正社會部組織法第十六條第十八條條文

三十年十一月二十四日府國民政府公布

第十六條　社會部設科長十五人至二十一人科員七十八人至一百一十八人承長官之命辦理各科事務

第十八條　社會部設統計長一人會計主任一人辦理歲計會計統計事項受社會部部長之指揮監督並依國民政府主計處組織法之規定直接對主計處負責

統計處及會計室需用佐理人員名額由社會部及主計處就本法所定薦任委任人員及雇員名額中會同決定之

修正社會部合作事業管理局組織條例第十條第十四條條文

卅一年十二月十二日國民政府公布

第十條　合作事業管理局設科長四人薦任科員十八人至二十一人辦事員十二人至二十八人委任承長官之命辦理各科事務

第十四條　合作事業管理局設會計主任一人統計主任一人辦理歲計會計統計事項受局長之指揮監督並依國民政府主計

處組織法之規定直接對主計處負責

會計室及統計室需用佐理人員名額由合作事業管理局及主計處就本條例所定委任人員及雇員名額中會同決定之

修正監督慈善團體法施行規則　三十年六月六日院令第二次修正（補登）

第一條　本規則依監督慈善團體法第十四條規定制定之

第二條　監督慈善團體法所稱慈善團體凡永久設立或臨時辦理者均屬之

第三條　慈善團體設立時應先得地方主管官署之許可再依民法社團或財團之規定辦理登記之事項造具清冊呈經主管官署經許可核定其財產在五千元以下者彙報社會部備案在五千元以上者專報備案

主管官署彙報或專報社會部時在省或院轄市由該省政府或市政府轉報之

已經立案之慈善團體於原立案官署管轄區域以外設立分事務所者仍應遵照本條規定辦理之

第四條　前條所稱之地方主管官署如左

（一）各縣市為縣市政府

（二）院轄市為社會局

院轄市政府如未成立社會局時得指定其他各局為主管官署

（三）具有國際性之慈善團體其事業範圍及於全國者得經社會部之特許以社會部為其主管官署但其分事務所

仍須受所在地地方主管官署之指導監督

第五條　主管官署於核准或解散慈善團體時應呈經社會處未設社會處之省呈經民政廳或院轄市政府核定之

社會處民政廳或院轄市政府核定解散慈善團體時應轉報或逕報社會部備案

第六條　主管官署審查發起人之資格及事蹟得令其提出證明文件或取具保結

第七條　慈善團體如須募捐時應將募捐計劃預定起訖日期呈經地方主管官署許可其捐冊及收據須編號送由地方主管官署蓋印方為有效並將募款情形結束後一個月內呈報備查暨登載當地報紙或用印刷品公布

第八條　慈善團體每月終應將一月內收支情形辦事實況及捐款捐物登報或用印刷品公布

第九條　慈善團體對於左列各款應於每年六月及十二月造具清冊呈報主管官署查核

（一）董事之推選

(二)職員之資歷及任免

(三)職員成績之考核

(四)財產之總額及收支之狀況

(五)會員之加入或告退

(六)辦理之經過情形

地方主管官署根據前項報告彙報社會處未設社會處之省彙報民政廳經由省政府(院轄市社會局報由市政府)彙報社會部備查

第十條　省政府院轄市政府應於每年一月及七月舉行總檢查各一次並將檢查結果報告社會部查核社會部每年應舉行全國總檢查一次其時間程序由社會部定之

第十一條　主管官署因考核上之必要得令慈善團體造送預算書及計算書

第十二條　監督慈善團體法第九條之規定如慈善團體解散時未滿十年者應由原辦人或發起人負責保管之

第十三條　監督慈善團體法第十一條之獎勵另訂之

第十四條　監督慈善團體法施行前凡依舊日法規組織之慈善團體應呈由主管官署重行核定轉報備案

第十五條　監督慈善團體法定於民國十八年十月十五日施行

省合作事業管理處組織大綱

三十年十一月五日院令公佈

第一條　各省政府得設省合作事業管理處(以下簡稱省合作處)主管全省合作事業

第二條　省合作處設處長一人薦任或簡任

第三條　省合作處處長于省政府委員會開會討論有關其職掌之事項時得列席會議

第四條　省合作處之職掌如左

一　關於全省合作事業之計劃推進事項

二　關於全省合作組織之登記考核事項

三　關於全省合作教育之設施事項

四　關於全省合作事業之調查統計事項

五 關於全省合作金融之籌劃及指導監督事項

六 關於全省各縣市合作行政設施之指導監督事項

七 關於全省各縣市合作工作人員之指導考核事項

八 關於有關合作機關團體之聯繫事項

九 其他有關合作事項

第五條 省合作處置秘書科長視察員督導員技術專員科員辦事員其名額官等俸給及編制由省政府依事務需要擬訂報由社會部核轉 行政院決定之

第六條 省合作處對外重要文件以省政府名義行之普通事項以本處名義行之

第七條 直隸行政院之市得於社會局內設合作指導室

第八條 市社會局合作指導室置主任一人薦任及指導員視察員技術專員助理員辦事員其名額官等俸給及編制由市政府依事務需要擬訂報由社會部核轉 行政院決定之

第九條 本大綱自公布日施行

國營公路職工指導委員會組織通則

三十年十一月二十六日院令核准備案

一 凡屬國營公路均應設立職工指導委員會（以下簡稱指導委員會）冠以該路名稱其組織悉依本通則之規定

二 指導委員會由左列代表組織之

一 社會部代表一人

二 軍事委員會運輸統制局代表一人

三 公路特別黨部代表一人

四 職員代表一人至二人

五 工人代表一人至二人

第四第五兩款所列之代表由社會部會商軍事委員會運輸統制局選派之

四 指導委員會之任務如左

一 關於職工組訓實施事項

二 關於職工生活改進事項

三　關於職工福利設施事項
四　關於職工敎育規劃事項
五　指導委員會設主任委員一人綜理會務由社會部所派代表兼任之
六　指導委員會設總務組訓福利三股各股設總幹事一人以委員兼任爲原則幹事三人至六人指導員雇員各若干人均由會任用並呈社會部備案
七　指導委員會於沿路每一段廠及大站設指導員一人指導員辦事處組織簡則另訂之
八　指導委員會每二星期開會一次由主任委員召集之
九　指導委員會應編製年度工作計劃呈請社會部核定施行每月並應將業務狀況編成工作報告分呈上級有關機關備查
十　指導委員會經費由該會編製預算呈送社會部軍事委員會運輸統制局核定後轉飭公路管理機關按月發給
十一　本簡則自公布日施行

推進國營公路職工組訓福利工作計劃大綱

（三十年十一月二十六日院令核准備案）

一、說明　前中央社會部爲增進公路工人知識技能加強運輸效率及改善公路工人生活起見曾頒行國營公路工會籌備委員會組織通則並會同交通部及有關機關派員組織西北西南滇緬等公路工會籌備委員會掌理工人組訓福利等項工作實施以來尙著成效近以各國營公路職工實施軍事管理今後組訓工作自須變更期以適應實際情形配合行政管制而對於職工福利尤須密切注意藉以改善職工生活提高工作技能增強運輸效率爰制定本大綱爲今後進行工作之準繩

工作原則

國營公路職工組訓福利工作之實施以增進職工知識技能加強運輸效率改善職工生活配合行政管制爲原則

工作方針

一　使公路職工對於三民主義應有深切之認識與堅定之信仰
二　使公路職工具有抗戰必勝建國必成之絕對信念
三　使公路職工明瞭本身在抗戰建國期中所處地位之重要發揮絕大之服務精神
四　使公路職工明瞭戰時物資補給困難切實愛惜公物材料
五　增進公路職工業務上之知識技能
六　提高公路職工工作效率與服務道德

七 改進公路職工之生活增進福利倡導教育並提倡正當娛樂革除不良習慣

工作項目

一 關於組訓工作
1. 舉辦有關政治軍事及技術各項訓練
2. 舉行各種會議檢討工作並研究學術
3. 推行中央規定之各種社會運動
4. 發動各種工作競賽

二 關於福利事業
1. 設立職工補習學校及職工子弟學校
2. 設置食堂浴室宿舍
3. 設置俱樂部書報室
4. 組織合作社
5. 設立診療所
6. 提倡職工儲蓄
7. 調查及改進職工生活狀況
8. 其他有關福利設施

工作機構

一 凡屬國營公路均應設立職工指導委員會由社會部軍事委員會運輸統制局公路特別黨部及職工代表各一人或三人組織之

二 國營公路職工指導委員會於沿路每一段廠及大站設指導員一人組設辦事處受上級之指導監督辦理一切業務

三 國營公路職工指導委員會於必要時關於工人組訓事宜得依其編制予以適當之方式配合推進之

監督與考核

一 國營公路職工指導委員會應編製年度工作計劃呈經社會部核定後施行每月並應將業務實施狀況編成工作報告分別呈送社會部及軍事委員會運輸統制局備查

二 社會部軍事委員會運輸統制局對於各國營公路職工指導委員會業務狀況得隨時派員視察考核與督導

附則

一　國營公路職工指導委員會所需經費統由公路管理機關撥給之

二　國營公路職工指導委員組織通則另訂

三　本大綱由社會部會同軍事委員會運輸統制局制定施行

限制酒食消費運動辦法

三十年十二月一日院令核准施行

查節約消費原以統制物品來源統制物品分配爲最有效之辦法但在統制政策未實施以前自應因時制宜以切實簡易之方法勵行節約而移風易俗端賴於社會運動之倡導及社會力量之制裁似非策動全力一致努力於宣傳檢舉不足以收宏效茲謹擬訂限制酒食消費運動辦法如左

一　運動之目的

甲　積極的以社會力量倡導節約

從積極方面倡導節約督促各機關各團體切實倡導嚴厲施行以期普及而樹儉德

乙　消極的以社會力量制裁消費

從消極方面制裁消費策動有關機關團體從事檢舉切實推行以期改善風化

二　運動之配合

甲　配合國民精神總動員及新生活運動

由社會部會同國民精神總動員會新生活運動促進總會將節約運動配合實施

乙　配合　國防最高委員會頒佈之取締黨政軍機關人員宴會辦法及重慶市政府公布之非常時期重慶市取締宴會及限制酒食消費辦法

丙　利用各種集會督促推行

利用紀念週國民月會以及各種集會講述戰時生活節約及限制酒食消費之意義與必要

三　實施之步驟

甲　宣傳

1　發動各報紙刊物著論

2. 編印標語

乙 勸導

1. 組織勸導隊分往各餐室店及公共場所切實勸導

2. 由各機關長官向所屬工作人員剴切勸導

3. 由各人民團體向所屬會員切實勸導

丙 檢查

組織檢查隊分往各餐食店及公共場所實行檢查

丁 社會制裁

1. 書面勸誡

2. 公開制裁 不服勸誡再犯規定者得於報端公布其事實

四 實施之機構

甲 組織戰時生活勵進會

由社會部國民精神總動員會新生活運動促進總會會同地方黨部團部重慶市參議會及其他有關機關團體組織戰時生活勵進會依照取締黨政軍機關人員宴會辦法及非常時期重慶市取締宴會及限制酒食消費辦法之規定先從取締宴會限制酒食消費着手

戰時生活勵進會組織規程另訂之

乙 組織勸導隊及檢查隊

由勵進會組織勸導隊並會同憲警機關組織檢查隊分別執行任務

工廠礦場工人遭受空襲損害暫行救濟辦法

三十年十月九日社會經濟兩部會同公佈

第一條 工廠礦場對於所屬工人遭受空襲損害者應依本辦法救濟之

第二條 工人被炸受傷者除工資照給外工廠礦場應負擔其醫藥費

第三條 工人被炸受傷成為殘廢致使其永久失去全部或一部之工作能力者工廠礦場除擔負其醫藥費外應以殘廢部份之輕重為標準給以殘廢津貼其數額最多不得超過三年之平均工資至少不得低於一年之平均工資

前項平均工資之計算以該工人在廠礦最後三個月之平均工資為標準

第四條　工人被炸死亡者工廠礦場除給與殮埋費至少二百元外并應給與其家屬撫卹金至少六百元其已由工廠礦場代為保險者應給予其應得之保險賠償金

第五條　工人因辦理警衛消防救護搶運工廠礦場器物及其他防空事宜而致傷亡者除照本辦法救濟外并應分別酌給特別獎卹金

第六條　工人之直系親屬或配偶在廠場所在地居住遇空襲傷亡時應視工廠礦場經濟能力之大小及工人工資之多寡酌予救濟

第七條　工人生活必需物品被毀者工廠礦場應按其損失情形酌予救濟費

第八條　本辦法所定醫藥費津貼殮埋費及撫卹費等各工廠礦場如因經濟能力有限不堪擔負者得呈請主管官署核減其給予數目

第九條　各工廠礦場在本辦法公佈前規定之各種救濟費數目較本辦法規定為多者應仍從其規定

第十條　受領撫卹費者為工人之妻或夫無妻或無夫者依左列順序但工人有遺囑時依遺囑

第一　直系血親卑親屬

第二　父母

第三　兄弟姊妹

第四　祖父母

第十一條　工人被炸傷亡者工廠礦場應將經過情形及善後辦法於十日內呈報主管官署備查

第十二條　本辦法自公佈日施行

社會部工作成績考核委員會組織規程

三十年十月十八日部令修正公佈

第一條　本會依照行政院及各部會考核所屬機關工作成績辦法第三條之規定組織之

第二條　本會設主任委員一人由常務次長兼任委員九人至十一人除各司局長為當然委員外由　部長指派之

第三條　本會之職掌如左

一　關於工作計劃實施情形之考核事項

二 關於工作進度表實施情形之考核事項
三 關於各廳司局室請求考核事項
四 部長飭交考核事項
第四條 本會每月舉行會議一次由主任委員召集之必要時并得召集臨時會議
第五條 本會會議以主任委員為主席 主任委員因故不能出席時由主任委員指定委員一人代理之
第六條 本會設秘書一人科員若干人由 部長就本部職員中遴委承主任委員之命掌理會議材料之徵集整理及其他有關會議事項必要時得酌用雇員
第七條 各廳司局室遇有工作進展不能與原定計劃及其進度表相符時應覆向本會敍述其困難原因及其改進之積極意見
第八條 本會開會時遇有考核事項關係委員本身者應行迴避
第九條 本會決定事項應以會議方式行之但未提交會議前得由主任委員指定委員一人至三人先行審查
第十條 本部各附屬機關之成績考績應由主管司局先行分別考查對其成績加以切實批評並擬定獎懲呈送 部長提送本會覆核
第十一條 本會每月應將考核結果製成詳細報告加具考語并分別酌擬獎懲呈請 部長核定施行
第十二條 本規程自部令公布之日施行并呈報 行政院備案

社會部公文處理登記室組織簡則

三十年十月二十七日部長核准

一 社會部公文處理登記室（以下簡稱本室）依社會部公文檢查實施辦法第二條之規定組織之
二 本室暫隸秘書廳
三 本室依公文檢查實施辦法之規定辦理本部公文處理之登記 檢查及報告事項
四 本室設主任一人承主任秘書之指導處理全室事務
五 本室因工作上之需要得呈准 部長調用本部職員
六 本室對各單位收發人員負指導監督考核之責如因事實上之必要經徵得主管單位負責人之同意得呈准調動其工作

七 本室人員承辦文件應負保守祕密之責

八 本簡則經呈奉 部長核定施行

社會部公文處理登記及報表製繕細則

三十年十月二十七日部長核准試行

（一）處理登記

一 公文處理登記室派員常駐收發室製繕收文卡片逐一寫明收文字號原去文字號（無去文者不寫）收文日期來文機關文別事由附件等項隨同到文附送公文處理登記室

二 上項卡片製就時卽於公文右下角蓋「製卡」圖章以資識別

三 公文處理登記室接到收發室送來文件立卽送主管祕書將所分主辦會辦單位覆核後仍還公文處理登記室

四 公文處理登記室接到上項文件照下列手續辦理

A 處卡 將卡片取下於背面加蓋日期戳及送達單位戳並將公文右邊加蓋送達單位戳將卡片依號次放入卡片櫃該單位指引卡內文件遞給「登記人」

B 登記 登記人依據該文右邊所蓋送達單位戳於公文處理簿內按號登記其送達單位名稱（得寫簡筆字）

C 遞送 就原簿分送主管單位簽收如原分主辦單位經祕書覆核變更者應卽就原簿更正遞送

D 急速件最要件先提呈 部次長核批發下後再分送主辦單位辦理

五 各單位之編號簽呈送到公文處理登記室時卽由公文處理登記室指定專人製卡遞送主管祕書核辦其處卡登記手續與第四條同惟送達處所之戳記及登記處所放卡地點為其主管祕書親原夾遞送因夾內已有所裝公文計數單毋庸另登遞送簿冊接收人卽按單檢收以後各遞送手續均本此原理辦理

六 呈核呈判之件公文處理登記室指定查卡人員將該文卡片就原主辦單位指引卡內查出附文遞給處卡人員處卡人視文卡相符卽照第四條AB兩項規定辦理處卡登記手續後遞送主管祕書

七 公文核定及判行後發還主辦單位其手續同第四至六各條其有抽呈之件已離原卷夾者應登簿送還以資查考

八 判行文稿發還主管單位覆閱後其有調卷附呈者卽應由原經手人抽下還檔文稿由主辦單位以送繕夾遞送公文處理登記室公文處理登記室辦理送繕手續與第四至第六各條同

九 存查件歸檔由主辦單位於核定發還後於公文右邊加蓋歸檔圖章以歸檔夾遞送公文處理登記室歸檔手續與上列各條同

惟送檔案室時應登簿冊以資查攷

十　發文歸檔由總一科於文件發出後遞送公文處理登記室辦理其手續與上條同

十一　卡片櫃內所裝卡片以指引卡分隔成各單位凡與公文處理登記室在遞送公文上發生關係者均應設置指引卡公文送至何處即將卡片放入何處指引卡內各卡片並須按號依次排列不得零亂以便檢查

十二　如卡片在處理時未及依次排列則應於下次到公半小時內排齊

十三　公文處理登記室人員於經辦每夾公文時必須以夾內計數單切實核對如有錯誤立時發回原經手人查明再辦

十四　公文處理登記室在辦公時間內須隨時處理各單位所送公文各項報表之製繕均應於星期六晚間加班辦理不得延誤

（二）報表製繕

十五　公文處理情形週報表於每星期六晚間製繕照下列辦法辦理

A　各單位上週結存數——照抄上週同表結存數字

B　本週新收件數——統計各單位分文簿本週所分文件數字開列

C　本週結存件數——查點各單位未辦文件卡片（簽呈卡片除外）數目開列

D　本週辦出件數——將上週結存加本週新收減本週結存即係本週辦出件數

十六　逾期未辦文件報告表每週製報一次於每星期六晚間製繕照下列辦法辦理除急速件最要件外將兩週以前之收文各單位尚未辦出者查明號碼依次開列

十七　急速件及最要件到期報告表應每日製報一次公文處理登記室於接到急速件及最要件時應即將其號碼列簿分期登記每日將到期之公文號碼與登記簿核對檢查如未辦出即製表報告

十八　待覆文件報告表應於每週製報一次待覆文件於辦稿時即由擬稿人員於稿面右下角加蓋「待覆」圖章公文處理登記室於該項文稿發出後即由指定人員製待覆發文卡寫明號碼發文日期及發往機關放於待覆文卡片櫃內逾時三週尚未覆到者按期製表報告由主管單位酌催或原表塡覆催辦情形送回存轉

十九　第十六十七十八各條所稱各表均製繕四份分送各單位查塡抽存送還三份存轉

社會部職員到職辦法

三十年十月三十日部長核准施行

一　本部職員應於奉到委派公文書一個月內到職任事

二　職員到職應携帶委派公文書先向總務司第二科報到辦理下列手續

甲　繳保證書人事調查表家庭經濟調查表及其他規定表格

乙　繳最近二寸半身相片三張

丙　留具印鑑及簽字式樣

三　前條各款逐一辦理完竣後由總務司第二科發給證章服務證本部有關服務法規說明應行注意事項並引往或書函介紹派定服務部份

四　職員到職後各主管部份應於三日內填寫到職通知單送總務司第二科分別通知關係部份存查及會計室查照起薪

五　職員不能於一個月內到職任事者應具事由書呈經　部長特許延長之其期間以一個月為限

前項事由如係因公者得以書面辦理報到手續

六　凡服務地點在本部部址以外者其報到手續得由該管部份長官核轉總務司交第二科辦理

七　本辦法如有未盡事宜得隨時修正之

八　本辦法自核准之日施行

社會部職員卸職辦法

三十年十月三十日部長核准施行

一　本部職員非經核准並依本辦法領取證明書不得離職

二　卸職人員應於奉准後辦理規定列各手續

1. 經管及經辦一切事項移交清楚
2. 歸還調閱案卷借閱書報
3. 借支薪費伙食及取用合作物品價款料理清楚
4. 繳還一切領用証件

三　卸職人員奉准後總務司第二科應填具卸職調查表（式附）遞送表列各部份請求簽証

四　卸職人員主管部份接到卸職調查表除於第一行主管部份簽証遞送外如認其他各部份與該卸職人員有關事項應由接管

五 人員繼續負責或第三者受託負責無須由其本人清理者並應交由代負責人於各該行下附註欄內註明蓋章

其他有關部份接到卸職調查表應即通知清理或註明無關字樣加以簽證遞送由最後部份送還總務司第二科

六 如有關事項註有代負責人者應一面簽證一面通知代負責人辦理手續

七 總務司第二科收回卸職調查表查無經手未完事件即通知會計室結發薪費並簽請塡給卸職證明書

有關各部份於接到卸職調查表時如予續辦清或無關應立予簽証不得延宕如經手事項延不辦清應即分別情節輕重通知

主管部份加以督促或呈報　部次長核辦

八 簽證欄應由主管人員加蓋私章不得蓋用該部份章戳如主管人員公出或請假時由代理人蓋章證明之

九 本辦法如有未盡事宜得隨時修正之

十 本辦法自核准之日施行

社會部職員保證規則

三十年十月三十日部長核准施行

一 本部職員必須自覓保証人兩人塡具保證書保證書格式另定之

二 保證人對被保證人負担保純正忠實遵守紀律保守機密操守廉潔之責

三 保證人之資格以政府現任合格之薦任以上公務員爲限其職位應高於被保證人並以非其直接主管長官充任爲原則

四 被保證人在服務期間如有反動行爲或違反紀律或洩漏機密或貪汚舞弊等情事保證人應負連帶責任

五 關於經手公欵人員保證辦法另定之

六 保證人喪失保證資格時被保證人應於三日內另行覓保更換在更換保證期間原保證人之責任仍應繼續有效

七 本規則自核准之日施行

修正社會部公文檢查實施辦法

三十年十　月六日部長核准

一 本部爲促進公文處理提高行政效率起見依本辦法之規定實施公文檢查

二 本部公文檢查事務暫歸公文處理登記室辦理之

公文處理登記室暫隸秘書處其工作人員就本部職員中呈請調用其主持人對本部收發室職員及各單位負責收發人員有指揮監督考核之權如因工作上之必要經商得主管單位負責人之同意得　呈請部長調動其工作

三　本部公文檢查之實施以左列規定公文辦竣期限爲依據
1. 急速件隨到隨辦承辦單位應辦竣之期限視案件情形而定但至多不得逾三日
2. 最要件應於十日內辦結承辦單位應於七日內辦竣呈核
3. 次要件及尋常件應於十四日內辦結承辦單位應於七日內辦竣呈核凡院交辦理或核議案件應遵照院令規定之限期分別作急速件或最要件辦理

四　公文處理登記室每星期應舉行總檢查一次於星期六下午行之但急速件最要件應每日檢查一次

五　公文處理登記室對各單位公文處理情形應查明下列各項
1. 各單位每週收文件數及已辦未辦件數
2. 逾限未辦公文之原因與責任
3. 待復而尚未復到之公文

六　公文分定兩單位以上會辦者應向主辦單位檢查

七　公文處理登記室應將檢查公文之結果依下列辦法辦理
1. 編製公文處理情形週報表載明本週收文件數與已辦及未辦件數並附統計於星期一上午八時前分送各主辦單位核對交回下午呈報　部次長並報請本部工作成績考核委員會查核
2. 編製逾限未辦文件報告表載明收文號碼簡明案由交辦日期逾限日數未辦原因等項於每星期一送主辦單位於一日內塡復呈報　部次長並報請本部工作成績考核委員會核辦如係急速件及最要件應於限滿時立即查塡送主辦單位於四小時內塡復呈報
3. 編製待復文件報告表應載明發文日期號碼及催辦情形等項於每星期一塡送主辦單位於二日內塡明催辦情形送回呈報　部次長並報請本部工作成績考核委員會查核

八　爲便於檢查公文處理情形各單位遞送公文應依下列規定辦理
1. 到文由總一科掛收蓋戳送祕書廳覆核後交公文處理登記室登記就原簿分送各單位簽收辦理
2. 各單位遞送公文除會簽會核之件應直接送達有關單位外其餘呈核呈判送繕發送歸檔之件均應送由公文處理登記室遞轉

3. 各單位遞送公文一律用卷夾依下列規定分別辦理

甲 急速件用紅卷夾最要件用黃卷夾次要及尋常件用藍卷夾

乙 呈核呈判送繕發送歸檔之各種文件應分立卷夾遞送每一卷夾內不得裝置兩種以上之公文並以五件為限

丙 遞送公文時卷夾內應附公文計數單載明所送公文之號碼及件數

丁 裝置公文之卷夾在遞送過程中不得更換如於夾內抽取公文時應在計數單上註明

九 公文處理登記室應將每一收文或簽呈於到達時即製一公文處理程序卡在處理過程中凡經由公文處理登記室釐轉時在程序卡上作簡明之記載收文程序卡之繕製應派員在總收發室辦理之

十 密件之檢查準用本辦法各項之規定

十一 本辦法如有未盡事宜由公文處理登記室隨時召集各單位收發人員會商決定呈請修改之

十二 本辦法自呈奉 部長核准施行。

消費合作推進辦法

三十年十一月十八日部令公佈

一 消費合作之推進以減輕消費者之生活費用增益消費者之生活享受促進生產與消費之合理關係為目標

二 經營消費業務之合作社以採取連鎖商店方式不分機關職業分佈於各住宅區為原則其以機關團體或職業為單位之必要時應設於多數社員住所之附近

三 經營消費業務之合作社（以下簡稱消費合作社）應以訪問壁報通信公告集會等方式與社員保持密切之關係引起社員及其家屬對於合作社之興趣並加強其自有自營自享之觀念

四 消費合作社應採責任經理制且理事會必須按期舉行會議聽取經理報告指示改進方針並應對經理之權限加以適當之限制以杜流弊

五 消費合作社之門面應一律漆成深綠色上加白色字體並以紅底黃線作成〈合作〉標記以便識別

六 消費合作社之門面陳設內部佈置均須力求雅潔整齊簡單樸素以期表現合作之意義

七 消費合作社之職員應認識其在合作社之服務性質故對待社員之態度言語應適合其對社員之社交關係合作社為養成職員之良好態度除特別加以訓練外得以低薪收受練習生視其服務成績酌給獎勵金

八 消費合作社對於價格規定重量尺寸物品包裝及實質成分均應力求確實不得有一般商店之惡習陋規

九　消費合作社爲節省營業開支養成良好習慣引起社員興趣得選定若干物品採行自動取貨付款制度

一〇　消費合作社以實行現金交易爲原則但得在一定信用限度內准予賒欠

一一　消費合作社以對社員交易爲原則凡欲與合作社交易而一時不能正式入社者得先加入爲預備社員但預備社員之期限至長不得過六個月預備社員之應繳股金得以其交易應得盈餘折合之

一二　消費合作社對於社員需要市場供求市價變動存貨質量均應隨時調查務使合作社採辦物品之種類數量與價格均能適合社員之要求

一三　消費合作社應注重日用必需品之採辦與加工並應設計改良日用必需品之品質式樣及使用方法

一四　消費合作社應視社員需要兼營理髮沐浴洗衣膳食等公用業務

一五　消費合作社經專賣事業管理機關之許可得承辦專賣物品之銷售並得依據政府統制消費法令之規定辦理特種物品之定量分配

一六　消費合作社應將其與社員預備社員之交易數額分別紀錄以便分配贏餘分析社員對社關係考查預備社員交易時期及將其應得贏餘折合股金時有所依據

一七　消費合作社得採市價制或廉價制但在物價增漲社員生活負担過重時期以採行廉價制爲原則

一八　消費合作社之簿冊單據必須完全公開並應將每日交易逐日結清

一九　消費合作社爲增加其自給資金得設立信用部收受社員存款並得預放貸款

二十　消費合作社爲準備擴充業務並預防市價劇變應多提公積金或準備金

二一　消費合作社應於贏餘中提存公益金以備隨時爲社員服務之需

二二　消費合作社之物品以投保火險爲原則必要時並應加保兵險

二三　消費合作社應於可能範圍內組織聯合社加強其採購之力量並從事商情之探訪與物品之產製於合作社力量未充實前合作主管機關應先成立合作社物品供銷處暫負此項聯合社之任務

二四　消費合作社應儘量向產銷合作社合作社聯合社或合作社物品供銷處採購物品以便收相互扶植之功效

二五　各機關團體或部隊爲救濟其所屬人員之生活組織消費合作社以供應廉價物品時應對合作社充分予以人力物力及財力上之補助並應酌認提倡股

二六　各機關團體部隊所組織之消費合作社均應向所在地合作主管機關登記並接受其指導

二七 合作主管機關及設消費合作社之機關團體或部隊對於合作社之社務業務財務及辦理人員均應嚴加考核實行賞罰如有假借合作社之名義營私圖利情事經查明屬實即應依法取締並對辦理人員予以懲處

二八 戰區及接近戰區之消費合作社應針對戰地需要及戰地形勢隨時作適當之措施以期收經濟作戰之效果

二九 消費合作社及合作社物品供銷處為採購貨物從事產製所需資金除運用其自給資金外由合作及其他有關金融機關貸發之

三〇 合作促進團體參加消費合作之推進時其推進方針工作計劃及業務經營由合作主管機關根據本辦法之規定審核之

三一 合作主管機關為加緊推進並健全消費合作社之組織除研究宣傳及指導外並得舉行各種有關消費合作社之競賽或設置示範消費合作社

三二 本辦法自公佈之日施行

社會部各司分科規則

三十年十二月五日部令修正公佈

第一條 本部各司掌管事項依本規則之規定分科處理之

第二條 總務司置第一 第二 第三 第四 第五 五科

第三條 總務司第一科掌左列各事項

一 關於宣達部令及對外公布事項

二 關於典守印信事項

三 關於全部公文書之收發分配及繕寫事項

四 關於全部公文書之保存事項

五 關於不屬各科文稿之撰擬事項

第四條 總務司第二科掌左列各事項

一 關於本部及所屬機關職員送請銓敍之准備及核[illegible]事項

二 關於本部及所屬機關職員進退遷調考核獎懲及其他人事登記事項

三 關於本部職員之訓練及補習教育事項

四　關於本部職員之撫卹及公益事項

五　關於本部及所屬機關人事管理之建議事項

六　關於人事之調查統計事項

七　關於銓敍機關委辦事項

第五條　總務司第三科掌左列各事項

一　關於本部經費之出納事項

二　關於現金之保管事項

三　關於票據及有價證卷之保管事項

第六條　總務司第四科掌左列各事項

一　關於本部應用物品之購置及分配事項

二　關於本部官產官物之登記保管及修繕事項

三　關於夫役衞兵之管理事項

四　關於部內公共衞生及消防事項

五　關於附屬機關官產官物之稽核事項

六　關於其他一切庶務事項

第七條　總務司第五科掌左列各事項

一　關於本部公報之編輯發行事項

二　關於本部法規之彙輯發刊事項

三　關於本部工作報告及大事記之編纂事項

四　關於本部有關刊物之編審及發行事項

五　關於本部圖書儀器之徵集及保管事項

第八條　組織訓練司置第一　第二　第三　第四　第五　第六　第七　七科

第九條　組織訓練司第一科掌左列各事項

一　關於農漁團體組織之許可及撤銷事項

二 關於農漁團體之登記及指導監督事項
三 關於農漁團體幹部工作人員之選用考核獎懲事項
四 關於農漁團體相互關係之調整聯繫事項
五 關於農佃爭議及漁業爭議之處理事項
六 關於農漁團體經費之稽核事項
七 關於農漁團體及農村漁區狀況之調查事項
八 其他有關農漁團體之組織事項

第十條 組織訓練司第二科掌左列各事項
一 關於工人團體組織之許可及撤銷事項
二 關於工人團體之登記及指導監督事項
三 關於工人團體幹部工作人員之選用考核獎懲事項
四 關於工人團體相互關係之調整聯繫事項
五 關於工人團體經費之稽核事項
六 關於勞資或勞資糾紛之調解及仲裁事項
七 關於勞資協調之指導及促進事項
八 關於國際勞工會議之參加事項
九 關於僑外華工之調查及保護事項
十 關於各國僑華工人之調查及管制事項
十一 其他有關工人團體之組織事項

第十一條 組織訓練司第三科掌左列各事項
一 關於商人團體組織之許可及撤銷事項
二 關於商人團體之登記及指導監督事項
三 關於商人團體幹部工作人員之選用考核獎懲事項
四 關於商人團體相互關係之調整聯繫事項

五　關於商人團體糾紛之處理事項
六　關於商人團體經費之稽核事項
七　關於商人團體及商業狀況之調查事項
八　關於國際商人團體會議之參加事項
九　關於僑外華商團體之調查及指導協助事項
十　關於各國僑華商人團體之登記及指導監督事項
十一　其他有關商人團體之組織事項

第十二條　組織訓練司第四科掌左列各事項
一　關於自由職業團體組織之許可及撤銷事項
二　關於自由職業團體之登記及指導監督事項
三　關於自由職業團體幹部工作人員之選用考核奬懲事項
四　關於自由職業團體相互關係之調整聯奬事項
五　關於自由職業團體糾紛之處理事項
六　關於自由職業團體經費之稽核事項
七　關於自由職業團體及其工作狀況之調查事項
八　其他有關自由職業團體之組織事項

第十三條　組織訓練司第五科掌左列各事項
一　關於社會團體組織之許可及撤銷事項
二　關於社會團體之登記及指導監督事項
三　關於社會團體幹部工作人員之選用考核奬懲事項
四　關於社會團體相互關係之調整聯奬事項
五　關於社會團體經費之稽核事項
六　關於社會團體糾紛之處理事項
七　關於社會團體及其工作狀況之調查事項

八　其他有關社會團體之組織事項

第十四條　組織訓練司第六科掌左列各事項

一　關於人民團體幹部人員之訓練事項

二　關於人民團體會員訓練之設計督導事項

三　關於各級社會工作人員訓練之指導監督事項

四　關於訓練方案之研究編製事項

五　關於訓練課程教材之編訂審查事項

六　關於受訓人員之聯絡及考核事項

七　其他有關社會訓練事項

第十五條　組織訓練司第七科掌左列各事項

一　關於社會運動之規劃事項

二　關於社會運動之指導監督事項

三　關於社會運動之調查事項

四　關於人民團體目的事業外一般活動之指導監督事項

五　關於社會風俗之改進保持及化導事項

六　其他有關社會運動事項

第十六條　社會福利司置第一　第二　第三　第四　第五　第六　六科

第十七條　社會福利司第一科掌左列各事項

一　關於社會保險之規劃事項

二　關於社會保險之倡導實施事項

三　關於社會保險機關之設置及監督管理事項

四　關於社會保險金庫之監督稽核事項

五　關於社會保險工作人員之養成運用及考核獎懲事項

六　關於各國社會保險設施之調查研究事項

七　關於推行社會保險與其他有關機關或團體之合作聯繫事項

八　其他有關社會保險事項

第十八條　社會福利司第二科掌左列各事項

一　關於勞工福利設施之計劃推行事項

二　關於勞工福利設施之指導監督事項

三　關於勞工生活之改良及保障事項

四　關於勞工教育事項

五　關於工廠礦場安全或衛生設備之指導及檢查事項

六　關於勞工失業及傷害之救濟撫卹事項

七　關於工廠檢查人員之養成選用及考核獎懲事項

八　關於勞工移殖事項

九　關於勞工生活狀況及各國勞工福利設施之調查研究事項

十　其他有關勞工福利事項

第十九條　社會福利司第三科掌左列各事項

一　關於社會服務之計劃推行事項

二　關於社會服務之指導監督事項

三　關於社會服務機關之籌設及監督管理事項

四　關於社會服務事業之倡導及獎勵事項

五　關於社會服務工作人員之選用考核獎懲事項

六　關於推行社會服務與其他有關機關或團體之合作聯繫事項

七　其他有關社會服務事項

第二十條　社會福利司第四科掌左列各事項

一　關於職業介紹之計劃推行事項

二　關於職業介紹之指導監督事項

三 關於職業介紹機關之籌設及監督管理事項
四 關於社會人才之調劑事項
五 關於職業指導及輔導訓練事項
六 關於失業就業之調查登記事項
七 關於推行職業教育與其他有關機關或團體之合作聯繫事項
八 關於日常生活費用指數之調查統計事項
九 其他有關職業介紹事項

第二十一條 社會福利司第五科掌左列各事項
一 關於殘廢老弱之救濟事項
二 關於貧民之救濟事項
三 關於游民之收容教養事項
四 關於貧病醫療之補助事項
五 關於救濟經費之規劃及審核稽查事項
六 關於救濟機關之設置及監督管理事項
七 關於慈善救濟事業之倡導及獎勵改進事項
八 關於社會救濟工作人員之選用考核獎懲事項
九 其他有關社會救濟事項

第二十二條 社會福利司第六科掌左列各事項
一 關於兒童福利設施之計劃推行事項
二 關於兒童福利設施之指導監督事項
三 關於孤苦兒童之收容教養事項
四 關於低能殘廢等兒童之特殊教養事項
五 關於不良兒童之感化矯正事項
六 關於兒童營養健康之指導促進事項

七 關於推行保育事業與其他有關機關或團體之合作聯繫事項

八 其他有關兒童福利事項

第二十三條 本規則如有未盡事宜得以部令修改之

第二十四條 本規則自公布日施行

社會部社會服務處分級準則

三十年十二月六日部長核准

第一條 本準則依據社會部設立示範社會服務處暫行通則第十五條之規定訂定之

第二條 社會部社會服務處分為一二三三級

第三條 國民政府所在地各特別市及其他經本部特定之地區得設一級社會服務處

第四條 各省省會普通市或人口超過三十萬之城鎮得設二級社會服務處

第五條 各行政專員公署所在地或人口超過二十萬之城鎮而為文化或工商業之中心區域者得設三級社會服務處

第六條 前三條規定以外之各地得視需要經本部核准設社會服務處分處

第七條 鐵道及公路沿線各地得視需要經本部核准設社會服務處服務站

第八條 社會部社會服務處等級得視其業務情形酌量變更由本部以命令決定之

第九條 本準則自核准之日施行

農業生產合作推進辦法

三十年十二月十一日部令公布

一 農業生產合作以改善農業經營增加農民收益發展農村經濟為目標

二 各級合作主管機關應積極研究訓練宣傳並指導農業生產合作之推進以謀此類合作組織之逐漸建立與健全發展

三 各級合作主管機關應指導各級合作社設置合作農場兼營農業生產合作必要時並得設置專營合作社辦理特種農產品之生產或加工製造

四 合作主管機關得商同農業技術改進機關及農業或合作金融機關選定適宜地點指導組織示範合作農場

五 合作主管機關應特別注意鼓勵並指導貧農加入合作社以改善其地位與生活並應利用合作組織扶植自耕農之發展協助土地重劃之推行

六　農業生產合作之加工部份應由各社員共同經營之其原料生產部份得由各社員個別經營之

七　農業生產合作之經營應以當地最有利之農產物為主要對象並應注重加工製造以提高其產品價值

八　農業生產合作應注重廢物之利用與副產品之產製以增加其收益

九　合作主管機關對於農業生產合作各產品之市場情形及價格變動應隨時通知各合作社並予以適當之指示

十　農業生產合作之技術指導由所在地或上級合作主管機關商請農業技術或推廣機關協助之

十一　農業生產合作之產品有關貿易管理或專賣時合作主管機關應商同貿易或專賣事業管理機關對合作社產品所需求之品質產量及其可能支付之價格予以明確之預告

十二　農業生產合作社之產品應儘先供給與其業務上有關係之合作社

十三　農業生產合作社之資金除運用合作社之自給資金外由農業及合作金融機關貸放之

十四　合作主管機關應推進農產及耕牛之保險合作其基金商由合作金融機關担任之

十五　本辦法自公布日施行

社會部設立示範社會服務處暫行通則

三十年十二月十二日部令公佈

第一條　社會部為實施社會服務工作並示範起見特在各重要地區設立示範社會服務處其組織依本通則之規定

第二條　社會服務處設總幹事一人綜理處務副總幹事一人襄理處務

第三條　社會服務處之業務如左

一　生活服務事項

二　人事服務事項

三　文化服務事項

四　經濟服務事項

前項業務之增損由本部視地方之需要酌定之

第四條　社會服務處按核定業務之繁簡分設事業服務計核事務等組

在職業介紹機構未設立以前並得暫設職業介紹組辦理職業介紹事宜

第五條　事業組經管左列事項

一 關於公共消費事業經營方針之擬訂事項
二 關於公共消費事業之調度管理事項
三 關於公共消費事業之設計改進事項
四 其他有關本組業務事項

第六條 服務組經管左列事項
一 關於人事服務之實施推進事項
二 關於各項社會福利事業之策動協助事項
三 關於服務團隊之徵收編組事項
四 其他有關本組業務事項

第七條 計核組經管左列事項
一 關於經費及事業收入之出納保管事項
二 關於各種簿冊單據之審核登記事項
三 關於各種會計報表之編製統計事項
四 其他有關本組業務事項

第八條 事務組經管左列事項
一 關於文書之撰擬繕校收發保管事項
二 關於公產公物之供應保管修繕庶務事項
三 關於工作人員之進退考勤請假事項
四 其他不屬於各組事項

第九條 各組設幹事一人主持各該管業務

第十條 社會服務處工作人員及其名額由本部視各該處業務之繁簡核定派充之

第十一條 社會服務處得組織社會福利會徵收當地熱心社會服務事業之人士為會員
社會福利會組織章程另定之

第十二條 社會服務處得視地方需要呈准組織各種服務團隊

第十三條　社會服務處得因工作之便利呈准設立分處或服務站

第十四條　社會服務處分級準則業務規程會計制度人事章程及職掌劃分辦法另訂之

第十五條　本通則如有未盡事宜以部令修正之

第十六條　本通則自公布日施行

陪都及遷建區各機關消費合作社推進辦法

三十年十二月十三日部令公佈

一　本辦法依行政院經濟會議核定陪都及遷建區各機關普遍組織消費合作社之原則訂定之

二　陪都及遷建區各機關消費合作社之推進除本辦法之各項規定外並適用社會部所公佈消費合作推進辦法及社會部呈院核定各機關合作社改善辦法之規定

三　陪都及遷建區黨政軍各機關公營事業機關生產機關（包括工廠）及教育機關（包括公私立學校）尚未設立消費合作社者應即視其人數之多少分別或聯合籌設之

四　凡已設有消費合作社之各機關其員工學生或士兵尚未全部加入者應即限期辦理入社手續

五　各機關合作社不得對非社員交易並應將各社員之交易數額分別記明並加限制

六　各機關合作社得兼營蔬菜家畜及改良手工業等生產業務與食宿理髮洗衣沐浴等公用業務上項業務應儘先利用社員之公餘時間及社員眷屬之勞動辦理之

七　各機關合作社之社員及社員眷屬人數由社會部合作事業管理局確切調查登記并隨時予以抽查

八　各機關合作社之社務業務及財務管理由社會部合作事業管理局加以整理其有不能遵照法令切實改善者應即報由所屬機關將其經辦人員予以懲處

九　各機關爲籌設消費合作社需用業務及會計人員時得商由社會部合作事業管理局所設全國合作人員訓練所訓練之

十　社會部合作事業管理局所設全國合作社物品供銷處應調查各合作社所需要之日用品予以廉價供應但以國貨爲限

十一　凡由政府公賣或專賣及由平價物資機構負責供應之物品如花紗布疋鹽糖茶火柴及燃料等得由全國合作社物品供銷處確切查明各合作社之需要優先請購並配銷之

十二　全國合作社物品供銷處原有資金不敷營運時得擬具供應計劃呈准動用物價平準基金

十三　各合作社採購物品所需資金除由社員自給並由各機關借撥外得由各機關保證向重慶市合作金庫商借之

十四　重慶市合作金庫資金不足時得由物價平準基金增撥之

本辦法經　行政院核准施行

社會服務設施綱要

三十年十二月十五日部令公佈

第一章　總則

第一條　凡公私團體或機關舉辦社會服務事業其設施悉依本綱要之規定

第二條　社會服務設施以改善社會生活增進社會福利爲宗旨

第三條　社會服務設施須冠以所在地地名或直屬機關之名稱

第四條　社會服務設施受社會行政機關之指導監督

第五條　社會服務設施辦理成績優良者得由社會部予以獎勵補助

第二章　設立

第六條　社會服務設施應由負責人開具章程事業計劃經費來源基金數額負責人履歷各二份呈由主管官署轉報社會部備案

第七條　社會服務設施之章程應載明左列各事項

一　名稱服務區域地址主辦團體或機關之名稱

二　事業範圍

三　組織

四　經費及會計

第八條　事業計劃應列事項如左

一　環境概說

二　經費預算分配

三　事業項目及預定進度

第九條　社會服務設施得設董事會或理事會董事或理事由主辦團體或機關聘充之但須造具履歷名冊二份呈由主管官署轉報社會部備案

第十條　社會服務設施因事業上之需要得設分處分站或服務工作隊

第三章　事業

第十一條　社會服務設施爲適應當地環境之需要得分別舉辦關於文化經濟公共救濟生活指導及人事諮詢等事業

第十二條　關於文化服務之事業如左

一　舉辦民衆學校及各種職業技術補習教育
二　舉辦民衆圖書館或書報閱覽室
三　舉辦俱樂部或游藝室
四　舉行各種講演會及座談會
五　舉行各種有關文化之競賽及展覽
六　改良民間娛樂提高民衆戲劇音樂以及塑刻繪圖等各種美術
七　編行通俗刊物及壁報
八　其他有關文化服務事項

第十三條　關於經濟服務之事業如左

一　提倡或舉辦各種生產消費合作事業
二　提倡農村副業及園藝
三　提倡手工業及小工廠
四　代辦小本貸款
五　舉辦農產土貨展覽或競賽
六　其他有關經濟服務事項

第十四條　關於公共救濟服務之事業如左

一　指導游民難民習藝或就業
二　教導流浪兒童孤兒及難童
三　舉辦托兒所
四　協辦貧民難民救濟

五 舉辦行旅人救濟

六 協辦災荒救濟

七 其他有關救濟服務事項

第十五條 關於生活指導服務之事業如左

一 提倡新生活運動

二 舉辦公寓食堂

三 設立民衆診療所

四 提倡種痘防疫及新法接生

五 利用民間季節改良舊習慣

六 舉辦家庭衛生指導

七 舉辦嬰孩健康比賽

八 舉辦各種運動比賽

九 設立體育場游泳池及兒童游戲場

十 舉行衛生展覽

十一 編行有關生活指導之定期刊物或壁報

十二 其他有關生活指導服務事項

第十六條 關於人事諮詢服務之事業如左

一 辦理升學指導

二 辦理就業指導

三 辦理旅居嚮導物品寄存

四 辦理民衆代筆及讀信

五 解釋法律兵役稅則及人事制度等項問題之諮詢

六 辦理人事調查及人事委託代辦事項

七 其他有關人事諮詢事項

第十七條　社會服務設施應按月造具工作報告呈由主管官署核轉社會部備案

第十八條　社會服務設施興辦農場工廠等生產事業應依法呈請各該事業主管機關核准備案

第四章　經費及會計

第十九條　社會服務設施經費之來源如左

一　主辦團體或機關之補助

二　徵求會（社）員之會（社）費

三　當地機關團體之補助

四　當地熱心社會事業人士之捐助

五　經營各種生產事業之收入

第二十條　社會服務設施為擴展事業有特別需要時得由主管團體或機關造具擴展事業計劃及募集基金辦法呈經主管官署轉呈社會部核准增籌之

前項基金應由主辦團體或機關組織保管委員會負責保管

第二十一條　社會服務設施應於會計年度終了時編製左列各表呈報主管官署核轉社會部備案

一　收支對照表

二　盈虧撥補表

三　基金增減表

第五章　附則

第二十二條　本綱要施行前已成立之社會服務設施應自本綱要施行後三個月內依本綱要之規定辦理

第二十三條　本綱要自部令公佈之日施行

社會部各種專題研究委員會簡則

三十年十二月十七日部長核准

第一條　本部為研究各項社會專門問題並制訂各種專門方案起見得設置各種專題研究委員會（以下簡稱專題研究委員會）

第二條　專題研究委員會各設委員五人至十一人由部長聘請專家充任指定一人或二人負責召集必要時並得指派部

內人員參加

第三條　專題研究委員會各設祕書一人由　部長指定有關主管科長或研究室專門研究人員兼任

第四條　專題研究委員會研究專題所需要之書籍及其他有關材料由本部研究室及有關該問題之主管科負責供給之

第五條　專題研究委員會每月至少集會一次

第六條　專題研究委員會委員均為名譽職但開會時得酌支交通費

第七條　專題研究委員會於提出研究報告呈經　部長核定後撤銷之

社會部職員年終考成辦法　三十年十二月十九日部令公佈

第一條　本辦法依照非常時期公務員考績暫行條例第十七條之規定訂定之

第二條　本部職員凡不合於非常時期公務員考績條例第二條之規定者悉依照本辦法辦理但以任職滿六個月者為限應受考成人員如左

(一)銓敘合格人員任用未滿一年不能參與考績者

(二)聘任支薪人員

(三)派任人員

(四)雇用人員

第三條　職員考成分工作操行學識三項以分數評定之其分數及評定標準如左

甲　工作最高分數為五十分

一　嚴守辦公時間平時請假不逾規定日數於應辦事件無過誤者三十分其不及上述標準者按其情節酌減其分數

二　具有左列情形之一者酌加其分數

1.工作特著勤勞者

2.辦理繁難或重要事件有成績者

3.於工作上能輔他人者

4.於本部業務之改進有貢獻者

乙 操行最高分數爲二十五分

一 公私行爲均守規律者十五分其行爲不守規律者按其情節酌減其分數

二 具有左列情形之一者酌加其分數

1.能實踐或勸導他人實踐精神總動員實施事項有顯著之事實者

2.能實踐或勸導他人實踐新生活須知有顯著之事實者

3.能實踐或勸導他人實踐節約運動大綱有顯著之事實者

丙 學識最高分數爲二十五分

一 學識能勝任其職務者十五分其學識不能勝任其職務者酌減其分數

二 具有左列情形之一者酌加其分數

1.於一定程限內閱讀書籍有心得者

2.對研究問題有精到見解者

前項丙款第二項閱讀書籍研究問題須以 國父遺教中國國民黨歷屆重要決議案 領袖關於主義政策之重要言論國民政府各種根本法令及直接與職務有關之基本學術及實踐知識爲主

第四條 依前條所定標準幷根據下列各項事實由總務司第二科彙評成績分數呈奉核定後作爲平時成績

(一)每月工作操行學識成績紀錄表

(二)每月工作考勤結果

(三)試用期滿考核成績

(四)各項獎懲

第五條 各廳司處局室主管長官對所屬人員應參照考成標準分別加以年終總評幷評定其分數列表密送考績委員會

第六條 年終分數以平時成績佔三分之二年終總評佔三分之一爲原則但各該直接長官對被考成者有其他意見時得斟酌情形評定之

第七條 年考總分數依左列之規定定其獎懲

一 總分數在九十分以上者列爲最優等 晉級並予嘉獎

二 總分數在八十分以上者列爲甲等 晉級

三 總分數在七十分以上者列爲乙等 加薪

四 總分數在六十分以上者列爲丙等 留任

五 總分數不滿六十分者列爲丁等 降級減薪或免職

總分數滿六十分但工作不滿三十分操行或學識有一不滿十五分者仍以不合格論酌予懲處

第八條 職員平時獎懲除列入平時成績外幷得適用下列之規定

(一)嘉勉二次者嘉獎　嘉獎二次者記功　記功二次者記大功　記大功一次者加薪　二次者晉級

(二)警告二次者申誡　申誡二次者記過　記過二次者記大過　記大過一次者減薪　二次者降級或免職

平時記功記過考成時得互相抵銷惟大功大過應否抵銷須呈請　部長核定

第九條　職員之考成由考績委員會辦理初核呈由　部長核定執行

第十條　銓敍合格人員因考成成績優異者得由本部給予記功或獎狀等獎勵幷轉咨銓敍部備查

第十一條　聘任人員因考成而受獎懲者依左列規定辦理

一　應予加薪晉級而無薪可加無級可晉者得酌予記功或給以獎狀

二　應予減薪降級者得解聘之

第十二條　派任人員因考成而受獎懲者依左列規定辦理

一　應予晉級而無級可晉者得予提高待遇或予以記功或其他獎勵

二　應予減薪降級者得視工作情形酌予更調或免職

第十三條　雇用人員因考成而受獎懲者依左列規定辦理

一　應予晉升者得改爲派任人員或以加薪代替之其已支雇員最高薪者幷得給予記功或其他獎勵

二　應予降級減薪者除照規定執行外幷得予以解雇

第十四條　職員考成表表式另定之

第十五條　辦理考成人員應嚴守祕密幷不得殉私舞弊及遺漏舛錯違者以失職論依法懲處

第十六條　本辦法呈奉　部長核准施行

社會部重慶嬰兒保育院嬰兒入院規則

三十年十二月十九日部長核准施行

第一條　凡二歲以下之男女嬰兒合於左列各款規定之一者得送入本院養育之

(一)抗戰軍人子女無力撫養者

(二)家屬因被災難確無撫養能力者

(三)父母確屬貧苦無力撫養者

(四)父母遺棄無人收養者

(五)其他孤苦嬰兒無人撫養者

第二條　凡屬前條規定之嬰兒得由其親族或監護人填具入院申請書（附表式）覓具妥保申請入院經審查合格後收容之

前項妥保以舖保為原則如無法覓取舖保時得由當地鄉鎮公所警察局或其他地方機關出具證件

第三條　凡無親族或監護人者得由當地鄉鎮公所警察局或其他地方機關具函送本院收容

第四條　凡入院嬰兒均先送病房或隔離室檢查經檢驗確屬健全無傳染病等疾患者即於編號送入嬰兒室保育

第五條　嬰兒入院後其親族等得于規定時間內來院探視

第六條　嬰兒入院後一切營養及所需衣服用品均由本院供給

第七條　嬰兒保育至適當年齡時如無親族具領本院得轉送社會部所屬或其他兒童教養處所收容教養

第八條　嬰兒入院後其親族或無子女者得遵照本院給領嬰兒辦法申請領回或領作養子女其辦法另定之

第九條　本規則如有未盡事宜得隨時呈准社會部修改之

第十條　本規則自呈准之日施行

社會部重慶嬰兒保育院給領嬰兒辦法

三十年十二月十九日部長核准施行

第一條　本辦法依社會部重慶嬰兒保育院嬰兒入院規則第八條之規定訂定之

第二條　嬰兒入院後其親族得依本辦法之規定申請領回

第三條　凡有正當職業而無子女者得依本辦法之規定請領棄嬰為養子女

第四條　凡嬰兒親族請求將嬰兒領回自育者須由原立志願人及保證人申敘理由並填具領據二份經審查許可後始得給領

領據式樣另訂之

第五條　原立志願人如因死亡或其他情事不能填具領據時其親族得代理之原保證人因故不能簽名蓋章時得改具殷實舖保

第六條　凡請領棄嬰為養子女者須填送約據二份並由當地保甲長及殷實店舖出具保證經本院調查屬實方得給領約據式樣另訂之

第七條　前條被收養人之生活狀況本院得隨時派員查視之

第八條 養父母對于養子女有違反法定義務或爲虐待及用作婢役情事經查報屬實本院得撤銷原約終止其收養關係必要時並得請法院依法懲處

第九條 凡給領嬰兒之領據或約據除存院外並抄呈社會部備查

第十條 本辦法如有未盡事宜得隨時呈請 社會部修改之

第十一條 本辦法自呈准之日施行

社會部處務規程

三十年十二月二十日修正公布

第一章 通則

第一條 本規程依社會部組織法第二十一條之規定制定之

第二條 本部各職員執行職務均應遵照本規程之規定

第三條 本部各職員由 部長按照事務繁簡分配之必要時得由主管長官簽請指派或添派

第四條 各廳司局室會事務如有互相關聯者應由各該廳司局室會主管人員協商辦理彼此意見不同時陳請 部長 次長裁奪各廳司局室會所管事務涉及二科或承辦職員二人以上者由各該科長或職員等協商辦理彼此意見不同時由該長官解決之

第五條 各廳司局室會辦理事務必要時應互相移付或通知

第六條 本部職員承辦文件除緊急事務隨到隨辦外自接受之日起最要者不得逾一日次要及尋常者不得逾三日但須考查檔卷討論辦法或審核及擬辦表冊者不在此限

第七條 本部職員對於機密事務及未經宣布之文件無論是否主管承辦均不得洩漏退職後亦同

第二章 職責

第八條 法案命令及計劃方案由參事撰擬或審核之

第九條 法案命令及計劃方案由參事撰擬者應請 部長 次長核定之

第十條 法案命令及計劃方案由各廳司局室會起草者應先送參事廳審核再呈 部長 次長核定之

第十一條 參事撰擬或審核法案命令及計劃方案必要時得會同主管廳司局室會協商之

第十二條 關於解釋法令事項由參事協議簽請 部長 次長核定之

第十三條　本部部令公佈之法令章則由總務司印刷分送各廳司局室會查考

第十四條　機要文電由秘書擬定後送呈　部長　次長核定但遇有必要情形時得會同主管廳司局室會長官擬定之

第十五條　各廳司局室會科主管長官對於本廳司局室會科職員有指揮監督之權

第三章　文書處理

第十六條　到部文件由收發室拆封摘由編號登簿註明文到日時送由總務司第一科加蓋最要次要及尋常戳記最要者即時送經秘書廳轉呈　次長　部長核示次要及尋常者按文書性質分送各廳司局室會分別擬辦

文件如有附件應隨文附送不得遺漏散失

第十七條　凡收到文件遇有緊急或重要者隨到隨送不得延擱

第十八條　凡收到文件封面上有密件或親啟字樣者收發室不得開拆應即送秘書廳轉呈　部長　次長核閱批示辦理

第十九條　電報到部由譯電員譯就交還收發室依第十六條之規定辦理如係密電逕送秘書廳

第二十條　附有錢幣證券及貴重物品之文件應於收文簿內註明數目送由總務司出納人員點收加蓋私章并掣具收據粘附文件

第二十一條　各廳司局室會收到各項文件後即擬具辦法同時敍稿呈候批閱如遇疑難重大事件應依各該主管長官簽註意見送由秘書廳轉呈　部長　次長核示再行辦稿擬存文件應附具擬存事由登簿送由秘書廳轉呈　部長　次長核閱

第二十二條　擬稿人員須於稿面簽明蓋章註明日時并摘由登記送稿簿送主管長官審核

第二十三條　凡互相關聯之稿件應由關係較重之廳司局室會或科主稿移送他廳司局室會會簽

第二十四條　核稿人員核稿時須於添註塗改處加蓋私章以明責任

第二十五條　各主管長官核稿時應於稿面簽名蓋章送由秘書廳復核轉呈　次長核閱　部長判行

第二十六條　稿件判行後由秘書廳發還主辦廳司局室會送交繕校室繕校由繕校室送監印室用印校對員監印員均須加蓋名章

第二十七條　文件用印後由繕校室連同原稿送收發室分別將正本掛號封發稿件送檔案室分別編號歸檔

檔案室保管卷宗辦法另定之

第二十八條　應登政府公報之文件由承辦人員於送稿時在稿面粘具「應送登某公報」簽條經秘書廳轉呈　部長　次長核定後由總務司分別抄送

第二十九條　收發室應按日製成收發文表送秘書廳轉呈　部長　次長核閱并分送各廳司局室會備查每星期應舉行公文總

檢查一次列表呈報

第三十條　合作事業管理局之對外行文以左列三項爲限

一　遵照部令應行轉知事項

二　遵照部令所定辦法督率進行事項

三　會經呈部核准事項

第三十一條　合作事業管理局經辦事項之應以部名義行文者應先擬具辦法簽請　部長核定後擬辦部稿呈核（例行文件得簽稿併送）仍發還該局繕校送蓋部印由該局自行封發存檔

第三十二條　合作事業管理局所辦部稿之編號規定爲社合字並另立簿登記編號

第三十三條　合作事業管理局以局名義所行之公文由該局自行處理

第三章　考勤

第三十四條　各職員應照規定辦公時間到部離部不得遲到早退在辦公時間內因公接洽經主管長官許可者外不得擅離職守

第三十五條　各職員到部辦公時須在簽到表上親自簽名各辦公室於辦公時間開始後十五分鐘內將簽到表送由主管長官查閱未簽到人員應分別註明辦公時間開始後一小時內送交總務司第二科月終由總務司列表彙呈　部長　次長核閱簽到表考核辦法另定之

第三十六條　辦公時間除因公接洽外不得接見賓客

第三十七條　辦公時間外各廳司局室會科應派員輪流值日其規則另定之

第三十八條　各種例假循例休息但有緊急事件得臨時召集辦公

第三十九條　本部職員請假規則另定之

第四章　購置財物及營繕工程

第四十條　凡購置財物價值在壹百元以下營繕工程費用在壹百元以下者由總務司第四科辦理之

如財物價值工程費用超過前項之限制者其詢價比價投標訂約驗收各項手續由　部長指定高級人員一人及熟諳市情或有營建工程學識之人員二人或三人辦理之

第四十一條　各類大宗經常消耗物品如文具類煤炭類油脂類等應由總務司第四科預先估計每月所需數量整批購置之

前項大宗物品或臨時需要之物品其價值超過第四十條第一項之限制者應由總務司第四科開具請求購置單送

由指定人員向市場選擇貨品詢明價值開具估單簽呈 部長 次長審核決定採用比價或招標辦法仍交由總務司第四科辦理貨到時再行通知指定人員驗收

第四十二條 購置財物價值在六千元以上或修繕工程費用在一萬元以上者其比價投標驗收並應通知審計機關派員監視

第五章 會議

第四十三條 本部因事務上之必要由 部長召集部務會議會議規則另定之

第四十四條 各廳司局處會因事務上之必要得舉行會議其辦法另定之

第五章 附則

第四十五條 本部各司分科規則另定之

第四十六條 本部各廳司局處會得另定處事細則呈請 部長 次長核定施行

第四十七條 本規程如有未盡事宜得以部令修改之

第四十八條 本規程自公布日施行

實施縣各級合作社組織大綱縣份原有各級合作社解散後債權債務及公積金公益金處理辦法

三十年十一月二十六日部令公佈

第一條 凡依縣各級合作社組織大綱第二十七條第二項規定解散之縣各級合作社（以下簡稱舊社）與新設各級合作社（以下簡稱新社）間債權債務及公積金公益金之處理悉依本辦法行之

第二條 舊社解散後應即遵照合作社法辦理清算手續

第三條 舊社社員加入新社時其欠舊社債務得向新社申借清償新社應會同舊社理事主席或清算人將各該社員應還本息之一部或全部列表（格式另訂之）隨同新社借款申請書送貸款機關審核貸款機關於放款時按表扣清撥充舊社還款並掣給收據連同應付貸款餘額一併發交新社轉賬凡舊社社員不能依照前項規定清理其債務者仍由舊社負責向貸款機關清理

第四條 凡先後有兩個以上貸款機關貸款之縣份於舊社解散時先貸款機關得將各社員欠款列表委託現貸款機關代收

第五條 舊社原有之業務適合於新社業務者得由新社繼續經營並繼承其債權債務

第六條　舊社兼營之事業有單獨經營之必要者得改組為專營社繼續經營其因兼營事業所發生之債權債務由改組後之專營社繼承餘仍照第三條之規定辦理

第七條　舊社對出征社員之債權經請准貸款機關展期者於解散時移歸合作主管機關代為接管俟出征抗敵軍人對合作社借款展期償還辦法清理之

第八條　區聯合社解散時應即依法辦理清算但其業務得由改組或新設之鄉（鎮）合作社繼續經營並繼承其債權債務

第九條　縣聯合社解散時應即依法辦理清算但其業務得由新縣聯合社繼續經營並繼承其債權債務

第十條　舊社公積金除彌補損失外應全部移交所在地之鄉（鎮）社如社員散布於兩個鄉（鎮）以上時應按社員人數之比例分別移交但舊縣聯合社之公積金及尚未處分之公益金應直接移交新聯合社

前項公積金及公益金之用途應照新社社章之規定

第十一條　舊社加入縣合作金庫認購股本及舊社股本之退還悉依縣合作金庫章程之規定辦理

第十二條　凡照本辦法第五條第六條第八條及第九條之規定繼承債權債務者須先商得貸款機關之同意並呈報縣政府備案

第十三條　本辦法自公布之日施行

社會部業務檢討會議實施計劃

三十年十二月二十九日部長核准施行

一　本部為檢討業務促進工作並提高行政效率起見舉行業務檢討會議每星期一次

二　業務檢討會議之要點如左

1. 聽取各單位重要工作報告
2. 檢討本週工作進度
3. 研討下週重要工作
4. 考核工作人員勤惰

三　出席人員為　部長　次長參事秘書視導各司局處室會科主管及其他指定人員由　部長主席　部長因事不能出席時由政務次長或常務次長代理之

四　會議舉行時各單位主官應先順序將重要工作事項分別報告

五 工作報告以簡單扼要為原則凡應提請部務會議決定或與其他部份無關事項毋庸提出商討

六 檢討事項應以本部行政計劃方案及工作進度為依據尤應按照本週命令文告與工作事實相互核對改正其缺點

七 凡應參加業務檢討會議之人員因事不能出席時得派由所屬高級人員代表出席

八 業務檢討會議之決定事項經 部長核定後分交各主管單位依照辦理

社會部業務檢討會議考核辦法

三十年十二月二十九日部長核准施行

一 本部業務檢討會議決定事項之實施由本部工作成績考核委員會負責考核

二 各單位經辦前條決定事項應于每月月終將辦理情形列表送工作成績考核委員會審核

三 工作成績考核委員會審核各單位經辦事項報告表應依照預定工作計劃切實檢查並考核其成績

四 工作成績考核委員會對於各單位經辦事項尚未按期辦理者得隨時查詢並得將考核情形提出業務檢討會議報告

五 工作成績考核委員會每月應將考核結果製成書面報告加具考語酌定獎懲呈請 部長核定施行

社會部部務會議規則

三十年十二月三十一日部令修正公佈

第一條 本規則依社會部組織規程第四十三條之規定制定之

第二條 部務會議出席人員如左

部長

政務次長

常務次長

參事

簡任秘書

司長

局長

簡任視導

統計長

會計主任

研究室主任

部務會議討論之事件有須各主辦人員說明者經　部長之許可得列席會議

第三條　部務會議以　部長爲主席　部長因事不能出席時由政務次長或常務次長代理之

第四條　部務會議每週舉行一次遇緊要事件得召開臨時會議

第五條　部務會議討論事項如左

一　關於本部施政方針計劃及法案事項

二　關於本部預算決算事項

三　有關全部各種重要章則事項

四　各廳司局室處互相關涉不能解決事項

五　部次長交議事項

第六條　各廳司局室處會及出席人員如有提案須於開會前一日將提案送由秘書廳編列議程但遇有緊急事項臨時提出者不在此限

第七條　部務會議由秘書廳派員紀錄於呈奉　部長核定後印送各廳司局室處會遵照辦理並於下次開會時宣讀之

第八條　部務會議議決事項經　部長核定後其性質重要及有時間性者秘書廳應即分別通知各主管單位辦理

第九條　本規則如有未盡事宜得由部務會議修正之

第十條　本規則自公布日施行

命令

府令

國民政府令　三十年十月八日

派謝[illegible]嘉為出席第二十六屆國際勞工大會中華民國國民政府代表顧問此令

派黃宗勛為出席第二十六屆國際勞工大會中華民國僱主方面代表顧問此令

派鄧以誠為出席第二十六屆國際勞工大會中華民國僱主方面代表秘書此令

派[illegible]選華為出席第二十六屆國際勞工大會中華民國勞工方面代表顧問此令

派朱向榮為出席第二十六屆國際勞工大會中華民國勞工方面代表秘書此令

國民政府令　三十年十月二十四日

任命卡宗孟署社會部視導此令

國民政府令　三十年十一月二日

行政院院長蔣中正呈據社會部部長谷正綱呈請任命朱萃濬為社會部科長應照准此令

國民政府令　三十年十一月十一日

行政院院長蔣中正呈據社會部部長谷正綱呈請任命范師任為社會部視導應照准此令

國民政府令　三十年十二月十一日

行政院院長蔣中正呈據社會部部長谷正綱呈請任命徐日琨為社會部合作事業管理局科長應照准此令

國民政府令　三十年十二月二十七日

行政院院長蔣中正呈據社會部部長谷正綱呈請任命葉　穀為社會部秘書應照准此令

部令

經濟部令 卅工字第一九六六一號
社會部令 社福字第八七七一號　三十年十月九日

茲制定工廠礦場工人遭受空襲損害暫行救濟辦法公佈之此令

社會部令　社總字第九三九六號　三十年十月十八日

茲修正社會部工作成績考核委員會組織規程公佈之此令

社會部令　社法字第一〇二五四號　三十年十一月十日

茲制定消費合作推進辦法公佈之此令

社會部令　社法字第一〇八三四號　三十年十二月五日

茲修正社會部各司分科規則第十二、十三條條文公佈之此令

社會部令　社法字第一一〇二六號　三十年十二月十一日

茲制定農業生產合作推進辦法公布之此令

社會部令　社法字第一一一〇〇號　三十年十二月十二日

茲制定社會部設立示範社會處暫行通則公佈之此令

社會部令　社法字第一一一三〇號　三十年十二月十三日

茲制定陪都及遷建區各機關消費合作社推進辦法公佈之此令

社會部令　社法字第一一一六〇號　三十年十二月十五日

茲制定社會服務設施綱要公佈之此令

社會部令　社法字第一一三二〇號　三十年十二月十八日

茲制定社會部考績委員會組織規程公佈之此令

社會部令 社法字第一七三四〇號 三十年十二月十九日

茲制定社會部職員年終考成辦法公佈之此令

社會部令 社法字第一一四〇五號 三十年十二月二十日

茲修正社會部處務規程公佈之此令

社會部令 社法字第一一五七五號 三十年十二月二十六日

茲制定實施縣各級合作社組織大綱縣份原有各級合作社解散後債權債務及公積金公益金處理辦法公佈之此令

社會部令 社法字第一七四五號 三十年十二月三十一日

茲制定社會部部務會議規則公佈之此令

社會部令

派楊寰白為本部調查員此令

社總字第八五四一號 三十年十月一日

本部調查員戴健華另有任用應免本職此令

派戴健華代理本部示範救助院會計員此令

派譚永忠代理本部科員此令

社總字第八六四〇號 三十年十月三日

派唐國粹為本部調查員此令

社總字第八六四三號 三十年十月三日

本部科員李聲鑄呈請辭職應照准此令

社總字第八六四四號 三十年十月三日

本部農工運督導員孫方陳秀山另有任務應免本職此令

派孫方陳秀山為本部農工運督導員此令

社總字第八六五〇號 三十年十月三日

本部合作事業管理局辦事員步[illegible]呈請辭職應照准此令

社總字第八六七四號 三十年十月三日

本部合作事業管理局科員謝子城蒲肇楷另有任用應免本職此令

社總字第八七三七號 三十年十月四日

本部統計處調查專員林昌驥
計算員曾彩璇呈請辭職應照准此令

社總字第八七四二號 三十年十月四日

派張芝友[illegible]錦川為本部統計處調查輔導員此令

社總字第八七五五號 三十年十月六日

派朱[illegible]德鄔之炎為本部調查員此令

社總字第八七五七號 三十年十月六日

本部科員陶銘成呈請辭職應照准此令

社總字第八八二二號 三十年十月七日

派章鏡清為本部調查員此令

社總字第八八二三號 三十年十月七日

派薩傲鹿代理本部科員此令

社總字第八九〇七號 三十年十月九日

派王[illegible]代理本部合作事業管理局辦事員此令

社總字第八九四二號 三十年十月九日

派吳瑞芳左尚藏代理本部科員此令

社總字第九一〇五號 三十年十月廿四日

本部計算員敖 啟呈請辭職應照准此令

社總字第九一〇六號 三十年廿月十四日

代理本部合作事業管理局科員張 宗呈請辭職應照准此令

社總字第九一二二號 三十年十月十五日

本部統計處成都家計調查員向景雲重慶家計調查員劉天寵呈請辭職應照准此令

社總字第九一九〇號 三十年十月十六日

派吳 炎為本部成都家計調查員王學章為重慶家計調查員魏華昌楊沛忠王啟光為嘉定家計調查員此令

派俞美四爲本部農運督導員此令　社總字第九一九九號　三十年十月十六日

派宮之楨代理本部科員此令　社總字第九二〇〇號　三十年十月十六日

委任虞湝楠爲本部科員此令　社總字第九二〇三號　三十年十月十六日

代理本部科員程宗純呈請辭職應照准此令　社總字第九二六四號　三十年十月十七日

本部統計處計算員朱新育呈請辭職應照准此令　社總字第九二九一號　三十年十月十八日

代理本部社會運動督導員何雪蓀久不到職應予免職此令　社總字第九二九二號　三十年十月十八日

委任溫劍賓康國瑞試署本部科員此令　社總字第九三二六號　三十年十月二十日

派閔劍梅代理本部視導除呈薦外此令　社總字第九三五四號　三十年十月二十一日

派本部視導閔劍梅兼任諮訪室主任此令　社總字第九三五五號　三十年十月二十一日

代理本部科員鄧必謙應予免職此令　社總字第九四二二號　三十年十月二十三日

本部科員戴啟人呈請辭職應照准此令　社總字第九五一九號　三十年十月二十七日

派蔡　琨爲本部統計處計算員此令　社總字第九五二〇號　三十年十月二十七日

派孫炳年爲本部調查員此令　社總字第九五二　號　三十年十月二十七日

本部調查員胡英鑑呈請辭職應照准此令　社總字第九五二七號　三十年十月二十八日

着組織訓練司幫辦張廷灝應免兼職此令　社總字第九六〇四號　三十年十月二十九日

本部調查員張重光應即免職此令　社總字第九六〇五號　三十年十月二十九日

派章楚翹代理本部科員此令　社總字第九六三八號　三十年十月二十九日

本部代理工運督導員吳裕民呈請辭職應照准此令　社總字第九六七一號　三十年十月三十一日

派夏德峴陳眞一爲本部統計處調查督導員計[illegible]此令　社總字第九六八六號　三十年十月三十一日

派政務次長洪蘭友爲本部訴願審理委員會委員並指定爲主席此令

派兼代社會福利司司長朱[illegible]參事黃友郢謝徵孚秘書黃夢飛總務司司長陳　烈組織訓練司司長陸京士社會行政計劃委員會專任委員劉仰之視導陳　言合作事業管理局局長壽勉成專員徐竹若姜光昀丁錚城爲本部訴願審理委員會委員此令　社總字第九七四一號　三十年十一月一日

本部科員汪嘯岑呈請辭職應照准此令　社總字第九七四四號　三十年十一月一日

本部工運督導員李實清呈請辭職應照准此令　社總字第九八六三號　三十年十一月五日

本部視導徐劬川另有任用應予免職此令　社總字第九九一六號　三十年十一月六日

本部調查員張麗生應予免職此令　社總字第九九一八號　三十年十一月六日

本部科員屠義方呈請辭職應照准此令　社總字第九九一九號　三十年十一月六日

代理本部視導王　政呈請辭職應照准此令　社總字第九九二一號　三十年十一月六日

派本部專員陳德齋王善繼兼本部諮訪室第一二組組長此令　社總字第九九六六號　三十年十一月七日

派劉梓琴為本部統計處調查審導員此令　社總字第一〇〇一一號　三十年十一月八日

派石　潘代理本部合作事業管理局辦事員此令　社總字第一〇〇一七號　三十年十一月八日

本部科員李儒純呈請辭職應照准此令　社總字第一〇〇三二號　三十年十一月八日

本部湯峽口模範墾殖新村主任戴宏昆呈請辭職應照准此令

派詹連吾為本部湯峽口模範墾殖新村主任此令　社總字第一〇〇八四號　三十年十一月十日

派吳其相巴錫騏寮懋康錢潤生蔡懋端傅安慶為本部工廠檢查員此令　社總字第一〇〇八八號　三十年十一月十一日

派吳茲瑜代理本部科員此令　社總字第一〇一三一號　三十年十一月十三日

派孫耀五爲本部調查員此令

社總字第一〇一九八號　三十年十一月十五日

派向發英代理本部合作事業管理局科員此令

社總字第一〇二七四號　三十年十一月十八日

派胡邦偉爲本部統計處調查審導員此令

社總字第一〇三三七號　三十年十一月十九日

本部統計處調查審導員楊曉清應予免職此令

社總字第一〇三三八號　三十年十一月十九日

派陳逸生代理本部科員此令

社總字第一〇三三九號　三十年十一月十九日

本部科長易希文視導范師任另有任用應免本職此令

社總字第一〇四〇四號　三十年十一月二十二日

派易希文代理本部視導
范師任代理本部科長除呈荐外此令

社總字第一〇四〇五號　三十年十一月二十二日

派彭純爲本部統計處調查審導員此令

社總字第一〇四七二號　三十年十一月二十五日

派席縱篤萬覺毛錫吾爲本部統計處調查員此令

社總字第一〇四七四號　三十年十一月二十五日

派王桐泉王令文馬德馨蔡學厚爲本部統計處家計調查員此令

社總字第一〇四七五號　三十年十一月二十五日

派專員婁立民富靜岩黃嘉漢方曉涵兼會計室第一二三四股股長此令

社總字第一〇四九四號　三十年十一月二十五日

本部工運督導員葉驪良着即免職此令
社總字第一〇五四四號　三十年十一月二十七日

本部農運督導員周世明着即免職此令
社總字第一〇五四五號　三十年十一月二十七日

本部統計處計算員談仲一呈請辭職應照准此令
社總字第一〇五八〇號　三十年十一月二十八日

派鄭若谷代理本部視導除請簡外此令
社總字第一〇五九六號　三十年十一月二十八日

派葉水岑常勝軍周有章曾環爲本部統計處家計調查員此令
社總字第一〇五九六號　三十年十一月二十八日

派羅天壽歐陽元胡霖爲本部統計處調查員此令
社總字第一〇六一七號　三十年十一月二十九日

派陳明章爲本部統計處計算員此令
社總字第一〇六七五號　三十年十二月一日

派王醒魂爲本部調查員此令
社總字第一〇六七六號　三十年十二月二日

本部科長朱萃濬呈請辭職應照准此令

派本部專員曾起鵬兼代組織訓練司第五科科長職務此令
社總字第一〇六九〇號　三十年十二月二日

委任傅希璦爲本部合作事業管理局辦事員此令
社總字第一〇七二七號　三十年十二月三日

委任張民權試署本部科員此令
社總字第一〇七二八號　三十年十二月三日

委任徐翔之試署本部科員此令

社總字第一〇七三〇號　三十年十二月三日

委任蒲肇楷為本部合作事業管理局科員兪可鈞試署本部合作事業管理局科員此令

社總字第一〇七三三號　三十年十二月三日

委任楊繼祥試署本部科員此令

社總字第一〇七五二號　三十年十二月四日

派傅勁植代理本部合作事業管理局科員此令

社總字第一〇八〇一號　三十年十二月四日

派馬啟賢為部本工運督導員此令

社總字第一〇八七二號　三十年十二月六日

本部統計處調查審導員魯德慧另有任用應免本職此令

派蕭敬思為本部統計處調查審導員此令

社總字第一〇八七三號　三十年十二月六日

派唐盛琳代理本部科員此令

社總字第一〇八八二號　三十年十二月六日

代理本部科員李後興久不到差應予免職此令

社總字第一〇八八三號　三十年十二月六日

派靳法彬代理本部科員此令

社總字第一〇九一一號　三十年十二月六日

派舒伯勳蕭殿白李平為本部統計處家計調查員此令

社總字第一〇九一二號　三十年十二月六日

派斯　道代理本部科員此令

社總字第一一〇一六號　三十年十二月十日

代理本部科員謝宗德久不到差應予免職此令

社總字第一一〇一七號　三十年十二月十日

代理本部科員宮之棟呈請辭職應照准此令

社總字第一一〇一八號　三十年十二月十日

本部調查員張耀煌陳福松着即免職此令

社總字第一一三一九號　三十年十二月十七日

本部科長謝澄宇呈請辭職應照准此令

社總字第一一三二〇號　三十年十二月十八日

本部調查員何爭烈呈請辭職應照准此令

社總字第一一三二一號　三十年十二月十八日

派晏昇東代理本部科員此令

社總字第一一三三三號　三十年十二月十一日

委任平澤蔭爲本部科員此令

社總字第一一三八六號　三十年十二月二十日

委任蘊倣鹿爲本部科員此令

社總字第一一三八八號　三十年十二月二十日

派孫寄園爲本部調查員此令

社總字第一一四三〇號　三十年十二月二十二日

派郭詩暢代理本部科員此令

社總字第一一五三七號　三十年十二月二十五日

派藍乾章代理本部科員此令

社總字第一一五三八號　三十年十二月二十五日

本部科員王士珏呈請辭職應照准此令

社總字第一一五五五號　三十年十二月二十五日

本部督導員欒爾苹呈請辭職應照准此令

社總字第一一五九八號　三十年十二月二十六日

本部統計處計算員王以康呈請辭職應照准此令　社總字第一一六三五號　三十年十二月二十七日

派任席璋爲本部統計處家計調查員此令

派胡士琪爲本部合作事業管理局全國合作人員訓練所副所長此令　社總字第一一六三六號　三十年十二月二十七日

派常務次長黃伯度兼任本部三十年度考績委員會主任委員此令　社總字第一一六四三號　三十年十二月二十七日

派祕書兼總務司長陳[illegible]烈陸京士兼代司長朱景暄局長壽勉成視導陳[illegible]言代科長郭[illegible]驥兼任本部三十年度考績委員會委員此令　社總字第一一六五六號　三十年十二月二十七日

代理本部科員常守仁另有任用應免本職此令　社總字第一一七一五號　三十年十二月三十一日

派常守仁爲本部調查員此令　社總字第一一七一六號　三十年十二月三十一日

本部農運督導員楊德馨谷興驥着即免職此令　社總字第一一七七六號　三十年十二月三十一日

社會部兒童福利研究委員會研究委員姓名一覽

熊芷　陳鐵生　張藹真　劉蘅靜
谷韞玉　胡定安　俞松筠　羅光垛
倪逢吉　吳渝珍　沈慧蓮　黃瑛

社會部人口政策研究委員會研究委員姓名一覽

陳達　陳長蘅　潘光旦　孫本文

龐京周　吳文藻　李景漢　許世瑾

黃友郢　陳　言　傅尚霖

社會部勞工政策研究委員會研究委員姓名一覽

吳景超　黃　卓　林東海　薛光前

史維煥　謝徵孚　陸京士　朱景暄

吳克剛　陳　琮　李俊龍　史尚寬

社會部新聘社會行政計劃委員

張九如　楊公達　涂公遂　范　任（專任）

公牘

總務類

社會部訓令　社總字第八八七四號　三十年十月八日

令本部所屬各機關

奉　行政院令所有中央機關及所屬機關暨中央國營事業機關對於員工生活之補助應照非常時期改善公務員生活辦法切實執行一案令仰遵照並將遵辦情形具報由

案奉

行政院本年九月二十三日勇公字第一四八零四號訓令內開：「奉　國防最高委員會國綱字第一二〇四〇〇號申文代電開：「查非常時期改善公務員生活辦法第二十七條規定：「中央機關及其附屬機關暨中央所屬國營事業機關，曾定有生活補助及米貼等辦法，與本辦法不符者，應一律照本辦法辦理之。」所有中央各機關對於員工生活之補助，自應於七月一日起一律照非常時期改善公務員生活辦法之規定辦理，近據報告仍有違反規定，擅自增加薪津者，茲特明令責成各機關切實執行非常時期改善公務員生活辦法，自此次申令以後，所有中央機關及所屬機關暨中央國營事業機關，如有違反該辦法規定者，應將違法支領之薪津補助一律追繳，並責成黨政工作考核委員會隨時派員切實考查具報，除分電外，合行電達查照辦理，並飭屬一體遵照為要！」等因；奉此，除分別函令外，合行令仰切實遵照辦理，並轉飭所屬一體遵照，仍將遵辦情形具報為要！」等因；奉此，自應遵辦，除呈復並分令外，合行令仰切實遵照，並轉飭所屬一體遵照，仍將遵辦情形具報為要！此令。

社會部訓令　社總字第九〇八〇號　三十年十月十三日

令本部所屬各機關

抄發非常時期統一社會運動辦法令仰知照

案奉

行政院本年九月二十一日勇玖字第一四六四三號訓令開：

「查非常時期統一社會運動辦法，業經本院制定公布，應即通飭施行。除分令外，合亟抄發該辦法，令仰知照，並轉飭所屬一體知照。」

等因：附抄發非常時期統一社會運動辦法一份，奉此，除分令外，合行抄發原件令仰知照！此令。

附抄發非常時期統一社會運動辦法一份（見第三期公報法規欄）

社會部訓令　社總字第九一七九號　三十年十月十六日

令本部所屬各機關

為奉　院令准中央執委會祕書處函嗣後繳匯黨員月捐希按月直接繳匯本處一案令仰知照由

案奉

行政院本年十月三日勇文字第一五三八五號訓令開：

「案准中央執行委員會祕書處本年九月二十日渝（30）會字第一三七六七號公函開：『查黨員月捐原由中央舉辦，本處負直接稽徵責任，已成定案，但以各省市公務機關扣繳承辦人尚有不明報解手續，間有月捐送繳當地代理國庫收入財政部捐款帳戶，致事後辦理書面沖轉等手續，多所周折，殊不經濟，用特函達貴院查照，並請逐級轉飭所屬機關一體知照，嗣後繳匯黨員月捐，務希依照按月捐暫行條例施行細則第十條規定，按月直接繳匯本處，以憑核收掣據為荷！』等由，到院。除分行外，合行令仰知照，並飭屬一體知照！」

等因；奉此，除分行外，合行令仰知照！此令。

社會部訓令　社總字第九二五一號　三十年十月十七日

令本部所屬各機關

為准外匯管理委員會函以制定政府機關事業機關請購外匯須知各一種即日公佈施行等由抄發原附件令仰知照由

案准外匯管理委員會本年十月二日渝管一字第七號公函開：

「查商匯牌價業經取銷，原經財部公佈施行之進口物品申請購買外匯規則及施行細則，並已由部公告廢止，財政部以往審核政府機關請購外匯案件，原以各機關請購外匯應行注意事項爲依據，現在外匯審核事務既經財部移交本會接管，自應規定手續，以資辦理，茲由會制定政府機關請購外匯須知，事業機關請購外匯須知各一種，即日公佈施行，除呈報並分別函知公告外，相應檢同上項須知各一份，函請查照，並轉飭所屬一體知照！」

等由；附政府機關事業機關請購外匯須知各一份准此，除分行外，合行檢發原件各一份，令仰知照，此令！

附政府機關事業機關請購外匯須知各一份（略）

社會部訓令

社總字第九三〇七號　三十年十月十八日

令本部各屬各機關

奉　頒戰時社會服務獎章頒給辦法令仰知照由

案奉

行政院三十年十月二日勇壹字第一五二九二號訓令開：

「案奉　國民政府三十年九月二十三日渝文字第九三三號訓令開：「奉　中央執行委員會三十年九月十五日渝豐機字第一二六九號函開：「本會爲獎勵國民從事戰時社會服務起見，業經制訂戰時社會服務獎章頒給辦法一種，陳奉　總裁核准，除分行各級黨部外，特檢同該項辦法一份，函達，即希查照，並飭所屬知照！」等因；自應照辦，除函復並分行外，合行抄發原辦法，令仰知照，並轉飭所屬一體知照」，等因；奉此，合行抄發原辦法令仰知照，並轉飭所屬一體知照！」

等因；奉此，除分令外，合行抄發原辦法，令仰知照！此令。

附抄發戰時社會服務獎章頒給辦法一份

戰時社會服務獎章頒給辦法

第一條　從事戰時社會服務而冒險犯難任俠好義者依本辦法獎勵之

第二條　戰時社會服務獎章定名爲中正章

第三條　凡合於左列各款之一者授予中正章並附給獎狀

一　救死扶傷救災動人成績卓著者

二　救死扶傷救災助人致受重傷者
三　急公好義冒險犯難義勇可風者
四　捐獻糧秣特多者
五　協助兵役運動有特殊勞績者
六　仗義疏財斥巨資以供抗建之用者
七　有合於本辦法第一條精神之其他行動者

第四條　凡合於本辦法第三條各欵之一者得由其主管黨部機關或團體詳敍事實呈請　中央執行委員會或軍事委員會轉呈　總裁委員長　核給獎章

第五條　獎章作圓形銅質鍍金直徑一寸半正面中書「急公好義」背面書「中正章」字樣獎狀內敍明應授獎章之事實其式樣另定之

第六條　給獎得舉行儀式並得發交省縣市黨部政府代授之

第七條　本辦法以外之其他獎勵撫䘏辦法仍依法有效

第八條　本辦法自核准之日施行

社會部令　社總字第九三〇八號　三十年十月十八日

令本部所屬各機關

奉　抄發本部合作事業管理局對各機關合作社實際狀況及改善辦法報告書三四章一份令仰知照

案奉

行政院三十年九月二十三日勇公字第一四八〇一號訓令開：

「查非常時期改善公務員生活辦法第二十三條規定：『各機關應籌設合作社以廉價供給必需品，減輕公務員生活負担，』現各機關雖多設有合作社，但是否能達到以廉價必需品供給公務員之目的，經令社會部轉飭合作事業管理局，切實調查研究各機關合作社實際情形，擬具辦法，加以改善去後；茲據社會部呈稱：『遵經飭據本部合作事業管理局呈稱：『查本局對于各機關合作社之組織，而經積極推進，漸見發展，并附設全國合作社物品供銷處，以期便利合作社物品之供銷，其於公務員生活之改善，不無裨益，惟依各機關合作社及供銷處之現狀觀察，其缺點與困難事實甚多，正擬設法改進中，奉令前因，遵即切實調查研究實際情形，茲謹繕同各機關合作社實際狀況及改善辦法報告書一份，簽請核轉，分行各機關轉飭改進，並請責令金融交通等機關，對於資金供給及貨品運輸，予以便利，以期達到以廉價必需品供給公務員之目的，是否有當？仰祇鑒核，」等情，據此，查核原報告書所擬改善辦法，尚屬切要，奉令前因，理合檢同該局原呈各機關合作社實際狀況及改善辦法報告書一份，呈賚鑒核示遵，」等情，據此，除分別函令暨指令外，合行抄發原報告書三四兩章，令仰遵照辦理，並轉飭所屬一體遵照！」
等因；附抄發合作事業管理局原報告書三四章一份，奉此，除分令外，合行抄發原件，令仰知照！此令。
附抄發合作事業管理局原報告書三四章一份（略）

社會部訓令　社總字第九五六六號　三十年十月二十八日

令本部所屬各機關

抄發地方自治實施方案令仰知照由

案奉
行政院三十年十月五日勇壹字第一五五三八號訓令開：「查地方自治事業，類別至多，在地方自治開始實行法及建國大綱中，均有詳明之指示，値茲新縣制積極施行之際，各項自治事業，自應明定條目，確立標準，俾各級自治機關知所遵循，爰參照現行有關法令，制定地方自治實施方案，為地方自治自籌備達于完成必具之條件，應即通飭施行，除分令外，合行抄發原方案令仰知照，並轉飭所屬一體知照！」
等因；附抄發地方自治實施方案一份，奉此，除分令外，合行抄發該方案令仰知照！此令。
附抄發地方自治實施方案一份（略）

社會部訓令　社總字第一〇一二八號　三十年十一月十一日

令本部所屬各機關

奉　院令為各機關黨員月捐必須切實扣繳飭屬遵照由

案奉

行政院本年十月三十日勇文字第一七二五九號訓令內開：

「奉　國民政府本年十月十六日渝文字第一〇三六號訓令，為各機關黨員月捐必須切實扣繳等因；自應遵辦，嗣後各機關扣收黨員月捐時，應飭會計員司嚴密查對，務使無隱匿與漏報情事，仰即遵照，並飭屬遵照！此令。」

等因；奉此，自應遵辦，除分行外，合行令仰遵照，并飭屬遵照！此令。

社會部訓令　社總字第一〇四一三號　三十年十一月二十二日

令本部所屬各機關

奉　令抄發修正黨政軍機關人員小組會議與公私生活行為輔導辦法條文令仰知照

案奉

行政院本年十一月八日勇考字第一七七二一號訓令開：

「准國防最高委員會秘書廳三十年十月四日國綱字第二一一四三號公函開：『查前准黨政工作考核委員會函，為黨政軍機關人員小組會議與公私生活行為輔導辦法所規定應考核各項，均經分別訂入黨務工作人員總考績實施辦法及非常時期公務員考績暫行條例之內，各機關工作總檢閱報告表及公務人員成績總檢閱表似可免送，該辦法內九第十兩條，亦似可廢止等由；到廳，當以該項辦法係經中常會核定施行，經即函送中央執行委員會秘書處核復在案。茲准本年十月十三日渝豐機字第一二一二五號公函略開：「案經會同黨政工作考核委員會中央組織部審查，將原修正案酌予修正，並提請中央第一八五次常會決議通過在案，相應檢同該項修正條文函達，即希查照轉陳，並分別轉行遵照，」等由；附修正黨政軍機關人員小組會議與公私生活行為輔導辦法條文一份，准此，除轉陳並分函外，相應抄同修正條文函達，即希查照，并轉飭所屬各部會遵照為荷！』等由；准此，除分令外，合行抄發原附件，令仰遵照，」

等因；奉此，除分令外，合行抄發原附件，令仰切實遵照，并將辦理情形，按月具報為要！此令。

附抄發修正黨政軍機關人員小組會議與公私生活行為輔導辦法條文乙份（略）

社會部訓令　社秘字第一〇九五一號　三十年十二月九日

令各外派人員

爲本部外派專任人員不得兼任其他機關團體之任何職務及支領任何津貼補助費迅令遵照由

查本部外派專任人員，各有重要職責，不准兼任其他機關團體之任何職務，及支領任何津貼補助費，以免影響本身工作，兼妨部務，除分令外，合行令仰遵照！此令。

社會部訓令　社總字第一〇九八五號　三十年十二月九日

令本部所屬各機關

爲頒發工作進度月報表式仰自三十一年一月份起按月填報並將三十一年度全年工作計劃及工作進度先行呈部以憑查考由

本部爲實行考核附屬各機關工作成績起見，茲製定各附屬機關工作進度月報表式一種，除分令外，合行檢發該項表式，令仰遵照，自三十一年一月份起按月依式填報，並將三十一年度全年工作計劃及工作進度先行呈部，以憑查考爲要！此令。

附發月報表式一份

（機關名稱）三十一年　月份工作進度月報表（式樣）

原定工作	實施情形	進度比較	考核意見	批示	備註
本欄須依照工作計劃逐項填明某月份應辦事項	本欄須準照上列事項說明實施情形	本欄須填明工作實況與原定工作計劃是否相符如有不符之處並須說明理由			

社會部訓令　社總字第一一一二九號　三十年十二月十三日

令本部所屬各機關

事由：奉令非常時期改善公務員生活辦法暫時不宜變更關於平價米之分配及供應訂補充辦法三項令仰遵照

案奉

行政院本年十二月三日勇公字第一九四四二號訓令開：

「奉　國民政府三十年十一月二十五日渝文字第一一〇二號訓令開：『據本府文官處簽呈稱：「准國防最高委員會秘書廳三十年十一月二十二日國紀字第二一二一五號公函開：『案查非常時間改善公務員生活辦法，前奉　國防最高委員會第六十次常務會議決議通過，當經由廳函請貴處轉陳分飭遵辦在案，嗣准行政院軍事委員會先後函送對於非常時期改善公務員生活辦法意見，請轉陳採擇施行，並奉　委員長交下陳司令長官誠爲陳述改善公務員待遇辦法意見未沁電一件，飭即併交研究等因，經遵批分別送法制財政經濟三專門委員會併案審查去後，茲據報告審查結果，認現行非常時期改善公務員生活辦法，暫時不宜變更，其條文現無修正必要，關於平價米之分配及供應方法，爲使其發生充分效力，可訂補充辦法三項如左：一、重慶及遷建區由糧食部多設供應站，對公務員及其家屬實行憑證購米。二、凡經核准購領平價米者，即由糧食部製備購米證，發由各機關轉發公務員向附近供應站購米。三、購米證亦得換作牌價差額之代金，惟應先行登記，登記後三個月內不得任意變更，其詳細辦法由糧食部會同財政部訂定，呈由行政院核准辦理，至在各地之中央機關必須各該地米價每市石超過六十元時，其公務員及其家屬方得根據非常時期改善公務員生活辦法發給平價米代金，又各地之物價總指數未達到民國三十年四月份重慶物價總指數者，其公務員補助金自不得增加。凡此二點，非常時期改善公務員生活辦法第十、十一、十五、十八等條本已有規定，茲擬請鈞會轉飭行政院飭主管機關特予注意等語，提奉國防最高委員會第七十一次常務會議決議，照審查意見通過，相應錄案函達，即希查照轉陳分令飭遵』等由，理合簽呈鑒核」等情，據此，應即照辦，除飭復並分行外，合行令仰該院遵照並分別轉飭遵照辦理』，等因；奉此，自應遵照辦理，除本案第三項之詳細辦法，已分令財政糧食兩部從速擬訂另候核奪暨分行外，合行令仰遵照，並轉飭所屬一體遵照」。等因；奉此，合行令仰遵照並轉飭所屬一體遵照！此令。

社會部訓令　社總字第一一三九一號　三十年十二月二十日

令本部所屬各機關

奉　抄發修正社會部組織法第十六條第十八條條文令仰知照由

案奉

行政院三十年十二月四日勇伍字第一九四五四號訓令開：「案奉　國民政府三十年十一月二十四日渝文字一二零零號訓令開：『查修正財政部組織法修正經濟部組織法第十八條第二十二條條文，修正社會部組織法第十六條第十八條條文，業經明令分別公布，應即通飭施行，除分令外，合行抄發各該修正條文，令仰知照，並轉飭所屬一體知照，此令』等因，奉此，除分行外，合行抄發各該修正條文，令仰知照，並轉飭所屬一體知照」。等因，附抄發修正財政部組織法一份，修正經濟部組織法第十八條第二十二條條文一份，修正社會部組織法第十六條第十八條條文一份，奉此，除分令外，合行抄發修正社會部組織法第十六條第十八條條文一份令仰知照！此令。

計抄發修正社會部組織法第十六條第十八條條文一份（見法規欄）

組織訓練類

社會部呈　社組字第一〇〇〇八號　三十年十一月八日

呈送非常時期人民團體訓練綱要草案請　核定頒佈施行由

查人民團體會員訓練，素無統一規章以為依據，値茲抗建期中，本部為期人民團體之組織與軍事行動相配合，以達成非常時期社會建設之使命起見，特擬訂「非常時期人民團體訓練綱要草案」，作為全國各種人民團體訓練會員之依據，理合繕具該項綱要草案，呈請

鈞院迅賜核定，頒佈施行。

謹呈

行政院

附賚非常時期人民團體訓練綱要草案一份（略）

軍事委員會運輸統制局
社會部呈　社組字第一〇二九二號　三十年十一月十八日

為呈送國營公路職工指導委員會組織通則及國營公路職工組訓福利工作計劃大綱請　鑒核備案由。

竊查前中央社會部為增進公路工人知識技能加強運輸效率及改善公路工人生活起見，曾頒行國營公路工會籌備委員會組織通則，並會同交通部及有關機關派員組織西北西南滇緬等公路工會籌備委員會，辦理工人組訓福利等項工作，實施以來，尚著成效，近以各國營公路行政已改隸本運輸統制局，公路職工即將實施軍事管理，將來組訓工作，亦須變更方式，期以適應實際需要，茲經本局部會同商決，今後國營公路職工組訓福利工作之實施，以配合行政管制為原則，對於職工福利尤須切實注意，藉以改善職工生活，提高工作技能，增強運輸效率，並擬定國營公路職工指導委員會組織通則及國營公路職工組訓福利工作計劃大綱，俟各國營公路管理機構調整完竣，即行依照實施，除呈軍事委員會行政院外理合繕具該項職工指導委員會組織通則及工作計劃大綱一份，備文呈請

鈞院鑒核准予備案，實爲公便！

謹呈

行政院

國民政府軍事委員會

附呈國營公路職工指導委員會組織通則及國營公路職工組訓福利工作計劃大綱各一份（略）

社會部呈　社組字第一〇七二號　三十年十二月十二日

為將遵辦限制酒宴消費運動情形並擬同戰時生活勵進會組織規程草案報請　鑒核由

案奉

鈞院三十年十二月一日經秘政字第二〇五號訓令附發限制宴酒消費運動辦法一份，飭即遵照。並飭於該項辦法實施後，每週應將宴會人之真實姓名住址，及宴會地點價目在報端公佈，等因；奉此，遵即擬具「戰時生活勵進會組織規程」及「戰時生活勵進會勸導隊組織簡則」，「戰時生活勵進會檢查隊組織簡則」，「戰時生活勵進會檢查隊檢查辦法」，「機關長官勸導僚屬人民團體勸導會員節約酒食消費辦法」，「書面勸誡辦法」「公開制裁辦法」，「限制酒食消費運動宣傳大綱」等項草案，並於十二月五日召集中央宣傳部等十七機關開會商討一切進行事宜，通過上列各種規章辦法，推定正綱爲戰時生活勵進會主任委員，重慶市黨部主任委員陳訪先，重慶市動員委員會主任委員吳國楨，新生活運動促進總會總幹事黃仁霖爲副主任委員，刻正積極籌組戰時生活勵進會，期能剋日開始工作，惟非常時期，重慶市取締宴會及限制酒食消費辦法規定於三十一年一月一日實施，該會工作亦擬於一月一日後積極推進，期能互相配合，奉令前因，理合將遵辦情形並檢同戰時生活勵進會組織規程草案，先行備文呈報

鑒核備查。

謹呈

行政院

附呈戰時生活勵進會組織規程草案一份（略）

社會部簽呈

社組字第一一二三九號　三十年十二月十六日

奉　交議福建省政府代電請核釋縣各級組織綱要所列之婦女會是否即人民團體分類中所稱之婦女會一案簽請　鑒核飭知由

遵查縣各級組織綱要所列之婦女會與人民團體分類中所稱之婦女會名稱雖同，系統各異，前者係配合保甲制度縣一級之婦女組織，後者乃民運系統內有級級之婦女團體。奉交前因，理合簽請鑒核飭知。

謹呈

行政院

社會部公函

社組字第八八二四號　三十年十月七日

准函以醫師公會會員資格可否變通一案復請查照轉飭遵辦由

案奉

貴會三十年七月二十六日社字第一三一九號函，略以醫師公會會員資格可否變通，囑核復等由到部，當以有關醫師資格問題，經函准衛生署三十年九月十六日卅醫字第一二四七二號函開：

「案准貴部三十年八月二十一日社組字第七三二九號公函，以准廣東省黨部函據潮安縣黨部呈為醫師公會請核示醫師公會會員資格可否變通辦法，如確具有醫師資格，雖未領有醫師證書，但經領有縣政府開業執照者，經本會審查認可，可否變通准予加入為預備會員，其待遇與會員同，惟不得有被選舉權一案，事關醫師會員資格，似應先行確定其是否以領有證書者為限，函請查照，惠示卓見，以憑核辦，等由；准此，查醫師公會會員資格，應以領有中央頒給之醫師證書者為限，至確具有醫師暫行條例第三條規定之資格尚未領證者，可准先行入會為預備會員，但須一面呈領醫師證書相應函復，即希查核轉達為荷」。

等由；相應復請

查照轉飭遵辦為荷！

此致

中國國民黨廣東省執行委員會

社會部公函　社組字第九〇〇九號　三十年十月十二日

為據南溪縣黨部呈請核示佛教職業及經紀商業可否依照人民團體組織方案成立組織一案請查照轉知由

案據四川省南溪縣黨部書記長蕭呂禮三十年六月二十日呈稱：

「查本會自指導組織人民團體以來，業已依法組成縣總工會一個，職業工會十七個，縣商會一個，同業公會二十四個，縣教育會一個，區教育會三個，縣婦女會一個，計共四十八個，其未組織完成者，有縣農會和鄉農會，現積極發動各區分部黨員，領導農民進行組織，短期內即可完成。茲尚有兩種團體，呈請組織前本會未奉明文之規定，一為佛教職業，即替人代齋經懺之道士。一為經紀商業，即從此交易其間介紹說合之中人，前者屬於迷信，本應革除，惟中國數千年來迄未廢棄，本縣現有數百人之多，倘不准成立，有失團結，如依組織，究應屬於何種團體，若以慈善團體名之，伊等純係傭工性質，如屬職業工會，其名如何定立，應請核示。後者本為習俗，無如迭據呈請職前來，未便拒絕，是否准予成立，其名義與屬類又應如何規定，仍請核示，便資遵循」。」等情據此；查經紀商人，如有公司行號之設立，依照商業同業公會法第五十七條之規定，可組織同業公會，既經解釋有案：至特人修齋禮懺之道士，可否組織團體一案，經咨准內政部咨復，略：「查道教會應屬宗教團體，依法得許可組織，惟賴牌爲業，類似巫覡之道士，不得利用團體，提倡迷信，如遇有提倡迷信之活動，則應依法嚴予取締，經奉　行政院二十三年十月第六零零九號訓令准中央民衆運動指導委員會函解釋在案」等由，准此；相應函請

查照轉飭知照爲荷！

此致

中國國民黨四川省執行委員會

社會部公函　社組字第九一三七號　三十年十月十五日

准函關於列陳非常時期工商業及團體管制辦法疑義二點一案除第一點俟會商經濟部決定外第二點業經釋明函復查照由

案准

貴會三十年九月十一日先社字第二四四一號公函：以列陳「非常時期工商業及團體管制辦法」疑義二點，屬核釋見復等由；查關於第一點，係屬商業登記，本部現正會商經濟部辦理，俟決定後另文奉復，至第二點，小規模營業，應否爲同業公會或商會會員一節，應祇以有無公司行號之設立爲準，不問資本多寡，如無公司行號，除登記外，不發生關係。准函前由，相應復請

查照爲荷！

此致

中國國民黨中央直屬重慶市執行委員會

社會部公函　社組字第九二二〇號　三十年十月十六日

爲組織同業公會不能適用非常時期職業團體會員強制入會與限制退會辦法函請查照飭知由

案准中央執行委員會組織部本年十月二日信渝祺字第一四四二五號公函：

「據四川隆昌縣黨部通訊稱：『查商業同業公會法第二條規定，凡重要商業之公司行號，在同一區域內，有同業三家以上者，應依本法組織商業同業公會，現在隆昌已設有中國銀行，四川省銀行，隆昌縣銀行，亦應組織公會以資管理，惟各該行負責人，間有諉稱須向其本行請示後，始能參加公會組織，未識可否按照非常時期職業團體強制入會與限制退會辦法辦理，敬請示遵，以資遵循』等情；到部，相應函請查照，迅予解答爲荷」。

等由；查組織同業公會，不能適用非常時期職業團體會員強制入會與限制退會辦法，但商業同業公會法第二條既規定：「應依本法組織商業同業公會，即可督促其組織，不必再根據其他法令」，准函前由，相應函達

查照飭知爲荷！

此致

中國國民黨四川省執行委員會

社會部公函　社組字第九二三八號（三十年十月十七日）

准函請解釋記者範圍及記者資格疑義一案復請查照轉知由

案准

貴會三十年九月十九日社字第一六八七號函開：

「現據興文時事日報社本年九月五日呈稱：『爲懇請解釋事：現擬組織記者公會，惟對於記者範圍及記者資格，有所未明，特請解釋。（一）所謂記者，是否包括社長經理總務會計編輯電訊員校對員發行人，或僅指發行人記者編輯（二）未經內政部中宣部登記核准之報紙，其記者有無入會之資格。（三）記者資格，有無規定？合格記者有無執照發給，充任記者，未及一年，是否取得記者資格？以上三點疑問，乞賜分別解釋指令祇遵，』等情；據此，查上開疑義三點，法無明定，茲據前情，相應函達查照辦理見復，以便飭遵爲荷。」

等由；查新聞記者登記法規，中央正在制訂中。在未頒行前，記者範圍，可暫以發行人編輯及「在國內外專科以上學校新聞系畢業」或「任職一年以上」之記者爲限，至未經核准登記之報紙，其人員不得入會。准函前由，相應先行復

請

查照轉知爲荷！

此致

社會部公函　社組字第九五〇六號　三十年十一月二十七日

准貴會函關於職業團體書記之派遣在未舉辦社工訓練之省縣市得由主管官署洽商同級黨部辦理函復請查照由

案准

貴會本年十月四日社勝字第八二八二號公函，以據江津縣政府會同江津縣黨部擬具江津縣職業團體書記任用辦法呈請核示一案，囑查核見復等由，附抄原辦法一件，准此，查職業團體書記派遣辦法，業經中央頒佈，各縣自可不必再擬單行辦法，惟按該項辦法第五條之規定，職業團體書記以曾經特種訓練合格之人員充任為限，其未舉辦社工訓練之省所屬縣市，依法不能選派書記，本部為顧全此種事實起見，特規定凡未舉辦社工訓練之省市，得由主管官署洽商同級黨部暫就曾經從事社會工作之人員中選派之，除函復准函前由外，相應函復，請查照轉知并通飭知照為荷！此致

中國國民黨四川省執行委員會

各省（市）政府

社會部公函　社組字第九八七七號　三十年十一月五日

准函關於川東鹽務管理分局呈報已組織戰時食鹽購銷處縣份毋庸再有鹽商業同業公會存在一案業經咨准財政部轉飭糾正在案函復查照由

案准

貴會本年六月三日社勝字第二二一五號公函，以准財政部川東鹽務營運分局函，以川東鄂岸銷鹽區域，業經組織戰時食鹽購銷處縣份，毋庸再有鹽商業同業公會存在一案，囑核復等由，查財政部二十九年六月公布之川康區各縣戰時食鹽購銷處暫行辦法大綱，並未規定組織戰時食鹽購銷處縣份鹽商業公會即毋庸存在，該辦法並規定零鹽店，以現營鹽業之商人銷承充，是否承認有零鹽店之存在，則鹽業公會之活動，自無與購銷監銷機關牴觸或衝突之處，該分局原函所稱，係屬誤會，經咨准財政部轉飭糾正在案。准函前由，相應復請查照為荷！

此致

中國國民黨四川省執行委員會

社會部公函　社組字第一〇〇一五號　三十年十一月八日

開列各地示範工會應即辦理及注意事項四點函請查照轉飭遵照辦理由

查「示範工會實施辦法」前經本部公布施行，指定重慶，成都，自貢，樂山，內江，萬縣，西京，貴陽，昆明，桂林，衡陽，曲江等十二縣市先行舉辦，並已分別派員前往各該縣市負責指導推進工作，暨函達

貴會查照轉飭各該縣市黨部遵照各在案。茲將目前各該縣市應即辦理與注意事項，開列於次：

（一）人民團體組織許可權未移交政府之縣市，示範工會之選報及工作指導與經費領發等事項，均由黨部辦理，其各項行文除規定由縣黨部逕呈本部者外，其他均應逐級呈轉。

（二）每一縣市應遴選示範二所，其已選定而不足數者，應速補選，並由縣市黨部編造選報書，連同各該示範工會工作計劃進度及經費概算，（兩示範工會應分擬）一併逕呈本部備核，並分呈省黨部備查。

（三）示範工會工作計劃書之名稱一律稱「某某工會工作計劃書」並須以三個月為一期，自本年十月份起訂定本年工作進度附呈。

（四）示範工會補助費自十月份起發給，每縣市每月乙千元，由縣市黨部會商本部督導員決定各該示範工會補助數額，呈報本部備案，又本年度內得請求一次，領至年底止，仍應由各該示範工會分別逐月填具本部規定格式領款書，（附發領款書式一份）呈由縣市黨部連同選報書逕呈本部核發，

以上各項，除分令本部督導員知照外，相應函請

查照，迅賜轉飭遵照辦理為荷！此致

各省黨部

附領款書式一份（略）

社會部公函　社組字第一〇一七〇號　三十年十一月十四日

為附送非常時期工會管制暫行辦法實施注意要點暨指定管制工會一覽表實施管制報告表式請查照轉飭各縣市黨部協助辦理由

查非常時期工會管制暫行辦法，業經　行政院公佈施行，並由本部以組社字第七九五六號函請
貴會轉行在案，茲為加緊推進貫徹實施起見，特訂　非常時期工會管制辦法實施注意要點以供參考，並規定應即辦理事項如左：

一、各省政府應指定該省若干工商業繁盛及交通便利之縣市先行實施，並將指定情形咨復本部。二，指定之縣市政府應將指定實施管制工會之名稱列表呈由省府彙轉本部，三，指定實施管制之各業，若尚無工會組織者，縣市政府應即商同該地黨部派員指導，限期組織工會。四，各該縣市政府應於管制辦法實施三月後，將辦理情形，填表專案報由省政府彙轉本部。

除分函各省省黨部轉飭各縣市黨部協助辦理外，相應附送該項要點暨指定管制工會一覽表實施工會管制報告表式各一份，函請

查照轉飭各縣市黨部協助辦理為荷！此致

中國國民黨各省執行委員會

附送非常時期工會管制暫行辦法實施注意要點指定管制工會一覽表實施工會管制報告表式各一份（略）

社會部公函　社組字第一〇七三八號　三十年十二月三日

該釋非常時期工商業及團體管制辦法之小規模營業如不履行登記應由地方主管官署依行政執行法第五條之規定辦理函復查照由

案准

貴會本年九月十一日先社字第二四四一號公函，以關於「非常時期工商業及團體管制辦法」疑義二點：囑核釋見復等由；准此，當經小規模營業應否為同業公會或商會會員一點，以有無公司行號之設立為準函復在案，茲經會同經濟部決定小規模營業如不履行登記應由地方主管官署依照行政執行法第五條之規定，處以罰鍰，仍勒令登記，相應復請查照為荷！此致

中國國民黨中央直屬重慶市執行委員會

社會部公函　社組字第一一三八二號　三十年十二月二十日

准函轉據黔江縣執委會呈請解釋縣各級組織綱要中之民衆組織應否照一般人民團體辦理一案復請查照轉知由

案准

貴會三十年十一月二十四日社勝字第三九〇〇號公函，以據黔江縣執行委員會呈請解釋縣各級組織綱要中之民衆組織爲婦女會長老會少年團等應否照一般人民團體辦理一案，囑查明見復等由，查婦女會長老會少年團等民衆組織已奉行政院男壹字第一四一四九號訓令轉准　國防最高委員會函復應暫緩設立在案，准函前由，相應復請查照轉知爲荷！此致

中國國民黨四川省執行委員會

社會部公函　社組字第一一五九四號　三十年十二月二十六日

關於民船船員之組織疑義一案釋復查照飭遵由

案准

貴會三十年十一月二十二日社□第一一一七四號公函，以據修水縣商會代電呈請釋示關於民船船員組織之疑義一案，囑詳爲解釋等由；茲解釋如下（一）民船業商業同業公會，係商人組織，其會員係以公司行號爲單位，各派代表參加組織，並以經理人主體人或店員爲限，（二）民船船員工會，係勞工組織、凡服務於民船之員工集合一百人以上時，自可組織民船船員工會。（三）未設立公司行號之民船，曾正式向官廳登記者，依照航商組織補充辦法第二項規定，得以其牌號爲參加同業公會之單位。（四）民船船主無公司行號之設立，而自備或租借船隻自行操業者，依照前中央民衆訓練部各民衆運動委員會之歷次解釋，得加入船員工會爲會員。但僱有員工者不得援用此項解釋。相應復請查照轉飭修水縣黨部查酌當地民船業務實際情形，指導依法分別調整組織爲荷！

此致

中國國民黨江西省執行委員會

社會部咨　社組字第八七七八號　三十年十月七日

准中國國民黨湖南省執行委員會函以醴陵縣政府處理勞資爭議採用庭訊方式一案囑釋復等由查處理勞資事件採用庭訊於法未合咨請查明糾正由

案准

中國國民黨湖南省執行委員會本年八月未民字第一二三九號公函開：

「案據醴陵縣執行委員會報告稱：『查勞資爭議之處理，過去係遵照二十一年九月二十七日中央公佈之修正勞資爭議處理辦法辦理，自非常時期黨政機關督導人民團體辦法頒佈後，是項法令有無修正或廢止未見明令，茲本縣縣政府于勞資爭議案件，採用庭訊方式，裁判審理時，亦不函知本會，是否合法？（裁判後有一方聲明不服又以何法救濟）頗滋疑義！理合報請鈞會解釋，俾資遵循』，等情；據此，查修正勞資爭議處理法，既未明令廢止或修改，是否仍可適用，醴陵縣政府處理勞資爭議案件，採用庭訊方式，似屬不合，應否轉函湖南省政府令飭糾正，事關法令疑義，本會未便遽斷，據呈前情，相應函請貴部查核見復以便飭遵爲荷」！

等由，准此，查修正勞資爭議處理法，並未明令廢止，自仍繼續有效，又查依照該法第三、四、五、六、七條規定處理勞資爭議必須經過「調解」「仲裁」之程序。該醴陵縣政府處理此項案件，採用庭訊方式，於法自屬不合，除函復外，相應咨請

查照糾正，以維法令，至紉公誼。此咨

湖南省政府

社會部咨

社組字第一一〇七七號　三十年十二月十二日

准咨據蘭州市政府呈請轉函甘肅省黨部將人民團體組織許可權移交一案咨復查照由

案准

貴府三十年十一月二十一日民三酉字第二一〇一號咨，以據蘭州市政府呈請轉函甘肅省黨部將人民團體組織許可權移交一案囑核辦見復，以便飭遵等由，准此，查關於人民團體組織許可權之移交一案，前經中央常會第一六五次會議於「關於各級社會行政機構之建立與各項法規之修訂暨黨政機關對於社會工作之聯繫與職權之規定」案內（乙）項規定，「前條法規經修訂頒布後，由中央定期令各級黨部將經辦社會工作事項移交政府辦理……」等語，所指「前條法規」爲非常時期人民團體組織條例及修正人民團體組織指導員任用規則服務規則與人民團體組織立案證書頒發通則暨式樣等，茲查非常時期人民團體組織條例草案，業經本部擬訂正在呈請完成立法程序中，前項組織許可權之移交手續，應俟各項法規頒布後由中央定期通令辦理，以符定案，准咨前由，相應咨復

查照轉知爲荷！此咨

甘肅省政府

社會部代電　社組字第八五五一號　三十年九月二十九日

准電爲核復經紀業可否組織商業同業公會一案電復由

廣東省政府未感電奉悉經紀業如有公司行號應依法組織商業同業公會社會部申豔組印

社會部代電　社組字第八六八四號　三十年十月三日

准代電以常山縣粉麵工業同業公會應否單獨組織囑核復一案電復查照由

中國國民黨浙江省執行委員會公鑒：三十年六月二日民字第六八六號多代電奉悉。查常山縣粉麵業於二十九年十月曾由貴會民字第三四號代電，以「粉麵業同業公會」名稱轉報前中央社會部備案。並非工業同業公會，該會會員如以經營買賣麵粉爲主，可參酌非重要各業加入商業或工業同業公會標準第三項之規定辦理，特電復，請查照爲荷！社會部江印

社會部代電　社組字第九七八七號　三十年十一月三日

准代電詢會計師公會不足發起人數可否變通一案電復查照由

中國國民黨貴州省執行委員會公鑒：准寒代電以組織貴州省會計師公會發起人數不足，可否變通囑核復等由，查會計師法第十六條規定會計師非加入實所在省或市之會計師公會，不得在該省或市內執行業務，是會計師公會當然以省或市爲區域，亦當然係強制組織，不拘發起人數，既有其特別法，當然不適用自由職業團體組織法案之規定。貴省會計師公會，自可准許組織，茲准前由，相應復請查照爲荷！社會部江印

社會部電　社組字第九八五七號　三十年十一月四日

電復職業團體當選職員經訓練合格者得兼任團體書記由

連城福建省黨部：蒸電奉悉。查，職業團體當選職員經訓練合格者，得兼任團體書記，特復。渝社會部戌支組印

軍事委員會運輸統制局代電

社會部　社組字第一〇二九一號　三十年十一月十八日

爲健全各地汽車商業同業公會之組織規定應行辦理事項電請查照轉飭遵照切實辦理並見復由

省（市）黨部政府公鑒：查汽車商業同業公會之組織，關係交通運輸至爲重要，値此非常時期亟應加强管制健全機構，以期增進運輸效能，凡各地未經組織者，應即迅速督導組織限期成立；其有組織而不健全者，應即從速改組切實整頓，茲規定應行辦理事項如次：（一）汽車商業同業公會分就重慶、貴陽、柳州、桂林、昆明、長沙、衡陽、曲江、鷹潭、成都、寶鷄、西安、蘭州等地，督導組織之。並在重慶設立全國各地汽車商業同業公會聯合辦事處。（二）各地汽車商業同業公會之組織改組改選或整理，除依法辦理外，並由各該地主管署及主管該事業官署會同呈報軍事委員會運輸統制局備案。（三）各地汽車公司行號應依法加入各該地汽車商業同業公會，其無公司行號之商車，除依法申請登記營業外，並應設立商號加入公會，否則吊銷其營業執照。（四）各地汽車商業同業公會所屬會員，應將其營業商車之種類牌號輛數載重行駛路段及營業狀況，分別向該公會詳細登記，由公會發給會員證及會員車輛證，凡無會員車輛證者一律停止行駛。（五）各地汽車商業同業公會所屬會員之營業，應遵照軍事委員會運輸統制局規定各區運價營運公私貨物，違者依法處罰。（六）各地營運公私貨物之商車如由甲地駛赴乙地，或由乙地駛赴內地須向各該到達地點之同業公會報到取得聯絡。（七）各地汽車商業同業公會，應將各該地之商車牌號及動態，按月編列詳表呈報所在地之主管該事業官署，轉報軍事委員會運輸統制局備查。（八）本社會部為促進各地汽車商業同業公會從速組織起見，得會同本運輸統制局酌派督導員分赴各地担任督導組織事宜。（九）各地汽車商業同業公會書記之派遣，應依照職業團體書記派遣辦法辦理，但如業務上需要時，本運輸統制局得遴員參加駐會辦事。（十）本運輸統制局除由各業務部門分別管理及指導汽車公會之業務活動外，並派督導專員一人負責指導全國各地汽車商業同業公會聯合辦事處之一切經常活動。（十一）各地汽車商業同業公會主席，必須選擇相當資歷而具有多數車輛，確能控制當地商車者為合格，以上各項，除分電省（市）政府黨部暨由本運輸統制局令所屬主管公路事業機關外，相應電請查照轉飭遵照切實辦理，並希見覆為荷！軍事委員會運輸統制局社會部巧印

社會部代電

社組字第一〇三三一號　三十年十一月十九日

准電囑核示人民團體實際負責人緩役辦法疑義一案電復查照由

中國國民黨福建省執行委員會公鑒：前准本年七月八日連呂社字第三七二號代電，關於釋示縣市各重要業同業公會綏役人員疑義一案，經轉咨軍政部解釋，茲准咨復；以人民團體實際負責人緩役辦法，業經經濟部補充規定該辦法第一項後半段，所謂當選票數最多之一人，係指各該同業公會主席，或担任主席職務之常務委員，等由，准此，相應電復查

照爲荷！社會部戌皓印

社會部電　社會組字第一一五二五號　三十年十二月二十五日

電速發動冬令救濟運動並將辦理情形具報由

各省市黨部各省市政府公鑒：密寒冬已屆各地貧苦同胞待振孔殷，亟應發動冬令救濟運動，茲訂定辦法如下：(一)擴大宣傳救濟意義，(甲)擴大同情心理，(乙)提高互助精神，(丙)表現濟困扶危美德，(二)救濟對象爲貧苦同胞難民及抗戰軍人家屬，(三)救濟辦法以工代振，發送平價衣被及辦理平糶或發代金，(四)振款可就地方救濟經費及難民寒衣捐款統籌分配，並得酌量募捐，(五)時期自本年十二月起至明年二月底止，(六)聯合有關機關團體組織冬衣救濟委員會，希即斟酌各地方實際情形，迅速統籌辦理，務求切實周到，以宏實效。仍將辦理情形具報備查爲荷！社會部有印

社會福利類

社會部簽呈　社福字第八九四六號　三十年十月九日

奉　交核復湖南省政府電請澈底整理該省慈善團體一案謹擬具意見簽請　鑒核由

遵查整理各地方慈善團體，至關重要，本部三十年度工作計劃，即列有專項，關於地方慈善團體案件，除接管振濟委員會移交一部份檔卷外，本部無其他材料可資憑籍，爰經擬訂各地方慈善團體調查表，通行各省市政府飭屬查填彙報，並於本年九月間咨請各省市政府轉飭彙報各地方慈善團體最近一年來工作狀況，以爲整理之依據，並擬於最近期間內，擬訂整理方案，呈請核定，付諸實施，現湖南省政府擬即澈底整理該省慈善團體，自屬當前要圖，似可由該省就當地實際情形，先行擬具整理辦法，切實執行，並將辦理情形報轉本部備核。至原電擬將各縣育嬰所孤兒院改爲兒童保育院一節，竊以嬰童救濟辦法殊異，此項院所名稱未便率更，蓋原則上既有未妥，且與振濟委員會設置之兒童保育院，亦多淆混，如育嬰所孤兒院已有暫時合辦者，爲顧全事實計，似可權用育幼所名稱，以資識別，再關於救濟機關之名稱，亟待劃一，本部業經擬具縣救濟院組織規程草案，於本年九月二十三日以社福字第三三〇一號呈請
鈞院鑒核在案，伏祈早賜核定，俾有遵循！奉　交前因，理合擬具意見簽請
鑒核！謹呈

社會部呈　社福字第一〇一三〇號　三十一年十月十四日

奉令擬具平定工資施行方案暨工人生活費指數及工資指數查編辦法呈請鑒核示遵由

行政院

案奉

鈞院三十年十月十三日經祕政字第一三九號訓令，抄發當前平價工作實施綱要等件，飭就主管事項擬具實施辦法，呈候核定等因；自應遵辦，除已擬具合作實施方案另案呈核外，茲謹擬具平定工資施行方案暨工人生活費指數與工資指數查編辦法各一種，理合檢同原擬方案及辦法各　份，備文呈請

鑒核示遵！謹呈

行政院

附呈平定工資施行方案暨工人生活費指數與工資指數查編辦法各一份（略）

社會部公函　社福字第八九八七號　三十年十月十三日

准函請解釋有關社會服務處各疑點茲分別解釋復請查照轉知由

准

貴會社蘭字第一〇八九號公函，請解釋有關社會服務處疑問各點，茲分別解釋如左：

（一）社會服務處主任原由主管黨部委派，幹事係處內職員，應毋庸規定任期。

（二）各處所辦學校或其他業務，均應冠以處名。

（三）私人集資營業，可參照合作社章程訂定入社退社及清算手續，依照合作社法規辦理。如由處出面經營，應受處之監督指導，並在盈餘項下提成撥充社會服務處事業費。

（四）處營事業收入，應否免繳所得稅印花稅一項，查所得稅暫行條例第二條第一款已有不以營利為目的之法人所得免徵所得稅之規定。處營事業既非以營利為目的，自可依法免繳。至印花稅法第三條第六款，雖規定「教育文化，或慈善機關合作社所用之賬簿」免徵印花稅。但社會服務處所用賬簿是否可援例免繳？該法既未明文規定，應俟轉請財政部核復後，再行轉知。

准函前由，相應函請

查照轉知，爲荷！

此致

中國國民黨甘肅省執行委員會

社會部公函　社福字第九一五四號　三十年十月十五日

准函以據合川縣社會服務處請示疑義兩點囑核釋見復一案復請查照由

貴會准

貴會社務字第三〇七七號函，以據合川縣社會服務處請示疑義兩點，囑核釋見復，等由；准此，經核（1）處對所屬單位行文，可用「令」，其所屬單位主任及幹事之任用，應依照前中央社會部渝字第五三六九號通函之規定辦理。（2）社會服務處經費，應由當地黨部協同各該處董事會設法籌措，由董事會保管。其收支應送董事會審核後，報請主管黨部核銷。准函前由，相應復請

查照轉知爲荷！此致

中國國民黨四川省執行委員會

社會部公函　社福字第九二九八號　三十年十月十八日

准函關於保障女工生活一案囑核辦見復等由復請查照由

案准

貴部三十年十月十三日信渝婦字第一四六〇九號函，關於救濟戰時流亡婦女及保障女工生活一案，內列有「請主管機關切實執行工廠法及工廠檢查法，對於保護女工之規定，尤應嚴格實施」一項，有關一般女工福利，囑核辦見復等由；查本部現正着手辦理工廠檢查，關於女工福利之保障，經列爲執行事項之一，此後自可循序實施，准函前由，相應復請

查照爲荷！此致

中國國民黨中央執行委員會組織部

社會部公函（社福字第一〇八〇二號　三十年十二月十四日）

函請轉飭所屬各社會服務處酌情征求社員以充實基金擴展事業由

逕啓者：查各地社會服務處工作迭據報告，以缺乏社會助力，未能充實基金，順利開展組織與宣傳工作，亦無從達到靈活運用之理想，此種情形洵爲本黨社會服務事業前途之一大障礙，亟應設法改進，查二十九年六月十三日第五屆中央常務委員會第一五〇次會議通過之「修正推進社會服務處工作計劃大綱」第二節第一項有「大量征求熱心社會服務之各界人士爲社會服務處社員」之規定，各處亟應斟酌環境情形訂定實施辦法發動征求社員，以期運用社會力量充實基金，擴展事業。除分函外相應函請

查照轉飭辦理，並將辦理經過報轉見復爲荷！此致

中國國民黨各省市執行委員會

社會部公函（社福字第一二三三一號　三十年十二月十六日）

准函以各級黨部社會服務處既仍隸各該黨部社會團體性質未變其負責人不得援例緩役囑查照等由函復

各級黨部社會服務處爲本黨各級黨部從事社會活動之機構而非人民團體請仍依照渝孝役務字第四一五三號解釋辦理由

准

貴部渝仁役務字第一〇三七五號公函：以各級黨部社會服務處，既仍隸各該黨部，社會團體性質，仍未變更，其負責人不得援例緩役。等由；准此，查各級黨部社會服務處主任，應否緩役一案，前已于二十九年四月廿一日准貴部渝孝役務字第四一五三號公函解釋謂：各地社會服務處，既爲依法組成，爲本黨各級黨部從事社會活動機構，該處主任得援照修正兵役法施行暫行條例第三十條第四項主任辦公事務之規定，予以緩役，由前中央社會部于同年五月二日通行各省市黨部轉飭所屬知照各在案，現各級黨部社會服務處，仍隸屬于該黨部主管其任務性質與組織規程，均無變更，是各該處仍爲本黨各級黨部從事社會活動之機構，而非人民團體，既經貴部認定有案在先，仍以依照貴部渝孝役務字第四一五三號公函辦理爲宜，初與

行政院勇貳字第八四九八號指令，並不相涉，准函前由，相應函請

查照，見復，爲荷！此致

軍政部

社會部訓令

社福字第一一〇二二號 三十年十二月十一日

令本部所屬各機關

關於各機關保管財產及司銀錢出納人員應愼重人選取具舖保并隨時嚴視行動預杜弊端否則直接主管長官應負賠償責任并受失察處分令仰遵照由

查各機關保管財產及司銀錢出納人員，每易發生手續不清，甚或捲欵潛逃情事，皆由於直接主管長官不能愼選操守清廉之士充任，及隨時嚴密稽察預防所致，逮事後執法以繩，匪僅無以端視聽，實屬有玷官常，嗣後本部所屬各事業機關，於上項人事之任用固應愼重人選，尤須取具切實舖保，并隨時嚴看行動，預爲防杜，否則直接主管長官應負賠償責任，並受失察處分，除分令外，合行令仰遵照，切實執行！此令。

合作事業類

社會部簽呈

社合字第九六八四號 三十年十月三十一日

奉交議復貴州省政府呈擬修正優待出征抗敵軍人于應召前所負債務展至役滿返籍後之第二年籌措清理辦法一呈復 鑒核由案

奉

交議復貴州省政府呈擬修正優待出征抗敵軍人於應召前所負債務展至役滿返籍後之第二年籌措清理辦法一案，遵經咨洽軍政部會核，彼此意見，略有出入，正擬呈復間，中中交農四行聯合辦事總處對本案有所商議，並准函送修正意見過部，查關於合作社出征社員債務之清理，經濟軍政兩部原訂有出征軍人對合作社貸欵償還辦法兩項，呈奉鈞院令准備案，並咨飭分電各省政府查照辦理在案，該項辦法施行以來，頗多窒礙，貴州省政府呈擬辦法原則，尙屬可行，茲謹參酌貴州省政府呈擬辦法及其他方面意見，另擬「修正出征抗敵軍人對合作社貸欵償還辦法草案」一種呈核，如屬可行，擬請通令各省政府及四聯總處遵行，並飭知貴州省政府無庸另訂單行法規，奉交前因，理合賫同該項修正辦法草案一份，具文呈復，仰祈鑒核示遵！

謹呈

行政院

賫附修正出征抗敵軍人對合作社貸欵償還辦法草案一份（略）

社會部簽呈 社合字第一二六九一號 三十年十二月二十九日

奉 交核復四川省政府呈爲新縣制縣各級合作社貸款在未奉頒新辦法前仍比照本年度所頒各項農貸辦法辦理一案簽請 鑒核由

遵查本案曾准四川省政府以同由咨請到部，經以『本部已准四聯總處函送「四聯總處推進新縣制各級合作社農貸暫行辦法」，并經令發各省市合作主管機關知照』等語，咨復在案，奉交前因，理合簽請

鑒核。

謹呈

行政院

社會部咨 社合字第八六三六號 三十年十月三日

准咨以轉據武鳴縣政府電請解釋戰區合作貸款疑義囑查照辦理一案復請查照轉飭知照由

案查前准

貴省政府二十九年十一月二十九日建合字第十三號公函，以轉据武鳴縣政府電請解釋戰區合作貸款疑義兩點，囑查照辦理見復等由，當以本案與金融機關有關，經函請中交農四行聯合辦事總處核辦去後，旋准函復，略以「案經提出第七十次理事會議議決，各地合作社貸款因戰事所遭受之損失，誠屬即待解決之問題，惟此項損失未便由銀行負担，應請由政府機關迅謀救濟辦法，以利合作業務之推進等語，紀錄在卷，函達查照」，等由到部，事關抗戰時期之合作社債務問題，本部未便籌擬救濟辦法，經專案呈請行政院核示，茲奉本年九月六日勇壹字第一三六四五號指令開：「呈悉，查合作社貸款因戰事遭受損失，現正由中央統籌補充救濟辦法，在該項辦法尚未頒佈前，對於該項債務應暫照非常時期民事訴訟補充條例辦理，仰即知照，並轉行知照」等因；奉此，除通咨各省市政府查照外，准函前由，相應復請查照轉飭知照爲荷！此咨

廣西省政府

社會部咨 社合字第九九五七號 三十年十一月七日

據會准咨為鄉鎮消費合作社社長應否認為公務員社款是否為公有財物囑查核見復一案復請查照由

准

貴部本年十月二十五日渝民字第四一九九號咨，以准軍法執行總監部函請解釋鄉鎮消費合作社如何組成，社長及職員能否認為公務員，社款如何籌集，是否為公有財物，轉囑查核見復，等由，准此，查合作社為私法人，其理監事及經理等職員不得視為公務人員，社股係社有資產，非公有財物，至關於合作社之組成及股款之收集等項，詳見縣各級合作社組社須知，准咨前由，相應檢同該項須知一份，復請查照為荷！此致

內政部

附縣各級合作社組社須知（略）

社會部咨　社合字第一〇三六六號　三十年十一月二十一日

咨為准軍政部咨復戰時國防軍需工鑛業技術員緩役暫行辦法對工業合作社仍一律適用不必規定變通辦法等由轉請查照飭屬知照由

查關於工業生產合作社技術員工緩役一案，前經本部咨准軍政部咨復依照戰時國防軍需工鑛業技術員工緩服兵役暫行辦法之規定辦理，於本年六月三日以社合字五三四二號通咨各省市政府查照辦理在案。嗣轉據中國工業合作協會重慶事務所代電略稱：渝市各工業合作社，經分別呈請濟濟部登記，俾取得該項辦法第二條之資格再向主管官署依法請求緩役，而經濟部以合作部份非其主管，拒絕登記，轉請洽議救濟辦法等情，本部為求扶植工合事業之發展起見，復經咨請軍政部商訂變通辦法，茲准本年十二月二十一日渝仁役務字第一〇三二一號咨開：

「案准貴部三十年八月五日社合字第六九五九號咨，為戰時國防軍需工鑛業技術員工緩服兵役暫行辦法，對工業合作社技術員工適用尚感困難，擬規定變通辦法，會咨各省市政府查照辦理囑查照見復等由。當經咨准經濟部，三十年十月一日（卅）鑛字第一九一二七號咨（節）開：查凡在固定地點利用原料加工製造新出品之業務，均屬工廠性質，至其或為公司，或為商號，或為公營，則係屬於組織方式公司在組織方面，須依公司法為公司登記，以取得法人資格。在製造業務方面須依修正工廠登記規則，為工廠登記，俾工業主管部份有所查考。商號亦然，除依商業登記法為商號外，並須為工廠之登記，工業生產合作社，如以制造為其業務，自具有工廠之性質，合作社僅係組織

方式之一，並與公司商號之情形相似，除關於其組織部份，應向合作主管機關登記，以取得法人地位外，關於其製造業務部份，仍應依法向本部爲工廠登記，經本部核准登記，並發給工廠登記證後，如各該社本身範圍及業務種類，合於戰時國防軍需工鑛業技術員工緩服兵役暫行辦法第二條之規定，其所屬合於該辦法第三條各款之術技員工，自得依該辦法聲請緩役，似不必規定變通辦法，以免紛歧，等由到部，相應函請查照辦理爲荷」。准此，查合作社製造業務部份，爲取得申請緩役根據向經濟部爲工廠登記，以憑發給登記證，本部可予同意，除咨復軍政部並分咨各省市政府外，相應咨請

查照飭屬知照爲荷！

此咨

各省市政府

社會部咨　社合字第一〇五六八號　三十年十一月二十八日

咨送消費合作推進辦法請查照轉飭合作主管機關遵照由

查消費合作關係於物價之平抑及一般國民生活之改善，近年以來經積極推進，已收相當效果，本部爲謀充分發揮其機能，特根據全國合作會議決議有關消費合作各案，擬訂消費合作推進辦法，並由本部於三十年十一月十八日公佈施行在案，除分咨外，相應檢同「消費合作推進辦法」一份，咨請查照轉飭合作主管機關遵照爲荷，此咨

各省
重慶市　政府

附送消費合作推進辦法一份（略）

社會部咨　社合字第一一二七九號　三十年十二月十七日

爲咨送農業生產合作推進辦法請轉飭所屬農業合作及農業主管機關遵照切實推行由。

本部爲求改進農業起見，經參酌第一次全國合作會議之決議，訂定農業生產推進辦法，以爲各地推行之準繩，業經咨准

貴部同意在案，除於本年十二月十一日由部公佈施行外，相應檢同該項辦法，咨請　貴部府轉飭所屬合作及農業主管機關遵照切實推行，至紉公誼！此咨

農林部
各省 政府
重慶市
附農業生產合作推進辦法一份（略）

社會部訓令 社合字第一〇四三七號 三十年十一月二十四日

令各省市合作主管機關

奉 院令制定省合作事業管理處組織大綱通飭施行並廢止前剿匪區內各省農村合作委員會組織規程及豫鄂皖贛閩甘六省農村合作委員會組織通則一案令仰知照並飭屬知照由

案奉

行政院三十年十一月五日勇玖字第一七六一四號訓令內開：

「省合作事業管理處組織大綱業經本院制定公佈，應即通飭施行，又前軍事委員會委員長南昌行營頒佈之剿匪區內各省農村合作委員會組織規程，及前實業部公佈之豫、鄂、皖、閩、贛六省農村合作委員會組織通則，併應同時廢止，除分行外合行抄發原件令仰知照，並轉飭所屬一體知照」。等因，附抄發省合作事業管理處組織大綱一份，奉此，除分行外，合行抄發原件令仰知照並轉飭所屬一體知照！此令。

附抄發省合作事業管理處組織大綱一份

社會部訓令 社合字第一一三五二號 三十年十二月十九日

令各省市合作主管機關

為令飭遵照修正合作事業工作人員考成辦法辦理三十年度考成事項仰遵辦具報由

查修正合作事業工作人員考成辦法，前經本部於三十年七月十五日公佈施行並分行飭遵各在案，現三十年度即將終了，所有合作事業工作人員之考成事項，其未依公務員任用及考績法規辦理者，應由各省市縣合作主管機關依照規定詳加考核，分別獎懲，並逐級彙報本部備案，除分行外，合行令仰遵照辦理，並將辦理情形具報為要！此令。

社會部訓令 社合字第一一三九七號 三十年十二月二十日

令各省市合作主管機關

令飭依照修正合作事業獎勵規則切實辦理，三十年度考核獎勵事項仰遵辦具報由

查修正合作事業獎勵規則，業經本部於三十年八月九日公佈施行，並經分行飭遵各在卷。凡依法核准成立登記滿足一年之合作社及各級合作社聯合社暨各省市縣合作金庫，成績之調查考核及獎勵事項，應由各該省市合作主管機關於每年度終了時依照上項規則之規定行之。各該社庫職員之考核，亦應同時一併辦理，此項考核獎勵之實施，不僅藉以測知各地方合作事業進展之趨向，亦足兼收合作行政上監督指導之效能，現三十年度即將終了，自應由各省市合作主管機關依照規定切實辦理，並彙報本部備案，以資激勵，而利策進。除分行外，合行令仰遵照辦理具報！此令。

社會部訓令

社合字第一一七七三號　三十年十二月三十一日

令各省市合作主管機關

准四聯總處函爲訂定三十一年度各種農貸利率調整辦法請查照分轉知照一案令仰知照由

案准中中交農四行聯合辦事處三十年十二月十三日合農字第一九九三五號函開：

「農貸利率根據本處二十九年度各種農貸準則規定各行局貸放利率爲月息八厘。合作社或其他農民團體對社員或會員貸款其利率最高不得超過月息一分二厘，惟按諸事實，現在各行局直接對合作社之放款照收月息八厘，對縣合作金庫之放款，祇收月息七厘，縣金庫轉貸於合作社，則收月息八厘，另加收一厘，補助合作行政經費，合作社轉貸社員爲月息一分二厘，故合作社得實收月息三厘，縣金庫僅實收月息一厘，作爲轉貸費用，近以物價上漲，各縣合作金庫日常開支亦繼漲增高，以轉貸月息一厘作爲開支，不敷甚鉅，因此紛紛請求增加農貸利率，以資維持，當經交由農貸審核委員會，農業金融設計委員會詳細商討，除戰區邊區農貸利息決定仍維持原定辦法辦理外，關於普通區農貸利息擬定調整辦法五項：（一）各行局對縣合作金庫放款仍收月息七厘，（二）合作行政經費仍照案補助一厘，（三）縣合作金庫轉貸於合作社定爲月息一分，除放款行應得七厘并得照案提取合作行政補助費一厘外，合庫實得利息二厘，（四）各行局直接對合作社放款定爲月息一分，除照案提取合作行政補助費一厘外，實得月息九厘，（五）合作社轉貸利率以月息一分二厘爲原則，如經各該合作社社員大會通過得增加一厘，以上普通農貸利率調整辦法五項並經提出本總處理事會議決議通過，自三十一年度起實行在案，除分函外，相應函達查照分轉知照爲荷！」

等由；准此，除分令外，合作令仰知照！此令。

社會部電　社合字第八六二三號　三十年十月三日

准浙江省政府咨以各軍事機關及部隊每逕自組織合作社未向合作主管機關履行登記請轉電軍事委員會通令各戰區司令長官轉令各部隊凡組織合作社應依法申請登記由

軍事委員會辦公廳勛鑒：案准浙江省政府卅延字第三[illegible]四號咨，以近來各軍事機關及部隊每逕自組織消費合作社，並未依法向合作主管機關履行登記，即行開始業務，組織是否健全，所經營之業務是否合法，合作主管機關因無從知悉，而各軍事機關情形特殊，各縣合作指導人員亦有未便向其查詢督導，但此類合作社，其組織及業務如與合作社法之規定不相符合，則影響社會人士對於合作事業之認識與推行至重且大，擬請轉電軍事委員會，通飭各戰區司令長官，轉令各部隊，凡各部隊組織之合作社，應一律遵照合作社法之規定，向所在地縣政府申請登記，並接受合作指導人員之指導。以符法令等由；准此，相應電請貴會通飭各軍事機關及部隊，於組織合作社時，向所在地合作主管機關申請登記，並接受指導，以符法令為荷！社會部江渝合印。

社會部訓令

八九〇

附錄

二、社會部核准備案之農漁團體一覽表

三十年十月至十二月

1. 核准組織之農會

團體名稱	核准備案日期	主要負責人	會員數（團體個）	會員數（人）	備註
福建省晉江縣石[illegible]鄉農會	三十年十月二十五日	吳仕參		三二九	
曹[illegible]鄉農會	同	林[illegible]瀫		三五〇	
[illegible]鄉農會	同	施[illegible]助		一五九	
羅裳鄉農會	同	[illegible]文[illegible]		二六九	
衙口鄉農會	同	施能樞		二八〇	
東石鄉農會	同	[illegible]		一四〇	
新華鄉農會	同	王宗港		一四四	
錦[illegible]農會	同	杜不[illegible]		一七一	
羅溪鄉農會	同	賴欣[illegible]		二六八	
石湖鄉農會	同	李昭來		一一六	
雙河鄉農會	同	紀乃聰		九六	
金井鄉農會	同	[illegible]航		一七七	
漳浦縣[illegible]頭鄉農會	三十年十一月十一日	李[illegible]芳		二七六	
塗樓鄉農會	三十年十二月九日	李國華		一〇八	
南安縣勝[illegible]鄉農會	三十年十一月三日	王[illegible]源		三〇五	
將樂縣[illegible]源鄉農會	三十年十二月十七日	熊茂春		一二八	
建寧縣[illegible]安鄉農會	三十年十二月九日	汪大川		一一四	
廣西省[illegible]山縣三[illegible]鄉農會	三十年十二月廿七日	韋顯宗		七三九	
賓陽縣民治鄉農會	三十年十二月十七日	巫[illegible]義		五四	
新[illegible]鎮農會	三十年十二月九日	黃伯[illegible]		六四四	
[illegible]縣和睦鄉農會	三十年十二月四日	覃恩光		六六	
四和鄉農會	同	[illegible]仁		八八	
東[illegible]鄉農會	同	王[illegible]鋼		五〇	
安[illegible]鄉農會	三十年十二月廿七日	何伯儒		四九六	
[illegible]安縣古河鄉農會	三十年十二月四日	韋振新		七七	

鳴鳳鄉農會	三十年十月四日	章文琳	六八
臨桂縣十合鄉農會	三十年十月十七日	石玉階	四二六
萬正鄉農會	同右	黃志剛	一四〇
蘇橋鄉農會	同右	廖良眞	一五〇
三順鄉農會	同右	李餘德	一二〇
界牌鄉農會	同右	袁濟川	一〇八
茶洞鄉農會	同右	褚子芝	三〇四
會仙鄉農會	同右	秦作礪	一八〇
馬面鄉農會	同右	文在信	三八〇
左右溪鄉農會	三十年十二月九日	曾祥祉	一三六
貴縣東南鎮鄉農會	三十年十月二十七日	李峻亥	九三三
藤縣城南鎮鄉農會	三十年十一月九日	李延鑾	六三
田陽縣那坡鎮鄉農會	三十年十二月十三日	羅仲佳	六三
聯榮鄉農會	三十年十二月十三日	黃紹剛	九三
白峯鄉農會	同右	鄧頌書	六二
百合鄉農會	同右	何日編	五一
新榮鄉農會	同右	黃河清	五二
四廂鄉農會	同右	楊錦貴	七五
貴州省鑪山縣翁項鄉農會	三十年十月十一日	楊子貴	七五
塝壁鄉農會	同右	王道培	九八

天柱縣岔處鄉農會	三十年十二月二日	王正念	一七一
修文縣德政鄉農會	三十年十月七日	孫仲一	一二六
大定縣甘棠鄉農會	三十年十一月廿二日	鄭義菴	一五四
化眉鄉農會	三十年十月一廿二日	胡學章	一三二
興仁縣北寧鄉農會	三十年十月十一日	李正選	一〇六
巴鈴鄉農會	三十年十一月十一日	楊伯喬	一一四
黎平縣地西鄉農會	三十年十月七日	石世科	二五七
沿河縣楓香溪鄉農會	三十年十月二十七日	譙子俊	五七
錦場鄉農會	三十年十月二十七日	周尙儒	二一一
夾石鄉農會	三十年十月二十七日	蔣玉光	一六三
松桃縣大坪鄉農會	三十年十二月一日	鄒新英	三〇九[illegible]
正大鄉農會	同右	唐學輔	一九八
寨幹鄉農會	三十年七月十七日	楊明忠	一二三
長興鄉農會	三十年十二月一日	姚雨珍	一一七
甘龍口鄉農會	同右	王燮修	一〇五
天柱縣高釀鄉農會	三十年十二月二日	龍友三	二七一
甘肅省秦安縣農會	三十年十月十七日	高樹鑑	五
蓮花鎮鄉農會	同右	馮義	三三七
魏店鎮鄉農會	同右	魏成章	二二〇
龍山鎮鄉農會	同右	馬國賢	三三八

靈山鎮鄉農會	同	右	蔣秉章		三三八
街泉鎮鄉農會	同	右	王迪之		三九八
永昌縣農會	三十年十月七日		王仲儒	一〇	
臨受縣仁澤鄉農會	三十年十一月廿八日		韓寬成		五三
鳳林鄉農會	三十年十一月十日		馮珩		六三
永靖縣農會	三十年十二月十一日		張浦深	三	
武山縣李窯鄉農會	三十年十月十七日		張子箴		五六
韓川鄉農會	同	右	張熙		五九
城鎮鄉農會	同	右	李毓彩		六九
河南省 淇縣春花鄉農會	三十年十月二十日		楊啓運		一七〇
紂王殿鄉農會	同	右	劉子高		七三
魚泉鄉農會	同	右	王和慶		七六
油城鄉農會	同	右	徐珍		一一九
淇縣大峰窩鄉農會	三十年十二月二十日		馮毓良		一一九
鮑莊鄉農會	同	右	李開忠		一九〇
土門鄉農會	同	右	孫富文		七〇二
馬庄鄉農會	同	右	閻毓秀		五二
偃師縣段灣鄉農會	三十年十月十七日		段笑山		一八七
引禮寨鄉農會	同	右	李天燊		八五
董村鄉農會	三十年十一月三日		董錫五		八八

閿鄉縣高坡鄉農會	三十年十月三十一日		馬志敬		二三〇
陽平鄉農會	三十年十一月三日		田茂臻		二一六
太要鄉農會	同	右	陳明玉		二〇〇
閿底鎮鄉農會	三十年十一月三日		員拱之		二三四
陝西省 藍田縣四賢鄉農會	三十年十月七日		張靖侯		一三二〇
湯峪鄉農會	三十年十月十三日		周志茂		一五二五
[illegible]厓鄉農會	三十年十二月十三日		蔡希程	一三	
同官縣黃堡鄉農會	三十年十一月廿二日		劉尙義		八一七
金鎖鄉農會	三十年十一月廿二日		楊梅坤		七二四
紅土鎮鄉農會	同	右	楊鴻儒		七八四
文明鄉農會	同	右	邵啓財		七一四
陳爐鎮鄉農會	同	右	梁恒昌		八六六
郃陽縣仁和鄉農會	三十年十一月廿二日		秦子叙		一六一
大荔縣鄉農會	三十年十月二十九日		單用之	一〇	
白水縣彭衙鄉農會	同	右	靳子和		三六八
新化鄉農會	同	右	楊忠五		三八二
潼關縣太峪鄉農會	三十年十月三十一日		劉繼賢		三一五
洵陽縣五助鄉農會	三十年十一月四日		鄧西參		二一〇〇
新　鄉農會	同	右	楊正基		一〇五六
民治鄉農會	同	右	賈彥明		二一〇〇

合作鄉農會	三十年十一月四日	右	王文秀		九二四
維新鎮鄉農會	同	右	高麗泰		八九四
關詩鄉農會	同	右	斯發財		四九四
復興鄉農會	同	右	苟庸世		一〇七八
乾縣注泔鄉農會	三十年十一月十三日	右	楊積峰		一一四
陽峪鄉農會	同	右	陳見賢		一一一
陽庄鄉農會	同	右	徐明軒		二三五
在城鄉農會	同	右	曾紹軒		一二七
關頭鄉農會	同	右	陳彥清		一四七
臨平鄉農會	同	右	張鴻義		一二八
新河鄉農會	同	右	王澗生		一一九
陽午鄉農會	同	右	劉全德		一〇五
王村鄉農會	同	右	錢尚武		一〇一
乾縣薛王鄉農會	三十年十二月十三日	右	史藥臣		三〇一
洋縣謝村鎮鄉農會	三十年十一月五日	右	王濱棠		三七九
沔縣錚水鄉農會	三十年十月十五日	右	劉醒波		五八九
溫泉鄉農會	同	右	曹西屏		七二四
元墩鄉農會	同	右	郭明軒		六二三
沔陽鎮鄉農會	同	右	柏寶亭		五八二
阜川鄉農會	同	右	曹亮初		四五三

沔縣鄉城鎮鄉農會	三十年十一月廿五日	右	胡寶荃		五一〇
平安鄉農會	同	右	袁新吾		二五〇
雙乳鄉農會	同	右	蔣克俊		二九〇
中銅鄉農會	三十年十一月廿五日	右	王蘊欽		一五〇
灌溪鄉農會	同	右	劉繩武		二五六
鳳縣唐藏鄉農會	同	右	高映辰		一六五
安康縣新城鄉農會	三十年十一月四日	右	魏厚甫		七八三
雙橋鄉農會	三十年十一月六日	右	謝右經		七〇二
白河縣平利鄉農會	三十年十月十五日	右	謝劻安		一三七五
菲伏鄉農會	三十年十一月廿六日	右	衛孝堂		九六五
義興鄉農會	同	右	吳輔宸		八四七
信善鄉農會	同	右	王禹疇		五三一
藍田縣橫嶺鄉農會	同	右	張義芳		一六二五
石泉縣麥坪鄉農會	三十年十二月十三日	右	梅介臣		五〇
後鄉鄉農會	三十年十二月三十日	右	賀景春		一五九
四川省資川縣永安鄉農會	三十年十月十五日	右	孫玉珠		一八九〇
梓桐縣農會	三十年十二月三十日	右	周道之	二三	二三
巴中縣楠木鄉農會	同	右	韓樹楷		三二四
成都縣農會	三十年十二月十七日	右	曾俊三	二一	一六
大邑縣鳳凰鄉農會	三十年十二月三十日	右	李燕		八六〇

元與鄉農會	三十年十二月三十日	陳在廷		六六	
五龍鄉農會	同右	徐仕潔		八一	
茂縣較場壩鄉農會	同右	黃子材		五八	
小北鄉農會	三十年十二月三十日	蘇成開		五二	
溝口寨鄉農會	同右	傅純武		八六七	
湖南省					
嘉禾縣石橋鄉農會	三十年十二月三日	廖汀銘		一二九	
厚寶鄉農會	三十年十二月廿五日	李子禎		五二七	
永順縣農會	三十年十月十七日	羅[illegible]民	一三		
[illegible]縣瑤林鄉農會	三十年十二月廿三日	毛鈴		六五	
良佑鄉農會	同右	廖剛		六五	
雍容縣萬庾鄉農會	三十年十二月廿九日	賀禎		二九八	
大乘鄉農會	三十年十一月一日	何賢仁		二三〇	
德河鄉農會	同右	毛羽翔		二五六	
新寧縣新龍鄉農會	三十年十月十七日	陳毓麟		一五八	
金湖鄉農會	同右	陳昌熙		一二八	
桃源縣農會	三十年十月二十三日	王惟一	二〇		
楊溪鄉農會	同右	陳力農		三一〇	
沙坪鄉農會	同右	朱秉岩		二八〇	
背溪鄉農會	同右	向仲璵		三七〇	
畬田鄉農會	同右	李昌光		三八〇	

漆河鄉農會	同右	曾之英		四八〇	
漁文鄉農會	同右	宋慶餘		五二〇	
莫林鄉農會	同右	康[illegible]		三二〇	
莫溪鄉農會	三十年十月二十三日	鍾紀常		三二〇	
水田鄉農會	同右	倪征鈞		三四〇	
大田鄉農會	同右	覃治華		四五〇	
溶溪鄉農會	同右	陳兆周		三六〇	
[illegible]溪鄉農會	同右	[illegible]正豐		四二〇	
木塘鄉農會	同右	彭玉伯		三五〇	
高東鄉農會	同右	佘雲飛		四六〇	
[illegible]豐鄉農會	同右	劉仁錦		四八〇	
漳江鎮鄉農會	同右	印[illegible]		三二〇	
[illegible]岳鄉農會	同右	張鴻渭		三四一	
黃石鄉農會	三十年十月二十三日	黃宣猷		三六〇	
硤州鄉農會	同右	黃禮堂		四二〇	
石門縣中心鄉農會	三十年十一月三日	聶秉彝		一三七	
子良鄉農會	同右	萬德[illegible]		八八	
蘇市鄉農會	同右	柳毅中		九五	
新關鄉農會	同右	王承立		一〇八	
二都鄉農會	同右	劉岳初		一五四	

團體名稱	核准備案日期	負責人	會員數 團體	個人	備註
磐石鄉農會	三十年十一月三日	文理清		八二	
白鄉農會	同右	杜常美		五三	
易市鄉農會	同右	屈必光		一八九	
泥市鄉農會	三十年十一月三日	王利賓		一〇三	
湖北省利川縣都亭鄉農會	三十年十一月二十日	劉文質		二三四	
江西省萬年縣河湖鄉農會	三十年十二月十日	蔡天覆		二五二	
安徽省宿松縣永定鄉農會	三十年十一月廿八日	唐彤章		一〇〇	
霍山縣王家店農會	三十年十月十四日	張星炯		八八	
舞旗河鄉農會	三十年十月十四日	徐覲英		一一二	
至德縣閶溪鄉農會	三十年十月十七日	周季清		三二〇	
[illegible]煌縣農會	三十年十二月三十日	王全英	一六		
懷寧縣大塘鄉農會	同右	姜渭川		二三〇	
浙江省奉化縣岩頭鄉農會	三十年十一月廿二日	毛裕煥		一一九	

2. 核准改選之農會

團體名稱	核准備案日期	負責人	會員數 團體	個人	備註
福建省漳浦縣赤水鄉農會	三十年十月十七日	陳春茂		八五	
埭頭鄉農會	三十年十月十八日	林正忠		一三〇	
六鰲鄉農會	三十年十月二十三日	蔡啓耀		二一三	
南靖縣曲江鄉農會	三十年十月九日	張萬縱		一二八	
南安縣官橋鎮鄉農會	三十年十二月卅一日	楊啓勳		四七六	
華安縣新圩鎮鄉農會	三十年十月二十三日	黃有豐		一五八	
建甌縣峯岐鄉農會	三十年十二月十三日	魏翼徵		五八	
政和縣東平鎮鄉農會	三十年十月四日	朱慶鳴		一三〇	
石屯鄉農會	三十年十一月三日	尹若季		一〇三	
林屯鄉農會	仝右	張永榮		一〇四	
屏南縣際下鄉農會	三十年十月十八日	甘久熾		九六	
際頭鄉農會	三十年十月十八日	張榮璜		一〇〇	
忠洋鄉農會	三十年十月十八日	韋萬昌		七三	
長橋鄉農會	三十年十月十八日	包望良		七六	
康里鄉農會	三十年十月十八日	鄭爾華		五六	
棠口鄉農會	三十年十月十八日	周鳴鑫		二四三	
雙溪鄉農會	三十年十二月卅一日	陸章琨		六四	
永定縣湖雷鎮鄉農會	三十年十月十七日	賴亮田		六〇二	
坎市鎮鄉農會	三十年十月二十七日	鄭添良		二三四	
新龍鄉農會	三十年十一月三日	賴桂華		二九七	
仁豐鄉農會	三十年十一月三日	熊永新		四五〇	
平和縣南勝鎮鄉農會	三十年十一月二十六日	楊耀芳		四五一	
小坪鄉農會	三十年十一月十一日	盧崎樾		三〇〇	
霞溪鄉農會	三十年十二月十三日	曾國柱		一八五	
廣西省凌雲縣城廂鎮鄉農會	三十年十二月九日	岑熾		九三	

團體名稱	核准備案日期	負責人	會員數（團體）	會員數（個人）	備註
陝西省興平縣西鄉農會	三十年十一月十一日	石子輝		三五五	
西定鄉農會	三十年十二月十一日	張思議		三六五	
說東鄉農會	三十年十二月十一日	孫吉衛		三一八	
文北鄉農會	三十年十二月十一日	李秀文		三三五	
浙江省常山縣定陽鄉農會	三十年十一月廿八日	陳士生		二二九	
仁里鄉農會	三十年十一月廿八日	鄭文正		一五七	
球川鎮鄉農會	三十年十一月廿八日	胡德呼		一一八	
登豐鄉農會	三十年十一月廿八日	陳善淦		二八六	
三衢鄉農會	三十年十一月廿八日	王正湍		一九三	
樂正鄉農會	三十年十一月廿八日	胡文運		二〇七	
景寧縣城頭鄉農會	三十年十一月一日	徐汝賢		五八六	
毛垟鄉農會	三十年十一月一日	陳一猛		一一八四	
鶴溪鄉農會	三十年十一月一日	吳羽生		七四二	
渤海鄉農會	三十年十一月一日	陳兵志		二三二	
金鐘鄉農會	三十年十一月一日	占得英		一四四	
英坑鄉農會	三十年十一月一日	李彰元		六五七	
龍元鄉農會	三十年十一月二十八日	吳汝詣		八	
孝豐湯口鄉農會	三十年十一月一日	陳學儒		一三〇	
玉環[illegible]南鄉農會	三十年十一月十四日	林岩棠		一六四	
[illegible]青鄉農會	三十年十一月十四日	黃訓[illegible]		一四〇	
大陳興[illegible]農會	三十年十一月十四日	林妙傳		一三八	

3. 核准改組之農會

團體名稱	核准備案日期	負責人	會員數（團體）	會員數（個人）	備註
福建省晉江縣和平鄉農會	三十年十月二十五日	林鶴鋒		一八六	
[illegible]池鄉農會	仝右	蘇于[illegible]		四六二	
大[illegible]鄉農會	仝右	蔡友[illegible]		一二〇	
永[illegible]鄉農會	仝右	黃[illegible]		八九	
可[illegible]鄉農會	仝右	許[illegible]實		一二〇	
華[illegible]鄉農會	仝右	吳[illegible]		二五五	
法石鄉農會	仝右	翁[illegible]		一四六	
大[illegible]鄉農會	仝右	許書漢		一三四	
英[illegible]鄉農會	仝右	[illegible]靖[illegible]		一五二	
吉洛鄉農會	仝右	[illegible]調標		一四三	
大[illegible]鄉農會	仝右	施光[illegible]		一九八	
[illegible]市鄉農會	仝右	[illegible]文[illegible]		一五二	
新[illegible]鄉農會	仝右	許[illegible]竹		八三	
梧山鄉農會	仝右	蔡[illegible]		一六三	
平坑鄉農會	仝右	陳[illegible]		一五二	
三[illegible]鄉農會	仝右	[illegible]子[illegible]		一六二	
[illegible]江鄉農會	仝右	郭[illegible]		一七八	

團體名稱	核准備案日期	負責人	會員數（團體）	會員數（個人）	備註
永豐鄉農會	仝右	黃天國		二五〇	
青陽鄉農會	仝右	莊海樹		三八九	
新鄉鄉農會	仝右	楊天助		一九六	
英墩鄉農會	仝右	許心寬		二一六	
西北鄉農會	仝右	吳金陵		五一二	
院東鄉農會	仝右	盧德輝		一三三	
麒麟鄉農會	仝右	蔡欣		九一	
彭田鄉農會	仝右	蔡紹音		一七六	
梧林鄉農會	仝右	許挺		八六	
湖頭鄉農會	仝右	黃呈星		六五	
壁谷鄉農會	仝右	黃秀影		一一六	
石塔鄉農會	仝右	王尙桃		一七一	
巖下鄉農會	仝右	蕭前賞		六〇	
山前鄉農會	仝右	王亦謀		七五	
南林鄉農會	仝仝	顏維欽		六五	
漳浦縣官任鄉農會	三十年十月十七日	何水港		七一	
北嶺鄉農會	三十年十一月三日	薛先		三九三	
濤島鄉農會	三十年十一月十一日	林賜和		一六二	
霞美鄉農會	三十年十一月十一日	張後從		一九九	
杜潭鎮鄉農會	三十年十二月九日	洪以成		一〇七	
石梅鄉農會	仝右	陳正心		一六三	
四股鄉農會	三十年十二月三十日	林水泉		二〇八	
金塘鄉農會	三十年十二月二十日	陳正水		二三九	
東宗鄉農會	仝右	林茂財		九五	
[illegible]安縣華溪鎮鄉農會	三十年十一月十一日	李建源		一七四	
建甌縣梅歧鄉農會	三十年十一月四日	謝賓樹		四五四	
政和縣啓賢鄉農會	三十年十一月五日	徐兆林		二〇一	
城廂鎮鄉農會	三十年十二月十三日	秦光源		一一二	
松溪縣渭田鄉農會	三十年十一月十一日	徐金如		二二一	
寧化縣城南鎮鄉農會	三十年十月十七日	張文秀		一七八	
城□鎮鄉農會	三十年十二月十九日	羅運芳		二六一	
寧洋縣城廂鎮鄉農會	三十年十月二十七日	羅占開		二一五	
赤員香鄉農會	三十年十一月一日	廖國樑		二三〇	
羅山鄉農會	三十年十二月九日	顏張發		一四六	
資源縣車田鄉農會	三十年十月十七日	潘縉		三一九	
瓜里鄉農會	三十年十月十七日	劉寶廷		二〇一	
延東鄉農會	三十年十月十七日	莫貴廷		一二六	
貴州省甕仁縣大同鄉農會	三十年十月十一日	白文玉		一五六	

4. 核准整理之農會

團體名稱	核准備案日期	負責人	會員數（團體）	會員數（個人）	備註

團體名稱	核准備案日期	負責人	會員數		備註
福建省順昌縣人谷鄉農會	三十年十月廿七日	高文賓		六四	
石溪鄉農會	三十年十一月一日	鄭清斌		六一	
漢布鄉農會	三十年十二月十三日	盧克忠		五六	

5. 核准組織之漁會

團體名稱	核准備案日期	負責人	會員數	備註
浙江省[illegible][illegible]縣漁會	三十年十月二十七日	余載光	八六	

6. 核准改選之漁會

團體名稱	核准備案日期	負責人	會員數	備註
福建省龍溪縣漁會	三十年十月十一日	阮漢忠	二六〇	
羅源縣漁會	三十年十月三十日	唐仁楷	六二	
浙江省玉環縣漁會[illegible]順鄉分會	三十年十月十一日	王玉祺	一八八	

7. 核准整理之漁會

團體名稱	核准備案日期	負責人	會員數	備註
福建省同安縣漁會	三十年十二月十八日	陳金聘	一一一	

二、社會部核准備案之工人團體一覽表

三十年十月至十二月

1. 核准組織之工會

團體名稱	核准備案日期	主要負責人	會員數 團體	會員數 個人	備註
四川省樂至縣總工會	三十年十一月一日	袁趾祥		一〇	所屬人464
樂至縣各業工人聯合會	同右	嚴温如		五八	
樂至縣紡織業職業工會	三十年十月十一日	蕭澈明		五九	
樂至縣建築業職業工會	同右	敖隆榮		五八	
樂至縣調味業職業工會	同右	江柏廷		五九	
樂至縣[illegible]業職業工會	同右	羅松廷		六二	
樂至縣製[illegible]業職業工會	同右	楊紹榮		五五	
樂至縣成[illegible]業職業工會	同右	顏積一		七〇	
樂至縣[illegible]窑業職業工會	同右	唐樹五		五三	
閬中縣製履業職業工會	三十年十月七日	李程遠		一二〇	
閬中縣人力車夫業職業工會	同右	張之金		八三	
長壽縣第一區成衣業職業工會	三十年十月十三日	彭玉成		八七	
高縣五金業職業工會	三十年十月十七日	高相清		五七	
高縣府役業職業工會	同右	陳洪林		五四	
高縣理髮業職業工會	同右	包海清		五三	
高縣成衣業職業工會	同右	周友三		五八	
高縣泥石木業職業工會	同右	紹澤龍		七三	
威遠縣板車運輸業職業工會	三十年十月九日	孟有大		一七六七	
城口縣各業工人聯合會	三十年十二月卅日	石年富		五六	

貴州省赤水縣總工會	三十年十二月卅日	右	喬步衙	九		
興義縣縫紉業職業工會	三十年七月七日	右	唐少榮		五五	
興義縣五金業職業工會	同	右	李春明		六二	
榕江縣屠宰業職業工會	三十年十一月廿六日	右	梁之德		八五	
安順縣坭水業職業工會	同	右	吳樹鑫		七六	
大定縣總工會	三十年十二月十七日	右	高彰義	六		會員代表三六
廣東省五華縣石業職業工會	三十年十二月二十一日	右	李恒先		八五	
信宜縣理髮業職業工會	同	右	陳亦孚		五一	
信宜縣筏業職業工會	三十年十一月廿七日	右	盧平		二七六	
陽春縣碾米業職業工會	同	右	洪榮祖		一〇四	
化縣理髮業職業工會	同	右	陳少海		六五	
潮安縣運輸業職業工會	同	右	李晴造		二八五	
惠來縣理髮業職業工會	同	右	羅英新		一一三	
連平縣理髮業職業工會	同	右	毛頭如		六五	
高要縣茶業職業工會	同	右	何偉平		一二八	
新興縣紡織業職業工會	同	右	梁士興		六七	
新興縣酒樓茶室業職業工會	同	右	梁邊		九〇	
曲江縣銅板業職業工會	同	右	曾林		二六〇	
曲江縣建築業職業工會	同	右	羅焜初		一八八	
南雄縣木器業職業工會	同	右	黃植		一三二	

三

南雄縣茶館業職業工會	同	右	陳昌宣		一八七	
南雄縣車衣縫紉業職業工會	同	右	賴鎔書		一四八	
南雄縣印刷業職業工會	同	右	孔祥翰		六三	
乳源縣民船船員工會	同	右	黃炳光		五七	
廣西省蒼梧縣洋服業職業工會	三十年十月四日	右	梁楷		九九	
福建省沙縣製烟業職業工會	三十年十一月廿七日	右	林萬里		五一	
浙江省玉環縣泥水業職業工會	三十年十月十三日	右	黃南福		九五	
壽昌縣筏業職業工會	三十年十月一日	右	邵愛棠		八五	
衢縣坭水業職業工會	三十年十月十二日	右	姜藕卿		七九	
三門縣鹽業職業工會	同	右	仇[illegible]鐸		八三七	
江西省寧都縣搬挑夫職業工會	三十年十月七日	右	任萬福		五〇	
宜黃縣縫紉業職業工會	同	右	吳鑿才		八九	
[illegible]縣印刷業職業工會	同	右	朱汝甫		六六	
[illegible]縣碼頭業職業工會	同	右	王龍霖	一	八三八	
宜豐縣總工會	三十年十月七日	右	彭定國	七		
宜豐縣民船船員工會	同	右	李南榮		一〇〇	
宜豐縣碾米業職業工會	同	右	蔡沛然	一	五四	
宜豐縣木匠業職業工會	同	右	江家八		七四	
宜豐縣縫紉業職業工會	同	右	胡志昌		五四	
宜豐縣爆竹業職業工會	同	右	熊寒柏		五一	

宿遷縣泥水業職業工會	同右	盧森生		五八	
宿遷縣五金業職業工會	同右	蔡開光		五〇	
餘江縣總工會	三十年十月二十三日	陳東山	一四		
餘江縣手車業職業工會	同右	趙發祥		五二	
餘江縣豆腐匠業職業工會	同右	洪仁勝		五一	
餘江縣篾匠業職業工會	同右	于來富		五一	
餘江縣[illegible]業職業工會	同右	曾貞瑞		五二	
餘江縣泥水業職業工會	同右	吳炳庭		五三	
餘江縣漆匠業職業工會	同右	葉新文		五〇	
餘江縣木匠業職業工會	同右	劉得延		九九	
餘江縣理髮業職業工會	同右	陸[illegible]		五一	
餘江縣碾米業職業工會	同右	周月太		七四	
餘江縣縫紉業職業工會	同右	蘇[illegible]		九〇	
餘江縣石匠業職業工會	同右	陳東山		一〇二	
餘江縣造紙業職業工會	同右	李錫華		五〇	
萍鄉縣總工會	三十年十二月廿二日	廖[illegible]	四三		會員代表六〇
寧都縣紡織業職業工會	三十年十二月廿二日	廖俊山		六三	
樂平縣縫紉業職業工會	三十年十一月廿四日	洪海泉		七九	
浮梁縣吹鼓業職業工會	三十年十二月廿六日	王永發		六三	
安徽省宿松縣成衣業職業工會	三十年六月十七日	楊光道		五三	

宿松縣茶葉業職業工會	三十年十一月廿八日	郭遺唐	一八	六三	
合肥縣理髮業職業工會	三十年十一月十日	熊成富		五九八	
太和縣總工會	三十年十二月廿五日	蔡芳[illegible]	十二		會員代表三六
河南省[illegible]縣[illegible]業職業工會	三十年十月三十一日	王明元		三六八	
湖南省石門縣[illegible]業職業工會	三十年十一月廿三日	錢益人		二七四	
寧鄉縣影劇業職業工會	三十年十二月廿三日	湯桂棠		三十七	
陝西省西京市刻字業職業工會	三十年十月十六日	袁周士		二二五	
西京市銅器業職業工會	三十年十一月廿三日	周子寬		一四二	
甘肅省[illegible]業職業工會	三十年十月十三日	胡[illegible]		五二	
泰安縣[illegible]業人力車夫聯合會	同右	高龍垣		一五六	
隴西縣[illegible]工人聯合會	三十年十月二十四日	熊[illegible]		五二	
臨兆縣泥水匠業職業工會	三十年十二月十三日	丁瑞珍		五〇	
重慶市[illegible]業職業工會	三十年十月十八日	謝五龍		四三〇	
豫亞公司紡織廠業工會	三十年十二月廿三日	潘秀峰		八十	

2. 核准改選之工會

團體名稱	核准備案日期	主要負責人	會員數 團體	會員數 個人	備註
四川省樂山縣理髮業職業工會	三十年十二月廿一日	張銘鑫		七八	
酉陽縣[illegible]業職業工會	三十年十二月廿二日	羅正松		一七〇	
廣西省桂平縣總工會	三十年十二月廿七日	葉祿	七		會員代表七四
貴州省[illegible]人力運輸業職業工會	三十年十月二日	曾長興		四二	

永水縣縫工會	三十年十一月十四日	番步衢	一二		會員代表一四六
安順縣木業職業工會	三十年十一月廿九日	吳耀先		一一五	
廣東省興寧縣鏈鎖業職業工會	同右	羅文鳳		一二四	
南雄縣理髮業職業工會	同右	劉益生		一一二	
晃縣民船船員工會	三十年十二月十日	田青雲		一〇四	
桂平縣理髮業職業工會	三十年十二月廿七日	黃漢英		八〇	
桂平縣苦力業職業工會	同右	李子才		二四〇	
桂平縣銅器業職業工會	同右	蘇民國		五三	
福建省建甌縣碼頭業職業工會	三十年十月十三日	錢長發		五六	
浦城縣中浦製藥職業工會	三十年十一月廿二日	龔安之		六一	
將樂縣木匠業職業工會	三十年十二月十七日	顧四逢		五一	
將樂縣泥匠業職業工會	同右	廖振壽		五二	
將樂縣裁縫業職業工會	同右	陳信昌		五二	
浙江省玉環縣駁船業職業工會	三十年十月十三日	周雄成		五二	
衢縣香業職業工會	同右	黃成元		五三	
衢縣人力車夫業職業工會	三十年十月二十九日	周增瀾		九〇	
平陽縣總工會	三十年十一月廿二日	繆雲祖	二六		會員代表八二
平陽縣糕餅業職業工會	三十年十一月一日	鄭志明		貳〇	
常山縣竹匠業職業工會	三十年十一月廿二日	徐金山		八九	
常山縣糕餅業職業工會	三十年十二月一日	余祥麟		五四	
常山縣豆腐業職業工會	三十年十二月十日	鄭西周		七二	
餘杭縣雙溪竹筏業職業工會	同右	盛辛亥		五八	
江西省寧都縣竹筏業職業工會	三十年十月七日	周步都		一一〇	
[illegible]縣總工會	三十年十二月廿三日	丘曜文	一二		會員代表五
贛縣木芳建築業職業工會	三十年十一月廿四日	鄒德明		二八九	
贛縣理髮業職業工會	同右	楊景春		三一	
寧都縣[illegible]業職業工會	三十年十二月廿[illegible]日	姚芳仙		一一四	
浮梁縣瓷器粉定業職業工會	同右	梁侯寶		三六七	
浮梁縣脫胎技術業職業工會	同右	李會湘		一〇八	
浮梁縣創坯業職業工會	同右	汪滿林		一八六	
浮梁縣二白釉紅業職業工會	同右	萬俊文		一二〇	
浮梁縣白[illegible]白器業職業工會	三十年十二月廿六日	劉襄發		五〇〇	
福建省漳平縣民船船員工會	三十年十一月廿七日	鄧一山		三一七	
湖南省桂陽縣縫紉業職業工會	三十年十一月八日	何炳		一〇二	
陝西省西京市縫紉業職業工會	三十年十一月五日	程耀勳		三六七	
西京市人力車夫業職業工會	同右	李克亮		四〇〇	
朝邑縣鹽業產業工會	三十年十二月十日	王淑材		一五六二	
甘肅張掖縣總工會	三十年十月二十四日	閻生貴	七		
重慶市毛巾業工會	三十年十月十八日	陳志高		九一	
波船業職業工會	三十年十二月廿一日	萬金盛		一八六四	

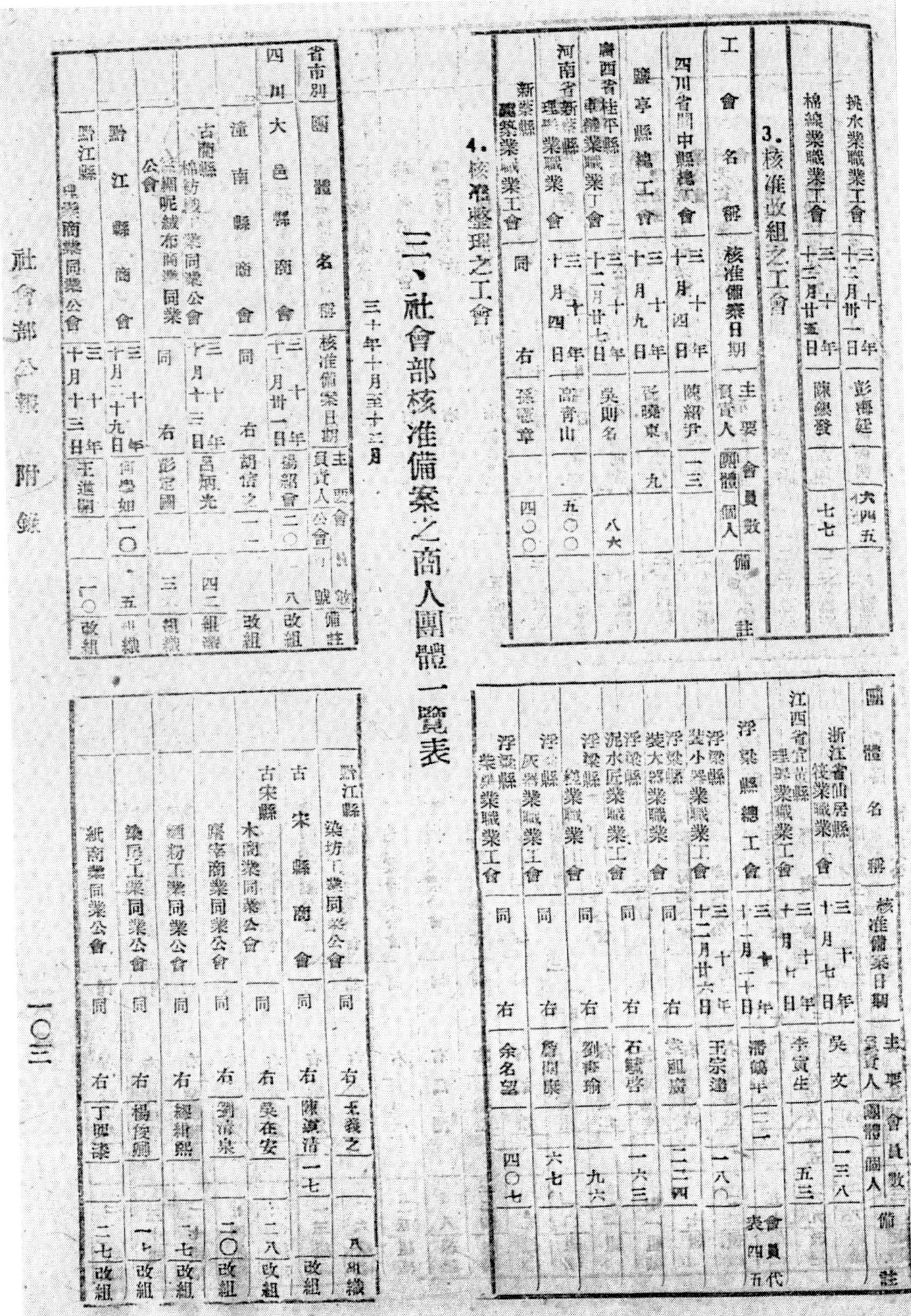

工會名稱	核准備案日期	主要負責人	會員數（團體）	會員數（個人）	備註
挑水業職業工會	三十年十二月卅一日	彭壽廷		六四五	
棉線業職業工會	三十年十二月廿五日	陳練發		七七	

3. 核准改組之工會

工會名稱	核准備案日期	主要負責人	會員數（團體）	會員數（個人）	備註
四川省閬中縣總工會	三十年十月四日	陳紹尹	一三		
鹽亭縣總工會	三十年十月九日	任曉東	九		
廣西省桂平縣車縫業職業工會	三十年十二月廿七日	吳則名		八六	
河南省新蔡縣理髮業職業工會	三十年十月四日	高青山		五〇〇	
新蔡縣[illegible]業職業工會	同右	孫憲章		四〇〇	

4. 核准整理之工會

團體名稱	核准備案日期	主要負責人	會員數（團體）	會員數（個人）	備註
浙江省仙居縣筏業職業工會	三十年十月七日	吳文		一三八	
江西省宜黃縣理髮業職業工會	三十年十月十[illegible]日	李寅生		五三	
浮梁縣總工會	三十年十一月十日	潘鶴年	二一		會員代表四五
浮梁縣裝小器業職業工會	三十年十二月廿六日	王宗達		一八〇	
浮梁縣裝大器業職業工會	同右	[illegible]祖廣		二二四	
浮梁縣泥水匠業職業工會	同右	石毓啓		一六三	
浮梁縣[illegible]業職業工會	同右	劉春瑜		九六	
浮梁縣灰器業職業工會	同右	詹開康		六七	
浮梁縣[illegible]業職業工會	同右	余名望		四〇七	

三、社會部核准備案之商人團體一覽表

三十年十月至十二月

省市別	團體名稱	核准備案日期	主要負責人	會員數（公會）	會員數（號）	備註
四川	大邑縣商會	三十年十二月卅一日	楊紹曾	二〇	八	改組
	達南縣商會	同右	胡信之	一一		改組
	古藺縣棉紡織業同業公會	三十年十月十三日	呂炳光		四二	組織
	古藺縣綢呢絨布商業同業公會	同右	彭定國		三	組織
	黔江縣商會	三十年十二月二十九日	何學如	一〇	五	組織
	黔江縣[illegible]業商業同業公會	三十年十月十三日	王進開		一〇	改組
	黔江縣染坊工業同業公會	同右	王義之		八	組織
	古宋縣商會	同右	陳瀛清	一七		改組
	古宋縣木商業同業公會	同右	吳在安		二八	改組
	屠宰商業同業公會	同右	劉清泉		二〇	改組
	麵粉工業同業公會	同右	繆緝熙		一七	改組
	染房工業同業公會	同右	楊俊卿		一七	改組
	紙商業同業公會	同右	丁興漆		二七	改組

百貨業商業公會	同右	常[illegible]		一七	改組
民[illegible]業同業公會	同右	李[illegible]舟		四〇	改組
山貨業同業公會	同右	何炳林		一六	改組
南[illegible]業同業公會	同右	羅銜仿		二九	改組
[illegible]業同業公會	同右	[illegible]明[illegible]		一二	改組
棉花[illegible]業同業公會	同右	李頤秋		二〇	改組
國藥[illegible]同業公會	同右	黃明安		五	改組
菸草業同業公會	同右	李[illegible]舟		一五	改組
站房業同業公會	同右	胡濟舟		二四	改組
醬業同業公會	同右	黃炳章		四〇	改組
油業同業公會	同右	[illegible]實林		二五	改組
布業同業公會	三十年十月十三日	賈紹修		三〇	改組
簡陽縣商會	三十年十一月四日	陳子奎	二三		組織
簡陽縣洗染工業同業公會	同右	唐明武		九	組織
圖書教育用品商業同業公會	同右	劉子英		三六	組織
絲綢呢絨布商業同業公會	同右	侯誠光		三五	組織
南北貨商業同業公會	同右	高懋清		三七	組織
典當商業同業公會	同右	李夢舟		一二三	組織
糧食商業同業公會	同右	徐星如		二三	組織
屠宰商業同業公會	同右	羅德明		三二	組織

自[illegible]車商業同業公會	同右	蕭明[illegible]		三〇	組織
茶商業同業公會	同右	曾如若		三七	組織
民[illegible]業商業同業公會	同右	李信興		一七	組織
飲[illegible]商業同業公會	同右	李榮[illegible]		五四	組織
包車商業同業公會	同右	尹愛之		六〇	組織
錢商業同業公會	同右	劉耀堂		一三	組織
百貨商業同業公會	同右	張篆濤		一六	組織
國藥商業同業公會	同右	呂平階		二五	組織
酒商業同業公會	同右	萬子淵		八	組織
製糖工業同業公會	同右	劉弼臣		三二四	組織
西藥商業同業公會	同右	胡濟		五	組織
[illegible]帽商業同業公會	三十年一月四日	蔣覺生		一〇	組織
舊衣商[illegible]同業公會	同右	顏禮仁		一一	組織
旅店商業公會	同右	陳海波		七一	組織
肥料商業同業公會	同右	何如秋		七	組織
糧食[illegible]業同業公會	同右	薛[illegible]臣		二二	組織
樂至縣[illegible]食商業同業公會	三十年十一月廿九日	陳安之		五七	組織
青神縣商會	三十年十二月三十日	吳吉人	一五	三九	改選
青神縣[illegible]商同業公會	二十年十二月三十日	吳俊林		二八	組織
青神縣酒商同業公會	同右	杜品期		三二	改選

[illegible]商業同業公會	同	[illegible]		五八	改選
乾[illegible]商業同業公會	同右	戚[illegible]勳		二五	改選
[illegible]綢呢絨布商業同業公會	同右	趙[illegible]璧		二四	改選
[illegible]商業同業公會	同右	帥桂山		三五	改選
[illegible]商業同業公會	同右	馬廷章		二六	改選
紙商業同業公會	同右	[illegible]富棠		一七	改選
[illegible]商業同業公會	同右	馬甫廷		四[illegible]	改選
油商業同業公會	同右	[illegible]岫雲		五〇	改選
[illegible]食商業同業公會	同右	朱[illegible]盛		三六	改選
[illegible]商業同業公會	同右	[illegible]青山		五六	改選
民[illegible]商業同業公會	同右	[illegible]樹廷		五〇	改選
製[illegible]工業同業公會	同右	李向陽		一三	改選
生絲輸出業同業公會	三十年十二月三十日	祝光榮		一三	改選
忠縣商會	同右	朱[illegible]廷		一三	改選
忠縣綿綢呢絨布商業同業公會	同右	方[illegible]		四〇	改選
國藥商業同業公會	同右	[illegible]治安		二二	改選
糖商業同業公會	同右	楊星五		五五	改選
屠宰商業同業公會	同右	周定元		三七	改選
花紗商業同業公會	同右	[illegible]純暇		二二	改選
[illegible]商業同業公會	同右	張心敏		二二	改選

[illegible]商業同業公會	同右	劉[illegible]亭		五〇	改選
糧食商業同業公會	同	朱光清		一一九	改選
圖書教育用品商業同業公會	同	陳潤甫		五二	改選
旅棧商業同業公會	同	莫論三		五六	改選
[illegible]館[illegible]業同業公會	同	張[illegible]涵		五五	改選
威遠板車承[illegible]運輸業公會商業同	三十年十二月三一日	楊紹[illegible]		六九	組織
高縣絲綢呢絨布商業同業公會	三十年十二月三十日	古義方		[illegible]	組織
民船商業同業公會	同	宋甫臣		一〇	組織
[illegible]商業同業公會	同	何子文		一〇	組織
屠宰[illegible]業同業公會	三十年十二月三十日	鍾正南		五七	組織
[illegible]食商業同業公會	仝	李[illegible]勤		[illegible]	組織
酒商業同業公會	仝	朱文華		七	組織
油商業同業公會	仝	周玉[illegible]		七	組織
璧山縣[illegible]商業同業公會	仝	邁子[illegible]		[illegible]八	組織
渠縣商會	仝	胡訓貴	一八	九	組織
渠縣旅棧商業同業公會	仝	王庭[illegible]		八六	改組
川北縣治城繭絲綢呢絨布商業同業公會	仝	林[illegible]品		一四	組織
[illegible]社旅棧食店商業同業公會	仝	李啓五		一九	組織
菸酒商業同業公會	仝	李厚福		一	組織
屠宰商業同業公會	仝	蔣松庭		八	組織

	丹棱縣商會	三十年十月十七日	郭紹汾		一四	整理
	丹陵縣綢商業同業公會	二十年十一月三十日	趙雲表	一	一〇	整理
福建	東山縣商會	三十年十月四日	黃景祺		一五	整理
	福鼎縣商會	三十年十月九日	林錫齡	一二	一二	改組
	同安縣馬巷鎭商會	三十年十一月一日	陳達誠	七	二二	改組
	水吉縣商會	三十年十一月四日	李耀先	九		組織
	海澄縣商會	仝	許庚申	一〇	一三	改組
	永定縣峯市鎭鹽商業同業公會	三十年十月九日	陳子蓮		四	組織
	南靖縣裁縫商業同業公會	仝	陳煥容		七	組織
	龍岩縣鹽商業同業公會	三十年十月十一日	曾壽光		三一	組織
	霞浦縣絲綢呢絨布商業同業公會	三十年十月十七日	黃鴻凡		一三	改組
	霞浦縣三沙鎭糖餅商業同業公會	仝	張炯業		一三	改組
	酒商業同業公會	仝	蔡治厥		一八	改組
	京果商業同業公會	仝	曾之煥		一一	改組
	糧食商業同業公會	仝	林光登		三七	改組
	絲綢呢絨布商業同業公會	仝	鄭志鵬		五	改組
	屠宰商業同業公會	仝	周阿水		一〇	改組
	寧德縣土糖商業同業公會	仝	張振忠		一〇	組織
	南安縣洪瀨鎭屠宰商業同業公會	三十年十一月一日	吳祥執		二[illegible]	改組
	菸商業同業公會	仝	陳紹德		八	改組

磁器商業同業公會	同	郭文良		一六	改組
魚商業同業公會	同	張清渠		一一	改組
糧食商業同業公會	同	楊米篋		[illegible]	改組
京貨商業同業公會	同	陳炎明		一六	改組
木商業同業公會	同	黃榮伍		二四	改組
國藥商業同業公會	同	呂聯俊		一二	改組
百貨商業同業公會	同	陳宗元		二一	改組
糖品商業同業公會	同	蔡景煌		一四	改組
惠安縣絲綢呢絨布商業同業公會	三十年十一月四日	陳文津		二五	改組
惠安縣洛陽鎭肥料商業同業公會	同	吳彰義		五〇	組織
安溪縣商會	同	吳開桂	九	二〇	改組
安溪縣國藥商業同業公會	同	謝德階		一一	組織
安溪縣裁縫商業同業公會	同	陳廣穗		一二	組織
屠宰商業同業公會	同	謝金獅		二四	組織
布商業同業公會	同	吳開桂		一三	組織
酒菜商業同業公會	同	廖越		一五	組織
京果商業同業公會	同	吳耀錂		一五	組織
糧食商業同業公會	同	張朝憲		二五	組織
安溪縣湖頭鎭水搬運商業同業公會	同	鄭榮福		一五	改組
安溪縣湖頭鎭、木商業同業公會	三十年十一月四日	李孝寬		一六	改組

香商業同業公會	同	陳舉		九	改組
什貨商業同業公會	同	李祖嘉		一二	改組
石灰商業同業公會	同	陳昭仁		一四	改組
國藥商業同業公會	同	陳五通		一五	改組
布商業同業公會	同	傅培閩		八	改組
京果商業同業公會	同	李孝成		一九	改組
糧食商業同業公會	同	李嘉猷		三五	改組
晉安縣屠宰商業同業公會	同	陳則武		三六	改組
餅商業同業公會	同	陳啓楨		三六	改組
布商業同業公會	同	黃樹基		二一	改組
圖書儀器用品商業同業公會	同	周尉經		一一	改組
酒商業同業公會	同	陳大均		三六	改組
京果商業同業公會	同	李松康		二六	改組
國藥商業同業公會	同	王石玉		三九	改組
[illegible]商業同業公會	同	江雲		一一	改組
晉江縣商會	三十年十一月十六日	李丹臣	二四	一	改組
晉江縣五金電料商業同業公會	同	王一平		一四	組織
煤油商業同業公會	同	蔡光華		三	組織
肥料商業同業公會	同	丁子意		一三五	組織
針織業同業公會	同	洪世知		一七	組織

桂圓商業同業公會	仝	黃叔梓		七六	組織
糖商業同業公會	仝	魏文甫		七四	組織
鹽商業同業公會	仝	羅貽鏘		一七	組織
錢商業同業公會	仝	徐炳輝		八	組織
藤器商業同業公會	仝	王應輝		一一	組織
京果商業同業公會	仝	何篤材		一二五	改組
人力車商業同業公會	仝	陳其成		四〇	改組
絲綿商業同業公會	同	曾亦昌		一一	改組
國藥商業同業公會	同	陳德勳		七九	改組
柴薪商業同業公會	同	曾瑞徽		四一	改組
飯店商業同業公會	同	杜煌才		三八	改組
瓦窰商業同業公會	同	阮道修		四六	改組
紗商業同業公會	同	翁秀桐		一二六	改組
貨車商業同業公會	同	陳走水		一三	改組
屠宰商業同業公會	同	李清芽		四三	改組
麵食商業同業公會	同	葉修苑		三七三	改組
糖果餅乾商業同業公會	同	洪錫佛		一九	改組
箱桶商業同業公會	同	林懋猷		七	改組
蠟燭商業同業公會	同	邱新民		一三	改組
油漆商業同業公會	同	蘇通明		八	改組

省別	名稱	日期	負責人	會員數	類別
	金銀器商業同業公會	三十年十一月十八日	陳雲彪	三一	改組
	顏料商業同業公會	同	王韵卿	一〇	改組
	木器商業同業公會	同	蘇鏈卿	一四	改組
	燒酒商業同業公會	同	王魯石	四四	改組
	水果商業同業公會	同	陳榮笑	五七	改組
	永安縣百貨商業同業公會	三十年十二月廿七日	翁劍豪	一四	改組
	雜貨商業同業公會	同	陳大日	三五	組織
	將樂縣絲綢呢絨布商業同業公會	三十年十一月四日	姚文瑞	一七	改選
	菸絲商業同業公會	同	陳佳業	一九	改選
	京果商業同業公會	同	彭文榮	三九	改選
	紙商業同業公會	同	戴廷恩	二一	改選
	國藥商業同業公會	同	吳光輝	一三	改選
	建甌縣屠宰商業同業公會	同	傅其梅	一二八	改選
	茶商業同業公會	三十年十一月廿五日	楊子良	五四	改選
	順昌縣上洋鎮絲綢呢絨布商業同業公會	三十年十一月一日	黎子清		改選
	國藥商業同業公會	三十年十一月十五日	胡子香	五	改選
	承攬運送商業同業公會	同	劉子儒	一三	改選
	京果商業同業公會	同	林鏞廷	四〇	改選
	酒商業同業公會	同	吳榮漢	一一	改選
	連城縣百貨商業同業公會	三十年十一月廿七日	黃炳文	五〇	改選
	鹽商業同業公會	同	揭榮開	三〇	改選
	連城縣朋口鎮靛商業同業公會	三十年十月二十五日	傅景文	二三	組織
	長汀縣錫紙商業同業公會	三十年十二月廿七日	修發汀	五六	改選
	紙商業同業公會	同	張仰京	八七	改選
	鹽商業同業公會	同	涂德彰	一六〇	改選
	油商業同業公會	同	嚴仰光	九一	改選
	香烟商業同業公會	同	熊[illegible]	二九	改選
湖南	永順縣商會	三十年十月十五日	王俠武	一〇	組織
	瀘溪縣浦市鎮商會	三十年十一月四日	謝[illegible]	二五九	組織
	寧鄉縣魚花土果商業同業公會	三十年十月十五日	賀應祥	五五	改組
	常寧縣商會	三十年十月十三日	羅章	三三	改組
	常寧縣油鹽商業同業公會	同	李合棨	三〇	改組
	絲綢呢絨布商業同業公會	同	劉綸鈞	三四	改組
	南貨商業同業公會	同	朱政軒	一五	改組
	山貨商業同業公會	同	袁秉濤	五六	改組
	木商業同業公會	同	李[illegible]邦	二七	改組
	圖書教育用品商業同業公會	同	謝爾康	一七	改組
	銅器錫器商業同業公會	同	白楚振	二三	改組
	國藥商業同業公會	同	陳大齊	一五	改組
	旅館商業同業公會	同	匡[illegible]初	九〇	改組

	屏安商業同業公會	三十年十月二十三日	周聲遠		六〇	改組
	酒商業同業公會	同	鄧秀發		四八	改組
	新化縣金銀業同業公會	三十年十一月十五日	劉[illegible]		五二	組織
	錫礦山區商業同業公會	同	楊順昌		一五〇	改組
廣東	陽春縣一甲鎮商會	同	劉守謙	九		組織
	連平縣[illegible]一區[illegible]頭鎮商會	同	簡浦芬		六九	組織
	廣州市南山區商會	三十年十月四日	黃[illegible]如	七		組織
	新會縣天堂鎮商會	三十年十二月三十日	黃叔莽		一五〇	組織
	潮安縣第三區商會	三十年十二月三十日	王[illegible]		五九	組織
	始興縣[illegible]商業同業公會	三十年十月二日	石錦清		一二	改選
	國藥商業同業公會	同	鄧漢臣		一[illegible]	改選
	油荳雜貨商業同業公會	同	李祥昌		一八	改選
	故衣商業同業公會	同	吳漢生		一三	改選
	醬酒商業同業公會	同	劉日初		一四	改選
	綢布呢絨[illegible]商業同業公會	同	王錦君		一五	改選
	旅港內河物料航運業同業公會	三十年十月四日	李運海		六一	組織
	台山縣首[illegible]商業同業公會	三十年十二月十五日	李召生		一九	組織
	單車商業同業公會	同	黃[illegible]發		四一	組織
	烟絲工商業同業公會	同	區[illegible]		二五	組織
	[illegible]商業同業公會	同	李心如		一九	組織
	藥材[illegible]商業同業公會	同	[illegible]錦		五一	組織
	[illegible]商業同業公會	同	吳介石		六三	組織
	運輸商業同業公會	同	李平		五七	組織
	開建縣商會	同	饒乃樹	六		組織
	開建縣[illegible]商業同業公會	三十年十二月十五日	饒[illegible]連		五〇	組織
	[illegible]江縣羽[illegible]商業同業公會	同	殷家龍		四二	組織
	豐順縣[illegible]隍鎮[illegible]食商業同業公會	同	張潤成		二五	組織
	糖粉京果商業同業公會	同	朱[illegible]氏		三一	組織
	木商業同業公會	同	徐[illegible]中		一九	組織
	興寧縣單車商業同業公會	同	陳蓉雲		一二	組織
	龍門縣商會	三十年十二月三十日	蘇鏡波	八	五五	改組
	龍門縣旅商業同業公會	三十年十二月十[illegible]日	[illegible]雲[illegible]		三二	組織
	布商業同業公會	三十年十二月三十日	[illegible]賀[illegible]		一八	改組
	南山區[illegible]器商業同業公會	同	[illegible]成		一四	組織
	南山區棉紡織工業同業公會	同	李君石		五〇	組織
	高要縣永安鎮商會	同	馬偉[illegible]		六[illegible]	組織
	高要縣廣利鎮糧食商業同業公會	同	盧培照		二三	組織
	旅店商業同業公會	同	陳國南		三四	組織
	高要縣生果瓜菜商業同業公會	同	羅[illegible]樹		二〇	組織
	[illegible]蒲包商業同業公會	同	趙士忠		一八	組織

省別	團體名稱	日期	負責人		人數	備考
	圖書教育用品商業同業公會	同	曾仲笙		二三	組織
	紙商業同業公會	同	湯定森		一五	組織
	寧屬商業同業公會	同	梁頌[illegible]		一三	組織
	茶商業同業公會	同	龍[illegible]		十	組織
	茶館茶室商業同業公會	同	石銘		一四	組織
	糧食商業同業公會	同	吳普生		三三	組織
	旅店商業同業公會	三十年十二月三十日	謝[illegible]超		一六	改組
	京果海味什貨商業同業公會	同	伍[illegible]臣		四二	改組
	絲綢呢絨布商業同業公會	同	黄樹樞		三〇	改組
廣西	田陽縣商會	同	黄伯猷		五七	整理
	田陽縣田州鎮商會	三十年十月十五日	范純武		七三	改組
	蒼梧縣五金電料商業同業公會	三十年十月四日	李勝芳		一一	組織
	紙商業同業公會	同	陸燕昌		三一	組織
	[illegible]商業同業公會	三十年十月二十四日	古兆[illegible]		三一	組織
	[illegible]商業同業公會	三十年十月二十日	關[illegible]發		一[illegible]	改組
	昭平縣糧食商業同業公會	同	譚俊仁		一六	組織
	[illegible]城縣布商業同業公會	同	羅[illegible]		二五	組織
	國藥商業同業公會	同	[illegible]潤		一[illegible]	組織
	[illegible]商業同業公會	同	劉敬順		六二	組織
	雜貨商業同業公會	同	傅[illegible]武		六二	組織
	糧食商業同業公會	同	[illegible]耀廷		五六	組織
	車衣工業同業公會	同	羅[illegible]慶		一四三	組織
	五金電料商業同業公會	同	陳正利		一三	組織
	容縣民船商業同業公會	同	[illegible]培笙		二四六	組織
	桂平縣江口鎮商會	三十年一月二十四日	陳壽[illegible]	六		改組
	桂平縣江口鎮雜貨商業同業公會	三十年十二月廿五日	吳秋[illegible]		四一	組織
	[illegible]商業同業公會	三十年十二月廿五日	黎文超		六〇	組織
	經紀商業同業公會	同	周[illegible]泉		一三	組織
	布商業同業公會	同	盧季卿		一六	組織
	[illegible]草商業同業公會	同	陳[illegible]卿		二四	組織
廣西	宜山縣懷遠鎮商會	同	[illegible]尉文		三三	改選
	蒙山縣商會	同	莫[illegible]		三七	改選
	蒙山縣屠[illegible]商業同業公會	同	[illegible]福全		一〇〇	改選
	[illegible]商業同業公會	同	陳九[illegible]		一八二	改選
	綢呢絨布商業同業公會	同	[illegible]業[illegible]		二一	改選
	國藥商業同業公會	同	李滋之		一三	改選
貴州	湄潭縣商會	三十年十一月二日	何天祥	八		改組
	婺川縣商會	三十年十二月十五日	申惠[illegible]		五三	改組
	天柱縣布商業同業公會	三十年十一月二日	李[illegible]卿		四八	組織
	天柱縣糧食商業同業公會	三十年十月二十八日	滕久榮	—	一	組織

	平越縣理[illegible]商業同業公會	三十年十月十三日	蕭萬清		一七	改組
	榕江縣商會	三十年十二月十二日	朱維光		五三	改選
	榕江縣旅店商業同業公會	三十年十一月廿二日	龍珠[illegible]		三五	組織
	[illegible]呢絨布商業同業公會	同	蔣[illegible]安		三六	組織
	百貨商業同業公會	三十年十二月十二日	周[illegible]文		五[illegible]	組織
	[illegible]食商業同業公會	同	陳文煊		一五四	組織
	劍河縣[illegible]商業同業公會	二十年十一月廿六日	丁叔[illegible]		四二	組織
安徽省	太湖縣徐[illegible]鎮商會	三十年十二月十九日	王奇山		三二	組織
甘肅省	西河縣商會	二十年十一月三日	[illegible]入池	七		改組
	清水縣商會	三十年十一月一日	汪[illegible]廣	四	九四	改選
	清水縣百貨商業同業公會	三十年十一月一日	李映[illegible]		六一	改選
	國[illegible]商業同業公會	三十年十一月一日	吳明德		一九	改選
	布商業同業公會	同	[illegible]士[illegible]		四八	改選
	旅店商業同業公會	同	孫生財		四一	改選
	岷縣[illegible]商業同業公會	三十年十月十五日	李東[illegible]		[illegible]九	改組
	百貨商業同業公會	同	風[illegible]才		五四	改組
	[illegible]商業同業公會	三十年十一月四日	楊子[illegible]		四一	組織
	天水縣糧雜貨商業同業公會	三十年十月十四日	鄭[illegible]業		五六	改組
	南藥商業同業公會	同	田[illegible]新		九五	改組
	國[illegible]商業同業公會	同	藍智方		五七	改組
	[illegible]商業同業公會	同	鄒直臣		五[illegible]	改組

	份黃酒商業同業公會	同	翟文堂		四四	改組
	臨洮縣糧食商業同業公會	三十年十月三十一日	[illegible]文柏		一三七	改選
	[illegible]香商業同業公會	同	胡宗孝		五三	改選
	紙炮工業同業公會	三十年十二月二日	王曉天		一二	組織
	西和縣旅店商業同業公會	三十年十一月[illegible]日	呂[illegible]		二五	組織
	染坊工業同業公會	同	何自强		一[illegible]	組織
	[illegible]商業同業公會	同	劉登高		二六	組織
	國[illegible]商業同業公會	同	楊[illegible]		一七	組織
	雜貨商業同業公會	同	王[illegible]		七八	組織
	百貨商業同業公會	同	劉海亭		二一	組織
	景泰縣[illegible]店[illegible]商業同業公會	三十年十一月[illegible]日	王進福		五七	組織
	[illegible]縣早勝鎮商會	二十年十一月廿六日	蘇傳勝	四	六[illegible]	組織
	[illegible]縣早勝鎮雜貨商業同業公會	同	王朝文		七	組織
	早勝鎮[illegible]商業同業公會	同	[illegible]自安		[illegible]	組織
	早勝鎮百貨商業同業公會	同	劉[illegible]		四四	組織
	早勝鎮[illegible]商業同業公會	同	曹[illegible]		九	組織
浙江	[illegible]海縣杜下橋鎮茶食商業同業公會	三十年三月二十日	朱勝景		七	組織
	杜下[illegible]鎮百貨商業同業公會	同	鄭[illegible]		九	組織
	杜下橋鎮南[illegible]貨商業同業公會	同	鄭子能		八	組織
	杜下橋鎮[illegible]綿商業同業公會	同	項[illegible]		七	組織
	杜下橋鎮酒[illegible]商業同業公會	同	陳[illegible]增		七	組織

	[illegible]下[illegible]鹹板木[illegible]商業同業公會	同	金[illegible]		七	組織
	[illegible]縣[illegible]門[illegible]酒商業同業公會	三十[illegible]年十月十三日	徐嘉南		二[illegible]	改組
	[illegible]門[illegible]商業同業公會	同	杜清[illegible]		二[illegible]	組織
	[illegible]縣[illegible]商業同業公會	同	汪近[illegible]		[illegible]八	組織
江西省	樂平縣商會	三十年十月二十七日	程秀山	一[illegible]	六五	改組
	宜春縣[illegible]商會	三十年十二月一日	符加壽	六	二〇	組織
	石城縣民[illegible]商業同業公會	同	溫[illegible]坤		三〇	改選
	[illegible]縣[illegible]龍[illegible]商業同業公會	三十年十月二十七日	宋人[illegible]		四一	組織
	[illegible]縣高興市油[illegible]商業同業公會	同	[illegible]名[illegible]		二〇	組織
	高[illegible]市[illegible]商業同業公會	同	劉傳[illegible]		四[illegible]	組織
	高[illegible]市[illegible]安商業同業公會	同	劉紹[illegible]		一[illegible]	組織
	高[illegible]市[illegible]商業同業公會	同	李士[illegible]		一四	組織
	高[illegible]市[illegible]商業同業公會	同	楊興仙		八	組織
	高[illegible]市[illegible]呢絨布商業同業公會	同	[illegible]常[illegible]		八	組織
	安[illegible]縣[illegible]食商業同業公會	三十年十月一日	[illegible]家[illegible]		八[illegible]	組織
	義[illegible]縣成[illegible]商業同業公會	同	辛煥宗		三[illegible]	組織
	[illegible]商業同業公會	三十年十二月[illegible]日	鄧子生		五四	組織
	布商業同業公會	同	辛增[illegible]		一六	組織
	[illegible]紙商業同業公會	同	[illegible]煥初		一四	改組
	染工業同業公會	同	汪[illegible]		七	改組
	[illegible]商業同業公會	同	王[illegible]生		三[illegible]	改組
	理[illegible]商業同業公會	同	辛金海		三三	組織
	引[illegible]商業同業公會	同	彭其三		二七	改組
	皮[illegible]商業同業公會	同	陳坤生		一四	改組
	菜旅館商業同業公會	同	陳貴[illegible]		四五	改組
	國[illegible]商業同業公會	同	楊光裕		三一	改組
	茶[illegible]商業同業公會	同	劉澤興		一七	改組
	銀[illegible]商業同業公會	同	艾[illegible]		一二	改組
	南貨商業同業公會	同	歐陽[illegible]		三四	改組
	[illegible]商業同業公會	同	[illegible]		一八	改組
	[illegible]商業同業公會	同	歐陽[illegible]		六七	改組
	[illegible]食商業同業公會	同	[illegible]勤仁		[illegible]	改組
	屠商業同業公會	同	揭[illegible]生		三四	改組
	編[illegible]商業同業公會	同	[illegible]濟		一八二	改組
	酒商業同業公會	同	龍綻貴		一一四	改組
	[illegible]商業同業公會	同	朱[illegible]廷		一四	
	上猶縣公會	同	吳運漢	二一	一八	改組
	上猶縣[illegible]商[illegible]商會	三十年十二月廿日	黃[illegible]棟	一〇		改選
	上猶縣營商[illegible]雜[illegible]商業同業公會	同	[illegible]國光		四二	改選
	南貨商業同業公會	同	黃盛仁		一四	改選
	五金商業同業公會	同	黃紋堂		一〇	改選
	國[illegible]商業同業公會	同	黃清昌		八	改選

	糧食商業同業公會	同	劉伯[illegible]		九	改選
	理髮商業同業公會	同	徐明瑞		一三	改選
	茶商業同業公會	同	何[illegible]		一三	改選
	[illegible]商業同業公會	同	羅昌佑		二二	改選
	[illegible]商業同業公會	同	高孟清		一二	改選
	布商業同業公會	三十年十二月廿日	黃[illegible]之		九	改選
	上海縣五金商業同業公會	三十年十二月卅日	陳[illegible]		一一	改選
	[illegible]商業同業公會	同	[illegible]家良		一五	改選
	雜貨商業同業公會	同	徐秀峯		[illegible]九	改選
	茶酒商業同業公會	同	田山[illegible]		二五	改選
	國[illegible]商業同業公會	同	熊義高		七	改選
	糧食商業同業公會	同	[illegible]培[illegible]		一七	改選
	[illegible]宰商業同業公會	同	劉慶[illegible]		八	改選
河南省	嵩縣商會	三十年十一月三[illegible]	楊子[illegible]	六		改組
	扶溝縣商會	三十年十一月六日	[illegible]兆勛	一一		改組
	[illegible]豐縣商會	三十年十一月十八日	余海濱	六	三八	改組
	[illegible]縣商會	同	李[illegible]材	八	四九九	改組
	新野縣布商業同業公會	三十年十月[illegible]日	黃廷彥		一六	組織
	魯山縣[illegible]織工業同業公會	同	[illegible]范		四二〇	改組
	洛寧縣商會	三十年十月十七日	聶[illegible]重	八	一八	改組
	[illegible]縣[illegible]綢呢絨布商業同業公會	同	[illegible]策文		三[illegible]	改組
	雜貨商業同業公會	同	楊清[illegible]		四	改組
	[illegible]商業同業公會	同	聶[illegible]重		二六	改組
	糧食商業同業公會	同	張[illegible]漢		二一	改組
	國藥商業同業公會	三十年十月十七日	李屏山		二七	改組
	飯館商業同業公會	同	張中文		三九	改組
	油商業同業公會	同	陳廷[illegible]		一五	改組
	棉紡織工業同業公會	同	[illegible]泉興		一三	改組
	西平縣雜貨商業同業公會	三十年十一月七日	翟吉亭		一八	組織
	百貨商業同業公會	同	劉子[illegible]		三〇	組織
	紙煙商業同業公會	三十年十月廿七日	王心田		四三	組織
	國藥商業同業公會	同	杜華[illegible]		二五	組織
	理髮及[illegible]用品商業同業公會	同	楊[illegible]		一三	組織
	五金電料商業同業公會	同	武子[illegible]		三二	組織
	布商業同業公會	三十年十一月十八日	張子朗		四六	組織
	[illegible]豐縣[illegible]商業同業公會	三十年十一月十八日	傅殿[illegible]		二四	改組
	百貨商業同業公會	同	武奉先		三四	改組
	糧食商業同業公會	同	王文明		二[illegible]	改組
	油商業同業公會	同	黃紹[illegible]		一三	改組
	雜貨商業同業公會	同	郝[illegible]		二六	改組
	牲畜行商業同業公會	同	馬陵軒		四〇	改組
	[illegible]縣[illegible]綢呢絨布商業同業公會	三十年十一月十四日	薛迪祥		一一	改組

省市	團體名稱	核准備案日期	主要負責人	會員數 團體	會員數 個人	備註
	國藥商業同業公會	同	李潤生		二三	改組
	南北貨商業同業公會	同	侯迎軒	一	一九	改組
	糧食商業同業公會	同	張瑞		一五	改組
	棉花商業同業公會	同	郭文山		二六	改組
陝西省	藍田縣商會	三十年十二月一日	石祥生	六	一三三	組織
	朝邑縣棉花商業同業公會	三十年十一月十一日	趙連城		二〇	改組
	百貨商業同業公會	三十年十一月十四日	祈明軒		一八	改選
	雜貨商業同業公會	三十年十二月十二日	樊壽卿		五二	改選
	大荔縣羊皮商業同業公會	三十年十一月十一日	李昇初		一五	改組
	高陵縣棉花商業同業公會	三十年十一月十四日	郭子英		一三	組織
	糧食商業同業公會	同	楊秉輝		七	組織
	國藥商業同業公會	同	楊益齋		一〇	組織
	飯館商業同業公會	三十年十一月廿二日	靳福海		二〇	組織
	同官縣瓷器工業同業公會	同	雷振海		九	組織
	煤炭商業同業公會	同	鄭彥維		一二	組織
	旅館商業同業公會	同	楊玉山		七	組織
	百貨商業同業公會	同	任仰之		一〇	組織
	西京市[illegible]商業同業公會	同	楊志忠		二七	改選
	同官縣麵坊工業同業公會	同	蕭[illegible]璋		一八	組織
	同官陳爐鎮陶瓷工業同業公會	三十年十二月廿四日	李達[illegible]		二八	組織
	潼關縣國藥商業同業公會	三十年十一月廿七日	張思禮		一一	組織
	咸陽縣圖書教育用品商業同業公會	同	盧善昭		一一	組織
	白水縣織布商業同業公會	同	張重倫		一一	組織
	耀縣瓷器商業同業公會	三十年十二月一日	梁子孝		一〇	改組
	皮革商業同業公會	同	王振全		九	改組
	染房工業同業公會	同	韓生芝		一一	改組
	飯館商業同業公會	同	楊立乾		一〇	改組
	漢陰縣[illegible]商業同業公會	三十年十二月一日	吳杰三		七六	組織
重慶市	重慶市洗染商業同業公會	三十年十二月廿四日	徐水湖		四六	組織
	重慶市證章金屬工業同業公會	同	黃恒光		四六	組織

四、社會部核准備案之自由職業團體一覽表

三十年十月至十二月

團體名稱	核准備案日期	主要負責人	會員數 團體	會員數 個人	備註
廣東英德縣中醫公會	三十年十月十七日	袁節卿		一〇三	改組
鶴山縣教育會	三十年十月十七日	宋森	四		
鶴山縣第一區教育會	三十年十月十七日	郭漢強		貳三	
鶴山縣第二區教育會	三十年十月十七日	馮光浦		五一	
鶴山縣第三區教育會	三十年十月十七日	麥晉明		正二	
鶴山縣第四區教育會	三十年十月十七日	余秉文		四〇	
始興縣教育會	三十年十月十四日	饒振瀾	三	一九二	

始興縣第一區教育會	三十年十一月十七日	曾世唐		八八
始興縣第二區教育會	三十年十一月十七日	鄧獻謀		四四
始興縣第三區教育會	三十年十一月十七日	朱明達		四一
福建平和縣中醫公會	三十年十一月十三日	黃錦章		八二
寧化縣教育會	三十年十二月卅一日	雷煥章	亖	
寧化縣第一區教育會	三十年十二月卅一日	雷必鈞		五八
永春縣第一區教育會	三十年十二月三十日	林清波		一八四
浙江玉[illegible]縣中醫公會	三十年十一月十三日	林[illegible]人		五七
玉環縣教育會	三十年十一月十一日	[illegible]思華		一三九
泰順縣教育會	三十年七月十七日	劉石年		一四九
四川大足縣教育會	三十年十二月十日	李征洲	三	
大[illegible]縣第二區教育會	三十年十一月廿九日	朱國瑞		四九
華陽縣教育會	三十年十一月十一日	南希曾		四四〇
華陽縣第一區教育會	三十年十二月廿九日	王漢傑		一〇六
華陽縣第二區教育會	三十年十二月廿九日	蘇學海		一九一
華陽縣第三區教育會	三十年十二月廿九日	李靜[illegible]		一七三
華陽縣第四區教育會	三十年十二月廿九日	雷昌仁		五七
潼南縣教育會	三十年十一月廿九日	楊聘三		一四二
樂至縣教育會	三十年十二月十日	楊興耀	三	一七八
貴州石阡縣教育會	三十年十一月三十日	楊淡之		九四
鹽山縣第三區教育會	三十年十一月十日	王文英		三七

興仁縣教育會	三十年十月廿八日	楊紹夫		七二
河南商水縣教育會	三十年十一月四日	張秉鈞		五六
光山縣教育會	三十年十一月五日	湯仲嗣		一九四
陝西中部縣第一區教育會	三十年十一月	劉鴻章		二五
漢陰縣北區教育會	三十年十二月三十日	儲誠[illegible]		五六
漢陰縣南區教育會	三十年十二月三十日	吳曉春		五二
漢陰縣西區教育會	三十年十二月三十日	賴大黻		五七
漢陰縣東區教育會	三十年十二月三十日	李白階		九一
石泉縣教育會	三十年十二月卅一日	張丹如		七四
朝邑縣第一區教育會	三十年十月二日	李正之		一一八
朝邑縣第二區教育會	三十年十月二日	王志超		六一
朝邑縣第三區教育會	三十年十月九日	荀志誠		四六
河縣教育會	三十年十一月四日	陳煥章		一五五
洛川縣第一區教育會	三十年十一月廿二日	高禮義		二九
洛川縣第二區教育會	三十年十一月廿三日	郭耿印		二七
洛川縣第三區教育會	三十年十一月廿二日	樊俊漢		三七
洛川縣第四區教育會	三十年十一月廿二日	李萬鐘		二四
甘肅清水教育會	三十年十二月三日	靳琮		二〇三
清水縣白沙鎮教育會	三十年十二月卅一日	楊潋		二九
清水縣恭門鎮教育會	三十年十二月卅一日	崔子貞		四一
清水縣上邽鎮教育會	三十年十二月卅一日	靳延年		七一

沔水縣張川鎮教育會	三十年十二月卅一日	馬仲容		三四	
清水縣白駝鎮教育會	三十年十二月卅一日	朱 燎		二八	

五、社會部核准備案之社會團體一覽表 三十年十月至十二月

省市別	團體名稱	核准備案日期	主要負責人	會員數 團體	會員數 個人	備註
四川	四川巴縣縣婦女會	三十年十月四日	劉克莊		六四	
	四川茂縣縣婦女會	三十年十月四日	秦宗堯		三八	
	四川宣漢縣兵役協會	三十年十二月一日	徐芳玉		一六九	
貴州	貴州長寨縣婦女會	三十年十月七日	歐仲文		四一	
	貴州鑪山縣婦女會	三十年十月十一日	楊秀芝		三〇	
	貴州安順縣婦女會	三十年十一月廿八日	黃人驊		一二四	
	貴州松桃縣婦女會	三十年十二月十三日	[illegible]		一三二	
	貴州松桃縣立簡易師範學校同學會	三十年十二月一日	楊[illegible]烈		一一一	
	貴州榕江縣簡易師範同學會	三十年十二月三十日	李德潤		七七	
	貴州安順縣國民教育研究會	三十年十一月廿九日	[illegible]紹[illegible]		四五	
	貴州郎岱留安學生學術研究會	三十年十一月廿九日	[illegible]士英		三六	
	貴州赤水縣文化協會	三十年十二月一日	羅發一		[illegible]〇[illegible]	
	貴州道眞留正學生黨義研究會	三十年十二月卅一日	申慶燕		一一五	
廣東	廣東揭陽縣婦女會	三十一年一月八日	許鍊澄		一一六	
	廣東番禺旅韶同鄉會	三十年十月十七日	孔可楠			
	江西旅韶同鄉會	三十年十月十七日	黃孟雄		三〇〇	
	廣東新興縣第三區文化協進會	三十年十月七日	羅榮漢		一三七	
	廣東曲江龍歸體育會	三十年十月十七日	[illegible]爲東		六一	
廣西	廣西融縣縣婦女會長安分會	三十年十月四日	李玉芬		九八	
	廣西臨桂縣婦女會	三十年十月十七日	周淑馨		八二	
	廣西容縣縣婦女會	三十年十月二十七日	王瑚華		一九八	
	廣西[illegible]縣婦女會	三十年十二月[illegible]九日	[illegible]慨民		一六八	
	湖南旅桂同鄉會	三十年十二月	[illegible]昌渭		九八〇	
	廣西桂[illegible]北平同學會	三十年十二月	[illegible]培英		一二三	
	廣西梧州初級中學留桂校友會	三十年十二月	莫敏賢		六三	
	廣西懷集中學校師資訓練班西區同學教育研究會	三十年十月四日	李榮佰		三〇	
	廣西臨桂縣西鄉地方建設促進會	三十年十月	黃鎮岳		六〇〇	
福建	福建平和縣婦女會	三十年十月十[illegible]日	俞德英		三六	
	福建清流縣婦女會	三十年十月十五日	余舜化		四三	
	福建寧化縣婦女會	三十年十二月十五日	周同瑞		三三	
	福建政和縣婦女會	三十年十二月三十日	潘玉瑛		三八	
	福建順昌縣婦女會	三十年十二月三十日	[illegible]金		九一	
	福建建陽縣兵役協會	三十年十一月四日	陳 梁	三二	五〇	

	福建省平和縣小坪鄉兵役協會	三十年十一月四日	盧九常	三〇	
	福建平和縣南勝鎮兵役協會	三十年十一月四日	楊宗[illegible]	二八	
	福建清流縣保里鄉兵役協會	三十年十二月廿七日	王嶽章	三二	
	福建水吉縣閩南旅吉同鄉會	三十年十一月十三日	孫士敏	二八三	
	福建建甌縣汀洲旅建同鄉會	三十年十二月十一日	黃德翼	一一八	
	江西旅汀同學會	三十年十二月廿七日	謝端武	九二	
	福建省建甌縣茶業改進會	三十年十一月九日	黃澤水	五四	改選
	福建省地政學會	三十年十二月三日	鄭行亮	一四八	
浙江	浙江崇德縣婦女會	三十年六月三日	沈[illegible]	一〇八	
	浙江仙居縣佛教居士林	三十年十一月十一日	胡寶洪	八五	
	中國佛學會浙江省泰順縣分會	三十年十月十三日	林汶	五三	
	中國佛教會浙江瑞安縣分會	三十年十月十七日	可鎮	二〇〇	
	中國佛教會浙江遂昌分會	三十年十月二十八日	釜堯	九一	
	中國佛教會浙江臨安縣分會	三十年十一月十一日	道[illegible]	七〇	
	浙江永嘉縣自治保甲法規研究會	三十年十二月三日	滕澹	二〇七	
江西	江西宜豐縣樂善會	三十年十一月一日	涂斐[illegible]	五一	
河南	中華道教會河南固始縣分會	三十年十月二十一日	[illegible]積德	四五	
	中國社會問題研究會河南分會	三十年十一月七日	孫鏞鳳	一二七	
	中華醫藥學術研究社河南分社	三十年十一月十一日	劉光漢	四六	
陝西	陝西宜川縣婦女會	三十年十月十五日	袁懸貞	三六	
	陝西石泉縣婦女會	三十年十月二十一日	褚鶴如	二三〇	

	陝西省郿縣縣婦女會	三十年十一月廿二日	王舒榮	五一	
	陝西長安縣兵役協會	三十年十月一日	張堯敬	七	
	陝西嵐皋縣兵役協會	三十年十月一日	劉誠宣	一七	
	陝西商南縣層峯鎮兵役協會	三十年十月一日	劉俊輔	五	
	陝西商南縣保合鄉兵役協會	同	汪潤淵	五	
	陝西商南縣富水鎮兵役協會	同	汪鳴和	五	
	陝西商南縣青山鄉兵役協會	同	文國鈞	五	
	陝西商南縣永安鄉兵役協會	同	王光武	五	
	陝西商南縣清油鎮兵役協會	同	熊正中	五	
	陝西商南縣太白鄉兵役協會	同	王莉亞	五	
	陝西商南縣湘河鄉兵役協會	同	吳重臣	五	
	陝西商南縣過川鄉兵役協會	同	程尚志	五	
	陝西商南縣[illegible]山鄉兵役協會	同	蕭萬端	五	
	陝西商南縣大保鄉兵役協會	同	劉[illegible]秀	五	
	陝西洋縣城關鎮及各鄉兵役協會	三十年十二月三十日	馮倫和	一一九	
	陝西省白河縣河北省旅白河同鄉會	三十年十月十五日	殷滋民	一五九	
	中華民國留日同學會陝西分會	三十年十一月四日	楊鶴慶	八九	
	陝西省漢陰縣衛生協進會	三十年十一月廿四日	胡超吾	[illegible]九	
	陝西洋縣衛生協進會	三十年十二月一日	袁仲玉	二五	
	中國回教救國協會陝西省嵐皋支會	三十年十二月十三日	馬潤川	一四〇	
甘肅	甘肅武山縣佛教居士林	三十年十月十五日	楊如林	六八	改組

	甘肅安西縣佛教居士林	三十年十月二十四日	俞海山		一〇三	
	中國佛教會甘肅西[illegible]縣分會	三十年十二月一日	盧仰文		一〇〇	
	甘肅通渭留隴學會	三十年十月七日	魏銓		六一	改選
安徽	中國佛教會安徽合肥縣分會	三十年十二月十三日	釋三印		二八一	
西康	西康康定市同聞國樂社	三十年十二月一日	唐戎非		八三	
山西	山西新聞記者協會	三十年十二月			一六	
重慶	重慶市魚業福利會	三十年十月七日	高樹祥		六七	

六、社會部核准備案之學生自治會一覽表　三十年十月至十二月

團體名稱	核准備案日期	主要負責人	會員人數	備註
福建永安縣成功中學學生自治會	三十年十月七日	劉啓元	一九八	
福建連城縣私立明聰初中學生自治會	三十年十月三十一日	丘德昌	二八九	
福建[illegible]城縣簡易師範學生自治會	三十年十一月廿六日	陳家賢	五〇六	
福建霞浦縣立初中學生自治會	三十年十一月廿八日	陳家禎	二七三	
福建南平省立高級商校學生自治會	三十年十二月三十日	陳玉森	一三三	
福建南平省立初級中學學生自治會	三十年十二月三十日	黃德明	二三四	
福建南平省立工業學校學生自治會	三十年十二月三十日	傅仁宇	四〇一	
福建沙縣簡師學生自治會	三十年十二月三十日	陳[illegible]嘏	三三四	
福建和平私立育德中學學生自治會	三十年十二月三十日	葛小琴	一七〇	
福建南靖簡師學生自治會	三十年十二月廿一日	李蔚生	五六四	
貴州省立安順初中學生自治會	三十年十月二日	龍友[illegible]	二五九	
貴州安順立女中學生自治會	同	甘力中	一六二	
貴州安順管理中英庚款董事會黔江中學學生自治會	同	史光第	四一七	
廣東高明縣立初中學生自治會	三十年十一月十七日	吳彥治	一一一	
廣東省鶴山縣初中學生自治會	三十年十一月十七日	李成健	一〇九	
廣東信宜縣慶[illegible]學生自治會	三十年十一月十七日	[illegible]茂盛	一三一	
廣西[illegible]州師範學校學生自治會	三十年十二月廿七日	趙[illegible]	二九八	
湖南石門縣立初中學生自治會	三十年十二月十一日	陳白玉	六八三	
湖南石門縣初級中學學生自治會	三十年十二月十九日	楊世龍	六九五	
安徽省立徽州女中學生自治會	三十年十月十七日	吳文仙	四〇〇	
江西[illegible]南縣立初中學生自治會	三十年十一月廿八日	鍾[illegible]森	二一八	
甘肅永昌私立第一區青雲小學學生自治會	三十年十一月四日	王[illegible]儒	九五	
甘肅永昌私立第三區青[illegible]小學學生自治會	三十年十一月四日	楊[illegible]祥	六五	
甘肅永昌城郊鄉中心學校學生自治會	同	王有章	五七	
甘肅永昌靈川鎮中心學校學生自治會	同	趙毓璧	一〇〇	
陝西洛川縣第三區縣立洛川中學學生自治會	三十年十月七日	屈仲翔	九三	
四川簡陽縣立女中學生自治會	三十年十一月廿二日	張[illegible]英	二〇三	
四川高縣縣立女子中學學生自治會	三十年十二月廿九日	何[illegible]凝	九三	

中國國民黨中央執行委員會黨史史料編纂委員會徵集黨史史料抗戰史料啟事

甲、徵集範圍

一、黨史史料

1.總理遺像、遺墨、遺著、遺物及與　總理有關之件。

2.革命過程中與本黨有關之文獻、實物及製作品，以及革命先烈先進之傳記，遺像、遺墨、遺著、遺物等。

3.其他足資編纂黨史參攷及陳列之件。

二、抗戰史料

1.有關抗戰之作戰報告，工作報告，施政報告，及忠義事蹟等。

2.中外報章雜誌，及有關抗戰之專著、實錄、法規、文電、演詞、情報、佈告、傳單、標語、圖畫等。

3.有關抗戰之殉節人員遺像、戰地寫眞、俘虜攝影、敵軍暴行攝影、以及個人攝影團體攝影等。

4.戰時使用各種符號、徽章、旗幟、證書獎品之原件或其照片等。

5.敵僞符號徽章、旗幟、證券、文憑，圖表衣物，武器照片，以及敵僞方面所刊行之報紙雜誌刊物，及其他反宣傳品等。

乙、徵集手續

1.上開各種史料，以請各方贈送爲原則，但如屬珍貴之件必須價購者，亦可來函商酌。

2.贈送史料，本會除題名存備參考，及陳列展覽外，幷視史料之性質，發給獎狀或獎金，每六個月辦理敘獎一次，其特別珍稀之件，幷呈請中央執行委員會議決褒獎。

3.寄件所需郵費，經來函聲明者本會可以照付。

4.應徵史料，請寄重慶山洞歸園收，並註一「徵」字，以便識別。

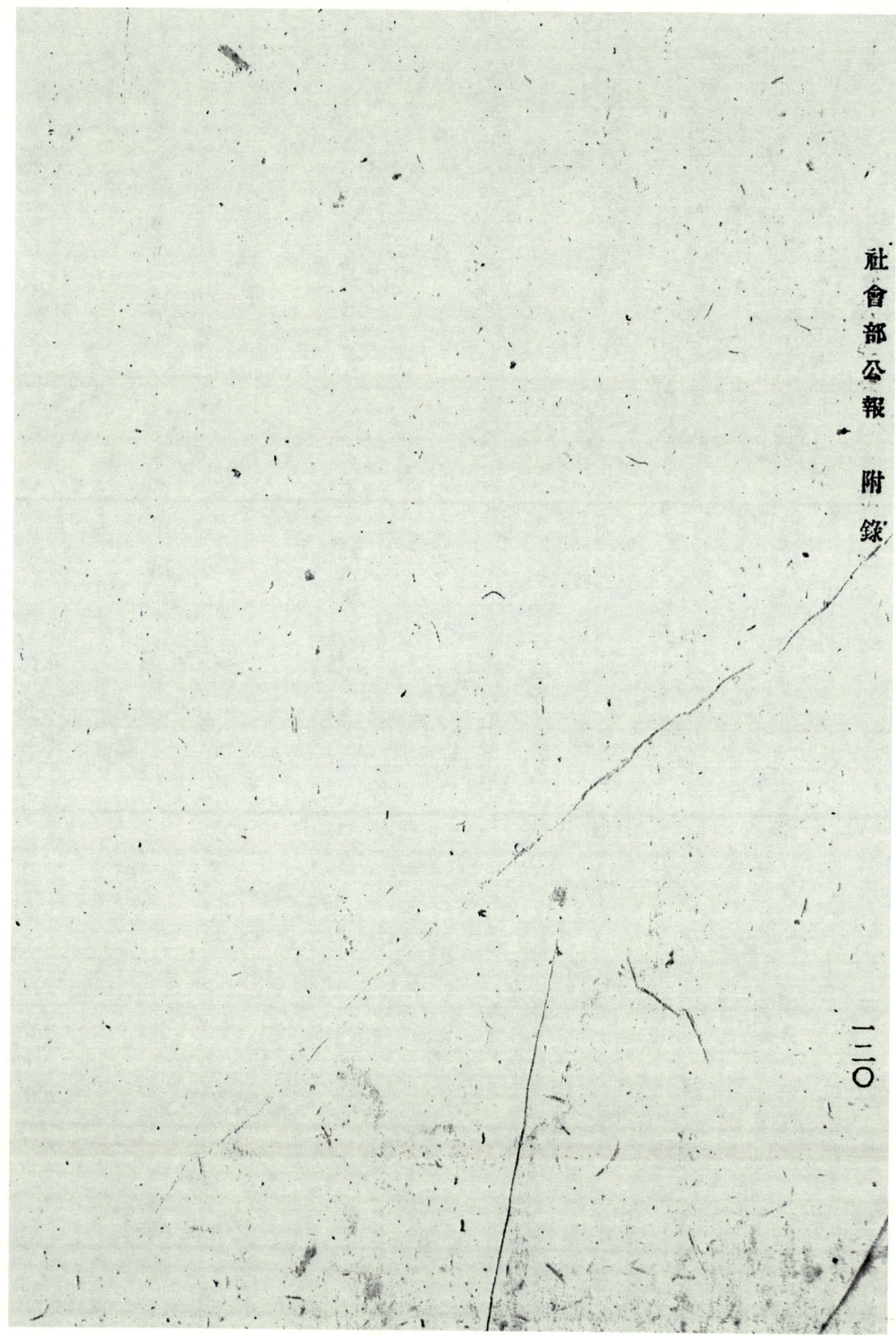

社會部公報第四期

中華民國三十一年一月出版

編輯兼發行者　社會部總務司

訂購辦法

期限	冊數	價目	郵費
三月	一	五角	八分
半年	二	一元	一角六分
全年	四	二元	三角二分

附註：本報掛號及寄往國外郵費照加

社會部設立

社會服務處

重慶　貴陽　桂林　衡陽

現有業務

宗旨
發揚服務精神　促進社會事業
改善社會生活　溝通社會文化

生活服務
社會食堂　社會公寓　理髮室　淋浴室
旅居嚮導　代運行李

人事服務
升學輔導　職業介紹　法律顧問　衛生顧問
人事諮詢　零物存放　信件留轉
代售郵票　代收電報　讀寫書信　公用電話

文化服務
圖書館　社交會堂　學術講演會　座談會
民衆學校　書報供應　娛樂室　兒童樂園
體育場

經濟服務
小本貸款

處址：
重慶社會服務處　重慶兩路口都郵街（分處）
貴陽社會服務處　貴陽大西門
桂林社會服務處　桂林依仁路
衡陽社會服務處　衡陽道前街